高等院校经济学管理学系列教材

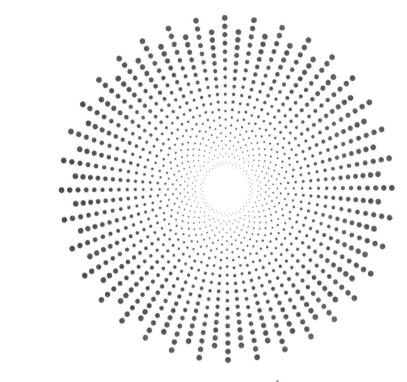

公司金融
Corporate Finance

徐 胜 主 编
赵 红 副主编

北京大学出版社
PEKING UNIVERSITY PRESS

图书在版编目（CIP）数据

公司金融 / 徐胜主编 . — 北京：北京大学出版社，2020.11
高等院校经济学管理学系列教材
ISBN 978-7-301-31853-9

Ⅰ.①公… Ⅱ.①徐… Ⅲ.①公司-金融学-高等学校-教材 Ⅳ.①F276.6

中国版本图书馆 CIP 数据核字（2020）第 224162 号

书　　名	公司金融 GONGSIJINRONG
著作责任者	徐　胜　主编
责任编辑	吕　正
标准书号	ISBN 978-7-301-31853-9
出版发行	北京大学出版社
地　　址	北京市海淀区成府路 205 号　100871
网　　址	http://www.pup.cn　　新浪微博：@北京大学出版社
电子信箱	sdyy-2005@126.com
电　　话	邮购部 010-62752015　发行部 010-62750672　编辑部 021-62071998
印刷者	河北滦县鑫华书刊印刷厂
经销者	新华书店
	787 毫米 ×1092 毫米　16 开本　32.25 印张　647 千字 2020 年 11 月第 1 版　2020 年 11 月第 1 次印刷
定　　价	79.00 元

未经许可，不得以任何方式复制或抄袭本书之部分或全部内容。
版权所有，侵权必究
举报电话：010-62752024　电子信箱：fd@pup.pku.edu.cn
图书如有印装质量问题，请与出版部联系，电话：010-62756370

前言

21世纪以来,国际形势变化多端,政治和经济等方面的冲突与变动加速了金融学科的演化与创新。尤其是2020年年初席卷全球的新冠疫情,使人们开始重新认识经济合作和金融创新问题,进一步深入思考公司的发展定位与核心价值,公司金融的教学和研究随之步入新时代。公司如何通过内在管理的强化对抗不确定性风险,如何有效利用金融工具和政策实现公司经营的可持续发展,成为未来公司发展面临的重要课题。

作为公司金融研究的核心问题,公司价值是本书着重突出的教学和研究主题。公司管理主要通过投资决策和融资决策为公司创造价值,一方面通过资源的流动和重组实现资源优化配置和价值增值;另一方面通过金融工具创新和资本结构调整实现资本的扩张和增值。本书基于价值创造和价值管理的基本思想,根据教学要求设计各章,将理论阐释与案例分析进行有机结合,以实现更为深入有效的教学效果。本书的特点如下:

第一,系统性。本书以公司金融目标为导向,以风险与收益为决策变量,按照"证券估值—风险与收益—投融资分析—资本运营管理—公司价值评估"的思想脉络,从公司金融的理论基础到公司金融实践活动,层层递进,系统介绍了证券价值评估模型、风险与收益模型、资本成本和资本预算、短期融资、长期融资、股利政策、公司价值创造等基本理论与实用技术。书中内容既独立成篇又相互联系,力求满足教师教学与学生自主学习的多元化需求。

第二,新颖性。本书力求突破公司金融传统模式与写作方法,融合内容的开拓性与形式的创新性,将现代公司金融的研究与真实的案例分析相结合,每章内容都配以学习目标、本章小结、案例分析、课后讨论、参考文献等模块,在总体把握全章节内容的基础上,通过案例分析和思考题的设计突出知识要点,点面结合突显开拓性,便于读者理解和掌握知识。

第三,实用性。本书融入最新的相关研究成果,使学习过程更为贴近实际,同时在书后附录增加了现值表和终值表等内容,方便查找和练习。

全书由徐胜教授主编,赵红副教授副主编。各章具体分工如下:第一章由蔡昊松撰写,第二章到第四章由唐佳婕、张双撰写,第五章由史钰锋撰写,第六章由赵亚楠撰写，第七章由赵益振撰写，第八章由张杰、宋丹妮撰写，第九章由贾明森撰写，第十章由李瑞琦撰写，第十一章由于斌撰写，第十二到第十四章由于朝娜、曲晓晨撰写，最后由徐胜教授对全书进行修改。本书在编写过程中，参阅了大量前人的研究成果和著作，他们的观点和思想对本书的完成极为重要，在此一并致谢。感谢各位专家学者的研究和贡献，在书中对引用内容和参考文献给出了说明，再次对各位专家和学者表示诚挚的感谢！

感谢北京大学出版社的支持，在疫情期间克服种种困难完成出版工作。感谢姚文海老师耐心细致的沟通与协调工作，感谢责任编辑吕正老师在编审工作中付出的辛勤劳动，有他们的支持本书才得以顺利出版。

在本书写作过程中，虽然作者极尽努力追求高质量，但限于水平和时间，难免会存在一些疏漏和不当之处，请各位谅解。我们将继续努力，使本书更加完善。

最后，以本书致敬辛勤工作在教学一线的老师们！致敬奋斗在理论界与实务界的专家学者们！路漫漫其修远兮，一路同行，幸甚至哉！

徐 胜

2020年11月

目 录

第1章 导 论	1
1.1 公司金融概述	1
1.2 公司金融活动的环境	14
1.3 公司的基本概念及特点	21
1.4 公司制企业	25

第2章 公司财务分析	32
2.1 财务分析概述	32
2.2 财务报表	35
2.3 财务分析	58
2.4 公司财务状况总体评价	70

第3章 货币的时间价值及证券价值评估	76
3.1 终值与现值	76
3.2 年金价值	83
3.3 货币时间价值的应用	89
3.4 债券价值分析	95
3.5 股票价值分析	102

第4章 收益与风险	112
4.1 期望收益率与风险	112
4.2 投资组合与风险分散	120
4.3 资本资产定价模型	133
4.4 套利定价理论	143
4.5 投资风险管理	146

第5章 资本预算与投资管理 ... 155
5.1 资本预算 ... 155
5.2 投资管理概述 ... 160
5.3 估算投资项目的现金流量 ... 165
5.4 投资决策方法 ... 175
5.5 投资风险管理 ... 190

第6章 债务融资 ... 205
6.1 商业信用和短期借款融资 ... 205
6.2 长期借款融资 ... 209
6.3 债券融资 ... 212

第7章 权益融资 ... 241
7.1 吸收直接投资 ... 241
7.2 股票筹资 ... 245
7.3 普通股筹资 ... 256
7.4 优先股筹资 ... 259
7.5 认股权证筹资 ... 263

第8章 营运资本管理 ... 271
8.1 营运资本管理 ... 271
8.2 现金与有价证券管理 ... 281
8.3 应收账款管理 ... 298
8.4 存货管理 ... 307

第9章 资本成本 ... 316
9.1 资本成本概述 ... 316
9.2 个别资本成本 ... 318
9.3 加权平均资本成本 ... 325
9.4 边际资本成本 ... 332
9.5 项目的资本成本 ... 337

第10章 资本结构决策 ... 346
10.1 资本结构理论 ... 346
10.2 资本结构与杠杆效应 ... 368

10.3 资本结构决策 ·· 373

第11章 股利理论与股利政策 ·· **386**
 11.1 股利理论 ··· 386
 11.2 公司股利及股利分配政策 ·· 393
 11.3 股票股利、拆股与股票回购 ··· 405

第12章 金融衍生工具与风险管理 ·· **414**
 12.1 金融衍生工具概述 ··· 414
 12.2 远期 ·· 417
 12.3 期货 ·· 420
 12.4 期权 ·· 423
 12.5 互换 ·· 430
 12.6 其他衍生金融产品 ··· 433

第13章 公司价值评估 ·· **439**
 13.1 公司价值评估概述 ··· 439
 13.2 现金流量贴现法 ·· 443
 13.3 经济利润法 ·· 452
 13.4 相对价值法 ·· 455
 13.5 期权估价法 ·· 459

第14章 公司治理 ·· **466**
 14.1 公司治理概述 ··· 466
 14.2 公司治理的内部架构 ·· 471
 14.3 公司外部治理 ··· 484

附　录 ·· **499**
 附录1 复利现值系数表 ·· 499
 附录2 复利终值系数表 ·· 502
 附录3 年金现值系数表 ·· 504
 附录4 年金终值系数表 ·· 506

第1章

导 论

> **导语** 公司金融是金融学的一个重要组成部分。它研究以公司形式为主的企业如何运行、如何获取资金、如何分配资金等,以实现企业存在的目的。其中,公司的融资政策、投资政策和股利政策是公司金融的重要部分。了解公司金融的目标、公司金融活动的环境以及公司的类型、特点等,有助于了解公司在金融环境中如何更好地运作和组织。

1.1 公司金融概述

1.1.1 公司金融的概念

公司金融(corporate finance),也翻译成管理金融、公司理财、公司财务等,但严格说,公司金融与公司理财和公司财务并不完全相同。公司理财研究的主要内容为融资、投资和股利政策的具体操作方法和技巧;公司财务管理是对公司的资金运动及其所体现的财务关系的管理,是建立在公司价值最大化的基础上,重点探讨在公司特别是股份有限公司这种现代公司制度的主要形式下,如何对公司经营过程中的资金运动进行预测、决策、分析。

根据交易主体的不同性质,金融市场交易主体主要有居民、企业和政府部门三类。企业是金融市场的重要参与者,它不仅是金融市场上最大的资金需求者,同时也以资金供给者的身份参与金融市场交易,向金融市场提供资金。公司金融学是主要研究企业的融资、投资、上市和兼并等决策及其对企业市场价值影响的一门学科,在中国惯称为企业的资本运作,包括如何有效地利用各种融资渠道,获得最低成本的资金来源,并形成合适的资本结构,建立资本配置机制。现代公司的生产经营过程离不开金融活动,它筹集的资金是为企业的再生产或商业活动服务的,并实现更大的利润。因此,公司金融也研究如何保值增值。企业的投资、筹资、生产、经营和销售的每一个环节都伴随着资金的流动,因此,企业的整个生产过程都与公司金融密切相关。

1.1.2 西方经典公司金融理论的发展与我国的研究情况比较

1. 西方经典公司金融理论的发展过程

西方经典公司金融理论是指自MM理论以来，围绕公司金融研究的各种理论流派，包括权衡理论、代理理论、信号传递理论、控制权理论等。它经历了以下几个主要发展阶段：

（1）研究的起始阶段

该阶段研究主要体现为弗兰克·莫迪利亚尼（Franco Modigliani）与默顿·米勒（Merton Miller）的MM理论。其主要内容是：在完美、有效的市场和完全套利的假设下，公司的融资结构和股利政策不会影响公司的市场价值。它已经成为现代公司金融研究的出发点，近半个世纪以来，大量的理论研究及创新都围绕着放松MM理论的假定来进行。

（2）研究的第二阶段

该阶段研究集中在放松完美市场的假设上。学者们逐步考虑税收、破产成本、信息不对称等因素，这期间著名的理论有权衡理论、信息不对称理论等。但在此阶段，经营决策的外生性和半强式有效市场的假设仍然存在。

权衡理论是从负债利息的节税效应和负债导致的破产成本或财务危机成本角度出发，提出在公司资产和投资方案既定的情况下，最佳负债率产生于节税边际收益和破产边际成本相等的情况，此时的公司资本结构达到最优。

信息不对称理论是指在市场经济活动中，各类人员对有关信息的了解是有差异的；掌握信息比较充分的人员，往往处于比较有利的地位，而缺乏信息的人员，则处于比较不利的地位。该理论认为，市场中卖方比买方更了解有关商品的各种信息；掌握更多信息的一方可以通过向缺乏信息的一方传递可靠信息而在市场中获益；买卖双方中拥有信息较少的一方会努力从另一方获取信息；市场信号显示在一定程度上可以弥补信息不对称的问题。

（3）研究的第三阶段

该阶段研究放弃了经营决策外生性的假设。人们开始认识到公司的所有权结构会影响公司的经营管理，研究的视角开始转向公司金融和管理经营的互动。这期间产生的理论有代理理论、公司治理理论、产品市场与资本结构理论等。

从西方公司金融理论的发展过程可以看出，其理论假设前提是一个不断放松的过程。它虽然也逐步认识到市场的不完美性和制度因素中的代理成本对公司价值的影响，但是可以看出它的理论背景是以英美为代表的市场导向型的公司治理模型，其隐含的前提是公司具有完善的内部治理机制和有效的外部市场，这种公司治理机制能够有效地制衡公司的管理层，使其以公司价值最大化为目标。因此，在上述各种理论流派的逻辑推导中，一般均是以最大化股东价值为目标函数，以影响公司金融决策的有关因素为约束条件，再由此得出相关的结论。

以这种观念所导出的理论体系承袭了新古典理论的研究范式，具有清晰和系统的特点，但由此也产生了局限性。由于其理论研究的假设前提仍是一种具有完善的公司治理结构的"理想公司"，没有关注各国特殊的制度结构所导致的金融冲突及其协调机制等相关问题，忽视了文化和法律传统、经济制度变迁的背景，公司治理的实际现状等因素所导致的各国特殊的理财环境，使得出的结论缺乏普适性。当研究对象处于特定的经济环境时，由于假设前提和实际因素的传导机制发生变化，将会产生实际经济情况与其经典结论不符的现象，由此削弱了它对不同社会和制度结构条件下的公司金融行为的解释能力。

2. 西方公司金融的理论前提与我国研究情况的差异

西方公司金融理论以市场导向型的公司治理模式为背景，其理论假设和制度背景与我国实际情况有较大差别，主要体现在：

（1）股权结构不同

西方资本市场中上市公司股权分布较为分散，导致主要经营决策权掌握在经理人手中，代理成本主要是经理层和股东之间的矛盾。在我国，上市公司股权相对集中，管理层的任免大权掌握在股东手里，所以代理成本主要是大股东和小股东之间的矛盾。

（2）债权约束不同

在西方，债权约束是一种硬约束，在公司面临金融困境时，是进入破产清算还是进行债务重组，债权人拥有一定的决定权。在我国，上市公司的债务约束是一种软约束，公司的破产机制中非经济因素较多，政府的行政干预对破产机制影响较大，而债权人往往被排斥在破产清算工作之外，对企业的财产清算没有表决权。

（3）投资者的理性程度不同

西方经典公司金融理论中虽然考虑到信息不对称和不完全合同因素的影响，但是认为在给定的信息前提下，投资者是完全理性的，市场是有效的。在我国，由于资本市场发展时间较短，投机行为和股价操纵的现象较多，对投资者的保护程度也较弱，因此投资者并不能根据有关的金融信息准确甄别企业质量。

（4）经理市场的发展程度不同

在西方成熟的市场模式下，形成了完善的经理人市场，经理人的聘用、任免和职业声誉有很大的关系，在一定程度上促使经理人努力工作，避免股价下跌、公司被接管或者破产。在我国，当上市公司的控股股东为国家时，公司高层人事的任免权掌握在当地党政部门手里，当上市公司的控股股东为家族时，高层经理人往往由家族成员来担任，通过人才市场来聘任的专业经理人只占很少的一部分。

（5）税收制度不同

在西方经典公司金融理论中，税收是影响金融行为的一个很重要的因素。我国企业所得税最高法定税率为25%，但是上市公司执行25%的法定税率的比例很小，普遍享有优惠税率以及许多非税率的优惠，而且不同行业、地区和规模的上市公司的法定税率之间有明显的区别。这种情况下，很难判断税收因素对公司金融行为的影响。

从以上各个方面的因素来看，我国上市公司的治理结构和金融决策行为与西方经典公司金融理论的背景有很大的不同。这说明，在研究我国上市公司的金融行为时，可以借鉴西方经典金融理论的有关视角和方法，但照搬并用其来解释我国上市公司的金融决策行为则是不恰当的。

1.1.3 公司金融的基本内容

公司金融研究的主要内容是公司融资现金流和金融投资现金流所表现出来的各个具体方面，以及由公司金融活动所派生的金融风险管理。

例如，Video Product公司成立于1997年，专门设计和制造通用电子游戏机控制台的软件。成立不久，其设计的游戏软件《牛虻》就上了《公告牌》杂志的封面。1999年，公司的销售收入超过2000万美元。它创办时，用其仓库作抵押向一家风险投资公司——种子公司，借款200万美元，现在，公司的财务经理认识到当时的融资数额太小了，长远来看，公司计划将其产品拓展到教育和商业领域，然而目前公司的短期现金流量有问题，甚至无法购买20万美元的材料来完成其假期的订单。

Video Product公司的经历反映了公司金融研究的基本问题：

（1）公司应该采取什么样的长期投资战略？

（2）如何筹集投资所需要的资金？

（3）公司需要多大的现金流来应对支出？

当然，公司金融的基本问题远不止于此。它是公司管理最重要的组成部分之一，是对公司资金的获得和有效使用的管理，运用金融市场以较低的融资成本满足公司生产经营的资金需求，通过金融投资提高公司在生产经营过程中暂时闲置资金的效益，因此，它涵盖于融资现金流和金融投资现金流的研究之中。

公司金融的具体内容包括：

1. 风险收益及风险管理

随着全球经济一体化的不断深入，企业经营的环境也发生了深刻的变化，突出表现在企业所面临的经营风险日益加大，企业风险管理已成为现代企业经营管理的重要内容。对于企业来说，在经营管理过程中所面临的风险是多方面的，无论是筹资、投资、还是生产经营过程中汇率、利率和商品价格的变动，都会给企业带来极大的风险。因此，对于现代公司来说，必须了解风险与企业价值之间的关系，学会运用现代金融市场不断涌现出来的金融衍生工具，对公司所面临的金融风险进行管理与防范。

公司的财务决策几乎都是在包含风险和不确定的情况下作出的。按照风险的程度，可以把公司财务决策分为三种类型：

（1）确定性决策

决策者对未来的情况是完全确定的或已知时作出的决策，称为确定性决策。例如，投资者将10万元投资于利率为10%的短期国库券，由于国家实力雄厚，到期得到10%的收益几乎是确定的。

（2）风险性决策

决策者对未来的情况不能完全确定，但是不确定性出现的可能性——概率的具体分布是已知的或可以估计的，这种情况下作出的决策称为风险性决策。

（3）不确定性决策

决策者不仅对未来的情况不能完全确定，而且对不确定性出现的概率也不清楚，这种情况下作出的决策称为不确定性决策。

投资者之所以愿意投资风险较高的项目，是因其能获得较高的收益来补偿投资风险。

公司有效地管理风险也至关重要：

（1）减少资金不足或财务困境的风险。

（2）降低代理成本。有效的风险管理可以缓解公司的委托代理问题，从而降低公司的代理成本。

（3）利用金融衍生品管理风险。可以在利用期权、期货、互换等金融工具管理风险的同时进行套利活动。

2. 融资

公司融资是所有公司经营活动的重要内容。公司设立需要筹集一定数额的股本，公司从事生产经营活动需要不断追加资本投入。因此，公司融资是公司金融的一项基本功能。从过程上来说，一个完整的筹资过程包括：预测公司资金需求、规划筹资渠道、考虑筹资期限、研究筹资方式、确定公司资本结构等。

（1）融资方式

公司融资要借助于一定的融资方式进行，而不同的融资方式对公司具有不同的影响。因此，在决定融资之前，必须首先分析公司可以选择的融资方式，明确各种融资方式的融资成本和融资风险，以及它与公司所处发展阶段的匹配程度，研究融资方式对于融资具有重要的意义。

（2）资本成本

公司融资，无论是为创立融资，还是为经营发展融资，资本的使用都是要付出代价的，即资本的使用是有成本的。而在现代金融市场上，不同融资方式所获得的资本，对于公司资本成本将有不同的意义，公司融资必须考虑资本成本。

（3）资本结构与资本结构决策

公司融资表现为按照一定的融资方式筹措一定量的资金，其结果将形成一定的公司资本结构。由于资本的使用是有成本的，不同融资方式下的资本成本是不同的，进而由不同融资方式及其融资量构成的公司资本结构中的资本成本也是不同的，这将会进一步影响公司的价值。因此，公司融资必须研究由融资带来的资本结构的变化对公司资本成本的影响，为公司资本结构决策提供理论依据。

（4）长期融资决策

公司融资的重要任务就是为公司的长期投资进行融资。长期融资决策研究长期融资的目标、原则，资本预算的理论与方法以及有关的长期融资操作方法。

（5）短期融资管理

公司经营除需要长期资本以外，在其经营发展过程中，还需要进行大量的短期融资，以满足公司生产经营的需要。短期融资管理研究营运资金需要量预测的理论与方法、短期融资的原则以及短期融资的操作方式。

（6）股利和股利政策

股利分配决策是指公司利润中有多少作为股东的回报进行分配，有多少用于公司的再投资。在公司投资机会较多的情况下过多地发放股利，会增加公司的外部筹资，从而增加公司的筹资成本，减少公司的实际利润；在投资机会较少的情况下过少地发放股利，则会影响股东的利益，影响投资者对公司发展的信心，这都会导致公司股票价格的下跌，公司价值的损失。因此，公司必须制定合理的股利分配政策。这就需要研究以下问题：

① 股利分派是否会增加公司的融资成本？

② 影响股利分派高低的因素有哪些？

③ 现金股利、股票股利、股票回购、股票分拆等会对股票价格产生怎样的影响？等等。

（7）并购融资策略

大量事实表明，现代公司的发展大多经历了收购兼并的过程，收购兼并已成为公司外延发展的重要战略。为公司并购发展战略提供融资支持，包括融资的手段和方法，就成为公司金融的重要研究内容。

3. 投资

投资是现代公司在生产经营过程中，为了提高资金使用效益，获取更大的投资收益而发生的现金流出。根据不同划分标准，企业投资有如下分类方式：

（1）长期投资和短期投资

按照投资回收时间的长短，投资可分为长期投资和短期投资。长期投资是指对固定资产和长期证券的投资，也称为资本性投资；短期投资是指对现金、有价证券、应收账款、存货等流动资产的投资。短期投资的流动性强于长期投资，在公司面临资金短缺的时候可以很快变现，但是相比于长期投资，短期投资的盈利能力较差，如果把资金过多地用于短期投资会影响公司资金的使用效率。

（2）直接投资和间接投资

按照投资方向的不同，投资可以分为直接投资和间接投资。前者是把资金直接投放于生产经营性资产，如购置设备等；后者又称为证券投资，是指把资金投入金融性资产，以获取股利或利息收入。金融投资的收益与风险并存，必须掌握金融投资的理论与方法，包括金融资产估价方法、资产组合理论和方法、金融风险及其计量方法等。

（3）对内投资和对外投资

根据投资方向的不同，投资可分为对内投资和对外投资。对内投资是把资金投向公司内部，购置各种生产资料；对外投资是将资金投向公司外部，购买股票、债权等有价证券。

（4）初创投资和后续投资

根据投资在生产中作用的不同，投资可分为初创投资和后续投资。初创投资是在新建企业时进行的各种投资，以形成企业的原始资产；后续投资是为了巩固和发展企业再生产进行的各种投资，以形成企业的追加性投资。

（5）其他分类方法

根据不同投资项目之间的相互关系，可以将投资分为独立项目投资、相关项目投资和互斥项目投资。根据投资项目现金流入与流出的时间，可以将投资分为常规项目投资和非常规项目投资。

4. 资本结构

（1）资本结构

资本结构是指企业各种资本的价值构成及其比例关系，是企业一定时期筹资组合的结果。广义的资本结构是指企业全部资本的构成及其比例关系。企业一定时期的资本可分为债务资本和股权资本，也可分为短期资本和长期资本。狭义的资本结构是指企业各种长期资本的构成及其比例关系，尤其是指长期债务资本与（长期）股权资本之间的构成及其比例关系。

（2）资本的权属结构

一个企业的全部资本就权属而言，通常分为两大类：一类是股权资本，另一类是债务资本。企业的全部资本按权属结构区分，则构成资本的权属结构，资本的权属结构是指企业不同权属资本的价值构成及其比例关系。

（3）资本的期限结构

一个企业的全部资本就期限而言，一般可以分为两大类，一类是长期资本，另一类是短期资本。这两类资本构成企业资本的期限结构，资本的期限结构是指不同期限资本的价值构成及其比例关系。

综上所述，公司金融研究公司如何运行、如何获取资金、如何分配资金等，以实现公司存在的目的，主要包括风险收益与风险管理、融资管理、投资管理以及对资本结构的研究等。公司金融的研究内容对公司的发展起着重要作用，它使公司投资融资更有据可循、更有理可依。

1.1.4 公司金融的目标

得到普遍认同并产生广泛影响的公司金融的目标主要有三种：会计利润最大化、利益相关者价值最大化和股东价值最大化。

1. 会计利润最大化

会计利润最大化是西方微观经济学的理论基础，持有这种观点的学者认为：利润代表公司新创造的财富，追求利润最大化能够促使企业增加销售，降低成本，合理配置资产，提高经济效益，因此，会计利润最大化常常被认为是公司金融决策的正确目标。但在长期实践中，该种观点暴露出以下缺陷：

（1）利润是公司经营成果的会计度量，对同一经济问题的会计处理方法的多样性和灵活性，可以使会计利润并不反映公司的真实情况。例如，当公司由于财务窘迫不得不靠出售资产增加现金收入时，表面上公司利润增加了，但并没有给企业带来价值的增加。其他如存货计价方法的调整、折旧计提方法的选择等都可能影响公司的利润。

（2）利润只反映企业某一期间的赢利水平，它并不能反映企业未来的盈利能力。例如，当年获利100万元和下一年获利100万元哪一个更符合企业的目标？利润最大化是在当年最大还是在更长的期间内最大化？公司可以通过限制研究和发展支出来提高当年利润，但这明显对公司的长期发展不利。

（3）利润最大化忽略了利润和投入资本额的关系。例如，同样是获得200万元利润，一种可能需要投入800万元，另一种可能只要投入600万元，忽略投入资本额可能导致财务决策优先选择高投入项目。

（4）会计利润最大化无法反映为获取利润所承担的风险。高风险往往伴随着高利润，如果为了利润最大化而选择高风险的投资项目，或进行过度的债务融资，公司的经营风险和财务风险就会大大提高。

（5）利润并不代表企业可以支配和使用的现金，如果企业的商品大部分是以赊销的方式销售出去的，期末账面上仍有大量的应收账款，这时仍然可以形成可观的利润，但却不能保证有足够的现金满足企业未来的生存和发展需求，产生有利无钱的现象。

所以，虽然会计利润最大化目标有其合理的一面，但却不是一个令人满意的公司金融决策目标。

2. 利益相关者价值最大化

根据现代企业理论，现代股份公司实际上是一系列契约关系的集合体。在这个契约合同关系的集合体中，除了有股东外，还有经理、债权人、职工、供应商、客户、政府和社会等多个利益相关者，各个利益相关者向企业提供的生产要素和服务不同，在企业中拥有不同的利益。该观点认为，公司的目标应该是利益相关者价值最大化，公司应该平等对待各利益相关者，并且企业要尽到自己的社会责任。

（1）利益相关者价值最大化目标充分考虑了不确定性和时间价值，其体现的优越性如下：

① 实现利益相关者价值最大化是一个动态过程；
② 有利于协调股东之间的利益关系；
③ 考虑企业职工的利益，有利于培养员工的认同感和主动性；
④ 有利于加强和协调与债权人的联系；
⑤ 考虑客户的利益，从客户角度出发不断满足客户的需求；
⑥ 掌握政府政策的变化，并严格遵照执行；
⑦ 有利于培养企业信誉，优化企业形象。

（2）当然，利益相关者价值最大化目标也存在一些问题及弊端：

① 股东财富及利益相关者利益的测量问题。我们难以确定一个量化的标准来衡量股东财富或是债权人利益，也很难判断经营者管理企业的质量与效率。

② 给予非股东的利益相关者控制权，会阻碍融资。

③ 在利益相关者价值最大化的目标之下，财务人员关注的焦点不能仅仅在股票价格上，还应该考虑工资、利息、优先股股利等对企业效益的影响，对各方面进行综合考虑。

④ 利益相关者价值最大化目标具有多重化、多元化倾向，在我国国有企业存在严重的代理问题和市场体系不健全的情况下，会成为自利的经理人实施机会主义行为的借口和工具，产生更大的代理成本。

⑤ 利益相关者利益的矛盾性和相互竞争性，使得利益相关者价值最大化目标难以实现。例如，员工希望的高工资、供应商的高价格和股东的利润相矛盾，政府的税收和企业的利润相矛盾等，要想实现所有人的价值最大化很困难，这种均衡点不好找。

因此，利益相关者价值最大化在现有的经济结构和市场发展情况下存在较多不合理的地方，不能称其为最为合理的公司金融目标。

3. 股东价值最大化

公司作为一个以盈利为目标的经营组织，它的经营结果应当是创造价值。因此，价值最大化应该是公司金融决策的目标。

对于股份制公司而言，资金所有者将资金投资于股票，其财产就体现在股票这种虚拟资本上，其财产价值就是股票的市场价值。而股票的市场价值又是公司投资、融资和资产管理决策效率的反映。因此，判断一项财务决策是否正确的标准应该是这项决策最终对股票市场价值的影响。也正因为如此，股份制公司金融决策的目标应该是股东价值最大化。在运行良好的资本市场里，股东价值最大化也可以直观地表述为最大限度地提高公司的股票价值。

（1）股东价值最大化目标的优点

① 股东价值最大化目标考虑了现金流量的时间价值和风险因素；

② 一定程度上能够克服企业追求利润的短期行为，因为股票价格很大程度上反映了企业未来的盈利能力；

③ 股东价值最大化目标反映了资本与报酬之间的关系。

（2）股东价值最大化与公司管理者目标

代理理论认为，管理者的目标与股东不同。管理者作为最大合理效用的追求者所追求的目标来自于两种基本动因：

① 生存，包括管理者自身的生存和公司的生存。只有公司能够生存，管理者个人的报酬、荣誉和地位才能得到满足。在竞争激烈的市场中，公司的生存意味着管理者总是要控制足够的资源来防止被淘汰。

② 独立性和自我满足。公司希望控制和支配较多的资源，增加报酬、荣誉和社会地位。

出于上述动因，管理者的基本财务目标显然是与公司规模和成长性密切相关的公司价值最大化，公司价值是管理者所能有效控制和支配的财富，是管理者增加个人效用和降低风险的有效途径，而提高公司的成长性和规模与增加股东财富并非必然相同。所有权和经营权的分离导致股东和管理者之间的潜在矛盾，如果企业所有者不能有效地监督和控制管理者的行为，股东价值最大化目标就不可能实现，特别是在股份极其分散的情况下，大多数股东疏于管理，甚至并不知道自己的决策目标，对管理者的控制和影响就更弱。那么，如何避免管理者在进行各种决策时违背股东价值最大化目标？这个问题可以通过以下办法解决：

① 股东通过投票选择董事会成员，董事会代表股东的利益控制管理者行为；

② 董事会通过与管理者签订合同和收入报酬计划，激励管理者为实现股东价值最大化目标努力工作；

③ 来自资本市场的约束激励管理者努力增加公司股票价值，否则，被兼并收购将使管理者失去现有的职位；

④ 经理市场竞争的约束将促使管理者在经营中以股东利益为重，否则，他们将被取代，而其不良经营业绩将降低自身的价值。

可见，股东价值最大化作为财务决策的基本目标是可以实现的。当然，这并不排除在某些时候，公司管理者因为违背股东价值最大化目标而使股东付出代价，这就是代理理论中常提到的代理成本。

（3）公司金融决策目标

根据股东价值最大化目标，针对公司金融活动的特点，公司金融决策的目标可以概括表述为：在保证企业安全运行的前提下，努力提高资金的使用效率，使资金运用取得良好的成果。可进一步将其分解为三个具体的子目标：

① 成果目标，即在控制投资风险的前提下，努力提高资金的回报率。企业的经营成果表现在利润的获得和资产的增值上。要实现较高的回报率，最重要的是选择资金的用途。由于资金回报率的高低与风险相关，因此一定要在控制风险的前提下，提高回报率。

② 效率目标，即合理使用资金，加速资金周转，提高资金的使用效率。在资源有限、资金数量有限的前提下，每项活动占用和耗费的资金量越少，越可以开展更多的业务活动，取得更多的收益。

③ 安全目标，即保持较高的偿债能力和较低的财务风险，保证企业安全运行。负债经营在给企业带来一定经济利益的同时，也必然给企业带来财务风险，因此，要求企业有一个合理的资本结构和负债规模，并保持适当的资金储备，保证企业有能力按期偿还债务，应付意外的资金需求。

因此，股东价值最大化能够更好地契合公司经营活动和经营目标，是目前为止最合理和被普遍接受的公司金融决策目标。

4. 会计利润最大化、其他利益相关者财富最大化和股东价值最大化的比较（见表1-1）

表1-1　公司金融目标的优缺点比较

比较因素	会计利润最大化	利益相关者价值最大化	股东价值最大化
货币的时间价值	×	√	√
风险因素	×	√	√
未来盈利能力	×	√	√
投入产出比（效率）	×	√	√
其他利益相关者的利益	×	√	×
计量的可行性	√	×	√

注：×表示未考虑，√表示已考虑。

由上表可见，经济形态、公司组织架构、经济发展和国家社会环境等因素的不同导致三种公司金融目标侧重点不同。其中，会计利润最大化目标是对经济效益浅层次的认识，存在一定的片面性，并不是公司金融的最优目标；相关利益者利益最大化在不损失股东财富的同时，更多地满足利益相关者的利益，综合考虑企业职工、债权人以及其他社会公众的利益，但利益相关者利益最大化的目标由于我国目前实际情况和理论的限制，在计量上难以实现，同时，利益相关者利益的矛盾性和相互竞争性，使得利益相关者价值最大化目标难以实现；股东价值最大化目标同样存在一定的代理成本，但这种成本的存在并不会影响股东价值最大化成为世界范围内企业目标的主流，股东价值最大化对上市公司来说是一个比较容易衡量的指标，综合考虑了现金流量的时间价值、风险等因素，是目前最为普遍和合理的公司金融目标。

1.1.5　公司金融的相关问题

公司金融作为经济学、金融学、管理学乃至其他社会学科的交叉学科，其学科本身的研究就具有多元性和前沿性。关于公司金融的主要相关问题有以下几个方面：

1. 公司绩效评价

所谓公司绩效评价，是指运用数理统计和运筹学原理、特定指标体系，对照统一的标准，按照一定的程序，通过定量定性对比分析，对公司一定经营期间的经营效益和经营者业绩作出客观、公正和准确的综合评判。

股权结构和公司绩效之间的关系直接反映了公司治理的效率，近30年来对两者关系的研究一直是公司金融研究领域的热点。主要研究内容包括：究竟什么样的股权结构是最有效率的？分散的股权结构更有利于提高公司治理的绩效还是集中的股权结构更为有效？大股东的存在是否会改进治理效率？当大股东面临自身的激励问题时情况又有什不同？从发达国家资本市场的发展经验来看，资本市场的协调发展是公司有效融资的一个重要因素，其中，发行公司债券是发达国家公司融资的主要方式，其融资的灵活性、市场容量以及交易的活跃程度都远远超过股票市场。

2. 公司财务机制

公司财务机制是指财务活动中自我调控、制衡的机制，其核心是有效地运用资金、成本、收入、利润等财务杠杠的权力和能力。

20世纪70年代中期开始，由于新的衍生工具的出现，公司在筹资及内部激励机制的设计方面有很多新的发展，发明了很多不同类型的证券来进行筹资。这些现象的出现和原有框架不一致，传统观点认为这些东西并不重要，因此对公司中的管理和激励机制等并没有加以考虑，这导致公司在解决激励问题时采用新的工具，并提出了对传统理论的挑战。迄今已有很多新的构想和新的研究方向，现在的研究逐步从理论方面的考虑过渡到实证的定量分析。但这是一个非常复杂的问题，涉及整个公司财务机制的设计和实证角度的分析，虽然还没有一个完整的框架，但已经有很多进展和探索。

3. 行为公司金融

行为公司金融是公司金融理论和行为金融理论相互融合的产物。与经典的公司金融理论相比，它放弃了理性人和有效市场的假设前提，引入了行为因素的影响，认为外部市场的非有效性和内部管理者的非理性影响着公司的财务决策和价值最大化的行为。行为公司金融作为一个新的金融研究分支，其研究数量和研究内容还稍显单薄，许多结论和观点还有待商榷和检验，但它为我们研究公司金融问题提供了一种新的角度和方法，使理论研究更加贴近资本市场的现实情况。特别在我国目前尚不成熟、存在大量非理性行为的资本市场上，引入行为公司金融的研究方法对深入理解和改善我国上市公司的非理性行为具有特别的意义。

4. 公司金融活动中的法律规范

法律在公司金融中的应用试图寻找这样几个问题的最优解决答案：投资者怎样让经理们返还一些利益给他们？他们如何保证经理不盗走他们的投资或避免将投资投在一个很差的项目上，投资者如何控制经理？传统的金融学主要是研究资源约束下人的行为，没有考虑在法律制度约束下人是如何选择的。但在现实经济和金融交易中，人的行为很大程度上取决于法律制度的规定。

基于此，法律对金融的影响，最根本的就是由于法律的保护、促进或限制、禁止功能，决定金融活动更多或更少地展开以及以何种形式展开。正确认识法律对金融活动的影响，对我国深化经济和金融改革至关重要。

1.2 公司金融活动的环境

与公司其他经营决策一样,公司金融活动也要受周围环境的制约和影响,多变的环境可能带来机遇,也可能引起麻烦。

公司金融活动的环境是指对企业财务活动产生影响的外部条件,涉及的范围很广,对经济、法律、金融、社会人文、自然资源等都具有十分重要的影响力,其中最重要的是宏观经济环境、法律环境、金融市场环境和社会文化环境。

1.2.1 宏观经济环境

宏观经济环境是指影响公司金融决策的宏观经济状况,如宏观经济发展速度和水平、经济波动、通货膨胀等。

从某种意义上看,宏观经济发展速度是各经济单位发展速度的平均值,一个企业要跟上整体的发展并在行业中维持它的地位,至少要保持与宏观经济同样的增长速度。而经济周期波动则要求公司适时迅速调整财务策略以适应这种变化。例如,在经济萧条阶段,整个宏观环境不景气,公司将面临产品销售受阻、资金紧缺、利率上涨等困难,需要采取缩减管理费用、放弃次要利益、削减存货、尽量维持生产份额、出售多余设备、转让一些分部、停止扩张和增加雇员等措施。在繁荣时期,市场需求旺盛,销售大幅度上升,企业则要采取迅速筹集资金、扩充厂房设备、建立存货、提高价格、开展营销规划等措施。虽然政府总是力图减少不利的经济波动,但事实上,经济有时过热,有时过冷,公司金融决策必须能够应对这种波动。

通货膨胀是经济发展中最为棘手的宏观经济问题,通货膨胀导致公司产品成本上升,资金需求和资金成本增加,影响企业的投资收益率和企业资产的价值等,对公司金融活动的影响极为严重。在通货膨胀期间,公司为了实现预期的报酬率就必须采取各种办法调整收入和成本,如利用套期保值、提前购买设备和存货,买进现货、卖出期货等方法,尽可能减少损失。利率波动引起贷款利率变化,股票债券价格变动,直接影响企业的投资收益和利润,影响企业的筹资成本。因此,如何应对利息率波动也是对公司金融管理活动的挑战。

政府对某些地区、某些行业、某些经济行为的优惠和鼓励构成了政府主要的经济政策。由于我国目前的管理体制形成了政策的多层次性,并根据经济状况的变化不断调整,公司金融决策应能够利用好这些政策并为政策的变化留有余地,甚至预见其变化趋势。

此外,来自行业的竞争、技术发展水平和速度的变化等都是对公司金融决策的挑战。

1.2.2 法律环境

公司金融决策的法律环境是指公司所必须遵循的各种法律、法规和规章制度。一般而言,国家管理经济活动和经济关系的手段主要有行政手段、经济手段和法律手段。在市场经济条件下,越来越多的经济关系和经济活动的准则用法律的形式固定下来,行政手段逐步减少,而经济手段,特别是法律手段日益增多。企业在进行各种各样的财务活动,处理由此产生的各种财务关系时,必须遵守有关的法律规范,企业不懂法就好比走进了"地雷阵",随时会有危险。

1. 企业组织法律、法规

我国先后颁布过许多与企业组织相关的法律、法规。按照所有制框架,有《全民所有制工业企业法》《城镇集体所有制企业条例》《乡镇企业法》《外资企业法》等。按照责任制框架,则有《公司法》《个人独资企业法》《合伙企业法》等,这些法规既是企业的组织法又是企业的行为法。

例如,个人独资企业的财务优势是:由于企业主对企业的债务承担无限责任,法律对这类企业的管理就比较松,设立企业的条件不高,设立程序简单;所有权能够自由转让;另外,由于所有者与经营者合为一体,故没有代理成本,且经营方式灵活,财务决策迅速,也不存在公司制企业的双重纳税问题。但个人独资企业也存在很多财务劣势:由于个人财力有限,企业规模小,发展慢;受信用程度不足的限制,对债权人缺少吸引力,筹资能力较弱,难以投资资金密集、规模生产的行业;受业主能力和素质、资金规模的影响,企业抵御风险的能力较差;必须承担无限的债务责任。

根据《合伙企业法》,合伙企业的财务优势是:由于每个合伙人既是所有者又是经营者,可以发挥每个合伙人的专长,提高合伙企业的决策水平和管理水平;由于有合伙人共同筹措资金,相对于个人独资企业而言筹资能力有所提高,企业规模扩大也比较容易;另外,由于各合伙人共同偿还债务,偿债能力提高,对债权人的吸引力增强。合伙企业的财务劣势表现为:由于合伙企业以人身相互信任为基础,任何一个合伙人发生变化(如死亡、退出、新人加入等)都会改变原来的合伙关系,产生新的合伙企业,因而企业的存续期和财务不稳定性较大;由于在重大财务决策问题上必须经过全体合伙人一致同意,因此,其财务决策和经营方式可能不如个人独资企业迅速和灵活易变;盈余分配也较复杂。

相对于上述两种组织形式,公司制企业的优点最多。例如,筹资能力强,资金实力雄厚,易于扩大规模、降低成本,形成规模经济;企业存续期长,股份易于转让,股东只以出资额承担有限责任等。但同时,公司制企业所引起的财务问题也最多。公司不仅要争取最大利润,还要实现股东财富最大;随着筹资能力增强,可供选择的筹资方式也增多,各种筹资方式的利弊各异,需要认真分析和筛选;公司盈余的分配也更复杂,需要考虑纳税、信息传递效应等企业内部和外部多种因素。

2. 工商税收法律、法规

税负是企业的费用,它引起企业的现金流出,了解税收制度、熟悉税法无疑对公司金融决策具有至关重要的意义。我国各类不同经济性质的企业应纳的税种主要有增值税、消费税、关税、所得税、城市维护建设税、房产税、车船税、印花税、土地使用税、土地增值税、资源税和教育附加费等。税种的设置、税率的调整都会对公司的生产经营活动成果产生影响。

例如,在一个国债利息收入免征所得税,而企业债利息收入必须按20%的税率纳税的税收环境下,若两年期国债的利率为10%,则购买1000元国债两年后的净收益是200元,若购买利率为12%的两年期企业债券,扣除个人所得税后,个人实际所得为1000×12%×2×(1-20%),即192元,这个收入低于国债,投资者将会选择国债投资。这时,企业若要吸引投资者购买企业债券,就要提高票面利率,或者折价销售债券。国家金融管理制度规定,一般企业债券的利率高于同期国债利率一定百分点后,高出部分的利息需从企业税后利润中支付,显然,提高企业债券的票面利率没有充分发挥债务的节税作用,降低了股东收益。若选择折价销售,折价部分可在债券存续期内作为税前费用逐期摊销,则可以充分利用债务的节税作用。

上例仅仅分析了所得税对企业财务决策的部分影响,如果考虑所有税种,对企业财务决策的影响就更大了,一个没有税负的合理财务决策,在考虑了税负之后可能成为错误的决策。

3. 财务法律、法规

财务法规是企业进行财务活动、实施财务管理的基本法规,主要包括《企业财务通则》《企业会计准则》。《企业财务通则》对企业资本金制度的建立、固定资产折旧、成本的开支范围、利润分配等问题作了规定,是各类企业财务活动必须遵循的原则和规范。《企业会计准则》是针对所有企业制定的会计核算规则,分为基本准则和具体准则,实施范围是大中型企业。

除上述法律、法规外,与企业财务活动密切相关的法律、法规还有很多,如《证券法》《基金法》《合同法》《破产法》等,公司财务决策应善于掌握法律界限,充分利用法律工具实现公司财务决策的目标。

1.2.3 金融市场环境

金融市场是与商品市场、劳务市场和技术市场并列的一种市场,在这个市场上活跃着各种金融机构、非金融机构、企业和个人,这些机构、企业和个人在市场上进行货币和证券的交易活动。所有企业都在不同程度地参与金融市场。金融市场上存在着多种方便而又灵活的筹资工具,公司需要资金时,可以到这里寻找合适的工具筹集所需资金。当公司有了剩余资金时,也可在这里选择投资方式,为其资金寻找出路。

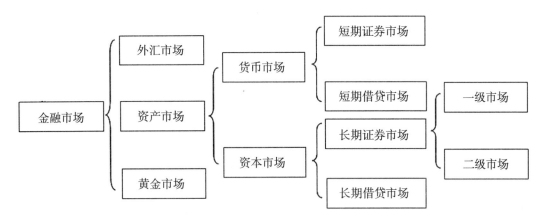

图1-1 金融市场的基本类型

1. 金融市场的类别

金融市场可以按照不同的分类标准进行分类,如图1-1所示。

(1)按交易对象分为资金市场、外汇市场和黄金市场

资金市场是进行资金借贷的市场,包括融资期限在一年以内的货币市场和融资期限在一年以上的资本市场。

外汇市场是进行外汇买卖的交易场所或交易网络,主要设置在各国主要的金融中心,如英国的伦敦、美国的纽约、日本的东京、中国的香港地区等都是著名的国际金融中心。

黄金市场是专门经营黄金买卖的金融市场,包括现货交易市场和期货交易市场,市场的参与者主要是各国的官方机构、金融机构、经纪商、企业和个人。

(2)资金市场按融资期限分为货币市场和资本市场

货币市场是融资期限不超过一年的资金交易市场,是调剂短期资金的场所,交易内容较为广泛,主要包括短期存贷款市场、银行间同业拆借市场、商业票据市场、可转让大额存单市场、短期债券市场等。

资本市场是融资期限在一年以上的长期资金交易市场,主要包括长期存贷款市场、长期债券和股票市场,是企业取得大额资金的场所,企业以投资者和筹资者双重身份活跃在这个市场上。

（3）长期证券市场按交易的性质分为发行市场和流通市场

发行市场是发行证券的市场，也称为一级市场。流通市场是从事已发行证券交易的市场，又称为二级市场。资金在一级市场上从投资者手中流入企业。一级市场方便了投资者之间的交易，增加了投资者资产的流动性，提供了公司股票价值的信号，间接地促进了一级市场的发展。

此外，金融市场还可以按交割时间分为现货市场和期货市场，接地理区域分为国内金融市场和国际金融市场等。

2. 金融中介机构

金融中介机构是金融市场上联结资本需求者与资本供给者的桥梁，在金融市场上发挥着十分重要的作用。通常，人们将金融机构分为银行和非银行金融机构两类。

（1）银行金融机构

按照其职能，银行金融机构又可以进一步分为中央银行、商业银行、专业银行。

中央银行虽然也称为"银行"，但它并非一般意义上的银行，而是一个政府管理机构。它的目标不是利润最大化，而是维护整个国民经济的稳定和发展，它的基本职能是制定和执行国家的金融政策。中国人民银行是我国的中央银行，它代表政府管理全国金融机构，经理国库。其主要职责是：制定和实施货币政策，保持货币币值稳定；依法对金融机构进行监督管理，维护金融业的稳定；维护支付和清算系统的正常运行；保管、经营国家外汇储备和黄金储备；代理国库和其他与政府有关的金融业务；代表政府从事有关的国际金融活动等。

商业银行是主要经营存贷款业务、以营利为经营目标的金融企业。随着金融市场的发展，商业银行的业务范围已大大扩展。不论是证券市场发达还是不发达的国家，商业银行都是金融市场的主要参与者。在我国，中国工商银行、中国农业银行、中国建设银行、中国银行、交通银行、光大银行、招商银行、中信实业银行、华夏银行、深圳发展银行、上海浦东发展银行、福建兴业银行等都属于商业银行。

专业银行是只经营指定范围金融业务和提供专门的金融服务的银行，主要有开发银行、储蓄银行等。如美国的互助储蓄银行，仅靠接受存款筹措资金，业务也仅限于发放抵押贷款。

此外，银行金融机构还包括政策性银行。政策性银行一般不以营利为目的，其基本任务是为特定的部门或产业提供资金，执行国家的产业政策和经济政策。如我国的国家开发银行、中国进出口银行就是政策性银行。政策性银行虽然不以营利为目的，但政策性银行的资金并非财政资金，也必须有偿使用，对贷款也要严格审查，并要求还本付息。

（2）非银行金融机构

非银行金融机构的构成和业务范围都极为庞杂，与公司金融活动密切相关的有：保险公司、证券公司、投资银行、信托投资公司、养老基金、共同基金、金融租赁公司等。

保险公司从事财产保险、人寿保险等各项保险业务，不仅为企业提供防损减损的保障，而且其聚集起来的大量资金还是公司及金融体系中长期资本的重要来源。

投资银行主要从事证券买卖、承销业务，我国习惯上称其为证券公司。证券公司为企业代办、发行或包销股票和债券，参与企业兼并、收购、重组等活动，为企业提供财务咨询服务，与企业的关系十分密切。

共同基金是一种进行集合投资的金融机构，其聘请有经验的专业人士，根据投资者的不同愿望，进行投资组合，获取投资收益。

财务公司不能吸收存款，但可以提供类似银行的贷款及其他金融服务。我国的财务公司多为由企业集团内部各成员单位入股设立的金融股份有限公司，是集团内部各企业单位融通资金的重要机构。

金融租赁公司则通过出租、转租赁、杠杆租赁等服务为企业提供生产经营所需的各种动产和不动产。

3. 金融市场利率

金融市场上的交易对象是货币资金。无论是银行的存贷款，还是证券市场上的证券买卖，最终要达到的目标都是货币资金转移，而货币资金的交易价格就是利率。利率的高低通过影响筹资方的筹资成本和投资方的投资收益直接影响交易双方的利益，是公司金融决策的基本依据。

在金融市场上有各种各样的利率，主要有以下几大类别：

（1）市场利率与官方利率

既然利息是资金的价格，利率水平的高低也就与其他商品一样是由可借贷资金的供求关系决定的。可供借贷的资金主要来源于居民的储蓄、货币供给的增长和境外资金的流入。资金的需求则主要来自于投资、政府赤字、持有现金以及经济货币化过程等所产生的对资金的需求。显然，利率越高，资金供给越多，资金的需求就越小；利率越低，资金的需求就越高，而资金的供给就越少。

官方利率是由中央银行或政府金融管理部门确定的利率，也称为法定利率。我国的利率属于官方利率，由国务院统一制定，中国人民银行统一管理。官方利率是国家进行宏观调控的一种手段，虽然是由政府确定公布的，但也要考虑市场供求的状况。

（2）基准利率与套算利率

按照利率之间的变动关系可以将利率分为基准利率与套算利率。基准利率是在多种利率并存的条件下起决定作用的利率，这种利率的变动将影响和决定其他利率的变动。例如，西方国家中央银行的再贴现率和中国人民银行对商业银行的贷款利率。套算汇率是指在基准利率基础上，各金融机构根据借贷特点换算出来的利率。例如，某金融机构规定，贷款给AA级企业的利率是在基准利率的基础上增加1%，若基准利率是3%，则AA级企业可获得的该金融机构的贷款利率为4%。

（3）实际利率与名义利率

在公司金融决策中区分实际利率和名义利率至关重要，一项投资是赚钱还是赔钱不能看名义利率，而要看实际利率，简单来说，名义利率和实际利率之差就是通货膨胀率。例如，在1988年，我国的通货膨胀率平均高达18.5%，假如某企业年初取得一笔贷款的年利息率为24.5%，则该企业负担的实际利率是6%，即24.5%－18.5%。

通常，贷款合同里签署的都是名义利率，包含了借贷双方对未来通货膨胀的预期。倘若对未来的通货膨胀不能作出比较准确的估计，交易的某一方就会发生损失。实际通货膨胀率高于预期，对贷出资金的一方不利；实际通货膨胀率低于预期，则对借方不利。因此，在公司金融决策中更重要的是能够对实际利率作出比较准确的事先估计。

（4）浮动利率与固定利率

为了避免借贷期内由于通货膨胀等因素引起实际利率变动而造成的损失，就产生了浮动利率。浮动利率允许贷款利率按照合同规定的条件依市场利率的变动而调整，适用于借贷时期较长、市场利率多变的借贷关系。固定利率则是在借贷期内固定不变的利率，适用于短期借贷。

4. 公司金融对现金流量的计算

公司金融和会计对现金流量的认识角度不同。会计按权责发生制计算现金流量，在会计权责发生制下，"一旦企业实质上已经完成它获取收入所必须付出的努力，并有理由相信能得到偿付，收入就应该被确认"。会计将实际收现的时间选择看作一个纯技术问题。

例 Midland公司从事黄金提炼和贸易。到2018年年底，公司共销售黄金2500盎司（1盎司=31.1035克），收入达100万美元。在2018年年初，公司支付了90万美元的现金购买这些黄金；遗憾的是，公司还没有收到购买黄金的客户的现金。表1-2所示为Midland公司2018年的财务会计状况。

表1-2　Midland公司损益表（会计角度）

单位：美元

销售收入	1000000
－成本	（900000）
利润	100000

注：括号内数字表示负值。

根据公认会计准则,由于假设客户将很快支付贷款,因此即使客户尚未付款,销售收入也应确认。所以,从会计的角度看,Midland公司似乎是盈利的。然而,公司理财不这样看,它关注现金流量。表1-3为公司2018年的现金流量状况。

表1-3 Midland公司损益表(公司金融角度)

单位:美元

现金流入	0
现金流出	(900000)
现金收支差	(900000)

注:括号内数字表示负值。

公司理财注重Midland公司的黄金交易经营是否给公司创造了现金流。价值创造取决于现金流:对于Midland公司来说,价值创造实际上取决于它是否和何时能收到100万美元的货款。

1.2.4 社会文化环境

社会文化环境包括教育、科学、文学、艺术、卫生体育、世界观、习俗、组织纪律观念、价值观念、社会的资信程度等。企业的财务活动不可避免地受到社会文化的影响。

随着财务管理工作的内容越来越丰富,社会整体的教育水平越来越重要。事实证明,在教育落后的情况下,为提高财务管理水平所做的努力往往收效甚微。科学的发展对财务管理理论的完善也起着至关重要的作用。另外,诸如社会的资信程度等因素也在一定程度上影响财务管理活动,当社会资信程度较高时,企业间的信用程度较高,企业间的信用往来会加强,会促进彼此之间的合作,并减少企业的坏账损失。

1.3 公司的基本概念及特点

企业组织形式多种多样,其中最主要的三种类型是个人独资制企业(sole proprietorship enterprise)、合伙制企业(partnership enterprise)和公司制企业(corporation enterprise)。

1.3.1 个人独资制企业

1. 个人独资制企业的概念

个人独资制企业是指一人投资经营的企业。个人独资制企业投资者对企业债务负无限责任，企业负责人是投资者本人。

2. 个人独资制企业优缺点

（1）优点

第一，设立非常简单，企业的建立或关闭、经营和管理受内外部制约较小，比较灵活。独资业主制是费用最低的企业组织形式，不需要正式的章程。

第二，独资业主对企业拥有绝对控制权，自主权充分。

第三，企业财务不需公开。因为独资业主制企业的投资属业主个人的钱，所以个体业主筹集的权益资本仅限于业主本人的财富。

第四，无须缴纳公司所得税，企业的所有利润均按个人所得税相关规定纳税。

（2）缺点

第一，独资业主对企业运作过程中发生的债务负有无限责任，包括契约责任、债务以及民事侵权行为责任。这些责任不仅是指业主的行为，还包括员工及业主代理人的行为，甚至还包括为业主工作的独立承揽人的行为。无限责任是相当繁重的，如果企业财产不足以偿清债务，业主要用自己的财产如房屋、银行存款或其他财产，来偿清企业债务，即个人资产和企业资产之间没有差别。

第二，独资业主个人承担企业的所有税务。如果不缴纳这些税金，可能会受到严厉惩罚，甚至承担法律责任。

第三，企业资金来源有限，发展缓慢。

第四，企业存续期受制于业主本人的生命期，稳定性较差。

1.3.2 合伙制企业

1. 合伙制企业的概念

合伙制企业是由两个或两个以上合伙人共同出资组建的企业。它包括两种类型：一般合伙制企业和有限合伙制企业。

在一般合伙制企业中，所有合伙人按协议规定的比例提供资金和工作，并分享相应的利润或承担相应的亏损。每个合伙人的行为都代表整个企业而不是个人，每个合伙人都对企业的债务负无限连带责任，合伙协议可以是正式文字协议，亦可以是口头协议。

在有限合伙制企业中，至少有一人为一般合伙人，他对企业债务负无限连带责任，有限合伙人不参与企业管理，仅以自己投入企业的资本对债务承担有限责任，有限合伙人可以出售他们在企业中的股份，企业的管理控制权归属于一般合伙人。

2. 合伙制企业的优缺点

（1）优点

第一，合伙制企业的费用一般较低。在复杂的准备中，无论是有限或一般合伙制，都需要书面文件。企业必须缴纳营业执照费和存档费。

第二，一般合伙人对所有债务负有无限责任。有限合伙人仅限于负与其出资额相应的责任。如果一个一般合伙人不能履行他的承诺，不足部分由其他一般合伙人承担。

第三，当一个一般合伙人死亡或撤出，一般合伙制随之终结。但是，有限合伙制这一点有所不同。合伙制企业在没有宣布解散的情况下转让产权是很难的。一般来说，要求所有一般合伙人必须一致同意。但是，有限合伙人可以出售他们在企业中的权益。

第四，合伙制企业要筹集大量的资金十分困难。权益资本的规模通常受到合伙人自身能力的限制。许多公司，如苹果公司，就是始于个体业主制或合伙制，但到了一定程度，它选择了转换为公司制。

第五，合伙制的收入按照合伙人征收个人所得税。

第六，管理控制权归属一般合伙人。重大事件，如企业利润的留存数额，通常需要通过多数投票表决来确定。

（2）缺点

第一，一般合伙人承担无限责任。

第二，具有有限的企业生命。

第三，产权转让困难。

第四，难于筹集资金。

1.3.3 公司制企业

公司制企业是依照《公司法》组建并登记的具有法人资格的企业，它有独立于公司所有者之外的自身财产，有自己的组织机构，能独立承担民事责任和享有民事权利。正因如此，公司要有一个名称，并享有很多像自然人一样的法律权利。例如，公司可以购买和交换财产，公司可以签订契约，可以起诉和被起诉。从司法的目的看，公司制是一种以公司身份出现的法人或公民。当然，它没有公民投票权。

1. 公司法人必需的条件

（1）依法成立。法人必须依法设立，法人组织设立的目的和宗旨，须符合国家和社会公共利益的要求，并且法人成立的审核和登记程序，须符合法律法规的要求。

（2）有必要的财产和经费。必要的财产和经费是法人赖以存在并承担民事责任的基础。公司属于公司法人，必须有公司自己所有或经营管理的财产。

（3）有自己的名称、组织机构和场所。法人的名称是法人特定化的标志；组织机构是管理法人的事务、代表法人从事民事活动的机构；法人的场所是法人从事生产经营及其他活动的地方。

（4）能够独立承担民事责任。法人必须以其自己的意志从事活动，并且以其支配的财产承担民事责任。

2. 公司制企业的优缺点

（1）优点

第一，资合公司。个人独资公司依附于业主，合伙公司依附于合伙人，当业主或合伙人发生变动时，这两类公司就要发生变动，因此，其组织常常是不稳定的，这类公司称为人合公司。公司是独立的法人，股东或所有者完成出资，公司一经成立，就独立于所有者和股东而单独存在，股东和所有者的变动并不会影响公司的存在，因此称为资合公司。公司的组织形式因而更稳定，存续期间更长。

第二，股东承担有限责任。个人独资公司和合伙公司的业主、合伙人以自己所拥有的全部私人财产对公司的债务承担无限责任或者无限连带责任。而公司的出资人仅以自己的出资或所持有的股份对公司承担有限责任，公司以自己的全部财产对公司的债务承担无限责任。

第三，公司的所有权与经营权相分离。公司的终极所有权属于股东，法人财产所有权属于公司法人。公司资产变动处置与股东转让股权的活动分离，所有权属于股东，而经营权则委托董事会和经营者行使。

第四，易于筹集资金。公司的所有权体现为数额众多的股份或股票，不但使投资者可以以自己的名义分享公司所有权，而且有利于公司通过发行股票的形式筹集资金，并无须股东承担无限责任。股份有限公司要求公司的财务公开，因此有利于公司公开发行股票或债券募集资金。

第五，所有权具有流动性。公司的产权可以转让，即公司所有权的转移可以通过股票或股份的转让来实现。这一点显然基于公司所有权与经营权的分离以及股票市场的高度发达，使投资者在随时变现其所持有股票的同时，不会对公司正常生产经营活动产生影响。

第六，具有永恒存续期。公司除破产、被兼并或依照公司章程自动终止外，具有无限生命，这是公司作为资合公司的优点。这种存在的连续性使得公司具有很好的经营稳定性，这对公司的投资尤其是筹资活动是十分有利的。

第七，专家经营。公司所有权与经营权的分离客观上决定了公司经营的专业性。股东委托专业的经营者——经理层对公司经营进行管理，有利于专业分工和公司经营业绩的提高。

（2）缺点

第一，双重征税。公司作为法人要缴纳公司所得税，股东从公司税后可分配利润中取得的股息、红利收入，还要缴纳个人所得税，因此存在双重课税问题。而个人独资公司和合伙公司只缴纳个人所得税，不存在这个问题。

第二，代理问题。公司所有权与经营权相分离，一方面因为专业分工和专家经营可以为公司带来利益；另一方面也易产生代理问题，即公司中高层经理人员可能为了自身利益而在某种程度上牺牲股东的利益，存在道德风险和逆向选择行为，如以工作为借口乱花股东的钱，为了维护自己的利益而不求进取，甚至利用自己的信息优势来欺诈股东。股东用来监督和激励管理者的成本被称为"代理成本"。

第三，财务公开。针对公司股份流动性特征，特别是对上市公司，要求必须按规定公开财务报表并且对经营状况作更多的披露。表1-4对公司制企业、合伙制企业和个体业主制企业的特点进行了比较。

表1-4 公司制、合伙制、个人独资制企业的比较

	公司制	合伙制	个人独资制
流动性和可交易性	股份可交易而公司无须终结；股票可以在交易所上市交易	产权交易受很大限制；一般无合伙制的产权交易市场	产权交易受很大限制
投票权	股东有投票权，表决重大事项和选举董事会；董事会决定高层经理	有限合伙人有一定投票权；一般合伙人独享控制权和管理经营权	业主个人独自拥有企业
税收	双重征税：公司收入缴纳公司所得税；股东所获股利缴纳个人所得税	合伙制无须缴纳企业所得税；合伙人根据从合伙制企业分配的收入缴纳个人所得税	不必缴纳公司所得税，但企业主须就全部盈余支付个人所得税
在投资和分红	公司有较大的自由度决定股利支付比例	合伙制企业不得将其现金流用于再投资；所有净现金流分配给合伙人	财富归业主个人所有
责任	股东个人不承担公司的债务	有限合伙人不承担合伙制企业的债务；一般合伙人可能要承担无限责任	业主负有无限责任，当企业遭受清算时，若企业的资本不足以偿还其负债，则业主必须提供个人的财产偿债
存续	公司具有永恒存续期	合伙制企业仅有有限存续期	个人独资制企业随着业主的死亡而宣告结束

1.4 公司制企业

1.4.1 公司制企业的分类

公司制是最重要的一种企业组织形式，虽然有许多类型，但股份有限公司和有限责任公司是两种基本的公司类型。尽管不同体制国家的公司所有权结构存在很大差异，但

是，股份有限公司和有限责任公司具有显著的通用性，它们也是各国企业组织的主导形式。我国《公司法》也规定，公司包括有限责任公司和股份有限公司两种，同时，把国有独资公司规定为有限责任公司的一种，这是从我国的实际情况出发，考虑到有些行业需要由国家统一经营而加以设立的。

公司按照基本组织形式可以分为以下三种：

1. 无限责任公司

无限责任公司是最早出现的一种公司组织形式，是由合伙公司演变而来。无限责任公司与合伙公司的根本区别在于无限责任公司是法人，而合伙公司不是。无限责任公司是指由两个以上股东组成，全体股东对公司债务承担连带无限清偿责任的公司。其中，公司资本是在股东相互熟悉、相互信任的基础上出资形成的，信任因素起着决定性作用，因此，也称为"人合公司"。

2. 有限责任公司

有限责任公司是指由两个以上股东共同出资，每个股东以其认缴的出资额对公司承担有限责任，公司是以其全部资产对其债务承担责任的企业法人。有限责任公司的基本特点如下：

（1）股东以其出资比例享受权利，承担义务，对公司的债权人不负直接责任。在公司破产或解散时，仅以在公司中的投资承担有限责任，不涉及个人财产，因而是典型的"资合公司"。

（2）有限责任公司实行资本金制度，但公司股份对股东不一定为均等股份，每一位股东无论出资多少，都有一票表决权。

（3）有限责任公司的股东人数既有最低限制，也有最高限制，我国为2人以上50人以下。另外，国家授权投资的机构或者国家授权的部门可以单独投资设立国有独资的有限责任公司。

（4）有限责任公司不能公开募股．不能发行股票。

（5）股东的出资不能随意转让，如需转让，应经股东会或董事会讨论通过，其他股东拥有优先购买权。

（6）有限责任公司的财务不必公开，但应当按公司章程规定的期限将财务报告送交各股东。

3. 股份有限公司

股份有限公司是指全部资本由等额股份构成并通过发行股票筹集资本，股东以其所认购的股份对公司承担有限责任，并享有相应的权利。其基本特点如下：

（1）公司的资本总额划分为等额股份。

（2）经批准，公司可以向社会公开发行股票，股票可以交易或转让，但不得退股。

（3）股东人数不限。我国对股份有限公司的股东人数有最低限制，即一般情况下，至少有5人为发起人。但国有企业改建为股份有限公司的，发起人可以少于5人。

（4）股东以其所认购的股份，享受权利，承担义务，每一股有一票表决权，并对公司债务承担有限责任。

（5）公司以其全部资产对公司的债务承担责任，在公司破产或解散时，公司债权人只能对公司的资产提出要求，无权直接对股东进行起诉，因而也是典型的"资合公司"。

（6）财务公开。由于股份公司是公开向社会发股筹资的，股东人数多，各国法律都要求股份有限公司应将其财务公开。我国《公司法》也明确规定，股份有限公司编制的年度资产负债表等会计报表，应在股东大会年会召开20日前备置于公司，供股东查阅，以达到保护债权人和股东利益的目的。

1.4.2 公司的建立及组成

创办一家公司比创办一家个人独资制或合伙制企业复杂得多。公司创办人必须准备公司章程和一系列细则。公司章程主要包括如下内容：

（1）公司名称；

（2）公司计划的经营年限（可以永续经营）；

（3）经营目的；

（4）公司获准发行的股票数量；

（5）股东拥有的权利；

（6）创建时董事会成员的数量；

（7）说明各种不同股份的权利。

公司章程是公司规范其自身存续的准则，涉及股东、董事会成员和经理。公司章程小至对公司经营管理原则的简要说明，大至数百页的文字。

在最简单的公司制中，公司由三类不同的利益者组成：股东即所有者、董事会成员、公司高层管理者。传统上，股东控制公司的方向、政策和经营活动。股东选举董事会成员。反过来，董事会成员选择高层管理人员。高层管理人员以股东的利益为重，管理企业的日常经营活动。在股权集中的企业，股东、董事会成员和公司高层管理人员可能相互交叉。但是，在大型企业中，股东、董事会成员、公司高层管理人员可能是各不相同的集团。

与个人独资制和合伙制企业相比，公司制企业的所有权和管理权的分离有很多好处：

（1）因为公司的产权表示为股份，所以产权可以随时转让给新的所有者；因为公司的存在与持股者无关，所以股份转让不像合伙制那样受到限制。

（2）公司具有无限存续期。因为公司与它的所有者相分离，某一所有者死亡或撤出不影响它的存在。即使原有的所有者撤出，公司仍然继续经营。

（3）股东的责任仅限于其投资在所有权的股份数。例如，假设股东购买公司1000美元的股份，其潜在的损失就是1000美元。在合伙制企业，每个一般合伙人出资1000美元，可能损失1000美元加上合伙制企业的负债。

有限责任、产权易于转让和永续经营是公司制这种企业组织形式的主要优点。这些优点又提高了企业筹集资金的能力；但是，公司制存在一个缺点，公司股东除了在收到股利时需缴纳个人所得税外，公司还必须缴纳公司所得税。与个人独资制和合伙制相比，这对于股东是双重征税。

1.4.3 公司制企业存在的问题：委托—代理问题

公司的基本目标是什么？传统的答案是：因为股东拥有并控制公司，所以公司的管理者为股东的利益而决策，但事实并非如此。要回答这一问题，很有必要准确地确认谁在控制公司，我们将考虑"系列契约理论"。这种理论认为：公司制企业力图通过采取行动提高现有公司股票的价值以使股东财富最大化。

系列契约理论认为企业可以视为许多契约的集合。契约条款是所有者权益对企业资产和现金的剩余索取权，所有者权益契约可定义为一种委托—代理关系：管理团队的成员是代理人，股东是委托人。它假设管理者和股东，如果各据一方，都将力图为自己谋利益。

无论如何，股东通过设计合适的激励机制和监督机制约束管理者的行为，尽量避免管理者背离股东的利益。遗憾的是，这样做不但复杂，而且成本高。解决管理者和股东之间利益冲突的费用是一种特别类型的成本，称为"代理成本"。它是这样一些成本的总和：（1）股东的监督成本；（2）实施控制的成本。可以预期，为了使得股东价值达到最大，设计的契约将为管理者提供适当的激励。因此，系列契约理论认为：公司管理者采取的行动一般都以股东利益为重。但是，代理问题仍然无法完美地得到解决，股东可能面临"剩余损失"，即出于管理者背离股东利益而使其蒙受财富损失。

管理者的目标可能不同于股东的目标。如果管理者独自追求他们自己而不是股东的目标，那么管理者所要追求的最大化目标是什么？

Williamson提出了"支出偏好"的概念。他指出管理者通过某些支出获得了价值。特别是对管理者来说，公司的汽车、办公家具、办公地点和自主决定投资的资金给他们带来的价值超过了提高生产力给他们带来的价值。

第1章 导　论

Donaldson采访了一些大公司的高层管理者，他的结论是管理者的行为受到两种基本动机的影响：

（1）生存。组织的生存意味着管理者总是要控制足够的资源防止企业被淘汰。

（2）独立性和自我满足。这是指不受外界干扰和不依赖于外部的资本市场而进行决策的独立性。Donaldson的访谈表明管理者不喜欢发行新股。实际上，他们喜欢依赖于内部产生的现金流量。

根据这些动机调查结果，Donaldson得出的结论是：管理者基本的财务目标是公司财富最大化；公司的财富是管理者所能进行有效控制的财富，它与公司的成长性和公司的规模密切相关。公司财富并非必然就是股东财富。通过提供成长所需资金和在一定程度上限制筹集新的权益资本，公司财富具有提高成长性的趋向，而提高公司的成长性、扩大公司规模与提高股东财富并非必然地相同。

如果所有人的信息是相同的，委托—代理问题就较容易解决，但实际情形正好相反，信息不对称（information asymmetry）导致委托—代理问题变得不易解决或者要求管理者发出可信的信号（signal）来维护自己的诚信。

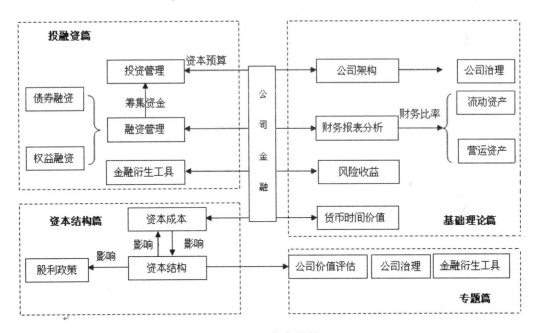

图1-2　本书结构

本章小结

关键词：

公司金融　资本成本　股东价值最大化　金融市场

关键问题：

1. 现代金融需要解决的核心问题是如何在不确定的环境下，对资本进行跨期的最优配置。公司金融学考察公司如何有效地利用各种融资渠道获得最低成本的资金来源，并形成合适的资本结构，建立公司激励兼容的资本配置机制。公司金融研究的主要内容包括资本预算决策、筹资决策、投资决策和股利分配管理等内容。

2. 西方经典公司金融理论是指自MM理论以来的围绕公司金融研究的各种理论流派，包括权衡理论、代理理论、信号传递、控制权理论等。

3. 公司金融的目标是会计利润最大化、利益相关者价值最大化和股东价值最大化。

4. 公司是指以盈利为目的的、从事商品或劳务生产和经营的经济组织。公司按照基本组织形式可以分为三种：（1）无限责任公司；（2）有限责任公司；（3）股份有限公司。公司资本结构就是公司各种资本来源组成的比例关系。资本结构决策往往要考虑如何在风险和报酬之间进行权衡。公司治理是现代公司制度中最重要的组织架构，在现代公司制度中则需要妥善处理所有者与经营者之间、大股东与小股东之间、股东与其他利益相关者之间的矛盾。

思考与练习

1. 什么是金融？什么是公司金融？
2. 公司金融研究的主要内容是什么？
3. 公司金融的目标及各自的优缺点是什么？
4. 公司制企业的优缺点是什么？
5. 假设你毕业于财务专业，在一家咨询公司上班，李华是你的一个客户，他正打算创建一家生产健身器材的公司，近几年，这一行业的前景看好，已有多位投资者愿意对李华的新公司投资。鉴于采用发行股票方式设立公司的手续复杂，李华打算采用有限责任公司的组织形式，他想通过你来了解公司理财方面的问题。

要求：你的老板设计了下面这些问题，让你通过对这些问题的解释帮助李华了解相关知识。

（1）作为公司的财务人员，财务管理的目标是什么？在实施这一目标过程中可能遇到的问题有哪些？应如何解决？

（2）公司的财务活动有哪些？公司的财务人员进行这些活动时需要注意哪些问题？

（3）公司的财务人员可以通过金融市场来实现什么理财目标？金融机构都有哪些？

参考文献

[1] 周革平：《资本结构与公司价值关系研究——MM理论及最新进展概要》，载《金融与经济》2006年第3期，第29—31页。

[2] 李艳荣：《公司金融理论在我国的研究现状》，载《财经科学》2006年第12期，第32-38页。

[3] 杨纪元：《行为公司金融的发展及其启示》，2007年暨南大学硕士论文。

[4] 陈功：《从"股东财富最大化"到"利益相关者财富最大化"》，载《吉林省经济管理干部学院学报》2000年第3期，第24—26页。

[5] 陈丽娟、吴海燕、王超：《试论企业价值最大化和利益相关者最大化》，载《管理观察》2008年第17期，第81—82页。

[6] 缪因知：《法律如何影响金融：自法系渊源的视角》，载《华东政法大学学报》2015年第1期，第92—102页。

[7] R. Glenn, Hubbard, Capital-Market Imperfections and Investment, *Journal of Economic Literature,* 1998 (1): 193–225.

[8] Simon Gervais, J.B. Heaton, Terrance Odean, The Positive Role of Overconfidence and Optimism in Investment Policy, Univevsity of California, Working Paper．

[9] Sheridan Titman, The Modigliani and Miller Theorem and Market Efficiency, NBER Working Paper, No. 8641．

第 2 章
公司财务分析

导语 财务报表是根据统一规范编制的反映企业经营成果、财务状况及现金流量的会计报表,是会计核算、记录的交易和事项的客观反映,包括资产负债表、利润表和现金流量表等。根据财务报表对公司财务状况进行分析,可以对公司经营状况、盈利能力等有一个全面认识,同时能够为报表使用者,如企业管理者、外部投资者等,提供各项决策活动的依据。本章就在介绍资产负债表、利润表和现金流量表的基础上,引入财务比率的计算方法,并介绍了趋势分析法和比率分析法的内容,最后总结了公司财务状况的总体评价的基本内容。

2.1 财务分析概述

2.1.1 财务分析的含义

财务分析(financial analysis)是以财务报表为基础,对各项财务指标的完成情况所作的分析,其分析内容涉及公司的各个方面,包括:公司一般的和具体的、整体的和部门的、内部的和外部的、目前的和未来的、价值的和非价值的与公司生产经营和财务状况相关的各项分析内容。此外,财务分析也不受时间的限制,除了要进行定期的财务分析外,也应在平时对重要事项进行不定期分析,对特殊项目进行专题分析,以帮助管理者解决日常经营和特定事项的决策问题。

从上述定义中可以得知,财务分析并非仅指某种分析指标或某种分析方法,而是运用分析方法和技巧,从财务报表及其他财务资料中整理出有用信息的全过程。财务分析的职能是"评价公司以往的经营业绩,衡量公司现在的财务状况,预测公司未来的发展趋势,为公司的正确经营和财务决策提供依据"。例如,为什么有时公司销售情况良好,但利润增长却十分缓慢;为什么有时公司利润状况不错,但现金流量却不理想;什么原因造成公司的成本费用急剧上升,或负债比例持续居高不下,这些问题都要通过财务分析进行解答。它可以避免决策时的直觉推测,缩小不确定和错误判断的范围,以增加决策的科学性。财务分析主要方法有比率分析法、趋势分析法和综合分析法等，其中比率分析是财务分析的核心。

综上所述，财务分析是公司财务管理的一个重要组成部分，它能够帮助公司管理层作出正确的投资决策、资金营运和筹资规划，能帮助公司有效控制成本和制定合理的营销策略，同时也能帮助公司内外部财务信息使用者对公司作出综合考核和评价。

2.1.2 财务分析的目的

财务分析对于公司各方面都具有重要意义，公司的投资者、债权人和经营者都十分关心财务分析的结果，但他们对财务分析的要求和目的会有差异。从评价的角度看，财务分析应该具有以下几项基本内容：

1. 评价公司财务状况

财务分析应根据财务报表等综合核算资料，对公司整体和各个方面的财务状况进行综合和细致的分析，能够评价公司的财务实力与财务弹性，能够评价公司资产的流动性与短期偿债能力以及资本结构和负债比例是否恰当，现金流量状况是否正常等，从而评价公司长期和短期的财务风险与经营风险，为公司投资人和管理层提供有用的决策信息。

2. 评价公司盈利能力

偿债能力和盈利能力是公司财务评价的两大基本指标，盈利能力强的公司才能保持良好的偿债能力。在公司偿债能力既定的情况下，公司应追求最大的盈利能力，这是公司的重要经营目标。例如，企业的资产负债率为85%，则说明企业的资金只有15%是所有者的资金；如果企业现金支付能力为负，则说明企业面临支付危机，需要进行短期融资活动。财务分析应从整体、部门和不同项目对公司盈利能力作深入分析和全面评价，要看绝对数，也要看相对数，要看当前的盈利水平，还要比较过去和预测未来。

3. 评价公司资产管理水平

公司资产作为公司生产经营活动的经济资源，其管理效率的高低除了可以直接影响公司的盈利能力和偿债能力以外，还能够表明公司综合经营管理水平的好坏。进行财务分析，可以了解公司资产的保值和增值情况，分析公司资产的利用效率、管理水平、资金周转状况、现金流量情况等，为评价公司经营管理水平提供依据。

4. 评价公司成本费用水平

从长远来看，公司的盈利能力和偿债能力与公司的成本费用控制能力密切相关。财务分析不仅要从整个公司和全部产品的角度进行综合分析，还要对公司的具体职能部门和不同产品进行深入分析，对成本和费用耗费的组成结构进行细致分析，对公司一定时期的成本费用的耗用情况进行全面分析和评价，这样才能真正说明成本费用增减的实际原因。

5.评价公司未来发展能力

无论是公司的投资者、债权人还是经营者，都十分关注公司的发展趋势。只有通过全面、深入和细致的财务分析，才能对公司未来的发展趋势作出正确评价。在公司财务分析中，应根据公司偿债能力和盈利能力、资产管理质量和成本费用控制水平及公司其他方面相关的财务和经营情况，对公司中长期的经营前景作出正确的评价和合理的预测，从而为公司经营管理者和投资者进行经营决策和投资决策提供重要依据，避免决策失误带来重大经济损失。

2.1.3 财务分析的意义

编制财务报表的目的，就是向报表的使用者提供财务信息，为他们的决策提供依据。财务报表是通过一系列的数据资料来全面反映企业的财务状况、经营成果和现金流量情况。财务分析基本的意义可以从这样几个方面来认识：

（1）有利于公司经营管理者正确开展经营决策和改善企业经营管理。社会主义市场经济为公司之间的平等竞争创造了有利条件，同时，也给公司的生产经营环境带来了复杂性。复杂的经营环境要求公司的经营管理者不仅要广泛、准确地了解社会信息，而且要全面、客观地掌握本公司的具体情况。财务分析有利于评价公司财务状况、经营成果及其变化趋势，并且有利于揭示公司内部各项工作出现的差异及其产生的原因，从而帮助公司经营管理者掌握本企业实际情况。

（2）有利于投资者作出正确的投资决策和债权人制定正确的信用政策。投资者和债权人不仅需要掌握公司的财务状况和经营成果，而且对有关公司的盈利能力、偿债能力、营运能力及其发展趋势也必须有一个深入了解，因为它直接关系投资者的收益和债权人承担的风险。为了提高投资收益、降低投资风险，投资者要正确作出投资决策；为了按时收回贷款或应收账款，降低呆账或坏账损失，债权人要正确制定信用政策。因此，这就要求投资人和债权人对公司的财务报告进行深入考察和分析，以选择最佳投资目标或制定最佳信用政策。

（3）有利于国家财税机关等政府部门加强税收征管并进行宏观调控。为了保证国家财政收入，国家财税机关必须改善和加强对税收和利润的征收管理工作，这一方面要促进公司改进生产经营管理，增加企业收益；另一方面要监督企业遵纪守法，保证税收及时、足额纳入国库。另外，为了保证社会主义市场经济的稳定发展，国家财税机关等政府部门还必须制定宏观调控措施，规范公司的生产经营行为。无论是加强税收和利润的征收管理，还是制定宏观调控措施，国家财税机关及有关政府部门，不仅要从财务报表方面了解企业的一般状况，而且要全面、深入掌握财务状况、经营成果及其变化趋势。因此，必须对财务报表进行分析。

2.2 财务报表

财务报表（financial statement）是财务分析所需要的各种资料的来源，是财务分析的基础。只有基础资料充分、正确和完整，并能有效地按不同的分析目的进行归类和整理，才能确保财务分析信息的真实可靠，所以，完整可靠的财务资料是保证高质量财务分析的重要前提。基本的财务报表有资产负债表、损益表、利润分配表、现金流量表。

2.2.1 资产负债表

1. 资产负债表的概念

资产负债表（the balance sheet）是表现企业在一定日期（通常为各会计期末）的财务状况（即资产、负债和业主权益的状况）的主要会计报表。资产负债表是静态报表，它反映的是编表日公司的财务状况，其内容包括公司的资产、负债以及所有者权益三个部分。

资产负债表是时点报表，它隐含了以下三种意义：一是不同时期的资产负债表中的数值相加是没有意义的，它反映的是资产、负债等的存量；二是资产负债表中的每一个数字都可能随公司的经营活动而发生变化；三是它代表公司目前所拥有的、未来可以使用的资产和目前所承担的未来要偿还的债务。

在任何时点上，公司的资产都必须等于债权人和股东的出资之和，通常可用会计方程式表示为：资产=负债+所有者权益，这就是通常所说的会计恒等式，资产负债表就是按资产等于负债加所有者权益这种会计恒等式编制的。会计恒等式来源于企业的经济活动，企业经营需要一定的物质基础，即资产，而资产源于权益资本和负债资本的投入。

资产负债表的格式一般有两种：报告式资产负债表和账户式资产负债表。报告式资产负债表是上下结构，上半部列示资产，下半部列示负债和所有者权益。具体排列形式又有两种：一是按"资产=负债+所有者权益"的原理排列；二是按"资产—负债=所有者权益"的原理排列。账户式资产负债表是左右结构，左边列示资产，右边列示负债和所有者权益。不管采取什么格式，资产各项目的合计等于负债和所有者权益各项目的合计这一等式不变。

在我国，资产负债表采用账户式，每个项目又分为"期末余额"和"年初余额"两栏分别填列。表2-1是某股份有限公司2017年和2018年的资产负债表。

表2-1　某股份有限公司资产负债表

资产	2017年（元）	2018年（元）	负债与所有者权益	2017年（元）	2018年（元）
一、流动资产			五、流动负债		
货币资金	773319985	810178233	短期借款	16318335	8111460
短期投资	10527472	100000000	应付账款	2986726	2015593
应收票据	672750	—	预收账款	17436421	17156918
应收利息	306158	1560731	应付工资	38777646	24028247
应收账款	52433091	37668640	应付福利费	15979623	9874538
预付账款	10729047	6961318	应交税金	28677970	20935718
其他应收款	14296623	93971967	其他应付款	25241236	30868540
存货	3116340	2138242	其他应交款	2033503	1022221
待摊费用	1385260	1271181	预提费用	315094	2660206
流动资产合计	961538726	1053750312	流动负债合计	150604554	116673441
二、长期投资			六、长期负债		
长期股权投资	138918130	40322274	专项应付款	1775000	2000000
长期债权投资	—	8277200	负债合计	152379554	116673441
长期投资合计	138918130	48599474	七、少数股东权益	16291245	5520827
三、固定资产			八、股东权益		
固定资产原价	156269645	135215985	股本	12000000	100000000
减：累计折旧	73914775	56766083	资本公积	868337753	883232553
固定资产净值	82354870	78439902	盈余公积	43935803	32699016
在建工程	62489221	—	其中：公益金	14645268	10899672
固定资产合计	144844091	78439902	未分配利润	36667157	17992033
四、无形资产及其他资产			拟派发现金股利	45000000	60000000
无形资产	35414315	37328182	股东权益合计	1113940713	1093923602
长期待摊费用	1896250	—			
无形资产及其他资产合计	37310565	37328182			
资产总计	1282611512	1218117870	负债与所有者权益总计	1282611512	1218117870

2. 资产负债表的内容

（1）资产

资产（asset）是创造收入的基础，资产的耗费或损耗就是获取收入的代价。从长期看，所有的资产都会逐渐转化为费用，如现金支出进入期间费用，原材料形成产品成本，固定资产通过折旧进入产品成本或制造费用、管理费用；从短期看，费用不过是瞬间的资产。

根据《企业会计准则》，资产被分成六大类：流动资产、长期投资、固定资产、无形资产、递延资产和其他资产，上述资产项目中的具体项目按照流动性排列在资产负债表中。资产的流动性是指资产转化为现金的能力和速度。例如，应收票据的变现能力比应收账款强，存货的变现能力比应收账款弱，所以排列顺序依次为现金、应收票据、应收账款和存货。

① 流动资产

流动资产（liquid asset）包括现金、短期投资、应收账款、存货、预付货款、其他应收款等，它是指可以在一年内或一个营业周期内转化为现金的资产，是公司用于日常经营的资产。流动资产越多，公司对外支付的能力就越强，在市场中运用现金把握商业机会的能力也就越强。流动资产不足将造成资金周转困难，但是流动资产也不是越多越好，流动资产太多会造成资金占用，降低资金的使用效率。

存货有多种计价方法，如果采用先进先出法（FIFO，即最先购入的商品最先售出的计价方法），那么计算出来的期末存货价值比较接近市价，但在市价波动较大的情况下，由于存在时间差异，销货成本与当时成本水平不同，不能正确反映损益；如果采用后进先出法（LIFO，即最后购入的商品最先售出的计价方法），那么其计算出来的期末存货价值在物价上涨或市价偏离较大时，不能反映当时的财务状况，但计入销售成本的价格较接近市价，能反映当期收益。总之，在物价上涨时，以FIFO计算出来的存货价值高于LIFO计算出来的存货价值，FIFO的销售成本低于LIFO下的销售成本，利润被高估。

在流动资产中应收账款和存货占的比重往往比较大，因此要特别注意分析应收账款和存货的规模和质量，如注意分析应收账款的账龄、坏账计提和周转率以及存货的构成、计价方法、跌价准备和周转率等。

② 长期投资

长期投资是指不准备在一年内变现的对外投资，包括持有时间超过一年的各种股权性质的投资、不能变现或不准备在一年内变现的债券、长期票据等长期债权投资。对外长期投资是公司资本经营和优化内部资源配置的重要途径，它不仅能够带来投资收益，而且能够较好地实现公司发展战略，实现多元化经营，但复杂的对外长期投资也为某些盈余操纵提供了空间，如某项长期股权投资对被投资单位具有重大影响，这样就会形成关联方关系，许多交易就可能会受到这种关联方关系的影响而背离公允性。因此，除了分析长期投资的规模外，还要关注投资的效益和风险。

③ 固定资产

固定资产（fixed asset）是指使用期限较长、单位价值较高并且在经营过程中不改变其实物形态的资产，包括建筑物、机器设备和在建工程等。固定资产类项目主要有：固定资产原值、累计折旧、固定资产减值准备、在建工程和固定资产清理等。固定资产项目也包括以融资租赁形式租入的固定资产，融资租赁的资产属于长期资产，在很多方面相当于借款购买固定资产，所以尽管资产的所有权属于出租人，但承租人拥有使用权，按其摊销（折旧）后的净额在资产负债表上列示，至于租金，一部分是当期支付，属于流动负债；一部分以后年度支付，属于长期负债。

折旧主要有两种计算方法：直线折旧法和加速折旧法。与直线折旧法相比，加速折旧法在早期多提折旧，而在后期少提折旧。当然，加速折旧法并不是要公司在总量上多提折旧，只是改变确认的时间。关于计算结果，加速折旧法一般会低估目前的收入，高估后期的收入，进而影响纳税额度。

对固定资产应注意从以下几方面进行分析：一是注意分析固定资产的规模和质量。固定资产的质量反映固定资产对盈利和现金流量的贡献能力，它与固定资产的技术状况、市场状况和公司对固定资产的管理水平等许多因素相关；二是注意分析固定资产的折旧，固定资产的价值是以折旧的方式逐渐转移到产品成本和有关费用中的，固定资产折旧方法的选择对公司利润有时间上的影响；三是注意分析在建工程项目，在建工程反映公司期末各项未完工程的实际支出和尚未使用的工程物资的实际成本，在建工程往往金额较大，是公司重要的投资行为，其期初期末金额、利息资本化金额、资金来源、工程进度及转入固定资产的情况等信息有助于揭示公司的发展动态和未来的盈利能力。

④ 无形资产

无形资产（intangible asset）是指公司拥有的没有实物形态的长期资产，包括专利权、商标权、特许权、非专利技术、土地使用权等。无形资产只有在能为公司带来收益时才有价值。根据我国的会计制度，公司自行开发并将按法律程序取得的无形资产，以及依法取得时的成本列示在资产负债表上，研究开发过程中的各项费用在发生时计入利润表。外购的无形资产则按购买时的历史成本入账，逐年摊销。

无形资产在会计计量中存在两大难点：一是自创无形资产价值的确认，按照《企业会计准则》的规定，外购的无形资产按购买时发生的金额确认价值，自创的只确认金额极小的注册费、聘请律师费等为无形资产的实际成本，这主要是因为无形资产的自创可能跨越多个会计期间，成本难以追溯，而且自创无形资产支出与其成本之间并没有数量比例关系；二是无形资产受益期的确认，无形资产是一种长期资产，其成本应在受益期内摊销，与固定资产相比，无形资产的受益期由于受更多的不可控因素的影响而更加不确定，从而无形资产就难以摊销。上述计量难点无疑将影响无形资产项目所揭示的信息，在分析中应该考虑上述因素。

⑤ 递延资产和其他资产

递延资产（deferred asset）是指不能全部计入当期损益，应在以后年度内分期摊销的各项费用，如租入固定资产的改良支出、大修理支出、开办费等。

其他资产（other assets）是指除以上资产以外的其他资产，是公司由于某种特殊原因不得随意支配的资产，如特准储备物质、银行冻结存款和物资、涉及诉讼的财产等。

（2）负债

负债（liabilities）是由公司过去的经济活动引起的需要在未来偿付的经济义务。在资产负债表中，负债按其偿还期的长短分为流动负债和长期负债。

① 流动负债

流动负债（current liabilities）是指需要在一年内或不超过一年的营业周期内偿还的债务，具体包括：短期借款、应付票据、应付账款、预收账款、应付工资、福利费、应交税金、未付利润、预提费用和其他应付款等。

根据流动负债的性质可以将所有的流动负债项目分为两类：一是借入的债务，如短期借款，需要到期偿还；二是应付款项，如应付账款、预收账款等，需要按期履行支付义务。前者是公司资金筹集活动的结果，后者多是由公司业务交易中的商业信用引起的。如果一个公司超过信用期的各项应付款金额很大，则说明企业资金短缺，信用较差。在公司的全部负债中，流动负债的比重越大，公司当前偿债的压力就越大。进行财务分析时，应注意对比流动资产的情况来分析公司的短期偿债能力。

② 长期负债

长期负债（long-term liabilities）是指偿还期在一年或者超过一年的营业周期以上的债务，包括长期借款、应付债券、长期应付款和其他长期负债等项目。对长期负债进行分析，除了要分析其数量、构成外，还需要注意对或有负债的分析。或有负债（contingent liabilities）指在过去交易中形成的，但在资产负债表日还不明确的，未来可能发生也可能不发生的债务责任。企业面临的主要或有负债有：担保、未决诉讼、应收票据贴现等。应收票据贴现是企业通过转让票据从银行或金融公司取得借款的方式，若在票据到期日出票人不能如数付款，企业作为背书人则负有连带责任。或有负债一旦发生就会加重企业的债务负担。

（3）所有者权益

所有者权益（owner's equity）代表公司的所有者对企业净资产的要求权，对于上市公司则称为股东权益，具体包括实收资本、资本公积、盈余公积和未分配利润等项目。

实收资本（paid-up capital）账户反映企业所有者的投入资本，是企业得以设立的基本条件之一，我国实收资本与注册资本在数额上是相等的。股份制公司则设立"股本"账户反映投资者实际投入的股本总额和股票发行收入，面值部分计入股本账户，超过面值部分作为股本溢价计入资本公积。资本公积（capital reserve）主要由两个渠道形成：一是股东或业主投入资本，包括股本溢价、资本汇率折算差额等；二是非经营性的资产增值，即法定资产重估增值。资本公积的主要用途是弥补亏损或按法定程序转增资本金。

盈余公积（surplus reserve）是企业按规定从税后利润中提取的企业留利，其主要用途是弥补亏损、增加资本金和建设职工福利设施。企业当期实现的净利润，加上年初未分配利润为可供分配的利润，提取盈余公积金并完成分红分配后的余额即为未分配利润。未分配利润是所有者权益的重要组成部分，它勾稽资产负债表与利润表，如该项目为负数，则表示企业尚未弥补亏损。

所有者权益是企业生存和发展的基础，也是维护债权人权益的保证。因此，应注意分析所有者权益与负债比例，并结合分红的情况分析所有者权益的增减变化，考察企业为其所有者创造财富的能力和对债务清偿的保证程度，反映企业的投资价值。

3. 资产负债表的作用

利用资产负债表的资料可以分析评价公司资产的分布状况和资金的营运情况是否合理，也可以分析和评价公司资本结构是否正常。资产负债表分析主要提供资产的流动性和变现能力、长短期负债结构和偿债能力、权益资本组成与资本结构、公司潜在财务风险等信息。同时，该表也可以为分析公司盈利能力和资产管理水平，评价公司经营业绩提供依据。资产负债表的许多附表则详细说明公司一定时期资产和负债的具体构成项目及变动原因。

（1）有利于揭示公司的资产及其分布结构。通过流动资产可以了解公司在银行的存款以及变现能力，掌握资产的实际流动性与质量；而通过长期投资可以了解公司从事的是实业投资还是股权债权投资，以及是否存在新的利润增长点或潜在风险；通过了解无形资产与其他资产，可以掌握有关公司资产潜质的信息。

（2）有利于揭示公司的资产来源及其构成。根据资产、负债、所有者权益之间的关系，可以分析公司实际的财务状况，如果公司负债比重高，相应的所有者权益，即净资产就低，说明该公司主要靠债务"撑大"了资产总额，真正属于公司自己的财产（即所有者权益）不多。利用资产负债表还可进一步分析流动负债与长期负债情况，如果短期负债多，对应的流动资产中货币资金与短期投资净额以及应收票据、股利、利息等可变现总额低于流动负债,说明公司不但还债压力较大,而且借来的钱成了被他人占用的应收账款与滞销的存货,这实际上反映了企业经营不善、产品销路不好、资金周转不灵的状况。

(3)通过期初数与期末数的对比,有助于投资者对资产负债进行动态比较,进一步分析公司经营管理水平及发展前景。

4. 分析资产负债表应注意的问题

分析资产负债表时,应注意三个问题:会计流动性、债务与权益、市价与成本。

(1)会计流动性

会计流动性指资产变现的方便与快捷程度。流动资产的流动性最强,它包括现金以及自资产负债表编制之日起一年内能够变现的其他资产。其中,应收账款是指销售货物和提供劳务后应向客户收取的款项(剔除可能发生的坏账),存货包括投产前的原材料、生产中的在产品及完工后的产成品。固定资产是流动性最差的一类资产,有形的固定资产包括财产、厂房及设备,这些资产不随日常业务活动转化为现金,也不用于支付应付工资之类的费用。还有一些固定资产是无形的,无形资产没有实物形态,却可能具有很大的价值,如专利等。

资产的流动性越大,对短期债务的清偿能力就越强。因此,企业避免财务困境的可能性与其资产的流动性相关。但是流动资产的收益率通常低于固定资产的收益率,比如现金就无法带来投资收益。从某种程度上来说,企业投资于流动性强的资产是以牺牲更有利的投资机会为代价的。

(2)债务与权益

负债是企业所承担的在规定的期限内偿付一笔现金的责任,多涉及在一定的期限内偿付本金和利息的合同义务。所以说,负债通常伴随着固定的现金支出,即债务清偿。如果企业不能支付将会构成违约。股东权益则是对企业剩余资产的索取权,企业的剩余资产是不固定的。一般情况下,当企业借款时,债权人享有对企业现金流量的第一索取权,如果企业不履行契约,债权人有权对企业提起诉讼,这将有可能使企业被迫宣告破产。股东权益等于资产与负债之差,这是会计上对股东权益的描述,即:

$$资产-负债=股东权益$$

当企业将部分盈余留存而不作股利发放时价值也随之提高。

(3)市价与成本

企业资产的会计价值通常是指其置存价值或账面价值。按公认会计准则,在美国,经审计的企业财务报表对资产应按成本计价。因此,"置存价值"与"账面价值"这两个术语是不准确的,说是价值,而实际上是成本,这使得许多报表读者错误地认为财务报表中的公司资产是按其真实的市场价值记录的。市场价值是指有意愿的买者与卖者在资产交易中所达成的价格。如果资产的会计价值与市场价值正好相等，那只是一种巧合，而实际上，管理层的任务在于为公司创造高于其成本的价值。

资产负债表被广泛应用，不同的主体可以从中取得各自所需的不同信息。银行家可能希望了解公司的会计流动性和营运资本，供应商则可能希望发现应付账款的数额和付款期限。许多财务报表的使用者，包括管理者与投资者等，所关心的是公司的市价，而不是它的成本，但在资产负债表中是无法得到这些信息的。实际上，公司很多真正的资源并没有出现在资产负债表上，如优秀的管理水平、专有资产、良好的经济条件，等等。

案例分析

财务报表分析——"苏宁易购"案例分析

随着电商行业的日趋繁荣，越来越多的公司顺应潮流，大力开展互联网营销。苏宁易购是苏宁电器集团公司专业从事线上销售的下属公司，同时也是集团公司尝试和实践电商模式的最好证明。

1. 资产负债表分析

从资产负债表报表中可以了解苏宁易购公司的财务状况，对公司的偿债能力、支付能力和流动资金是否充足等作出判断，如表2-2所示。

表2-2 苏宁易购2015—2017年资产负债表

单位：万元

项目		2017年	2016年	2015年
流动资产	货币资金	3402968	2720923	2711556
	应收账款	238918	110353	70562
	预付账款	866771	975055	670652
	存货	1855149	1439230	1400480
流动负债	固定资产	1437307	1281317	1325360
	应付票据	2735672	2580327	2389006
	应付账款	1309518	1249799	905885
	预收账款	149199	160309	98276

从流动资产对应的数据来看，苏宁易购对应收账款严格控制和管理，因此流动资产比较充足。应收账款方面，公司2017年的总应收账款是238918万元，其期

限都是一年以下，几乎不存在超期贬值的情况；预付账款方面，2015—2016年发生较大变动，主要是因为公司进行了大量的预付货款，以保持与供应商的良好关系；存货方面，2017年明显提升，主要是公司引进先进的存货SKU管理系统，并停止销售存货中的一部分房地产商品；固定资产三年来保持增长，主要是大力发展自营物流基地和购物广场导致。

2017年，流动负债中的应付票据、应付账款较2016年明显上涨金额，这些流动负债的债权人几乎都是公司供应商。公司通过这种负债模式进行经营和投资，不需要额外支付利息，因此可以为公司节约成本。预收账款方面，2016年较2015年增长近两倍，而2017年比2016年有所下降，因为公司在2017年内结清了部分2015年的客户欠款，当年预收款项小于结清款项，导致年度账户金额降低；公司长期应付账款的债权人也是公司的供应商，公司在加强对供应链和供应商的管理后，对应付账款进行了合理控制和调节，三年变化并不是很大。

从公司各项财务指标2017年整体反映的情况来看，虽然总负债规模显著增长，但总资产的增长更显著，可以看出，随着公司的不断扩张，公司的收益也在大幅增加。

2.2.2 损益表

1. 损益表的概念

损益表（income statement）是反映公司一定时期经营成果的会计报表，它是动态报表，反映了公司整个经营期的盈利或亏损情况。一般损益表分为五个部分，按照净利的实现次序依次排列，主要是营业收入、主营业务利润、营业利润、利润总额和税后净利润。

表2-3 某股份有限2018年公司损益表

单位：万美元

项目	金额
总销售收入	2262
产品销售成本	（1655）
销售、一般费用及管理费用	（327）
折旧	（90）
营业利润	190
其他利润	29

单位：万美元（续表）

项目	金额
息税前利润	219
利息费用	（49）
税前利润	170
所得税	（84）
当期	71
递延	13
净利润	86
留存收益	43
股利	43

注：（ ）内数值为负值。

2. 损益表的作用

损益表所体现的会计信息，反映了公司财务成果实现和构成的情况，有利于分析公司的盈利目标是否完成，以及评价其经营活动的绩效，有利于评估投资的价值和回报，进而衡量一个公司在经营管理上的成功程度。损益表的作用具体来说有以下几个方面：

（1）损益表可以作为经营成果的分配依据。损益表可以反映公司在一定期间的营业收入、营业成本、营业费用以及营业税金、各项期间费用和营业外收支等项目，最终可以计算出利润综合指标。损益表上的数据直接影响许多相关集团的利益，如国家的税收收入、管理人员的奖金、职工的工资与其他报酬、股东的股利等。正是由于这方面的作用，损益表的地位曾经超过资产负债表，成为最重要的财务报表。

（2）损益表能够综合反映生产经营活动的各个方面，有助于考核企业经营管理人员的工作业绩。公司在生产、经营、投资、筹资等各项活动中的管理效率和效益都可以在利润数额的增减变化中综合表现出来。通过将收入、成本费用、利润与公司的生产经营计划对比，可以考核生产经营计划的完成情况，进而评价企业管理层的经营业绩和效率。

（3）损益表可以用来分析公司的获利能力、预测公司未来的现金流量。损益表揭示了经营利润、投资净收益和营业外收支净额的详细情况，可据以分析公司的盈利水平，评估企业的获利能力。同时，报表使用者所关注的各种预期的现金来源、金额、时间和不确定性，如股利或利息、出售证券的所得及借款的清偿等，都与公司的获利能力密切相关，所以收益水平在预测未来现金流量方面具有重要作用。

3. 分析损益表应注意的问题

分析损益表时，应注意的问题是：公认会计准则、非现金项目、时间和成本。

（1）公认会计准则

当货物已经交换或服务已经提供，盈利过程已经在实质上完成时，损益表确认收入；而当公司财产的价值增值，但尚未实现时，则不能确认收入。这就使得公司可能在需要的时候售出已增值的资产，调节利润。例如，如果某公司所拥有的一个林场的价值翻了一番，那它就可以在某个经营业绩不好的年份卖掉一些林木来提高总利润。按公认会计准则中配比原则的要求，收入应与费用相配比。这样，一旦实现了收入，即使没有实际的现金流入，也要在损益表上体现，例如，以商业信用售出产品时应报告销售收入和利润。

（2）非现金项目

资产经济价值的大小，要看它未来能产生多少现金流量，但现金流量并没有在损益表上反映。在损益表上，与收入相配比的费用中有些属于非现金项目，这并不影响现金流量。在这些非现金项目中最重要的是折旧，折旧反映了会计人员对生产过程中设备耗费成本的估计。假定某项固定资产寿命期为五年，五年后无残值，其买价为1000美元。作为会计人员，他必须将这1000美元的成本在该资产的寿命期内摊入费用。若按直线折旧法，五年内每年的折旧费均为200美元，但从理财的角度看，这笔资产的成本是固定资产取得时的实际现金流出（即是1000美元，而非会计上的每年所分摊的200美元折旧费）。

另一种非现金费用是递延税款。递延税款是由会计利润和实际应纳税所得之间的差异引起的，在表2-3中，所得税84万美元可以分成两个部分：当期税款和递延税款，当期税款向税务机关缴纳，而递延税款不实际缴纳。从理论上说，如果当年的应税所得小于会计利润，以后年度的应税所得就会大于会计利润，也就是说，本年未付的税款将在以后年度付出，这就形成了公司的负债，在资产负债表上表示为递延税款贷项。但是，从现金流量的角度来看，递延税款不是一笔现金流出。

（3）时间和成本

通常，我们把未来的时间分为短期和长期。所谓短期，就是在一个时间长度内，公司特定的设备、资源和责任义务都是固定的，但可以通过增加劳动力和原材料来改变产量。尽管对于不同的行业来说，短期并没有一个统一的期限标准，但所有的公司作出短期决策时一定都有固定费用，即由于固定的承诺而不可更改的费用，如业务活动中的债券利息、管理费、财产税等。非固定的费用即变动费用，它随公司产量的变化而变化，如原材料和工人的工资。

从长期来看，所有的费用都是变动的。财务会计人员对变动费用和固定费用不作区分,而通常将费用分为产品成本和期间费用。产品成本是指某一期间内所发生的全部生产成本,包括直接材料、直接人工和制造费用,产品售出后,这一部分在损益表上作为已销产品成本列示。产品成本中有变动费用,也有固定费用。期间费用是指分配到某一期间的费用,包括销售费用、一般费用和管理费用,如某一项期间费用可能是公司总裁的薪酬。

2.2.3 利润分配表

1. 利润分配表的概念

利润分配表（statement of profit distribution）是反映公司一定期间对实现净利润的分配或亏损弥补的会计报表,是利润表的附表,反映公司一定时期税后利润的分配情况。通过利润分配表,可以了解企业实现净利润的分配情况或亏损的弥补情况,也可以了解利润分配的构成,以及年末未分配利润的数据。

利润分配表主要分为两个部分:第一部分计算公司的可供分配利润额,由公司当期净利润加年初未分配利润组成;第二部分是计算当期的未分配利润,由当期可供分配利润加盈余公积补亏,减去当期提取的盈余公积和应付利润后得到。利润表详见表2-4。

表2-4 某股份有限公司利润表

单位:元

项目	2018年	2017年
一、主营业务收入	601572932.00	488215150.00
减:主营业务成本	42418988.00	39266253.00
主营业务税金及附加	13409317.00	10106774.00
二、主营业务利润	545744627.00	438842123.00
加:其他业务利润	338338.00	135547.00
减:营业费用	247407167.00	205910545.00
管理费用	256108153.00	182951008.00
财务费用	8973645.00	8176339.00
三、营业利润	51541290.00	58292456.00
加:营业外收入	237811.00	203074.00
补贴收入	49774934.00	38966369.00
投资收益	10961040.00	6476616.00
减:营业外支出	560004.00	484488.00
四、利润总额	90032991.00	103445027.00
减:所得税	16270237.00	13264561.00

单位：元（续表）

项目	2018年	2017年
加：少数股东亏损	1149157.00	1425517.00
五、净利润	74911911.00	91605983.00

2. 利润表的内容

（1）主营业务收入

主营业务收入是企业主要经营活动产生的收入，工业企业称为产品销售收入，商业企业称为商品销售收入，服务业则称为营业收入。由于收入是按权责发生制的实现原则确认的，所以某一时期确认的收入与实际收到的现金往往是不同的。这种差异主要来自以下三方面：一是当年的收入部分表现为应收款，而当年收到的现金可能是过去的收入实现；二是商业折扣问题，企业在销售商品时，有时会发生现金折扣、销售折让和销售退回等情况，但在确认主营业务收入时，不考虑各种预计可能发生的现金折扣和销售折让，主营业务收入扣除销售折扣、折让后就得到主营业务收入净额，销售退回和折让不仅要冲减销售收入，还要冲减销售成本并增加库存；三是坏账问题，坏账估计不准确也会造成收入和现金收入产生差异。

主营业务收入具有以下特性：首先，主营业务收入是在企业日常生产经营活动中产生的，而不是在偶发的交易或事项中产生的，如出售固定资产、取得投资收益等，这种经营活动虽然也能带来收入的增加，但却不能算作营业收入；其次，营业收入一般表现为企业资产的增加，但也可能表现为企业负债的减少，如以商品或劳务抵偿债务等。由于营业收入能导致资产增加或负债减少，或两者兼而有之，根据"资产－负债=所有者权益"，可知营业收入将使所有者权益增加。不过，营业收入扣除相关成本费用后的净额可能为正也可能为负，因此，所有者权益最终表现可能为增加，也可能表现为减少。

（2）主营业务成本

主营业务成本反映与主营业务收入相关的、已经确定了归属期和归属对象的成本。与主营业务收入一样，主营业务成本也因行业不同而有所区别。在工业企业，主营业务成本表现为本期商品的销售成本，包括直接材料、直接人工和制造费用；在商业企业，主营业务成本表现为已销商品进价；在服务业，则表现为营业成本。

（3）主营业务税金及附加

该项目反映与本期收入有关的税金和附加，如营业税、消费税、城市维护建设税、资源税、土地增值税和教育费附加等。

（4）主营业务利润

主营业务利润是企业销售产品取得的利润，其计算公式为：

$$\text{主营业务利润（销售利润）} = \text{销售收入} - \text{销售成本} - \text{主营业务税金及附加} \quad (2\text{-}1)$$

主营业务利润是公司净利润的主要源泉，也称为毛利。毛利变动大，则说明市场风险大或公司产品成本不正常，如果市场相对稳定，毛利率应稳定在一个合理的水平上。毛利低的产品需要通过提高周转率来弥补，即薄利多销。一般来说，竞争性很强的产品，毛利都不高；而毛利很高的产品，周转率都比较低；如果毛利和周转率都高，则可获得高利润。

（5）其他业务利润

该项目主要反映公司从事除主营业务外的其他生产经营业务活动获得的利润，如无形资产出售收入、固定资产出租收入、原材料出售收入等。

（6）期间费用

期间费用是指公司当期发生、不能直接或间接归入某种产品成本、直接计入损益的各项费用，这些费用容易确定其发生期间和归属期间，但很难判断其归属对象，包括营业费用、管理费用和财务费用。

营业费用又称为销售费用，它反映公司在销售产品和劳务等主要经营业务过程中所发生的各项销售费用，如运输费、包装费、展览费、广告费、代销手续费等。

管理费用反映公司行政管理部门为组织和管理公司生产经营活动所发生的各项费用，主要包括行政管理部门职工工资、办公费、差旅费、业务招待费、折旧费、工会经费、职工教育经费、印花税、车船使用税、房产税、土地使用税、印花税等。

财务费用指公司为筹集生产经营所需资金而发生的费用，主要包括利息费用和正常损益及金融机构手续费等。利息费用指企业借款所发生的费用，是扣除利息收入后的净额，根据权责发生制，它所反映的是本期应支出的利息，而不是本期实际支出的利息。

（7）营业利润

营业利润反映公司从生产经营活动中取得的全部利润，其计算公式为：

$$\text{营业利润} = \text{主营业务利润} + \text{其他业务利润} - \text{期间费用} \quad (2\text{-}2)$$

（8）投资收益

投资收益反映公司以各种方式对外投资所取得的净收益，包括对外投资分得的利润、股利和债券利息以及投资到期收回或中途转让取得的款项高于账面价值的差额。投资收益也是公司经营的重要内容，公司的投资损益体现其经营成果。

(9)营业外收支

营业外收支反映公司从事非生产经营活动获得的各项收入和支出。营业外收支主要包括固定资产盘盈(盘亏)及出售净收入、处理固定资产净收益(损失)、资产再次评估增值、债务重组收益(损失)、罚款净收入、债权人变更无法支付的应付款项、非正常停工损失、自然灾害损失等。

(10)利润总额

利润总额是公司所取得的本年度的全部利润,是会计计算所得税的基础,其计算公式为:

$$利润总额=营业利润+投资净收益+营业外收入-营业外支出 \qquad (2-3)$$

(11)净利润

净利润反映公司最终的财务成果,是属于公司所有者所有的利润,其计算公式为:

$$净利润=利润总额-所得税 \qquad (2-4)$$

所得税是国家对公司就其经营所得和其他所得征收的税,将利润总额乘以适用所得税税率就可以得到利润表上所列示的所得税。由于根据财务会计原则确认的会计利润与按照税法规定确认的纳税所得之间存在差异,公司实际上缴的所得税需要将会计利润调整为纳税所得后乘以适用税率来计征。

3. 关于公司利润质量的分析

追求最大规模的利润是公司经营的目标,也是衡量经营业绩的主要标准之一,但由于利润表所反映的利润是公司经营成果的会计度量,权责发生制及不同会计处理方法的选择可能导致同样的经营成果,却有不同的利润规模,或隐含着不同的利润质量。高质量的公司利润表现为,利润能够带来公司经营净现金流量的增加和公司现金支付能力的提升,由利润所带来的净资产增加能够为公司未来的发展奠定良好的资产基础;而低质量的公司利润则不能准确反映公司真实的赢利能力和发展前景。分析公司利润的质量可以从两个方面进行:一是注意利润形成过程,警惕利润操纵;二是关注是否存在利润质量下降的现象。

(1)注意利润形成过程,警惕利润操纵

通过收入构成和成本费用构成的分析,可以发现利润形成过程和利润操纵迹象。在公司的各种收入中,主营业务收入及其比重对于利润形成和利润操纵具有很好的揭示作用。一方面,主营业务收入是形成主营业务利润的基础,而主营业务利润是公司利润的主要来源;另一方面,主营业务收入往往有较严格的确认标准,较难进行利润操纵,因此，通过对主营业务收入的确认方式、关联交易收入比重、非经常性收入比重等的分析，可以发现利润形成的主要途径和利润操纵的蛛丝马迹。例如，有些公司为了在年末实现利润目标，通过突击签订商标租赁合同、委托理财合同、财产托管合同、租赁合同等一锤子买卖合同进行利润包装，根据合同安排，收入被确认，但与收入相关的现金并没有随之流入，一锤子买卖是不具有持续性的。因此，如果其他业务收入超过主营业务收入，或者突然出现大幅度增加，就应该引起高度重视。

在主营业务收入既定的前提下，主营业务成本越低，毛利润就越高。主营业务成本的高低，可以反映公司在组织采购、生产和销售方面的管理水平。在毛利润的基础上加上非主营业务利润，扣除期间费用，就是公司的营业利润。不合理的期间费用会严重影响公司当期的营业利润。例如，有些公司由于过度负债带来的巨大财务费用吞噬了毛利润；有些公司则由于广告费或过高的管理费用而导致营业利润亏损；还有些公司为了实现利润目标，通过利息资本化、资产减值处理等方法调整期间费用，或通过资产出售等办法影响营业外收支净额，从而达到调节利润的目的。

根据中国证券市场的具体情况，上市公司常用的操纵利润的手段还有利用资产重组、关联交易和八项计提等方法调节利润；利用资产评估美化资产负债表和利润表；利用虚拟资产、利息资本化等方法虚增利润；利用跨年度、会计政策选择和变更等方法操纵利润等。除了可以通过关注利润形成过程来发现这些利润操纵的现象外，还可以通过关注审计报告的非标准意见和现金流量分析来揭示。

（2）利润质量下降的预警信号

公司规模的过度扩张、大规模的收购兼并、价格战等恶性竞争和经营管理不力等许多原因都会造成公司利润质量下降，而公司利润质量的下降又往往伴随着资产质量的下降，因此，当出现公司流动资产周转趋缓、负债率上升、利润异常、经营现金流量持续入不敷出等现象时，都可视为公司利润质量下降的预警信号。

①账款或存货规模增长异常、周转趋缓

在公司赊销政策稳定的前提下，公司的应收账款规模与公司的营业收入保持较稳定的对应关系。因此，倘若相对于营业收入的增长，应收账款出现大规模的增加，特别是应收账款的平均收账期明显延长，这往往是公司为达到促销的目的而放宽信用政策的结果，这就使企业面临的坏账风险加大。

必要的存货是企业维持正常的生产经营所必需的，但过多的存货不仅占用资金，还可能增加存货损失和存货保管成本。虽然合理的存货规模涉及许多因素，但存货规模出现大幅度上升，特别是存货周转速度显著变缓，这往往说明企业在产品质量、价格、存货控制或营销策略等方面存在问题，警示公司的经营风险增大。

应收账款和存货是公司最主要的流动资产，其质量下降，必然影响企业未来的盈利能力，在流动资产质量下降的情况下，利润质量自然是不高的。

② 过度举债，支付能力下降

公司在通过正常的生产经营活动和投资活动不能获得足够现金流量的情况下，就需要通过融资方式来取得资金，特别是在回款不力、资金周转缓慢时，公司往往依赖增加短期借款和应付账款，延长应付账款的付款期来满足支付需求。因此，当公司的购货和销售情况没有发生很大变化，公司的供货商也没有主动放宽信用政策时，公司应付款规模大量增加，付款期明显延长，负债率迅速上升，往往提示着公司的支付能力出现了问题。没有支付能力保证的利润显然是低质量的。

③ 费用不正常降低，资产不正常增加

公司各项费用可以进一步分为固定部分和变动部分，只有变动部分的费用随企业业务变化而变化。虽然通过加强管理可以达到节约开支、压缩费用的目的，但这是有一定刚性约束的，若相对于业务量而言，费用出现不正常的降低，有可能是企业刻意采用费用资本化等费用转移的方法"调"出来的。

公司计提的各项资产减值准备和折旧太低同样会导致较高的利润。由于公司计提的各项资产减值和折旧的幅度取决于公司对有关资产贬值程度的主观认识，以及对会计政策和估计方法的选择，为了提高会计期间的利润，一些公司往往选择较低的减值准备和折旧，例如，我国一些上市公司通过调整八项资产减值准备的计提比率以及准备金冲减来进行利润操纵。

按照会计借贷记账法，倘若公司通过人为会计调整降低费用和资产减值准备，必然会在资产方表现出不正常的增加或变化。因此，资产不正常的增加可能提示着公司为了减少费用对利润的影响而进行了冲减。

④ 利润率异常，业绩过度依赖非经常性收益

公司所发生的交易事项可以按照其性质和发生的频率分为经常性事项和非经常性事项。经常性事项是指与生产经营直接相关的，经常发生的交易事项，如出售商品、提供劳务等。由经常性交易事项引起的收益即为经常性收益，是具有持续性、基础性特征的公司收益的核心部分。非经常性事项是指公司发生的与生产经营无直接关系，或虽与生产经营相关，但由于其性质、金额或发生频率，影响了真实、公允评价公司当期经营成果和获利能力的各项收入、支出，如补贴收入、托管收入、资产出让或重组收入等。非经常性收益具有一次性、偶发性的特点，如果公司的业绩过度依赖非经常性收益，其利润就难以代表公司未来的发展前景，对判断未来的投资价值的意义也不大。

利润率异常还经常表现为毛利率异动以及净利润与经营现金流量不符、与股利分配政策不符等。毛利率异动是指相对于行业或公司自身历史而言，毛利率出现不正常地降低或提高，如在竞争性行业，单个企业没有定价权，企业的毛利率急剧下降，往往说明

公司无法压缩成本费用，面临着被市场淘汰的危险；相反，倘若公司的产品并无特色却取得远高于行业平均水平的毛利，则可能是公司通过在存货和当期销售成本之间分配成本的结果。净利润与经营现金流量不符是会计利润按权责发生制核算导致的，但这种现象延续若干个会计年度，则说明公司现金回笼情况不理想。发放现金股利是公司股利分配的主要形式，在公司有足够的可供分配利润的前提下，却不进行现金股利分配，说明公司的现金支付能力可能出现了问题。

⑤ 会计政策或会计师事务所变更，会计报表被出具非标准审计意见

为了保证可比性，公司采用的会计政策和估计方法前后各期应保持一致，无正当理由的不得随意变更。因此，若公司在不符合条件的情况下，突然改变了原先采用的会计政策和方法，而选择了有利于报表利润改善的会计政策和方法，则提示公司面临不良的经营状况。

公司是会计师事务所的客户，一般情况下，两者保持着比较稳定的关系。但是，在审计过程中，当注册会计师与公司管理者在对报表的编制方面出现重大分歧时，这种合作关系就会难以为继。因此，对于变更会计师事务所的企业的报表应特别关注。

在审计师对财务报表审计意见的各种表述中，只有无保留意见称为标准审计意见，其他表述均称为非标准审计意见。若公司的财务报表被出具了非标准审计意见，则应认真阅读审计师的审计报告，从中寻找可供参考和判断公司盈利质量的信息。

案例分析

（上接"苏宁易购"案例）

通过对利润表的分析，既可以了解苏宁易购近几年的盈利能力、利润点构成以及成本开支等方面的具体情况，还能得知苏宁易购公司的盈利能力、经营效率等。如表2-5所示：

表2-5　苏宁易购2015—2017年利润表

单位：万元

项目	2017年	2016年	2015年
主营业务收入	18792776	14858533	13554763
营业外收入	40515	106016	166522
营业成本	16143179	12724754	11598118
销售费用	2063578	1745142	1664468
投资收益	430036	144542	165476
营业外支出	14921	16132	16625
净利润	404954	49323	75773

由表中数据可以看出，苏宁易购2017年公司主营业务收入达到18792776万元，占比超过97%，营业外收入只有40515万元，占比2.3%左右，说明公司利润来源以电商零售为主，营业外收入主要通过变卖和出租固定资产获得。营业成本这个指标的数值也较前两年提高，这主要是因为公司对实体门店和物流运输系统进行了改造和优化。投资收益方面，2017年比2015年、2016年的总和还要高出近12亿元。这主要是因为2017年，公司对阿里股票的投资获得了显著的成效。营业外支出主要是公司在进行售后租回交易的过程中，以及被处以行政罚款和社会捐赠等获得产生的成本支出费用。公司2017年的净利润与上一年相比显著下降，主要是公司对外招聘了大批营销和研发等领域的专业人才，以及建设大量综合性的物流运输基地等，使得公司的经营成本大幅增加，净利润减少。

2.2.4 现金流量表

1. 现金流量表的概念

现金流量表（cash flow statement）是指反映公司在一定会计期间现金和现金等价物流入和流出的报表。现金是指公司库存现金以及可以随时用于支付的存款。现金等价物是指公司持有的期限短、流动性强、易于转换为已知金额现金、价值变动风险很小的投资。

现金流量表一般包括三大部分：公司经营活动产生的现金流入和现金流出、公司投资活动产生的现金流入和现金流出、公司筹资活动产生的现金流入和现金流出。除此之外，现金流量表有时也会单列某些如汇率变化等特殊事项引起的现金流量变动。现金流量表的结构详见表2-6。

表2-6 现金流量表

单位：元

项目	2018年	2017年
一、经营活动产生的现金流量：		
销售商品、提供劳务收到的现金	658187999.00	568536535.00
收到的增值税退税	47774934.00	38966369.00
收到的其他与经营活动有关的现金	4199009.00	186860.00
现金流入小计	710161942.00	607689746.00
购买商品、接受劳务支付的现金	49506886.00	65696254.00
支付给职工以及为职工支付的现金	269692018.00	218970235.00
支付的各项税费	100573921.00	83404888.00

单位：元（续表）

项目	2018年	2017年
支付的其他与经营活动有关的年金	185857611.00	155821090.00
现金流出小计	605630416.00	523892467.00
经营活动产生的现金流量净额	104531526.00	83797297.00
二、投资活动产生的现金流量：		
收回投资成本所收到的现金	100114686.00	290500000.00
取得投资收益所受到的现金	317647.00	10206398.00
取得存款利息收入所收到的现金	11402761.00	12089200.00
处置固定资产所收到的现金	247095.00	3992306.00
现金流入小计	112982189.00	316787904.00
构建固定资产和其他长期资产所支付的现金	90779930.00	61308210.00
投资所支付的现金	122605560.00	195580000.00
现金流出小计	213385490.00	256888210.00
投资活动产生的现金流量净额	101303301.00	59899694.00
三、筹资活动产生的现金流量：		
吸收投资所收到的现金	5455000.00	
借款所收到的现金	16318335.00	8111460.00
收到其他与筹资活动有关的现金	6880200.00	1000000.00
现金流入小计	28653535.00	9111460.00
偿还债务所支付的现金	8111460.00	8111460.00
分配股利和偿付利息所支付的现金	60628548.00	60591966.00
以作为借款质押的定期存款	10000000.00	
支付的其他与筹资活动有关的现金		
现金流出小计	78740008.00	68703426.00
筹资活动产生的现金流量净额	50086473.00	59591966.00
四、汇率变动对现金的影响额		6966.00
五、现金及现金等价物净增加额	46858248.00	84098059.00

2. 现金流量表的内容

（1）现金、现金等价物与现金流量

现金、现金等价物与现金流量是阅读现金流量表首先必须明确的概念。现金流量表中的现金是指公司库存现金以及随时用于支付的存款，即不仅包括会计核算"现金账户"下核算的库存现金，而且包括"银行账户"下存入各种金融企业、随时可用于支付的存款，以及"其他货币资金"账户下的外部存款、银行本票和汇票存款、在途货币资金等。

现金等价物是指公司持有的期限短、流动性强、易于转换为已知金额现金、价值变动风险小的投资,如可在证券市场上流通的三个月到期的短期国债等短期有价证券。现金等价物虽不是现金,但由于其支付能力与现金差别不大,故现金流量表将现金等价物视为现金一并核算。

现金流量是指现金及现金等价物的流入和流出。由于现金流量表中的现金包括不同形态的货币资金,因此需要注意的是,货币资金不同形态之间的转换不会产生现金流量,如公司出售三个月内到期的国库券取得现金,并存入银行账户,这些都不表现为现金的流入或流出。

(2) 经营活动现金流量

经营活动现金流量是现金流量表反映的主要内容,它体现了公司由于日常生产经营活动所产生的现金流入、流出量,主要由现金流入、现金流出和现金净流量三部分组成。其中,现金流入的项目主要是销售商品和提供劳务收到的现金、收到的租金、收到的增值税销项税额和退回的增值税款、收到的除增值税以外的其他税费返还,以及收到的与经营活动有关的现金;经营活动的现金流出主要是购买商品和接受劳务支付的现金、经营租赁所支付的租金、支付给职工以及为职工支付的现金、支付的增值税款、支付的所得税款、支付的除增值税和所得税以外的其他税费,以及支付的其他与经营活动有关的现金等。

分析经营活动的现金流量时,要注意和把握如下几点:

第一,将现金流入与现金流出联系起来分析。除了特殊时期,如公司处于生产经营的初期,由于设备、人力等资源的利用率低,材料消耗量高,经营成本较高有可能导致公司经营活动现金流量入不敷出,一般在正常经营情况下,如果现金流入量小于流出量,说明通过正常经营活动不仅不能支持投资或偿债,而且还要借助收回投资或举借新债来取得现金才能维持正常经营。现金流入量大于现金流出量,则说明公司从当期活动中获得的现金收入不仅能够满足自身经营的需要,而且还可用于偿还债务,扩大生产经营规模,或进行新产品投资,体现了稳定的经营对公司投资和融资活动的支持能力,对公司经营的可持续性、业务规模的扩大和及时回报投资者产生了重要的支持作用。

第二,将经营活动现金流量净额与投资活动和筹资活动的净现金流量联系起来分析。如果经营活动现金流量在全部现金流量中所占的比重较大,说明公司创造现金的能力较强;反之,则说明公司创造现金的能力不强,这样的公司对外部资金的依赖性较强。一个运转正常的现金流程应当是:首先,经营活动中取得的现金流入足以满足经营活动所需的现金支出需求,并有一定的剩余用于偿还债务或投资;其次,如果经营活动产生的现金收入不足以满足经营活动所需的现金支出,需要通过短期借款弥补,但公司未来的盈利能力和创造现金能力足以偿还短期债务；最后，当公司需要长期投资时，一般需要通过发行股票或筹集长期借款等方式筹集长期资金，如果长期投资有效，将来会产生现金流入，不会出现现金窘迫及还债困境。最糟糕的情况是，一方面，公司的经营活动现金收入严重不足，经常需要通过借款来维持周转，另一方面却进行大规模的扩张投资，于是不得不依赖借入大量长期债务维持运转。由于公司创造现金的能力弱，日积月累，公司终将面临严重的财务拮据，甚至导致破产。

第三，将经营活动的净现金流量与净利润联系起来分析。有句话说：利润是主观评价，现金是客观事实。虽然一定期间的现金流量与净利润都是用于衡量经营活动成果的标准，但它们是不同的概念。公司所有的收益只有在引起现金流入后，才有真正的价值。如果公司利润较高，而经营活动净现金流量较低说明公司利润质量不高，其原因可能是回款不及时、存货积压，也有可能是利润操纵。

第四，将经营活动现金流量的具体项目与其他报表的具体项目联系起来分析。例如，关注"销售商品、提供劳务收到的现金"项目，将其与利润表中的营业收入净额相比，可以判断企业当期的现金收支情况。又如，通过联系本期购货现金支出与利润表中的销货成本比较可以看出企业是否支付了本期购货款，是否偿还了前期的欠款，赊购是否形成未来的偿债压力等。

（3）投资活动现金流量

投资活动是指公司长期资产的构建和不包括在现金等价物范围内的投资及其处置活动。其中，长期资产是指固定资产、在建工程、无形资产、其他资产等持有期在一年或一个营业周期以上的资产。由于已将包括在现金等价物范围内的投资视同现金，所以将其排除在投资活动之外。其中，现金流入量包括取得和收回投资所收到的现金，分配股利或利润所收到的现金，取得债券利息收入所收到的现金，处置固定资产、无形资产和其他长期资产所收到的现金净额；现金流出量包括购建和处置固定资产、无形资产和其他长期资产所支付的现金，权益性投资所支付的现金，债权性投资所支付的现金，以及其他与投资活动有关的现金收入与支出等。

分析投资活动现金流量时要注意把握如下几点：

第一，将投资活动的现金流入和流出联系起来分析。公司通过投资扩大规模，实现发展，因此一般情况下，投资活动的现金流出大于流入，如果这个比例很高，说明公司实行的是投资扩张政策，并获得了较多的投资机会，但这些投资究竟会带来怎样的效益，则要与未来的投资收益结合起来分析。如果扣除投资收益后，投资活动的现金流入大于流出，则说明公司变现了大量资产，如果这些资产是闲置的、多余的，则对公司的经营有利，否则就可能是公司经营或还债方面出现了问题，也可能是由于经营困难或环境改变不得不收缩投资战线。

第二，将投资活动现金流入中分到的股利或利润与利润表上的投资收益结合起来分析，两者的比例能够说明对外投资收益的回收情况。

第三，将投资活动现金流量与经营活动现金流量和筹资活动现金流量联系起来，分析公司的投融资策略和投资效益。公司处于大举扩张时期，经营活动取得的现金通常不足以满足投资需求，多数时候要通过对外融资获取现金，从理财的谨慎角度，长期资产应当筹集长期资金，短期资产则可筹集短期资金投入。不同的筹资策略将形成不同的资金来源结构，影响公司资产的风险和收益水平。

（4）筹资活动现金流量

筹资活动是指导致公司资本及债务规模和构成发生变化的活动，其中的资本包括实收资本（股本）、资本溢价（股本溢价）。企业发生的与资本有关的现金流入和流出项目，一般包括吸收投资、发行股票、分配利润等。筹资活动所指的债务是公司对外举债所借入的款项，如发行债券、向金融公司借入款项以及偿还债务等。筹资活动的现金流入量主要包括：吸收权益性投资所收到的现金、发行债券所收到的现金和借款所收到的现金；现金流出量主要包括：偿还债务所支付的现金、发生筹资费用所支付的现金、分配股利或利润所支付的现金、偿付利息所支付的现金、融资租赁所支付的现金、减少注册资本所支付的现金以及与筹资活动有关的其他现金收入与支出等。

（5）现金及现金等价物的净增加

公司总的净现金流量是将一定时期内经营、投资和筹资活动产生的现金流量相加的结果，在现金流量表中称为现金及现金等价物净增加，这是判断公司财务适应能力和现金支付能力的重要信息。财务的实质就是现金及其周转，财务适应能力实际上就是现金流量和存量应付企业经营、偿债和投资需要的能力，这个能力越强，公司的经营风险就越小。因此，如果全部现金净流量为正数，表明公司的现金支付能力较强，若全部现金净流量出现赤字，则表明公司的财务适应能力较差。

3. 现金流量表的作用

（1）反映公司各类现金流入和流出的具体构成，说明公司当期现金流量增减变化的原因，评价公司未来产生现金净流量的能力；

（2）评价公司未来是否具有良好的赚取现金、偿还债务、支付股利的能力，谨慎判断企业财务状况；

（3）分析净收益与现金流量间的差异，并解释差异产生的原因；

（4）通过对现金投资与融资、非现金投资与融资的分析，全面了解公司财务状况。

案例分析

（上接"苏宁易购"案例）

通过分析现金流量表，可以了解苏宁易购公司现金的变动情况、获取现金和现金等价物的能力，并能根据数据预测苏宁易购公司未来的现金流量情况，如表2-7所示。

表2-7 苏宁易购2015-2017年现金流量表

单位：万元

项目	2017年	2016年	2015年
经营活动现金流量净额	（660529）	383924	173334
投资活动现金流量净额	134374	（3961252）	（28619）
筹资活动现金流量净额	（91051）	3675806	289638

注：（）内为负值。

2017年，苏宁易购将14个优秀门店以物业资产经营权的形式股权转让，获得了一部分资金流入，因此投资活动的现金流入量提高。由于公司新增了很多门店，业务增加，从而使场地租赁等方面的成本增加，因此公司的经营活动的现金支出量上升，且新投资的店面和物流仓库使投资成本显著上升。筹资活动现金流出增加，其中主要是公司筹资活动现金流出用于偿还债务支付现金1656594万元，分配股利、利润或偿付利息支付的现金126432万元。从苏宁易购公司现金净流量的变化情况，可以推测当前正处于扩张阶段，因此这种现金流量状态会保持较长的时间。

2.3 财务分析

本节的目的是介绍如何对财务报表信息进行重新组织，使之成为财务比率形式，从四个方面反映企业的财务业绩：

（1）短期偿债能力——公司偿付短期债务的能力；

（2）营运能力——公司经营资产的能力；

（3）财务杠杆——公司对债务融资的依赖程度；

（4）获利能力——公司的盈利水平。

公司的管理层经常要评价公司的经营状况，而财务报表并没有直接给出以上四个指标的答案。但是，我们可以根据财务报表中的信息来得到我们要了解的公司短期偿债能力、营运能力、财务杠杆情况以及获利能力。

2.3.1 比率分析

1. 流动性指标

流动性分析主要说明公司短期负债的偿付能力，即衡量公司经常性财务负担（即流动性负债）的能力。短期负债也称流动负债，是指一年内或不超过一年的一个经营周期内要偿还的债务，而这种债务一般需要用公司的流动资产偿还，所以公司的流动资产和流动负债之间应保持合理的比率关系。流动性分析的主要指标是：流动比率和速动比率。

（1）流动比率

流动比率（current ratio）是指公司一定时期全部流动资产对全部流动负债的比率。其计算公式如下：

$$流动比率 = \frac{流动资产}{流动负债} \times 100\% \quad (2\text{-}5)$$

流动比率说明了公司应该有多少短期可变现的资产来保证短期负债的偿还能力，也说明了债权人债权的安全程度，同时也反映了公司营运资本的运作能力。如果公司出现财务上的困难，可能无法按时支付货款（应付账款），或需要向银行申请贷款（应付票据）延期，结果造成流动负债比流动资产增加得快，流动比率下降。因此，流动比率下降可能是企业出现财务困难的第一个信号。公司一方面要计算历年的流动比率，以便于发现变化趋势，另一方面还要将本公司的流动比率与从事类似经营活动的其他公司的流动比率进行比较，以了解公司在行业中所处的水平。一般来讲，这个比率越高，说明公司的偿债能力越强，公司的债务越安全。长期财务研究的结果表明，流动比率为2对于大部分公司是比较合适的，说明公司有两倍的流动资产来保证一倍的流动负债的偿还，即使公司有一半的流动资产不能变现，也能保证流动负债的偿付，但流动比率只是一个静态衡量指标，如果公司有特殊财务状况的变化，应根据具体情况再作分析。

（2）速动比率

速动比率（quick ratio）是公司一定时期的速动资产与流动负债的比率。其计算公式如下：

$$速动比率 = \frac{速动资产}{流动负债} \times 100\% \quad (2\text{-}6)$$

速动资产是指能够快速变现的流动资产，公司速动资产的简单计算应该是将流动

公司金融

资产总额减去存货后的余额,这是因为在流动资产中,存货的变现能力最差。该指标表明公司不依靠变卖存货来清偿债务的能力的高低。在一般情况下,该指标数值越大,说明公司的偿债能力越强,速动比率为1被认为对大多数公司是适宜的,即以一倍的速动资产来保证一倍的流动负债的偿还是比较充分的。但不同公司的实际财务状况有很大差异,对于速动比率的判断,还是要根据公司的具体情况进行有针对性的分析。

案例分析

（上接"苏宁易购"案例）

接下来根据苏宁易购的流动性指标来分析公司短期偿债能力,来准确评价公司财务状况、财务风险等。根据时间长短可以分为短期偿债和长期偿债,短期偿债分为流动、速动比率。如表2-8所示：

表2-8 苏宁易购短期偿债能力财务分析表

项目		2017年	2016年	2015年
短期偿债	流动比率	1.37	1.34	1.24
	速动比率	1.08	1.11	0.93

苏宁易购2015—2017年的流动比率和速动比率均呈现稳中求变的变化规律。苏宁易购2017年的流动比率是1.37,即公司流动资产是短期负债的1.37倍,有足够的能力偿还短期债务（学术界习惯将最佳流动比率确定2,将最优速动比率确定为1,但这个标准还要联系行业的具体特点来确定）。

2.资产管理指标

资产管理分析主要是通过对公司资金周转能力的分析来评价公司各项资产的利用水平和盈利能力,公司在资产上的投资水平取决于众多因素,比如,玩具生产公司在圣诞节期间可以有大量库存,而在一月份仍保持同样的库存就不合时宜。资产管理的主要指标是资金周转率,它是指公司在一定时期内资金的周转次数或周转一次所需要的天数,主要可按应收账款、存货、流动资金和固定资金等来计算。

（1）总资产周转率

总资产周转率等于会计期内的销售收入总额除以平均资产总额。平均资产总额等于期初和期末总资产的平均值。

$$总资产周转率 = \frac{销售收入总额}{平均资产总额} \times 100\% \qquad (2-7)$$

第 2 章　公司财务分析

这一比率通常用来说明公司对总资产的运用是否有效：若资产周转率高，说明公司能有效地运用资产创造收入；若资产周转率低，则说明公司没有充分利用资产的效能，因而必须提高销售额，或削减部分资产。在运用这一比率说明资产的使用效果时存在的一个问题是，旧资产的会计价值低于新资产，总资产周转率可能因为旧资产的使用而偏大；另一个问题是，固定资产投资较少的公司（如零售和批发类公司），较之于固定资产投资较多的公司（如制造类公司），总资产周转率会更高。

（2）应收账款周转率

应收账款周转率等于销售收入除以会计期间内平均应收账款额（净额），平均应收账款额等于期初和期末应收账款的平均值。用应收账款周转率去除一年中总的天数就得到平均收账期。

$$应收账款周转率 = \frac{销售收入净额}{应收账款平均净额} \times 100\% \qquad (2\text{-}8)$$

$$平均收账期 = \frac{会计期天数}{应收账款周转率} \qquad (2\text{-}9)$$

应收账款周转率和平均收账期提供了有关公司应收账款管理方面的信息，在一般情况下，应收账款周转率高，说明公司资金有较高的利用水平；平均收账期越小，说明资金的利用水平较高。这些指标的实际意义在于它们反映了企业的信用政策。如果公司的信用政策较宽松，其应收账款额就会较高。在判断公司应收账款的账龄是否过长时，财务分析人员常用的一条经验是，应收账款的平均收账期不应超过企业信用条件所允许的付款期10天。这个指标非常重要，应收账款周转的失控往往会导致现金流量失控。

（3）存货周转率

存货周转率是公司一定时期的销售成本总额与存货平均余额之比，因为存货是按历史成本记录的，所以必须根据产品的销售成本而不是销售收入（销售收入中含有销售毛利，与存货不相匹配）来计算。用一年的天数除以存货周转率可得到存货周转天数，存货周转天数是指从存货的购买到销售所用的天数，在零售与批发类公司中，它被称作"库存周期"，其计算公式如下：

$$存货周转次数 = \frac{销售成本总额}{存货平均余额} \qquad (2\text{-}10)$$

$$存货周转天数 = \frac{计算期天数}{存货周转次数} \qquad (2\text{-}11)$$

存货周转率反映了公司的销售状况和存货资金占用状况。在正常情况下，存货周转次数越多越好,而存货周转天数应该是越短越好,说明公司存货资金周转快,销售状况良好,以较短的天数就能完成一次资金的周转。存货周转率主要受产品制造技术的影响,比如,生产一个汽油涡轮机比生产一片面包要花更多的时间。另外,存货周转率还与产成品的耐腐蚀性有关。存货周转天数大幅度增加,可能表明公司存在大量未销的产成品,或公司的产品组合中生产周期较长的产品变得更多。另外,存货的估价方法对周转率的计算有实质性影响,财务分析人员应关注不同的存货估价方法以及这些方法是如何影响存货周转率的。存货周转率指标同样十分重要,因为公司存货周转的快慢直接与其采购、生产和销售相关,可以综合反映公司的经营管理水平。

(4)流动资金周转率

流动资金周转率是反映公司全部流动资金周转速度的重要指标,它是指公司一定时期内流动资金周转额(一般用销售收入)与流动资金平均占用额的比率,其计算公式如下:

$$\text{流动资金周转次数} = \frac{\text{销售收入总额}}{\text{流动资金平均占用额}} \quad (2-12)$$

$$\text{流动资金周转天数} = \frac{\text{计算期天数}}{\text{流动资金周转次数}} \quad (2-13)$$

(2-12)式中流动资金数来自资产负债表,按年度平均额计算,而销售收入总额来源于损益表。流动资金周转率从整体上反映和评价公司流动资金的周转和利用水平。一般来说,流动资金周转次数越多越好,而流动资金周转天数越短越好,这样说明公司整体流动资金流动快,在有限资金总量下,能获取更多的销售收入,资金的利用水平较高。

(5)固定资产周转率

固定资产周转率也称固定资产利用率,它是公司一定时期销售收入总额与固定资产净值平均额的比值,是反映固定资产周转速度和利用水平的重要指标,其计算公式如下:

$$\text{固定资产周转率} = \frac{\text{销售收入总额}}{\text{固定资产净值平均额}} \times 100\% \quad (2-14)$$

一般来说,该指标高则说明公司固定资产利用水平高,有较高的固定资产经营水平,反之则说明公司固定资产利用水平较低。该指标的计算一般采用固定资产净值的平均额,特殊情况下也可用固定资产原值。

案例分析

（上接"苏宁易购"案例）

营运能力分析指通过对反映资产管理指标进行测算分析，评价公司的资产流动性，资产利用效益以及能力等。本案例分析中，苏宁易购营运能力的指标主要包括总资产周转率等，如表2-9所示。

表2-9　苏宁易购营运能力财务分析表

项目	2017年	2016年	2015年
应收账款周转率	107.61	164.26	218.41
存货周转率	9.8	8.96	7.72
总资产周转率	1.28	1.32	1.59

从表2-9中可以看出，苏宁易购应收账款周转率近三年在不断下降，周转天数呈上升趋势，应收账款回收减慢。存货方面，由于近几年公司加强了供应链和供应商的管理，存货的利用率大大提高。如果与国美、京东相比，苏宁易购的存货吞吐的水平相对要低一些，为进一步扩大市场和提高销售业绩，公司还需要加强存货管理。总资产周转率方面，该数值越高表示利用情况越低。苏宁易购2015—2017年这一数值持续下降，在2017年达到1.28。公司O2O业务这三年持续保持扩张和发展，资金使用率不断提高，资产收益不断上升，与行业领军者的差距也越来越小。

3. 盈利能力指标

获取期望的利润是公司最直接的经营目标，也是公司生存和发展的重要保证，所以盈利能力指标在公司财务分析中具有重要地位，但企业的盈利能力很难加以定义和衡量，没有一种方法能明确地告诉我们公司是否具有较好的盈利性。一般说来，会计利润反映了收入与成本之差，财务分析人员至多能衡量当前或既往的会计利润，然而许多商业机会都是以牺牲当前利润为代价来换取未来利润。例如，所有的新产品都会有很高的初始费用，因此初始利润较低，在这种情况下，当前利润就不足以反映未来的盈利能力。以会计为基础来衡量企业盈利能力还存在一个问题，即忽视了风险，当两家公司的风险显著不同时，仅依据二者的当期利润相同而得出二者的盈利性也相同的结论是错误的。

用会计方法衡量企业盈利能力存在的一个最大的概念性问题是没能给出一个用于比较的尺度。从经济意义来看，只有当企业的盈利率大于投资者自己能够从资本市场上赚取的盈利率时，才能说企业具有较强的盈利能力，而会计衡量方法无法进行这种比较。

公司盈利能力财务指标的分析主要从销售、成本费用、资产和权益资本的占用等方面来进行，每个指标都有其特殊的分析意义。

（1）销售利润率

销售利润率等于利润除以总销售收入，将利润表示为总销售收入的百分比形式，其计算公式如下：

$$销售总利润率 = \frac{息税前利润}{销售收入} \times 100\% \qquad (2-15)$$

$$销售净利润 = \frac{净利润}{销售收入} \times 100\% \qquad (2-16)$$

销售利润率反映公司销售利润占销售收入的比率，说明公司销售收入的实际获得能力，一般来说也是越大越好。销售净利率反映公司每1元销售收入最终能获取的税后净利，它包含公司当期的投资收入和营业外收支。销售净利率不是销售直接评价指标，而是总体评价指标，该比率越大，说明公司整体盈利能力越强。

一般来说，销售利润率反映了公司以较低的成本或较高的价格提供产品和劳务的能力。由于这是基于总销售收入而不是基于公司或权益投资者所投资的资产而计算的利润率，因此不能直接衡量公司的盈利能力。比如，商业类公司销售利润率较低，而服务类公司的销售利润率较高，但这并不能直接用于说明二者盈利能力的高下。

（2）资产净利率

资产净利率也称资产收益率或投资报酬率，是指公司一定时期的税后净利与总资产平均额的比率，说明公司每1元资产占用所能获取的净利润，其计算公式如下：

$$资产净利润 = \frac{净利润}{总资产平均额} \times 100\% \qquad (2-17)$$

该指标反映公司总资产的利用水平和盈利能力，一般情况下该指标越大越好，若明显低于同行业，说明公司经营管理有严重问题。同理，可计算流动或固定资产的净利率。

（3）权益净利率

权益净利率也称权益资本净利率或净资产净利率。它是指公司一定时期的税后净利与权益资本平均额的比率，说明每1元权益资本的使用能获取的净利，其计算公式如下：

$$权益净利润 = \frac{净利润}{权益资本平均额} \times 100\% \qquad (2-18)$$

第 2 章 公司财务分析

该指标反映权益资本的盈利能力，一般情况下，该指标越大越好，说明一定的权益资本能获得更多权益，该指标的变化和预期是权益投资人（股东）最为关心的。

（4）股利支付率

股利支付率是指现金股利占净利润的比例，其计算公式如下：

$$股利支付率 = \frac{现金股利}{净利润} \times 100\% \tag{2-19}$$

$$留存比率 = \frac{留存收益}{净利润} \times 100\% \tag{2-20}$$

$$留存收益 = 净利润 - 股利 \tag{2-21}$$

案例分析

（上接"苏宁易购"案例）

分析苏宁易购的盈利能力是为了了解公司的经营业绩，公司经营管理中可能会出现的重大问题等。主要从总资产收益率等指标进行分析，如表2-10所示。

表2-10 苏宁易购盈利能力财务分析表

项目	2017年	2016年	2015年
净资产收益率（%）	5.34	1.07	2.86
总资产收益率（%）	2.75	0.44	0.89
销售毛利率（%）	0.10	0.76	0.56
销售净利率（%）	2.15	0.33	0.56

苏宁易购的销售毛利率持续下降，从2015年的0.56%直线下降到2017年的0.1%，主要是因为公司为扩大市场调整了价格策略，意图通过充分的低价销售模式实现薄利多销。销售净利率是企业净利润与营业总收入的比值，反映了企业的纯收入情况，它会把投资获利、成本开支等因素都考虑进来，因此销售净利率越高，企业的盈利能力越强。对于苏宁易购而言，2015—2016年间，公司销售净利率先下降，在2017年获得了大幅增长，主要是因为2015—2016年间，公司进行了大量的物流基地建设和电商平台开发，资金投入耗费巨大，因此净收益明显下降。2017年，公司的前期投资初显成效，净收益大幅提升。

苏宁易购净资产收益率在2016年下降近1.5倍后，在2017年又大幅度提升。主要是因为苏宁易购重视发展线上电子商务，大力开展线上平台的开发和运营，线下盈利大幅下降，新投入运营的线上平台获利不高。总资产收益率是衡量企业盈利能力的另一个重要指标，分析结果表明，苏宁易购的经营模式获利的水平在逐步提高。

4. 成本费用指标

高水平的成本管理和费用控制，是现代公司财务管理的重要内容，因为成本和费用控制水平的高低，是一个公司是否具有较强市场竞争能力的关键，所以必须定期进行财务分析。

（1）销售成本率

销售成本率是公司一定时期销售成本（费用）与销售收入总额的比率，其计算公式如下：

$$销售成本率 = \frac{销售成本}{销售收入} \times 100\% \tag{2-22}$$

该指标有两种计算方法，若用狭义销售成本，只要将实际销售的产品制造成本与销售收入比较；若用广义销售成本，即以公司的经营成本概念来计算，应是实际销售产品的制造成本加上当期的全部费用支出与销售收入之比。狭义的销售成本率实际是销售毛利率的反指标，而广义的销售成本率则说明公司全部耗费占其收入的比重。所以一般情况下，该指标越小越好，说明公司只需比较小的代价，便能获取较大的收益。

（2）成本利润率

成本利润率是公司一定时期净利润与其成本（费用）总额的比率，其计算公式如下：

$$成本利润率 = \frac{净利润}{成本费用总额} \times 100\% \tag{2-23}$$

这里的成本概念一般是广义的，包括公司为了获取当期收益而耗费的所有代价，主要是指销售成本和各项费用。在正常情况下，该比率越大，说明公司获利能力越强，只要花较小的代价，便能获得较高的利润，同时也说明公司有较高的成本费用管理水平。

5. 长期偿债能力指标

长期偿债能力分析也称为公司的资本结构分析。它主要反映公司的负债与总资产及权益资本之间的关系。结合公司的投资盈利能力，对公司的长期偿债能力进行分析，可以较全面地分析判断公司资本结构是否合理，评价公司未来还本付息的能力，以及判断有无导致公司破产的财务风险。

资产负债率是公司的负债总额与资产总额的比率。它是公司财务分析的重要指标，反映公司的资本结构状况，直接体现了公司财务风险的大小，其计算公式如下：

$$资产负债率 = \frac{负债总额}{资产总额} \times 100\% \tag{2-24}$$

该指标反映公司全部收益对于支付利息的保障能力。一般该比率越大，说明公司利息保障能力越强，如该比率过低，则说明公司可能无法按时偿付当期的利息费用。当该比率为1时，说明公司的全部收益正好用于支付利息，公司没有任何利润，所以要求该指标至少大于1，否则难以偿还债务利息，公司将面临较大的财务风险。

案例分析

（上接"苏宁易购"案例）

前文已介绍过短期偿债能力指标，现分析长期偿债指标——资产负债率，如表2-11所示。

表2-11　苏宁易购长期偿债能力财务分析表

项目	2017年	2016年	2015年
资产负债率（%）	46.83	49.02	63.75

苏宁易购2017年的资产负债率为46.83%，这反映该公司资产结构在合理的范围内，企业的财务风险比较小。

6. 市场表现指标

对于上市公司来讲，为了反映股东的投资收益和市场对公司的评价，财务分析应另行计算公司的市场表现指标，以反映公司财务目标的实现程度和投资人对公司的信心。

（1）每股收益

每股收益（EPS）也称每股盈余或每股利润，是公司一定时期的净利润扣除优先股股利后的净利润与发行在外的普通股平均股数的比率，其计算公式如下：

$$每股收益 = \frac{净利润 - 优先股股利}{普通股平均股数} \tag{2-25}$$

该指标反映公司普通股每股获利能力的大小，它直接影响未来公司的股价。在计算时，如果公司已发行优先股，应先在净利润中扣除应付的优先股股利，才能得到普通股股东的实际收益。该指标越大，说明公司股本的盈利能力越强，但也可能加剧财务风险。

（2）市盈率

市盈率（P/E ratio）又称市价与收益比率，是指普通股每股市价与普通股每股收益的比率，其计算公式如下：

$$市盈率 = \frac{普通股每股市价}{普通股每股收益} \times 100\% \tag{2-26}$$

该指标反映公司股票的市价是每股收益的多少倍。它直接体现投资人和市场对公司的评价和长远发展的信心，无论对公司管理层还是市场投资人，这都是十分重要的财务指标。一般该指标越大，说明公司越具有良好的发展前景，并能得到市场的好评。

（3）股利发放率

股利发放率是指公司一定时期的每股股利与每股收益的比率，其计算公式如下：

$$股利发放率 = \frac{每股股利}{每股收益} \times 100\% \tag{2-27}$$

该指标反映公司的净利润中有多少是用于投资者支付股利的，同时也说明公司的资金留存状况，公司股利发放率的大小直接影响公司的市场股价和资本结构的合理性。

（4）每股净资产

每股净资产是指公司一定时期净资产总额与普通股平均股数的比率，其计算公式如下：

$$每股净资产 = \frac{普通股每股市价}{普通股每股净资产} \times 100\% \tag{2-28}$$

该指标反映公司每股普通股所拥有的净资产额，该比率越大，说明公司财务实力越强，但必须与公司以前年度比较，若每股设定资本相同，也可与其他公司比较。

（5）市净率

市净率又称市价与净资产比率，是指普通股每股市价与每股净资产的比率，其计算公式如下：

$$市净率 = \frac{普通股每股市价}{普通股每股净资产} \times 100\% \tag{2-29}$$

该指标反映公司股票的市场价值是净资产的多少倍。一般该指标越大，说明投资者对公司发展前景越有信心，市场对其好评，但也隐含着较大的潜在投资风险。

7. 财务杠杆比率

财务杠杆与公司债务融资和权益融资的多少有关。财务杠杆可以作为一种工具来衡量企业在债务合同上违约的可能性，公司的债务越多，其不能履行债务责任的可能性越大。换句话说，过多的债务可能会导致公司丧失清偿能力，陷入财务困境。

从好的方面来看，债务又是一种重要的筹资方式，但是债务融资可能会造成债权人与权益投资者之间的矛盾，公司债权人希望公司投资风险较低的项目，而权益投资者则偏好更具风险、收益更高的项目。债务融资因其利息可在税前扣减而具有节税的好处。

（1）负债比率

负债比率等于总负债除以总资产。我们还可以用几种其他方法来反映公司的债务水平，如负债权益比和权益乘数，其计算公式如下：

$$负债比率=\frac{总负债}{总资产}\times 100\% \quad (2-30)$$

$$负债权益比=\frac{总负债}{总权益} \quad (2-31)$$

$$权益乘数=\frac{总资产}{总权益} \quad (2-32)$$

负债比率反映了债权人权益的受保护程度，以及公司为将来有利的投资机会取得新资金的能力。但是，资产负债表上的负债仅仅是未偿付的金额，没有根据当前的利率（有可能高于或低于债券发行时的初始利率）和风险水平加以调整。因此，负债的会计价值可能与其市场价值完全不同。此外，还有一些债务可能根本就不出现在资产负债表上，如养老金负债和租赁负债。

（2）利息保障倍数

利息保障倍数等于利润（息税前）除以利息。这一比率着重反映公司所赚取的利润对利息费用的偿付能力，其计算公式如下：

$$利息保障倍数=\frac{息税前利润}{利息费用} \quad (2-33)$$

确保利息费用的支付是公司避免破产而力所必求的，利息保障倍数直接反映公司支付利息的能力。计算该比率时，若从利润中减去折旧，在分母中加上其他财务费用（如本金支付和租赁费支付），其计算结果将更具现实意义。

> **案例分析**
>
> （上接"苏宁易购"案例）
>
> 从权益乘数来衡量苏宁易购财务杠杆比率，反映公司负债情况，如表2-12所示。
>
> 表2-12 苏宁易购财务杠杆率财务分析表
>
> | 项目 | 2017年 | 2016年 | 2015年 |
> |------|--------|--------|--------|
> | 权益乘数 | 1.88 | 1.96 | 2.76 |
>
> 2015年，苏宁易购的权益乘数是2.76，接下来的两年则逐渐降低，为1.96和1.88，公司的负债比率逐渐减少，因此财务相对稳定，无太大风险。

8. 共同比分析和趋势分析

（1）共同比分析

共同比分析又称作结构分析，将财务报表中的某一关键项目金额作为100%，再将其余有关项目的金额换算为对该关键项目的百分比，从而揭示财务报表中各项目的相对地位和总体关系。一般来说，在共同比资产负债表中，各资产、负债及所有者权益项目分别被表述为占资产总额的比重；在共同比损益表中，各项比则被表述为产品销售收入的比重。

由共同比财务报表分析，我们通过报表中每一个项目的结构变化，就可充分掌握公司各项结构内容的动态配置，并将原来无法比较的绝对数字，转换为同一基础上的数据以便于比较。我们应在进行共同比财务报表分析的同时，结合绝对数字的增减变动，以便更好地了解公司的实际状况。

（2）趋势分析

趋势分析主要是通过比较公司连续几期的财务报表或财务比率，了解公司财务状况变化的趋势，借以预测公司未来的财务状况。进行趋势分析一般应用比较财务报表、比较百分比报表、比较财务比率、图解法等方法。比较百分比报表是指对于公司连续数年的财务报表，以第一年或另选择某一年份为基期，计算每一期间各项目对基期同一项目的趋势百分比，使之成为一系列具有比较性的百分比，借以显示该项目的各期间上升或下降的变动趋势。

趋势分析可以通过对过去的研究与观察来显示公司未来的发展趋势，并通过以下公式求得趋势的百分比，即：

$$某期趋势百分比 = \frac{当期金额}{基期金额} \times 100\% \quad (2-34)$$

趋势分析中，基期选择是比较重要的。基期不得为零或负数，且应剔除非常年度的极端资料，并应配合绝对数字一起观察。在前后各期进行分析时，所选各期所执行的会计原则、政策应一致，否则趋势分析就无意义，如果分析时所涉及的时间跨度过长，物价变动等因素会导致财务信息严重扭曲，从而使分析不科学。

2.4 公司财务状况总体评价

2.4.1 利润与利润的构成状况

要对一个公司进行初步的总体财务状况评价，首先要看该公司的盈利状况是否良好，因为这是公司生存、发展和保证其具有良好偿债能力的基础。虽然不能简单地认为利润高的公司财务状况就必然好，但一个持续亏损的公司绝对不可能是一个财务状况良好的公司。进行利润评价时，首先要看利润绝对额的变化及利润的增长水平。当然，这要从较长一段时期来评价，如果公司具有长期稳定的利润增长，那么该公司的经营和财务状况是良好的。对于确有因特定经济因素引起的公司前期或当期的利润短暂下滑，应看作正常状况。

在进行利润评价时，要注重利润构成结构的分析。首先要看利润的构成是否主要来源于公司的主营业务，因为主营业务是公司长期赖以生存和发展的基础，如果公司长期主营业务利润萎缩，其绝对额和所占比重不断下降，至少可能说明两点：一是公司有较大的经营风险，产品的市场竞争力越来越弱；二是公司的利润主要靠其他业务、投资收益和营业外收入等支撑，长此以往，其利润的真实性便值得怀疑，应对其他利润来源作进一步分析。

2.4.2 投资报酬率和权益净利率

除了初步了解公司的利润状况之外，还应进一步把握公司资产的利用水平和权益资本的创造能力。投资报酬率是公司一定时期的息税前利润与总资产的比率，该比率最适合用于纵向和横向比较。除特殊情况外，如公司投资报酬率持续上升，并能高于同行公司，说明公司的经营和财务状况较好，公司的资金利用水平较高。但当公司某一时期有新技术和新产品开发或重大投资时，虽然短期会引起公司投资报酬率下降，但从长远来看，对公司的长久发展是有益的，应属正常情况。

权益净利率是公司一定时期税后净利与权益资本的比率。如果公司连续多年该指标较高，并且保持稳定和适度持续增长，则说明公司的资本盈利能力较强，经营和财务状况较好，公司价值会有较大增长，但要注意公司潜在的财务风险，即是否会由于负债比率过高影响长期偿债能力。

2.4.3 负债比率和负债结构

合理的资本结构是确保公司良好财务状况的关键，而负债比率是重要的考核指标。要看公司连续多年的负债比率，虽然从财务角度看，负债比率并不是越低越好，但如果一个公司长期负债比率居高不下，并始终高于同行业水平，那这个公司绝对不是一个财务状况良好的公司，因为巨大的财务风险始终伴随公司。所以从偿债角度来看，如果一个公司长期保持稳定和较低的负债比率，这样的公司偿债能力较强，财务状况较好。

在研究公司的负债比率时应特别注意负债的具体构成，主要是看长短期负债的比率。公司最现实的财务风险主要是短期负债的风险，如果公司没有充分的变现能力来确保短期负债的偿还，公司便会有破产的可能。而期限较长的负债，特别是3～5年后的长期负债，对公司来说是一种潜在的财务风险。要特别注重公司的负债结构分析，如果在公司负债中大量都是短期负债,应引起充分重视。

2.4.4 销售收入状况和公司市场占有率

公司生存和发展的基础是保证其生产的产品或提供的劳务能在市场上按既定价格销售。所以,销售收入是公司最重要的财务指标之一。销售收入越高,公司的经营和财务状况越好,如果公司的销售总额长期稳定,并能保持持续增长,那么它应该是财务状况良好的公司。公司销售收入状况良好,说明公司的产品有较强的市场竞争力。

公司另一个重要评价指标是产品的市场占有率,从某种意义上讲,公司的市场占有率指标要比销售收入指标更为重要。因为销售收入作为绝对额指标,并不能直接反映公司产品在市场中的竞争地位,有时公司采用大规模的薄利多销政策,虽然销售量有大幅度上升,但不能说明公司在市场中具有较强的竞争力,因此不能仅用销售收入额作为评价依据。一般来说,如果公司产品的市场占有率保持稳定增长,那么这个公司应该是财务状况良好的。

2.4.5 公司现金流量及收现能力

一个没有利润的公司是可以生存的,但一个没有现金的公司是无法生存的。所以从短期来看,公司的现金流量状况比利润更重要。现金流量状况首先要看一定时期内公司的现金净流量是否为正数,即公司的现金流入量净额是否大于现金流出量净额。公司现金净流量越大,说明公司的财务状况越好,短期偿债能力越强。

现金流量分析,还要注意现金流量构成的研究,特别是公司销售收入的收现能力。要进一步了解公司现金流量中经营活动、投资活动和筹资活动所产生现金流量的比重,将公司现金净流量除以净利润,把握公司净利的现金实现水平,同时要简单分析公司应收账款的周转水平,真正了解公司销售收入的收现能力,对公司现金状况有一个基本了解。

2.4.6 公司成本费用管理水平

不断提高公司的成本费用管理水平,是确保公司长期稳定发展和不断增强产品市场竞争力的关键。在初步财务分析时,首先要了解公司产品成本的耗费水平有无变化,如主要产品的单位成本和全部产品的总成本等。一个公司的成本耗费指标长期稳定,并且持续下降,说明公司的产品成本管理水平较高,并能保证良好的财务状况。同时,公司的费用支出始终是影响其利润收益的重要部分,也应给予高度重视。在正常情况下,公司的销售收入保持稳定,而其费用支出不断下降,或公司的收入有所上升,而其费用支出是保持稳定的,都说明公司有较好的费用控制能力,并能保证公司盈利能力的不断增长。但确有特殊情况，如新技术开发或新的广告战略等，使费用有所上升应属正常。

2.4.7 主要市场表现指标的变化

对于上市公司来讲，评价公司财务状况的好坏有一系列市场评价指标，如股票股价、市盈率、股票投资收益率等，这些指标综合体现了投资者对公司长远发展的信心和投资的实际盈利能力。一般来说，一个财务状况良好，财务风险较低，并且具有持续盈利能力的公司会有较好的市场表现，市场表现指标能反映该公司有良好的财务状况，能给投资者稳定的回报。但要注意的是，在某一特定时期和经济环境下，市场表现指标并非完全与公司的经营和财务状况一致。所以，在运用市场指标来了解公司财务状况时，要注意两个方面：一是要看大势，二是要看长期，不能被一时的市场变化所误导，作出错误的判断和决策。

2.4.8 有无重大经济事项影响公司未来发展

进行初步财务评价时，不但要看公司会计报表的各项财务数据，还要阅读公司的财务状况和有关经济事项的说明，特别要了解公司现在和未来的一些重大经济事项的发生和发展可能对公司的经营和财务状况造成的影响，如公司有无重大投资战略和经营方针的改变、有无较大的诉讼案在身、有无新的筹资计划或股本改造规划、有无公司联营或兼并的意向等。如果存在这些重大经济事项，将对公司经营和财务状况的各个方面产生影响。

本章小结

关键词

资产负债表　利润表　现金流量表　财务比率

关键问题

1. 资产负债表、利润表和现金流量表是体现公司财务信息的最基本的三份报表。资产负债表提供公司在特定时点上的资产、负债，以及所有者权益数量结构的信息；利润表提供公司在特定期间的经营成果的信息；现金流量表提供公司在特定期间由于经营活动、筹资活动和投资活动等引起的公司现金流入及流出变动过程的具体信息。

2. 资产负债表提供了公司资产的规模、结构、流动性、资金来源结构、负债水平、偿债能力等多方面的信息，利用资产负债表可以评价公司的财务实力与财务弹性，资产的流动性和偿债能力，以及资本结构和财务风险等。虽然资产负债表能够提供许多有用的信息，但我们应该清醒地认识到，受会计核算方法的限制以及不断变化的客观环境的影响，资产负债表在信息揭示方面仍然存在较大的局限性。这种局限性表现在对资产和负债的计量不够真实，不够全面。另外，我们还应该警惕美化虚饰资产负债表的情况。

3. 利用利润表所反映的信息可以分析公司的经营实力和经营成长性，盈利水平和经营结构。公司的利润是人们关注的核心，我们不仅要关注利润的数量，更要关心利润的质量，警惕利润操纵。加强利润形成过程的分析，关注利润质量下降的信号是分析公司利润质量的重要途径。

4. 现金流量表反映一定期间公司由于经营活动、筹资活动和投资活动等对公司现金及现金等价物所产生的影响，提供一定会计期间公司现金流入及流出变动过程的具体信息。现金流量表是联结资产负债表和利润表的桥梁，在"现金为王"的现代经济中，具有十分重要的信息揭示作用。利用现金流量表可评价公司利润的质量、偿债能力和支付能力、获取现金的能力、支付投资者报酬的能力。

5. 分析现金流量表特别要关注经营活动的现金流量。一个处于正常经营时期且获取现金能力较强的公司，其经营活动产生的现金流入量往往大于现金流出量，即企业从当期活动中获得的现金收入不仅能够满足自身经营的需要，而且还可用于偿还债务，扩大生产经营规模，或进行新产品投资，体现了稳定的经营活动对公司投资和融资活动的支持能力，对经营的可持续性、业务规模的扩大和及时回报投资者起到重要作用。如果经营活动现金流量在全部现金流量中所占的比例较高，说明企业创造现金的能力较强；反之，则说明企业创造现金的能力不强，这样的企业对外部资金依赖性较大。

思考与练习

1. 什么是资产负债表？它有什么作用？
2. 什么是利润表？它有什么作用？为什么阅读利润表时，不仅要关注结果（净利润），还要考察利润的形成过程？
3. 在财务分析指标中，你认为最重要的指标是哪些？为什么？
4. 趋势分析和共同比分析的内容是什么？
5. 下列说法是否正确？
   （1）公司的负债权益比率的总值总是小于1；
   （2）速动比率总是小于流动比率；
   （3）权益收益率总是小于资产收益率；
   （4）红利发放率总是小于市盈率。

6. 已知M公司的速动比率是1.4，流动比率是3.0，存货周转率为6次/年，流动资产总额为81万元，现金和短期投资总额为12万元，请回答：

（1）M公司的流动负债是多少？

（2）M公司的年销售额是多少？

7. 下表列示了Information Control公司上半年的长期负债和股东权益。

表2-13 Information Control公司长期负债和股东权益

单位：百万美元

长期负债和股东权益	数值
长期债务	50
优先股	30
普通股	100
留存收益	20

在过去的一年里，该公司发行新股1000万美元，取得净利润500万美元，发放股利300万美元。请编制该公司本年的资产负债表。

 参考文献

[1] 王娟、庞仙君：《苏宁云商的财务报表分析》，载《现代营销（下旬刊）》2019年第1期，第207—209页。

[2] 李洋洋：《上市公司财务分析问题及对策》，载《现代商贸工业》2014年第7期，第120—121页。

[3] 梁慧：《上市公司财务分析完善之策——基于内外互动的视角》，载《中国总会计师》2013年第8期，第96—97页。

[4] 荆新、王充成、刘俊彦主编：《财务管理学（第六版）》，中国人民大学出版社2012年版。

第 3 章
货币的时间价值及证券价值评估

导语 货币具有时间价值,当前一单位货币的价值与未来一单位货币的价值之间的关系即"货币的时间价值"。一般来说,当前的1元钱要比未来的1元钱更值钱,因为如果你现在拥有1元钱,可以用它投资赚取利息。本章中,我们要充分了解货币的时间价值的概念,并在此基础上掌握利息的单利和复利,以及终值和现值的概念和计算,还介绍了普通年金和先付年金的计算方法。在上述基础上,本章引入证券价值的评估,主要介绍股票和债券的价值评估方法,有利于投资者作出投资决策。

3.1 终值与现值

3.1.1 货币的时间价值

货币的时间价值(time value of money),也称为资金时间价值,是客观存在的经济范畴,扣除了货币的价值增值中所包括的风险报酬后所剩余的部分就是货币的时间价值。通常用没有通货膨胀、不存在风险情况下的利息率或投资报酬率的形式表示货币的时间价值率。西方经济学家常用"放在桌上的现金"(cash on the table)来比喻人们错过了获利机会,之所以说错过了获利机会,是因为货币具有时间价值。

货币时间价值可以用绝对数和相对数两种方法来表示。绝对数是货币价值的增加额,即通常的利息额。相对数是价值的增加额占初始货币的百分数,即通常的利息率。在实际工作中,对这两种表示方法并不作严格的区别,通常以利息率进行计算。在这里,我们将初始货币称作本金,它是产生货币时间价值的基础,如银行的存款利率为6%,我们将1元钱存入银行,1年后获得1.06元。今天的1元钱实际上等于1年后的1.06元,价值增长的0.06元就是1元钱的时间价值。货币的时间价值表明一定量的货币在不同时点上具有不同的价值。

3.1.2 现金流量图

现金流量图是一种反映经济系统资金运动状态的图式,即把经济系统的现金流量(cash flow)绘入时间坐标图中,表示各现金流入、流出与相应时间的对应关系,如图3-1所示。

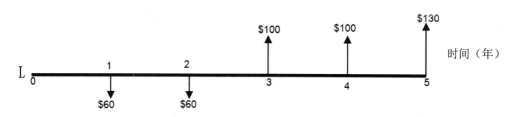

图3-1 现金流量图

1. 现金流量的三要素

作用点(资金的发生时点)、方向(资金流入或流出)、现金流量的大小(资金数额)。

2. 现金流量图说明

(1)以横轴为时间轴,向右延伸表示时间的延续,轴L每一刻度表示一个时间单位,可取年、半年、季或月等;0表示时间序列的起点。箭线与时间轴的交点即为现金流量发生的时点。

(2)相对于时间坐标的垂直箭线代表不同时点的现金流量,在横轴上方的箭线表示现金流入,如效益;在横轴下方的箭线表示现金流出,如费用或损失。现金流量的方向(流入与流出)是对特定系统而言的。贷款方的流入就是借款方的流出;反之亦然。

(3)在现金流量图中,箭线的长短与现金流量数值大小本应成比例。但由于经济系统中各时点现金流量的数额常常相差悬殊而无法成比例绘出,故在现金流量图绘制中,箭线长短只是示意性地体现各时点现金流量数额的差异,并在各箭线上方(或下方)注明其现金流量的数值。

3.1.3 单利与复利

1. 单利

单利(simple interest)是指只对本金计息,利息不再计息。单利的利息额是三个变量的函数:本金、单位时间段的利息率和借贷的期限,计算单利的公式为:

$$SI = P_0 \times i \times n \quad (3\text{-}1)$$

其中，SI表示单利利息额，P_0表示本金，i表示利息率，n表示期限。

例1 假设投资者按10%的单利将100元存入银行，存款期限为5年，在第五年末，利息额的计算如下：

$SI=100\times 0.1\times 5=50$（元）

2. 复利

复利（compound interest）是指不仅借（贷）的本金要支付（收取）利息，而且前期的利息在本期也计算利息。

复利的利息额也是三个变量的函数：本金、单位时间段的利息率和借贷的期限。计算公式为：

$$CI=P_0[(1+i)^n-1] \quad (3-2)$$

其中，CI表示复利利息额；

P_0表示期初的本金或借（贷）的原始金额；

i 表示利息率；

n表示期限。

例2 同为上例中的100元，假设利率仍是10%，期限5年，按照复利计算第五年末的利息额为：

第一年末投资者将拥有110元，其中获得利息额为：$100\times[(1+0.1)-1]=10$（元），并将全部金额再投资；第二年末投资者将拥有121元，其中获得利息额为：$100\times[(1+0.1)^2-1]=21$（元），这21元包括三部分，第一部分是本金100元在第一年获取的利息10元，第二部分是本金100元在第二年获取的利息10元，第三部分是第一年的10元利息在第二年获取的利息1元，仍将全部金额再投资；第三年末投资者将拥有133.1元，其中获得利息额为：$100\times[(1+0.1)^3-1]=33.1$（元）；第五年末投资者将拥有161.051元，其中获得的利息额为：$100\times[(1+0.1)^5-1]=61.051$（元），这61.051元包括本金100元在五年中获得的利息，第一年的利息在剩余四年获取的利息，第二年的利息在剩余三年获取的利息，依次类推。

3.1.4 终值与现值

由于货币具有时间价值，要比较不同时间点上货币的价值，需要把它们换算到相同的时间基础上，这就必须运用终值和现值的基本概念及计算方法。

1. 终值

终值（future value）是指现在一定金额或一系列支付款项按给定的利息率计算所得到的在未来某个时间点的价值。

(1)单利终值

在单利方式下,只有本金能带来利息,已获取的利息不能转入后期计算利息。所以单利的终值就是一定时期以后从本金上获得的利息与本金之和。用FV_n表示终值,则单利终值的一般计算公式为:

$$FV_n = P_0 + SI = P_0 + P_0 \times i \times n = P_0(1 + i \times n) \qquad (3\text{-}3)$$

例3 若某人将100元存入银行,年存款利率为10%,那么在5年之后此人获得的本利和为:

$$FV_5 = 100 \times (1 + 10\% \times 5) = 150(元)$$

(2)复利终值

在复利方式下,前期的利息在下期也转作本金,并与原来的本金一起再计算利息,从而对利息进行再投资。复利终值就是在重复生息基础上计算的现在一定金额或一系列支付款项未来的本利和,也就是通常所说的"利滚利"。

例4 把100元存入银行,利率为10%,每年复利一次。

第一年末这100元的终值是:

$$FV_1 = P_0(1+i) = 100 \times 1.1 = 110(元)$$

可以看出,一年期复利终值和单利终值在数值上是相等的。

如果在利率为10%时,把100元存上两年,其复利终值是:

$$FV_2 = FV_1(1+i) = P_0(1+i)(1+i) = P_0(1+i)^2$$
$$= 110 \times 1.1 = 100 \times 1.1 \times 1.1 = 100 \times 1.21 = 121(元)$$

两年期复利终值将不再等于两年期单利终值。这是因为在年复利率为10%时,100元初始存款在第一年末增至110元;到了第二年末,不仅初始的100元获得10%的利息,而且第一年获得10元利息在第二年也开始获得1元的利息,因此110元增至121元。

在第三年末,该账户的价值是:

$$FV_3 = FV_2(1+i) = FV_1(1+i)(1+i) = P_0(1+i)^3$$
$$= 121 \times 1.1 = 110 \times 1.1 \times 1.1$$
$$= 133.1(元)$$

一般地,第n年年末存款复利终值FV_n可表示为:

$$FV_n = P_0 (1+i)^n \tag{3-4}$$

其中，P_0 为期初本金或借（贷）的原始金额，i 为利息率，n 为计算期数。

由于在复利计息方式下，需要经常计算 $(1+i)^n$，为了简便计算，通常将其制成表格，其中包含很多 i 和 n 的组合，查找所需的数值很方便，如表3-1所示。

表3-1　复利终值系数表

期数（n）	利率（i）						
	1%	3%	5%	8%	10%	15%	20%
1	1.0100	1.0300	1.0500	1.0800	1.1000	1.1500	1.2000
2	1.0201	1.0609	1.1025	1.1664	1.2100	1.3225	1.4400
3	1.0303	1.0927	1.1576	1.2597	1.3310	1.5209	1.7280
4	1.0406	1.1255	1.2155	1.3605	1.4641	1.7490	2.0736
5	1.0510	1.1593	1.2763	1.4693	1.6105	2.0114	2.4883

"复利终值系数表"的作用不仅在于已知 i 和 n 时查找1元的复利终值，而且可以在已知1元复利终值和 n 时查找 i，或在已知1元复利终值和 i 时查找 n。

例5　某人有12000元，拟查找报酬率为8%的投资机会，经过多少年才可使现有资金增加一倍。

解：$24000 = 12000 \times (1+8\%)^n$

即：$(1+8\%)^n = 2$

查表得：复利终值系数1.999最为接近。则：$n = 9$，即9年后可使现有资金增加1倍。

习惯上将 $(1+i)^n$ 称为复利终值系数（future value interest factor），并用 $FVIF_{i,n}$ 表示，即 $FVIF_{i,n} = (1+i)^n$，于是复利终值也可以表示为：

$$FV_n = P_0 \times FVIF_{i,n} \tag{3-5}$$

在例4中，要计算100元5年后的终值，我们可以首先找到相关的终值系数：

$FVIF_{10\%,5} = 1.6105$

故100元5年后的终值是：

$FV_5 = 100 \times FVIF_{10\%,5} = 161.05$（元）

例6 某投资者决定购买年利率为13%的企业债券,并一次性投入5000元购买,2年后投资者可以拿到多少钱?10年后,该投资者获得了多少利息?其中多少来自复利?

解:根据上述讨论,我们可以计算13%复利下的2年期终值系数:

$$(1+i)^2 = 1.13^2 = 1.2769$$

由公式(3-5)可知,2年后,该投资者的5000元将增加到:

$$5000 \times 1.2769 = 6384.5(元)$$

10年后,投资者将拥有:

$$5000 \times 1.13^{10} = 5000 \times 3.3946 = 16972.8370(元)$$

在这16972.837元的终值中,除了初始投入的5000元之外,剩余的16972.837－5000=11972.837(元)是10年中获取的利息。在13%的利率下,投资5000元,每年获取的单利为5000×0.13=650(元),10年间共获得单利利息为10×650=6500(元),11972.837－6500=5472.837(元)则来自复利。

2. 现值

现值(present value)是指对未来一定金额或一系列支付款项以恰当的折现率进行折现后的价值,即由终值来倒推现值,一般称之为贴现或折现,所使用的利率为贴现率。

(1)比较原则

不同时点的现金流量不能相加和比较,在比较和相加之前,所有现金流量必须转换成某一时点的现金流量。若要计算未来现金流量的价值,就要把未来的现金流量置于现在时点上,用现在的价值去比较它们。

(2)单利现值

由上述终值公式(3-3)可得单利现值的一般计算公式为:

$$PV_0 = P_0 = FV_n \times \frac{1}{1+i \times n} \tag{3-6}$$

例7 某人希望在5年后取得本利和30000元用于支付一笔款项。那么在利率为10%,单利方式计算条件下,此人现在需要存入银行的本金为多少?

解:$PV_0 = P_0 = FV_n \times \dfrac{1}{1+i \times n} = 30000 \times \dfrac{1}{1+10\% \times 5} = 20000(元)$

此人现在需要存入银行的本金为20000元。

（3）复利现值

在复利方式下，现值可以简单地看作终值的反过程。因此，从复利终值公式（3-4）可以得到复利现值的一般计算公式：

$$PV_0 = P_0 = FV_n \times \frac{1}{(1+i)^n} \tag{3-7}$$

上述公式中的 $\frac{1}{(1+i)^n}$ 是利率为 i，期数为 n 的复利终值系数 $FVIF_{i,n}$ 的倒数，称作期数为 n 的复利现值系数 $PVIF_{i,n}$，上述公式可以变为：

$$PV_0 = FV_n \times PVIF_{i,n} \tag{3-8}$$

例8 某投资项目预计8年后可获得收益500万元，年利率10%，按复利计算，此项目的收益相当于现在的价值是多少？

解：$PV_0 = P_0 = FV_n \times \frac{1}{(1+i)^n} = 500 \times \frac{1}{(1+10\%)^8} = 233.25$（万元）

即8年后的500万元收益的项目，在年利率10%下的现值是233.25万元。

同样，复利现值系数表可供查找不同期限和不同利率下的复利现值系数，如表3-2所示。

表3-2　复利现值系数表

期数 (n)	利率（i）						
	1%	3%	5%	8%	10%	15%	20%
1	0.9901	0.9709	0.9524	0.9259	0.9091	0.8696	0.8333
2	0.9803	0.9426	0.9070	0.8573	0.8264	0.7561	0.6944
3	0.9706	0.9151	0.8638	0.7938	0.7513	0.6575	0.5787
4	0.9610	0.8885	0.8227	0.7350	0.6830	0.5718	0.4823
5	0.9515	0.8626	0.7835	0.6806	0.6209	0.4972	0.4019

例9 假定3年后你需要1000元，若其中的报酬率为15%，现在必须投资多少？

解：从表3-2中找到对应的现值系数0.6575，所以必须投资的金额为：

1000×0.6575=657.5（元）

也就是说，未来的1000元货币相当于现在的657.5元，复利现值系数越小，对应的货币现值越小。当贴现率为15%时，4年后获得的1元钱只是今天的0.497元，或者说是未来1元钱的49.7%。

3.2 年金价值

年金是指一定时期内每期等额的收付款项。经济生活中的消费贷款和住房贷款都具有年金的特点。根据各款项发生的时间不同，年金大致可以分为两类：一类是普通年金（ordinary annuity），是指每笔收付款都发生在期末，这类年金也称为后付年金。另一类是预付年金（annuity due），是指每笔收付款都发生在期初，故又称为期初年金。普通年金在实际应用中较多，如不作特殊说明。

3.2.1 年金终值

年金是指一定时期内一系列金额相等的收付款项，而普通年金的收付款项发生在每期的期末。假设A代表每年年末收付款项得到的金额，年金零存整取的年利率是i，n为全部年金的计息期数，则普通年金终值的计算可用图3-2表示。

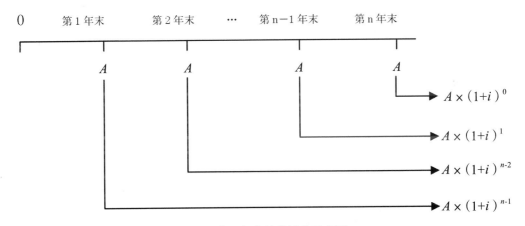

图3-2 普通年金终值计算示意图

一般地，设FVA_n为年金终值，A为年金金额（即每期收付的款项金额），n是年金时间长度，i为年利率，由此年金终值的计算公式为：

$$FVA_n = A(1+i)^0 + A(1+i)^1 + A(1+i)^2 + \cdots + A(1+i)^{n-2} + A(1+i)^{n-1} \quad (3\text{-}9)$$

将式（3-9）两边同乘以（1+i）得：

$$FVA_n \times (1+i) = A(1+i)^1 + A(1+i)^2 + \cdots + A(1+i)^{n-1} + A(1+i)^n \quad (3\text{-}10)$$

用式（3-10）减去式（3-9）可得：

$$FVA_n \times i = A(1+i)^n - A = A[(1+i)^n - 1]$$

即　$FVA_n = A\left[\dfrac{(1+i)^n - 1}{i}\right]$ （3-11）

其中，$\dfrac{(1+i)^n-1}{i}$ 通常称为年金终值系数（future value interest factor for annuity），简略的表达形式为 $FVIFA_{i,n}$，此系数可以直接查阅年金终值系数表得到，不必计算。所以年金终值公式还可以表示为：

$$FV_n = A(FVIFA_{i,n}) \qquad (3\text{-}12)$$

例10　假设某项目在5年建设期内每年年末向银行借款200万元，借款年利率为10%，问该项目竣工时应付本息总数额是多少？

解：$PVA_n = A\left[\dfrac{(1+i)^n-1}{i}\right] = 200 \times \dfrac{(1+10\%)^5 - 1}{10\%}$
$= 200 \times FVIFA_{10\%,5}$
$= 200 \times 6.1051 = 1221.02$（万元）

即该项目在5年后除了要偿付本金1000万元之外，还要支付221.02万元的利息，应付本息总数是1221.02万元。

3.2.2　年金现值

假设第1年至第 n 年，每年年末有等额的一笔资本收入（或支出），记为 A，按年利率 i，求其现在的价值，图3-3显示了计算过程。

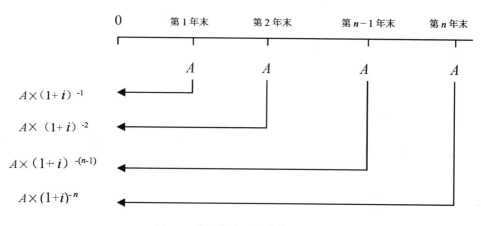

图3-3　普通年金现值计算示意图

从图3-3可以看出，年金现值可以归结为一系列单个现金流量的现值之和。由此，可以得出 n 期普通年金现值 PVA_n 的一般公式为：

$$PVA_n = A(1+i)^{-1} + A(1+i)^{-2} + \cdots + A(1+i)^{-(n-1)} + A(1+i)^{-n} \qquad (3\text{-}13)$$

上式两边同乘以（1+i）得：

$$PVA_n \times (1+i) = A + A(1+i)^{-1} + \cdots + A(1+i)^{-(n-2)} + A(1+i)^{-(n-1)} \qquad (3\text{-}14)$$

用式（3-14）减去式（3-13）得：

$$PVA_n \times i = A - A(1+i)^{-n} = A[1-(1+i)^{-n}]$$

即

$$PVA_n = A\left[\frac{1-(1+i)^{-n}}{i}\right] \qquad (3\text{-}15)$$

（3-15）式中的 $\frac{1-(1+i)^{-n}}{i}$ 表示贴现率为 i 的 n 期普通年金现值系数（present value interest factor for annuity），其简略表示为 $PVIFA_{i,n}$，此系数可直接查阅年金现值系数表得到。普通年金的现值公式也可以写成：

$$PVA_n = A(PVIFA_{i,n}) \qquad (3\text{-}16)$$

由于 $(1+i)^{-n}$ 是复利现值系数。因此，年金的现值系数与复利现值系数的关系为：

$$PVIFA_{i,n} = \frac{1-PVIF_{i,n}}{i} \qquad (3\text{-}17)$$

例11 某企业需要租入一种设备，每年年末需要支付租金5000元，年复利率为10%，5年内应支付的租金总额的现值是多少？

解：$PVA_n = A\left[\dfrac{1-(1+i)^{-n}}{i}\right] = 5000 \times \left[\dfrac{1-(1+10\%)^{-5}}{10\%}\right]$

$\qquad\qquad = 5000 \times PVIFA_{10\%,5}$

$\qquad\qquad = 5000 \times 3.7908 = 18954$（元）

即5年内应支付的租金总额的现值是18954元。

3.2.3 永续年金现值

我们已经知道，一系列相等的现金流量可视为年金。上面讨论的年金都有一个特定的期限，如果年金期限一直无限地持续下去，则构成一种特殊年金形式——永续年金（perpetual annuities）。永续年金是指相同时间间隔的无限期等额收付款项，如优先股和永久债券。对于永续年金而言，因其没有终止时间，所以也就没有终值，只能计算现值。在公式（3-15）中，令 n 趋于无穷大求极限值可得：

$$PVA = A \times \lim_{n \to \infty}\left[\frac{1-(1+i)^{-n}}{i}\right] = A \times \frac{1}{i} \qquad (3\text{-}18)$$

即永续年金的现值就等于年金数额除以每期的利率。

例12 某公司持有另一公司的优先股，每年可获得优先股股利1200元，若利息率为6%，求该优先股历年股利的现值为多少？

解：$PVA = A \times \dfrac{1}{i} = 1200 \times \dfrac{1}{6\%} = 20000$（元）

即该优先股历年股利的现值为20000元。

3.2.4 非普通年金的终值及现值

1. 先付年金终值

普通年金的年金收付发生在每期的期末，与此相反，先付年金的年金收付发生在每期的期初。将普通年金的计算方法经过一些调整就能解决先付年金问题。

图3-4比较了普通年金终值与先付年金终值在计算上的区别。这两种年金的数额均为1000元，利率均为8%，期数均为3年期。普通年金的现金流发生在第1年、第2年和第3年的期末，而先付年金的现金流发生在第1年、第2年和第3年的期初。从图中可以看出，3年期的先付年金的终值就等于相应年期普通年金的终值再复利一年。因此，利率为i的n期先付年金终值（$FVAD_n$）由下列公式决定：

$$FVAD_n = A(FVIFA_{i,n}) \times (1+i) \qquad (3\text{-}19)$$

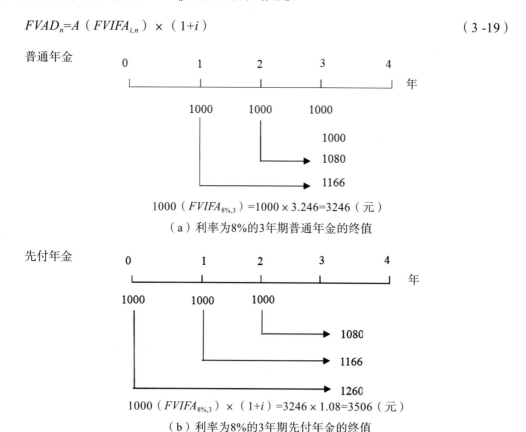

(a) 利率为8%的3年期普通年金的终值

(b) 利率为8%的3年期先付年金的终值

图3-4 普通年金和先付年金终值计算的时间轴（年金数额$R=1000$，$i=8\%$，$n=3$）

第3章 货币的时间价值及证券价值评估

普通年金终值和先付年金终值的真正区别在于计算终值的时间点。普通年金的终值在最后一笔现金流发生的那一刻计算,而先付年金的终值在最后一笔现金流发生的那一期的期末计算。

例13 某人每年年初向银行存入5000元,连续存入5年,年利率为5%,则5年到期时存款余额是多少?

解:$FVAD_n = A(FVIFA_{i,n}) \times (1+i)$
$= 5000 \times (FVIFA_{5\%,5}) \times (1+5\%)$
$= 5000 \times 5.5256 \times 1.05 = 29009.4$(元)

即5年到期时存款余额是29009.4元。

2. 先付年金现值

从图3-5可以看出,3年期先付年金的现值等于2年期普通年金的现值加上一期未折现的年金数额。

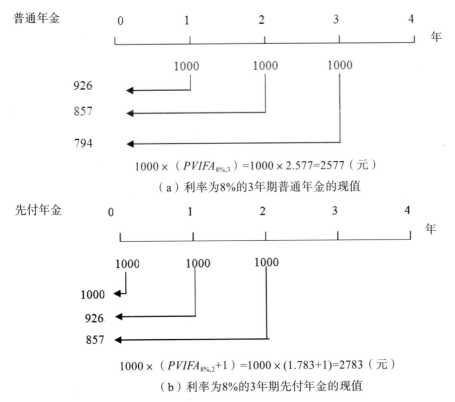

(a)利率为8%的3年期普通年金的现值

(b)利率为8%的3年期先付年金的现值

图3-5 普通年金和先付年金现值计算的时间轴(年金数额$R=1000$,$i=8\%$,$n=3$)

将上述过程用公式表示为：

$$PVAD_n = A(PVIFA_{i,n-1}) + A = A(PVIFA_{i,n-1} + 1) \quad (3\text{-}20)$$

与先付年金终值计算相似，也可以把先付年金现值看作普通年金现值再复利一年的结果，可以先计算 n 期普通年金的现值，再把该现值复利计算一次，计算先付年金现值的公式为：

$$PVAD_n = (1+i) \times A(PVIFA_{i,n}) \quad (3\text{-}21)$$

在计算普通年金现值时，现金流量被认为是发生在每期期末（在图3-5中是第1年、第2年和第3年的期末），在计算先付年金现值时，现金流量被认为是发生在每期期初（在图3-5中是第1年、第2年和第3年的期初），计算现值的时间点也就是在第一笔现金流量发生的那一刻。

例14 某企业为提高生产效率租入一套设备，每年年初支付租金4000元，年利率为8%，则5年总的现值应是多少？

解：$PVAD_n = A(PVIFA_{i,n-1}) + A = A(PVIFA_{i,n-1} + 1)$

$= 4000 \times (PVIFA_{8\%,4} + 1)$

$= 4000 \times (3.3121 + 1) = 17248.4$（元）

即5年总的现值应是17248.4元。

3. 递延年金现值

递延年金（deferred annuity）是指最初若干期内没有发生收付款项，而在以后若干期每期发生等额的收付款项，它是普通年金的特殊形式。凡不是从第一期开始的普通年金都是递延年金。4年期以后的3年期年金现值可用图3-6来表示。

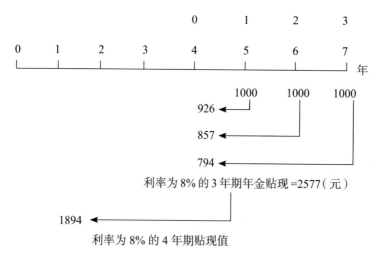

图3-6 递延年金现值计算的时间轴（年金数额 $R=1000$，$i=8\%$，$m=4$，$n=3$）

递延4期后的3期年金与3期普通年金相比，两者付款期数相同，但这项递延年金现值是4年后的3期年金现值，还需要再贴现4期。因此，为计算m期后n期年金现值，要先计算出该项年金在n期期初（m期期末）的现值，再将它作为m期的终值贴现至m期期初的现值。计算公式为：

$$PVAD_{m,n}=A（PVIFA_{i,n}）×（PVIF_{i,m}） \qquad (3\text{-}22)$$

此外，还可先求出（$m+n$）期的后付年金现值，减去没有付款的前m期的普通年金现值，即为递延m期的n期普通年金现值。计算公式为：

$$PVAD_n=A（PVIFA_{i,m+n}）-A（PVIFA_{i,m}） \qquad (3\text{-}23)$$

例15 某人拟在年初存入一笔资金，以便能在第6年年末起每年取出1000元，至第10年末取完。在银行存款利率为10%的情况下，此人第一次应在银行存入多少钱？

解：$PVAD_n = A（PVIFA_{i,m+n}）-A（PVIFA_{i,m}）$
$\quad\quad\quad =1000×（PVIFA_{10\%,10}）-1000×（PVIFA_{10\%,5}）$
$\quad\quad\quad =1000×（6.1446-3.7908）=2353.8（元）$

即此人第一次应在银行存入约2353.8元。

3.3 货币时间价值的应用

3.3.1 计息期小于1年的时间价值计算

前面的计算都是以年为单位的计息期，但在现实中有时也会遇到年利息支付的次数超过一次，即计息期限小于1年的情况，如债券利息一般半年支付一次，股利有时候每季度支付一次，这就出现了以半年、季度、月为计息期的问题。在这种情况下，就需要将年利率换算为相应的期利率，并将计息期由年换算为相应的期数。

计息期小于1年时，每期利率与计息期数的换算公式为：

$$r=\frac{i}{m},\ t=nm \qquad (3\text{-}24)$$

其中：

r 表示每期利率；

i 表示年利率；

m 表示一年中计息期数；

n 表示年数；

t 表示换算后的计息期数。

计息期数换算后，复利终值和现值的计算公式可变为：

$$FV_t = P_0(1+r)^t = P_0\left(1+\frac{i}{m}\right)^{nm} \tag{3-25}$$

$$PV_0 = FV_t \times \frac{1}{(1+r)^t} = FV_t \times \frac{1}{\left(1+\frac{i}{m}\right)^{nm}} \tag{3-26}$$

例16 假定现在每季度计息一次，年利率8%，计算3年后1000元的终值是多少？

解：$FV_{12} = P_0\left(1+\frac{i}{m}\right)^{nm}$

$= 1000 \times (1+0.02)^{12} = 1268.2$（元）

即3年后1000元的终值是1268.2元。

如果上例中假定每半年计息一次，这时1000元的终值是：

$FV_6 = 1000 \times (1+0.08/2)^{2\times3}$

$= 1000 \times (1+0.04)^6 = 1265.3$（元）

假定一年计息一次，这时1000元的终值是：

$FV_3 = 1000 \times (1+0.08/1)^{1\times3} = 1259.7$（元）

从上例可以看出，每年付息次数越多，终值越大。当（3-25）式中的 m 趋于无穷大时，即在无穷小的时间间隔进行复利计息，也就是一般所说的连续复利，这时公式中的 $\left(1+\frac{i}{m}\right)^{nm}$ 趋向于 e^{in}。因而，在利率为 i，本金为 PV_0 时，连续复利 n 年后的终值计算表达式为：

$$FV_n = PV_0 \times e^{in} \tag{3-27}$$

类似地，连续复利 n 年后的现值计算公式为：

$$PV_0 = FV_n / e^{in} \tag{3-28}$$

例17 若每年利率为8%，本金为1000元，则连续复利3年后的终值为：

$FV_3 = PV_0 \times e^{in} = 1000 \times e^{0.08 \times 3} = 1271.3$（元）

这比每年复利一次时的终值高出11.6元，这是因为在赚得利息的瞬间，利息又转化为本金，因而利息的金额就会持续增长。

3.3.2 贴现率的求解

1. 公式法

当知道未来现金流量和贴现率后，就可计算现值。但在某些情况下，通过市场价格能够知道现值，却不能知道贴现率，需要根据计息期数、终值或现值来估算贴现率。所有的货币时间价值公式都可以进行变形，来求解未知的贴现率，将现值公式变形可得：

$$i=(\frac{FV_n}{PV_0})^{\frac{1}{n}}-1 \tag{3-29}$$

例18 假定某银行提供一种存单，条件是现在存入7938.32元，三年后支付10000元，问此银行提供的利率是多少？

解：$i=(\frac{FV_n}{PV_0})^{\frac{1}{n}}-1$

$=(\frac{10000}{7938.32})^{\frac{1}{3}}-1=1.08-1=0.08$

即此银行提供的利率是8%。

2. 查表法

对贴现率可以由已知的数值求出现值或终值的系数，然后通过系数表倒查相应的贴现率。

例19 某人想采取按揭方式购买一套市价为157950元的商品房，银行可提供首付20%的5年期按揭贷款。如果银行要求此人在未来5年的每年年末等额向银行支付贷款本息30000元，试问银行按揭贷款的利率为多少？

解：已知$A=30000$，$n=5$

$PVA_n=A \times \frac{1-(1+i)^{-n}}{i}$

$PVA_5=157950 \times (1-20\%)=126360$

可得：$126360=30000 \times \frac{1-(1+i)^{-n}}{i}$

所以，$\frac{1-(1+i)^{-n}}{i}=\frac{126360}{30000}=4.212$

通过查年金现值系数表可得，系数为4.212时，n为5，则其对应的i为6%。

3. 插值法

在现实生活中，根据系数及已知的期数，通过查表直接得出i的情况并不多见，经常是计算出的系数介于两个贴现率之间，这时可用插值法来计算出其近似值。

如若计算得出的系数值为4.283，从年金现值系数表中可以看出，在$n=5$的各系数中，i为5%时，对应的系数为4.329，i为6%，对应的系数为4.212。可见，4.283所对应的贴现率应在5%~6%之间。假设i为所求的贴现率，则利用插值法得：

$$\frac{i-5\%}{6\%-5\%} = \frac{4.283-4.329}{4.212-4.329}$$

$$i = 5\% + 1\% \times \frac{0.046}{0.117} = 5.393\%$$

即系数为4.283对应的贴现率是5.393%。

3.3.3 实际利率和名义利率

实际利率（effective interest rate）指每个度量期期初或期末支付一次，但在实际情况中，往往有很多在一个度量期中利息支付不止一次或在多个度量期利息才支付一次的情形。这时称相应的一个度量期的利率或贴现率为名义利率（nominal interest rate），度量期一般为一年。

实际利率与名义利率的换算公式如下：

$$1+i = [1+\frac{i^{(m)}}{m}]^m \qquad (3-30)$$

上式中，i 为实际利率，$i^{(m)}$ 为每一度量期付 m 次利息的名义利率。

例20 有两张面值为1000元，年利率为8%的1年期国债，一张是一年支付一次利息，另一张是半年支付一次利息，请问投资者该如何选择？

解：如表3-3所示，"8%的年利率半年复利计息"实际上相当于"8.16%年复利计息"，理性的投资者会选择半年支付一次利息的债券。

表3-3　终值与收益率计算

	一年支付一次利息	半年支付一次利息
终值	$FV = 1000 \times (1+8\%)^1 = 1080$元	$FV_1 = 1000 \times (1+4\%)^1 = 1040$元 $FV_2 = 1040 \times (1+4\%)^1 = 1081.6$元 $FV = 1000 \times (1+\frac{8\%}{2})^2 = 1081.6$元
计息基础	以1000元为全年的计息基础	上半年以1000元为计息基础，下半年变为1040元
收益率	$\frac{1080}{1000} - 1 = 8\%$	$\frac{1081.6}{1000} - 1 = 8.16\%$

例21 如果名义利率是8%，每季度复利计息，那么实际利率是多少？

解：$i = [1+\frac{i^{(m)}}{m}]^m - 1 = (1+\frac{8\%}{4})^4 - 1 = 8.24\%$

名义利率只有在给出计息间隔期的情况下才有意义。例如，名义利率为10%，

1元在按季度计息情况下的终值为$(1+\frac{10\%}{4})^4=1.104$,但是如果仅给出名义利率为10%,而计息间隔没有给出,就不能计算终值。相反,实际利率本身的意义很明确,它不需要给出复利计息的间隔期,例如,若实际利率为10.25%,就意味着1元投资在1年后变成1.1025元。

3.3.4 贷款的分期偿还

现值的一个重要应用是决定一项分期偿付性质贷款的偿付率。这种贷款有一个显著特点:贷款偿付是分期进行的,每期的偿付额相等,偿付额中既有利息,也有本金,偿付期长短不一,可以是一个月、一个季度、半年或一年。在抵押贷款、消费贷款和特种商业贷款中,分期偿付较为普遍。

例22 假设按8%的年利率贷款25万元,要求在10年内还清,这10年内每年年末偿付的总和必须足以偿付25万元,并向贷款方提供8%的回报,求每年偿付额是多少?

解:$250000=A\sum_{t=1}^{10}\frac{1}{(1+i)^t}=A\times PVIFA_{8\%,10}$

通过查阅年金现值系数表可得,利率为8%的10年期年金复利现值系数$PVIFA_{8\%,10}$=6.710。

$A=250000/6.71\approx 37257.8$(元)

因此,每年支付37257.8元就能在第10年年末完成偿付25万元,并向贷款方提供要求的报酬。

表3-4 贷款分期偿付时间表

单位:元

年末	A 分期偿付额	B 每年利息	C 本金偿付额A-B	D 年末未还本金额
0				250000.0
1	37257.8	20000.0	17257.8	232742.2
2	37257.8	18619.4	18638.4	214103.8
3	37257.8	17128.3	20129.5	193974.3
4	37257.8	15517.9	21739.9	172234.4
5	37257.8	13778.8	23479.0	148755.4
6	37257.8	11900.4	25357.4	123398.0
7	37257.8	9871.0	27386.8	96011.2
8	37257.8	7681.0	29576.8	66434.4
9	37257.8	5314.8	31943.0	34491.4
10	37257.8	2766.4	34491.4	0

公司金融

从表3-4中可见,每年的利息等于该年年末偿还的本金乘以8%,本金偿付额等于分期偿付总额减去利息偿付额。随着时间的推移,分期偿付额中利息偿付所占的比例是下降的,而本金偿付所占的比例是上升的。在第10年年末,本金总额25万元已偿付完,此项贷款也已完全偿付。利息和本金之间的此消彼长是很重要的,因为在纳税时,只有利息才能作为费用扣除。

案例分析

货币时间价值——Singer资产理财公司案例

1987年,罗莎琳德·塞茨费尔德赢得了一项总价值超过130万美元的大奖。在以后20年中,每年她都会收到65276.79美元。1995年,塞茨费尔德接到了Singer资产理财公司的电话,称该公司愿立即付给她140000美元,以获得她今后9年奖金的一半(共32638.39×9=293745.51美元)。

Singer公司是一个奖金经纪公司。公司知道有许多人会急于将他们获得奖项的部分甚至全部变现。Singer公司和Woodbridge Sterling资本公司占据了行业中80%的业务,它们将收购的这种获得未来现金流的权利再转售给一些机构投资者。

本案例中,购买这项权利的金融升级服务集团(EFSG)是一家从事纽约州市政债券的再保险公司。Singer公司已与其谈好将塞茨费尔德一半奖金的权利以196000美元的价格卖给EFSG集团。如果塞茨费尔德答应公司的报价,公司就能赚取56000美元。最终,塞茨费尔德接受报价,交易达成。

为何Singer公司能安排这笔交易并立即获得56000美元利润?

答案就是机构投资者和个人在不同时期有不同的消费偏好。塞茨费尔德一家正处在财务困难时期,迫切需要现金。她不想等9年才获得她的全部奖金;EFSG集团有多余的现金,且愿意投资196000美元以在以后9年中获得塞茨费尔德一半的奖金,或者其在以后9年中每年获32638.39美元。EPSG集团用来贴现未来收入适用的贴现率为8.96%。换言之,这一贴现率使196000美元的现值与以后9年每年收到32638.39美元的现值相同。塞茨费尔德所使用的贴现率是18.1%,这反映了她回避领取延迟现金流的倾向。

3.4 债券价值分析

3.4.1 债券的定义和要素

1. 债券的定义

债券是借款者承担某一确定金额债务的凭证。为了支付该笔款项,借款者同意在标明的日期支付利息和本金。

2. 债券的要素

(1) 债券面值:债券面值是指债券的票面价值,通常表示债券到期时,债券持有人从发行者处应得到的金额。

(2) 票面利率:票面利率是按契约规定每年应付给债券持有人的利息率,不管市场上债券的价格或市场利率如何变化,债券持有人都按照票面利率乘以债券面值获得其应得的利息金额。

(3) 期限:债券期限是指从债券发行到偿还本金或提前赎回时的时间长度,在下面的分析中,我们都暂不考虑提前赎回的问题。

(4) 信用等级:债券等级是债券的信用评级,债券的信用等级标志着债券违约风险,等级越低违约风险越大。债券的信用等级决定了投资者对其收益率的要求,从而影响公司融资成本。

(5) 债券契约:债券契约是债券发行人与代表债券投资者利益的债券托管人之间所签订的具有法律效力的协议,契约中包含许多具体条款,规定了债券持有人、发行者和托管人的各种权利、义务、责任等,其中大多数都是保护债券持有人利益的条款。

(6) 追偿权:对债券发行公司收益和资产的追偿权指债权人对公司资产拥有优先于股东的追偿权,不同的债务对公司资产的追偿权也有先后顺序。

3.4.2 债券定价分析

1. 零息债券

零息债券(zero-coupon bonds)是在未来某一确定的日期进行某一债券的单笔支付。如果在未来一年后支付,则该债券称为一年期的零息债券;如果支付发生在两年后,则称为两年期的零息债券,以此类推。债券发行者支付最后一笔款项的日期称为债券到期日。债券的最后支付日即为到期或期满,到期支付的金额称为面值。零息债券强调债券持有人到期前不能得到任何现金支付的特性。

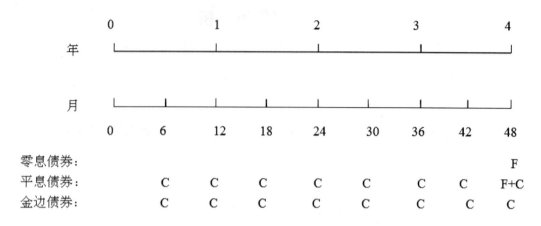

图3-7 各种类型的债券

图3-7中，C为每6个月支付的利息；F为4年后到期的面值。

图3-7显示了4年期的零息债券的现金流模型。必须注意的是，面值F在48个月后，即债券到期时才支付，在此之前不支付任何利息和本金。

前文已指出，对未来的现金流进行折现可以确定其现值。那么零息债券的现值就可以通过前面学过的公式计算得出。为了方面起见，得出的结果我们有时称为债券的价格而不是现值。

如果零息债券在未来的T年后支付金额为F的面值，而在这T年期间每年的利率为r，由于面值是零息债券支付的唯一现金流，故该债券面值的现值为：

$$PV = \frac{F}{(1+r)^T} \qquad (3-31)$$

2. 平息债券

平息债券（calm bonds）是不仅在到期日支付现金，同时还在发行日和到期日之间也进行有规律的定期支付。正如前文提到的，债券的价格就是债券现金流的现值。因此，平息债券的价格就是利息的现值和本金的现值之和。利用年金的概念，平息债券过期能得到价值为C的年金，加上到期支付的本金F，那么平息债券的价格就为：

$$PV = \frac{C}{1+r} + \frac{C}{(1+r)^2} + \cdots + \frac{C}{(1+r)^T} + \frac{F}{(1+r)^T} \qquad (3-32)$$

例23 假设在2019年11月，政府发行年利率为13%的4年期债券。利息在每年的5月和11月各支付一次，也就是每6个月支付65元利息。面值将于发行开始的4年后，即2023年11月得到支付。债券购买者享有以下现金流的索取权：

第3章 货币的时间价值及证券价值评估

表3-5 债券现金流及时间

单位：元

2020年5月	2020年11月	2021年5月	2021年11月	2022年5月	2022年11月	2023年5月	2023年11月
65	65	65	65	65	65	65	65+1000

如果市场年利率是10%，那么债券的现值是多少？

前面的复利原理说明，每6个月支付的利率大约是年利率的一半。在这个例子中，半年利率也就是5%。因为每6个月支付的票面利息是65元，从2015年11月至2019年11月共有8期支付。债券的现值就是：

$$PV = \frac{65}{1.05} + \frac{65}{1.05^2} + \cdots + \frac{65}{1.05^8} + \frac{1000}{1.05^8} = 1097.095（元）$$

3. 金边债券

金边债券（gilt-edged bonds），指既没有最后到期日，也从不停止支付票面利息，永不到期的债券，因此也称永久公债。18世纪，英格兰银行发行了这样的债券，称为"英国金边债券"，英格兰银行承诺向债券持有者永久支付利息。这种金融工具也就可以用永续年金公式定价。

例24 如果市场利率是10%，那么每年能得到50元的政府金边债券的价格为：

$$\frac{50}{0.1} = 500（元）$$

3.4.3 债券属性与价值分析

债券的价值与债券六方面的属性密切相关。这些属性分别是：到期时间（期限）长短、息票率、可赎回条款、税收待遇、流动性、违约风险。其中任何一种属性的变化，都会改变债券的到期收益率水平，从而影响债券的价格。

现在假定其他属性不变的条件下，分析某一种属性的变化对债券价格的影响。

1. 到期时间

当市场利率上升时，债券的市场价格和内在价值都将下降。当其他条件完全一致时，债券的到期时间越长，市场利率变化引起的债券价格的波动幅度越大。但是当到期时间变化时，市场利率变化引起债券的边际价格变动率递减。

例25 假定存在4种期限分别为1年、10年、20年和30年的债券，它们的息票率都是6%，面值均为100元，其他条件也完全一样。如果起初的市场利率为6%，根据内在价值的计算公式可知这4种债券的内在价值都是100元。如果相应的市场利率上升或下降，这4种债券内在价值的变化如表3-6所示。

表3-6 内在价值(价格)与期限之间的关系

期限 n	相应的市场利率下的内在价值(元)			内在价值变化率(元)	
	4%	6%	8%	(6%-4%)	(6%-8%)
1	102	100	98	+2	-2
10	116	100	86	+16	-14
20	127	100	80	+27	-20
30	135	100	77	+35	-23

表3-6反映了当市场利率由6%上升到8%时,四种期限的债券的内在价值分别下降2%、14%、20%和23%,反之,当市场利率由现在的6%下降到4%,四种期限的债券的内在价值分别上升2%、16%、27%和35%。同时,当市场利率由6%上升到8%时,1年期和10年期的债券的内在价值下降幅度相差12元,10年期和20年期的债券的内在价值下降幅度相差6元,20年期和30年期的债券的内在价值下降幅度相差3元。可见,由单位期限变动引起的边际价格变动率递减。

2. 息票率

债券的到期时间决定了债券投资者取得未来现金流的时间,而息票率决定了未来现金流的大小。在其他属性不变的条件下,债券的息票率越低,市场利率变化引起的债券价格的波动幅度越大。

例26 有5种债券,期限均为20年,面值为100元,唯一的区别在于息票率,它们的息票率分别为4%、5%、6%、7%和8%。假设初始的市场利率水平为7%,那么,可以分别计算出债券各自的初始的内在价值。如果市场利率发生变化(上升到8%和下降到5%),可以相应计算出这5种债券的新的内在价值,具体结果如表3-7所示。

表3-7 内在价值(价格)变化与息票率之间的关系

息票率	相应的市场利率下的内在价值(元)			内在价值变化(元)	
	7%	8%	5%	(7%-8%)	(7%-5%)
4%	68	60	87	-11.3	+28.7
5%	78	70	100	-10.5	+27.1
6%	89	80	112	-10.0	+25.8
7%	100	90	125	-9.8	+25.1
8%	110	100	137	-9.5	+24.4

从表3-7中可以发现,面对同样的市场利率变动,无论市场利率上升还是下降,5种债券中息票率最低的债券(4%)的内在价值波动幅度最大,而随着息票率的提高,5种

债券的内在价值的变化幅度逐渐降低。所以，债券的息票率越低，市场利率变化引起的债券价格的波动幅度越大。

3. 可赎回条款

许多债券在发行时含有可赎回条款，即在一定时间内发行人有权赎回债券。这是有利于发行人的条款，因为，当市场利率下降并低于债券的息票率时，债券的发行人能够以更低的成本筹到资金。所以，发行人可以行使赎回权将债券从投资者手中赎回。尽管债券的赎回价格高于面值，但是，赎回价格的存在制约了债券市场价格的上升空间，并且增加了投资者的交易成本，因此降低了投资者的投资收益率。为此，可赎回债券往往规定了赎回保护期，即在保护期内，发行人不得行使赎回权。常见的赎回保护期是发行后的5年至10年。

例27 一种10年期可赎回债券的息票率为12%，按面值1000美元发行，赎回价格为1050美元，赎回保护期为5年。如果5年后，债券的息票率降低到8%，该债券的发行人可能行使赎回权。这时，投资者的现金流发生了变化，即从原来的每年120美元利息（共10年）加第10年年末的本金1000美元，改变为每年120美元利息（前5年）加第5年年末的赎回价格1050美元。假定投资者将赎回价格1050美元再投资于息票率为8%的5年期债券，该投资组合的内在价值也低于发行人没有行使赎回权的内在价值。

未行使赎回权的情况下的债券的内在价值：

$$D = \frac{120}{1+r} + \frac{120}{(1+r)^2} + \cdots + \frac{120}{(1+r)^{10}} + \frac{1000}{(1+r)^{10}} = 1090.62 \text{（美元）}$$

行使赎回权的情况下投资组合的内在价值：

$$D' = \frac{120}{1+r} + \frac{120}{(1+r)^2} + \cdots + \frac{120}{(1+r)^5} + \frac{1}{(1+r)^5}\left[\frac{84}{1+r'} + \frac{84}{(1+r')^2} + \cdots + \frac{84+1050}{(1+r')^5}\right]$$
$$= 1028.37 \text{（美元）}$$

所以，可赎回条款的存在，降低了该类债券的内在价值，并且降低了投资者的实际收益率。一般而言，息票率越高，发行人行使赎回权的概率越大，即投资债券的实际收益率与债券承诺的收益率之间的差额越大。

4. 税收待遇

由于不同的国家实行的法律不同，不仅不同种类的债券可能享受不同的税收待遇，而且同种债券在不同的国家也可能享受不同的税收待遇。债券的税收待遇的关键，在于债券的利息收入是否需要纳税。由于利息收入纳税与否直接影响投资的实际收益率，所以，税收待遇成为影响债券的市场价格和收益率的一个重要因素。例如，美国法律规定，地方政府债券的利息收入可以免缴纳联邦收入所得税，所以地方政府债券的名义到期收益率往往比类似的,但没有免税待遇的债券要低20%至40%。

税收待遇对债券价格和收益率的影响还表现在贴现债券的价值分析中。由于具有延缓利息税收支付的待遇,对于息票率低的贴现债券的内在价值而言,它们的税前收益率水平往往低于类似的,但没有免税待遇的,且息票率高的其他债券。所以,享受免税待遇的债券的内在价值一般略高于没有免税待遇的债券。

5. 流动性

债券的流动性又称流通性,是指债券投资者将手中的债券变现的能力。如果变现速度很快,并且没有遭受变现所可能带来的损失,那么这种债券的流动性就比较高;反之,如果变现速度很慢,或者为了迅速变现必须承担额外损失。那么,这些债券的流动性就比较低。

通常用债券买卖差价的大小反映债券的流动性大小。买卖差价较小的债券的流动性比较高;反之,流动性较低。这是因为绝大多数的债券交易发生在债券的经纪人市场,对于经纪人来说,买卖流动性高的债券的风险低于买卖流动性低的债券,故前者的买卖差价小于后者。所以,在其他条件不变的情况下,债券的流动性与债券的名义到期收益率之间呈反比例关系,即流动性高的债券的到期收益率比较低,反之亦然。相应地,债券的流动性与债券的内在价值呈正比例关系。

6. 违约风险

债券的违约风险是指债券发行人未按照契约的规定支付债券的本金和利息,给债券投资者带来损失的可能性。债券评级是反映债券违约风险的重要指标。美国的三大评级机构是标准普尔公司(Standard&Poor's,S&P)、穆迪投资者服务公司(Moody's Investors Services)和惠誉国际信用评级有限公司(Fitch Ratings)。尽管这三家公司的债券评级分类有所不同,但是基本上都将债券分成两类:投资级和投机级。例如,标准普尔公司将AAA、AA、A、BBB四个级别的债券定义为投资级债券,将BB级以下(包括BB级)的债券定义为投机级债券,评级标准详见表3-8。

通常,债券的违约风险与债券的收益率呈正相关关系。既然债券存在着违约风险,投资者必然要求获得相应的风险补偿,即较高的投资收益率。在美国债券市场上,联邦政府债券的违约风险最低,地方政府债券的违约风险次低,AAA级的公司债券的违约风险较高,D级的公司债券的违约风险最高。相应地,上述债券的收益率从低向高排列。但是,由于地方政府债券的利息收入可以免缴纳联邦政府收入所得税,美国地方政府债券的投资收益率低于联邦政府债券的收益率,而联邦政府债券的投资收益率又低于AAA级的公司债券的收益率。在公司债券中,投资级债券的投资收益率低于投机级债券的收益率。

第3章 货币的时间价值及证券价值评估

表3-8 标准普尔公司的债券评级标准

级别	评级标准
AAA	最高评级，偿还债务能力极强
AA	偿还债务能力很强，与最高评级差别很小
A	偿还债务能力较强，但相对于较高评级的债务人或发债人，其偿债能力较易受外在环境及经济状况变动等不利因素的影响
BBB	有足够偿债能力，但若在恶劣的经济条件或外在环境下其偿债能力可能较弱
BB	相对于其他投机级评级，违约的可能性最低，但持续的重大不稳定情况或恶劣的商业、金融、经济条件可能令发债人没有足够能力偿还债务
B	违约可能性较BB级高，发债人仍有能力偿还债务，但恶劣的商业、金融或经济情况可能削弱发债人偿还债务的能力和意愿
CCC	有可能违约，发债人须依赖良好的商业、金融或经济条件才有能力偿还债务；如果商业、金融、经济条件恶化，发债人可能会违约
CC	违约的可能性较高，由于其财务状况，正在受监察，在受监察期内，监管机构有权审定某一债务较其他债务有优先偿付权
SD/D	当债务到期而发债人未能按期偿还债务时，纵使宽限期未满，标准普尔亦会给予D评级，除非标准普尔相信债款可于宽限期内清还。此外，如正在申请破产或已做出类似行动以致债务的偿付受阻时，标准普尔亦会给予D评级。当发债人有选择地对某些或某类债务违约时，标准普尔会给予SD评级（选择性违约）
NP	发债人未获得评级

注1：加号（+）或减号（-）：AA级至CCC级可加上加号和减号，表示评级在各主要评级分类中的相对强度。

注2：公开信息评级"pi"：评级符号后标有"pi"表示该评级是使用已公开的财务资料或其他公开信息作为分析的依据，即标准普尔并未与该机构的管理层进行深入讨论或全面考虑其重要的非公开资料，所以这类评级所依据的资料不及全面的评级全面。

案例分析

万科公司计划于2015年9月25日发行第一期50亿元公司债券，主承销商、簿记管理人、债券受托管理人为中信证券，募资拟用于调整债务结构及(或)补充流动资金。公告指出，万科本期债券发行规模为50亿元，认购不足50亿元的剩余部分由承销团以余额包销方式购入，债券为5年期，票面利率为3.50%。万科本期公司债为无担保品种，信用等级为AAA。

来自Wind资讯的数据显示，5年期国开债市场利率为3.54%左右，同期限国债市场利率为3.13%左右。万科发行的这一5年期公司债，其低至3.5%的票面利率，不仅极度逼近同期限国债利率，甚至已经低于同期限的国开债利率。

万科公司债券利率创下新低的原因是：

（1）房地产行业掀起发债热潮。来自CBRE的数据显示，中国开发商债券融资需求强劲，2015上半年，地产债券发行总额占亚太区发行总额的63%，越来越多的中国开发商获准进入国内债券市场，成为国内债券市场连创利率新低的重要新生力量。

（2）债券市场环境向好。债券市场上供小于求，一是由于央行连续地降准降息使得大量资金进入债市，二是公司债能够折算为标准券进行质押，提供了便利的流动性，因此受到追捧。

（3）信用优势突出。万科除了获得国内主体信用和债券信用等级为AAA的评级之外，在海外还获得了穆迪Baa1、标普BBB+、惠誉BBB+评级，是我国房地产行业中信用最好的企业之一。

（4）财务风险较低。万科2015年的中报显示，公司持有货币资金446.1亿元，远高于短期借款和一年内到期的长期借款的总和237.7亿元。剔除并不构成实际偿债压力的预收账款后，万科其他负债占总资产的比例为38.86%，继续保持在行业较低水平。

资料来源：中国知网

3.5 股票价值分析

3.5.1 普通股定价

本部分的目的是对普通股进行定价。股票提供了两种形式的现金流：第一，大多数股票定期支付股利；第二，股票持有者出售股票时得到的收入。因此，股票的价格可以是下期股利的现值和股票售价的现值之和，也可以是将来所有股利的现值。从某个投资者购买股票并持有一年的情况可以说明两者是相等的。

假定投资人愿意支付价格P_0购买该股票，有此计算：

$$P_1 = \frac{D_1}{1+r} + \frac{P_1}{1+r}$$

其中，D_1是年底支付的股利，P_1是年底的价格，P_0是该普通股的现值，分母部分的r是股票的折现率，当该股票不存在风险时，折现率等于市场利率；当该股票存在风险时，它可能高于市场利率。

若上式中的P_1为另一个投资者在第一年底支付P_1的价格购买该股票：这个购买者通

过以下公式决定股票价格：

$$P_1 = \frac{D_2}{1+r} + \frac{P_2}{1+r}$$

同样，P_2是一个投资者在第2年底为了获得股票第三年的股利和售价支付了P_2购买该股票，这个过程一直持续下去，最后可得到：

$$P_0 = \frac{D_1}{1+r} + \frac{D_2}{(1+r)^2} + \frac{D_3}{(1+r)^3} \cdots + = \sum_{t=1}^{\infty} \frac{D_t}{(1+r)^t} \qquad (3\text{-}33)$$

虽然在一个短期投资占优势的市场中，价格只能反映近期的股利水平。但是即使投资者的投资期限较短，长期的股利折现模型仍成立。因为若投资者想尽早卖出股票以得到现金，就必须找到另一个愿意购买股票的投资者，而第二个投资者支付的价格则依赖于他购买后的股票股利。因此，公司普通股价格就等于未来所有股利的现值。

根据对股息增长率的不同假定，股息贴现模型可以分为零增长模型、不变增长模型、三阶段增长模型和多元增长模型。

3.5.2　零增长模型

零增长模型是股息贴现模型的一种特殊形式，它假定股息是固定不变的，即股息的增长率等于零。零增长模型不仅可以用于普通股的价值分析，而且适用于统一公债和优先股的价值分析。股息不变的数学表达式为：$D_0=D_1=\cdots=D_\infty$，或者$g_t=0$。将股息不变的条件代入式（3-33），得到：

$$P_0 = \sum_{t=1}^{\infty} \frac{D_t}{(1+r)^t} \qquad (3\text{-}34)$$

当r大于零时，$\frac{1}{(1+r)}$小于1，可以将上式简化为：

$$P_0 = \frac{D_0}{r} \qquad (3\text{-}35)$$

例27　假定投资者预期某公司支付的股息将永久性地固定在1.15美元/股，并且贴现率固定在13.4%，那么，该公司股票的内在价值约等于8.58美元。计算过程如下：

$$P_0 = \frac{1.15}{0.134} \approx 8.58（美元）$$

如果该公司股票当前的市场价格等于10.58美元，说明它的净现值为-2美元。由于其净现值小于零，所以该公司的股票被高估了2美元。如果投资者认为其持有的该公司股票处于高估的价位，他们可能抛售该公司的股票。

3.5.3 不变增长模型

不变增长模型（gordon model）是股息贴现模型的第二种特殊形式。不变增长模型有三个假定条件：

（1）股息的支付在时间上是永久性的，即式（3-33）中的t趋向于无穷大；

（2）股息的增长速度是一个常数g；

（3）模型中的贴现率大于股息增长率，即式（3-33）中的r大于g（$r>g$）。

根据上述三个假定条件，可以将式（3-33）改写为：

$$P_0 = \frac{D_1}{1+r} + \frac{D_2}{(1+r)^2} + \frac{D_3}{(1+r)^3} + \cdots = \sum_{i=1}^{\infty} \frac{D_i}{(1+r)^t}$$

$$= \frac{D_0(1+g)}{1+r} + \frac{D_0(1+g)^2}{(1+r)^2} + \cdots + \frac{D_0(1+g)^\infty}{(1+r)^\infty}$$

$$= \frac{D_0(1+g)}{r-g} = \frac{D_1}{r-g} \tag{3-36}$$

式（3-36）是不变增长模型的函数表达式，其中的D_0、D_1分别是初期和第1期支付的股息。当式（3-36）中的股息增长率为零时，不变增长模型就变成了零增长模型。所以，零增长模型是不变增长模型的一种特殊形式。还需要注意的是，当折现率r等于g时，P_0为无穷大，但股票的价格不可能无穷大，因而g大于r的估计可能是错误的。

例28 某公司股票初期的股息为1.8美元/股。经预测，该公司股票未来的股息增长率将永久性地保持在5%的水平，假定贴现率为11%，该公司股票的内在价值是多少？

解：$P_0 = \dfrac{1.08 \times (1+0.05)}{0.11-0.05} = \dfrac{1.89}{0.11-0.05} = 31.50$（美元）

如果该公司股票当前的市场价格为40美元，则该股票的净现值为-8.50美元，说明该股票处于被高估的价位，投资者可以考虑抛出所持有的该公司股票。

3.5.4 多元增长模型

零增长模型、不变增长模型都是股息贴现模型的特殊形式，而股息贴现模型的最一般形式是多元增长模型。多元增长模型假定，在某一时点T之后股息增长率为一常数g，但是在这之前的股息增长率是可变的。多元增长模型的内在价值计算公式为：

$$D = \sum_{t=1}^{T} \frac{D_t}{(1+r)^t} + \frac{D_{T+1}}{(r-g)(1+r)^T} \tag{3-37}$$

例29 Elixir医药公司拥有一种产品，这种产品有很好的发展前景。一年后，公司每股的股利为1.15美元，今后4年内股利将以每年15%的比率增长，而从第6年开始，股利将以每年10%的比率增长。如果要求的回报率为15%，那么该公司股票的现值是多少？

我们需要分两步来折现这些股利：首先，要计算每年股利增长15%时股票的现值，也就是要计算前5年股利的现值；其次，要计算从第6年开始股利的现值。

第1-5年股利增长情况如下：

表3-9 第1-5年股利增长情况

将来年份	增长率g_1	预计股利（美元）	现值（美元）
第1年	0.15	1.15	1
第2年	0.15	1.3225	1
第3年	0.15	1.5209	1
第4年	0.15	1.7490	1
第5年	0.15	2.0114	1
第1-5年			5

一般情况下，这一步可使用年金增长公式。但是，在这个例子中，必须注意股利增长率15%等于折现率。也正是因为$g=r$，这个例子中就不能用增长年金公式，因为分母将为零。

从第6年年末开始的股利为：

表3-10 第6-9年股利现值

	第6年年末	第7年年末	第8年年末	第9年年末
股利	$D_5(1+g_2)=2.2125$	$D_5(1+g_2)^2=2.4338$	$D_5(1+g_2)^3=2.6772$	$D_5(1+g_2)^4=2.9449$

增长年金公式得出的是第一笔支付前一年的现值。因为支付从第6年年末开始，所以，公式得出的结果是第5年年末的现值。

因此，第5年年末的价格为：

$$P_5 = \frac{D_6}{r-g_2} = \frac{2.215}{0.15-0.10} = 44.3 \text{（美元）}$$

将第5年年末的价格折现到时间点0（现在）是：

$$\frac{P_5}{(1+r)^2} = \frac{44.25}{1.15^2} \approx 33.49 \text{（美元）}$$

所有股利折现到时间点0（现在）的现值就是33.49美元。

3.5.5 股利折现模型中参数的估计

1. g的估计

根据净投资等于总投资额减去折旧，当总投资额等于折旧时，净投资将等于零。如果公司没有净投资，则公司下年度的盈利与本年度是相等的。换言之，公司生产线保持原有的物理状态，盈利并不增长。只有当部分盈余被保留时，净投资才可能是正的。可表示为：

$$\text{明年的盈利} = \text{今年的盈利} + \text{今年的留存收益} \times \text{留存收益的回报率} \quad (3\text{-}38)$$

分别在式（3-38）两边都除以"今年的盈利"，可得：

$$\frac{\text{明年的盈利}}{\text{今年的盈利}} = \frac{\text{今年的盈利}}{\text{今年的盈利}} + \frac{\text{今年的留存收益}}{\text{今年的盈利}} \times \text{留存收益的回报率} \quad (3\text{-}39)$$

式（3-39）左边可简化为"1+盈利的增长率"，写为$1+g$，留存收益和盈利的比例称为留存收益比率。上式写为：

$$1+g = 1 + \text{留存收益比率} \times \text{留存收益的回报率} \quad (3\text{-}40)$$

从式（3-40），可以简单地估计增长率：

$$g = \text{留存收益比率} \times \text{留存收益的回报率} \quad (3\text{-}41)$$

因为未来投资项目的详细情况并不是公开信息，所以预测现在留存收益的预期回报率是困难的。通常采取历史权益资本回报率（ROE）来估计现有的留存收益的预期回报率。

例29 Pagemaster公司公布了2 000 000美元的盈利，并且计划保留40%的盈利。公司历史的权益资本回报率（ROE）为0.16，且预期将来也保持不变。那么公司明年的盈利增长率将会是多少？

$$g = 0.4 \times 0.16 = 0.064$$

2. r的估计

对于某一特定股票现金流的折现率r的估计，要采用永久增长年金公式，

即：$P_0 = \dfrac{D}{r-g}$

解得：$r = \dfrac{D}{P_0} + g \quad (3\text{-}42)$

折现率 r 可分成两部分。第一部分比率 $\frac{D}{P_0}$ 通常称为股利收益率，将股利的回报以百分比的形式表达出来；第二部分 g 称为股利增长率。因为关于股利和股票价格的信息都是公开的，式（3-42）右边的第一部分很容易计算出来，右边的第二部分可以从式（3-41）中估计出来。

例30 如果 Pagemaster 公司有 1 000 000 股在外流通的股票，每股售票 10 美元。那么公司股票应得的回报率是多少？

解：已知留存收益比率为 40%，则支付比率为 1—留存收益比率，即 60%，$g=0.064$；

得：公司一年后的盈利为 2 000 000 × 1.064 = 2 128 000（美元），

股利为 0.60 × 2 128 000 = 1 276 800（美元），

每股股利为 1 276 800 / 1 000 000 ≈ 1.28（美元），

则 $r = \frac{1.28}{10.00} + 0.064 = 0.192$。

3. 估计的不足

前面对 g 的估计都是建立在以下的假设之上：（1）未来留存收益的再投资回报率与历史的资本回报率是相同的；（2）留存收益比率等于过去的留存收益比率。如果假设错误，则对 g 的估计也将是不准确的。根据公式推导结果，对 r 的估计也依赖于 g，如果 g 的估计是不准确的，r 的估计值也要存疑。基于此，一些财务专家普遍认为，估计某一证券的 r 可能存在非常大的误差，以至于不具有实际意义。因此，他们建议计算整个行业的平均 r，用于该行业内某一股票股利的折现。

运用公式（3-42）需要注意这两种情况：第一，对于目前不支付股利的公司，股票的价格高于零，是因为投资者相信公司在未来可能发放股利或者可能被其他公司收购。当公司从不支付股利变为发放金额为正的股利时，隐含的增长率就将变得无穷大。第二，当 $g=r$ 时，公司的价格是无穷大的，但因为股票的价格不可能无穷大，因而某一特定公司的 g 等于或高于 r 的估计都是错误的。实际上，公司不可能永远维持一种超常的增长状态，因此，专家估计在未来有限的几年内，g 较高是正确的，但不能将 g 的短期估值作为永久增长率代入计算公式。

3.5.6 股利、盈余增长与增长机会

之前采用的是以股利对股票定价，现在探究每股收益对股价的影响。设想一个处于稳定经营状态的企业，假设每股收益不变，并且将所有的盈利都用于发放股利，则每股收益（EPS）等于每股股利，用每股收益代替式（3-35）中的每股股利来计算这种股票的价值，则有：

$$P_0 = \frac{EPS}{r} \tag{3-43}$$

这种股票称为收益型股票,投资者购买此种股票的目的在于获取现金股利。我们之所以在讨论股票定价的一般模型时都采用股利而非每股收益,是因为投资者是根据他们从股票中取得的现金流量来判断股票价值大小,而每股收益究竟有多少能用于股利发放则取决于公司的股利分配政策。但许多公司都有投资于盈利项目的增长机会,有些公司甚至具有很强的增长潜力,若将所有的盈利都用于发放股利而不投入这些项目是不明智的。通常,成长股的股价不仅体现了公司当前的收益能力,还反映了公司的增长潜力,这种增长潜力对股价的影响则取决于每股收益中有多少被留下来再投资,再投资的收益率是否超过投资者对公司要求的必要回报率。

增长机会对股价的贡献称为增长机会的现值(present value of growth,PVGO)。从每股收益和增长潜力的角度考虑股价,可以得到以增长机会现值表示的估计股票价值的计算公式:

$$P_0 = \frac{EPS}{r} + \text{PVGO} \tag{3-44}$$

收益型股票就是PVGO为零的股票,成长型股票则是PVGO大于零的股票。这说明为什么有些股票没有红利,人们却仍然愿意购买和持有它,因为其价格仍具有诱惑力。

案例分析

股票估值——佛山照明公司案例

佛山照明公司(以下简称"佛山照明")的总资产为60.5亿元,净资产为50.5亿元。佛山照明自1993年上市以来,截至2015年,连续22年进行现金分红,是深沪两市累计每股派现最高的公司,被誉为"现金奶牛"。

表3-11 佛山照明2006-2015年现金分红

年份	2006年	2007年	2008年	2009年	2010年	2011年	2012年	2013年	2014年	2015年
派息(每10股)	5.00元	5.85元	2.20元	2.20元	2.50元	2.50元	3.10元	1.60元	2.20元	0.125元

佛山照明上市以来的年均派息率为61.26%,每年每股红利还保持着增长,因此固定股利增长率贴现模型不符合r>g的假设,应采用两阶段股利增长率模型。假设第一阶段(2016—2020年),佛山照明的股利增长率较高,g_1=37%;第二阶段(2020年之后),利润增长减缓,股利增长率仍可持续增长,以g_2=3%作为永续增长率。将中国人民银行2015年10月24日的一年期定期存款利率1.75%作为无

风险利率，市场风险溢价为4.25%，佛山照明的权益资本成本（投资者的股权必要收益率）为6%。

则佛山照明的内在价值可表示为：

$$P_0 = \sum_{t=1}^{T} D_0 \frac{(1+g_1)^t}{(1+r)^t} + \frac{1}{(1+r)^T} \times \frac{D_T(1+g_2)}{r-g_2}$$

$$= \sum_{t=1}^{5} \frac{0.0125(1+37\%)^t}{(1+6\%)^t} + \frac{1}{(1+6\%)^5} \times \frac{0.0125(1+37\%)^5(1+3\%)}{6\%-3\%}$$

$$=5.017+1.548=6.565$$

总体来说，公司股票价格始终围绕股票内在价值6.565元/股波动。2016年9月12日最新的数据显示，公司股价为11.071元/股，是高于公司股票内在价值的，因此，未来股票的价格可能会下跌。

本章小结

关键词

货币时间价值　复利　现值　终值　年金　股票估值　债券估值

关键问题

1. 时间价值是客观存在的经济范畴，扣除在货币的价值增值中所包括的风险报酬后所剩余的部分就是货币的时间价值。通常用没有通货膨胀、不存在风险情况下的利息率或投资报酬率的形式表示货币的时间价值。

2. 利息的计算方法有单利和复利之别，单利是指在规定时期内只就本金计算利息，复利是指不仅本金要计算利息，而且利息也要计算利息。复利的概念充分体现了资金时间价值的意义，因此，在计算资金的时间价值时，通常采用复利的方法。

3. 由于计息期不同，实际的年利率与名义利率不同。实际利率是指考虑复利间隔期后的年利率，名义年利率指不考虑年内复利计息间隔期的利率，名义利率只有在给出计息间隔期的情况下才是有意义的。当一年中的计息次数m大于1时，实际年利率将大于名义年利率。

3. 单期现金流量指某个时点上的单笔现金流入或流出，其终值是经过若干期后，包括其本金和利息在内的未来价值，以FV_0表示；现值指其在当前的价值，以PV_0表示。利用合适的利息率和计算公式可以计算单期现金流量的终值和现值。

4. 普通年金及永续年金的概念和其现值的计算方法十分重要。优先股和永久债因为有固定股利且无到期日，在一定条件下也可视作永续年金，运用永续年金的概念和方法可以解决许多公司价值及现金流量分析中的复杂问题。

5. 股票和债券作为一种资产，其内在价值是指在给定未来预期现金流量、持续时间和风险条件下，投资者可以接受的合理价值。运用现值法估计债券和股票的内在价值，是通过适当的收益率对资产预期能产生的未来现金流量进行贴现。

6. 由于债券的预期现金流量是一系列的利息支付再加上到期时的一笔面值支付，债券的基本估价方法就是运用市场利率对预期的利息和本金支付进行贴现。利用债券定价模型还可以求解债券的到期收益率和持有期收益率。债券到期收益率的高低与债券的票面利率和市价有关。若债券市价等于面值，则其到期收益率等于票面利率；若债券市价不等于面值，则到期收益率将包括利息收益和资本利得。由于市场利率不断变动，不同购买日的到期收益率也就不同。

7. 用现值法估计股票的价值遇到的主要困难是对股票的预期现金流量的确定，通常都是采用一定的假设来问题简化。常用的估价模型有零增长模型和不变增长率估价模型。股票价值极大地依赖于股利增长率g和投资回报率r。在一定的假设前提下，可以通过留存收益率和股东权益报酬率得到股利的增长率g。需要特别注意的是，在估计公司股价时，一定要根据企业成长的特点，谨慎地分阶段估计增长率g。估计投资回报率r的方法之一，是通过股票估价模型倒推得到。

思考与练习

1. 投资的终值指什么？
2. 什么是复利？复利和单利有什么区别？
3. 一般来说，在每期利率为r下，1美元投资t期后的终值是多少？
4. 假设你与某明星运动员签订了一份服务合同，你只能在今后3年中每年支付150万美元，而他的经纪人坚持该运动员不会接受少于价值500万美元的合同价值。你能在不突破原支付界限的情况下满足该球员的要求吗？
5. 把未来金额贴现回到现在的过程是什么的颠倒？
6. 下列未来现金流量将在年末收到，第1年1000元，第2年1400元，第4年900元，第5年600元，年贴现率为8%。

（1）这些预期未来现金流量的现值是多少？

（2）这些现金流量在第5年的价值是多少？

（3）这些现金流量在第3年的价值是多少？

7. 某人借入一笔款项，银行贷款年利率为10%，每年复利一次，银行规定前10年不用还本息，但从第11-20年每年年末偿还5000元本息，这笔借款的现值是多少？

8. 若年利率为8%，连续5年，每周100元现金流量的现值是多少？

9. 若年利率为6%，连续10年，每月200元现金流量的终值是多少？

10. 假定某人能连续48个月，每月偿付439.43元，则银行同意给此人贷款18000元，则银行收取的年利率是多少？

11. 若预期收益率为9%，则现值翻一番需要多少时间？

12. 若年利率为13%，连续复利，25年期，50000元贷款的月偿还额是多少？

13. Microhard公司发行了具有以下特征的债券：本金1000美元，期限20年，票面利率8%，每半年支付一次利息。当市场的利率分别为8%、10%、6%时，该债券的价格是多少？

14. 假设你购买了Vanguard公司刚发行的债券，该债券期限为5年，面值为1000美元，每半年支付60美元利息。你正考虑购买Vanguard公司的另一种债券，该债券仍剩6年的期限，每半年支付30美元利息，面值也为1000美元。那么，

（1）5年期债券的年回报率是多少？

（2）如果你从（1）获得的答案正好是期限为6年的债券的年回报率。你愿意为该6年期债券支付多高的价格？

（3）如果5年期债券每半年支付40美元利息，其他条件不变，（2）的价格又会是多少？

15. 你拥有价值100000美元Smart Money公司的股票。第一年底你收到了每股2美元的股利，第二年底收到了每股4美元的股利，第三年底你将该股票以每股50美元卖出。其中，只有股利必须征收28%的税率，并且收到股利时才支付税金。市场收益率是15%，那么你到底拥有多少股该股票？

16. Mining公司的矿石储备量正逐渐减少，然而弥补这些减少的储备量的费用却逐年增加。因此，该公司的利润以10%的幅度逐年减少。如果将要支付的股利是5美元，市场要求的收益率是14%，则股票的价格是多少？

参考文献

[1] 马元兴主编：《财务管理（第四版）》，高等教育出版社2019年版。

[2] 王振华主编：《财务管理（第二版）》，经济科学出版社2007年。

[3] 〔美〕欧文·费雪：《利息理论》，陈彪如译，商务印书馆2013年版。

[4] 马骥主编：《证券投资学》，科学出版社2008年版。

[5] 梁瑾：《最佳资本结构研究——以万科房产集团为例》，2017年山西大学硕士论文。

[6] 李丹琪：《基于股利折现模型的佛山照明公司股权价值分析》，载《统计与管理》2016年第11期，第69-70页。

第4章 收益与风险

导语　"股市有风险，投资需谨慎"，这是所有投资者都明白的道理，但究竟如何看待和管理这种风险却不是每个投资者都了解的。身兼投资者和筹资者双重角色的公司，无论是在资本市场上进行投资或作出融资决策，还是在实物市场上购买资产、项目投资决策，都面临着风险，都需要在风险和收益之间进行权衡。本章介绍了投资者风险偏好的分类方法以及其各自的无差异曲线，并介绍了资产组合的收益与风险的衡量方法以及有效资产组合，在此基础上引入资本资产定价模型，将市场模型与资本资产定价模型相结合，并介绍了套利原则与套利组合，最后介绍了投资风险管理的相关知识。

4.1 期望收益率与风险

4.1.1 期望收益率的概念与衡量

1. 收益率与平均收益率

对于收益率我们并不陌生，最常见的有实际收益率和平均收益率。实际收益率（effective rate of return）是投资活动中扣除初始投资额后增值部分与初始投资额的比率。平均收益率（average rate of return）则是在一段期间内平均每期（通常指每年）的实际报酬率。

以股票投资为例，其实际收益率就是股利与资本利得之和与期初股价的比率。若用公式表示，则有：

$$R_t = \frac{D_t + (P_t - P_{t-1})}{P_{t-1}} \tag{4-1}$$

上式中，R_t 为第 t 期的收益率，D_t 为 t 期的股利收益，P_t 为 t 期股价，P_{t-1} 为期初股价。在已知各期实际收益率的基础上，可用式（4-2）计算平均收益率：

$$\overline{R} = \frac{R_1 + R_2 + \cdots + R_n}{n} \tag{4-2}$$

2. 期望收益率

由于在进行投资决策时需要对未来的投资回报进行预测，而未来是不确定的，为了在衡量投资收益率时体现这种对不确定的考虑，人们通常用期望收益率来衡量预期收益率。期望收益率（expected rate of return）是统计上的概念，是以未来各种收益可能出现的概率为权数对各收益率加权平均的结果。其公式为：

$$E(R_i) = \sum_{i=1}^{m} P_j R_{i,j} \quad (4-3)$$

上式中，$E(R_i)$ 为 i 股票的期望收益率，P_j 为第 j 种情况发生的概率，$R_{i,j}$ 是 i 股票在第 j 种情况出现时的可能收益率。

例1 A公司与B公司股票的收益率及其概率分布情况如表4-1所示，假设你要对这两家公司的股票进行投资，那么你将如何估计两家公司股票的投资收益率？

表4-1　A公司与B公司股票的收益率和概率分布

经济情况	发生的概率	A公司股票报酬率（％）	B公司股票报酬率（％）
繁荣	0.3	30	70
一般	0.4	20	20
衰退	0.3	10	-30

解：由于两公司股票未来可能的投资收益率取决于未来的经济状况，并且已知各种经济状况发生的概率，于是我们可以计算出这两只股票的期望收益率：

A公司的期望收益率：$E(R_A)$=0.3×0.3+0.2×0.4+0.1×0.3=20%

B公司的期望收益率：$E(R_B)$=0.7×0.3+0.2×0.4-0.3×0.3=20%

4.1.2　风险的概念与衡量

1. 风险的概念

为了更好地理解什么是风险，可以先看下面两个例子：

（1）假设投资者花1万元购买了利率为2%的国债，那么这一投资收益率基本上就是国债的利率，即2%；

（2）假设投资者花1万元购买500股某公司的股票，并打算持有一年，该股票预期的红利是每股0.8元，那么在这一投资的实际收益率则是不确定的，因为一年后实际的红利可能高于0.8元，也可能低于0.8元，而一年后的股价与购买价格也会有差异，即实际的资本利得与预期的可能完全不同。

对比上述两种投资，购买某公司股票的风险显然大于购买国债。当我们不能确定将来会出现什么结果时，就存在不确定性，风险正是这种不确定性，或者说是未来实际与预期之间偏离的可能性,这种不确定性越大,实际与预期偏离的可能性就越大,风险也就越大。但不确定性之所以会成为风险,是因为这种不确定性会影响人们的福利或利益的实现,如投资股票,股价上涨即收益,股价下跌即损失,而在期货交易中,无论商品价格朝预期的哪个方向偏离,都令人不快,都可能增加代价或减少福利。因此,风险实质上是指未来实际与预期的偏离朝着不利方向变化的可能性。

风险往往意味着损失或福利的减少,在这种情况下,人们依然要进行有风险的投资,其主要原因有以下两个方面。其一,风险客观存在,无法完全避免。没有任何因素能保证未来的收益是确定的。即便是最安全的国债投资也存在因通货膨胀率的不确定性所带来的收益的不确定性。既然风险几乎无处不在,无法完全避免,在进行投资时,就不是要绝对回避有风险的投资,而是要通过风险管理来达到降低风险的目的。其二,风险同时意味着危险和机会。当未来实际与预期的偏离朝着不利方向变化时意味着危险,当未来实际与预期的偏离朝着有利方向变化时则意味着机会,而机会带来的收益或福利的增加就是承担风险的风险收益,即投资收益中超过时间价值的那部分收益。对于投资者而言,其真正的收益来源于资金的时间价值和风险报酬。

2. 风险的来源

就项目而言,它在将来可能遇到的风险来源于以下几个方面:

(1)国家经济状况发生变化

每个国家都有经济周期,在经济发展的高潮时期,产品销售顺畅,工厂满负荷生产,利润增加。一旦进入低潮时期,产品销售不畅,工厂开工不足,但固定成本不会下降,销售收入减少和单位产品成本的上升使公司净收入减少。某些项目对经济周期的变化极为敏感,其净现金流量受经济情况的影响变化也较大。

(2)通货膨胀的影响

若将来实际的通货膨胀率高于预测值,则项目的投资额和成本支出增加,而销售价格往往不能同步增长,即当通货膨胀导致的成本增加不能完全通过产品价格的提高转嫁到客户和消费者身上时,项目的风险增加。

(3)采用高新技术或开发新产品

项目采用高新技术或开发新产品会遇到开发成本增加而生产效率或市场销售不理想的情况,此类项目一般风险较高。

(4)汇率影响

外汇汇率的波动直接影响有国外投资借款、原材料进口和产品出口的项目以及海外投资项目。汇率变化受国际和国内形势的影响,其走势不易预测。因此,对项目净现金流量也会有较大影响。

此外,国家政治的稳定性及内债、外债总量等因素均会影响项目的风险大小。

3. 风险的衡量

由于风险意味着未来实际收益与预期偏离的可能性，因此，通常利用某一收益率的概率分布来描述不确定性，并通过计算概率分布的标准差或方差来衡量风险的大小。

统计理论指出，概率分布的形状越狭窄，实际收益偏离期望收益率的可能性就越小，而统计学中的标准差或方差则可以说明概率分布的宽窄程度，揭示风险的大小。标准差是以概率对各种可能收益率与期望收益之间的离差进行加权后得到的平均离差，而方差则是标准差的平方，其计算公式为：

$$\sigma_i = \sqrt{\sum_j [R_i - E(R_i)]^2 P_j} \quad \text{或} \quad \sigma_i^2 = \sum_j [R_i - E(R_i)]^2 P_j \tag{4-4}$$

上式中，σ_i为i股票的标准差，$E(R_i)$为i股票的期望收益率，P_j为第jv种情况发生的概率。

从标准差的计算公式可以看出，标准差越小，各种可能收益率与期望收益率的平均离差越小，其概率分布的形状就越狭窄，风险也就越小。

下面我们应用例1中的数据，计算A公司和B公司股票收益率的标准差。

已知两个公司的期望收益率都是20%，将期望收益率和表4-1中的数据代入式（4-4），得到A、B两公司的标准差分别为：

$$\sigma_A = \sqrt{(0.3-0.2)^2 \times 0.3 + (0.2-0.2)^2 \times 0.4 + (0.1-0.2)^2 \times 0.3} = 7.75\%$$

$$\sigma_B = \sqrt{(0.7-0.2)^2 \times 0.3 + (0.2-0.2)^2 \times 0.4 + (-0.3-0.2)^2 \times 0.3} = 38.73\%$$

由于A公司收益的标准差小于B公司，所以我们可以认为投资于A公司股票的风险要小于B公司。

需要指出的是，由于标准差是一个有量纲的量，因此利用标准差比较不同投资机会的风险大小的前提是所比较的投资机会具有相等的或接近的期望收益率。如果各投资机会间的期望收益率具有较大的差异，则需要将标准差转换为无量纲的相对量——标准差率（也称为离散系数）方可说明风险的程度。

$$V = \frac{\sigma}{E(R)} \tag{4-5}$$

例如，有两只股票X和Y，股票X的期望收益率为15%，标准差为12.65%，股票Y的期望收益率为40%，标准差为31.62%。由于股票X和Y的期望收益率差别很大，所以不能简单断言股票X的风险小于股票Y，需要计算标准差率后方可作出判断。

$$V_X = \frac{12.65\%}{15\%} = 0.84$$

$$V_Y = \frac{31.62\%}{40\%} = 0.79$$

计算结果表明，在考虑两只股票的期望收益率水平后，股票X的风险要大于股票Y。

4.1.3 风险与收益率

如上所述，人们愿意承担风险的原因之一在于承担风险有可能赢得机会，获得风险收益。高风险必然伴随着高收益，设想如果投资者承担了风险却不能获得必要的风险报酬，那么所有的资金都会流向低风险的行业，高风险行业就会无人问津。市场竞争的结果必然使得高风险投资的收益率增加。例如，在证券市场上，当大多数人都具有很强的回避风险的倾向时，风险大的证券就会遭到抛售，而竞相抛售的结果使得风险大的证券价格下降，收益率提高。还可以从另一个角度来理解风险与收益率的关系，即风险相同的证券所提供的收益率也要相同，否则，市场上就会出现无风险套利现象，而投资人争相套利的结果使得相同的证券在市场供需均衡时，所提供的收益率趋于一致。

4.1.4 风险与风险偏好

风险偏好（risk preference）是指主动追求风险，喜欢收益的波动性胜于收益的稳定性的态度。假如在经过多年的勤奋工作后，你总算攒下了一笔钱，现在准备拿出50万元进行证券投资，如果你希望得到普通股的高收益，你就必须承担高风险；如果你不愿意承担风险而选择国库券，则你只能得到0.8%的实际平均年收益率。这个例子说明，在投资决策中不能脱离投资者的风险偏好而单凭预期收益率和标准差作出选择，在投资决策时需要将人们的风险偏好纳入分析。而将风险偏好纳入风险分析的一个很好的方法就是效用分析方法。根据效用理论，我们可以根据人们对风险的态度建立起相应的效用函数。

1. 风险偏好与效用函数

效用函数（utility function）是经济学中描述财富或收益与由此带来的效用之间关系的分析方法。根据财富增加与效用增加之间的关系，投资者的效用函数有凹性效用函数、凸性效用函数和线性效用函数三种类型，这三种效用函数分别代表投资者对风险持回避态度、追求态度和中性态度。

（1）风险回避者与凹性效用函数

此种效用函数代表风险回避者的风险偏好。它表示投资者希望财富或收益越多越好，但财富的增加为投资者带来的边际效用是递减的。这种效用函数对财富的一阶导数为正（表示财富或收益越多越好），二阶导数为负（表示边际效用递减），其图形如图

4-1所示。

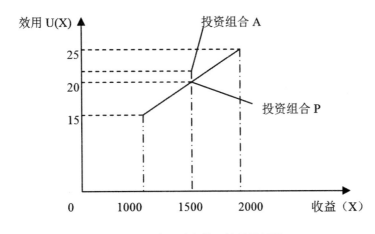

图4-1 风险回避者的凹性效用函数

图4-1中，某投资组合P有50%的概率在期末获得2000元收益，带给投资者甲的效用值为25个单位，有50%的概率获得1000元收益，带给甲的效用值为15个单位。则此投资的期望收益为1500元，期望效用值为20个单位。而另一个投资组合A在期末可以得到确定的1500元收益，其效用值为23个单位。它说明，对于投资者甲而言，有U（A）=23>U（P）=20，即虽然投资组合A的预期收益与投资组合P的预期收益完全相同，但由于投资组合A的预期收益是确定的，而投资组合P的收益是不确定的，所以投资组合A的收益所带来的效用要大于投资组合P。

（2）风险爱好者与凸性效用函数

此种效用函数代表风险爱好者的风险偏好。它表示投资者希望财富或收益越多越好，且财富或收益增加为投资者带来的边际效用是递增的。这种效用函数对财富或收益的一阶导数和二阶导数都是大于零的，其图形如图4-2所示。

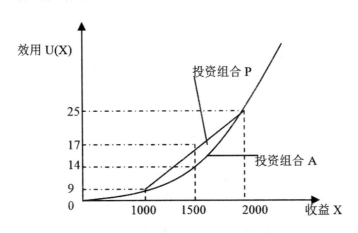

图4-2 风险爱好者的凸性效用函数

图4-2中,投资组合P有50%的概率在期末获得2000元收益,带给投资者乙的效用值为25个单位,有50%的概率获得1000元收益,带给乙的效用值为9个单位。则此投资的期望收益为1500元,期望效用值为17个单位。而投资组合A在期末的确定性收益为1500元,带给乙的效用值为14个单位。由于U(P)=17>U(A)=14,所以,投资者乙将会选择投资组合P。对于风险爱好者,同样的期望收益下,风险大的收益带给他们更大的效用,他们喜欢收益的起伏大于喜欢收益的稳定。

(3)风险中立者与线性效用函数

风险中立者的效用函数是一个线性函数。它表示投资者认为财富或收益越多越好,但财富或收益的增加为投资者带来的边际效用是一个常数。这种效用函数对财富的一阶导数为正,二阶导数为零,其图形如图4-3所示。

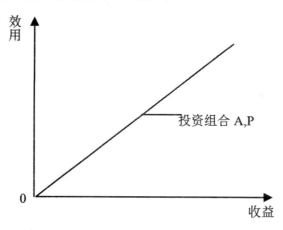

图4-3 风险中立者的线性效用函数

图4-3说明,对于风险中立者,收益不确定的投资组合P与确定性的投资组合A所带来的效用是一样的。在对待风险的态度方面,风险中立者的特点是既不回避风险,也不主动追求风险。同样的期望收益带来同样的效用,他们进行投资决策时只考虑期望收益,而不考虑风险的状况。

以上我们讨论了三种效用函数时都假定效用是期末财富或收益的函数,但在投资分析中,由于期末收益的大小直接受到期初投资额大小的影响,所以分析中往往采用收益率,即假定效用是收益率的函数。

2.按期望收益的确定性等值划分风险偏好类型

在效用函数的讨论中,我们看到对于期望收益和确定性收益的不同态度决定了投资者的风险偏好类型,还有一种按照期望收益的确定性等值来划分风险偏好的类型的方法。下面我们用一个游戏来说明确定性等值的概念以及如何按确定性等值划分风险偏好的类型。

假设你在参加一个游戏,游戏中有两扇一模一样的门,主持人告诉你一扇门后放着6000元现金,另一扇门后什么也没有,你走进哪一扇门,那扇门后的东西就属于你。当你正犹豫着不知该走进哪一扇门时,主持人又告诉你,他将给你提供一笔现金,你可以选择接受这笔现金,但你必须退出这个游戏。你决定如果主持人给你的现金小于或等于3000元,你就选择继续参加游戏;如果主持人给你的现金大于3000元,你就选择放弃游戏。假设主持人给你3500元,于是你选择了放弃游戏。你的上述选择说明你是一个风险回避者,宁愿要一笔确定的现金3500元,也不要有风险的6000元现金。如果你决定只有当主持人给你的现金等于或大于6000元时才选择放弃游戏,那么你就是一个风险爱好者,在你的眼里,只有当确定的收入大于有风险的期望收入时其效用才相等。如果你决定只有当主持人给你3000元时才放弃游戏,那么你是风险中立者,在你看来,有风险的收入与无风险的收入只有在金额相等时效用才相等。

显然,每一个人都会有一种选择,即认为某一数额的确定收入与有风险的期望收入无差别。这个与有风险的期望收入无差别的确定性收入就称为确定性等值。

按照确定性等值可以划分三种风险偏好类型:

若确定性等值<期望值,则属风险回避者;

若确定性等值=期望值,则属风险中立者;

若确定性等值>期望值,则属风险爱好者。

3.风险回避者与无差异曲线

尽管根据风险与效用的关系,人们的风险偏好表现为三种不同的类型,但在公司金融理论中,通常都假定大部分投资者都属于风险回避者,只是不同的人对风险厌恶的程度不同而已。由于投资者的效用既取决于收益率也取决于风险,所以投资者的效用函数也可以用期望收益和标准差的平面图上的无差异曲线来表示。无差异曲线用期望收益和标准差来表现收益与风险互相替换的情况,某个投资者的无差异曲线表示在曲线上的各点进行风险和收益的相互替换对投资者的效用是无差异的。

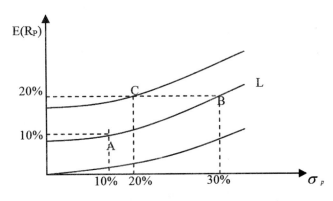

图4-4 风险回避者的无差异曲线图

图4-4描述的是一个风险回避者的无差异曲线。例如,对于拥有图4-4无差异曲线的投资者而言,A组合与B组合带来的满意程度是相同的。虽然这两个组合有不同的期望收益率和标准差,但它们落在同一条无差异曲线L上。组合B的标准差(30%)高于组合A的标准差(10%),在风险维度上,组合B所给予的满足程度较低,但这方面的不足正好被组合B较高的期望收益(20%)弥补。说明无差异曲线的第一个主要性质:一条绘定的无差异曲线上所有的投资组合对拥有它的投资者来说,具有相同的效用。无差异曲线的另一个性质是,一个投资者有无数条互不相交的无差异曲线,这些无差异曲线构成一个无差异曲线簇,位于上方无差异曲线上的组合比位于下方的无差异曲线的组合给予投资者更多的效用。例如,虽然图4-4所示的投资者发现组合A与组合B的效用相同,但他会觉得组合C比组合A与组合B都好。

风险回避者的无差异曲线隐含着风险回避者选择投资组合的两个假设:第一,当两个组合的其他情况相同时,总是选择期望收益率高的组合;第二,在两个风险投资组合的期望收益相同时,总是选择风险小的,因为损失带来的不愉快大于同等收益带来的愉快。正是上述两个隐含的假设,导致其无差异曲线是正斜率而且是下凹的。需要注意的是,虽然公司金融理论假设大多数投资者都是厌恶风险的,但并没有假定他们都有相同的风险厌恶程度,有些投资者的风险厌恶程度较高,而有些投资者可能风险厌恶程度较低。这意味着虽然同是风险厌恶者,但却有不同的无差异曲线,越是厌恶风险的投资者越有着陡峭的无差异曲线。

4.2 投资组合与风险分散

迄今为止,我们对风险与收益的讨论主要都是针对处于分离状态的单项资产,但实际上,正如投资决策中一句名言所说,"不要把所有的鸡蛋放在一个篮子里",投资者很少把所有的财富都投入一种资产或单个投资项目中,他们通常会构建一个投资组合。那么,投资组合的风险和收益应该如何衡量呢?它又是如何分散风险的呢?在本节中,我们就要讨论这些问题,并介绍现代资产组合理论。

1952年,哈里·马科维茨在美国《金融杂志》上发表了一篇里程碑式的论文,名为《组合选择》(*Portfolio Selection*),这篇著名的论文被公认为是现代组合理论的开端。马科维茨在文章中指出,投资者在期初进行投资决策时,由于无法确知持有各种证券的收益,需要估计预期回报率,然后投资预期回报率最高的一种证券。但是典型的投资者不仅希望收益高,而且希望收益确定,并尽量在两者中寻找平衡点。在此基础上,马科维茨建立了均值—方差模型来阐述如何全盘考虑上述目标,并推导出一个有趣的结论,即投资者应该通过同时购买多种证券来进行分散化投资。

第4章 收益与风险

虽然以马科维茨投资组合理论为基础的现代投资组合理论主要针对证券投资，但它对于固定资产等项目投资仍具有重要的指导意义。

人物简介

哈里·马科维茨

哈里·马科维茨（Harry Markowitz,1927— ），美国人。1947年，他从芝加哥大学经济系毕业，获得学士学位。1968—1969年，任加利福尼亚大学洛杉矶分校金融学教授。1972—1974年，任宾夕法尼亚大学沃顿（Wharton）商学院金融学教授。1980—1982年，任拉特哥斯（Rutgers）大学金融学副教授。1982年，晋升为该校Marrin Speiser讲座经济学和金融学功勋教授，现任纽约市立大学巴鲁克学院教授。他发展了关于资产选择理论的分析方法——现代资产组合理论，即一种明确的，可操作的在不确定条件下选择投资组合的理论，被誉为"华尔街的第一次革命"，从而获得1990年诺贝尔经济学奖。

4.2.1 投资组合的收益与风险

1. 两个资产组合的收益与风险

资产组合（portfolio）是指资产持有者对其持有的各种股票、债券、现金以及不动产进行的适当搭配。资产组合的目的是通过对持有资产的合理搭配，使之既能保证一定水平的盈利，又可以把投资风险降到最低。假如有两只股票：股票1和股票2，由于其未来收益都是不确定的，所以可以将收益率R_1、R_2看作随机变量。若将股票1和股票2按一定的资金分配比例将w_1、w_2组合在一起，则产生组合p，而组合p的收益率为新的随机变量R_p，且有$R_p=w_1R_1+w_2R_2$。根据求解随机变量和的数学期望、方差的方法可得两个资产组合的期望收益率和方差的计算公式如下：

$$E(R_P) = \omega_1 E(R_1) + \omega_2 E(R_2)$$

$$\sigma_P^2 = E[R_P - E(R_P)]^2 = E[\omega_1 R_1 + \omega_2 R_2 - \omega_1 E(R_1) - \omega_2 E(R_2)]^2 \quad (4\text{-}6)$$

经过推导可得：

$$\sigma_P^2 = \omega_1^2 \sigma_1^2 + \omega_2^2 \sigma_2^2 + 2\omega_1 \omega_2 \sigma_{12} = \omega_1^2 \sigma_1^2 + \omega_2^2 \sigma_2^2 + 2\omega_1 \omega_2 \rho_{12} \sigma_1 \sigma_2 \quad (4\text{-}7)$$

在式（4-6）和式（4-7）中，$E(R_1)$ 和 $E(R_2)$ 分别是随机变量 R_1 和 R_2 的数学期望，σ_1 和 σ_2 分别是随机变量 R_1 和 R_2 的标准差，σ_1^2 和 σ_2^2 分别是两随机变量的方差，σ_{12} 是两随机变量间的协方差，ρ_{12} 则是两随机变量间的相关系数。

方差和标准差度量的是单个资产收益的变动性，但上述公式中的协方差和相关系数度量的又是什么？由于投资组合需要把多个资产组合在一起，因此就不能仅仅了解单个资产收益的变动性，还需要了解各个资产之间的关系，即了解一种资产收益与另一种资产收益变动中的关系。而协方差和相关系数就是衡量两个变量之间（如股票的收益率）相互变动关系和程度的统计量。协方差和相关系数的计算公式为：

$$\sigma_{12} = \sum_j [R_{1,j} - E(R_1)][R_{2,j} - E(R_2)]P_j \tag{4-8}$$

$$\rho_{12} = \frac{\sigma_{12}}{\sigma_1 \sigma_2} \tag{4-9}$$

协方差的符号反映两个股票收益间的相互关系。如果两只股票的收益变动呈同方向变动趋势，即在任一经济状态下都同时上升或同时下降，则协方差为正；如果两只股票的收益变动呈反方向变动，即在任一经济状态下一个上升，一个下降，则协方差为负；如果两只股票的收益变动间没有关系，则协方差为零。

当协方差为零时，了解股票A的收益对判断股票B的收益没有作用；当协方差不为零时，则了解一只股票的收益变动就有助于判断另一只股票的收益变动。虽然协方差在一定程度上揭示了两个资产收益间变动的相互关系，但由于它的结果是离差的平方，所以我们很难解释协方差数值大小的含义，因此需要计算相关系数对协方进行标准化处理。

由于标准差总是正值，所以相关系数的符号及其对两变量间相互关系的解释与协方差有着同样的作用，即相关系数为正，两变量之间为正相关；相关系数为负，两变量之间为负相关。但相关系数更重要的意义在于其值在-1到1之间，这样我们就可以通过相关系数来比较不同资产或证券间相互关系的特征。

若两者的相关系数为1，说明两股票收益率间存在完全正相关关系，即股票A的收益率与股票B的收益率间存在同向变动的线性关系；若两者的相关系数为-1，则说明两股票收益率间存在完全负相关关系，即股票A的收益率与股票B的收益率间存在反向变动的线性关系。在上述两种情况下，我们只要知道其中一只股票的收益率（或收益率变动）就可以预测另一只股票的收益率（或收益率变动）。若两者的相关系数为0，说明两股票收益率间不存在线性关系，无法通过其中一只股票收益率的变动来预测另一只股票收益率的变动。

2. 多个资产组合的收益和风险

将两种资产组合推广到由 n 项资产构成的组合，可以得到 n 项资产组合的期望收益率和方差的计算公式：

$$E(R_p) = \sum_{i=1}^{n} \omega_i E(R_i) \tag{4-10}$$

$$\sigma_P^2 = \sum_{i=1}^{n}\sum_{j=1}^{n} \omega_i \omega_j \sigma_{ij} \rho_{12} \sigma_2 = \sum_{i=1}^{n} \omega_i^2 \sigma_i^2 + \sum_{i}\sum_{i \neq j} \omega_i \omega_j \rho_{ij} \sigma_i \sigma_j \tag{4-11}$$

在式（4-10）和式（4-11）中，$E(R_i)$ 是第 i 个资产的期望收益，σ_i^2 和 σ_i 分别是第 i 个资产收益率的方差和标准差，ω_i 指资产 i 在资产组合中所占的价值比例，σ_{ij} 是第 i 个资产和第 j 个资产收益率的协方差，ρ_{ij} 是第 i 个资产和第 j 个资产收益率间的相关系数。由于每两只股票就有一个协方差或相关系数，n 个资产的方差和协方差就构成了一个 $n \times n$ 阶矩阵，称为方差-协方差矩阵，在矩阵的对角线上总共有 n 个方差，在非对角线上共有 $n(n-1)$ 个协方差。

从上述投资组合的期望收益和方差的计算公式中可以看到，投资组合的期望收益等于组合中所包含的资产各自的期望收益按投资比例加权的加权平均和，但组合的方差却并不简单地等于各资产方差的加权平均和，它的大小不仅依赖于单个资产的方差，还依赖于反映各资产间相互关系的协方差或相关系数，特别是 n 越大时，对协方差或相关系数的依赖性就越强。

4.2.2 投资组合的风险分散效应

风险分散是金融业（或一般工商企业）运营中对风险管理的一种方法。商业银行的资产结构的特点是贷款多为包含大量潜在不稳定因素的中、长期贷款，而在欧洲货币市场上吸收的存款和借入的资金又都具有短期性质，这种不对称现象很容易引发周转危机。另外，投资项目在资产结构中所占的比重越来越大，这就要求银行根据资产负债结构的特点进行分散风险的管理，即应力争做到适当分散风险，使资产的安全性和盈利性协调一致。银行既在内部采用分散理论，也可在外部通过其他形式进行投资，把放款的风险分散。

1. 两个资产组合的风险分散效应

假设有两个资产，股票1和股票2，分别讨论它们具有完全正相关、完全负相关和零相关这几种特殊情况下其组合的期望收益与风险。

（1）假定两种股票完全正相关，即 $\rho_{12}=1$，则：

$$\sigma_P^2 = \omega_1^2 \sigma_1^2 + \omega_2^2 \sigma_2^2 + 2\omega_1 \omega_2 \sigma_{12} \tag{4-12}$$

$$\sigma_p = \omega_1\sigma_1 + \omega_2\sigma_2 = \omega_1\sigma_1 + (1-\omega_1)\sigma_2 \tag{4-13}$$

$$\omega_1 = \frac{\sigma_p - \sigma_2}{\sigma_1 - \sigma_2} \tag{4-14}$$

$$E(R_p) = \omega_1 E(R_1) + \omega_2 E(R_2) = \frac{\sigma_1 E(R_2) - \sigma_2 E(R_1)}{\sigma_1 - \sigma_2} + \frac{E(R_1) - E(R_2)}{\sigma_1 - \sigma_2}\sigma_p \tag{4-15}$$

上式表明，当两个资产间的相关系数为1时，组合的收益是风险的线性函数，具有正的斜率。因此，如果两个证券完全正相关，则无法通过投资组合使得组合的风险低于组合中风险较小的股票风险，但通过组合却能使组合的风险小于较大风险证券的风险。

（2）假定两种股票完全不相关，即$\rho_{12}=0$，则：

$$\sigma_P^2 = \omega_1^2\sigma_1^2 + \omega_2^2\sigma_2^2 \tag{4-16}$$

显然，可以找到投资比例ω_1、ω_2使得组合的方差小于较小风险股票的方差，即：

$$\sigma_P^2 = \omega_1^2\sigma_1^2 + \omega_2^2\sigma_2^2 < \min(\sigma_1^2, \sigma_2^2) \tag{4-17}$$

（3）最后假定两种股票完全负相关，即$\rho_{12}=-1$，则：

$$\sigma_P^2 = \omega_1^2\sigma_1^2 + \omega_2^2\sigma_2^2 - 2\omega_1\omega_2\sigma_1\sigma_2 \tag{4-18}$$

$$\sigma_p = |\omega_1\sigma_1 - \omega_2\sigma_2| \tag{4-19}$$

很明显，风险可以被大大降低，甚至可以完全回避风险。如选择一种投资比例使得$\omega_1\sigma_1 = \omega_2\sigma_2$，就可使$\sigma_P^2 = 0$。

根据对以上三种情况的分析，可以得到以下结论：

（1）当两个资产完全正相关时，其组合的风险无法低于两者之间风险较小资产的风险，但却能低于较大风险资产的风险。

（2）当两个资产完全不相关时，组合可以降低风险，随着风险小的资产投资比重的增加，组合风险随之下降，总存在一个比例，自该比例后，组合的风险将低于组合中任意一种资产的风险。

（3）当两个资产完全负相关时，组合可以降低风险，甚至可以实现无风险。

2. 多项资产组合的风险分散效应

下面证明由n项资产构成的组合是如何分散风险的。已知n项资产组合的方差为：

$$\sigma_P^2 = \sum_{i=1}^{n}\omega_i^2\sigma_i^2 + \sum_{i}\sum_{i\neq j}\omega_i\omega_j\rho_{ij}\sigma_i\sigma_j \tag{4-20}$$

第 4 章 收益与风险

上式中,等号右边第一项为各项资产自身方差项对组合方差的贡献,第二项是各项资产间相互作用、相互影响对组合风险的贡献。随着 n 的增加,上述求和关系中,协方差项的作用会越来越大,对组合风险的贡献也越来越大。现假设每项资产在组合中所占的比例同为 $\frac{1}{n}$,则投资组合的方差公式可表示为:

$$\sigma_P^2 = \sum_{i=1}^{n} \frac{1}{n^2} \sigma_i^2 + \sum_{i} \sum_{i \neq j} \frac{1}{n^2} \rho_{ij} \sigma_i \sigma_j \qquad (4\text{-}21)$$

令:

$$\overline{\sigma_{ij}} = \sum_{i} \sum_{j} \frac{\sigma_{ij}}{n(n-1)} \quad \overline{\sigma}^2 = \frac{1}{n} \sum_{i=1}^{n} \sigma_i^2 \qquad (4\text{-}22)$$

则上式可简化为:

$$\sigma_P^2 = \frac{1}{n} \overline{\sigma}^2 + \frac{n-1}{n} \overline{\sigma_{ij}} \qquad (4\text{-}23)$$

显然,当 n 趋于无穷大时,等式右边的第一项趋于零,只有第二项保留下来。由此可见,当资产数目较大时,资产间的相互作用和影响是资产组合的主要风险来源。

4.2.3 系统风险与非系统风险

上述讨论证明了资产组合可以有效降低风险和分散风险,但各资产间相互作用、共同运动所产生的风险并不会随着 n 的增大而消失,而是始终存在的。虽然当两个资产之间完全负相关时,组合可以使风险降到零,但在现实中,两个资产完全负相关的情况十分罕见。这种各资产间相互作用、共同运动产生的风险称为系统风险(systematic risk)。由于系统风险无法通过投资组合分散,所以又称为不可分散的风险。而那些只反映各资产自身收益率变化特性、可通过增加资产组合中资产数目而最终消除的风险称为非系统风险(unsystematic risk),又称可分散的风险。

系统风险是由那些影响整个市场的整体经济风险因素引起的,这些整体经济风险因素包括国家经济、政治形势的变化以及国家政策的大调整、通货膨胀、国际经济和政治形势等,它威胁着所有的企业,只是对不同企业的影响程度不同。例如,一个出乎意料的通货膨胀或利率变化在某种程度上可能会影响几乎所有的公司,虽然每个公司对此的反应程度不同。正因为如此,投资者不论拥有多少股票,还是必须接受证券市场的不确定性。比如,1987 年 10 月 19 日(即"黑色星期一")的全球股灾使所有股票都受到影响。

> **案例分析**
>
> 系统性风险——雷曼兄弟破产案
>
> 2008年9月15日,美国第四大投资银行雷曼兄弟按照《美国破产法》的相关规定提交了破产申请,成为美国有史以来倒闭的最大金融公司。从2008年9月9日开始,雷曼公司股价一周内暴跌77%,公司市值从112亿美元大幅缩水至25亿美元。第一个季度,雷曼卖掉了1/5的杠杆贷款,第二个季度变卖了1470亿美元的资产,并连续多次进行大规模裁员以压缩开支,依然没有走出困境。即使一些公司有收购意向,也因为政府拒绝担保没有成功。雷曼兄弟最终还是没能逃脱破产的厄运。
>
> 在这一轮由次级贷款问题演变成的信贷危机中,众多金融机构因资本金被侵蚀面临清盘的窘境,这其中包括金融市场中雄极一时的巨无霸们。贝尔斯登、"两房"、雷曼兄弟、美林、AIG都面临财务危机,有的被政府接管、有的被收购或破产收场。在支付危机爆发后,贝尔斯登、雷曼兄弟和美林的在次贷危机中分别减值32亿、138亿和522亿美元,总计近700亿美元,而全球金融市场减值更高达5573亿美元。因减值造成资本金不足,所以全球各主要银行和券商寻求新的投资者以注入新的资本,试图渡过难关。
>
> 可以看出,当市场流动性泛滥,巨大的系统性风险给雷曼带来了巨大收益;可当市场崩溃的时候,如此大的系统风险必然带来巨大的负面影响。

非系统风险是个别企业或资产自身所特有的风险,是由个别企业或单个资产自身的各种风险因素引起的,包括企业自身的经营风险、财务风险和信用风险等。如某公司收益的下降可能因为该公司内部管理不善,也可能因为某一项投资决策失误,或者是因为员工素质不高等。总之,这些风险因素都是个别企业所特有的,所产生的影响也只发生在个别企业,与其他企业无关,因此,就可以通过多元化投资组合来分散或降低这种风险。例如,同时购买多家公司的股票,则发生在一家公司的不利事件就可以由另一家公司的有利事件抵消。

图4-5描述了分散化与系统风险、非系统风险的关系。图中曲线为投资组合的总风险,当组合中只包含很少数的资产时,投资组合的总风险主要是非系统风险。随着组合中资产数目的增加,总风险随着非系统风险的迅速降低而迅速下降,当资产数目增加到一定程度后,投资组台的风险主要来自于系统风险,总风险趋于平缓。因此,继续增加组合中的资产数目对于降低风险已无意义。比较分散化的成本和收益,迈尔·斯塔特曼的研究表明,要取得最优的多元化只需大约30种证券构成一个投资组合。威廉·夏普也

指出，一个随机选出的30种证券构成的组合就形成相对很低的非系统风险。当然，在一个系统风险很高的市场上，不同证券收益之间的相关性很强，则这一市场投资组合的风险分散效应就十分有限。

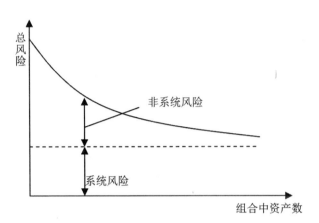

图4-5 分散化与组合的风险

4.2.4 有效资产组合与效率边界

通过前面的讨论，我们知道投资组合能够分散风险。其实，投资组合的好处远不止这些。通过投资组合，还能够增加投资机会，并提供使投资者满意的有效资产组合。

1. 由两项风险资产构成的投资组合的集合度及其效率边界

为了更形象地揭示投资组合的特点，我们以期望收益为纵轴、以标准差为横轴的坐标图中绘制两项风险资产时的投资组合情况，如图4-6所示。

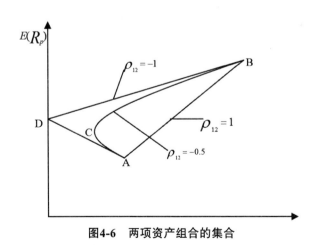

图4-6 两项资产组合的集合

投资组合的收益与资产收益间的相关性无关，而风险则与资产的关系十分密切。当两项资产完全正相关时，组合风险无法低于两资产之间风险较小的资产的风险，但却可以使投资选择的机会大大增加；而当两项资产完全负相关时，组合的风险分散效应最大，通过投资组合不仅能够增加投资机会，而且可以使风险降低至零。图4-6中，AB、ACB和ADB分别代表当两只股票的相关系数为1、0.5和-1时的投资组合的期望收益与风险之间的关系。由于任何两个资产间的相关系数总是在-1和1之间，即满足$-1 \leq \rho_{ij} \leq +1$的条件，因此，只要两个资产间的相关关系不是完全线性正相关，其投资机会曲线就是包含在ADB围成的平面中的一条向纵轴凸出的曲线。这是因为，由于任何两个资产组合的期望收益只与资产配置的比例和资产的收益相关，因此，具有不同相关系数的资产组合，在比例确定的情况下，组合的期望值都是相同的，但组合的方差却随着相关系数由-1至1的逐渐增加而增加，其凸性则逐渐减弱，直至形成一条曲线。

既然曲线ACB代表相关系数为-0.5时由股票1和股票2构成的投资组合的集合，那么投资者是否会在这条曲线的任意点上进行投资组合的选择？要回答这个问题，需要进一步观察曲线ACB。在曲线ACB所代表的这一集合中，C点组合是所有的组合中标准差最小的组合，对应线段AC上的每一组合，线段CB上都有相应的一个组合，其风险程度（标准差）与AC线段上对应的组合相同，但期望收益率更高。因此，尽管投资者可以在曲线ACB上任意选择投资组合，但按照风险回避型投资者追求效用最大化的假设，投资者只会在线段CB上选择资产组合。也就是说，在所有的投资组合中只有一部分组合成为投资者考虑的投资机会，这样的投资组合被称为有效资产组合，而由全部有效资产组合构成的集合则被称为效率边界。如在图4-6中，线段CB就是相关系数为-0.5时，股票1和股票2构成的效率边界，效率边界上的每一点都代表一个有效资产组合。若相关系数为1，则其投资组合的集合表现为一条直线，如图4-6中的线段AB，其效率边界亦为线段AB；若相关系数为-1，则其投资组合的集合为一条折线，如图4-6中的折线ADB，其效率边界为线段DB。

2. 由多项风险资产构成的投资组合的集合度及其效率边界

分析由多项风险资产构成的投资组合的基本方法是马科维茨模型。马科维茨模型建立在以下七个基本假设的基础之上：

（1）投资者遵循效用最大化原则；

（2）投资者在给定时期里进行单期投资，即期初买入，在期末全部卖出；

（3）投资者都是风险回避者，即在收益相等的情况下，选择风险最低的投资组合；

（4）投资者根据均值、方差以及协方差选择最佳投资组合；

（5）证券市场是完善的，无交易成本，而且证券可以无限细分（即证券可按任一单位进行交易）；

（6）资金全部用于投资，但不允许卖空；

（7）证券间的相关系数都不是-1，不存在无风险证券，且至少有两个证券的预期收益是不同的。

以上述假设为前提，根据每个证券的期望收益、标准差以及每两个证券之间的协方差估计所有可能构成的组合的期望收益和标准差，就会生成证券资产组合的集合。将其绘在图中（如图4-7所示），图中B、C围成部分即为投资组合的集合，也称为投资机会集或可行集。

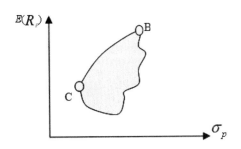

图4-7　由多种证券构成的投资组合可行集

为了更直观地理解上述图形的形成，我们以三种证券为例进行图示说明，如图4-8所示。假设有三只股票A、B、C。仅仅由A和B这两只股票构成的组合的集合如图4-8中的曲线AB，仅仅由B和C这两只股票构成的组合的集合如图4-8中的曲线BC，而仅仅由A和C这两只股票构成的组合的集合如4-8中的曲线AC。显然，任何一个组合都可被当作单个证券来看待，于是，可以将曲线AB上的任何组合与股票C组合，将曲线AC上的组合与其组合，与BC和AB线上的任何一组合再组合……依次类推，最后，代表所有组合的集合将填满某个区域。事实上，当组合的证券超过两个时，在不允许卖空的前提下，证券组合的可行域就会是平面上一个有限的区域，其形状如图4-7所示。

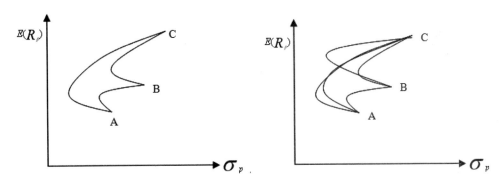

图4-8　三项证券组合的可行集生成示意图

由图4-8可知，由多项风险资产构成的组合的集合在期望收益标准差平面上形成一个如破蛋壳状的平面区域，区域内的每一个点都代表一个由多项资产组成的集合。在这些组合中，必有一个组合的方差是最小的，如图中的C点，称其为最小方差组合。显然，从最小方差点开始在平面边缘上的曲线CB上的每一个组合都满足在同样风险下期望收益最高，且在同样的期望收益下风险最低的条件。因此，边缘曲线上的每一个点都代表一个有效资产组合，而边缘曲线CB作为有效资产组合的集合就是多项资产组合的效率边界。投资者只会在有效边界上选择他们的投资组合，而不会选择效率边界以外平面区域内的投资组合。当然，不同的投资者会在效率边界上根据个人的风险偏好来选择不同的在他看来最优的证券组合。

3. 加入无风险资产时的投资组合及其效率边界

以上的讨论假定所有的资产都具有风险，现在我们引入另一种可能性，即假设投资者还可以按一定的无风险利率R借入或贷出资金。例如，投资者可以将一部分资金购买国库券，用剩余的资金来购买股票。

根据组合的期望收益与标准差的计算公式，当无风险证券与一种风险证券i组合时，组合的收益与风险可写为：

$$E(R_p) = \omega_f R_f + (1-\omega_f) E(R_i) \tag{4-24}$$

$$\sigma_p = \sqrt{\omega_f^2 \sigma_f^2 + \omega_i^2 \sigma_i^2 + 2\omega_f \omega_i \rho_{if} \sigma_i \sigma_f} = (1-\omega_f)\sigma_i \tag{4-25}$$

式中，R_f表示无风险证券的收益率，为确定值；σ_f表示无风险证券的标准差，为零；ω_f表示无风险证券的投资比例；ρ_{if}表示无风险证券与风险证券之间的相关系数，为零。

将$\omega_f = \dfrac{\sigma_i - \sigma_p}{\sigma_i}$其代入期望收益的计算公式，则有：

$$E(R_p) = \omega_f R_f + (1-\omega_f) R_i = R_f + (R_i - R_f)\dfrac{\sigma_p}{\sigma_i} \tag{4-26}$$

式（4-26）表明组合的期望收益是其标准差的线性函数。如果$\omega_f=1$，即所有资金都用于购买无风险证券，则$\sigma_f = \sigma_p = 0$；如果$\omega_f = 0$，即所有资金都用于购买风险证券，则有$\sigma_i = \sigma_p$，$E(R_p) = E(R_i)$；如果$0 < \omega_f < 1$，即一部分资金用于投资无风险证券，剩余资金用于投资风险证券，则有$0 < \sigma_p < \sigma_i$，$R_f < E(R_p) < E(R_i)$；如果$R_f < R_i$，并且$\omega_f < 0$，即发生卖空无风险证券的情况，则有$\sigma_p > \sigma_i$，$E(R_p) > E(R_i)$。上述线性关系可以用图4-9来说明。

第 4 章 收益与风险

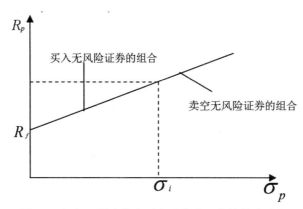

图4-9 加入无风险资产时多项资产组合的效率边界

由于可以将投资组合看作单个资产，任何一个投资组合都可以与无风险证券进行新的组合，所以图4-9所描述的关系也适用于无风险证券与多个风险证券组合再组合的情况，如图4-10所示。

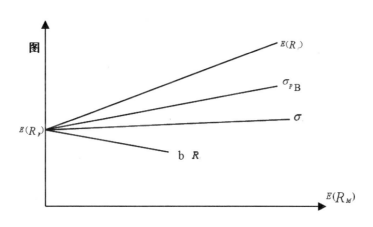

图4-10 APT资产定价线

在图4-10中，点A、B和C分别为由风险证券构成的三个组合，点T则为位于风险证券组合效率边界上的一个有效资产组合。直线B代表无风险证券与风险证券组合B组合之后的所有组合集，直线A、C和T分别代表无风险证券与A、C和T组合之后的组合集。

显然，可以在图中绘出无数条这样的直线。但在众多的直线中，有一条特殊的直线具有特别重要的意义。这条特殊的直线就是从无风险资产开始，与效率边界点相切的直线，即T直线。由于马科维茨模型中的效率边界是凸性的，因此，从无风险利率经过的直线必有一条与效率边界的某一点相切。任何一条经过无风险利率点的射线，只要斜率低于切线的斜率，就不能带来最佳收益与风险的匹配，因为在给定风险时，切线所带来的收益是最高的。任何经过无风险利率点但斜率高于切线的射线都是不可能的，因为在这样的射线上的点都超过了马科维茨投资集的范围。显然，这条切线上的每一点都代

表一个有效组合,而这条切线则代表了所有有效组合的集合,因此,在加入无风险证券后,马科维茨模型的效率边界变成了一条直线,在这条直线上,所有的组合都是无风险证券与切点T组合而成的新组合。

4. 投资者的投资选择

如前所述,投资者总是在效率边界上选择他们的投资组合,但不同的投资者会在有效边界上选择不同的在他们看来最优的证券组合。由于无差异曲线代表投资者获得效用的情况,又由于对于风险回避的投资者而言,其效用的无差异曲线在期望收益标准差平面上是向横轴凸出的,而仅有风险资产构成的效率边界则是向纵轴凸出的,因此,对于每个投资者而言,最优的投资组合就是其个人的无差异曲线与效率边界的切点。

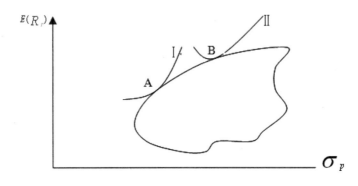

图4-11　投资者的无差异曲线与投资选择

如图4-11所示,图中无差异曲线Ⅰ和Ⅱ分别代表风险回避程度不同的投资者甲和乙,无差异曲线Ⅰ和Ⅱ与效率边界相切于A和B两点,表明投资者甲认为组合A是最优的投资组合,其所带来的效用值最大;投资者乙认为组合B带给自己的效用最大,因而组合B是最优的。

当引入无风险证券后,新的效率边界变成一条直线,但投资者效用的无差异曲线并无变化,因此,对于每个投资者而言,最优的投资组合仍然是其个人的无差异曲线与新的效率边界的切点。显然,由于无差异曲线不同,该切点可以落在T点上,也可以落在T点的左下方,或者落在T点的右上方。如图4-12所示,如果切点刚好落在T点上,说明投资者的资金全部被用于购买风险证券组合T,无风险证券持有量为0,即投资者不进行任何的借贷活动;如果切点落在T点的左下方,说明投资者的全部投资组合中,既包括风险证券组合T,又包括无风险证券,也就是说,投资者购买的T组合是其总资金量的一部分,另一部分资金被贷出;如果切点落在T点的右上方,说明投资者购买的T组合的量已经超过总资金量,超过的部分是通过借入资金或者卖空无风险证券来实现的。那些偏好低风险、风险承受能力弱的投资者可以在直线的T点下方选择组合,而那些风险承受能力强的人可以在直线的T点上方选择组合,他们将所有的资金购买风险资产组合T后,还按照无风险利率借一部分资金用于投资风险资产,每个投资者都可以在这条效率边界上找到适合自己投资需求的资产组合。T点上方的投资组合称为借入组合,T点下方的组合称为贷出组合。

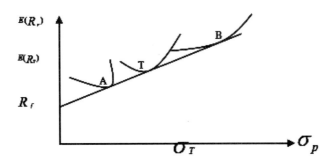

图4-12 加入无风险资产时的效率边界与投资者的投资选择

例2 假设风险资产组合T的期望值为15%,标准差为20%,投资人A向投资人B借入相当于自有资金20%的资金,并将所有的资金用于购买T组合,若市场无风险收益率为8%,那么,投资人A和B各自构成何种投资组合?其收益和风险如何?

解:由于投资人A投资T组合的比重为120%,无风险资产投资比重为-20%,由此形成的投资人A的借入投资组合的期望收益和标准差为:

$$E(R_p) = 120\% \times 15\% + (1-120\%) \times 8\% = 16.4\%$$
$$\sigma_p = 120\% \times 20\% = 24\%$$

对于投资人B,由于已将20%的资金贷给投资人A,因此只能将剩余的80%资金购买风险资产组合,于是投资人B的贷出投资组合的期望收益与标准差为:

$$E(R_p) = 80\% \times 15\% + 20\% \times 8\% = 13.6\%$$
$$\sigma_p = 80\% \times 20\% = 16\%$$

由于借入组合的风险较高,因而收益率也较高,不管怎么说,两者都比在仅有风险资产时,提高了自己的效用。

4.3 资本资产定价模型

上一节所讨论的资产组合理论解释了资产组合的收益与风险之间的关系,解决了如何通过建立均值方差模型进行分散化投资的问题,为投资者提供了确定最佳的投资组合的方法,但资产组合理论也遇到两个方面的重大挑战:

首先,在使用这一方法时,需要估计所有证券的期望收益率和方差,并要估计这些证券之间的协方差,还要估计无风险收益率,并利用这些数据生成有效组合的集合。因此,当评价的证券数目很大时,应用起来就有很大的困难。目前,这种方法更多地被应用于资产配置实践。资产配置的目标是混合资产类型以便为投资者在其能接受的风险水平上提供最高的回报。许多机构投资者通常仅考虑三种资产类型:普通股、长期债券、货币市场工具(如国库券),而且这三类资产的数据也比较容易获得。近年来,一些具有较好协方差特征的资产类型被增加进来,如国际权益、国际债券、房地产、风险资本、基金等。

其次,长期以来,对于想要预测资本市场行为的投资者而言,一直存在一个难点:金融交易的风险实在太大,但却一直没有考虑风险条件下的资产价格的市场均衡理论。资产组合理论也仍然没有解决这个问题。

威廉·夏普于1964年9月在《金融杂志》上发表了《资本资产价格:风险条件下的市场均衡理论》,这篇文章与约翰·林纳和简·莫辛分别发表于1965年、1966年的文章共同建立了资本资产定价模型。

人物简介

威廉·夏普

威廉·夏普(William F. Sharpe, 1934—),美国人,资本资产定价模型(CAPM)的奠基者。1967—1968年,任华盛顿大学教授。1968—1970年,任加利福尼亚大学尔湾分校教授。1970—1973年,任斯坦福大学教授。1973—1989年,任斯坦福大学丁肯财务学教授。1990年,第十三届诺贝尔经济学奖由威廉·夏普、默顿·米勒和哈里·马科维茨三人共同获得,以奖励他们在经济学方面的贡献。

4.3.1 假设条件

为了使模型简单明了,需要对复杂的现实环境进行提炼和抽象。资本资产定价模型也不例外,这些假设包括:

(1)投资者通过投资组合在某一段时期内的期望收益率和标准差来评价投资组合;

(2)投资者都是风险厌恶者,并遵循效用最大化来确定最佳投资组合;

（3）每一个资产都是无限可分的，这意味着，如果投资者愿意的话，他可以购买一个证券的一部分；

（4）投资者可以按无风险利率来贷出或借入资金，并且对于所有的投资者而言，无风险利率都是相同的；

（5）税收和交易成本均忽略不计，即税收对证券交易和资产选择不产生任何影响；

（6）信息对于所有的投资者都是免费的，并且是立即可得的；

（7）所有的投资者都有相同的投资期限；

（8）所有的投资者都具有相同的预期，他们对于证券的期望收益率、标准差和协方差有相同的理解。

分析上述假设，可以看出，资本资产定价模型通过假设，已将现实情况简化为一种极端的情形。例如，每一个投资者都具有相同预期意味着投资者以同样的方式来处理同样的信息；税收和交易成本可忽略不计意味着证券市场没有任何摩擦会阻碍投资等。这样是为了保证除了初始财富和风险承受能力不同外，每个投资者都尽可能相似。这样就可以将研究的注意力集中于考察市场上所有投资者的集体行为，从而获得每一种证券的风险和收益的均衡关系。

4.3.2 资本市场线

1. 分离定理

如果每一个投资者对资本市场中各个证券的风险和收益的预期都不同，那么每一个投资者据此构造出来的仅由风险资产组成的组合集合就会不同，即图4-7中的破蛋壳的形状会不同。但是根据一致性预期假设，由于所有的投资者对于每项风险资产收益与风险的判断基本上是相同的，因此，所有的投资者将构造出完全相同的风险资产组合集合。又由于所有的投资者都可以按照同样的无风险利率，无限制地从事借贷活动，这也就意味着加入无风险资产后的线性效率边界对于所有的投资者都是相同的，它只包括切点组合与无风险借入或贷出所构成的组合。

既然所有的投资者都将面临相同的有效集，那么，他们选择不同组合的唯一原因就在于他们拥有不同的无差异曲线。尽管不同的投资者将根据个人的偏好从相同的有效集中选出不同的最佳组合，但所选择的风险资产组合是相同的。效用函数在决定投资者持有相同风险资产组合与无风险资产的比例中的作用称为分离定理。

根据分离定理，投资者的投资选择要经过两个阶段：

第一个阶段，估计每一种风险资产的期望收益和标准差，以及各资产间的协方差，在此基础上构造风险资产组合的集合和效率边界，再经无风险利率点R_f，向风险资产组合的效率边界引切线，切点组合就是投资者应当持有的风险资产组合，不管投资者之间风险偏好的差异有多大，他们都只根据风险资产的特性选择风险资产组合，只要他们对风险资产特性的判断相同，就会选择相同的风险资产组合。

第二个阶段，根据个人的风险偏好决定风险资产与无风险资产的比例。

2. 市场组合

由于每个投资者都选择相同的风险投资组合，即相同的切点组合，那么在市场均衡时，切点组合就是市场组合，记为M。

市场组合最重要特征就是，在市场均衡时，每一种风险资产在切点组合中具有一个非零比例。这是因为在每一个投资者的投资组合中，所持有的风险资产部分都仅仅是切点组合。如果每一个投资者都购买切点组合，而切点组合中又不包含所有的风险证券，那么切点组合中没有包括的资产就没有人进行投资，持有人投资资产的价格必然下降，因此导致这些资产的期望收益率上升，直至它们被包含在切点组合中为止。由于在市场均衡时，不存在对任一资产的过度需求和过度供给，因此，市场组合M就应该包括市场上所有的风险资产，并且在这个组合中，投资于每一种资产的比例就应该是每一种资产市值占整个市场风险资产市值的比例。

假设Z公司股票的当前价格为35元，预期期末价格为40元，可知其预期收益率为14.3%。如果在无风险利率为5%的情况下，切点组合M没有包括该公司的股票，没有投资者愿意持有Z公司的股票，那么卖单就会越来越多，却没有买单，经纪人必然通过降低价格来吸引买主。随着Z股票价格的下跌，预期收益率逐渐上升，于是逐渐就会有投资者愿意购买Z公司的股票，于是，在35元的价位处，对于该股票的需求总数与供给总数相等，从而使得Z公司股票在切点组合中将具有非零比例。

另一种相反的情形也可能出现。假如股票Y的市场份额是5%，但所有投资者都断定切点组合将包括10%的Y股票，结果就是Y股票的买单大量涌现，由于在当前的价格上没有足够的供给来满足需求，经纪人就会提高价格寻求卖主，Y股票的投资收益率随之下降，导致需求降低，最终使得它在切点组合中的比例下降，直至5%。在这一水平上，对Y股票的需求量等于供给量。

这种过程适用于每一只股票，当所有股票的价格调整停止时，这个市场就已经进入一种均衡状态。首先，所有的投资者都愿意持有一定数量的风险资产；其次，市场上每一种风险资产的价格都处在使得对该资产的需求等于供给的水平；最后，无风险利率的水平正好使得市场上借入资金总量等于贷出资金总量。

因此，与图4-12中的切点组合T相比，同样是切点组合的市场组合簇的含义已经发生了变化，它已不是一般意义上的切点组合，而是指包括市场上所有的风险资产并且每一种资产的比例等于该资产市值占整个市场风险资产总市值的比例。因此，在资本资产定价模型中，M表示切点组合，并将其称为市场组合。理论上，市场组合不应该仅包括普通股票组合，而且应该包括其他种类的风险资产，如债券、优先股和房地产等，但在实践中，则更多地仅将M局限于普通股票。

3. 资本市场线

当我们用市场组合代替无风险资产与马科维茨效率边界的切点组合，并且在无风险资产可以卖空的条件下，新的效率边界直线称为资本市场线，如图4-13所示。这条直线是由市场组合与无风险借贷的结合而获得的有效集，任何不是使用市场组合与无风险借贷的组合都将位于资本市场线的下方。

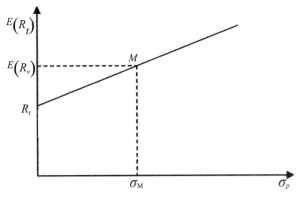

图4-13 资本市场线

以$E(R_M)$和σ_M代表市场组合的期望收益率和标准差，以R_f代表无风险借贷的利率，以$E(R_p)$和σ_p代表位于效率边界上的有效组合的期望收益率和标准差，我们可以很容易地得到决定有效组合的期望收益$E(R_p)$和风险σ_p之间关系的资本市场线的方程：

$$E(R_p) = R_f + \frac{E(R_M) - R_f}{\sigma_M} \sigma_p \qquad (4\text{-}27)$$

资本市场线的斜率代表单位总风险的市场价格，$E(R_M) - R_f$代表风险溢价，即市场风险组合收益率超过无风险收益率的部分，资本市场线的截距则代表时间的价格。因此，资本市场线的斜率和截距成为描述证券市场均衡的关键因素。证券市场实质上就是为交易提供了一个场所，在证券市场中时间和风险都有价格可循，其价格将由供需力量的对比决定。

例3 假设市场投资组合的期望收益为15%，标准差为16%，国库券的利率为5%。徐先生准备将一半资金购买市场组合，另一半资金以5%的利率贷出，请问徐先生的投资组合的收益和风险如何?如果徐先生打算借入与自有资金等量的资金，并将自有资金和借入资金全部用于购买市场组合，那么，他的投资收益和风险又是怎样?

解：(1) 这是一个贷出组合，其期望收益和标准差为：

$$E(R_p) = \frac{1}{2} \times (0.05 + 0.15) = 10\%$$

$$\sigma_p = \sqrt{0.5^2 \times 0.16^2} = 8\%$$

（2）这是一个借入组合，其期望收益和标准差为：

$$E(R_p) = 2 \times 0.15 - 0.05 = 25\%$$

$$\sigma_p = \sqrt{2^2 \times 0.16^2} = 32\%$$

徐先生的第一个组合将位于资本市场线中市场组合M的下方，其收益和风险都低于市场组合；而第二个组合将位于资本市场线中市场组合M的上方，其收益和风险都明显高于市场组合。

4.3.3 系统风险与β系数

资本市场线代表有效资产组合收益与风险之间的均衡关系，由于单个风险资产不是一个有效的资产组合，因此始终位于资本市场线的下方。要很好地解释单个风险资产收益与风险之间的均衡关系，还需要对单个风险资产的风险进行更深入的分析。

在讨论资产组合的风险分散作用时，我们已经说明，资产的总风险都可以分为系统风险和非系统风险，非系统风险可以通过将不同的资产组合在一起进行分散，而只有与整个市场变动有关的系统风险才是无法分散的。显然，市场组合只含有系统风险。那么如何才能衡量任一单个资产所含有的系统风险的程度？

由于市场组合的风险收益反映的是系统风险的报酬，那么，观察单个资产收益率与市场组合收益率之间的关系，即测量单个资产收益率与市场组合收益率之间的协方差，就可以反映单个资产系统风险的强度。

以 σ_m^2 表示市场组合的方差，它的大小说明系统风险的大小，以 σ_{im} 表示任一单个资产收益率与市场组合收益率间的协方差，并定义单个资产的β系数为：

$$\beta = \frac{\sigma_{im}}{\sigma_m^2} \tag{4-28}$$

于是，可以用β来说明单个资产所含有的系统风险的大小或强弱。如果单个资产的β值大于1，说明系统风险发生时，这个资产收益率的变动将大于市场组合收益率的变动。例如，某股票有β=2，则意味着倘若系统风险导致整个股市所有股票组合的收益率上升10%，则该资产收益率将上升20%；但若系统风险导致所有股票组合的收益率下降10%，该资产收益率将下降20%。如果一种资产的β值小于1，如β=0.5，则说明若系统风险导致市场组合的收益率上升10%，它只上升5%，说明这种资产对系统风险是不敏感的。如果一种资产的$\beta=1$，则该资产的收益率会随着市场组合收益率的变动作相同的变动，这种资产称为平均风险资产。显然，市场组合的β值是1。

由于我们可以将某一组合看作单个资产，因此，也可以用β值衡量某一资产组合的系统风险。资产组合的β值是构成该组合的各单个资产的β值的加权平均值，则有：

$$\beta_p = \sum_i \omega_i \beta_i \tag{4-29}$$

例4 某组合由5只股票组成，各股票所占比例均为1/5。已知这5只股票的β值分别为0.9、0.9、1.1、1.2、1.4。那么，该组合的β值是多少？若用β值为0.6的一只股票替换组合中β值为1.4的股票，替换后组合的β值是多少？

解：（1）$\beta_p = \dfrac{0.9+0.9+1.1+1.2+1.4}{5} = 1.1$

（2）用0.6替换上式中的1.4，则新的组合的β系数为：

$$\beta_p = \dfrac{0.9+0.9+1.1+1.2+0.6}{5} = 0.94$$

可见，通过改变组合中的资产可以改变投资组合的系统风险。另外，我们还可以通过改变投资组合中各资产的组成比例来改变组合的系统风险。一般来说，一个有效分散的投资组合的风险绝大部分都属于系统风险，其风险与其β值成正比。例如，随机选取500只股票，会得到一个非常接近市场组合的有效组合，假设这一组合的β值为1，标准差为20%，则可以推测市场组合的标准差约为20%。但如果我们是从一组平均β值为1.5的单个股票中选取，虽然也可以得到一个由500只股票构成的几乎没有个别风险的投资组合，但这一组合的β值为1.5，放大了市场风险，因此，其系统风险是市场的1.5倍。

4.3.4 资本资产定价模型与证券市场线

$$E(R_i) = R_f + \beta_i[E(R_M) - R_f] \tag{4-30}$$

式（4-29）就是资本资产定价模型。资本资产定价模型表明，单个资产的收益取决于三个因素：无风险收益率；系统风险收益率$[E(R_M)-R_f]$，该收益率由市场投资者对风险的态度决定；单个资产自身的系统风险程度，即单个资产对系统风险的敏感性，由单个资产自身的特征决定。从中我们得到一个很重要的结论：资产的价格只与该资产的系统风险的大小有关，而与其非系统风险的大小无关。这个道理并不难理解，既然非系统风险可以分散，而且很容易做到，特别是在资本市场上，通过持有由多种证券构成的资产组合分散投资风险是一项成本很低的活动，那么就不应该因为承担了非系统风险而得到报酬。这一结论不仅对证券投资的收益分析成立，对其他投资的分析亦有重要的参考价值。

将资本资产定价模型绘制在$E(R_i)$-β_i平面上，可以得到一条直线（如图4-14所示），这条直线称为证券市场线。收益率高于证券市场线的证券属于价格被低估的证券，这些证券的收益率在相同风险（β值相同）的情况下，比其他证券的收益率高，如图中的A点；而收益率低于证券市场线的证券则属于价格被高估的证券，这些证券的收益率在相同风险（β值相同）的情况下，比其他证券的收益率低，如图中的B点。

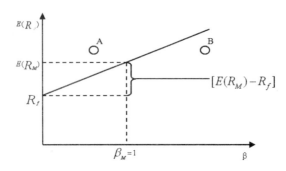

图4-14 证券市场线示意图

证券市场线与资本市场线都是资本资产定价模型中两个重要结论，两者之间存在着密切的内在联系，但要注意两者是不同的。证券市场线反映的是单个证券（或组合）的预期收益与其系统风险之间的均衡关系，在市场均衡的情况下，所有证券的收益率都将落在证券市场线上；资本市场线反映的是有效资产组合预期收益与总风险之间的均衡关系，资本市场线上的每一点都代表一个有效组合，因此，资本市场线可以看作证券市场线的一个特例。

1. 模型的估计

为了能够应用资本资产定价模型，必须估计β值、无风险收益率和市场组合收益率。

（1）对无风险资产收益率的估计

通常用国债利率代表无风险收益率，由于短期公债受到更多因素的影响，特别是在用资本资产定价模型估计权益资本收益率时，权益资本更多情况下都是作为长期投资持有的，所以在实证中常常用政府长期公债的收益率代表无风险收益率。

（2）对市场组合和市场风险溢价的估计

一般用包含许多种典型股票作为成分股的股价指数作为市场组合。比如，美国股市通常用标准普尔500指数或者道琼斯指数，我国则用上证A股指数、用深证A股成分指数或A股综合指数等。

市场风险溢价的估算一般有两种方法：

一是以历史风险溢价为分析基础。例如,在美国用样本期内标准普尔500指数收益率与国债收益率之间的差额的历史平均值作为市场风险溢价的估计值。此法估算的风险溢价数值与所选的样本时期密切相关。

二是以未来预期的风险溢价为分析基础。采用这种方法可以避免历史数据估计中代表性不足的问题。常用的方法有折现现金流量法,其计算公式为:

$$E(R_M) = \frac{D_{M_1}}{P_{M_0}} + g_M \tag{4-31}$$

上式中,D_{M_1}为市场组合预期期末股利,P_{M_0}为市场组合当前市价,g_M为市场组合收益率的平均增长率。这种方法的困难在于需要预期市场指数未来股利和其收益率增长率。

(3) β值的估计

资本资产定价模型作为一种预测模型,其模型中的β值必须能够代表未来某一特定时间所估计的证券收益率相对于市场组合收益率的变动情况,即模型中所应用的β值必须代表未来特定时期系统风险的状况。由于只能得到收益率的历史资料,因此,通常人们使用过去某一时间的收益率资料(为了保证统计估计的准确性,至少需要五年内的月收益率,即至少需要60个数据),利用线性回归的方法来估计β值,并假定所估计的证券未来收益率相对于市场组合收益率变动的状况与过去那段时间相同。

在上述假定下,线性回归方程式如下:

$$R_{i,t} = a_i + b_i(R_{M,t}) + e_{i,t} \tag{4-32}$$

上式中,$R_{i,t}$为t种证券在第i期的实际收益率,a_i为线性回归方程的截距,b_i为第i种证券β值的估计值,$R_{M,t}$为市场组合在t期的收益率,$e_{i,t}$为回归误差。利用历史数据对式(4-31)进行回归就能得到参数值。

2. 实证检验

任何经济模型都是对现实世界的简单概括。为了阐释经济现象,我们需要经过简化后的模型。但无论怎样,一个好的模型都必须经过实证检验。自从资本资产定价模型问世以来,对模型的各种检验可谓层出不穷,其中既有支持的,也有质疑的。争论主要集中在以下两个方面:

第一,证券的收益率与β系数之间是否存在资本资产定价模型所描述的关系?20世纪30年代到60年代的数据所进行的实证研究大多数都表明,股票组合平均收益与组合的β系数之间有明显的正相关关系,因此比较有力地支持了资本资产定价模型。但后来的一些研究却提供了不一样的证据。如法马和弗伦奇于1992年和1993年发表的两篇论文就指出，在1941—1990年期间，美国股票的平均收益与其β系数的关系十分微弱，而在1963—1990年间，则基本没有关系。布莱克的研究也表明，在1931—1991年间，高β系数的投资组合会产生较高的风险溢价，这与资本资产定价模型的预期一致。但高β系数的投资组合位于证券市场线的下方，而低β系数的投资组合位于证券市场线的上方，这说明由实际数据拟合的股票收益率直线要比资本资产定价模型所描述的直线更加平坦。特别是将数据分为1931—1965年和1966—1991年两个区间后，1966年以后的数据拟合的直线明显比1966年之前数据拟合的直线平坦得多，这说明1966年以来，β系数与平均收益率的关系大为削弱。对上述质疑的反驳意见则强调，资本资产定价模型描述的是期望收益与β系数的关系，而检验用的却是真实收益率，而真实收益率中包含了太多的干扰。此外，β值的正确与否直接关系资本资产定价模型的检验和预测结果，用历史数据回归作为未来时期的数值，不可避免地存在误差。

第二，除了β系数以外，是否还存在其他影响证券收益率的因素？另一挑战资本资产定价模型的领域是：虽然股票收益率近年来并不随β系数而增长，但却与其他经济指标相关联。如人们观察到小公司股票与大公司股票收益率之间存在明显的差异，小公司股票的收益远远超过大公司。另外，价值股的长期收益也高于成长股（账面—市值比）。这似乎表明，现实并不像资本资产定价模型所描述的那样，β系数是证券期望收益的唯一来源。对上述质疑的反驳意见则认为，虽然我们不能拒绝还有其他因素会影响证券收益率的结论，但关于规模和账面—市值比的影响也可能只是数据挖掘的结果，可能存在事后认识误差的统计错误。

支持也好，质疑也罢，本质上，资本资产定价模型实证检验中最根本的问题是难以检验。首先，按照定义，市场组合应该是市场上全部风险资产按照其市场价值比例所构成的投资组合，但这样的组合显然难以确定，而在实证检验中多数是以股价指数为代表。很明显，如果股价指数不能有效代表市场组合，比如，股价指数的非系统风险不能为零，它就不会位于由全部风险资产组成的资产组合集合的效率边界上，而以股价指数为标准构成的资本市场线和证券市场线的斜率将小于模型所描述的资本市场线和证券市场线的斜率。其次，期望收益也是不可观测的。在实际检验中用的都是历史或当期的实际收益，而当期收益都包含大量的非系统风险，这些非系统风险所引起的收益率的变化是无法用β值来解释的。此外，还有β值的稳定性问题等。因此，要从经验数据上检验资本资产定价模型是很困难的。

可见，资本资产定价模型并不是完美无缺的，但否定它也会产生很多合理的疑问。毫无疑问，资本资产定价模型代表了金融经济学领域最重要的进展和突破，该模型在深刻揭示资本和资本市场的运动规律方面有着重要的意义。

4.4 套利定价理论

套利定价理论是斯蒂芬·罗斯于1976年提出的。与资本资产定价模型一样，套利定价理论也是研究证券的预期收益率是如何确定的，而且其导出的均衡模型与资本资产定价模型具有很多相似之处，但两个模型所用的假设与处理技术不同。资本资产定价模型建立在大量严格的假设上，其中包括马科维茨的均值—方差模型中的一系列假设；而套利定价模型的假设要宽松得多，它不再追寻什么样的组合才是有效的，其最主要的假设就是每个投资者都会利用无风险套利机会为自己的投资组合增加回报。

人物简介

史蒂芬·罗斯

斯蒂芬·罗斯（Stephen A. Ross，1944—2017），美国人，当今世界上最具影响力的金融学家之一，套利定价理论（APT）的创立者。罗斯曾任罗尔—罗斯资产管理公司总裁、麻省理工学院斯隆管理学院莫迪格里亚尼讲座教授、美国艺术与科学学院院士、国际金融工程学会会员、加州理工学院理事，同时还担任数家知名经济与金融学刊物的编委。此外，他还兼任罗尔—罗斯资产管理公司的联席主席。罗斯研究了经济与金融领域的许多重大课题，在套利定价理论、期权定价理论、利率的期限结构、代理理论等方面均做出了突出贡献。

4.4.1 套利原则与套利组合

套利是利用一个或多个市场上存在的同一种证券或实物资产的不同价格来赚取无风险收益的行为。例如，以较高的价格出售证券并同时以较低的价格购入相同的证券。如果具有相同因素敏感性的证券或组合出现多种价格，就会给投资者提供无风险套利的机会，投资者将竭力构造一个套利组合，以便在不增加风险的情况下提高预期的回报率，随着投资者买入卖出所构造的套利组合的活动的不断进行，最终使得获利机会消失，恢复到一物一价的市场均衡状态。因此，套利行为决定了市场的有效性，使得具有相同因素敏感性的证券或组合必然具有相同的预期收益率。套利定价模型的推导正是沿着上述思路进行的。

根据套利定价理论，投资者竭力构造的套利组合具有以下三个特点：

首先，构造这样的一个套利组合不需要投资者增加任何投资。若以 ω_i 代表套利组合中的单个证券 i 的权重，套利组合的这一特点可以表述为：

$$\sum_{i=1}^{n}\omega_i = 0$$

其次，套利组合对任何因素都没有敏感性。由于套利组合对任一因素的敏感性是组合中各证券对该因素的敏感性的加权平均，因此套利组合可以使其因素敏感性为零。套利组合的这一特点可以表述为：

$$\sum_{i=1}^{n}b_i\omega_i = 0$$

最后，套利组合的预期收益率必须大于零，即：

$$\sum_{i=1}^{n}\omega_i E(R_i) > 0$$

只有满足上述三个特征的套利组合才对渴望高收益却并不关心非因素风险的投资者具有足够的吸引力。

例5 假设三种股票的期望收益率及其对GDP增长率的敏感性系数如表4-2所示。请根据这些资料构造一个套利组合。

表4-2 三种股票的期望收益率及其对GDP增长率的敏感性系数

	$E(R_i)$	b_i
股票 1	20%	4.0
股票 2	15%	2.5
股票 3	10%	3.0

解：可以根据式（4-32）和式（4-33）得出潜在的套利组合。由于有三个未知数和两个方程，因此，意味着有无限多组 ω_1、ω_2、ω_3 满足这两个方程。首先，可以给赋予 ω_1 一个值，如0.1，得出两个方程和两个未知数：

$$0.1 + \omega_2 + \omega_3 = 0$$

$$4.0 \times 0.1 + 2.5\omega_2 + 3.0\omega_3 = 0$$

得：$\omega_2 = 0.2$，$\omega_3 = -0.3$，为了保证该组合真的是一个套利组合，还必须证实它的预期回报率是大于零的。由于：

$$0.1 \times 20\% + 0.2 \times 15\% - 0.3 \times 10\% = 2\%$$

所以，上述组合为套利组合。假如投资者持有的上述三种股票总市值为300万元，每种股票的市值均为100万元，则上述套利组合包括购买30万元的股票1和60万元的股票2,购买这些证券所需的资金则来自于出售90万元的股票3。

而在不增加任何资金投入和不承担任何风险的情况下,通过上述套利活动,投资者由于减持股票3减少了9万元收益,但通过增持股票1和股票3分别增加6万元和9万元的收益,加总起来得到6万元的净收益,即3000000×2%=60000(元)。

上述套利活动给市场带来的影响是什么?由于每个投资者都将买入股票1和股票2,同时卖出股票3,股票1和股票2的价格将会上涨,而股票3的价格将会下跌,它们的预期收益率也会相应作出调整。这种买卖行为将持续到所有套利机会消失为止。

4.4.2 单因素套利定价模型

套利定价理论的基本出发点是假设证券的收益率与未知的某个或某些因素相联系,因此,它是在因素模型的基础上,按照前面介绍的套利假设推导出来的资产定价的均衡模型。

与前面所讨论的单因素模型相同,套利定价理论认为,证券的收益受到两类风险因素的影响:一类是共同因素(或称为宏观因素),这类风险无法通过分散化削减;另一类是公司特有的因素,分散化能够减少这类风险,因此分散化的投资者在进行投资时不必考虑此类风险。假如市场上的证券都只受一个因素的影响,则可建立一般的单因素模型:

$$R_i = a_i + b_i F + e_i \tag{4-33}$$

与单因素模型一样,式中的R_i代表证券i的实际收益率;F为共同因素的值;b_i为证券i的收益率相对于共同因素的敏感性系数;e为随机误差项,即证券自身独特风险对收益的影响,其期望值为零,且与共同因素及其他证券的随机误差不相关。

由于任何在金融市场上交易的证券收益都由两个部分组成:一部分来自证券的正常收益或期望收益,取决于股东对未来的预期,基于投资者拥有的信息;另一部分来自于意料之外的非期望收益,取决于即将公布的信息。也就是说,任何公布的信息都可以分为预期部分与意外部分。实际上,当我们讨论公开信息的时候,往往关注的是意外部分,因为那才是真正的风险,一个出人意料的通货膨胀的出现在某种程度上将会影响几乎所有的证券,当然不同的证券对这一意料之外的风险的反应程度不同。因此,可以建立另一种形式的理论框架来描述证券的实际收益率:

$$R_i = E(R_i) + b_i F + e_i \tag{4-34}$$

式中,$E(R_i)$为资产i期望收益率;F为共同因素实际值与预期值的偏离,期望值为零。

当市场均衡时,证券的期望收益率与共同因素敏感性系数之间将满足:

$$E(R_i) = \lambda_n + \lambda_1 b_i$$

上式中，λ_n、λ_1为常数。该方程就是套利定价理论的资产定价均衡模型，它说明在市场均衡时，证券的预期收益率与其因素敏感性系数之间存在一种线性关系。

下面用图形来解释方程的含义：

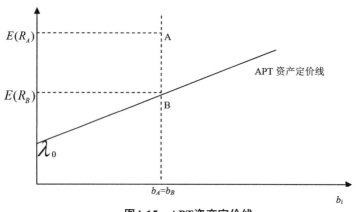

图4-15　APT资产定价线

根据套利定价理论，对于一个因素敏感性和预期回报率没有落在直线上的证券，其定价就是不合理的。在图4-15中，证券A和证券B具有相同的因素敏感性，但证券A的期望收益率高于证券B，说明证券A被低估。

于是，这就存在一个套利机会，例如，投资者可以通过卖出一定的证券B，并用此资金来购买一定量的证券A，就可以获得无风险的利润。大量买入A的结果必然使证券A的价格上涨，从而导致其收益率下跌，最终，其因素敏感性和预期回报率会落到直线上。

4.5　投资风险管理

在市场经济条件下，一切经济因素，包括宏观的、微观的，都在不断地发生变化，风险无处不在。因此，如何合理地分析风险、把握风险是资本预算中的重要内容之一，也是公司财务管理的重要内容之一。

4.5.1　风险来源及其分类

我们用来进行资本预算决策的现金流量是一系列确定的数值，实际上，投资决策是对未来项目可能产生的现金流量进行预测，从而估计项目的净现值。而未来的现金流量不可能与预测的完全一致，于是便产生了风险。

在资本预算中，有两种可以衡量的风险：市场风险和公司风险。市场风险是从拥有高度多元化投资组合的公司股东的角度来看的风险。公司风险是从没有多元化投资组合的单一投资者（只投资于某一公司的股票）的角度来看的风险。

单一投资者关心公司长期投资项目所遭遇的风险是否会影响公司的收益。因为项目的失败，大则使公司破产，小则使公司收益减少，所以，一个项目的公司风险可用该项目造成的公司总收入的变动来衡量。这种风险直接影响公司的财力及负债能力，亦称为总风险。对拥有高度多元化投资组合的投资者而言，某公司一个投资项目的总风险很大，但是，由于股东的多元化投资而使得风险分散，它的市场风险就不一定很大。项目的市场风险可用该项目对公司的 β 系数的影响来衡量，故又称为 β 风险。

一个总风险高的项目也可能同时具有高市场风险。例如，某大学研制的电动汽车若要实现产业化，达到批量生产的目的，就必须投入大量资金，而生产技术的成熟度、产品的稳定性和市场的开拓等都存在较大的不确定性，因此，项目的总风险较大。同时，项目的风险和国民经济的形势有关。经济形势好，买车的顾客多，电动汽车的销路好，项目成功的可能性就大；反之，项目失败的可能性就大。这时，即使是多元化投资者也不能分散此类风险，因为它和社会上大部分资产的经营情况密切相关。其他公司的经营状况差，此项目也差，项目的 β 系数必然高，市场风险就大。在许多情况下，市场风险和公司风险具有同向相关性。

对于上市公司而言，β 系数影响股东要求收益率从而直接影响股票价格。因此，项目的市场风险对公司和股东都十分重要。但是，公司风险对于单一投资的股东、公司的管理人员、职工、供应商和债权人更为重要。公司风险减少公司的净收入，严重危及公司的生存。公司财务拮据和破产危机直接影响上述人员的利益，使他们的收入减少，甚至失业。因此，关系公司稳定性的公司风险是我国公司现阶段长期投资决策中首先要考虑的风险。

4.5.2 公司风险的分析方法

公司风险是由项目现金流量的不确定性引起的。在销售量、销售价格、变动成本、资本成本和投资额偏离原预测值的情况下，项目的净现金流量发生变化，净现值大小改变。若上述因素与预测值的偏离较大，而且概率分布比较分散，则项目净现值的不确定性导致的公司风险也较大。

1. 敏感性分析

敏感性分析是通过分析、预测项目主要因素发生变化时对经济评价指标的影响，从中找出敏感因素，并确定其影响程度。敏感性分析非常重要，它的作用有：

（1）预测不确定因素变化的幅度，而不影响投资的决策；

（2）找出敏感的不确定因素；

（3）针对敏感的不确定因素提出建议，采取一定的预防措施，提高项目决策的可靠性。

一个项目的不确定因素有产品产量、价格、主要原材料或动力价格、变动成本、固定资产投资、建设进度及外汇牌价等。项目对某种因素的敏感程度可以表示为该因素按一定比例变化时引起评价指标的变动幅度，也可以表示为评价指标达到临界点时允许某个因素变化的最大幅度，即极限幅度。超过此极限幅度，即认为项目不可行。

2. 风险调整贴现率法

在投资风险决策中最常用的方法是风险调整贴现率法。这种方法的指导思想是对于高风险的投资项目，采用较高的贴现率计算各项主要的经济指标；对于低风险的投资项目，则采用较低的贴现率计算各项主要经济指标，然后根据各方案的主要经济指标来选择方案。贴现率的风险调整方法主要有两种。

（1）运用资本资产定价模型来调整贴现率

在进行投资决策分析时，决策者可以引用企业总资产风险模型：

总资产风险=不可分散风险+可分散风险

不可分散风险通常用 β 系数来衡量，而可分散风险属于企业特有的风险，可以通过企业的多元化经营来消除。这样，在进行投资时，值得注意的风险只有不可分散风险。这时，特定投资项目按风险调整的贴现率可用下式计算：

$$K_r = R_f + \beta_r \times (R_m - R_f) \quad (4\text{-}35)$$

上式中，K_r 表示项目 r 按风险调整的折现率或项目的必要报酬率；R_f 表示无风险报酬率；β_r 表示项目 r 的不可分散风险的 β 系数；R_m 表示所有项目平均的折现率或必要报酬率。

（2）用风险报酬率模型来调整折现率

一项投资的总报酬率可以分为无风险报酬率和风险报酬率两部分，如下式所示：

$$K = R_f + b \times V \quad (4\text{-}36)$$

因此，特定投资项目按风险调整的折现率可用下式计算：

$$K_i = R_f + b_i \times V_i \quad (4\text{-}37)$$

上式中，K_i 表示项目 i 按风险调整的贴现率，R_f 表示无风险贴现率，b_i 表示项目 i 的风险报酬系数，V_i表示项目i的预期标准离差率。

这种方法对风险大的项目采用较高的折现率，对风险小的项目采用较低的折现率，简单明了，因此被广泛采用。但是，这种方法把时间价值和风险价值混在一起，并据此对现金流量进行贴现，这意味着风险会随着时间的推移增大，但这有时与事实不符。

3. 调整现金流量法

调整现金流量法即按风险调整项目的现金流量，它是通过改变现值公式中的分子，降低预期现金流量而作出的风险调整。现金流量大的风险大，资产的现值相应地也就越低。由于风险的存在导致各年的现金流量不确定，所以，需要按风险情况对各年现金流量进行调整。这种先按风险调整现金流量，然后进行长期投资决策的评价方法，称为按风险调整现金流量法。

具体的调整方法很多，这里只介绍肯定当量法。肯定当量法的思路是先用一个系数（通常称为约当系数）把有风险的现金流量（各年的现金流量均具有不确定性）调整为无风险的现金流量，然后用无风险的折现率来计算净现值，以便运用净现值法来评价投资项目是否可行，其计算公式为：

$$NPV = \sum_{t=0}^{n} \frac{d_t R_t}{(1+r)^t} \quad (4\text{-}38)$$

上式中，d_t表示t年现金流量的约当系数，R_t表示t年的现金流量，r表示无风险折现率。

约当系数是肯定的现金流量对与之相当的、不肯定的现金流量的比值，计算公式为：

$$d_t = \frac{\text{肯定的现金流}}{\text{不肯定的现金流量预期值}} \quad (4\text{-}39)$$

在进行分析时，可以根据各年现金流量的风险程度，选用不同的约当系数。例如，当现金流量确定时，可以取$d_t=1.00$；当现金流量的风险很小时，可以取$1.00 > d_t \geq 0.80$；当现金流量的风险一般时，可以取$0.80 > d_t \geq 0.40$；当现金流量的风险很大时，可以取$0.40 > d_t \geq 0$。

约当系数的确定可能会因人而异，愿意冒风险者可能会选择较大的系数；反之，则选择较小的系数。为了防止因决策者对风险的偏好不同而造成的投资决策失误，有些公司根据标准离差率来确定约当系数。在投资决策分析中，运用肯定当量法的关键是确定约当系数，在约当系数确定后，进行决策分析就容易多了。

案例分析

投资风险管理——ZL集团的改革

ZL集团有限公司(COFCO)是我国唯一的全产业链、全球布局的农业和粮油食品企业，属于投资控股企业，旗下拥有福田实业(00420，HK)、现代牧业(01117，HK)、大悦城地产(00207，HK)等九家香港上市公司，以及ZL糖业(600737，SH)等四家内地上市公司。

ZL集团在投资方面存在不同程度的风险，短期投资有基金、ZL信托、国债投资等。不仅如此，集团在银行投资方面也积极参与，分别在2008年和2009年取得了一定的银行股份，其中，兴业银行2.5%的股权，龙江银行20%的股本，龙江银行是新设合并而来，ZL集团位居是第二位大股东。ZL集团2014-2017年的投资收益情况如表所示：

表4-3 ZL集团2013-2016年投资收益

产生投资收益的来源	年份			
	2016年	2015年	2014年	2013年
权益法核算的长期股权投资收益（亿元）	5.25	11.19	5.33	14.63
处置长期股权投资产生的投资收益（亿元）	6.63	21.16	14.39	8.74
持有以公允价值计量的金融资产取得的投资收益（亿元）	0.45	2.68	0.10	0.37
持有至到期投资期间取得的投资收益（亿元）	3.65	4.19	4.20	4.50
持有可供出售金融资产期间取得的投资收益（亿元）	8.73	5.25	4.94	5.71
处置以公允价值计量的金融资产取得的投资收益（亿元）	4.06	1.06	-1.54	2.30
处置持有至到期投资取得的投资收益（亿元）	0.00	0.99	1.62	0.62
处置可供出售金融资产取得的投资收益（亿元）	1.08	18.14	12.46	10.17
其他	1.18	0.86	4.58	4.97
合计	31.03	65.52	46.08	52.01

根据表4-3可知，2016年的投资收益率出现了负增长的情况，且负增长的比例高达50%。所以在市场经济竞争激烈、环境复杂多变的情况下，公司的投资和经营充满了不确定性，投资收益也无法准确预测。ZL集团如果盲目追求多元化经营，必然会加大投资风险。以快销品为例，集团未按照产品特点寻找经销商，而是划分产品销售区域，每个区域都可销售旗下所有产品，结果导致快销品牌日益陨落。这也说明由于扩张速度较快，旗下品牌产品种类繁多，新品类匮乏，上下游产业链之间没有达到匹配融合的程度，多元化的发展分散了企业精力，导致旗下上市公司虽多但大多业绩平平。

> 因此，ZL集团进行了改革，并对投资项目所产生的投资回报率和现金净流量进行了分析。分析后，集团将不断强化资本证券化能力，建立资本投资预算机制，着力提升资本运作效率，特别是投资回报率，让资本投资收益最大化，降低投资风险。

本章小结

关键词

风险　风险偏好　资产组合　资本资产定价　β系数　证券市场线　资本市场线　套利定价模型

关键问题

1. 收益率中最常见的有实际收益率和平均收益率。实际收益率是投资活动中扣除初始投资额后增值部分与初始投资额的比率。平均收益率则是在一段期间内平均每期（通常指每年）的实际报酬率。而期望收益率是统计上的概念，是以未来各种收益可能出现的概率为权数对各收益率加权平均的结果。

2. 对于投资组合的收益和风险，可以分为两个资产组合的收益与风险以及多个资产组合的收益与风险两种，根据求解随机变量和的数学期望、方差的方法可以得到两个资产组合的期望收益率和方差的计算公式：

$$E(R_P) = \omega_1 E(R_1) + \omega_2 E(R_2)$$
$$\sigma_P^2 = E[R_P - E(R_P)]^2 = E[\omega_1 R_1 + \omega_2 R_2 - \omega_1 E(R_1) - \omega_2 E(R_2)]^2$$

经过推导的：

$$\sigma_P^2 = \omega_1^2 \sigma_1^2 + \omega_2^2 \sigma_2^2 + 2\omega_1 \omega_2 \sigma_{12} = \omega_1^2 \sigma_1^2 + \omega_2^2 \sigma_2^2 + 2\omega_1 \omega_2 \rho_{12} \sigma_1 \sigma_2$$

$E(R_1)$和$E(R_2)$分别是随机变量R_1和R_2的数学期望，σ_1和σ_2分别是随机变量R_1和R_2的标准差，σ_1^2和σ_2^2分别是两随机变量的方差；而σ_{12}是两随机变量间的协方差，ρ_{12}则是两随机变量间的相关系数。将两种资产组合推广到由n项资产构成的组合，可以得到n项资产组合的期望收益率和方差的计算公式如下：

$$E(R_p) = \sum_{i=1}^{n} \omega_i E(R_i)$$

$$\sigma_P^2 = \sum_{i=1}^{n}\sum_{j=1}^{n}\omega_i\omega_j\sigma_{ij}\rho_{12}\sigma_2 = \sum_{i=1}^{n}\omega_i^2\sigma_i^2 + \sum_{i}\sum_{i\neq j}\omega_i\omega_j\rho_{ij}\sigma_i\sigma_j$$

$E(R_i)$是第i个资产的期望收益；σ_i^2和σ_i分别是第i个资产收益率的方差和标准差；ω_i指资产i在资产组合中所占价值的比例；σ_{ij}是第i个资产和第j个资产收益率的协方差，ρ_{ij}是第i个资产和第j个资产收益率间的相关系数。

3. 对于投资组合的风险分散效应，可以分为两个资产组合的风险分散效应和多个资产组合的风险分散效应两种。对于两个资产组合的风险分散效应，当两个资产完全正相关时，其组合的风险无法低于两者之间风险较小资产的风险，但却能低于较大风险资产的风险；当两个资产完全不相关时，组合可以降低风险，随着风险小的资产投资比重的增加，组合风险随之下降至某一比例，自该比例后，组合的风险将低于组合中任一种资产的风险；当两个资产完全负相关时，组合可以降低风险，甚至可以实现无风险。

4. 系统风险是由那些影响整个市场的整体经济风险因素引起的，这些整体经济风险因素包括国家经济、政治形势的变化以及国家政策的大调整、通货膨胀、国际经济和政治形势等，它威胁着所有的企业，只是对不同企业的影响程度不同而已。非系统风险是个别企业或资产自身所特有的风险，是由个别企业或单个资产自身的各种风险因素引起的，包括企业自身的经营风险、财务风险和信用风险等。

5. 当我们用市场组合代替无风险资产与马科维茨效率边界的切点组合，并且在无风险资产可以卖空的条件下，新的效率边界直线称为资本市场线，资本市场线的方程：

$$E(R_p) = R_f + \frac{E(R_M) - R_f}{\sigma_M}\sigma_p$$

资本市场线的斜率代表单位总风险的市场价格，$E(R_M) - R_f$代表风险溢价，即市场风险组合收益率超过无风险收益率的部分，资本市场线的截距则代表时间的价格。

6. $E(R_i) = R_f + \beta_i[E(R_M) - R_f]$就是资本资产定价模型（CAPM），资本资产定价模型表明，单个资产的收益取决于三个因素：无风险收益率；系统风险收益率$[E(R_M) - R_f]$，由市场投资者总体对风险的态度决定；单个资产自身所含有的系统风险程度，即单个资产对系统风险的敏感性，由单个资产自身的特征所决定。

7. 证券市场线与资本市场线都是资本资产定价模型中两个重要结论，两者之间存在着密切的内在联系，但两者是不同的。证券市场线反映的是单个证券（或组合）的预期收益与其系统风险之间的均衡关系，在市场均衡的情况下，所有证券的收益率都将落在证券市场线上；而资本市场线反映的是有效资产组合预期收益与总风险之间的均衡关系，资本市场线上的每一点都代表一个有效组合，因此，资本市场线可以看作证券市线的一个特例。

8. 套利是利用一个或多个市场上存在的同一种证券或实物资产的不同价格来赚取无风险收益的行为。投资者竭力构造的套利组合具有以下三个特点：构造套利组合不需要投资者增加任何投资；套利组合对任何因素都没有敏感性；套利组合的预期收益率必须大于零。

9. 投资风险是指由于各种难以和无法预料或控制的因素作用，使企业投资的市场收益率偏离预计收益而使企业的财务收支产生剧烈波动，从而使企业财务存在蒙受经济损失的危险或可能性。投资的市场收益率偏离期望市场收益率的程度越小，则该投资的风险越小。如果该项投资的市场收益率偏离期望市场收益率的程度越大，则该投资的风险越大。

10. 投资风险分析方法很多，如敏感性分析法、情景分析法、直觉判断法、概率分析法、决策树分析法、蒙特卡罗模拟法，其中敏感性分析法是最常见的分析方法之一。

思考与练习

1. 请讨论马克维茨有效集的含义。
2. 为什么多元化能分散个别风险却不能降低系统风险？
3. "市场模型与资本资产定价模型在本质上是一样的"这句话对吗？为什么？
4. 套利组合的条件是什么？
5. 如表4-4所示，一种股票在不同经济状况下有四种可能的收益率，各状况发生的概率相同，问：该种股票收益率的期望值和标准差是多少？

表4-4　一种股票，在四种经济情况下的收益率

经济状况	1	2	3	4
收益率	7%	17%	23%	29%

6. 某股票的期望收益率为13%，收益率的标准差为0.16，该股票与市场组合间的相关系数为0.4，同时，市场组合的期望收益率为12%，标准差为0.11。

要求计算：

（1）该股票的 β 系数是多少？

（2）以上信息中所隐含的无风险利率是多少？

7. 证券A的 β 值为0.8，标准差为20%。市场组合P是由80%的市场组合和20%的无风险资产构成。市场组合的期望收益率是15%，标准差是20%，无风险利率为5%。在资本市场线和证券市场线坐标图上标出证券A和市场组合P。

8. 假设证券组合由证券A和B组成。它们的预期回报分别为10%和15%，标准差为20%和28%，权重为40%和60%。已知证券A和证券B的相关系数为0.30，无风险利率为5%，求资本市场线方程。

 参考文献

[1] Hain Levy, Marshall Sarnat, *Financial Decision Making under Uncertainty*, Academic Press，197.

[2] S. A. Ross, The Arbitrage Theory of Capital Asset Pricing, *Journal of Economic Theory*, 1976（3）：341–360.

[3] 张继德：《雷曼兄弟公司破产过程、原因和启示》，载《中国管理信息化》2009年第6期，第48—53页。

[4] 武天：《国有资本投资公司资金风险管理案例研究》，2018年北方工业大学硕士论文。

第 5 章
资本预算与投资管理

导语 资本预算详细描述投资项目在未来的现金流入和流出状况,并在此基础上计算多种评价指标。为了客观、科学地分析评价各种投资方案是否可行,在投资决策的分析评价中,应根据具体情况采用适当的方法来确定投资方案的各项指标以供决策参考。

成功的资本预算投资决策是一个能够带来正的净现值,并且能够提高公司市场价值的决策,将会对公司未来较长时期的财务业绩做出积极的贡献,而失败的资本预算投资决策将会使公司付出昂贵的代价。作出成功的投资决策不仅需要详细分析项目现金流量、使用适合的投资决策方法,还应正确地认识风险、分析风险从而更好地规避风险。

1990年下半年,波音公司宣布它即将建造波音777客机。波音777客机是一架能载客390人,持续飞行7600英里的大型客机。分析家们认为制造该种机型所需的前期投资和研究开发费用将达80亿美元,可见这将是一个十分庞大的项目。预计第一架飞机可在1995年出厂,飞行寿命至少为35年。波音777客机对于波音公司而言是否为一个好项目?在1990年,波音777这个项目的NPV是否为正?本章将向您展示波音公司和其他公司是怎样回答这些重要问题的。

本章将从资本预算、投资决策方法、风险分析方法等几个方面进行介绍。

5.1 资本预算

资本是指生产中所使用的经营性资产,预算是指对未来一段时间内将要发生的现金流所制定的详细规划,而资本预算(capital budget)是对经营性资产投资计划的概括,是指分析项目并决定将哪些项目归入投资计划的整个过程。

5.1.1 资本预算的过程

资本预算是一个完整的决策过程,通常包括识别、评估、选择和执行四个阶段,各阶段的内容总结如下:

识别:寻找投资机会,制订投资计划。

评估:预测项目相关现金流量和恰当的贴现率。

选择:计算评价指标,选择决策方法。

执行:执行、监控、重新审视和再选择。

1. 识别

识别具有潜在投资价值的项目,是资本预算决策面临的第一个挑战。这个阶段也称为调查研究阶段。调查研究的主要内容是对投资环境的研究、对市场状况的考察和对技术能力的分析。

投资项目所面临的投资环境主要有政治环境、经济环境、法律环境和文化环境。政治环境是指投资项目所在国家和地区的政治稳定性和政策的一致性。经济环境是指投资项目所在国家和地区的经济体制和经济政策,如财税政策、金融政策、价格政策、产业政策、对外经济贸易政策等。法律环境是指企业在投资过程中所受到的法律制约,如《公司法》《商法》《证券交易法》《税法》等。投资环境的好坏直接影响投资项目的成败得失。

市场状况考察是指对市场供求状况的调查,如调查消费者和客户对产品的偏好、市场需求总量的大小、市场的细分状态、现有厂家及潜在厂家的供给能力以及进口产品的供给能力等。

技术能力分析是指对投资项目在技术上的可行性和实用性进行考察。

识别项目是否具有潜在投资价值的准则是能否产生净现值。净现值准则隐含的前提是:项目的投资报酬率必须高于资本市场上资本的机会成本。然而,在现实中能真正产生净现值的项目并不多,竞争性的行业比非竞争性的行业更难找到具有净现值的项目,而资本预算中的识别阶段的重要内容就是要寻找这样的投资机会。

2. 评估

在调查研究的基础上,需要对调查研究所得到的数据资料进行整理,并根据历史和现有资料对未来情况作出假设,在合理假设的基础上,制定各种可能的投资方案。这是资本预算决策中具有挑战性的第二个步骤。

评估的主要内容是对项目相关的现金流量和评估变量进行分析预测。

投资项目相关的现金流量取决于未来投资收益、费用和投资额的情况。因此,在分析预测中,首先需要对未来产品和生产要素的市场需求状况和价格水平进行预测,以便确定投资的收益与费用；其次，需要估计投资额的大小，具体包括投资准备费用、设备费用、建筑工程费用、营运资金垫支及不可预见的费用等。其中，投资准备费用包括市场调研费、勘察设计费、咨询费、资料费等；设备费用包括设备购置费和安装费；建筑工程费用指土建工程所花费的费用；营运资金垫支是项目完工后，为保证生产经营正常运行而投入的营运资金；不可预见的费用是为应对意外事件支出所安排的费用，如支付意料之外的通货膨胀所造成的设备、材料等物资的物价上涨等。在上述分析预测结果的基础上就可以估算出对投资项目进行评估所需要的相关的期望现金流量。

对项目评估变量的预测，主要是估计项目现值所用的贴现率。为了得到恰当的评估项目相关现金流量现值的贴现率，需要在资本市场寻找等价的投资项目的收益率。这样得到的贴现率称为门槛比例（hurdle rate）或资本机会成本。之所以称为机会成本，是因为由于对此项目投资，从而丧失了对风险相当的其他项目进行投资而获得的收益。资本的机会成本的概念非常重要，因为利用项目的机会成本来贴现项目的期望现金流量时，所得到的现值是投资者愿意为项目付出的资金数量。

3. 选择

当所需要的评估数据预测出来之后，就需要按照一定的决策准则来决定是接受还是拒绝项目，也就是进入选择阶段，这是资本预算决策中关键性的阶段。在进行项目的选择时，有多种评价标准，如净现值法准则、内部收益率准则、回收期准则等。在本章的第四节会详细讨论这些准则。需要指出的是，这些准则或标准固然重要，但绝不是项目选择的全部依据，还需要对项目的风险进行衡量，此外，公司战略、决策者的经验和魄力等都会对项目的抉择产生重要的影响。

4. 执行

最后，被采纳的项目计划必须付诸实施，进入资本预算过程的执行阶段。执行就是要在项目整个寿命期内对其进行监督、定期审核和事后评价。随着项目的进行，必须对项目实施引起的现金流量和发生时间进行监控，以确保项目预算费用的合理使用、工程的正常进展和按期投入使用。定期审核是定期根据新的信息对项目未来的现金流量进行估计，如果未来的现金流量少于原来的预期值，则项目的获利性显然不如预期。如果审核结果表明项目未来的现金流量的现值将小于继续投入的金额，则应该考虑放弃此项投资。此外，公司也应从定期审核所揭示的错误中吸取经验教训。事后评价是指当项目投入运行后，对运行状况和效果进行分析评价，并将其与预期的要求进行比较，找出差距，总结经验。这些信息有助于公司管理层减少未来的决策错误，提高资本预算决策的水平。

5.1.2 资本预算的特点

一般情况下，资本预算是财务经理及其下属所面临的最重要的任务，因此，对资本预算特点的把握就成为投资决策中的必要要求。

1. 周期长

由于资本预算决策产生的结果将持续好几年，公司资金会失去一定的灵活性。例如，购买一项经济寿命为十年的资产将把公司锁定长达十年的时间。另外，由于是否需要扩充资产是建立在对公司业务经营状况预期的基础上的，因此购买一项预期十年寿命的资产的决策前，需要进行十年的业务经营状况预测。

2. 资金量大

资本预算通常都涉及巨额的支出，对一个厂商而言，它在支付这一大笔钱之前，必须先筹措这笔款项，因为大笔的款项是不会轻易到位。因此，一个考虑巨额资本支出项目的厂商应该提前制订融资计划，以确保资金的到位。

3. 风险大

一个公司的资本预算决策确定了它的战略方向，因为在公司生产新产品、提供新服务或进入新市场之前必定发生资本性支出。对资产需求的错误预测导致会严重后果。如果公司投资过多，它将带来不必要的高折旧以及其他费用；从另一方面来看，如果投资不足，则会产生两个问题。一是设备有可能不够先进，从而导致公司的生产竞争力不够；二是如果生产能力不足，它将可能丧失市场份额，而想要重新赢得已丢失的顾客则需要通过大幅降价或是产品、服务质量的大幅改善等途径实现，这些都需要高昂的销售费用，代价是极其昂贵的。因此，在进行资本预算决策时要综合考虑项目投资的风险，从而作出正确的决策。

4. 时效性强

资本预算过程具有较强的时效性，有效的资本预算既有助于加强对时机的把握，还能提高所购得资产的质量。如果一个厂商能够提前预测对资本资产的需求，它就可以在需要用到该资产之前购置并准备。不幸的是，许多厂商直到现有资产运转到接近最大负荷时才开始订购新的资产。如果整个市场上需求的增长带动了销售的增长，那么这一行业内所有厂商几乎会在同一时间订购新设备。这就造成了订单的积压，长时间的等待，设备质量的下滑和成本的上升。而那些预期到了这一需求并在淡季购买了设备的厂商就能够避免这些问题。但是需要注意的是，如果一个厂商预计需求将要增长进而扩充生产能力以迎合这一增长，但最终销售量却没有增长的话，这将给厂商带来过剩的生产能力和高昂的成本，从而导致亏损甚至破产。由此看来，把握资本预算的时效性，准确的销售预测至关重要。

5.1.3 资本预算项目的分类

通过资本预算分析选择盈利项目投资能够获得收益，但是资本预算分析过程也有成本。对某些类型的项目来说，相对详细的分析才保险；而对另一些项目来说，则应使用简便一些的方法。选择合适的项目分析方法既能降低项目投资风险又能节约成本，因此，公司通常对项目进行分类，然后按不同类型进行分析。

1. 重置（resettlement）

维持业务（maintenance of business）。这一类支出用于替换那些在生产盈利产品的过程中报废或受损的设备。如果公司打算继续经营该业务，重置项目是必需的。需考虑的问题是：（1）该业务是否要持续；（2）是否仍沿用原先的制造方法。答案通常是肯定的，因此维持性的决策通常不需要过于精细的决策分析。

2. 替代（replacement）

降低成本（cost reduction）。这一类支出用于替换那些仍可使用但已陈旧过时的设备，其目的是降低劳动成本、材料成本以及其他投入的成本，如电力等。这一类决策随意选择的空间很大，通常需要比较详细的分析。

3. 扩展现有产品或市场（expansion of existing products or markers）

这一类支出用于提高现有产品的产量，增加零售点或目前市场上的分销机构。这类决策更为复杂，因为它们需要对需求增长进行明确的预测。由于错误发生的可能性更大，所以需要更详细的分析。通常，实施这类项目的决定权通常由公司高层掌握。

4. 制造新产品或进入新市场（expansion into new products or markets）

这一类投资用于生产新产品或扩张进入一个新的、目前尚未服务的地理区域。这类项目涉及那些有可能改变公司业务实质的战略决策，而且它们通常需要巨额支出，而获得回报则需要延迟一段时间。对于这类项目，一套非常详尽的分析总是必不可少的，而最终的决策则通常作为公司战略计划的一部分由最高层——董事会决定。

5. 安全、环保类项目（safety and/or environmental projects）

这类项目包括为遵守政府法规、履行劳动协议或保险条约而进行的投资。这种支出被称为强制性投资，它们通常是非盈利项目。如何处理这类项目取决于它们的规模，小项目的处理更类似于上述的第一类项目。

6. 研究与开发（research and development）

对于许多公司来说，研发费用构成了资本支出中最大也是最重要的一部分。虽然从理论上说，那些用于分析有形资产投资的方法也可用于分析研发支出，但是研发所带来的现金流具有高度的不确定性，以至于无法保证标准的贴现现金流分析的准确度。通常的情况是，经理们主观地对研发支出进行贴现现金流分析，然后拨出一笔钱来投入某个或某些项目进行研究。由于研发结果的高度不确定性,以及是否继续为一个项目融资要依据该项目早期阶段的效果,因此决策树分析和实物期权是常用的方法,笔者将在以后章节中介绍。

7. 长期合同(long term contracts)

一些公司通常会与某些特定的客户签订长期提供某种产品或服务的合同。比如,IBM公司与其他公司签署长达五到十年的合约,为其提供计算机服务。这种合同有可能需要或不需要立即的投资,但是成本和收入都是在其后的若干年中逐年累积的,在签署合同之前应该进行贴现现金流分析。

8. 其他(others)

这一项包括办公建筑、停车场用地或商用飞机等各类投资。贴现现金流分析是适用的,但是具体怎么计算则因公司而异。

总而言之,重置类决策只需要相对简单的计算和少量支持文件,尤其是那些对盈利业务的维持型投资。而成本降低型重置和扩展现有生产线则需要更为详细的分析,尤其是涉及开发新产品或开辟新市场的决策。同样,在每一类中,项目还按照成本高低细分:越是大型的项目越需要详细的分析,而批准项目也就需要公司高层人员的参与。例如,一个部门经理在粗略分析的基础上可能只有权批准10000美元以下的维持性支出,只有整个董事会的参与才能审批价值逾百万的项目或是决定公司是否要生产新产品和进入新市场。但是在作新产品的决策时,往往缺乏统计数据,因此相对于详细的成本数据,人为判断就显得尤其重要。

需要注意的是,"资本"的含义远远不止于建筑物或是设备,公司开发的使采购或与顾客沟通的软件,都属于资本。AOL通过向几百万个潜在顾客发送免费CD建立起来的客户基础也是资产,IBM与客户签订的已生效的合同同样是资产。同样属于资产的还有小到计算机芯片,大到飞机的设计,还有电影的创意等。相对那些有形资产来说,所有这些"无形资产"也都属于资产,但是,投资无形资产的决策方法与有形资产的决策方法是一样的。

5.2 投资管理概述

5.2.1 投资的含义

从广义上说,投资是为了取得更多的利润而发生的现金支出。它包括用于厂房、机器设备等长期资产的新建、改建、扩建或购置的投资,包括购买政府债券、金融债券、企业债券和公司股票的投资,还包括以企业资产采用联营方式等向外单位投资。

一个公司要生存、发展,就必然会面临各种各样的投资决策问题,比如,是开发或购买新生产线，还是维持现有的生产线；是购置新设备还是继续使用旧设备；是购买质好耐用价高的设备，还是购买质量一般不太耐用但价格低廉的设备；是否要在外地和境外成立分公司以开拓外地和境外市场，等等。一个好的投资决策会使公司获得丰厚的利润，建立良好的公司形象；而一个坏的投资决策，轻则会使公司劳而无功，重则可能导致企业一蹶不振，难以恢复元气甚至破产。作出坏的投资决策的原因可能是多种多样的，如未进行严密分析，就轻率作出决策；在分析过程中忽视了一些影响方案的重要因素等。

公司投资既是简单再生产的基础，也是扩大再生产的条件，同时还是提高公司生产能力、研发和推广新产品、调整产品结构的主要手段。从投资量角度来说，总是越多越好，但在一定时期内，公司的资金是有一定限度的，想要以有限的资金投入风险相对较小并能取得丰厚利润的项目，就需要进行投资管理。只有用科学的方法，依照科学的程序进行投资决策分析，才能保证投资的正确合理，使公司得到好的效益，增加公司的财富，从而使公司立于不败之地。

5.2.2 投资的分类

公司投资可以从不同的角度进行分类。

1. 按投资的性质分类

投资按其性质可分为生产性资产投资和金融性资产投资。

（1）生产性资产投资

生产性资产投资是指投入到生产、建设等物质生产领域中的投资，其最终成果是各种生产性资产，包括以下几种类型：与公司创建有关的创始性投资，如建造厂房，购置机器设备、原材料等；与维持公司现有经营有关的重置性投资，如更新已老化或损坏的设备进行的投资；与降低公司成本有关的重置性投资，如购置高效率设备替代虽能用但低效率的设备进行的投资；与现有产品和市场有关的追加性投资，如为增加产量、扩大销售量所进行的投资；与新产品和新市场有关的扩充性投资，如为新产品和新生产线、开拓新市场进行的投资。

以上生产性资产投资，需要公司首先提出各种不同的可供选择的投资方案，然后利用一定的投资决策方法从中选择最佳方案。通常在实际工作中，这些投资往往是交叉进行的，例如，在更新设备过程中，可能会对设备进行一定改造，以达到适当扩大生产规模的目的，这样，就同时会有重置性投资和追加性投资。

（2）金融性资产投资

金融性投资是指公司投资于金融资产或金融工具的投资活动或经济行为。金融性投资又称为证券投资，主要包括对政府债券、公司债券、股票、金融债券及票据等的投资。这类投资的决策，主要依靠投资者对证券的分析，从证券市场中选出所要的股票和债券，并组成投资组合，一般并不需要事先自行制定投资方案。

2. 按投资时间长短分类

投资按其时间长短可分为长期投资和短期投资。

（1）长期投资

长期投资是指在一年以上才能收回的投资，主要是对厂房、设备以及无形资产的投资，也包括一部分长期占用在流动资产上的投资和时间在一年以上的证券投资。由于在长期投资中，固定资产投资所占比重最大，因此，长期投资称为固定资产投资。

（2）短期投资

短期投资是指可以在一年以内收回的投资，主要包括现金、有价证券、应收账款、存货等流动资产。短期投资，亦称为流动资产投资。

公司的短期和长期投资，体现了各类资金运用的特点以及在管理上有不同的要求。由于投资管理是整体管理，在对长期、短期各类资产管理的同时，还应了解它们相互间的关系和影响，因此，投资分析时选用不同的技术方法，是提高管理水平和效益所必需的。

3. 按对未来的影响程度分类

投资按其对未来的影响程度，可分为战略性投资和战术性投资。

（1）战略性投资

战略性投资是指对公司全局及未来有重大影响的投资，如对新产品投资、转产投资、建立分公司，等等。这种投资往往要求投资数量大、回收时间长、风险程度高，因此，要求从方案的提出、分析、决策和实施都要按严格的程序进行。

（2）战术性投资

战术性投资是指不影响公司全局和前途的投资，如更新设备、改善工作环境、提高生产效率等的投资。这种投资一般涉及的投资量不大，风险较低，见效较快，而且发生次数比较频繁，因此，一般由公司的部门经理经过研究分析后提出，经过批准即可实施，不必花很多的研究、分析费用。

4. 按投资的风险程度分类

投资按其风险程度可分为确定性投资和风险性投资。

（1）确定性投资

确定性投资是指风险小、未来收益预测比较准确的投资。在进行这种投资决策时，可以不考虑风险问题。

（2）风险性投资

风险性投资是指风险较大、未来收益难以准确预测的投资。大多数战略性投资属于风险性投资，在进行决策时，应考虑投资的风险问题，采用一定的分析方法，从而作出正确的投资决策。

每项投资活动都会给公司带来预期收益，同时也会发生预期费用损失。成功的投资项目应该全面、充分地考虑环境因素的影响，考虑货币的时间价值、投资风险价值和资本成本等因素的影响，在预期收益与预期费用之间进行权衡，在若干投资方案中选择最佳投资方案，尽可能提高资金使用的经济效益和社会效益。在生产经营活动中对已经投入使用的资产项目进行有效的管理是十分重要的，它是投资决策时预计目标能否付诸实施的实践环节。因而，投资管理更能体现企业的财务管理水平。

5.2.3 投资项目间的关系分类

公司是一个复杂的经济体，在生产经营、投资决策过程中可能会面临多个项目，因此需要了解投资项目间的关系。

1. 独立项目

独立项目是指对其无论作出接受或放弃的决定都不会影响其他项目的投资决策。独立项目决策时，可对项目单独进行分析，可以选择任意数量的投资项目。

2. 互斥项目

互斥项目是指项目间的一种极端情况，两个项目或者都遭放弃，或者非此即彼。互斥项目决策时，必须判断哪个项目最好，当存在资本限额时，只能选择一个项目。

3. 关联项目

关联项目是指相对于独立项目而言，项目之间的投资决策相互影响。在资本有限的条件下，项目数量受资金规模的制约。关联项目进行决策时要综合考虑，将其作为一个大的投资项目一并考察。

5.2.4 投资的特点与基本程序

由于投资有短期投资和长期投资之分，它们各自有其鲜明的特点，因而它们投资的基本程序是不同的。

1. 短期投资的特点

短期投资主要是对流动资产的投资，与长期投资相比，一般有以下特点：

第一，需要资金数量较小，不会对公司的财力及财务状况造成大的影响。

第二，回收时间短，通常可在一年内通过销售收回。

第三，变现能力较强，如果公司在短期内急需资金，可以通过转让、贴现、变卖等手段将投资在有价证券、票据、存货等方面的资金变为现金，从而实现资金流通。

第四，投资发生次数频繁，公司通常在一个月内就发生数次短期投资。

第五，波动较大，短期投资会随公司经营情况的变化而变化，时高时低。

第六，风险较小，短期投资一般在一年内即可收回，而人们对短期预测的准确程度远远高于长期预测的准确程度，所以风险不大。

2. 短期投资的基本程序

短期投资的以上特点决定其程序也比较简单，一般不用考虑资金时间价值因素、风险因素，也不需要花很大的人力、物力对每笔投资都进行周密的调查、分析、研究。一般来说，应按以下程序进行短期投资管理。

第一，由基层管理人员根据营业需要提出投资方案。

第二，由部门财务经理对投资的成本和收益进行分析，如果收益大于成本支出，可接受投资方案，进行投资；如果成本大于收益，则应拒绝该投资方案。

第三，投资方案实施后，对投资结果作出评价，为公司今后的短期投资决策积累经验。

3. 长期投资的特点

长期投资主要指对固定资产的投资，是为扩大公司生产经营能力进行的。与短期投资相比，一般具有以下特点：

第一，投资所需的金额大。长期投资对公司的财务状况、资金结构会产生较大的影响。

第二，回收时间长。长期投资项目的回收期都在一年以上，而一些大项目需要十几年甚至几十年才能收回投资。

第三，变现能力弱。长期投资决策一旦实施完成后，如果公司要改变投资方向收回投资，那是相当困难的。

第四，发生次数少。公司固定资产的投资次数一般不多，尤其是投资额在几十万元、几百万元以上的项目，不是每年都发生的。

第五，风险大。由于长期投资回收期长，投资者对项目实施过程中可能发生的意外，以及投产后的收益等是很难预测准确的。

4. 长期投资的基本程序

由于长期投资有以上特点，所以在进行长期投资决策时需要进行详尽的分析，以科学的方法进行论证，并要按程序进行投资管理。一般情况下，长期投资的基本程序包括以下几个步骤：

第一，投资规模较大的项目一经提出，就应组织有关各部门的专家对投资项目进行可行性研究；投资规模较小的长期投资项目，一般由部门经理提出。

第二，对投资项目进行评价，评价过程通常如下：

（1）估计投资方案的未来现金流量；

（2）根据未来现金流量的概率分布资料，预计未来现金流量的风险；

（3）确定资金成本率；

（4）运用适当的折现率计算未来收入的现值。

5.2.5 项目投资决策要素

1. 项目投资规模及资本成本

任何投资活动都会涉及投资规模的大小、投入的资本成本及资本获得难易程度等问题。资本成本是投资者应得的必要报酬，而资本的可获得性和可利用的资本规模决定了投资机会能否转变为现实的投资行为，是投资决策中较为关键的一个约束条件。

2. 项目盈利性和预期现金流量

以资本成本为最低限额，项目的盈利性及预期现金流量是否能补偿资本成本，决定了项目资金额能否在以后期间得以收回，盈利水平的高低又决定了在资本限量的情况下各互斥项目之间的选择问题，所以盈利性和预期现金流量是项目投资决策时的重要因素。

3. 投资风险与投资主体的承受意愿和能力

相对于短期投资而言，项目投资的风险性更大，面临着诸如市场风险、经营风险、产品或服务价值能否充分实现的不确定性等，任何风险都要求在收益中得到补偿。因此，在进行项目投资时，必须考虑企业承担风险的意愿和能力。在某种程度上，对待风险的态度和承担风险的能力决定了项目投资成功的可能性。

5.3 估算投资项目的现金流量

估算投资项目的现金流量是资本预算的重要步骤，对投资项目现金流量进行估算，需要了解什么是投资项目相关的现金流量，然后再了解如何计算相关的现金流量。

5.3.1 现金流量的概念和构成

在资本预算中，现金流量是指由投资项目引起的现金收入与支出增加的数量，相关内容在本书第二章现金流量表分析中有部分涉及。

根据现金流动的方向，资本预算中的现金流量分为现金流出量、现金流入量和净现金流量。

现金流出量是指由于实施投资方案而引起的现金支出的增加额。例如，购置一条生产线，可能引起如下现金支出：生产线的购置款、垫支的流动资金等。现金流入量是指由于实施投资方案而增加的现金收入。例如，在项目寿命周期内由于生产经营活动所带来的营业现金流入、固定资产报废时的残值收入以及收回的营运资金垫支款等。现金流入量减现金流出量即为净现金流量。

由于一个项目从准备投资到项目结束，需经历项目准备及建设期、生产经营期和项目终止期三个阶段，因此，资本预算中也将现金流量按照时期划分为初始现金流量、营业现金流量和终结现金流量三个部分。

初始现金流量是指为使项目建成并投入使用而发生的有关现金流量，包括固定资产的购置成本或建造费用，在原材料、在产品、产成品和现金等流动资产上的投资，以及其他投资费用，如职工培训费、谈判费和注册费等。如果投资项目涉及固定资产的更新，则还包括清理费用等。

营业现金流量是指项目投入使用后，在其寿命周期内由于生产经营所带来的现金流入和流出的数量，一般按年度计算。每年的净营业现金流量可以用公式表示如下：

$$营业净现金流量（NCF）=每年的营业现金收入-付现成本（不包括折旧）-所得税 \tag{5-1}$$

或

$$营业净现金流量（NCF）=净利润+折旧 \tag{5-2}$$

终结净现金流量是指投资项目寿命终结时所发生的现金流量，包括固定资产的残值收入或变价收入、原来垫支在各种流动资产上的资金（营运资金）的回收、停止使用的土地的变价收入等。

估计投资方案的现金流量涉及很多方面，需要公司有关部门的参与：销售部门负责预测售价和销量，具体涉及产品价格及价格弹性、广告效果、竞争者动向等；产品开发部门和技术部门负责估计投资方案的资本支出，具体涉及研制费用、设备购置、厂房建设等；生产和成本部门负责估计制造成本，具体涉及原材料采购价格、生产工艺安排、产品成本等；财务人员则需要为生产、销售等部门的预测建立共同的基本假设条件，如物价水平、贴现率、限制条件等，协调参与预测的各部门人员，使各部门的预测工作相互衔接，防止预测者因个人喜好和部门利益而高估或低估收入和成本。

5.3.2 相关现金流量的识别

1. 基本准则

下述两个基本准则为识别项目的现金流量提供了重要的依据：

（1）实际现金流量准则

实际现金流量准则有两层含义：一是投资项目的任何现金流量必须按它们实际发生的时间测算，二是项目所有未来现金流量的价值都必须按预计的未来价格和成本计算。

例如，投资项目预计下一年会产生一笔税费，但这笔税费将在再下一年支付，则按照实际现金流量准则，这笔税费必须在支出的那一年作为投资项目的现金流出。假如预计未来会发生通货膨胀，那么根据实际现金流量准则，未来的现金流量价值就要因通货膨胀提高。

（2）相关、不相关准则

所谓与投资决策相关，是指由于投资决策引起的公司未来现金状况变化的现金流量。不是由投资决策引起的公司未来的现金流量就不是相关的现金流量。根据这一准则，必须确认与投资决策相关的现金流量。例如，倘若采纳一个投资项目，必须雇用一个项目经理和三个管理人员，那么经理和三个管理人员的薪金就是相关的现金流量。倘若采纳一个投资项目，不需要增加管理人员和行政管理经费的支出，则公司现有的管理人员薪金和行政管理经费支出就是不相关的现金流量。

2. 其他具体的识别标准

在两个基本准则的指导下，牢牢把握如下具体识别标准可以帮助项目投资决策者避免在估计现金流量过程中容易发生的错误：

（1）只有现金流量才与投资决策有关

在投资决策中最基本、最重要的一点就是：项目价值由未来现金流量而不是会计利润决定，因此用现金流量而不是会计年利润来衡量项目价值。会计意义上的税后利润并不是公司实际收到的现金，它与净现金流量往往不是同时发生的。例如，按会计制度，在厂房和设备上的资本支出要在未来若干年后提取折旧，而折旧与摊销要从每年的应税收入中扣除，从而减少会计利润。但从现金流量的角度看，厂房和设备上的资本支出在期初时已经发生，而折旧和摊销本身并没有引起现金流出，所以它们是非现金费用，不是现金流量。当然它们会产生税盾效应，可以减少税收支出，从而间接带来现金流入。由于现金流量准确反映了收入和成本发生的时间——什么时候收到现金、什么时候收到的现金可用于再投资、什么时候必须支出现金，所以评估项目的价值应该用现金流量。

（2）对现金流量的估计应始终以增量为基础

增量现金流量是指接受或拒绝某个投资方案后，公司总现金流量所发生的变动。只有那些由于采纳了某个项目引起的现金收入（支出）的增加额，才是该项目的现金流入（流出），这是确定投资项目相关的现金流量时应遵循的基本原则。

新项目往往不是孤立的，常常与公司的原有业务相关联。如新产品推出后，可能与公司的已有产品形成竞争，从而减少了公司现有产品的销售额。从增量的角度评价项目的现金流量，现有产品收入的减少量就必须从新项目的收入中扣除。当然，如果没有新产品推出，竞争对手也会夺取这部分市场，因此新产品的推出反而保住了这部分市场，则新项目的收入就不必扣除现有产品减少的收入。总而言之，评价任何一个项目都应该站在公司的立场上，将公司作为一个整体来评价新项目的现金流量。

尽管在许多情况下，新项目会挤占公司现有产品的市场和销售，但在很多情况下，也会促进公司现有产品的销售。例如，开通了一条新的航线，新航线联入已有航线系统后，不但在新航线上创造了收入，而且还将旅客送至与之相连的其他航线，增加了相关航线的收入。因此，从增量的角度，新航线项目的收入不仅应包括新航线本身的收入，还应包括由于新航线的联入而使得相关航线收入增加的部分。

（3）切勿计入沉没成本

沉没成本（sunk cost）是指在投资决策时已经发生的现金流出量，由于这些现金流量对项目的决策已没有影响，因此，根据相关、不相关准则，沉没成本不必计入项目的现金流量。

在资本预算时通常需要考虑两个问题：① 如果接受这个项目，此项现金流量是否会发生？② 如果拒绝这个项目，此项现金流量是否会发生？对第一个问题肯定、对第二个问题否定的现金流量是相关的现金流量。例如，某公司为新建一个车间，专门聘请了一家咨询公司作可行性分析，支付咨询费7万元，该咨询费作为费用已经入账。假如此时公司进行投资分析，由于该笔咨询费用已经发生，不论公司是接受还是拒绝此项目，该费用都与决策无关，所以它不应计入新项目的现金流量。假如新车间建成需再投资10万元，建成后项目带来的净现金流量的现值是16万元，显然，如果考虑了沉没成本7万元，净现值为负，就应该放弃该项目；但若不考虑已经花掉的7万元，净现值为正，就不应该放弃该项目。由于沉没成本已与投资决策无关，所以正确的选择是应该接受该项目。

沉没成本就像泼出去的水，已成为过去，是不可逆转的成本。但这一事实却常常被人们忘记。在投资实践中，许多已经知道决策失误的项目之所以建成并一直亏损下去，其中的原因之一就是决策者们总是念念不忘沉没成本。

例1 通用乳业公司正在评估建设一条巧克力牛奶生产线的净现值。作为评估工作的一部分，公司已经向一家咨询公司支付了100000美元作为实施市场调查的报酬。这项支出是去年发生的。它与通用乳业公司管理层面临的资本预算决策是否有关？

答案是无关。这100000美元是不可收回的，因此这100000美元的支出是沉没成本，或"泼出去的水"。当然，将100000美元用于市场调查的决策本身是一项资本预算决策，在它沉没之前是绝对有关的。一旦公司的某项支出发生了，这项成本就与将来的任一决策无关。

（4）必须包括机会成本

机会成本（opportunity cost）是指为了得到某种东西而所要放弃另一些东西的最大

价值；也可以理解为一种代价，由于实行某一投资方案，而放弃的其他投资机会可能取得的收益。在计算投资项目现金流量时，不仅需要考虑直接的现金流入、流出，还要考虑没有直接现金交易的机会成本。我们常常遇到的情况是，一旦选择了一个投资方案，就必须放弃其他投资机会。例如，公司新建车间，可以使用属于公司的一块土地，因此公司不必动用资金去购置土地，那么，在计算投资项目的初始现金流量中可否不包括土地的成本？我们的回答是必须考虑土地的成本。因为这块土地如不盖车间可以移作他用，并取得一定的收入。假设这块地可出售获得土地转让收入15万元，那么这15万元就是新建车间项目的机会成本。

机会成本是潜在的，不是实际支出，因此，识别和量化机会成本有时并不容易。例如，如果上述土地可以自由交换，则新建车间土地的机会成本就等于土地的市场价值；如果土地不允许自由交换，没有土地的市场价格，就需要通过其他途径估计。

例2 某贸易公司有一个空仓库可用于存放一种新式电子弹球机。公司希望能将这种机器卖给消费者。仓库和土地的成本是否应该包括在把这种新式电子弹球机推向市场的成本？

答案是应该。仓库的使用并不是免费的，它存在机会成本。这项成本相当于，取消将这种电子弹球机推向市场的计划、并把仓库和土地用于他处（如卖掉），公司能够获得的现金。因此，其他使用方式的净现值就成为决定销售电子弹球机的机会成本。

（5）酌情处理间接费用的分摊

在资本预算中，投资分析师与会计师之间的不一致往往还表现在对间接费用的分摊处理上。间接费用包括管理人员的工资、租金、水电费等，这些费用在计算成本时必须考虑，因此，对于会计师，公司的每一项新投资都应分摊一定的间接费用，并从利润中扣除。但是在作投资的现金流量分析时，需要对这些费用作进一步辨别，因为这些费用也可能不与特定项目相关。对那些确因所评估的投资项目引起的间接费用，则应计入项目的现金流量；而对那些公司原本就要发生的间接费用，就不应计入项目的现金流量。

（6）忽略利息支付

在估算项目的现金流量时，往往将融资决策分开考虑，即假设项目所需全部资金都来自于权益资本，因此，并不考虑利息费用。也就是说，即便接受该项目不得不发行债券融资，其利息费用和债券本金的偿还也不必从项目现金流量中扣除。忽略利息支付并不是说资本预算不必考虑融资成本。实际上，无论是债务融资还是权益融资，都需要付给投资者一定的回报，因而都是有代价或有成本的。但是，在资本预算中对于融资成本的考虑不体现在现金流量上，而是体现在对项目现金流量计算现值时所采用的贴现率上。

因此，在计算项目的营业净现金流量时，实际上是用息税前利润作为应税收入，据此求出所得税支付额，将应税收入减去所得税支出后，再加上折旧而得到的。那么，利息引起的税收减免是否被忽视？这个问题同样是放在融资成本的计算中予以考虑。因为作为项目贴现率的融资成本都是指税后的融资成本，不仅反映了债务的利息率和债务融资的比重，还反映了债务利息费用的税盾效应。

（7）不可忘记营运资本需求

一般情况下，公司开展一项新业务并使销售额扩大以后，对于存货和应收账款等流动资产的需求也会相应增加，公司应筹措新的资金以满足这种需要。虽然这部分资金并没有被消耗掉，但也应作为投资支出在新项目开始时垫支，而在项目终结时收回。因此，营运资本的需求和收回必须纳入预期现金流量分析中。

（8）注意通货膨胀的影响

在通货膨胀期间，无论是项目的收入或支出都会发生很大变化。因此，在资本预算中应该反映通货膨胀的影响。例如，可以利用预期的通货膨胀率调整预期的现金流量。需要注意的是，如果现金流量反映了通货膨胀的影响，则所用的贴现率也应包含通货膨胀率预期的名义贴现率，即在处理通货膨胀影响时要保持一致。

（9）注意负效应的影响

决定增量现金流量的另一难点在于新增项目对公司原有其他项目的负效应。最重要的负效应是"侵蚀"。侵蚀是指公司原客户和公司其他产品的销售的现金流量转移到新项目上。

例3 假设Innovarive汽车公司正在估算一种新式敞篷运动轿车的净现值。其中一些将购买这种轿车的客户是从原先打算购买该公司轻型轿车的客户中转移过来的。是不是所有的这种新式敞篷运动轿车的销售额和利润都是增量现金流？

答案是否定的，因为这些现金流量的一部分是从该公司的其他产品线上转移而来的，这就是侵蚀，在计算净现值时必须将其考虑进去。假如不考虑侵蚀，该公司可能会错误地计算运动轿车的净现值为1亿美元。如果该公司的管理者能辨认出一半的顾客是从轻型轿车业务上转移过来的，并且因此损失的销售额的净现值为-1.5亿美元，他们将得出真实的净现值为-0.5亿美元。

案例分析

红光照相机厂的资本预算

1.案例描述：

红光照相机厂是生产照相机的中型企业，该厂生产的照相机质量优良、价格合理，长期以来供不应求。为了提高生产能力，该厂准备新建一条生产线。

王禹是该厂助理会计师，主要负责筹资和投资工作。总会计师张力要求王禹搜集建设新生产线的有关资料，写出投资项目的财务评价报告，以供厂领导参考。

王禹经过十几天的调查研究，得到以下有关资料。该生产线的初始投资是12.5万元，分两年投入。第1年投入10万元，第2年初投入2.5万元，第2年可完成建设并正式投产。投产后，每年可生产照相机1000架，每架销售价格是300元，每年可获销售收入30万元。投资项目可使用5年，5年后残值可忽略不计。在投资项目经营期间要垫支流动资金2.5万元，这笔资金在项目结束时可如数收回。该项目生产的产品年总成本的构成情况如表5-1所示。

表5-1 投资项目总成本

项目	成本
原材料费用	20万元
工资费用	3万元
管理费（扣除折旧）	2万元
折旧费	2万元

王禹又对红光照相机厂的各种资金来源进行了分析，得出该厂加权平均的资金成本为10%。

王禹根据以上资料，计算了该投资项目的营业现金流量、现金流量、净现值（表5-2～表5-4），并把这些数据资料提供给全厂各方面领导参加的投资决策会议。

表5-2 投资项目的营业现金流量计算表

单位：元

项目	第3年	第4年	第5年	第6年	第7年
销售收入	300000	300000	300000	300000	300000
付现成本	250000	250000	250000	250000	250000
其中：原材料	200000	200000	200000	200000	200000
工资	30000	30000	30000	30000	30000
管理费	20000	20000	20000	20000	20000
折旧费	20000	20000	20000	20000	20000
税前利润	30000	30000	30000	30000	30000
所得税（税率为50%）	15000	15000	15000	15000	15000
税后利润	15000	15000	15000	15000	15000

表5-3 投资项目的现金流量计算表

单位：元

项目	第1年	第2年	第3年	第4年	第5年	第6年	第7年
初始投资	（100000）	（25000）					
流动资金垫支		（25000）					
营业现金流量			35000	35000	35000	35000	35000
设备残值							25000
流动资金收回							25000
现金流量合计	（100000）	（50000）	35000	35000	35000	35000	85000

注：（ ）内的值为负值。

表5-4 投资项目的净现值计算

单位：元

时间	现金流量	10%的贴现系数	现值
1	（100000）	1.000	（100000）
2	（50000）	0.9091	（45455）
3	35000	0.8264	28910
4	35000	0.7153	26296
5	35000	0.6830	25612
6	35000	0.6209	23283
7	85000	0.5644	47974

净现值=3353

注：（ ）内的值为负值。

在厂领导会议上，王禹对他提供的有关数据作了说明。他认为，建设新生产线有3353元净现值，故这个项目是可行的。厂领导会议对王禹提供的资料进行了分析，认为王禹在搜集资料方面做了很大贡献。但厂长郑达指出，除了考虑通货膨胀对现金流量的影响以外，还要考虑通货膨胀对货币购买力的影响。他要求王禹根据其他同志的意见，重新计算投资项目的现金流量和净现值，提交下次会议讨论。

虽然计算方法正确，但却忽略了物价变动问题，这使得王禹提供的信息失去了客观性和准确性。总会计师张力认为，在项目投资和使用期间内，通货膨胀率大约为10%左右，他要求各有关负责人认真研究通货膨胀对投资项目各有关方面的影响。基建处长李明认为，由于受物价变动的影响，初始投资将增长10%，投资项目终结后，设备残值将增加到37500元。生产处长赵芳认为，由于物价变动的影响，原材料费用每年将增加14%，工资费用也将增加10%。财务处长周定认为，扣除折旧以后的管理费用每年将增加4%，折旧费用每年仍为20000元。销售处长吴宏认为，产品销售价格预计每年可增加10%。

2. 总评

案例中，王禹的分析并没有错，但由于对投资决策中需要考虑的问题认识不全，所以使他提供的资料没有被领导接受。数据表明，各部门领导人员对王禹提供资料所提出的意见是中肯的。

（1）考虑通货膨胀物价变动后的营业现金，如表5-5所示。

表5-5　考虑通货膨胀物价变动后的营业现金情况

单位：元

项目	第1年	第2年	第3年	第4年	第5年
销售收入	330000	363000	399300	439230	483153
付现成本	281800	317852	356735	405112	457730
其中：原材料	228000	259920	296308	337792	385082
工资	33000	36300	39930	43923	48315
管理费	20800	21632	20497	23397	24333
折旧	20000	20000	20000	20000	20000
税前利润	28200	25148	22565	14118	5423
所得税（50%）	14100	12574	10283	7059	2712
税后利润	14100	12574	10283	7059	2712
现金流量	34100	32574	30283	27059	22712

（2）考虑通货膨胀物价变动后的现金流量，如表5-6所示。

表5-6　考虑通货膨胀物价变动后的现金流量情

单位：元

项目	第1年	第2年	第3年	第4年	第5年	第6年	第7年
初始投资	（110000）	（27500）					
流动资金垫支		（25000）					
营业现金流量			34100	32574	30283	27059	22712
设备残值							37500
流动资金回收							25000
现金流量合计	（110000）	（52500）	34100	32574	30283	27059	85212

注：（ ）内的值为负值。

（3）计算通货膨胀物价变动后的净现值，表5-7所示。

表5-7　通货膨胀物价变动后的净现值情况

单位：元

年度	现金流量	10%的贴现系数	10%的购买力损失	现值
1	（110000）	1.0000	1.000=1.000	（110000）
2	（52500）	0.9091	0.9091=0.8264	（43386）
3	34100	0.8264	0.8264=0.6829	23287
4	32574	0.7513	0.7513=0.5644	18385
5	30283	0.6830	0.6830=0.4665	14127
6	27059	0.6209	0.6209=0.3855	10431
7	85212	0.5644	0.5644=0.3185	27140
		净现值=（60016）		

注：（ ）内的值为负值。

考虑了通货膨胀引起的物价变动因素后，现金流量情况完全改变，净现值也从3353元变成-60016元，使该方案的决策结果从"应接受"转变为"应拒绝"。

所以，企业在确定投资项目可行性时，需要考虑各方面的因素，不仅需要考虑企业内部的，还要考虑企业外部的；不仅要考虑微观的，还要考虑宏观的情况。对一项重大决策，任何疏忽和遗漏都可能造成损失，甚至导致企业经营失败。

5.4 投资决策方法

投资决策分析中的各项指标在大多数情况下对于方案的取舍是一致的，但有时也会出现不一致的情况。为了客观、科学地分析评价各种投资方案是否可行，在投资决策的分析评价中，应根据具体情况采用适当的方法来确定投资方案的各项指标以供决策参考。投资决策的分析方法，按照其是否考虑"货币时间价值"可分为非贴现现金流量法和贴现现金流量法两类。

其区别在于：非折现法不考虑资金的时间价值，计算比较简单；折现法考虑资金的时间价值，计算较为复杂。前者主要有投资回收期法、平均报酬率法；后者主要有净现值法、现值指数法、内部收益率法和外部收益率法。

5.4.1 净现值法（net present value，NPV）

净现值是指一项投资的未来报酬总现值超过原投资额现值的金额，以净现值法进行投资决策分析时，一般按以下步骤进行。

第一步，预测投资方案的每年现金净流量，可用以下公式表示：

$$每年现金净流量 = 每年现金流入量 - 每年现金流出量 \tag{5-3}$$

第二步，根据资金成本率或适当的报酬率将以上现金净流量折算成现值。如果每年的现金净流量相等，按年金复利折成现值；如果每年的现金净流量不等，则按普通复利分别折成现值并加以合计。

第三步，将方案的投资额也折算成现值。如果是一次投入，则原始投资金额即为现值；如果是分次投入的，则应按年金复利或普通复利折成现值。

第四步，以第二步的计算结果减去第三步计算结果，即可得出投资方案的净现值。若净现值为正值，说明可接受此方案；若净现值为负值，则应拒绝此方案。

计算净现值的公式如下：

$$\begin{aligned} NPV &= \frac{C_1}{(1+r)^1} + \frac{C_2}{(1+r)^2} + \frac{C_3}{(1+r)^3} + \cdots\cdots + \frac{C_n}{(1+r)^n} - C_0 \\ &= \sum_{t=1}^{n} \frac{C_t}{(1+r)^t} - C_0 \end{aligned} \tag{5-4}$$

其中，C_t 代表第 t 期的预期现金流，r 是项目资本成本，n 是资产寿命。现金流出（如购买设备和厂房）被视为负现金流。

使用净现值法分析项目资本预算的原则是：

（1）如果是独立投资项目，

NPV＞0，说明该项目的投资收益率大于预定贴现率，该方案可行。

NPV=0，说明该项目的投资收益率等于预定贴现率，该项目要考虑内部收益率的高低加以斟酌。

NPV<0，说明该项目的投资收益率小于预定贴现率，该方案不可取。

（2）如果是排斥项目，则选择NPV最大的项目；

（3）存在资本约束，则组合项目NPV最大为优。

表5-8 现金净流量现值计算表

单位：元

年次	A方案			B方案		
	现金净流量	现值系数	现值	现金净流量	现值系数	现值
1	50000	0.870	43500	20000	0.870	17400
2	40000	0.756	30240	30000	0.756	22680
3	30000	0.658	19740	50000	0.658	32900
4	30000	0.572	17160	60000	0.572	34320
5	20000	0.497	9940	70000	0.497	34790
合计			120580			142090

如表5-1所示，由于A、B两个方案的净现值均为正值，因此这两个元素都可接受。但进行比较后发现，B方案的净现值较A方案为高，应选择B方案。

例4 某公司有三个固定资产投资方案，A方案所需的投资额为60万元，分两年平均投入，B、C两方案均一次性投入资金，金额分别为50万元和40万元。固定资产使用年限：A方案为五年，B、C方案为四年；A方案期末无残值，B、C方案期末残值分别为25万元和2万元；假设该公司资金成本率为15%，按直线法计提折旧；A、B、C方案各年的净利和现金净流量见表5-9。试问这三种投资方案哪个最佳？

表5-9 现金净流量表

单位：元

年次	A方案			B方案			C方案		
	净利	折旧	合计	净利	折旧	合计	净利	折旧	合计
1									
2	150000	120000	270000	60000	95000	155000	60000	76000	136000
3	100000	120000	220000	70000	95000	165000	60000	76000	136000
4	90000	120000	210000	80000	95000	175000	60000	76000	136000
5	80000	120000	200000	90000	95000	185000	60000	76000	136000
6	70000	120000	190000	100000	95000	195000	60000	76000	136000
合计	490000	600000	1090000	400000	475000	875000	300000	380000	680000

A方案：

（1）由于投产后的现金净流量不同，应分别按普通复利折算成现值，再进行合计，如表5-10所示。

表5-10　现金净流量现值表

单位：元

年次	各年现金净流量	复利现值系数	现值
2	270000	0.756	204120
3	220000	0.658	144760
4	210000	0.572	120120
5	200000	0.497	99400
6	190000	0.432	82080
合计	1090000		650480

（2）资金投入分两次进行时，应计算其现值：

现值=300000+300000×0.870=561000（元）

（3）计算净现值：

NPV_A=650480－561000=89480（元）

B方案：

（1）因每年现金净流量不同，应分别按普通复利折算成现值，列表5-4并计算：

表5-11　现金净流量现值表

单位：元

年次	各年现金净流量	复利现值系数	现值
1	155000	0.870	134850
2	165000	0.756	124740
3	175000	0.658	115150
4	185000	0.572	105820
5	195000	0.497	96915
合计	875000		577475

现值=577475+25000×（1－33%）×0.497≈585800（元）

（2）计算净现值

NPV_B = 585800－500000=85800（元）

C方案：

（1）投产后，每年现金净流量相同，可按年金复利折算成现值并加计残值收入的现值。

现值=136000×3352+20000×（1−33%）×0.497≈462532（元）

（2）计算净现值

$NPV_C = 462432 - 400000 = 62432$（元）

分析以上三个方案，A方案的净现值最大，为89480元；B方案次之，为85800元；C方案最小，为62432元，应选择净现值最大的A方案，但如果结合各方案的投资额看，A方案最大为60万元，现值为56.1万元，比B方案多6.1万元，比C方案多16.1万元，而净现值之间却差别不大，从这个角度看，选择A方案便不太合理。

净现值法是建立在资金的时间价值基础上的一种方法，因此，必须把未来增加收益的总金额，按照资金成本率或适当的报酬率折算成现值，再与投资的现值进行比较。再者，企业投资的总价值是企业各个投资方案个体价值之和，如果选择的投资方案的净现值是零或负数，采用该方案后，企业的财富非但不会增加，可能还会减少；反之，如果采用的是正净现值的方案，则会使企业的财产增加。

从例4中可以看出，净现值法有以下特点：

（1）净现值使用了现金流量，公司可以直接使用项目经营所获取的现金流量（比如，分配股利、投资其他资本预算项目或是支付利息）。相比之下，利润则包含了许多人为因素。对会计人员来说，利润是有用的，但却不能在资本预算中使用，因为利润并不等同于现金。

（2）净现值包含了项目的全部现金流量，其他一些投资决策方法往往会忽略某一特定时期的现金流量，使用这些方法时应当谨慎。

（3）净现值对现金流量进行了合理折现，其他方法在处理现金流量时往往会忽略货币的价值，运用这些方法时也应当谨慎。

应用净现值法得出的结果受许多因素的影响，主要有以下三种：

（1）目标项目存续期的长短，（N）即项目的运营寿命。

（2）目标项目在存续期内产生的现金流需要通过财务预算对未来预期的经营状况准确预测，为计算净现值提供信息支持。

（3）目标项目在存续期内各期的贴现率通常以平均贴现率计算。

净现值法并不是一种完美的评估方法，它的优缺点主要有：

(1)优点

① 充分考虑了资金的时间价值,有利于评价项目的经济性和时效性;

② 考虑了投资风险的影响,贴现率的选用包含项目本身的机会成本及风险收益率;

③ 能够反映股东财富绝对值的增加。

(2)缺点

① 不能揭示各投资项目本身可能达到的实际收益率是多少;

② 在互斥项目决策中,没有考虑投资规模的差异;

③ 贴现率的确定比较困难。

5.4.2 内部收益率法(internal rate of return, IRR)

内部收益率,也称内涵报酬率,是指使投资项目的未来现金流入量现值等于未来现金流出量现值时的贴现率,即净现值等于零时的贴现率,此时:

投资成本的现值=投资收益的现值

内部收益率法就是根据方案本身内部收益率来评价方案优劣的一种方法。内部收益率越高,说明投资项目的价值增值情况越好。内部收益率法的决策规则如下:

若IRR高于贴现率,则NPV值为正,说明投资项目内在收益比期望收益率高,该项目可以接受;若IRR低于贴现率,则NPV值为负,说明投资项目内在收益比期望收益低,该项目应该放弃。

其计算公式如下:

$$NPV = \frac{C_1}{(1+IRR)^1} + \frac{C_2}{(1+IRR)^2} + \cdots + \frac{C_t}{(1+IRR)^t}$$

$$NPV = \sum_{t=1}^{n} \frac{C_t}{(1+IRR)^t} - C_0 = 0$$

(5-5)

式中:C_t 表示第 t 年的净现金流量;

n 表示项目使用年限;

C_0 表示项目的初始投资额。

根据概念,在上式中求IRR的值,即可计算得到内部收益率。

当每年的 C_t 相等时,计算步骤如下:

(1)计算年金现值系数:年金现值系数=初始投资额/每年的 C_t 值

(2)查年金现值系数表,在期数相同的情况下,查找与此相近的两个值;

(3)确认与两个值相对应的贴现率。

并根据贴现率计算求得的净现值,采用插值法计算出该项目的IRR。插值法的计算公式为:

$$IRR = R_1 + (R_2 - R_1) \times NPV_1 / (NPV_1 - NPV_2) \quad (5\text{-}6)$$

例5 华为公司拟建一条生产线,计划投资300万元,当年施工,当年投产,预计生产线的经济寿命为10年,该项投资每年的现金流入预计为50万元,公司期望能实现15%的必要收益率。

要求:利用内部收益率法分析该投资方案的可行性。

根据题意,该例是在每年的C值相等的情况下求IRR,可按如下步骤计算:

(1)求出年金现值系数

10年的年金现值系数 =3000000/500000= 6.000

(2)查阅"年金现值系数表",找出与此相近的两个值,并计算NPV。

当R_1=10%时,年金现值系数为6.145,

$NPV_1 = 500000 \times PVIFA_{10\%,10} - 3000000$

　　　$= 500000 \times 6.145 - 3000000$

　　　$= 7.25$(万元)

当R_2=11%时,年金现值系数为5.889,因此:

$NPV_2 = 500000 \times PVIFA_{11\%,10} - 3000000$

　　　$= 500000 \times 5.889 - 3000000$

　　　$= -5.55$(万元)

用插值法计算IRR:

$IRR = 10\% + (11\% - 10\%) \times 7.25/[7.25 - (-5.55)]$

　　$= 10.57\%$

因为 10.57%<15%,所以该投资项目不可取。

或者:

当R_2=12%时,年金现值系数为5.650,因此:

$NPV_2 = 500000 \times PVIFA_{12\%,10} - 3000000$

　　　$= 500000 \times 5.65 - 3000000$

　　　$= -17.5$(万元)

用插值法计算IRR值:

第5章 资本预算与投资管理

$$IRR = 10\% + \frac{7.25}{7.25-(-17.5)} \times (12\%-10\%)$$
$$= 10.59\%$$

因为10.59%＜15%，所以该投资项目不可取。

当每年的C_t不相等时，采用逐次测试法和插值法计算。

（1）用不同的贴现率逐次计算投资项目的NPV值，直到NPV值为零为止。这时所采用的贴现率就是该项目的IRR。

（2）若$NPV \neq 0$，则求出使NPV值由正变负的两个相邻的贴现率。

（3）采用插值法计算IRR。

例6 平安公司现有甲、乙两个投资机会，有关资料见下表，若贴现率为10%，试求内部收益率的值，并进行投资方案的取舍。

表5-12 平安公司两投资方案现金表

单位：万元

年份	甲方案		乙方案	
	净收益	C_t	净收益	C_t
0		（10000）		（4500）
1	900	5900	（900）	600
2	1620	6620	1500	3000
3	2520	2520	1500	3000
			2100	2100

根据题意，该例是C_t不相等时求IRR。

解：当r=10%时，NPV计算如下：

$$NPV_甲 = (5900 \times 0.909 + 6620 \times 0.826) - 10000$$
$$= 831.22（万元）$$
$$NPV_乙 = (600 \times 0.909 + 3000 \times 0.826 + 3000 \times 0.751) - 4500$$
$$= 776.4（万元）$$

因$NPV_甲$是正值，说明内部收益率大于10%，应进一步测试：

以18%测试：

$$NPV_甲 = (5900 \times 0.847 + 6620 \times 0.718) - 10000$$
$$= -249.54（万元）$$

以17%测试：

$$NPV_甲 = (5900 \times 0.855 + 6620 \times 0.731) - 10000$$
$$= -116.28（万元）$$

以16%测试：

$$NPV_甲 = (5900 \times 0.862 + 6620 \times 0.743) - 10000$$
$$= 4.46（万元）$$

则说明：$R_1 = 16\%$，$R_2 = 17\%$

$NPV_1 = 4.46$，$NPV_2 = -116.28$

或者从15%开始测试：

$$NPV_甲 = 137.72（万元）$$

然后：用$R_1 = 16\%$、$R_2 = 17\%$测试：

$NPV_1 = 4.46$、$NPV_2 = -116.28$

以插值法来计算IRR的精确值

$$IRR_甲 = 16\% + \frac{4.46}{4.46 - (-116.28)} \times (17\% - 16\%)$$
$$\approx 16.04\%$$

则甲项目的内部收益率就是16.4%。

同理，计算乙项目的内部收益率。

分别以18%、17%来测试。

$$NPV_乙 = (600 \times 0.847 + 3000 \times 0.718 + 3000 \times 0.761) - 4500 = 445.2（万元）$$
$$NPV_乙 = (600 \times 0.855 + 3000 \times 0.731 + 3000 \times 0.624) - 4500 = 78（万元）$$

用插值法计算精确值

$$则：IRR_乙 = 17\% + (18\% - 17\%) \times 78 / [78 - (-11)]$$
$$\approx 17.88\%$$

由于16.04%＜17.88%，所以乙项目是最优的。

内部收益率法考虑了货币的时间价值，反映了投资项目的真实收益率，其概念容易理解。一是内部收益率法既适应独立投资项目的选择，也适应互斥投资项目的比较选择，适应性非常广泛。二是内部收益率法考虑了资金的时间价值，能正确地反映投资项目本身实际能达到的真实收益率。三是内部收益率不受资本市场上利率的影响，而是完全根据项目的现金流计算，从而在一定程度上反映了项目的内在特征。所以，对于独立项目而言，内部收益率法总是能得出与净现值法一致的结论。

值得注意的是，内部收益率法的计算过程比较复杂，特别是每年的净现金流量不等的投资项目，一般要经过多次测算，而且在很多时候，还需要用插值法才能求得。而且，内部收益率法只对投资项目的评价有用，用于融资性项目时，会导致评价结论错误。

5.4.3 盈利指数法（profitability index，PI）

盈利指数法又称现值指数法，是投资方案未来报酬的总现值与投资额现值的比率，是将未来现金流量现值规模化的指标，它能衡量每一单位投资额所能获得的净现值的大小。其计算公式如下：

$$PI = 未来现金流量现值/初始投资现值 = 1 + (NPV/C_0) \tag{5-7}$$

盈利指数法的计算过程如下：

（1）计算未来现金流量现值；
（2）在存在资本限额的前提下，计算与初始投资的比值。
（3）计算投资组合项目的盈利指数，必须结合项目规模和资本限额，计算加权平均盈利指数。

其决策方法为：独立项目，接受NPV为正、PI大于1的投资项目；投资组合项目，接受加权平均PI最高的项目，表明投资方案的回报率也最高。大量的实践案例证明：盈利指数法对于独立项目的决策有用。对于互斥项目，必须结合净现值法才能得出有效的结论。

例6 以表5-9~表5-10的资料，使用例4得出的A、B、C三个方案现值，采用现值指数法分析，应选择哪个方案？

A方案现值指数 = $\dfrac{650480}{561000}$ = 1.16

B方案现值指数 = $\dfrac{585800}{500000}$ = 1.17

C方案现值指数 = $\dfrac{462532}{400000}$ = 1.16

从盈利指数法可看出，A、B、C三个方案差别不大，但B方案最好，该结果与净现值法的选择不同。

盈利指数与净现值法的不同之处在于：盈利指数不是简单地计算投资方案未来报酬的现值同原投资额之间的差额。盈利指数法是根据各个投资方案的现值指数的大小来判定该方案是否可行的一种投资决策法，比起净现值法，它使不同方案具有共同的可比基础。

盈利指数法的特点有：（1）考虑了资金的时间价值，能真实反映项目的盈亏程度，有利于存在资本限额条件下项目之间进行对比；（2）与净现值法相比，这是一个相对量的评估指标，衡量的是项目未来收益与成本之比；（3）该方法只适用于独立项目的选择；（4）若项目数量较多、组合形式较多，该方法就比较烦琐。

5.4.4　投资回收期法（payback period，PP）

投资回收期是指回收某项投资所需的时间（通常为年数），这是一种根据重新回收某项投资金额所需的时间来判断该项投资方案是否可行的方法。一般而言，投资者总是希望尽快收回投资，即投资回收期越短越好。同时，这也说明回收期越短，该项投资所冒的风险程度就越小。

投资回收期法的决策规则为：如果是独立项目，短于期望回收期的就可以确定；如果是多个项目，短于期望回收期且回收期最短的方案是最优项目。

1. 投资回收期的计算方法

由于方案的每年现金净流量可能相等，也可能不等，投资回收期的计算方法有以下两种：

（1）每年的现金净流量相等，其计算公式为：

$$\text{投资回收期} = \frac{\text{原投资金额}}{\text{平均每年的现金净流量}} \tag{5-8}$$

例7　某公司为更新机器欲购进一台40000元的新设备，无净残值。该机器每年可节为公司省费用12000元；同时，出售旧设备可得3000元，已提完折旧；所得税率为33%，新机器可使用五年，该公司以直线法计提折旧；那么，该项投资方案的回收期是几年？

分析计算如下：

第一，计算该投资方案的现金净流量，见表5-13。

每年现金净流量为10680元。

第二，计算该方案的投资回收期。

本方案基年投资支出额为：

新设备买价－旧机器卖价=40000－3000=37000（元）

第 5 章 资本预算与投资管理

$$投资回收期 = \frac{37000}{10680} = 3.46（年）$$

如果期望投资回收期为四年以上，这个方案就可以接受；如果期望投资回收期为三年以下，则应拒绝这个投资方案。

表5-13 现金净流量表

单位：元

项目	金额	现金净流量
每年节省其他费用	12000	
新增折旧费用	8000	8000
增加税前利润	4000	
减：增缴所得税	1320	
增加税后利润	2680	2680
现金净流量		10680

（2）每年的现金净流量不相等

如果每年的现金净流量不相等，就需要运用各年年末的累计现金净流量的办法计算投资回收期，即逐年计算，直到累计的现金净流量达到投资额的那一年为止。其计算公式如下：

$$回收期 = 已收回年份 + \frac{上年末尚未回收额}{当年末净现金流量} \qquad (5-9)$$

例8 某公司有A、B两个投资方案。这两个方案的基年投资额均为100000元，以后各年的现金净流量如表5-7。

表5-14 某公司投资方案

单位：元

年次	A方案		B方案	
	年末现金净流量	年末累计现金净流量	年末现金净流量	年末累计现金净流量
1	50000	50000	20000	20000
2	40000	90000	30000	50000
3	30000	120000	50000	10000
4	30000	150000	60000	160000
5	20000	170000	70000	230000

由于基年投资额均为10万元，在A方案中，第一年流入5万元，第二年流入4万元，累计9万元，尚有1万元未收回，第三年3万元，累计达12万元，这就说明方案A的原始

投资10万元在该年已全部收回,假定第三年的现金流入量是均衡发生的,那么,A方案的投资回收期为:

$$投资回收期 = 2 + \frac{10000}{30000} = 2.33（年）$$

在B方案中,第一年流入2万元,第二年流入3万元,累计5万元,尚有5万元投资未收回;第三年流入5万元,累计达10万元,恰好收回全部投资,因此,B方案的投资回收期为三年。

由于A方案的投资回收期较B方案短,故选择A方案。

2. 投资回收期法的优缺点

(1) 投资回收期法的优点

第一,投资回收期法在计算与应用上简便且成本不高,并且容易理解,因而经常被采用,一般用于评估小额的资本支出决策,以免采用较复杂方法所需的成本超过可能的"较佳"选择所带来的效益。

第二,投资回收期法可以用来衡量预期的流动性,也就是投资现金回收的速度。现金短缺的公司必然会对流动性高的方案有较高的评价。此外,投资回收期的长短可以作为各方案相对风险的指标。一般来说,我们对近期事件的预测比远期事件准确。因此,在其他状况不变时,回收较快的方案的风险通常比长期方案的风险低。

(2) 投资回收期法的缺点

投资回收期法虽然有以上优势,但其劣势也比较明显。

第一,它只考虑了收回全部投资的年数,而不再考虑以后的现金流入。在例8中,B方案的回收期长于A方案的回收期,但B方案在回收期以后的现金净流量远高于A方案在回收期以后的现金净流量。如果不考虑这些因素,运用该办法就会产生一定的失误。

第二,该种方法没有考虑资金的时间价值对现金流量的影响。在投资回收期法中,我们将第一年发生的现金流入与以后各年度发生的现金流入看成具有同等的价值,但事实却并非如此。

第三,期望回收期的确定完全是主观选择,结论不可靠。

由于以上的三个主要缺点,导致决策者可能作出错误的决定。因此,在实际工作中,有必要把投资回收期法与其他的分析方法,如净现值法、内部报酬率法结合起来加以应用。

5.4.5 平均报酬率法(average rate of return, ARR)

平均报酬率是指一个投资方案平均每年的现金净流入或净利润与原始投资的比率。它是根据各个投资方案的预期投资报酬率的高低来评价方案优劣的一种方法。平均报酬率越高,说明获利能力越强。

平均报酬率的计算公式如下:

$$\text{平均报酬率} = \frac{\text{年平均现金净流量}}{\text{原投资金额}} \times 100\% \tag{5-10}$$

运用平均报酬率法进行决策时,首先应将平均报酬率与决策者的期望平均报酬率相比较,如果平均报酬率大于期望平均报酬率,可接受该项投资方案;如果平均报酬率小于期望平均报酬率,则拒绝该项投资方案。若有数个投资方案供选择,则应选择平均报酬率最高的投资方案。

例9 利用表5-14的资料,用平均报酬率法进行分析。

A方案:

$$\text{年平均净利} = \frac{\text{五年净利合计}}{5} = \frac{170000}{5} = 34000(\text{元})$$

$$\text{平均报酬率} = \frac{34000}{100000} \times 100\% = 34\%$$

B方案:

$$\text{年平均净利} = \frac{\text{五年净利合计}}{5} = \frac{230000}{5} = 46000(\text{元})$$

$$\text{平均报酬率} = \frac{46000}{100000} \times 100\% = 46\%$$

按这种方法,B方案的平均报酬率比A方案高,故应选择B方案。

平均报酬率法的优点是简明、易算、容易理解,克服了投资回收期法的第一个缺点,即考虑了整个方案在其寿命周期内的全部现金流量。但其缺点也是很明显的,和投资回收期法一样,它同样没有考虑资金的时间价值。另外,它还失去了投资回收期法的一些优点,如不能说明各个投资方案的相对风险等。

5.4.6 净现值、现值指数和内部报酬率三种方法的比较

1. 净现值法和内部报酬率法的比较

在多数情况下,运用净现值和内部报酬率这两种方法所得出的结论是相同的,但在以下两种情况下则会产生差异:

（1）原始投资不同，一个项目的投资额大于另一个项目的投资额。

（2）现金流入的时间不同，一个在前几年流入较多，而另一个则在后几年流入较多。

虽然这两种情况使两种方法产生了差异，但引起差异的原因是一致的。即两种方法假定中期产生的现金流量进行再投资时，会产生不同的报酬率。净现值法假定产生的现金流入量重新投资会产生与企业资金成本相等的报酬率；内部报酬率法却假定现金流入量重新投资产生的利润率与该项目的特定的内部收益率相同。

例10 有C、D两个投资方案，详细资料见表5-15。

表5-15 C、D方案的现金流量、净现值及内部收益率

单位：元

年度	C方案	D方案
0	10000	10000
1	6000	2000
2	4000	3000
3	3000	4000
4	2000	5000
贴现率（%）	NPV_C	NPV_D
0	5000	7000
5	3586	4665
10	2377	2764
15	1362	1210
20	467	（80）
25	(284)	(1152)
内部报酬率	23.11%	19.66%

注：（ ）内的值为负值。

上表计算结果说明，当资金成本率为5%时，按净现值法进行评估，D方案优于C方案；而按内部收益率法：则C方案优于D方案。两种方法产生不同结果的根本原因是由于D方案后期现金流量远远大于C方案，后期现金流量越大，其净现值受贴现率改变的影响也就越大。在本例中，两方案的净现值线相交于13.80%，只要资金成本率大于13.80%，C方案的净现值和内部收益率都优于D方案，这时应选择C方案；如果资金成本率小于13.80%，则会产生矛盾：净现值法认为D方案优于C方案，而内部收益率法则认为C方案优于D方案。在这种情况下，哪种方法更为合理？

一般而言，当资金成本率低于13.80%时，尽管两种方法得出两种结果，但正确答案只能一个，即用净现值法得出的评价结果——选用D方案。因为投资决策的目的，是

使企业的财富最大化，而净现值最大时能达到这个目的。因此，一般认为净现值法优于内部收益率法。

公司在选择投资计划时，通常会同时注意净现值与内部报酬率。然而，这些评估标准分别从不同的角度来看投资计划，因此，可能会产生相互冲突的结果。净现值法着眼于一项计划可以使公司的价值增加多少，其假设为预期的现金流量得以实现。内部报酬率法则显示一切正如预期时投资计划所能产生的报酬率。净现值法与内部报酬率法的基本差异如下：

（1）基本着眼点

净现值法着眼于一项计划可以使公司的价值增加多少，内部报酬率法着眼于一项计划的报酬率。如果公司价值最大化与报酬率最大化有所冲突，则应该设法使前者得以实现。例如，100万元的投资获利50%（IRR=50%，NPV=50万元）远比0.10元的投资获利200%（IRR=200%，NPV=0.20元）更好，这就可以说明净现值法与内部报酬率法的差异。

（2）独立的计划没有冲突

对于独立的计划的选择采纳，这两种方法的结论永远一样，因为某一计划的净现值为正值时，其内部报酬率也会高于资本成本，因此，如果一种方法显示应予以采纳，则另一种方法的结论也必然如此。

（3）互斥的计划可能有冲突

如果要在互斥的投资计划间抉择，则净现值法与内部报酬率法可能会产生冲突，净现值法显示某计划最佳，而内部报酬率法则指出另一个最好。

（4）冲突的原因

只有在两个计划的净现值曲线相交时，两个互斥计划在净现值法与内部报酬率法之下的结论才会有冲突，净现值曲线相交的原因有两个：一是两个计划的规模不同；二是两个计划的寿命或期限不同。

（5）再投资的假设

净现值法与内部报酬率法冲突的基本原因与这两个方法隐含的假设有关。净现值法假设公司能够将现金流量以资本成本再投资，而内部报酬率法假设现金流量能够以内部报酬率再投资。在大部分公司中，现金流量可能以接近其资本成本的报酬率再投资，因此，一般来说，净现值法的假设比较合理。因此，在选择投资项目分析方法时比较偏重于净现值法，并且建议在净现值法与内部报酬率法的结论有冲突时，公司应该选择净现值较高的计算。

2. 净现值法与现值指数法的比较

净现值法与现值指数法使用的是相同的信息，因此，得出的结论常常是一致的。但是，当原始投资不相同时，有可能会得出相悖的结论。最高的净现值符合公司价值最大化的利益，即净现值越高，公司的收益越大；而现值指数只反映投资回收的程度，不反映投资回收的多少。因此，在没有资本限量情况下的互斥选择决策中，应选择净现值较大的投资项目。

例11 与E、F两个投资方案有关的资料如表5-16所示。（设资金成本率为10%）

表5-16 E、F方案的现金流量和净现值

单位：元

年度	E方案	F方案
0	20000	10000
1	10000	6000
2	10000	6000
3	10000	5000
净现值	4870	4165
现值指数	1.24	1.42

从计算结果看，两个方案的净现值均为正数，现值指数都大于1，都是可以接受的方案。但若要选择其一，从净现值法看，E方案优于F方案，而从现值指数看，则F方案优于E方案。产生差异的原因是净现值法用各期现金流量的现值减原始投资，而现值指数法是用现金流量的现值除以原始投资。

如果该企业只存在上述两个投资方案而没有其他投资机会，则应选择E方案。因为最高的净现值符合企业的最大利益，即净现值越高，企业的收益越大，而现值指数只反映投资回收的程度，不反映投资回收额的多少。但是，如果还存在其他投资方案，且现值指数仍然较高时，情况可能会有所变化。例如，在投资总额限量的情况下，若同时可以投资几个项目，这时就应选择现值指数较高的几个投资机会，这样可以获得最高的整体获利水平——现值总和最大。

综上所述，在无资本限量的情况下，利用净现值法在所有的投资评价中都能作出正确的决策；而内部报酬率法和现值指数法在决定是否采纳方案中也能作出正确决策，但在相斥选择决策中有时会出现失误。因而，在这几种评价方法中，净现值是最好的评价方法。

5.5 投资风险管理

在市场经济条件下，一切经济因素，包括宏观的、微观的，都在不断地发生变化，风险无处不在。因此，如何合理地分析风险、把握风险是资本预算中的重要内容之一，

也是公司财务管理的重要内容之一。

5.5.1 投资风险界定与分类

1. 投资风险界定

投资风险是指由于各种难以和无法预料或控制的因素作用,使企业投资的市场收益率偏离预计收益而使企业财务收支产生剧烈波动,从而使企业财务有蒙受经济损失的危险或可能性。从财务管理的角度来说,投资风险是指一项投资所取得的结果与原期望结果的差异性。投资的市场收益率偏离期望市场收益率的程度越小,则该投资的风险越小。如果该项投资的市场收益率偏离期望市场收益率的程度越大,则该投资的风险越大。

假定某公司决定将1万元现金用于投资,有两个方案可以选择:第一个方案,将1万元全部用来购买利率10%的国库券;第二个方案,将1万元全部用来购买某新成立公司的股票。在第一个方案中,投资者可以很准确地算出一年后公司的投资收益是10%,在到期日,公司能如数收回1万元的本金。该方案的结果是没有差异性的,因而没有风险。在第二个方案中,投资者很难对其投资报酬率进行估计。因为如果新公司经营管理有方,新上的产品打开了市场销路,企业的盈利很多,且前景良好,股价可能上升很快,这时,投资公司的投资报酬率可能高达100%或更高;如果这个新公司业绩中等,则投资者的投资报酬率可能一般;如果该公司因经营失败倒闭,则投资公司的投资报酬率可能为-100%,即血本无归。假定经测算,第二个方案的预期报酬率为20%,要比第一个方案的10%预期报酬率的收益率高出一倍,但公司失去全部资金的可能性也比第一个方案大得多。由此可知,第二个方案风险较大。

2. 投资风险分类

投资风险一般又可以分为系统风险和非系统风险,系统风险一般是指扣除多样化投资分散的那一部分风险后剩下的风险,是企业多元化投资不能分散的那一部分风险,而非系统性风险则是指企业多元化投资所分散的那一部分风险。投资风险与投资收益成正比,投资风险越大,投资的收益越高,投资的风险越小,投资的收益越低。企业的各项投资有不同程度的风险,既然风险程度不同而得到同一投资利润率的机会可能相同,则大家都会去选择风险小的投资,在这一领域就会出现经济学上所谓的"羊群效应",各企业一哄而起,重复建设,这种产品的市场很快就会供过于求,导致价格和投资收益率下降,风险因此逐渐加大。对于这一问题,理论界进行了长期的研究,得出了如下公式:

$$期望投资收益率 = 无风险的投资收益率(K) + 风险补偿利率(f(x)) \quad (5\text{-}11)$$

这一公式表明,期望投资收益率包括两部分,一部分是无风险的投资收益率,如将钱存入银行或买国家发行的公债,到期肯定可以连本带利收回,这个无风险的最基本的利率,可以吸收公众储蓄。而另一部分风险补偿利率则和风险的大小有关,可用数学公式作如下表示:

$$\frac{df(风险)}{d(风险)}+\frac{df(x)}{dx}=\frac{dy}{dx}>0 \tag{5-12}$$

风险补偿利率为 $df(风险)$,它是风险的函数。风险越大,利率越高。这是由于公司用投资者的钱去做生意,使投资者承受风险,因此他要求报酬高,故一般的期望投资利润率也包括风险补偿利率。

5.5.2 风险来源及投资影响因素

1. 影响投资方案现金流量不确定的因素

投资决策是对未来项目可能产生的现金流量进行预测,从而估计项目的净现值。虽然,在前面几节中,用来作资本预算决策的现金流量是一系列确定的数值。但现实中,未来的现金流量不可能与预测的完全一致,于是便产生了风险。

影响投资方案现金流量不确定的因素有以下几点:

第一,投资总额的变化。引起投资总额变化的原因很多,如建筑材料、机器设备价格的上涨,建设中的某些具体项目的改变等,都会引起投资总额发生变动,一旦超过一定限度,就会影响项目的投资经济效果。

第二,建设期的变化。建设项目可能由于各种原因延期,或建设项目虽然建成,但其配套工程未同步完成,导致建设项目无法按预定期限投产,这样会影响投资项目的收益。

第三,生产能力及销售量的变动。影响项目投产后的现金流量变化的主要因素是生产能力和销售量,如果生产能力没有达到预期效果,则销售受影响,现金流入低于期望值;如果销售市场没有开拓,则生产能力不能充分发挥,同样会影响投资项目的经济效果。

第四,价格的变化。如果市场竞争激烈,可能会采取降低售价的方法来达到预期的销售量,但价格的降低,仍然会影响现金流量。

第五,产品成本的变化。产品成本的主要构成因素,如原材料、燃料、动力、人工费等会因价格上涨而使产品成本增高,使项目的现金流出加大。

第六,项目经济寿命的变化。由于科学技术的发展,投资项目所采用的某些技术、设备可能会提前老化,项目的经济寿命也会因此缩短,从而影响投资的报酬。

由于以上因素的影响，势必使投资方案的盈余变得很不稳定，因此，在进行投资决策时，必须采用一定的方法对风险进行分析，将其作为投资决策方法的必要补充。

2. 投资风险来源

就项目而言，它在将来可能遇到的风险来源于以下几个方面：

（1）国家经济状况发生变化

每个国家都有经济周期，在经济发展的高峰时期，产品销售顺畅，工厂满负荷生产，利润增加。一旦进入低潮时期，产品销售不畅，工厂开工不足，但固定成本不会减少，销售收入的减少和单位产品成本的上升使公司净收入减少。某些项目对经济周期的变化极为敏感，其净现金流量受经济情况的影响变化也较大。

（2）通货膨胀的影响

若将来实际的通货膨胀率高于预测值，则项目的投资额和成本支出增大，而销售价格往往不能同步增长，即当通货膨胀引起的成本增加不能完全通过产品价格的提高转嫁到客户和消费者身上时，项目的风险增加。

（3）采用高新技术和开发新产品

项目采用高新技术或开发新产品会遇到开发成本增加而生产效率或市场销售不理想的情况，此类项目一般风险较高。

（4）汇率影响

外汇汇率的波动直接影响有外币投资借款、原材料进口和产品出口的项目以及海外投资项目。汇率变化受国际、国内形势的影响，其走势不易预测。因此，对项目净现金流量也会有较大影响。

此外，国家政治的稳定性及内债、外债总量等因素均会影响项目的风险，在项目投资决策时应当综合考虑各项风险影响因素，从而找到收益最高的投资项目。

5.5.3　投资风险测算

在已知投资方案各种可能结果发生的概率的情况下，投资风险的大小可以用概率论的方法进行测算。

例12　某厂投资40万元生产某产品，经分析预测，未来可能出现的市场状况及可能获得的收益值（资金流入量）如表5-17所示。

表5-17　某产品投资风险

可能出现的市场销售情况	各种市场状况的概率（P_i）	年收益（X_i）
畅销	0.2	20万元
一般	0.6	10万元
较差	0.2	5万元

第一步，计算收益期望值。上表说明该项投资生产出来的产品有20%的可能会畅销，每年收益20万元；有60%的可能销售情况一般，每年收益10万元；有20%的可能销售较差，每年收益5万元。销售该产品能获得多少收益是一个随机变量，只有实际销售后才能知道，在进行决策时只是计算它的期望收益值。

$$年期收益（\overline{E}）=\sum_{i=1}^{n}X_iP_i=20\times0.2+10\times0.6+5\times0.2=11（万元）$$

第二步，计算标准离差和标准离差率。上面计算的收益期望值，是投资方案各种市场状态可能取得的平均收益值，但是将来实际出现的只能是三种状态中的一种，所能得到的收益值只能是20万元、10万元或5万元中的一个。因此，必须考虑各随机变量与期望值可能发生偏离的程度，即风险程度。通常是以标准离差（δ）来反映随机变量与期望值可能发生偏离的程度。标准离差计算公式如下：

$$标准离差（\delta）=\sqrt{\sum_{i=1}^{n}(X_i-\overline{E})^2 P_i} \qquad (5-13)$$

把上例有关数据代入公式：

$$\delta=\sqrt{(20-11)^2\times0.2+(10-11)^2\times0.6+(5-11)^2\times0.2}=4.9（万元）$$

可见，标准离差主要是由各个随机变量与期望值之间的差距所决定的。一般来说，它们之间的差距越大，说明随机变量的可变性越大，风险也越大；反之，则越小。因此，可将标准离差的大小看作投资方案所含风险大小的标志。当两个方案的收益期望值相同时，可以直接用标准离差来比较风险的大小，在两者中选取标准离差小，即风险较小的方案。但是，标准离差是个绝对值，如果两个方案的收益期望值不同，直接用标准离差就比较困难，而要使用标准离差率。

所谓标准离差率，就是指标准离差同收益期望值相比的相对数，它反映了风险程度。标准离差率越大，投资的风险越大。

上例中的标准离差率为：

$$\frac{4.9}{11}\times100\%\approx44.55\%$$

第三步，确定风险附加率。标准离差率虽然反映了风险的程度，但它并不等于风险率，因为风险率是指投资者因承受风险所取得的报酬与投资额的比率。在实际工作中，风险率可以通过调整贴现率来体现，即采用一个"风险附加率"（风险补偿率），将它加入不包括风险的贴现率中，用以计算净现值。例如，未包括风险的贴现率为10%，风险附加率为4%，则调整后包括风险的贴现率为14%。用这样的贴现率来进行经济评价，就可以将不同风险程度的净现值进行比较，而且这样计算出来的净现值，既能反映投资方案内在经济效益，又能反映其所受风险的大小。那么，风险附加率如何确定？在实际工作中，一般是以标准离差率为基础，分析市场及其他有关条件的情况，由投资者主观决定。

5.5.4 投资风险分析方法

公司风险是由项目现金流量的不确定性引起的。在销售量、销售价格、变动成本、资本成本和投资额偏离原预测值的情况下，项目的净现金流量发生变化，净现值大小改变。若上述因素与预测值的偏离较大，而且概率分布比较分散，则项目净现值的不确定性导致的公司风险也较大。

1. 敏感性分析

敏感性分析是通过分析、预测项目主要因素发生变化时对经济评价指标的影响，从中找出敏感因素，并确定其影响程度。敏感性分析非常重要，它的作用有：

(1) 预测不确定因素变化的幅度，不影响投资的决策；

(2) 找出敏感的不确定因素；

(3) 针对敏感的不确定因素提出建议，采取一定的预防措施，提高项目决策的可靠性。

一个项目的不确定因素有产品产量、价格、主要原材料或动力价格、变动成本、固定资产投资、建设进度及其外汇牌价等。项目对某种因素的敏感程度可以表示为该因素按一定比例变化时引起评价指标的变动幅度，也可以表示为评价指标达到临界点时允许某个因素变化的最大幅度，即极限度。超过此极限度，即认为项目不可行。现在举例说明敏感性分析的具体应用。

某一投资方案所产生的现金流动会受到各种变量（可变因素）的影响，而各变量对现金流动的影响程度是不同的。反过来说，现金流量对各项变量变动的反应敏感程度不一样。敏感性分析就是分析影响投资方案的现金流量的各项因素，从中发现造成投资风险的主要因素。敏感性分析可以显示在其他条件不变的情况下，当某个投入的变量发生变化时，投资方案的净现值也跟着变动的程度。

在进行敏感性分析时，先要决定投入变量的期望值，再以这些期望值作为基点分析。当某期望值发生增减变动而其他期望值不变时,净现值会有什么变化。

例13 假定某公司有一固定资产投资方案,投资总额为10万元,有效期限为五年,每年可增加销售额5万元,折旧费用每年增加2万元,并增加其他营运成本5000元;假定资金成本率为15%。试分析该方案的风险程度。

首先,计算各变量变化前该方案的净现值。

每年现金净流量=(50000-5000-20000)×(1-33%)+20000=36750(元)

净现值=36750×3.352-100000=23186(元)

其次,将以上的期望值作为基点进行分析:

(1)如果增加的销售额比原期望值降低10%,净现值将变成多少?

(2)如果营运成本再上升5%,净现值将是多少?

(3)如果资金成本率为20%,净现值又会是多少?

计算结果如表5-18所示:

表5-18 某公司不同期望值下的净现值

单位:元

变动因素及变动率	净现值(元)
销量额降低10%	4917
营运成本上升5%	22593
资金成本率上升5%	9919

经计算发现,如果销售额降低10%,则净现值由23186元下降到4917元,变化幅度很大,营运成本上升5%,净现值仅由23186元降至22593元,引起的变化很小;资金成本率上升5%,净现值对各变量的敏感程度不同,每一条敏感线的斜率各不相同,斜率越大,该方案的净现值受投入变量变化的影响就越大,即其敏感性越高。该方案的净现值对增加销售量的变化最为敏感,对资金成本率的变化比较敏感,而对营运成本的变化则不太敏感。因此,在进行决策分析时,应对未来销售情况进行详尽调查和分析。如情况不理想,风险过大,则应考虑拒绝这个方案。

2. 情景分析

敏感性分析是对关键投入变量的敏感性进行分析,但却没有考虑关键投入变量的值在概率分布中可能散布的范围,情景分析则把这两个因素同时进行考虑。情景分析的程序是:先根据关键投入变量的期望值算出方案的净现值,作为基本情景的结果;然后以低于预期水平的关键投入变量的值(如低销售量、高营运成本等)作为悲观情景,计算出投资方案的净现值,同时,以高于预期水平的关键投入变量作为乐观情景,计算出投资方案的净现值;随后,将不同情景下的净现值进行比较,观察差异的大小。若差异较大,说明投资方案的风险高。若差异较小,则风险低。

现以上例说明情景分析的运用。假定该企业决策者认为该方案的每年销售额低于2万元或高于7万元的可能性相当小,那么,可以设想一个悲观情景——增加销售额3万元;一个乐观情景——增加销售额6万元;以预期销售增量5万元作为基本情景,计算不同情景下的净现值,如表5-19所示。

从计算结果看,在悲观情景下的净现值21731元与在乐观情景下的净现值45644元之间的差异相当大,因此,可以得出结论:该方案的投资风险高。

表5-19　不同情景下的净现值

单位:元

情景	预计销售额	净现值
悲观	30000	21731
基本	50000	23186
乐观	60000	45644

3. 风险调整贴现率法

在投资风险决策中最常用的方法是风险调整贴现率法。这种方法的指导思想是:对于高风险的投资项目,应采用较高的贴现率计算各项主要的经济指标;对于低风险的投资项目,则应采用较低的贴现率计算各项主要的经济指标,然后根据各方案的主要经济指标选择方案。贴现率的风险调整方法主要有两种。

(1)运用资本资产定价模型来调整贴现率

在进行投资决策分析时,决策者可以运用企业总资产风险模型。

$$总资产风险 = 不可分散风险 + 可分散风险$$

不可分散风险通常用 β 系数衡量,而可分散风险属于企业特有的风险,可以通过企业的多元化经营来消除。这样,在进行投资时,值得注意的风险只有不可分散风险。这时,特定投资项目按风险调整的贴现率可以按下式来计算:

$$K_r = R_f + \beta_r (R_m - R_f) \tag{5-14}$$

上式中,K_r 表示项目 r 按风险调整的折现率或项目的必要报酬率,R_f 表示无风险报酬率,β_r 表示项目 r 的不可分散风险的 β 系数,R_m 表示所有项目平均的折现率或必要报酬率。

(2)用风险报酬率模型来调整折现率

一项投资的总报酬率可以分为无风险报酬率和风险报酬率两部分,如下式所示:

$$K=R_f+b \times V \tag{5-15}$$

因此，特定投资项目按风险调整的折现率可以按下式计算：

$$K_i = R_f+b_i \times V_i \tag{5-16}$$

上式中，K_i表示项目i按风险调整的贴现率；R_f表示无风险贴现率；b_i表示项目i的风险报酬系数；V_i表示项目i的预期标准离差率。

这种方法对风险大的项目采用较高的折现率，对风险小的项目采用较低的折现率，简单明了，因此被广泛采用。但是，这种方法把时间价值和风险价值混在一起，并据此对现金流量进行贴现，这意味着风险会随着时间的推移而增大，而这有时与事实不符。

4. 调整现金流量法

调整现金流量法即按风险调整项目的现金流量，它是通过改变现值公式中的分子，降低预期现金流量而作出的风险调整。现金流量的风险越大，资产的现值相应地也就越低。由于风险的存在导致各年的现金流量不确定，所以，需要按风险情况对各年现金流量进行调整。这种先按风险调整现金流量，然后进行长期投资决策的评价方法称为按风险调整现金流量法。

具体的调整方法很多，这里只介绍肯定当量法。肯定当量法的思路是：先用一个系数（通常称为约当系数）把有风险的现金流量（各年的现金流量均具有不确定性）调整为无风险的现金流量，然后用无风险的折现率来计算净现值，以便运用净现值法来评价投资项目是否可行。其计算公式为：

$$NPV= \sum_{t=0}^{n} \frac{d_t R_t}{(1+r)^t} \tag{5-17}$$

上式中，d_t表示t年现金流量的约当系数，R_t表示t年的现金流量；r表示无风险折现率。

约当系数是肯定的现金流量对与之相当的、不肯定的现金流量的比值，计算公式如下：

$$d_t = \frac{肯定的现金流量}{不肯定的现金流量预期值} \tag{5-18}$$

在进行分析时，可以根据各年现金流量的风险程度，选用不同的约当系数。例如，当现金流量确定时，可取$d_t=1.00$；当现金流量的风险很小时，可以取$0.80 \leq d_t < 1.00$；当现金流量的风险一般时，可以取$0.40 \leq d_t < 0.80$；当现金流量的风险很大时，可以取$0 \leq d_t < 0.40$。

约当系数的确定可能会因人而异，愿意冒风险者可能会选择较高的系数；反之，则选用较低的系数。为了防止因决策者对风险的偏好不同而造成的投资决策失误,有些公司根据标准离差率来确定约当系数。在投资决策分析中,运用肯定当量法的关键是确定约当系数,在约当系数确定后,进行决策分析就容易多了。

案例分析

"阿里巴巴"投资收购"饿了么"

1. 背景

"新零售"成为后互联网时代的风口。2016年10月的阿里云栖大会上,马云在演讲中提出了"新零售"概念。在互联网时代,用户从线下转移到线上并带来巨大的发展势能,这些发展势能成就了互联网巨头。随着从线下向线上流量转移的完成,流量势能在行业发展过程当中发挥的作用越来越弱。"新零售"概念正是在流量红利日益衰减的后互联网时代出现的。通过将积聚在线上大型平台的海量流量再次转移到线下实体店,不仅能够增加线上用户的活跃度和订单转化率,而且能够为线下实体店输送新鲜血液,让线下实体店获得新的发展动力。"新零售"开启了一个由新技术的广泛应用为主要特点的新发展时代。

阿里巴巴急于通过拓展本地生活服务与新零售同"美团"竞争。阿里巴巴之所以对外卖市场与本地生活服务如此重视,源于"饿了么"与阿里巴巴新零售业务的关联性与协同性,有助于其抗衡"美团"的扩张。"美团"从团购拓展到餐饮、再到酒店旅游,业务边界不断延伸,也在不断触碰阿里巴巴核心业务的敏感地带。如果不进一步遏制其增长态势,未来可能成为阿里巴巴本地生活服务与新零售战略铺开过程中的劲敌。此次收购完成后,阿里巴巴将把餐饮作为本地生活服务的切入点,以"饿了么"这个本地生活服务最高频应用之一的外卖服务,结合"口碑"以数据技术赋能线下餐饮商家的到店服务,形成对本地生活服务领域的全新拓展。

"饿了么"当时处于内外交困的境地。一是与"美团"旷日持久的竞争还未分胜负,而滴滴也入局外卖业务。二是在买下"百度外卖"后,反而出现"1+1<2"的问题。2017年8月收购"百度外卖"时,"饿了么"管理层明确表示,将保留"百度外卖"品牌及团队,收购完成后,"饿了么"与"百度外卖"将保持双品牌运营。但从2017年9月开始,百度外卖技术高层陆续出走,至2018年3月,百度外卖原创始团队已经基本出局。2018年3月,国家信息中心发布的《中国共享经济发展年度报告》显示,"饿了么"在收购百度外卖后市场占有率不增反降。三是在接受阿里巴巴多轮融资之后,管理团队股份被稀释,这让实现盈利和独立上市成了泡影。

2. 案例介绍

事实上，阿里巴巴将"饿了么"收归旗下早有预兆，从2016年起，"阿里系"就对"饿了么"进行多轮投资。2016年8月，阿里巴巴和蚂蚁金服一起向"饿了么"投资12.5亿美元，其中，阿里巴巴投资9亿美元。融资完成后，阿里巴巴与蚂蚁金服成为"饿了么"的最大股东，占股27.99%。彼时，"美团"的最大股东，"美团"和"大众点评"刚刚完成合并，并在接下来的新一轮融资又彻底倒向腾讯。2017年4月，阿里巴巴和蚂蚁金服又进一步增持"饿了么"，投资金额为4亿美元。其中，阿里巴巴投资2.88亿美元，剩下的1.12亿美元由蚂蚁金服出资。自此，"阿里系"对"饿了么"持股总占比达32.94%，"阿里系"取代"饿了么"管理团队，成为"饿了么"最大股东。而部分增持的金额被用在对"百度外卖"的收购上。2017年8月，"饿了么"以8亿美元收购"百度外卖"。2018年4月2日，阿里巴巴、蚂蚁金服与"饿了么"联合宣布，阿里巴巴已经签订收购协议，将联合蚂蚁金服以95亿美元对"饿了么"完成全资收购。

阿里巴巴表示，"饿了么"将保持独立品牌、独立运营，"饿了么"的所有合作伙伴及商家的权利都将得到一如既往的尊重。对于备受关注的"饿了么"创始人张旭豪的去留问题，阿里巴巴已将其任命为"饿了么"董事长，并兼任张勇的新零售战略特别助理，负责战略决策支持。阿里巴巴集团副总裁王磊将出任"饿了么"CEO。

3. 简评

"饿了么"成为阿里巴巴新零售的重要力量。马云提出的"新零售"，核心就是线上、线下、数据、物流，四方面将互联网技术与传统零售行业进行深度整合，从而实现统一而多元化的价值提供。"饿了么"即时配送体系将作为新零售重构"人、货、场"的基础设施，弥补阿里巴巴的短板。加入阿里巴巴后，"饿了么"除了继续为"口碑"提供外卖服务外，其庞大的本地配送网络也将为阿里巴巴所用。"饿了么"打造的"30分钟生活圈"将与阿里巴巴新零售的"三公里理想生活圈"结合，与包括"盒马30分钟达"和"24小时家庭救急服务"，以及"线上下单门店发货2小时达"等全面融合。

阿里巴巴和"美团"在新零售领域的竞争将全面展开。外卖市场乃至整个本地生活服务领域正在进化出全新的格局。全资收购"饿了么"后，在整个本地生活服务领域，"阿里系"形成了"饿了么+口碑+盒马鲜生+淘票票+飞猪"的格局。而"美团系"则是"美团外卖+美团点评+掌鱼生鲜+猫眼微影+美团旅行"的布局。事实上，本地生活服务只是"美团"新零售整体框架的一部分。2017年12

月,"美团"刚完成40亿美元融资,CEO王兴通过内部邮件宣布,在前台业务体系上,"美团"与"大众点评"成立大零售事业群,统筹生鲜零售、外卖、物流配送、餐饮等业务。显然,"美团"的大零售业务和阿里巴巴的新零售将展开直接竞争。

新零售未来格局和趋势展望。当前,新零售领域基本形成了阿里巴巴和腾讯双寡头格局。当"美团"加入"腾讯系"之后,阿里巴巴收购了饿了么成为必然之举。阿里巴巴与"饿了么"走到一起,新零售的全面覆盖已然成型,无论是腾讯还是"美团",都将面临又一轮市场争夺战。线上,"阿里系"依然占据超过一半的市场份额,腾讯则通过入股京东的方式,成为市场占有率第二的平台。线下,目前两大阵营轮廓已比较清晰,阿里巴巴阵营主要包括苏宁云商、三江购物、联华超市、银泰商业、新华都、高鑫零售等;腾讯阵营主要包括永辉超市、家乐福中国、万达集团、海澜之家、步步高等。未来,随着超市领域选边站队接近尾声,新零售合作有望逐渐向零售的其他领域扩展。

4. 思考

通过阿里巴巴投资收购"饿了么"的案例,从个人角度判断该案例的投资决策是否合理?

本章小结

关键词

资本预算　现金流量　投资决策方法　投资风险

关键问题

1. 资本预算是一个完整的投资决策过程,要掌握资本预算内涵、特点等内容。从广义上说,投资是为了取得更多的利润而发生的现金支出,从不同角度有各种分类方式。

2. 对项目的投资决策需要综合考虑投资规模及成本、项目盈利及现金流量、投资风险及主体承受能力,掌握长期及短期投资的特点和基本程序,这些均对综合分析项目投资的可行性提供帮助。

3. 估算投资项目的现金流量是分析投资项目的重要步骤,根据是否考虑"货币时间价值"可分为非贴现现金流量法和贴现现金流量法两类,前者主要有投资回收期法、平均报酬率法;后者主要有净现值法、现值指数法、内部收益率法。

4. 净现值是指一项投资的未来报酬总现值超过原投资额现值的金额;内部收益率是指使投资项目的未来现金流入量现值等于未来现金流出量现值时的贴现率;现值指数

法是投资方案未来报酬的总现值与投资额现值的比率,它能衡量每一单位投资额所能获得的净现值的大小。须掌握这些贴现现金流量法的适用条件、优缺点、计算方法等内容。

5. 投资回收期是指回收某项投资所需的时间;平均报酬率是指一个投资方案平均每年的现金净流入或净利润与原始投资的比率。须掌握这些非贴现现金流量法适用条件、优缺点、计算方法等内容。

6. 根据投资主体资本限量情况,比较不同现金流量估算方法,选择适合的决策方法。在无资本限额的情况下,利用净现值法在所有的投资评价中都能作出正确的决策;内部收益率法和现值指数法在决定是否采纳方案中也能作出正确决策,但在相斥选择决策中有时会出现失误。

7. 投资项目带来收益的同时也伴随着风险,投资风险是指由于各种难以或无法预料或控制的因素作用,使企业财务有蒙受经济损失的危险或可能性。投资风险一般又可以分为系统风险和非系统风险。须掌握投资风险的测算方法。

8. 投资风险分析方法很多,如敏感性分析法、情景分析法、概率分析法等,其中敏感性分析法是最常见的分析方法之一。

思考与练习

1. 为什么营运资本被看作现金流出?
2. 名义现金流量和实际现金流量的区别是什么?
3. 三星公司在加利福尼亚有不少稻田。假设这些稻田每年平均能够持续产生800000美元以实际货币表示的利润。三星公司没有可提折旧的资产,并且是一个有200000美元流通股份的纯权益公司。它的股票适用的折现率为12%。三星公司现面临一个总现值为100万美元的投资机会。此项投资需支出400000美元,且三星公司无其他投资机会。假定所有现金流量于每年年末发生。三星公司的每股股份应为多少?
4. 考虑如表5-20所示的两个互斥的投资机会:

表5-20 项目A、B净现值

单位:元

年	项目A	项目B
0	(40000)	(50000)
1	20000	10000
2	15000	20000
3	15000	40000

注:( )内的值为负值。

项目A的现金流量以实际形式表示，项目B的现金流量以名义形式表示，适用的名义折现率为15%通货膨胀率为4%，你会选择哪个项目？

5. 飞利普斯工业公司开展一项小的制造业务，今年预期产生以实际货币表示的净现金流量120000美元。飞利普斯公司的制造业务仍将继续，但竞争压力将侵蚀其净现金流量，使之每年减少6%（已调整通货膨胀因素）。飞利普斯公司适用的实际折现率为11%，且所有的净现金流量于年末发生。飞利普斯公司的此项业务的净现金流量为多少？

6. 什么是内部收益率法？如何确定投资方案的内部收益率？

7. 请比较净现值法、获利指数法和内部报酬率法。

8. 影响现金流量的不确定因素有哪些？

9. "如果一个公司不存在互斥的项目，只有独立的项目，同时这家公司的资本成本恒定，项目带来正常的现金流，即在一笔或几笔现金支出后发生现金流入，则净现值法和内部收益率法总是能够得出相同的资金预算决策。"这句话意味着用内部收益率法来代替净现值法将会出现什么情况？如果论述中的假设逐一改变，这些变动会使你的答案产生什么变化？

10. 你是Hittle公司的财务分析师，主管资金预算的上司让你分析两份提交上来的资本投资方案，项目X和项目Y。每个项目的成本均为10000美元，资本成本均为12%。两个项目的预期净现金流如表5-21所示。

表5-21 项目X、Y预期现金流量

单位：美元

年份	预期净现金流	
	项目 X	项目 Y
0	（10000）	（10000）
1	6500	3500
2	3000	3500
3	3000	3500
4	1000	3500

注：（ ）内的值为负值。

（1）计算每个项目的回收期、净现值、内部收益率。

（2）如果这两个项目是独立的，应该接受哪个项目？

（3）如果这两个项目是互斥的，应该接受哪个项目？

（4）资本成本的变化是如何导致净现值法和内部收益率法产生矛盾结论的？如果 K 等于5%，是否会产生矛盾？（提示：画出净现值曲线）

（5）为什么会有相互矛盾的结论存在？

参考文献

[1] 冯俊华主编：《企业管理概论》，化学工业出版社2006年版。

[2] 吕长江：《净现值法与内含报酬率法冲突的协调》，载《数量经济技术经济研究》1998年第4期，第51—54页。

[3] 钱建伟：《投资决策方法比较研究》，载《商业经济》2007年第1期，第74—75页。

[4] 赵东星、李黎、董世婷：《关于投资风险的衡量与测算》，载《商业时代》2009年第22期，第83页。

[5] 郑明望：《浅谈资金时间价值在项目投资决策中的运用》，载《中国经贸导刊》2009年第15期，第61页。

[6] 党立军：《项目投资决策中折现指标的应用——以净现值和内含报酬率为例》，载《经济研究参考》2012年第29期，第95—96页。

[7] 张尧、关欣、孙杨、佐飞：《考虑背景风险的项目投资决策》，载《中国管理科学》2016年第9期，第71—80页。

第 6 章

债务融资

导语 债务融资一般有商业信用、短期借款融资、长期借款融资和债券融资等方式。本章先介绍了各种债务融资方式的定义，然后再具体介绍每一种债务融资方式的特点和优缺点。其中，重点介绍了债券融资中的公司债券融资，包括公司债券的定义、特征和债券发行等内容。最后介绍了可转换债券筹资，并简要介绍了我国债券市场。

6.1 商业信用和短期借款融资

商业信用和短期借款是企业筹集短期资金的主要方式，这种方式筹集的资金主要用于解决临时性或短期资金流转困难带来的问题。因为公司在生产经营中有许多不可预估的内部和外部因素会令企业出现临时或短期的资金需求，所以这两种短期融资方式在公司财务管理中有着举足轻重的地位。

6.1.1 商业信用

商业信用是指商品交易中由于延期付款或预收货款所形成的公司与公司间的借贷关系。它是公司之间由于商品和货币在时间和空间上分离所形成的直接信用行为，也是一种自发性的融资行为。这是因为供货商将货物赊销给购货公司的过程，实质上是将货物中所含的资金暂时让渡给购货方使用的一种融资行为。同时，这种融资行为是在公司正常生产经营活动中产生的，只要交易对方允许延期付款或企业按有关规定定期支付某些费用，那么不用签订任何契约，也无须抵押品，企业就可获得相应的短期资金连续使用的权利。商业信用是伴随商品交易自然产生并取得的，只要公司生产经营活动一如既往，这种信用融资就不会停息，无须办理手续，也不附条件。若能取得现金折扣或使用不带息应付票据，商业信用融资可能不需要成本或成本很低。商业信用融资具有较大的弹性，能够随着购买或销售规模的变化自动扩张或缩小。商业信用融资的缺点是期限较短，在放弃现金折扣时所付出的成本很高。其主要表现形式有应付账款、应付票据和预收账款。

1. 应付账款

应付账款是指买卖双方发生商品交易后，卖方允许买方在购货后一定时期内支付货款的一种形式。利用这种形式，卖方主要是为了促销，对买方来说，延期付款等于向卖方借用资金购进商品，在一定程度上满足或缓解了自身的短期资金需求。

按照信用折扣取得与否，可将应付账款这种信用形式分为免费信用、有代价信用和展期信用。

（1）信用折扣含义

按国际惯例，为了促使买方按期付款，卖方往往会规定一些信用条件，如2/10，2和10分别表示若于购货发票日算起10天内付款，可享受2%的购货折扣；若于10天后至30天内付款则无这笔折扣，买方必须支付全部货款，允许买方付款的最长期限为30天。显而易见，一家公司如果想享受供应商给予的商业信用，那么该公司付款期通常会在商业信用有效期的最后一天。所以说，想享受折扣，公司一般会选择在第10天付款；若放弃折扣，则会在第30天付款。假设一公司欠款100000元，若第10天付款，只需支付98000元，若第30天付款，需支付100000元，但使用信用资金的时间增加了20天。因此可以看出，购货单位的折扣费用2000元是供货公司因向购货单位提供超过折扣期限的信用资金而索要的报酬，其本质就是利息，对购货公司而言，丧失的折扣就是利息费用。

（2）免费信用、有代价信用和展期信用

免费信用是指买方在规定的折扣期内享受折扣而获得的信用。前例中，如果该公司10天内付款，便享受了10天的免费信用期，获得折扣2000元，免费信用额为98000元。

有代价信用是指买方公司放弃折扣付出代价而获得的信用。前例中，如果该公司在第30天付款，则其延期20天（30—10）使用信用资金98000元，为之付出的代价为2000元（100000×2%）。可以按下列公式求出放弃折扣成本：

$$100000 \times (1-2\%) \times 放弃折扣成本 \times (30-10)/360 = 100000 \times 2\%$$

$$放弃折扣成本 = \frac{2\%}{1-2\%} \times \frac{360}{30-10} = 36.7\%$$

将其写成一般形式就是：

$$放弃折扣成本 = \frac{折扣百分比}{1-折扣百分比} \times \frac{360}{信用期限（天）-折扣期限（天）} \quad (6-1)$$

公式表明，放弃现金折扣的成本与折扣百分比的大小、折扣期的长短同方向变化，与信用期的长短反方向变化。

展期信用是指买方公司超过规定的信用期推迟付款而强制获得的信用，是一种违反常规的做法。由前述公式我们可以看到，公司付款期越长，放弃折扣成本越小，但在公司因缺乏资金而欲展延付款期时，需在降低了的放弃折扣成本与展延付款期带来的损失之间作出选择。展延付款期带来的损失主要指公司信用地位和信用等级的下降。

公司究竟应否享有现金折扣，视其所处的具体情况而言。如果其能以低于放弃折扣的隐含利息成本的利率借入资金，便应在现金折扣期内用借入的资金支付货款，享受现金折扣；如果在折扣期内将应付账款用于短期投资，所得的投资收益率高于放弃折扣的隐含利息成本，则应放弃折扣而去追求更高的收益。

2. 应付票据

应付票据是指公司进行延期付款商品交易时开具的反映债权债务关系的票据。根据承兑人的不同，应付票据分为商业承兑汇票和银行承兑汇票两种，其支付期最长不超过6个月。应付票据可以带息，也可以不带息。应付票据的利率一般比银行借款的利率低，且不用保持相应的补偿余额和支付协议费，所以应付票据的融资成本低于银行借款成本。但是应付票据到期必须归还，如若延期便要交付罚金，因而风险比较大。

3. 预收账款

预收账款是指卖方公司在交付货物之前向买方预先收取部分或全部货款的信用形式。对于卖方来讲，预收账款相当于向买方借用资金后用货物抵偿。预收账款一般用于生产周期长、资金需要量大的货物销售。

6.1.2 短期借款

短期融资的另外一种重要渠道是短期借款，即公司向银行和其他非银行金融机构借入的期限在一年以内的借款。

1. 短期借款的种类

按照国际通行做法，短期借款按偿还方式不同，分一次性借款和分期偿还借款。按照利息支付方法的不同，分为收款法借款、贴现法借款和加息法借款。按有无担保品，分为抵押借款和信用借款。

（1）收款法借款

收款法借款是指在借款到期后向银行支付利息的计息方法，银行向公司发放的贷款多采用这种计息方法。

（2）贴现法借款

贴现法借款是指银行向公司发放借款时，先从本金中扣除利息部分，而到期时借款公司要偿还借款全部本金的一种计息方法。由于公司可利用的贷款额只有本金减去利息部分的差额，因此贷款的实际利率高于名义利率。例如，某工厂以贴现方式向银行举借利率10%的一年期贷款100000元，须预先扣下利息10000元，该工厂实际得到资金数额为90000元，则这笔借款实际利率为：

$$\frac{10000}{100000-10000} \times 100\% = 11.1\%$$

（3）加息法借款

加息法借款是指银行发放分期等额偿还贷款时采用的利息收取方法。这种方式下，银行根据名义利率计算的利息加到贷款本金上，计算出贷款的本息和，要求公司在贷款期内分期偿还本息之和的金额。由于贷款分期均衡偿还，借款公司实际上平均只使用了贷款本金的半数，却支付了全额利息，这样公司负担的实际利率大约高于名义利率一倍。例如，某公司借入年利率12%的贷款20000元，分12个月等额偿还本息，则该项借款的实际利率为：

$$\frac{20000 \times 12\%}{20000 \div 2} = 24\%$$

（4）短期担保贷款

银行向财务风险较大的公司或对其信誉不甚有把握的公司发放贷款，为降低贷款的风险，可向借款公司索取担保品。短期借款的担保品有应收账款、应收票据和存货。银行接受抵押品后，根据抵押品的面值决定贷款金额，一般为抵押品面值的30%—90%，这一比例的高低取决于抵押品的变现能力和银行的风险偏好。担保借款的成本通常高于非担保借款，这主要是因为银行主要向信誉好的客户提供非担保借款，而将担保借款看作风险投资，所以收取较高利率；同时，银行管理担保借款比管理非担保借款困难，因此往往收取手续费。

2. 短期借款的信用条件

按照国际通行做法，短期借款主要有以下一些信用条件：

（1）信贷限额

信贷限额是指银行对借款人规定的无担保借款的最高额。一般来讲，公司在批准的信贷限额内，可随时使用银行借款，但银行并不负有必须提供全部信贷限额的义务。信贷限额的有效期通常为1年。

（2）周转信贷协定

周转信贷协定是一种经常被大公司使用的正式信用额度。与一般信用限额不同，银行具有法律义务提供不超过某一最高限额的贷款。而公司享用周转信贷协定时，要就贷款限额未使用部分付给银行一笔承诺费。例如，某周转信贷额为1000万元，承诺费费率为0.5%，如果公司在某个年度内只使用了600万元额度，那么借款公司该年度应向银行支付承诺费2万元（400万元×0.5%）。周转信贷协定有效期通常为1年。

（3）补偿性余额

银行要求借款公司在银行中保持按贷款限额或是季节用额一定百分比（一般为10%~20%）的最低存款余额。例如，某公司按年利率8%向银行借款10万元，银行要求维持贷款限额15%，那么实际可用借款只有8.5万元，其实际利率为：

$$\frac{10 \times 8\%}{8.5} \times 100\% = 9.4\%$$

在银行附加上述信用条件的情况下，公司取得的短期借款属于信用借款。

3. 短期借款融资的优缺点

（1）短期借款融资的优点

融资效率较高。长期借款时，银行要对借款公司进行全面调查分析，花费时间比短期借款长得多。

融资弹性大。借款公司可以按需随时借款，在现金充裕时及时偿还借款，便于公司灵活安排使用。

（2）短期借款融资的缺点

短期借款融资突出的缺点是成本较高，特别是采用补偿性余额信用条件和加息法短期借款条件更使融资风险增加。

6.2　长期借款融资

长期借款是指公司向银行或其他非银行金融机构借入的使用期限超过一年的借款，主要用于购建固定资产和满足长期资金占用的需要。长期借款大多采用分期还本付息的偿还方式，对债权人和债务人都较为有利，因此当公司需求金额较大、期限较长的资金，而又没有发行股票等权益融资的能力和条件时，可采用长期借款的方式。

6.2.1　长期借款的种类

1. 按提供贷款的机构分类

按提供贷款的机构分类，可分为政策性银行贷款和商业性银行贷款。

（1）政策性银行贷款

政策性银行贷款是指执行国家政策性贷款业务的银行提供的贷款。通常为长期贷款，且一般只贷给国有企业。如我国的国家开发银行、中国农业发展银行、中国进出口银行就属于政策性银行，其贷款业务属于政策性贷款业务。

（2）商业性银行贷款

商业性银行贷款包括短期贷款和长期贷款。其中，长期贷款具有以下特征：① 期限长于一年；② 公司与银行之间要签订借款合同，合同内容含有对借款企业的具体限制条款；③ 有规定的借款利率，可固定亦可随基准利率的变动而变动；④ 主要实行分期偿还方式，一般每期偿还金额相等，当然也可采用到期一次偿还方式。

2. 按有无担保分类

按有无担保分类，可分为信用贷款和抵押贷款。

（1）信用贷款

信用贷款是指不须借款公司提供抵押品，凭借款公司的信用或其担保人信用发放的贷款。通常适用于信誉良好的公司，贷款利率通常很高，并且要附加一定条件。目前，我国专业银行向国有企业贷款大多是信用贷款。

（2）抵押贷款

抵押贷款是指以特定抵押品作为担保的贷款，其抵押品通常是房屋、建筑物、机器设备、股票、债券等。贷款到期，公司不能或不愿偿还债务时，银行有权处置这些抵押品。

6.2.2 长期借款的程序

1. 提出借款申请

公司申请借款必须符合贷款原则和条件。我国金融部门对公司发放贷款的原则是：按计划发放，择优扶植，有物资保证，按期归还。公司申请贷款应具备的条件是：

（1）独立核算，自负盈亏，有法人资格；

（2）经营方向和业务范围符合国家产业政策，贷款用途属于银行贷款办法规定的范围；

（3）借款公司具有一定的物资财产保证，担保单位具有相应的经济实力；

（4）具有偿还贷款的能力；

（5）财务管理和经济核算制度健全，资金使用效益和公司经济效益良好；

（6）在银行设有账户办理结算。

只有具备上述条件的公司才能向银行提出申请，陈述借款原因和金额、用款时间和计划、还款期限和计划。

2. 银行审批

银行根据有关政策和文件，对借款公司进行审查，依据审批权限，核准其申请的借款金额和用款计划。银行审查的内容包括：

（1）公司的财务状况；

（2）公司的信用情况；

（3）公司盈利稳定性；

（4）公司发展前景；

（5）借款投资项目可行性；

（6）借款的担保品等。

3. 签订借款合同

经银行审核，借款申请批准后，银行与借款公司可就贷款的具体条件签订正式的借款合同，规定贷款的数额、利率、期限和一些保护性条款等。长期借款利率有固定利率和浮动利率两种。若采用固定利率，借贷双方通常会找出一家风险类似于借款公司的其他公司，再以发行期限等于长期贷款期限的债券利率作为参考基准来确定长期贷款利率；若采用浮动利率，借款公司和贷款机构会将长期贷款利率定在超过各年基本利率若干百分点上，当基本利率发生变化时，长期贷款中尚未偿还部分的利率也会同比例涨跌。当资金市场利率波动不大、资金供应平稳时，公司多采用固定利率。

4. 取得借款

贷款合同签订后即具有法律效力，公司可在核准的贷款指标范围内，根据用款计划和实际需求，一次性将贷款转入存款结算账户，以便支用。

5. 归还借款

贷款到期时，借款公司可依贷款合同规定，按期偿还借款本金与利息或续签合同。长期借款的偿还方式包括：

（1）定期支付利息，到期一次性偿还本金，这种方式下企业还款压力大；

（2）平时逐期偿还小额本金和利息，期末偿还余下的大部分，每次偿还金额依公司的偿还能力和银行的要求来确定。

6.2.3　长期借款融资的优点与缺点

1. 长期借款融资的优点

（1）融资速度快：公司若发行证券融资，不仅要做发行前的准备工作，而且证券发行本身需要一定时间，而银行借款通过双方直接谈判即可取得，因此相对来说，所花时间较短。

（2）融资成本低：长期借款利率一般低于债券利率，且借款属于直接融资，费用较少，利息可在税前支付，因而融资成本低。

（3）借款弹性较大：长期借款融资弹性主要表现在公司对借款契约中某些条款协商或修改的可能性。借款公司在与贷款机构协商贷款业务时，可就其借款时间、数量、利率直接进行谈判。在借款期内，如果公司情况发生变化，可与银行协商，改变某些借款条款的规定。而在发行有价证券融资方式下，公司想单方面修改某些条款几乎是不可能的。

（4）具有杠杆作用：无论公司盈利多少，银行只收取固定的利息，而更多的收益归借款企业所有。当公司投资报酬率大于其借款利率时，长期借款能使公司获取超过借款利息的差额利润，提高公司每股净收益。

2. 长期借款融资的缺点

（1）财务风险高：长期借款必须到期还本付息，当公司经营不景气时，会给企业带来更大的财务困难，甚至可能导致破产。

（2）限制性条款较多：这有可能使公司在财务管理和生产经营上受到某种程度的制约，以致对企业今后的融资和投资活动产生影响。

（3）融资数额有限制：银行一般对长期借款设置上限，无法满足公司生产经营活动大跨度的方向转变和大规模的范围调整等需要。

6.3 债券融资

债券是公司作为债务人为了筹集资金向债权人承诺在未来一定时期还本付息而发行的一种有价证券，是公司负债融资的主要方式之一。非公司制企业发行债券称为企业债券，股份有限公司和有限责任公司发行的债券称为公司债券。发行债券的主要目的是一次筹集大额长期资金。

债券是经济主体为融资而发行的，用于记载和反映债权债务关系、承诺向债权人定期支付利息和偿还本金的一种有价证券。

6.3.1 债券的基本要素

1. 票面价值

债券的票面价值包含两个方面：一是币种，即债券票面价值采用哪种计量单位。一般来讲，如果发行对象是国外投资者，就选择债券发行所在国的货币或国际通用货币作为债券票面价值的计量单位；如果发行对象是国内投资者，则选择本国货币作为债券票面价值的计量单位。二是债券的票面金额。

2. 票面利率

债券利率是债券持有人定期获取的利息与债券票面价值的比率。债券利率的高低由债券发行者决定，但必须考虑市场利率、债券的偿还期限、自身资信状况以及资本市场资金供求关系等因素的影响。

3. 偿还期限

债券一般都有固定的偿还期限，即自发行日起至全部本金清偿完毕为止的一段时间。一般来讲，偿还期在1年以内的称为短期债券，偿还期在1年以上、10年以下的称为中期债券，偿还期在10年以上的称为长期债券。

4. 发行价格

债券的发行价格由债券的面值、期限、票面利率、市场利率以及债券的信用级别等决定。根据债券发行价格与债券面值的关系，债券的发行可分为溢价发行、平价发行和折价发行。溢价发行是指债券的发行价格高于债券面值；平价发行是指债券的发行价格等于债券面值；折价发行是指债券的发行价格低于债券面值。债券是采取溢价、平价或折价发行，取决于债券的票面利率与市场利率的关系。当市场利率低于、等于或高于债券的票面利率时，债券应分别采取溢价、平价和折价发行的发行方式。

6.3.2 债券的基本特征

1. 流动性

债券一般具有固定的偿还期限。但是债券作为金融性资产，可以在证券市场上自由交易。投资者在需要时可以售出债券以获取现金；也可以将债券抵押给外部资金使用者以获得紧缺的资金。

2. 收益性

债券投资者可以按规定的利息率定期获得利息收益。这是一项固定的、稳定的收入，除非公司发生经营困难不能按时偿还本息，一般投资者都可以获得这项收入；而且，当市场利率下降时，因债券的票面利率已事先固定，投资者还会获得超额收益。

3. 风险性

所谓风险，是指收益的不确定性。尽管债券的利率一般是固定的，但债券投资还是有风险的，主要包括违约风险、利率风险和购买力风险。

（1）违约风险

违约风险是指债券发行人无法按时支付债券利息和偿还债券本金的风险。一般来说，政府发行的国库券由于有政府担保，因此，它没有违约风险，而别的债券或多或少都有违约风险。

（2）利率风险

利率风险是指由于市场利率上升，引起债券价格或价值的下降，从而使投资者遭受损失的风险。由于债券价格会随着利率波动，因此，即使国库券没有违约风险，也存在利率风险。一般来说，债的到期时间越长，利率风险越大。

（3）购买力风险

购买力风险是指由于通货膨胀而使货币购买力下降的风险。因为债券的利率在发行时就已固定，未来的利息和本金不会发生变化，所以，在通货膨胀期间，购买力就会下降。购买力风险对债券持有者是比较重要的。

4. 返还性（偿还性）

偿还性是指债券到期时，除了某些特殊情况如重组、破产等，债券发行方必须归还本金。

债券的上述特征是相互联系、相互制约的。流动性和收益性成反比，收益性和风险性成正比，即风险性小，流动性强，则收益就低；风险性大，流动性弱，则收益就高。

6.3.3 公司债券的定义和特征

1. 公司债券的定义和分类

公司债券是指公司依照法定程序发行、约定在一年以上期限内还本付息的有价证券。公司债券可从不同角度进行分类，其主要分类方式有以下八种：

（1）记名债券和无记名债券

记名债券是指在票面上记有持有人姓名或名称，同时在发行公司的债权人名册上进行登记的债券。投资人凭印鉴领取本息，转让时要在债券上背书并在公司债权人名册上更换债权人姓名。这种债券比较安全。

无记名债券是指债券票面上未注明债权人姓名，也不用在债权人名册上登记债权人姓名的债券。这种债券还本付息只以债券为凭证，转让由债券持有人交付购券人即发生效力。

（2）可转换债券和不可转换债券

可转换债券是指公司债券可在一定时期内，按规定价格或比例，由持有人自由地选择转换成本公司股票的债券。在转换权行使之前属于公司的债务资本，权利行使之后则成为发行公司的所有权资本。目前，我国只有上市公司和重点国有企业具有发行可转换债券的资格，它们在具备了相关条件之后，可以经证监会批准发行可转换债券。

可转换债券的基本要素包括基准股票、票面利率、转换价格、转换比率和转换期限。基准股票，即是可转换债券的标的物，一般是发行公司的普通股。可转换债券的票面利率一般低于普通债券的利率，因为其持有人有特殊的选择权。转换价格，即可转换债券在转换期内转换成普通股的每股价格。转换价格一般高于发行当时相关股票价格的 10%～30%。在转换期内，若有股票分割或发放股票股利的情况，则要相应调整其转换价格。转换比率，指每份可转换债券可转换成普通股的股数。转换期限，即可转换债券转换成股票的起始日至结束日。一般有两种规定：一种是发行公司制定一个特定的转换期限,另一种是不限制转换的具体期限。

可转换债券融资具有如下优点:可转换为普通股,有利于稳定股票价格和减少对每股权益的稀释;其利率低于普通债券的利率,可节约利息支出;可增强融资灵活性,便于筹集资金并减少融资中的利益冲突。其缺点可概括如下:若股价低迷,面临兑付债券本金的压力,给公司带来财务风险;存在股价上扬风险,可能导致公司丧失低息优势。

不可转换债券是指公司债券不能自由地转换成公司其他有价证券(主要是普通股)的债券,又称为普通债券。由于其没有赋予债券持有人将来成为公司股东的权利,所以其利率一般高于可转换债券。

（3）信用债券和抵押债券

信用债券亦称"无担保债券",指没有以指定的财产抵押为保障,完全凭借公司的良好信誉而发行的债券。信用债券持有者对发行人所有未用于其他债务进行抵押的资产具有一般债权人的求偿权。同时,信用债券持有者对那些已抵押资产超出其保障债券所需要的部分也有求偿权。与有担保债券相比,信用债券的持有人承担的风险较大,因而往往要求较高的利率。一般只有历史悠久、信用良好的公司才能发行这种债券。

以抵押财产为担保而发行的债券称为抵押债券。按抵押品不同,可分为一般抵押债券(即以公司产业的全部为抵押品)、不动产抵押债券、设备抵押债券和证券信托债券。按抵押品先后抵押顺序,可分为第一抵押债券和第二抵押债券。在清偿时,只有第一抵押债券持有人的债券清偿完毕,第二抵押债券持有人才有权索偿剩余财产。

（4）参与型公司债券和不参与型公司债券

参与型公司债券是指其债券持有者除了可以得到事先规定的利息外,还可以在一定程度上参与公司盈利分红的债券。它是根据持有者是否参与公司剩余资金的分配而由来的。如果持有者参与公司盈利的分配那么就是参与型的公司债券;如果不参与公司盈利的分配那么就是不参与型公司债券。

（5）固定利率债券和浮动利率债券

固定利率债券指在发行时规定利率在整个偿还期内不变的债券。固定利率债券不考虑市场变化因素,因而其筹资成本和投资收益可以事先预计,不确定性较小,但债券发行人和投资者仍然必须承担市场利率波动的风险,如果未来市场利率下降,发行人能以更低的利率发行新债券,则原来发行的债券成本就显得相对高昂,而投资者则获得了相对现行市场利率更高的报酬、原来发行的债券价格将上升;反之,如果未来市场利率上升,新发行债券的成本增大,则原来发行的债券成本就显得相对较低,而投资者的报酬就低于购买新债券的收益,原来发行的债券价格将下降。

浮动利率债券是指发行时规定债券利率随市场利率定期浮动的债券,债券利率在偿还期内可以进行变动和调整。浮动利率债券往往是中长期债券。浮动利率债券的利率通常根据市场基准利率加上一定的利差来确定。发行浮动利率债券主要是为了应付通货膨胀。

（6）收益债券、附认股权债券、附属信用债券

收益债券是只有当公司获得盈利时才可向投资者支付利息的债券。这种债券不会为发行公司带来固定利息负担；对投资者而言，则意味着高风险、高收益。

附认股权债券是指所发行的债券附带允许债券持有人按特定价格认购公司股票权利的债券。认股权随着债券的发放而发放，属性类似可转换债券。附认股权债券的票面利率通常低于一般的公司债券。有关认股权证的内容可见第七章第四节。

附属信用债券是指当公司清偿时，受偿权顺序低于其他债券的债券。这种债券的利率高于一般债券，如其可转换为普通股，出售价低于一般信用债券。

（7）上市债券和非上市债券

上市债券是指可以在证券交易所挂牌交易的债券，不可以在证券交易所挂牌交易的债券为非上市债券。上市债券的信用评级较高、价值高，并且变现速度快，因而比较吸引投资者；但是上市的条件严格，并且需要承担上市的费用。

（8）一次还本付息债券和分期偿还债券

一次还本付息债券是指在债务期间不支付利息，只在债券到期后按规定的利率一次性向持有者支付利息并还本的债券。我国的一次还本付息债券可视为零息债券。

分期偿还债券是指发行单位规定在债券有效期内，某一时间偿还一部分本息，分期还清的一种债券。这种债券可减少一次集中偿还的财务负担，一般还本期限越长、利息越高。通常采用抽签方式或按照债券号码的次序进行偿还。我国早期发行的国库券即属此种债券。

2. 公司债券的特征

负债融资和股票融资是公司筹集长期资金的两种主要渠道。与股票融资相比较，负债融资的特点表现在以下方面：

（1）融资成本较低。首先，负债融资具有利息抵税的税盾效应，可以冲减税基，而股票融资会带来公司与股东的双重征税，且股利必须从税后利润中支付；其次，由于投资者投资股票的风险大于投资债券的风险，在完善的资本市场上，投资者投资股票要求的投资回报率必然要高于投资债券所要求的回报率，因此负债融资的直接成本低于股票融资的成本。此外，负债融资的发行成本通常低于股票融资，在预期利率上浮情况下还可以锁定成本。

（2）不会影响公司控制权。在负债融资下，债权人只享有按期收取固定利息收益、到期收回投资本金的权利，无权参与公司的经营决策和经营管理，在公司能够按契约规定偿债的情况下，不会影响原有股东和经理对公司的控制权。股票融资可以增加公

司资本金和抗风险能力，但新股东的加入会因其具有剩余收益分配权和经营决策参与权，在一定程度上带来老股东收益权的稀释和控制权的削弱。

（3）有利于优化公司资本结构。股票融资和负债融资都是公司资本来源的重要形式，适当的负债融资有助于优化公司资本结构，充分发挥财务杠杆作用，增加公司价值和股东收益。

（4）有利于完善公司治理结构。所有权与经营权分离下，股东与经理利益不一致会产生代理成本，股东从公司价值最大化出发，倾向于保持较高的杠杆水平。经理人则往往在个人经济利益要求支配下，偏好保持较低的杠杆水平。在这种情况下，负债融资有助于完善公司治理结构，规范经理行为，减少代理成本。

（5）财务风险较高。负债融资有固定的到期日并需定期支付利息，在公司经营不景气时，会增加公司的财务风险，给公司带来沉重的财务负担。

公司债券融资和银行信贷融资是当前公司负债融资的两种重要方式。与银行信贷融资相比，公司债券融资的特点表现在：

（1）融资成本较低。通常情况下，在债券市场发达的国家，投资银行在公司债券发行过程中充当市场中介角色，负责设计公司债券条款，将公司信息传播给投资者。投资银行的竞争以及信息的标准化可以降低相关融资成本。而在银行信贷中，银行直接承担贷款风险，需要花费大量财力精力处理信息和监管企业，成本往往高于投资银行。但在债券市场不发达的国家，由于受到政策等方面的限制，公司融资方式比较单一，绝大多数公司往往只能选择银行信贷。

（2）融资自主权较强，融资运用限制较小。在发行债券融资过程中，各种融资条款（如融资方式选择、融资规模大小、融资期限长短、融资利率高低等）基本上由公司自己决定，而在银行信贷融资中，各种融资条款都要与银行协商，并经银行审核批准后才能决定。公司通过发行债券取得的融资一般可以自由使用，不受债权人的具体限制，而信贷融资通常有许多限制性条款，如限制资金的使用范围、限制借入其他债务、要求保持一定的流动比率和资产负债率等。

（3）有助于分散风险。一般而言，公司发行债券都会涉及很多公众投资者，可以帮助其将风险分散到更广泛的投资者群体，而不是集中于银行，进一步提高融资效率。从这个角度上看，公司债券市场能比银行信贷承担更多风险或分散更多风险，因此银行不愿意接受的高风险长期融资，在公司债券市场却有可能实现。

（4）筹资数量有限。利用公司债券筹资要受到公司资本结构的限制，例如，《公司法》规定发行公司债券累计总额不得超过公司净资产的40%，当负债比率超过一定程度后，公司债券筹资的成本会迅速上升，有时甚至可能发行不出去。

6.3.4 公司债券的发行

1. 发行债券的资格和条件

（1）发行债券的资格

《公司法》规定，股份有限公司、国有独资公司和两个以上国有企业或者其他两个以上的国有投资主体投资设立的有限责任公司为筹集生产经营资金可以发行债券。发行可转换公司债券，企业除具备发行债券条件外，还必须具备发行股票的条件。

（2）发行债券的条件

① 股份有限公司的净资产额不低于人民币3000万元，有限责任公司的净资产额不低于人民币6000万元；

② 累计债券总额不超过公司净资产额的40%；

③ 最近三年平均可分配利润足以支付公司债券一年的利息；

④ 筹集的资金投资去向符合国家产业政策；

⑤ 债券的利率不得超过国务院限定的水平；

⑥ 国务院规定的其他条件。

发行公司债券筹集的资金，必须用于审批机关审批的用途，不得用于弥补亏损和非生产性支出。公司有下列情形之一的，不得再次发行债券：

① 一次发行的公司债券尚未募足的；

② 对已发行的公司债券或者其债务有违约或者延迟支付本息的事实，且仍处于继续状态的；

③ 改变公开发行公司债券所募集的资金用途的。

公司债券每张面值100元，发行价格由发行人与保荐人通过市场询价确定。公司债券的信用评级，应当委托经中国证监会认定、具有从事证券服务业务资格的资信评级机构进行。为公司债券提供担保的，应当符合下列规定：

① 担保范围包括债券的本金及利息、违约金、损害赔偿金和实现债权的费用；

② 以保证方式提供担保的，应当为连带责任保证，且保证人资产质量良好；

③ 设定担保的，担保财产权属应当清晰，尚未被设定担保或者采取保全措施，且担保财产的价值经有资格的资产评估机构评估不低于担保金额；

④ 符合《物权法》《担保法》和其他有关法律、法规的规定。

2. 公司债券发行程序

（1）作出发行债券决议

股份有限公司、有限责任公司发行公司债券，由董事会制定方案，股东会作出决议。国有独资公司发行公司债券，应由国家授权的投资机构或者国家授权的部门作出决定。

（2）提出发行债券申请

公司作出决议后，应向国务院证券管理部门报请批准，并提交公司登记证明、公司章程、公司债券募集办法、资产评估报告和验资报告。

（3）公告债券募集办法

公司债券募集办法中应载明公司名称、债券募集资金的用途、债券总额和债券的票面金额、债券的利率、还本付息的期限和方式、债券的担保情况、债券发行的起止日期、公司净资产额、已发行的尚未到期的公司债券总额、公司债券的承销机构。公司若发行可转换公司债券，还应在债券募集办法中规定具体的转换办法。

（4）委托证券机构销售

和股票的发行一样，债券也有公募发行（直接向社会发行）和私募发行（由证券经营机构承销发行）两种方式，我国有关法律法规要求企业采用公募发行方式。

（5）交付债券，收缴债券款，登记债券存根簿

发行公司公开发行公司债券，由证券承销机构发售时，投资者直接向承销机构付款购买，承销机构代理收取债券款，交付债券。然后，发行公司向承销机构收取债券款并结算预付的债券款。根据《公司法》规定，公司发行公司债券应当置备公司债券存根簿。发行记名公司债券的，应当在上面载明债券持有人的姓名或者名称及住所、债券持有人持有债券的日期及债券的编号、债券总额、债券的票面金额、债券的利率、债券的还本付息的期限和方式、债券的发行日期。发行无记名公司债券的，应当在公司债券存根簿上载明债券总额、利率、偿还期限和方式、发行日期及债券的编号。

3. 债券发行价格

公司债券的发行价格是发行公司发行债券时所使用的价格，主要有等价发行、折价发行和溢价发行三种。以债券的票面金额为发行价格的为等价发行；以高出债券票面金额的价格发行的为溢价发行；以低于债券票面金额的价格发行的为折价发行。债券发行价格计算的一般公式如下：

$$债券发行价格 = \frac{债券面额}{(1+市场利率)^n} + \sum_{t=1}^{n} \frac{债券面额 \times 票面利率}{(1+市场利率)^t} \quad (6-2)$$

上式中，n 表示债券期限，t 表示付息期，市场利率为债券发售时的市场利率。

由上式可以看出，债券发行价格主要受债券面额、票面利率、债券期限和市场利率四个因素影响。其中，前三个因素由发行公司作出决议，债券面额、票面利率越高，债券发行价格越高；债券期限越长，债权人风险越大，其所要求利息报酬越高，发行价格

可能就越低；反之，就越高。只有市场利率在发行公司控制范围之外，并且正是市场利率的经常变化，使之与票面利率不一致，债券才可能按溢价或折价来发行。

例1 某公司发行面额为1000元、利率为10%、期限为10年的债券，每年年末付息一次。其发行价格可分如下三种情况：

（1）当市场利率为10%，债券的票面利率与市场利率完全一致时，为等价发行。其发行价格计算如下：

$$债券发行价格 = \frac{1000}{(1+10\%)^{10}} + \sum_{t=1}^{10} \frac{100}{(1+10\%)^t} = 1000（元）$$

（2）当市场利率为8%，债券的票面利率高于市场利率时，为溢价发行。其发行价格计算如下：

$$债券发行价格 = \frac{1000}{(1+8\%)^{10}} + \sum_{t=1}^{10} \frac{100}{(1+8\%)^t} = 1134（元）$$

（3）当市场利率为12%，债券的票面利率低于市场利率时，为折价发行。其发行价格计算如下：

$$债券发行价格 = \frac{1000}{(1+12\%)^{10}} + \sum_{t=1}^{10} \frac{100}{(1+12\%)^t} = 886（元）$$

4. 债券的发行方式

按债券的发行对象划分，有私募发行和公募发行两种。

（1）私募发行

私募发行是指筹资者面向少数的特定认购人发行，一般仅以与债券发行者有某种密切关系者为发行对象，主要是定向发行。私募发行的对象有两类：一类是个人投资者，如发行单位的职工或经常使用发行单位产品的用户；另一类是机构投资者，如与发行单位关系密切的企业、公司、金融机构等。

（2）公募发行

公募发行是指发行者公开向范围广泛的非特定投资者发行债券的一种方式。为了保护普通投资者的安全，公募发行一般以较高的信用等级为必要条件。在公募发行内又有三种发行方式：募集发行，指一般在发行前确定发行额度、日期、发行价等要件；出售发行，指发行额不确定，以某一发售时期内被认购的总额为发行额；投标发行，指预先确定发行额，由承销者通过投标确定发行价格。

一般来说，私募发行多采用直接销售方式，也不必向证券管理机关办理发行注册手续，因此可以节省承销费用。公募发行多采用间接销售方式，这往往要通过烦琐的注册手续。在采用间接销售方式时，发行人要通过发行市场的中间人即承销者办理债券的发行与销售业务。承销者承销债券的方式有两种，分别为代销和包销。

5. 公司债券合约

债券合约（也称信用证书）是公司（借款人）和债权人之间的书面协议，包括发债公司与投资者签订的原始契约和发债公司与债券发行机构签订的信托契约。公司必须指定一个托管人来代表所有的债券持有人。

受托的信托公司必须：（1）确保债券合约被遵守；（2）管理偿债基金；（3）在违约时（公司违背对债权持有人的支付约定时），代表债券持有人。

债券合约包括下面条款：（1）债券的基本术语；（2）债券的发行总额；（3）对作为担保的资产的描述；（4）偿付条款；（5）保护性条款。

偿付条款说明了债券的偿付及收回方式，具体包括：

（1）债券赎回：即规定发债公司在债券到期前有按约定的价格提前收回债券选择权的条款。赎回的形式有随时赎回和推迟赎回两种，前者是债券一经发行，债券发行人即有权随时赎回债券；后者是债券发行人只能在一定时间后才能赎回已发行的债券。可赎回债券的赎回价格一般比面值要高，具有赎回条款的债券的优点是可使公司筹资有较大的弹性。当公司现金有结余时，可收回债券；当预期利率下降时，也可收回债券并发行新债券。

（2）偿债基金：偿债基金是指为清偿债券而设立的由债券信托人管理的账户。发行债券的公司通常在债券期限内分期提存基金，委托银行或信托公司管理运用。这样，在债券到期时，积累的基金和运用收益之和恰好足以用来还本付息。这样做，既取信于投资者，也便于发行公司分期安排，避免到期时一次筹措巨额资金还债。偿债基金有强制性基金与非强制性基金两种。

保护性条款通常是对发债公司的某些行为进行限制，从而保护投资者利益的条款。这个条款要求公司在执行某些潜在可能损害投资人利益的事件之前，要获得投资人的批准。实际上就是给予投资人一个对公司某些特定事件的否决权，包括对发行新债、支付现金股利、资产抵押、公司并购，以及对租赁的限制等。

6. 换债

债券调换即以新债券替换旧债券的还债方式。债券调换分析是比较新旧两种债券的债务成本及成本节约额，并以此进行决策的分析。由于公司通常对已发行的债券拥有赎回选择权，因此，当市场条件变化使得债券继续流通在外对公司不利时，公司希望赎回旧债券，发行息票率较低的、条款较宽松的新债券来取代旧债券，以降低公司的资本成本。公司在进行换债决策时需要考虑两个主要问题：

（1）如果发行新债券以赎回旧债券，公司能否获利？

（2）纵使实施换券操作可使公司获利，但如果延后实施，公司价值是否会增加更多？

这实际上是一种投资决策，因此其决策方法与资本预算方法大致相同：首先，分析换券操作的初始成本，显然应包括旧债赎回升水以及新债的发行成本；其次，分析新债券带来的收益，主要是每年的利息节省；最后，将每年的利息节省折成现值，与初始成本比较。若具有正的净现值，就应该实施换券操作。于是，可得换债活动净现值的公式：

$$NPV = \sum_{t=1}^{n} \frac{\Delta CFAT_t}{(1+k)^t} + \Delta CFAT_0 \qquad (6-3)$$

上式中，$\Delta CFAT_t$ 代表因换债而增加的 t 期税后现金流入量；$\Delta CFAT_0$ 代表因换债而发生的0期税后现金净流出量（成本）；k 代表新债券的税后成本。

6.3.5 债券的信用等级

债券评级是衡量违约风险的依据。它是由专门的债券评信机构对不同公司债券的质量作出的评判。公司公开发行债券通常需要由债券评信机构评定等级。债券的信用等级对于发行公司和购买人都有重要影响。

1. 债券信用等级分类

债券质量通常以信用等级来表示。信用等级越高，债券的质量越好，说明债券的风险小，安全性强。国际上流行的债券等级是3等9级。AAA级为最高级，AA级为高级，A级为上中级，BBB级为中级，BB级为中下级，B级为投机级，CCC级为完全投机级，CC级为最大投机级，C级为最低级。其中，AAA级为最高级，表明还本付息能力极高；而C级为最低等级，一般指不能支付利息的债券；从BB级往下的债券为投机债券。

债券的信用等级同利率高低一般成反比，等级高的债券利率低，等级低的债券利率高。美国的标准普尔公司、穆迪公司；日本的日本公社债研究所；加拿大的债务级别服务公司；英国的艾克斯特尔统计服务公司都是公认的资信评定机构。

我国的债券评级工作正在开展，但尚无统一的债券评级标准和系统评级制度。根据中国人民银行的有关规定，凡是向社会公开发行的企业债券，需要由中国人民银行及其授权的分行指定资信评级机构或公证机构进行评信。这些机构对发行债券企业的企业素质、财务质量、项目状况、项目前景和偿债能力进行评分，以此评定信用级别。

2. 债券信用等级评价方法

债券信用评级机构在评定债券信用等级过程中，需要采用定性和定量相结合的方法，对关系债券信用等级的内容进行认真分析，进而对债券的信用等级作出科学合理的判断。一般而言，债券评级机构主要针对以下方面对债券信用等级进行分析判断。

（1）产业

产业分析又叫公司发展前景分析，包括两个方面的内容：一是分析判断发债公司所属产业是"朝阳产业"，还是"夕阳产业"；在环境变化中是稳定的产业还是敏感的产业。二是分析该债券发行公司在同行业中的竞争能力和发展潜力。通过产业分析，可以对发债公司的发展前景作出大致判断。

（2）财务状况

财务状况分析主要包括分析评价发债公司的债务状况、偿债能力、盈利能力、资金周转能力等。

（3）信托契约

信托契约分析又称公司债券约定条件分析。信托契约是详细规定发债公司与债券持有人的权利和义务关系的文件。因此，在以保护债券持有人为目的的债券评级中，对信托契约的分析是债券评级机构的主要分析内容之一。债券信托契约的分析主要包括债券有无担保及其限制条件、债务期限、还本付息方式、契约双方的权利与义务、违约的处理办法等。

6.3.6 债券融资的优缺点

债权融资获得的只是资金的使用权而不是所有权，负债资金的使用是有成本的，企业必须支付利息，并且债务到期时须归还本金。债权融资能够提高企业所有权资金的资金回报率，具有财务杠杆作用。因此，债券融资具有以下优缺点：

1. 债券融资的优点

（1）资本成本较低

公司债的利息费用属于正常的经营费用，允许在公司税前成本中列支，使公司相应少交所得税，从而在一定程度上降低了公司的实际融资成本。

（2）能充分利用财务杠杆，提高公司获利能力

债券融资获得的是一次长期资金，公司可相应对其作长期的投资安排，以获取持久的投资收益。只要公司投资报酬率大于其债券利率，债券持有者获得固定利率后，剩余部分归公司所有者拥有，或者分配给股东，或者留归公司用于以后扩大生产经营活动。

（3）可保证公司原有股东对企业的控制权

因为债券投资者只能定期从公司获取固定的利息收益，无权参与公司的经营管理，这样公司既筹得长期资金，又不会失去对公司的控制权。

（4）相对于长期借款来讲更具灵活性

这是因为公司对于债券发行的面值、价格、利率、偿还期限等，可根据公司自身和当时市场实际情况自行研究决定。如在市场利率较高时，可发行较短期的债券，以供公司短期资金之需，待市场利率下跌后，按期收回，再发行一种较低利率的长期债券。相反，在市场利率较低，对公司融资有利时，可发行较长期债券，以使公司在以后市场利率上升时不受影响，并保证资金的长期供应。

2. 债券融资的缺点

（1）财务风险较高

因为债券融资和长期借款融资一样，需要到期还本付息，所以当公司不景气时，特别是资金利润率大大低于其债券利率水平时，会给公司带来沉重的财务负担，甚至导致公司破产。同时，由于其必须定期还本付息，要求公司定期在财务的资金调度上准备充分的现金，加重了对公司资金平衡的要求。

（2）限制条款较多

发行债券的限制性条款比短期借款、租赁融资严格得多，这就限制了公司财务应有的灵活性，影响了公司正常发展和未来的融资能力。

（3）融资数量有限

我国《公司法》规定，发行公司流通在外的债券累计不得超过公司净资产的40%。

6.3.7　可转换公司债券筹资

可转换债券是可转换公司债券的简称，是持有人有权在规定期限内将其转换为确定数额的发债公司的普通股股票的一种混合性有价证券。可转换公司债是一种混合型的债券形式。当投资者不太清楚发行公司的发展潜力及前景时，可先投资这种债券。待发行公司经营业绩显著，经营前景乐观，其股票行市看涨时，则可将债券转换为股票，以从公司的发展受益。可转换债券对于投资者来说，是多了一种投资选择机会。因此，即使可转换债券的收益比一般债券的收益低些，但在投资机会选择的权衡中，这种债券仍然受到投资者的欢迎。可转换公司债券在国外债券市场颇为盛行。这种公司债券最早出现在英国，目前，美国公司也多发行这种公司债。由于可转换债券具有可转换成股票这一优越条件，因而其发行利率较之普通债券较低。

1. 可转换公司债券的发行条件

发行条件是与这种债券具有转换权联系在一起的。因为要将这种公司债券转换成同一个发行人即同一家公司的股票，那么就要求这个公司既有发行公司债券的能力，又有公开发行股票的能力，这个公司只应是一个能向社会公开募集股份的股份有限公司。所以，上市公司经股东大会决议后可以发行可转换为股票的公司债券，并在公司债券募集办法中规定具体的转换办法；发行可转换公司债券的，应当既按发行公司债券，又按发行股票的要求申请批准、核准；发行可转换公司债券的公司，除具备发行公司债券的条件外，还应当符合股票发行的条件。所以规定发行可转换公司债券的公司必须具备两方面的条件：

（1）具备发行公司债券的条件。如果不具备就不能发行这种债券，迈不出第一步；

（2）具备公开发行股票的条件。可转换公司债券如不能实现转换权，这将对投资者构成一种欺骗行为，因为这是对无法实现的权利作出了承诺。

2. 发行可转换公司债券的方式和要求

可转换公司债券采取记名式无纸化发行方式。发行可转换公司债券，发行人必须公布可转换公司债券募集说明书。公司债券募集说明书的内容按规定要求编写。

可转换公司债券的最短期限为3年，最长期限为5年；按面值发行，每张面值100元，最小交易单位为1000元，每半年或一年付息一次；到期后偿还未转股债券的本金及最后一期的利息。

上市公司发行可转换公司债券的，以发行可转换公司债券前1个月股票的平均收盘价格为基准，上浮一定幅度作为转股价格。具体上浮幅度由发行人与主承销商确定。重点国有企业发行可转换公司债券的，以拟发行股票的价格为基准，折扣一定比例作为转股价格。

前一次发行的债券尚未募足的，或是对已发行的债券有延迟支付本息的事实，且仍处于继续延期支付状态的，不得发行可转换公司债券。

承销期满后，尚未售出的可转换公司债券按照承销协议约定的包销或代销方式分别处理。采用代销方式时，超过募集说明书规定的截止日期且尚未募足1亿元人民币的，发行人应在发行截止日后的3个工作日内将认购金额及按银行同期存款利率计算的利息返还给可转换公司债券认购人。

3. 可转换公司债券的转股和偿还

可转换公司债券自发行之日起6个月后方可转换为公司股票，具体转换期限应由发行人根据可转换债券的存续期及公司财务情况确定。发行人应明确约定可转换公司债券转股的具体程序和条件。持有人可以依据约定的条件随时将债券转换为股份。

发行人设有赎回、回售条款的，发行人每年可按约定条件行使一次赎回权。持有人每年可依照约定条件行使一次回售权，每年首次满足赎回、回售条件时，发行人和持有人可赎回、回售部分或全部未转股的可转换公司债券，但若首次不实施赎回、回售的，当年不应再行使赎回、回售权。

可转换公司债券持有人可按约定的条件在规定的转股期内随时转股,并于转股完成后的次日成为发行人的股东。

可转换公司债券到期未转换的,发行人应当按照可转换公司债券募集说明书的约定,于期满后5个工作日内偿还本息。可转换公司债券发行人未按期偿还本息的,除支付本息外,还应当按每日1‰的比例向债权人支付赔偿金。

4. 可转换债券的性质

可转换公司债券是可转换证券的一种。从广义上来说,可转换证券是一种证券,其持有人有权将其转换成另一种不同性质的证券,如期权、认股权证等都可以称为是可转换证券,但从狭义上来看,可转换证券主要包括可转换公司债券和可转换优先股。

可转换公司债券,是一种公司债券,它赋予持有人在发债后一定时间内,可依据本身的自由意志,选择是否依约定的条件将持有的债券转换为发行公司的股票或者另外一家公司股票的权利。换言之,可转换公司债券持有人可以选择持有至债券到期,要求公司还本付息;也可选择在约定的时间内转换成股票,享受股利分配或资本增值。

可转换优先股虽然与可转换公司债券一样可以转换成普通股股票,但是它毕竟是股票,固定所得不是债息,而是股票红利;它的价格随着公司权益价值的增加而增加,并随着红利派现而下跌;在企业破产时对企业财产的索赔权落后于债权人。由此看来,它与可转换公司债券是有本质的不同。

从可转换公司债券的概念可以看出,普通可转换公司债券具有债权和期权双重属性。

(1) 债权性质

可转换公司债券首先是一种公司债券,是固定收益证券,具有确定的债券期限和定期息率,并为可转换公司债券投资者提供稳定的利息收入和还本保证,因此,可转换公司债券具有较充分的债权性质。

这意味着可转换公司债券持有人虽可以享有还本付息的保障,但与股票投资者不同,他不是企业的拥有者,不能获取股票红利,不能参与企业决策。在企业资产负债表上,可转换公司债券属于企业"或有负债",在转换成股票之前,可转换公司债券仍然属于企业的负债资产,只有在可转换公司债券转换成股票以后,投资可转换公司债券才等同于投资股票。一般而言,可转换公司债券的票面利率总是低于同等条件和同等资信的公司债券,这是因为可转换公司债券赋予投资人转换股票的权利,作为补偿,投资人所得利息就低。

(2) 股票期权性质

可转换公司债券为投资者提供了转换成股票的权利,这种权利具有选择权的含义,也就是投资者既可以行使转换权,将可转换公司债券转换成股票,也可以放弃这种转换权,持有债券到期。也就是说,可转换公司债券包含了股票买入期权的特征,投资者通过持有可转换公司债券可以获得股票上涨的收益。因此,可转换公司债券是股票期权的衍生,往往将其看作期权类的二级金融衍生产品。

实际上,由于可转换债权一般还具有赎回和回售等特征,其属性较为复杂,但以上两个性质是可转换债权最基本的属性。

5. 可转换债券的要素

除了一般债券所具有的到期日、票面利率等特征之外,可转换债券还具有若干要素,这些要素基本决定了可转换债券的转换条件、转换价值、市场价格等总体特征。

(1) 转换价格

可转换债券发行时对转换价格都有明确规定。通常规定可转换债券持有者在行使转换权的有效期内,有权按一固定价格将可转换债券转换为普通股。如某公司发行期限为10年的可转换债券,面值为1000元,规定发行后第一个五年期间,按每股50元的转换价格调换20股普通股;此后的五年间,在初始转换价的基础上,每年提高10元。规定逐步提高转换价格的目的,在于促进可转换债券持有者尽早进行转换,避免损失,同时保证原股东获得股票价格增值的好处,不至于因发行可转换债券而把股价增值的好处太多地分摊给新股东。

(2) 转换比率

转换比率指在转换时,一张可转换债券所能兑换的普通股的股数。如转换率为25:1,即说明这张债券可转换为25股普通股。转换价格与转换比率实质上是一致的。知道了转换比率就可以算出转换价格;反之,知道了转换价格也可算出转换比率。由于转换价格既有固定的,也有逐步提高的,因此转换比率也相应地有固定的和逐步降低的。如例1中,面值1000元的10年期可转换债券,其最初的转换价格为50元,则可算出其转换比率为1:20。第六年的转换价格是60元,则其转换比率为1:16.67。

例2 2018年7月2日,甲公司公开发行20亿元人民币可转换债券(简称"甲转债")。每张面值为100元,共2000万张,债券期限自申购日起5年。票面利率为:第一年为1.84%,第二年为2.05%,第三年为2.26%,第四年为2.47%,第五年为2.70%。其付息方式为每年付息一次。初始转股价格:25.31元/股。

根据甲公司公布的发行可转换公司债券募集说明书中的有关规定,发行半年后即可转换股票。甲转债自2019年1月2日开始转换为本公司A股股票,转股价格为25.31元/股。

分析:

转换价格:25.31元/股

转换比例 = 转换面值 ÷ 转换价格

= 100 ÷ 25.31

= 3.95（股）

转换价格不是固定不变的，为了促使持有人尽早转换，公司往往规定逐步提高转换价格或降低转换比例。

（3）有效期和转换期

可转换债券的有效期与一般债券相同，都是指债券从发行之日起至清偿本息之日止的存续时间。

转换期是指可转换债券持有者行使转换权的有效期间，在该特定期间内，持有人可以按照规定的转换比例或转换价格进行转换。转换期可以等于债券期限，也可以小于债券期限，如递延转换期和有限转换期。递延转换期是规定在债券发行一定年限后才可以行使转换权；有限转换期则规定只能在一定年限内行使转换权。有限转换期一般比债券期限短，一旦超过有限转换期，可转换债券就自动成为不可转换（或普通）债券。

（4）赎回条款

可转换债券和可转换优先股均可在契约中规定发行企业可以在到期日前按约定价值提前赎回的条款。一般来讲，赎回条款包括以下四个要点：

一是不可赎回期。这是指从可转换债券发行时间起，可转换债券不可被赎回的一段时间，这段时间通常为1~3年。当然，并非所有可转换债券都设有不可赎回期。

二是赎回期。可转换债券的不可赎回期结束后，即进入赎回期。在赎回期内，可转换债券的发行方可以根据规定的赎回价格赎回债券。

三是赎回价格。赎回价格一般高于面值，赎回价格与面值之间的差额称为赎回溢价，赎回溢价随到期日的接近逐渐减少。

四是赎回条件。赎回条件可分为无条件赎回与有条件赎回。无条件赎回是指在赎回期内发行方可根据规定的赎回价格随时赎回可转换债券，有条件赎回是指发行方规定如果满足某些条件（如股票价格），发行方即可按照规定价格赎回可转换债券。有条件赎回实际上带有强制性转换的作用。

（5）回售条款

回售条款是当公司股票价格表现不佳时，投资者有权按照高于债券面值的价格将可转换债券出售给债券发行者的有关规定，这种规定是对可转换债券投资者的一种保护。回售条款包括回售时间、回售价格等内容。

（6）转换价格修正条款

转换价格修正是指发行公司在发行可转换债券后，由于公司的送股、配股、增发股票、分立、合并、拆细及其他原因导致发行人股份发生变动，引起公司股票名义价格下降而对转换价格所作的必要调整。

（7）强制转换条款

可转换债券作为一种金融工具，其主要目的是实现延迟的股权发行。由于大多数发行者都希望未来能够成功转股，所以一些可转换债券包含强制转换条款。强制转换条款是规定在某些条件具备后，债券的持有人必须将可转债转换为公司股票的规定。可分为有条件强制转换条款和无条件强制转换条款。

6. 可转换债券的价值概念

根据不同的定义，可转换债券的价值可分为下述三种：

（1）转换价值

转换价值即可转换证券在转换为公司普通股时得到的普通股的市场价值，即：

$$CV = PS \times CR \tag{6-4}$$

其中，CV为转换价值，PS为普通股股票价格，CR为转换比例。

如果面值为1000元的可转换债券的转换价格为40元，股票的市场价格为45元，则该可转换债券的转换价值为1125元（45×1000/40）。

（2）纯粹债券价值和可转换价值

纯粹债券价值是指可转换债券作为普通债券，将未来的利息和本金收入按照市场利率折现后的价值。而可转换债券市场价格与其纯粹债券价值之差，则称为可转换债券的可转换价值，它所反映的是可转换债券所包含的认股权的价值。

（3）底价

可转换债券的转换价值与纯粹价值中的较高者为可转换债券的底价，即：

$$MV = \max(CV, PD) \tag{6-5}$$

上式中，MV是可转换债券的底价，PD是可转换债券的纯粹债券价值，CV是可转换债券的转换价值。

底价是可转换债券市场价格的下限，可转换债券的交易价格不可能低于其底价。如果可转换债券中规定的转换价格高于普通股价格，则此可转换债券不具备任何可转换性价值，其底价即为其纯粹债券价值；如果可转换债券规定的转换价格低于股票的市场价格，则此可转换债券的可转换性价值大于零，其底价为它的转换价值。

7. 可转换公司债券的投资价值

可转换公司债券具有股票和债券的双重属性，对投资者来说是"有本金保证的股票"。可转换公司债券对投资者具有强大的市场吸引力，其有利之处在于：

（1）可转换公司债券使投资者获得最低收益权。

可转换公司债券与股票最大的不同就是它具有债券的特性，即便当它失去转换意义后，作为一种低息债券，它仍然会有固定的利息收入；这时投资者以债权人的身份，可以获得固定的本金与利息收益。如果实现转换，则会获得出售普通股的收入或获得股息收入。可转换公司债券对投资者具有"上不封顶，下可保底"的优点，当股价上涨时，投资者可将债券转为股票，享受股价上涨带来的盈利；当股价下跌时，则可不实施转换而享受每年的固定利息收入，待期满时偿还本金。

（2）可转换公司债券当期收益较普通股红利高。

投资者在持有可转换公司债券期间，可以取得定期的利息收入，通常情况下，可转换公司债券当期收益较普通股红利高，如果不是这样，可转换公司债券将很快被转换成股票。

（3）可转换公司债券比股票有优先偿还的要求权。

可转换公司债券属于次等信用债券，在清偿顺序上，同普通公司债券、长期负债（银行贷款）等具有同等追索权利，但排在一般公司债券之后，同可转换优先股，优先股和普通股相比，可得到优先清偿的地位。

8. 可转换债券筹资的优缺点

（1）可转换债券的优点

与普通股股票相比可转换债券的优点：

① 发行可转换债券比直接发行股票筹集的资本要多。

如在例2中，2018年7月2日，甲公司普通股A股收盘价为22.63元/股；同日，发行可转换债券的转换价格为25.31元/股，二者差额为2.68元/股。

若以其转债发行的20亿元全部转换为A股计算：

20亿÷25.31≈7902（万股）

7902万×2.68≈2.1177（亿元）

即甲公司发展发行可转换债券比直接发行股票多筹集资本2.1177亿元。

② 发行可转换债券，可缓解对现有股权的稀释程度。

③ 发行可转换债券，可在资本结构中引进杠杆效应，从而改变股本收益率。

④ 发行可转换债券，有利于改善发行公司资本结构，增强其举债能力。

与普通公司债券相比可转换债券的优点：

① 可转换债券比普通公司债券利率低，有利于降低公司资本成本。

② 可转换债券的赎回条款的设计比普通债券自由度大。可转换债券赎回条款的设定有两类：直接设定赎回起讫时间和设定转换价格上限作为赎回条件。具体包括设定股价水平上限、转换价格及债券面值上限。

③ 可转换债券到期日设计比普通公司债券灵活。通常，可转债不必像普通公司债券在发行时就定好具体到期日。另外，提前赎回权利的行使，使得可转债的到期日失去固有意义。

（2）发行可转换债券的缺点

① 虽然可转换债券可以使公司以较高的股价出售股票，但如果转换时普通股价格大幅度上涨，则会导致股票价格偏低。

② 有可能出现呆滞证券。若公司业绩不佳，可转换债券可能不能转换为普通股，公司必须及时偿还本金，可能带来较大财务风险。

③ 低利率成本优势有时间限制。可转换债券转换后，会失去低利率筹资的好处。公司将要承担较高的普通股成本，从而导致公司的综合资本成本上升。

9. 可转换债券融资的策略

从发行公司的角度看，可转换债券有很多优良的特征，利息成本比普通债券要低，股权的稀释作用有小于直接的权益融资；同时，它在提供最低收益保障的基础上，为投资者提供了分享公司未来成长的机会。但一旦不能按预期实现转换，可转换债券也会给发行者带来很大风险。因此，如何把握机会，估计形势，选择策略尤为重要。

（1）可转换债券的发行动机

公司发行可转换债券的主要动机：一是取得较低的票面利率，减少利息支出；二是实现推迟的股权融资。因此，它适合那些处于成长阶段，或处于暂时财务困境的公司。虽然发展中公司与财务困境公司的本质不同，但从财务风险和财务状况看却很相似：一方面，两类公司都急需资金，但公司自身创造现金的能力不足，收益不稳定，因此采用普通的权益或债务融资方式成本较高；另一方面，两类公司（特别是发展中公司）又都确实有可能在未来出现较好的发展局面，并因此带来股价的上升。故可转换债券融资对它们而言是适当的。

（2）可转换债券的设计

显然，对于绝大多数公司而言，发行可转换债券的目的都是希望能在规定时期内全部转换成普通股。为了实现上述目标，就必须根据可转换债券的特点，从债券设计、发行时机及转换政策等方面进行妥善的安排。

可转换债券设计的主要工作是确定其转换价格（或转换比率）和纯粹债券价值。从公司的角度看，转换价格应尽可能高，因为价格越高，转换时，公司需要增发的普通股股份数就越少，对公司盈利的稀释影响也就越小。但转换价格也不可以过高，否则，持有人将不进行转换，公司也就无法实现预定目标。

可转换债券的发行时机选择将直接影响可转换债券融资目标的实现。选择的关键要看公司普通股股票的目前市场状况，并对股价未来的发展变化作出尽可能准确的预测。

一般来说，当市场对公司的发展前景看好时，发行可转换债券有利。这意味着投资人对公司未来股价上涨具有较强的信心，这种情况下，就可以将可转换债券的利率定得低一些，通过债券的选择权来吸引投资者购买。如果目前股价偏低，预期未来会上升但近期内不会上升，这种情况下发行可转债是最有利的；而如果目前股价偏低，预期近期内就会有较大幅度的上升，此时发行可转换债券就不一定是最优的选择。

转换政策的制定对实现可转换债券融资至关重要。从发行公司的角度来看，公司总是希望可转换债券的持有人能在规定期限内自愿转换；而可转换债券的持有人更愿意持有并等待观望。尤其是在公司股价节节攀升之时。这就要求公司在发行可转换债券时事先制定转换政策，如赎回条款、逐步抬高转换价格条款的设计等。另外，在应用这些条款时也必须十分谨慎。例如，对公司而言，总是希望在可转换债券的市场价值刚超过赎回价格时就赎回，但经验表明，在赎回以后公司的股票价格通常会下跌很多。为避免这种情况发生，在实践中，公司在宣布赎回后，通常会提供一个月左右的时间让投资者选择。因此，公司作出此类决策时必须充分考虑后果，尽量减少负面影响。

6.3.8 我国公司债券市场简介

1. 我国公司债券市场的发展现状

20世纪90年代以来，我国公司逐渐改变了依靠政府的计划融资模式获取资金的方式，开始依靠市场来进行资源调配，资本市场迅速发展，已成为公司获取外源资金的重要渠道。但由于我国的资本市场是一个尚不成熟的新兴市场，融资结构还很不合理，股票市场繁荣，而债券市场尤其是公司债市场建设严重滞后，主要表现在以下几个方面：

（1）直接融资相对于间接融资严重滞后。虽然我国资本市场已经快速发展了10年，但融资结构比例并没有明显改变，银行贷款形式的间接融资比例居高不下，而以股票、债券为主要形式的直接融资比例却一直很低。我国公司外源融资中，商业银行等金融机构的贷款占比在90%以上，而主要由股票、债券构成的证券融资占比不到10%。发达国家则正好相反，目前，日、德、美等国公司的直接融资占比已分别达到50%、57%、70%。统计显示，各主要资本市场公司债占GDP比重的平均值为45.2%，而我国公司债总量所占GDP比重与之相差甚远。虽然我国公司债余额在20世纪90年代以来有所增长，其占GDP的比重有一定上升，但仍在较低水平，2006年，这一比例仅为1.35%。

（2）债券融资相对于股权融资严重滞后。在国外成熟的资本市场中，债券市场的融资规模通常远大于股票市场融资额，公司的债券融资常常达到其股票融资额的3倍至10倍。但是，我国公司债券市场和股票市场的发展极不平衡。在股票市场发展初期，国内的公司债余额曾超过股票市场市值，但是随着我国股票市场的迅猛发展，公司债市场却明显落后，2006年年末，公司债余额与股票总市值的比值仅为3.2%。

（3）公司债发展远远落后于国债和金融债。近年来，受宏观经济政策调整的影响，我国国债和金融债的融资额都出现了大幅增长。但是，公司债券的融资额度却没有显著变化，一直在较低的水平徘徊。2000—2006年间，我国公司债发行仅占债券市场发行总额（剔除央行票据后）的3.5%，而国债和金融债分别占52.7%和38.5%。与国债和金融债相比，公司债处于边缘地位。然而，国外公司债与国债、市政债呈三足鼎立之势，美国公司债占债市规模的20%以上。

2. 发展我国公司债券市场的重要意义

公司债券市场落后、融资结构失衡带来一系列问题，具体包括风险积聚于银行体系，不利于国家金融体系的稳定；不利于我国利率市场化改革，降低了货币政策的有效性；不利于公司治理结构优化，企业资金效率低下；银行倾向于向大型企业贷款，不利于中小企业融资，等等。在这样的背景下，大力发展公司债券市场具有十分重要的意义：

（1）有利于完善金融结构，促进资本市场协调发展，化解潜在金融风险。如前所述，尽管近年来我国资本市场发展快速，但直接融资与间接融资不平衡，股权融资与债权融资不平衡、政府债权融资与企业债权融资不平衡等资本市场结构不平衡的矛盾依然突出。目前，我国公司融资过度依赖银行贷款，公司融资中银行贷款的占比高达90%以上，银行长期以来承担了大量债务风险，同时，银行短存长贷现象日益突出，资产负债期限错配问题严重，不利于整个国家金融体系的稳定。公司债券市场的发展壮大将有利于完善金融结构，促进资本市场协调发展并化解潜在金融风险。

（2）有利于拓宽公司融资渠道，优化金融资源配置。目前，除少数公司可以通过股权融资和发行短期融资券满足部分资金需求，以及大型国有企业发行企业债券满足融资需求外，绝大多数公司发展所需的中长期资金基本上只能依赖银行信贷资金。大力发展公司债券市场，对拓宽企业融资渠道，特别是丰富中小企业融资渠道意义重大。同时，以发债主体的信用责任机制为核心的公司债券具有价值发现功能，有利于完善公司信用定价，充分挖掘优质企业价值，从而优化金融资源配置。

（3）有利于缓解流动性过剩，促进国民经济持续稳定发展。在当前形势下，流动性过剩是困扰我国经济稳定发展的一大难题。发展公司债，加大资本市场供给，引导资金流向固定收益证券市场，可以在一定程度上缓解流动性过剩，降低资产价格过快增长的风险，从而促进资本市场和国民经济持续稳定发展。

（4）有利于丰富固定收益类投资工具，满足各类投资者的投资需要。在目前的资本市场上，固定收益类投资工具无论存量规模还是品种类别远远不能满足投资者日益增长的投资需要。在机构投资者资产规模快速发展壮大的同时，大力发展公司债券市场，逐步增加公司债券的发行规模和期限品种，不断丰富固定收益类证券投资工具，可满足各类风险偏好投资者的投资需求，以及机构投资者进行资产管理和流动性管理、构建稳定投资组合的需求，从而有利于促进资本市场的健康发展。

2007年8月14日，中国证监会正式颁布实施《公司债券发行试点办法》，公司债券试点工作拉开帷幕。"07长电债"作为公司债券正式启动后的"第一单"，在我国证券发展史上具有里程碑的历史意义。它迈出了企业债权融资市场化改革的新步伐，开拓了公司债权融资的新渠道，标志着中国资本市场从此步入均衡、协调发展的阶段。

3. 完善我国公司债券市场的建议

（1）市场化定价：以往公司债券发行利率由发行人和主承销商商定，且规定不得比同期银行存款利率高出40%；而本次债券发行采取市场化询价方式，票面利率由发行人和保荐人主承销商通过市场询价协商确定，不是在事前设定利率标准。通过市场机制有利于发现债券发行人的信用价值，使最终的票面利率确定符合发行人和投资者双方利益，从而为公司债券科学规范定价提供参考。

（2）发行程序简化：以往公司债的发行需要经过额度审批和发行审核两道程序。程序较为繁杂；而本次公司债的发行则是由证监会主导，采取随报随批的模式，发行审批程序相对简单，审批速度较快。

（3）募集资金用途：以往公司债募集资金主要限制在固定资产投资和技术革新改造方面，并与政府部门的审批项目直接相关；而本次债券发行募集资金用于偿还借款、补充流动资金或股权（资产）收购，范围较广。

（4）债券条款设计创新：设置回售条款。投资者在持有债券后，可根据当时的市场收益率环境以及对未来的市场收益率趋势的判断来选择是否以行使回售权力来换取现金流，从而有利于投资者更加有效地控制利率风险，为投资者提供了较大的操作空间，提升了债券的价值，提高了债券的吸引力。

（5）同时在固定收益平台和竞价交易系统上市流通：固定收益平台适合机构投资者之间进行大宗债券交易，而交易所原有的交易系统具有实时、连续交易的特性，比较适合普通投资者参与债券交易。多种交易方式的有机结合，有利于满足不同投资者的交易偏好，有效提高成交效率和产品流动性。

（6）实行储架发行制度：这种制度的安排更有利于公司按照实际生产经营发展的需要筹集资金，使公司能更好地运用财务杠杆，更有效地使用资金。

（7）采用"一次核准，分期发行"方式：一方面可以防止资金闲置，降低资金使用成本；另一方面，发行人可以根据对市场利率水平的判断和资金需求状况，进行有节奏的发行，有利于降低融资成本。

（8）多层面强化对债券持有人权益的保护：引入受托管理人和债券持有人会议，

同时设定多项偿债保障措施,强化对债券持有人权益的保护。证券公司既是保荐人又是受托管理人,全程对发行人进行持续督导,保护债券持有人的权益。

(9) 加强市场制度建设。继续放宽审批条件,逐步向基于信息披露的注册制过渡;引导公司债券市场步入市场机制轨道;加快固定收益平台建设,完善做市机制,建立分层次市场;继续加快国债市场发展,完善基准收益率曲线。

(10) 完善公司治理结构,引导并促进其发债需求。优化股权结构,完善上市公司治理结构,防止和纠正"内部人控制现象",培育具有现代公司制度的大型公司,提高其财务管理水平和对财务成本的敏感度;强化管理层的股权融资成本意识,约束其"过度圈钱"寻求扩张的倾向和冲动;引导企业积极有效地运用财务杠杆作用,使其自身的资本结构趋于优化;完善上市公司股票发行和考核制度,从源头上控制上市公司偏好股权融资的倾向;严格跟踪审查公司融资后的相关行为,并将跟踪审查的结论作为公司再融资的首要条件,从而加强对配股公司资金使用上的约束,提高募集资金的使用效益;建立上市公司现金分红的约束性机制,维护中小股东权益,提高上市公司再融资的理性化程度,抑制上市公司股权再融资过度的现状。

(11) 培育适应公司债市场的机构投资者,重视价值投资型资本市场的构建。积极引导商业银行进入,支持公司债券在银行间债券市场发行、交易流通和登记托管,支持商业银行等市场参与者在银行间债券市场参与公司债券承销和投资活动;逐步放宽保险机构投资限制,引导邮政储蓄资金、企业年金、社保基金等机构投资者进入市场;建立公司债基金,为个人投资者投资公司债提供良好的专业渠道。

(11) 完善信用评级体系,鼓励本土评级机构发展。信用评级体系建设要以培育本土信用评级机构为主,信用评级没有国际标准,揭示本国信用风险最具权威性的是本土信用评级机构,应引导其着眼于长远,打造信誉品牌;国外机构对国内市场环境等了解程度不如国内机构,引进国外评级机构不能解决体制问题,关键在于市场环境的培育。

(13) 提高二级市场流动性,降低交易费用和税收,在公司债发展初期实行税费优惠,降低交易成本,促进公司债市场发展;进一步扩大公司债市场参与者,允许具有不同的资金需求和资产负债状况的机构参与债券市场,丰富市场交易主体,改善需求同质性问题;根据市场需求积极进行品种创新,丰富交易工具;加快固定收益平台建设,鼓励做市商积极做市。

案例分析

C公司付息违约和终止上市风险处置

C公司主营业务为生产和销售单晶硅和多晶硅太阳能电池组件,注册地为S市,实际控制人为N。公司于2010年11月×日在交易所上市。2012年3月,公司发行了10亿元、存续期为5年、附第3年末发行人上调票面利率选择权及投资者回售选择权的公司债(以下简称"11C债"),发行利率为8.98%,每年的3月×日为债券付息日。2014年3月×日,公司发布公告,无法按期全额支付第二期债券利息,因而构成实质性违约,引发国内外市场、媒体的高度关注,打破了刚性兑付的预期。

一、风险事件成因

1. 全球光伏行业陷入低谷,国内光伏企业内忧外患

2011年下半年至2013年,全球光伏行业步入急速下行状态,作为两头在外(设备、原料和市场在外)的中国光伏企业更是面临内忧外患,从曾经的巅峰跌入低谷。从外因来看,美国市场的"双反"已对中国光伏业形成巨大冲击,欧洲市场此前的"双反"调查及萎靡经济下的需求更是给了中国光伏业致命一击。从内因来看,国内光伏产业盲目扩张、产能过剩也是一个重要问题。随着赛维LDK、尚德等纷纷倒塌,中国光伏产业风光不再。

2. 公司转型过于激进,未充分考虑流动性风险

在面临产品价格不断下跌、毛利被大幅压缩的行业大背景,经营业绩的压力下,2011年下半年,C公司开始率先尝试全面向电站投资建设转型:一方面,自身大量进行电站项目投资,另一方面,组件销售也直接面向电站投资商。该转型虽然可能提高公司的组件获利水平,但也将公司的资金周转风险推向了极致。一般来说,电站项目投资需要在项目上网协议约定的时间内完成上网,方能取得约定的补贴,故电站项目建设的时效性非常强。另外,境外光伏电站投资采取自有资金20%、银行贷款80%的方案,故在电站投资建设过程中,银行的资金支持非常重要,如果未及时获得银行贷款,在电站建设时效性的要求下,公司必将大量投入自有资金,公司资金周转将被推入深渊。

3. 欧债危机使公司资金陷入全面困境

C公司未预测到欧债危机以及欧洲经济衰退导致当地银行对电站建设贷款的收紧、贷款比例缩减、放款速度拖延。于是,本应通过银行贷款融资支付的组件款和EPC商费用(两项大约各占电站总投资的60%~70%)只能通过自有资金解决,待电站建成并网发电三个月后才能够申请银行贷款。2011年下半年开始,由

于已完成大规模电站的前期投资，C公司只能不断向所投资电站销售自产组件，且短期内无法收回应收款。过于冒进的投资策略，导致C公司资金紧张。C公司外售组件的客户基本均为光伏电站投资商（相对来说毛利较高），这些客户同样要依赖银行贷款融资以支付组件款，在欧洲银行不断紧缩银根的趋势下，客户付款周期一拖再拖，进一步加剧了C公司资金链的紧张情况。

4. 国内银行抽贷导致资金链断裂

光伏行业陷入困境后，国内银行将光伏列入重点关注行业，加大贷款催收力度，这使C公司融资渠道受到极大限制。截至2012年三季度末，C公司已到期但未成功办理续贷的银行贷款大约为5亿元，但其余到期的银行贷款仍办理了续贷。到了2012年10月份，银行对C公司的信贷紧缩进一步加剧。11月初开始，C公司在偿还到期银行贷款后，办理贷款的相关分行以审批权收归总行为由，拒绝为C公司办理续贷，导致C公司资金链基本断裂。

二、风险事件应对及处置

1. 流动性风险化解方案执行情况不佳

为了应对流动性风险，C公司制订了化解流动性风险的方案，包括加速应收账款的催收工作、出让已具备变现条件的海外电站、尽快处置境内非核心资产、自主生产和代工模式相结合等措施。由于行业尚未摆脱低谷期，加之C公司内部运作紊乱，流动性风险化解方案未能得到有效执行，C公司未能摆脱流动性危机、资金高度紧张。经各方通力协调下，"11C债"第一期利息在2013年3月×日如期支付。

2. 公司债第二期利息未能如期足额偿付，公司债终止上市

"11C债"第一期利息如期支付，但C公司2011年和2012年连续两年亏损，"11C债"也因此于2013年7月×日起暂停上市。尽管采取多种措施，公司的经营情况并未好转，偿债能力持续弱化，违约风险并未化解。2014年3月，"11C债"第二期8980万利息仅按期支付400万元，构成实质性违约。2014年5月×日，因公司连续三年亏损，"11C债"终止上市。

3. 破产重整化解风险

2014年4月×日，债权人以C公司不能清偿到期债务，并且资产不足以清偿全部债务、明显缺乏清偿能力为由，向S市第一中级人民法院提出对C公司进行破产重整的申请。2014年6月×日，法院受理债权人对C公司的破产重整申请，并指定专业机构担任C公司的管理人，管理人梳理公司债权债务、招标重组方、筹备债权人会议。

2014年10月×日，C公司披露了重整计划，并开始执行包含清偿"11C债"债务的重整计划。2014年12月×日，公司披露《关于重整计划执行进展的公告》，"11C债"的本金、利息、复利、罚息等均已兑付完毕。至此，"11C债"本息偿付完成，违约风险化解。

思考：这则案例给了我们什么启示？

一是C公司危机的爆发离不开行业的急剧下滑，若投资者在项目投资过程中能对行业的发展趋势进行准确预判，预先采取行动规避风险，从而减少损失。

二是大多数个人投资者认购公司债时并未对公司债的风险进行充分判断，认为公司债作为债权类产品等价于银行存款，从而在债券存在偿付风险时出现了部分过激的举动，"11C债"违约事件打破了刚性兑付的预期，揭示了债券投资天然信用风险的属性。

本章小结

关键词

商业信用　短期借款　长期借款　债券融资

关键问题

1. 债券可以按照不同的分类标准划分为许多类别。公司发行债券需要满足一定的条件，符合一定的程序，并签订债券合同书。债券合同书是明确记载债券发行者与投资者双方所拥有的权利与义务的法律文件。基本条款和限制性条款是合同书中的重要内容。这些条款规定了债券持有人所享有的权利和债券发行人所受的限制。

2. 换债是企业用新发行的债券替换尚未到期的旧债券的行为。由于公司通常对已发行的债券拥有赎回选择权，因此，当市场条件变化使得债券继续流通在外对公司不利时，公司可以赎回旧债券。通过发行息票率较低的、条款较宽松的新债券来取代旧债券，以降低公司的资本成本。公司进行换债决策实际上就是一种投资决策，可以用净现值分析的方法进行分析。

3. 相对于股票融资而言，债券融资具有成本低、不影响控制权等好处，但此种融资方式的筹资数量有限、限制条件较多且财务风险大。

4. 可转换债券是由股份公司发行的、可以按一定条件转换成一定数量公司普通股股票的债券。可转换债券一般都具有转换价格、转换比率、转换期、赎回特性、回售特性等基本特征。在可转换债券的价值分析中，通常都是将其价值分为纯粹债券价值、转换价值和选择权价值三个部分进行分析。纯粹债券价值是指可转换债券失去可转换性后，作为普通债券的价值；转换价值是指将债券转为普通股时，所能得到的普通股市场价值；可转换债券的选择权价值是可转换债券的市场价值与纯粹价值之差。可转换债券价值等于理论价值和溢价之和，即：可转换债券价值=理论价值+溢价。

5. 可转换债券以它的可转换性吸引投资者，使公司得以发售相对于一般债券而言利率较低且限制条款较不苛刻的债券，从而降低了筹资的成本。另外，可转换债券给公司提供了高于当前市场价格发行普通股的机会。如果能够成功转股，还能免除公司在到期日偿还大量本金的压力；但若不能成功转股，则公司仍不能摆脱沉重的债务负担。如果公司股价的上涨幅度很大，转股又不能按预期的设想实现，公司将付出较高的成本。

思考与练习

1. 什么是赎回条款？赎回价格同债券的设定价格之间有什么区别？
2. 拥有赎回条款对公司有什么好处？
3. 请举出一种非普通型债券并分析它的特征。
4. 债券的私募发行和公开发行之间有何区别？
5. KIC公司计划发行500万元的永久性债券，每张债券的面值是100元，年利息率为12%，第一年市场利率12%。下一年长期资本市场利率为14%或7%的可能性相向，假设投资者皆属风险中性。

  （1）假如KIC公司的债券不可赎回，那么该债券价格应为多少？

  （2）如果该债券一年后可按145元的价格赎回，那么，它们的价格会比（1）计算出的价格高还是低？为什么？

6. Illinois Industries公司决定发行永久性债券筹款。债券面值为100元，息票率为8%，每年支付利息。第一年，市场利率为8%。据说，下一年市场利率下降到6%的可能性是65%，上升到9%的可能性是35%。

  （1）如果这些债券不可赎回，那么它们的市场价格是多少？

  （2）如果公司决定发行可赎回债券，那么债权人应要求多高的利息率方能使债券以面值出售？（假设该债券在一年后，即赎回日期是从现在算起的一年后可赎回，赎回升水等于债券的年息票率。）

7. 什么是可转换债券？其基本特征是什么？

8. 某公司现有资本结构为：发行债券1000万元，年利率为10%，发行普通股50万股，面值1元，发行价为20元，目前价格也是20元，今年预期股利为每股2元，预计以后每年增加股利5%。假设公司所得税税率为30%，发行各种证券均无发行费用。该公司拟增资400万元，以扩大生产经营规模，有如下两个方案可供选择。

方案1：增发债券400万元，债券利率为12%（因负债增加，投资者所冒风险加大，要求提高投资收益率），预计普通股股利不变，但由于风险加大，普通股股价降为每股16元。

方案2：发行债券200万元，年利率为10%，发行普通股8万元，发行价为25元，预计普通股股利不变。

试分别计算两个方案的加权平均资本成本，并比较选择最优的融资方案。

9. 某公司发行了一种期限为15年，面值为1000元，票面年利息率为10%，转换价格为16.75元，总额为1000万元的可转换债券，可转换债券的市场收益率为14%，该可转换债券的市场价格为970元，求：

（1）该可转换债券的转换比率；
（2）该可转换债券目前的转换价值；
（3）该可转换债券作为普通债券的价值。

 参考文献

[1] Elena S. Prassas, Roger P. Roess, *Bond Financing*, Springer Berlin Heidelberg.

[2] Dushni Weerakoon, Sisira Jayasuriya, *Debt Financing for Development：The Sri Lankan Experience*, Springer Singapore.

[3] 张玉：《我国中小企业债务融资风险描述及其防范措施》，载《财会学习》2019年第20期，第218—219页。

[4] 林伟：《上市公司可转债融资对其经营绩效的影响与原因分析》，2019年南京大学硕士论文。

[5] 贺俊程：《我国地方政府债券运行机制研究》，2013年财政部财政科学研究所博士论文。

第 7 章

权益融资

导语 权益融资是通过扩大公司的所有权益,如吸引新的投资者,发行新股,追加投资等来实现的,而不是出让所有权益或出卖股票,权益融资的后果是稀释原有投资者对企业的控制权。为了改善经营或进行扩张,特许人可以利用多种权益融资方式获得所需的资本。本章简要介绍长期筹资方式中的权益融资,权益融资一般有吸收直接投资、发行普通股筹资、发行优先股筹资和认股权证筹资。本章旨在介绍权益融资的基本特征。笔者先介绍吸收直接投资、普通股、优先股和认股权证定义,然后再具体介绍每一个权益融资方式的特点。

7.1 吸收直接投资

吸收直接投资(以下简称吸收投资)是公司按"共同投资、共同经营、共担风险、共享利润"的原则吸收国家、法人、个人和外商投入资金的一种融资方式。发行股票和利用留存利润均是公司筹集自有资金的重要方式。发行股票要有股票作中介,公司股票的持有者是公司的股东,是公司的所有人,并对公司具有经营管理权。如果公司经营状况好、盈利多,各方可按出资比例分享利润。但是如果公司经营状况差,连年亏损,甚至被迫破产清算,则各方要按出资比例承担损失。

7.1.1 内部资金:企业资本金

企业资本金是指企业在工商行政管理部门登记的注册资金,是设立企业所必需的法定条件。通俗地说,资本金就是开办企业的本钱。资本金在工商行政管理部门登记后,不得随意变更,如果要变更资本金,如资本金的追加或减少,必须办理变更登记手续。与借入资金不同,资本金是企业所有者为创办企业最初投入和发展企业追加投入的资金。资本金是企业权益资本中最基本的部分,它的性质属于自有资金。

因为企业本身是营利的经济组织,所以资本金具有盈利能力,企业的所有者投入资金的目的是使资金增值,这一点与借入资金相同。从功能上来看,资本金用于企业的生产经营活动，承担民事责任；但是从法律地位来看，资本金不同于过去国有企业的国家基金。

由于企业的组织形式不同，企业的资本金也就有了不同的表现形式，在股份制企业中称为"股本"，在非股份制企业中则称为"投入资本"或"实收资本"。

根据《企业财务通则》的规定，资本金按投资主体的不同，可分为国家资本金、法人资本金、个人资本金和外商资本金。

7.1.2 外部融资：吸收直接投资

1. 概念

吸收直接投资是指企业以协议等形式吸收国家、其他法人单位、个人和外商等直接投入的资金，形成企业资本金的一种筹资方式。吸收直接投资不以股票为媒介，主要适用于非股份制企业，是非股份制企业筹集股权资本的一种基本方式。吸收直接投资又称为投入资本筹资。非股份制企业中的投入资本（或实收资本）与股份制企业中的股本有着同样的性质，它同属于企业资本金，是企业所有者为创办和发展企业而投入的资本，是企业股权资本的最基本的部分，只是因企业的组织形式不同而具有不同的表现形式。

2. 吸收直接投资种类

吸收投资一般可以分为以下几种：

（1）吸收国家投资

国家投资是指有权代表国家投资的政府部门或者机构以国有资产向公司投资，这种情况下形成的资本，叫作国有资本。吸收国家投资，是国有企业筹集自有资本的主要形式。在我国，除了原来国家以拨款形式投入企业所形成的各种资本，用税前利润归还贷款后所形成的国有资本、财政和主管部门拨给企业的专用款项以及减免税后形成的资本等，都应视为国家投资。吸收国家投资一般具有以下特点：产权归属国家、资金数额较大、只有国有企业才能采用。

（2）吸收法人投资

法人投资是指法人单位以其依法可支配的资产向公司投资，这种情况下形成的资本，叫作法人资本。目前，吸收法人投资主要是指法人单位在进行横向经济联合时所产生的联营投资。吸收法人投资一般具有以下特点：发生在法人单位之间、以参与公司利润分配为目的、出资方式灵活多样。

（3）吸收个人投资

个人投资是指社会个人以合法财产向公司投资，这种情况下形成的资本，称为个人投资。近年来，随着我国城乡居民和个体经营户收入的不断增加，个人资金的数量已经十分可观，已成为公司筹集资金的重要来源。个人投资一般具有以下特点：参加投资的人员较多、每人投资的数额相对较少、以参与公司利润分配为目的。

（4）吸收外商投资

外商投资是指外国投资者以及我国香港、澳门和台湾地区投资者把资金投入公司，这种情况下形成的资本，叫作外商资本。随着我国对外开放的不断推进，吸收外商投资越来越成为公司筹集资金的重要方式。吸收外商投资一般具有以下特点：可以筹集外商资金、出资方式比较灵活、一般只有中外合作或中外合资经营企业才能采用。

7.1.3 吸收直接投资出资方式

吸收直接投资中的出资方式较多，主要有现金出资、实物出资、无形资产出资等方式，下面分别说明。

1. 现金出资

现金出资是吸收投资中最重要的一种出资方式。因为有了现金，公司便有了获取其他物质资源的资本。因此，公司应尽量动员投资者采用现金出资的方式。实践证明，吸收投资中所需现金的数额是扣除实物、工业产权之外，建厂开支和日常周转所需现金的数额。

2. 以实物形式出资

实物出资是指投资方以厂房、建筑物、设备等固定资产或以材料、燃料和商品等流动资产出资。一般来说，实物出资应符合以下条件：（1）投入的实物确为公司科研、生产和经营所需；（2）投入的实物技术性能佳；（3）投入的实物的作价公平、合理。

3. 以工业产权形式出资

工业产权形式出资，是指投资方以专有技术、商标权和专利权等无形资产所从事的出资。一般来说，工业产权出资应符合以下条件：（1）投入的工业产权能帮助公司研究和开发出新的高科技产品；（2）投入的工业产权能帮助公司生产出适销的高科技产品；（3）投入的工业产权能帮助公司改进产品质量、提高生产效率；（4）投入的工业产权能帮助公司大幅度降低各种能耗；（5）投入的工业产权的作价应比较合理。公司在吸收工业产权出资时，须特别谨慎，须进行认真的可行性研究。因为以工业产权的形式出资实际上是将有关技术资本化及固定化。事实上，无论何种技术都在老化，其价值都有不断减少甚至完全丧失的趋势。

4. 以场地使用权形式出资

以场地使用权形式出资是投资方以场地使用权所从事的出资。场地使用权是按有关法规和合同使用场地的权利。以场地使用权形式出资应符合以下条件：（1）所使用场地是公司科研、生产和销售活动等所需要的；（2）所使用场地的交通、地理条件比较适宜；（3）所使用场地的作价公平、合理。在我国，土地是国有的，以出资形式出现的仅仅是使用权，而不是所有权。因此，公司获得土地使用权后不能转让、出卖或抵押。

7.1.4 吸收直接投资程序

公司在吸收其他单位投资时，一般应该遵循如下程序：

（1）对公司的发展等情况进行认真研究，并确定吸收投资的数量。由于吸收投资一般是在公司开办时所使用的一种融资方式，在这之前，公司必须对吸收投资的数量进行认真研究，避免造成投资资金管理上的麻烦。

（2）进行必要的宣传，以寻找投资单位。吸收投资之前，公司须作一些必要的宣传，以使出资单位了解公司的经营和财务等情况，这样有利于公司在较多的投资中寻找比较合适的合作伙伴。

（3）有关各方进行协商，确定各自的投资数额和出资方式。找到投资单位后，各方便可进行具体协商，并就各自的出资数量和出资方式作相应安排。在协商过程中，公司应尽量说服投资者以现金方式出资。如果投资者的确拥有较先进的、适用于公司需要的固定资产、无形资产等，也可以实物、工业产权和场地使用权等形式出资。同时，公司须对相关资产的价值进行出合情合理的评估。

（4）有关各方进一步协商，签署投资协议。有关各方经过协商后，如没有太大异议，便可签署投资协议或合同，以此明确各方的权利和责任。

（5）共同经营，共享利润。吸收投资后，应按合同的有关条款，进行共同经营、共享利润。

7.1.5 吸收直接投资优缺点

吸收直接投资的优点主要表现在以下三方面：

（1）吸收投资所得的资本属于自有资本，能提高公司的信誉，提高公司的借款能力，对扩大公司经营规模、壮大公司财务实力具有重要作用。

（2）吸收投资能直接获取投资者的先进设备和先进技术，有利于公司尽快形成生产能力，有利于公司尽快开拓市场。

（3）吸收投资的分配以公司的经营状况为依据，经营好时可以多分，经营差时可以少分或不分，这有利于公司的灵活经营，减少公司的财务风险。

但吸收投资也有缺点，主要表现在：

（1）向投资者支付的报酬是根据其出资的数额和公司实现利润的多寡来计算的，吸收投资的资本成本较高，公司经营状况较好、盈利较多时，更是如此。

（2）在吸收投资的情况下，投资者一般都会要求获得与投资数量相对应的经营管理权，因此，吸收投资容易分散公司的控制权。

7.2 股票筹资

股票是指股份有限公司签发的证明股东所持股份的凭证，代表了股东对股份公司的所有权。因此，股票是股东用来证明其在公司中投资股份的数额，并按相应比例来分享权利和承担义务的书面凭证。

7.2.1 股票的种类

1. 普通股和优先股

由于不同的投资者对风险的承受能力不同，股份有限公司发行股票具有不同的筹资目的，根据一定标准和方法将股票进行适当分类是必要的，按享受权利和承担义务大小，可将股票划分为普通股和优先股。

（1）普通股（common stock）

普通股通常指在破产清算方面不具有任何特殊优先权的股票，即享有普通权利、承担普通义务的股份，是股份有限公司发行的享受公司经营管理权，但股利不固定的股票。它的股利随公司生产经营状况和管理层股利分配政策变化而变化。普通股代表的是满足所有债权偿付要求及优先股股东的收益权与求偿权要求后对企业盈利和剩余财产的索取权。普通股是股份有限公司资本构成中最重要、最基本的股份，一般情况下股份有限公司只发行普通股。在上海证券交易所与深圳证券交易所上市的股票都是普通股。

（2）优先股（preferred stock）

优先股是指享有优先权的股份，同普通股相比，它在股利支付和公司破产清偿时的财产索取方面都具有优先权，优先权只表示在优先股股东获取股利后，普通股股东才有资格获得股利。但优先股股东不享有经营管理权，也不具有表决权。优先股一方面不需要偿还本金，是公司自有资本的一种筹集方式；另一方面按固定股利率支付股利，又具有债券性质，优先股的股利同公司当前的净利润状况没有任何联系，且《公司法》中没有关于优先股的规定。

2. 记名股票和无记名股票

按股票票面上有无记名，可把股票分为记名股票和无记名股票。

（1）记名股票（inscribed stock）

记名股票是指在股票票面上记有股东的姓名或名称，并将其记入股东名册的一种股票。记名股票的转让、继承须办理过户手续。《公司法》规定，公司向发起人、法人发行的股票，应为记名股票，并应当记载该发起人、法人的名称或者姓名，不得另立户名或者以代表人姓名记名。记名股票的转让，由股东以背书方式或者法律、行政法规规定的其他方式转让。

（2）无记名股票（bearer stock）

无记名股票是指在股票上不记载股东名称或姓名的股票，股东名称或姓名也不记入公司的股东名册。无记名股票的转让、继承无须办理过户手续，由持有人认购即实现了股权转移。向社会公众发行的股票属于无记名股票。《公司法》规定，发行无记名股票的，公司应该将股票的数量、编号和发行日期等进行记录；无记名股票的转让，只要股东将该股票交付给受让人即发生转让效力。

3. 面值股票和无面值股票

按股票票面上有无金额为标准，可分为面值股票和无面值股票。

（1）面值股票（par stock）

面值股票是指公司发行的标有每股金额的股票。持有这种股票的股东，以持有的全部股票的票面金额之和表示占公司发行在外股票总面额的比例，用来确定其对公司享有权利、承担义务的大小。《公司法》规定，股票应该载明票面金额。

（2）无面值股票（non-par stock）

无面值股票是指股票票面上不记载每股金额，仅载明占公司股本总额的比例或股份数，所以又称为比例股或部分股，其价值随公司财产价值的增减而增减。目前，允许公司发行无面值股票的国家有美国、加拿大、卢森堡等国家。

4. 国有股、法人股和社会公众股

按投资主体的不同，股票可分为国有股、法人股和社会公众股。

（1）国有股（state-owned stock）

国有股包括国家股和国有法人股。国家股是指有权代表国家投资的机构或部门向股份公司出资形成的股份，包括以公司现有国有资产折算形成的股份。由于我国大部分股份制企业都是由原国有大中型企业改制而来，因此，国有股在公司股份中占有较大的比重。国有法人股是指具有法人资格的国有企事业单位以其法人资产向股份公司出资形成的股份。

（2）法人股（corporation stock）

法人股是指企业法人或具有法人资格的事业单位和社会团体，以其依法可支配的资产向公司非上市流通股权部分投资而形成的股份。目前，在我国上市公司的股权结构中，法人股平均占20%左右。根据法人股认购对象，可将法人股进一步分为境内发起法人股、外资法人股和募集法人股三个部分。从某种意义上说，国有法人股也属于法人股，但是由于其性质是国有性质，所以一般将其划分为国有股。

（3）社会公众股（public shares）

社会公众股是指社会公众（包括境内外的个人和机构），以其合法财产向公司可上市流通股权部分投资所形成的股份。在我国的股票分为流通股和非流通股的情况下，社会公众股是指可在证券交易所上市流通的股份。于是根据上市场所的差异，又可以将社会公众股分成A股、B股、H股、N股、S股及ADR。

在我国推行股权分置改革前，国有股和法人股属于非流通股，它们都不能上市流通，只有流通股才能上市流通。之所以出现流通股和非流通股的划分，是与我国特殊的历史原因分不开的。2005年5月，证监会推行第一批股权分置改革试点以来，我国的股权分置改革工作有条不紊地进行，随着改革的完成，国有股和法人股也都可以上市流通，因此也就不再存在流通股和非流通股之分，社会公众股的区分也就失去了意义。

7.2.2 股票的发行

股份有限公司在设立时要发行股票，此外，公司设立之后，为了扩大经营、改善资本结构也会增资发行新股。不同的股票发行目的决定了股份公司具有不同的发行条件，选择不同的发行方式，履行不同的发行程序，以最大限度地降低发行成本。

1. 股票初次公开发行

股票初次公开发行（initial public offering，IPO）意味着使一个非公众公司转变成一个公众公司，这一过程称为上市。

（1）股票的发行方式

股票的发行方式是指公司通过何种途径发行股票。在各国不同的政治、经济、社会条件下，特别是金融体制和金融市场管理的差异使股票的发行方式也多种多样。根据不同的分类方法，可以概括为公开发行与不公开发行、直接发行与间接发行和有偿增资、无偿增资与搭配增资。

① 根据股票的发行对象不同，可将股票的发行方式划分为公开发行和不公开发行两种。

公开发行，又称公募，是指事先没有特定的发行对象，向社会广大投资者公开推销股票的方式。采用这种方式意味着公司股票可以被社会上的任何人认购，这样可以扩大股东的范围，分散持股，防止囤积股票或被少数人操纵，有利于提高公司的社会性和知名度，为以后筹集更多的资金打下基础。公开发行的股票可以上市交易，因此可增加股票的适销性和流通性。公开发行可以采用股份公司自己直接发售的方法，也可以支付一定的发行费用通过金融中介机构代理。

不公开发行，又叫私募，是指发行人只对特定的发行对象推销股票的方式。通常在两种情况下采用：一是股东配股，又称为股东分摊，即股份公司按股票面值向原有股东分配该公司的新股认购权，动员股东认购。这种新股发行价格往往低于市场价格，事实上是对股东的一种优待，一般股东都乐于认购。如果有的股东不愿认购，他可以自动放弃新股认购权，也可以把这种认购权转让给他人，从而形成认购权的交易。二是私人配股，又称为第三者分摊，即股份公司将新股票分售给股东以外的本公司职工、往来客户等与公司有特殊关系的第三者。采用这种方式往往出于两种考虑：一是为了按优惠价格将新股分摊给特定者，以示照顾；二是当新股票发行遇到困难时，向第三者分摊以求支持。无论是股东配售还是私人配售，由于发行对象是既定的，因此，不必通过公募方式，这不仅可以节省委托中介机构的手续费，降低发行成本，还可以调动股东和内部的积极性，巩固和发展公司的公共关系。但缺点是这种不公开发行的股票流动性差，不能公开在市场上转让出售，而且也会降低股份公司的社会性和知名度，还存在被杀价和控股的危险。

② 根据发行人有无中介机构参与，将股票的发行方式划分为直接发行与间接发行。

直接发行，又称为直接招股，是指发行人不通过投资银行或证券公司等中介机构，由自己承担股票发行的一切事务和发行风险，直接向认购者推销出售股票的方式。采用直接发行方式时，要求发行者熟悉招股手续，精通招股技术并具备一定条件。当认购额达不到计划招股额时，新建股份公司的发起人或现有股份公司的董事会必须自己认购未出售的股票。因此，直接发行只适用于有既定发行对象或发行风险小、手续简单的股票。在一般情况下，不公开发行的股票、公开发行有困难（如信誉低所致的市场竞争力差、承担不了大额的发行费用等）的股票，或是实力雄厚有把握实现巨额私募以节省发行费用的大股份公司股票，才采用直接发行的方式。

间接发行，又称为间接招股，是指发行者委托专门从事证券买卖业务的金融中介机构出售股票的方式。这些中介机构作为股票的推销者，办理一切发行事务，承担一定的发行风险并从中提取相应的收益。股票的间接发行有三种方法：一是代销，又称为代理招股，推销者只负责按照发行者的条件推销股票，代理招股业务，而不承担任何发行风险，在约定期限内能销多少算多少，期满仍销不出去的股票退还给发行者。由于发行风险和责任全部都由发行者承担，证券发行中介机构只是受委托代为推销，因此，代销手续费较低。二是承销，又称为余股承购，是指股票发行者与证券发行中介机构签订推销合同，明确规定在约定期限内，如果中介机构实际推销的结果未能达到合同规定的发行数额，其差额部分由中介机构自己承购。这种发行方法的特点是能够保证完成股票发行额度，一般较受发行者的欢迎，而中介机构因须承担一定的发行风险，故承销费高于代销的手续费。三是包销，又称为包买招股，当发行新股票时，证券发行中介机构先用自己的资金一次性把将要公开发行的股票全部买下,然后再根据市场行情逐渐卖出,中介机构从中赚取买卖差价。若有滞销股票,中介机构减价出售或自己持有,由于发行者可以快速获得全部所筹资金,而推销者则要承担全部发行风险,因此,包销费高于代销费和承销费。股票间接发行时究竟采用哪一种方法,发行者和推销者考虑的角度是不同的,需要双方协商确定。一般说来,发行者主要考虑自己在市场上的信誉、用款时间、发行成本和对推销者的信任程度;推销者则主要考虑所承担的风险和获得的收益。

据我国有关股票发行法规的规定,公司拟公开发行股票的面值总额超过人民币3000万元或者预期销售总金额超过人民币5000万元的,应由承销团承销。

③ 按照投资者认购股票时是否缴纳股金,可以将股票的发行方式划分为有偿增资、无偿增资和搭配增资。

有偿增资,是指认购者必须按股票的某种发行价格支付现款,方能获得股票的一种发行方式。一般来说,公开发行的股票和私募中的股东配股、私人配股都采用有偿增资的方式,采用这种方式发行股票,可以直接从外界募集股本,增加股份公司的资本金。

无偿增资,是指认购者不必向股份公司缴纳现金就可获得股票的发行方式。发行对象只限于原股东,采用这种方式发行的股票,不能直接从外界募集股本,而是依靠减少股份公司的公积金或盈余结存来增加资本金,一般只在股票派息分红、股票分割和法定公积金或盈余转作资本配股时采用无偿增资的发行方式,按比例将新股票无偿交付原股东,其目的主要是为了股东分红以增强股东信心和公司信誉,或为了调整资本结构。由于无偿发行要受资金来源的限制,因此,不能经常采用这种方式发行股票。

搭配增资,是指股份公司向原股东分摊新股时,仅让股东支付发行价格的一部分就可获得一定数额股票的方式。例如,股东认购面额为100元的股票,只需支付50元就可以,其余部分无偿发行,由公司的公积金充抵。这种发行方式也是对原有股东的一种优惠,公司只能从他们那里再征集部分股金,以实现增资计划。

上述这些股票发行方式,各有利弊及条件约束。股份公司在发行股票时,应根据自身、证券市场和投资者的实际情况,正确选择适合的股票发行方式,可以采用其中的某一方式,也可以兼采几种方式。当前,世界各国采用最多、最普遍的方式是公开发行和间接发行。

(2)股票上市的利端

① 获取现金:解决企业发展所需要的资金,为公司的持续发展获得长期稳定的融资渠道,并借此形成良性的资金循环(债券融资和股权融资二种筹资方式相辅相成)。

② 提高竞争力:成为公众公司,大大提高知名度(媒体给予一家上市公司的关注远远高于私人企业,获得名牌效应,积聚无形资产,更易获得信贷、管理层个人名声、吸引人才)从产业竞争角度来讲,一方面,上市可以支持企业更高速地成长以取得在同

行业领先的机会，另一方面，如果同行竞争者均已上市，企业同样需要充足的资本与竞争对手对抗，企业可以获得经营的安全性。企业通过上市筹集的充足资本可以帮助企业在市场情况不景气或突发情况（如宏观调控）时及时进行业务调整或转型，而不至于出现经营困难。此外，上市公司还能获得更强的影响力。

③ 提高流动性：上市可以实现企业资产的证券化，大大提高资产流动性，公司股东和管理层可以通过出售部分股权等获得巨额收益，这为控股股东（往往是风险投资资本）提供了退出通道。

④ 便于并购：上市后，公司并购的手段得到拓宽，可以发行股票将上市股份作为支付手段进行并购。对于那些希望通过并购获得成长的企业来说，其重要性不言而喻。

⑤ 扩展潜在市场：企业可以通过上市引入国内外战略合作伙伴，借此开拓市场，打通国际渠道等。

（3）上市的弊端

① 股权分散：公司一旦上市，创始人的股权份额急剧下降，从而在一定程度上削弱创始人对公司的控制权。

② 信息公开：公司上市后，需要向投资者披露大量信息，甚至是一些敏感信息。这些公开信息可以被公司的竞争对手获取，可能使公司在商业竞争中处于不利的地位。

③ 接受更严格的监管：公司上市后，将面临监管部门的严格监管，在很多方面都要受到严格限制，同时需要支付一定的成本费用应对来自各方面的调查。

④ 报告的成本：公司信息的披露，定期财务报告的公布，律师事务所、会计师事务所等中介机构的聘请，与投资人、分析师的沟通，向监管部门的汇报等都需要花费大量的人力、财力和时间。

⑤ 降低公司决策质量：上市公司的重大决策必须通过股东大会与股东沟通，这可能在某种程度上降低商业运营的效率，使公司失去宝贵的发展机会。同时，股价的短期随机扰动会给管理层造成很大压力。管理层为了追逐股票的短期良好表现，很可能会损害公司的长期利益。

（4）公司上市的流程

公司一旦决定上市，就开始了复杂的上市流程。

首先，选择投资银行及其他中介机构。公司决定上市后，首先必须解决如何把股票出售给投资者的问题。各国法律普遍规定，股票公开发行必须通过投资银行（在我国又叫证券公司）进行。投资银行能够帮助公司确定股票的初始发行价格或价格范围，以及计划出售的股票数量。在股票的发行过程中，投资银行能够利用自己的声望和经验说服投资者报出价格购买股票，保证股票价格既没有被定高也没有被定低。另外，在股票发行期间,投资银行有义务维持股价的稳定,以免股价发行不久就跌破发行价,从而保证了投资者的利益和信心。

另外,股票发行上市一般还需要聘请以下中介机构:

① 保荐机构(股票承销机构):保荐机构在推荐发行人首次公开发行股票前,应当按照证监会的规定对发行人进行辅导。保荐机构负责证券发行的主承销工作,依法对公开发行募集文件进行核查,向证监会出具保荐意见。保荐机构应当尽职推荐发行人股票发行上市,在发行人股票上市后,保荐机构应当持续督导发行人履行规范运作、信守承诺、信息披露义务。

② 会计师事务所:股票发行的审计工作必须由具有证券从业资格的会计师事务所承担。该会计师事务所对企业的账目进行检查与审验,工作主要包括审计、验资、盈利预测等,同时也为其提供财务咨询和会计服务。

③ 律师事务所:公司股票公开发行上市必须依法聘请律师事务所担任法律顾问。律师主要对股票发行与上市的各种文件的合法性进行判断,并对有关发行上市涉及的法律问题出具法律意见。

④ 资产评估机构(如需要评估):公司在股票发行之前往往需要对公司的资产进行评估。这一工作通常是由具有证券从业资格的资产评估机构承担,资产评估具有严格的程序,整个过程一般包括申请立项、资产清查、评定估算和出具评估报告。

其次,进行股票销售。投资银行获取主承销商资格后,就开始组建IPO小组。IPO小组除主承销商外。还包括发行公司的高管、律师、会计师、行业专家等。投资银行、律师事务所、会计师事务所等中介机构根据行业标准和道德规范,对发行人进行尽职调查,这主要由主承销商来完成,以保证此次股票发行不存在虚假陈述、重大遗漏等欺诈公众的事件。

IPO小组成立后,就开始对发行人进行重组,以保证其符合公开发行的条件,或在发行时取得良好的效果。重组方案的制定应有利于公司资本结构得到优化,有利于筹集更多的资金,有利于再次融资,避免同业竞争等。与此同时,主承销商和IPO小组相关机构一起为股票的发行准备大量的材料,制定发行方案,包括招股说明书等募股文件的制作以及报送证券监管机构。证券监管机构组织有关专家组对报送资料进行审查。在注册制下,监管机构不对预期发行的质量进行评价,这一结论由市场得出。在核准制下,监管机构要对发行质量进行判断,并决定是否允许发行。

接着,进行路演。准备工作完成后,承销商选择一些可能售出股票的地点,主要针对可能购买的机构投资者,与发行人高管、律师一起进行路演(road show)。路演是证券发行商发行证券前针对机构投资者的推介活动。活动中,公司向投资者就公司的业绩、产品、发展方向等作详细介绍,充分阐述上市公司的投资价值,让准投资者们深入了解具体情况，并回答机构投资者关心的问题。路演的目的是促进投资者与股票发行人之间的沟通和交流，以保证股票的顺利发行。

最后，IPO发行价格的确定。股票的发行价格是公司在初级证券市场发行本公司普通股股票时所用的售价。股票本身并无价值，它仅仅是用来证明股东具有公司财产所有权的法律凭证。但持有股票的人，又有获取公司收益的权利，即股票能给持有人带来股息和红利，因此，股票就有了价格。股票发行价格通常由发行公司根据股票面额、股市行情和其他有关因素决定。以募集设立方式设立的公司首次发行的股票价格由发起人决定。公司增资发行新股的股票价格，由股东大会作出决议。

固定价格法和公开价格法是IPO确定股票发行价格的两种主要方法。

① 固定价格法：发行价格由承销商和发行人共同协商确定，并于发行日之前确定下来。为了保证发行成功，一般都将发行价格定得偏低。

② 公开定价法：根据市场情况和新股需求量的变化调整发行价格。一般来说，承销商要进行三次定价过程，第一次是在发行人选择主承销商时，相互竞争承销业务的投资银行会报出它们的预期发行价格。一般来说，发行人愿意选择报价较高的投资银行作为主承销商。第二次是在初步编制招股说明书的时候，在向政府监管机构递交的初步招股说明书上列出价格发行区间。第三次是在IPO申请获批之后，在正式公开发售的前一天，确定最终的发行价格。

股票的发行价格一般有三种：

① 等价发行：等价发行是指股票的发行价格与其面额等价，又称为平价发行或面额发行。一般在设立公司首次发行股票或给老股东配发股票时，等价发行可确保及时、足额地筹措资金。

② 市价发行：市价发行是指以本公司股票在流通市场上买卖的实际价格为基础（一般综合其他因素后，按低于时价的5%—10%来确定）来确定增发新股的发行价格。

③ 中间价发行：中间价发行是指以股票市场价格与面额的中间值作为股票的发行价格。从理论上说，股票发行价格可以是票面金额（等价），也可以超过票面金额或低于票面金额。我国《公司法》规定，股票发行价格可以等于票面金额（等价），也可以超过票面金额（溢价），但不得低于票面金额。

（5）上市的成本

我国发行股票上市的承销费一般不超过融资金额的3%，整个上市成本一般不会超过融资金额的5%，具体如下表：

表7-1 上市融资成本

项目	费用名称	收费标准
改制设立	改制费用	参照行业标准由双方协商确定
上市辅导	辅导费用	参照行业标准由双方协商确定
发行	承销费用	承销金额1.5%~3%，约1000万
	会计师费用	参照行业标准由双方协商确定，约130万
	律师费用	参照行业标准由双方协商确定，约75万
	评估费用	参照行业标准由双方协商确定
	审核费用	20万
	上网发行费用	发行金额的0.35%
上市及其他	上市初费	3万元
	股票登记费	流通部分为股本的0.3%，不可流通部分为股本的0.1%。
	信息披露费	视实际情况而定
	印刷费	
	差旅费	

以中小板为例，截至2005年6月30日，中小板50家上市公司融资总额120亿元，平均融资规模2.4亿元；总发行规模13.8亿股，平均发行规模2752万股；发行后总股本45.6亿股，平均总股本9116万股，平均市盈率23.75倍。

上市过程中，证券公司的承销费平均为1001.63万元，占融资总额的3.7%；律师费为77.92万，占0.38%；会计师费为133.05万，占0.68%，合计1212.6万，占融资总额的6.41%。

案例分析（一）

富士康36天完成上市流程

2018年5月14日，备受关注的"工业互联网巨舰"富士康工业互联网股份有限公司发布招股意向书。备受关注的富士康A股上市，迎来最后发行阶段。

招股说明书显示，富士康拟发行约19.7亿股，占发行后总股本的10%，全部为公开发行新股，不设老股转让。网下、网上申购时间为2018年5月24日，中签号公布日为2018年5月28日，股票简称"工业富联"。富士康招股书所拟投项目聚焦于八个部分，总投资额272.53亿元，与此前披露的募集金额相比，未有变化。273亿元募资为2015年6月国泰君安以来最大IPO，也是A股史上第11大IPO。

值得一提的是，富士康本次新股的发行方式有所创新。战略投资者获配的股票中，50%的股份锁定期为12个月，50%的股份锁定期为18个月。其中，为体现与公司的战略合作意向，部分投资者可自愿延长其全部股份锁定期至不低于36个月。业内人士表示，富士康启动战略配售大大减少对市场资金的占有，减少对市场的冲击。

至于打新的收益，富士康股份每中签1000股，首日涨停将可盈利0.6万元，按行业平均市盈率（PE）44倍计算，上市后有望获得7个涨停，投资者中一签就能赚约2万元。

富士康上市发行费用概算

1. 保荐承销费

本次发行费用包括承销及保荐费、律师费、审计验资费、信息披露费及发行手续费等。其中，承销及保荐费根据实际募集资金总额的1.26%计算确定（272.53*1.26%=3.43亿元）；

2. 律师费为1580.00万元；

3. 审计验资费为3398.11万元；

4. 信息披露费：与本次发行相关的信息披露费为448.11万元；

5. 其他发行费用：除印花税将根据实际募集资金总额确定外，其他发行手续费合计327.31万元。

以上费用均不含对应的增值税。

资料来源：《IPO观察》。

2. 上市公司发行新股

已经公开发行股票的上市公司发行新的股票，称为发行新股（seasoned equity offering, SEO）。

上市公司发行新股有很多原因，最主要的原因是为了满足资本预算所需要的资金。发行新股成功的可能性在很大程度上取决于公司当前投资项目的赢利能力。如果公司面临着大量净现值大于零的投资机会，但当前的投资并不盈利，则它发行新股会很困难。如果不仅有大量的、好的投资机会，而且目前的投资也能获得较高的利润，成功发行新股就不会有什么问题。当然，如果公司缺乏投资机会且目前的投资项目取得较高的收益，则没有必要发行新股。

新股发行会给上市公司带来以下两个方面的重要影响：（1）发行新股增加了公司的股东，改变了公司的股权结构，造成对现有股东权益的稀释，可能在一定程度上损害现有股东的利益；（2）发行新股通常会改变公司的资本结构。

第 7 章 权益融资

在取得董事会和股东大会批准后，上市公司可以采用配股并向社会公众增发新股的办法进行增资扩股。

案例分析（二）

A股首例重新上市申请获通过：长油5获准重新上市

"长油5"（400061）于2018年11月2日晚间发布公告称，收到上交所对于公司股票重新上市交易的通知。

公告称，上交所同意公司股票在上交所重新上市交易。值得注意的是，"长油5"原本是一家A股上市公司，因为连续四年亏损，触及退市条款，于2014年6月5日从A股退市，退市时的股价为0.83元。从A股退市后，"长油5"于2014年8月6日进入股转系统，当年公司仍然继续亏损，亏损额达4.21亿元。但从2015年开始，"长油5"开始扭亏为盈，2015年到2017年的净利润分别为6.28亿元、5.60亿元和4.11亿元，2018年前三季度实现盈利2.20亿元。上交所也对此表示，关于"长油5"重新上市的条件，上交所的《股票上市规则》和《退市公司重新上市实施办法》有明确要求。从这些标准来看，该公司已经符合重新上市的条件。

被获准重新上市后，上市公司和交易所方面还有一些工作要做，确保公司股票重新上市进程的顺利。对于"长油5"而言，应当在3个月内按照《上海证券交易所退市公司重新上市实施办法》的规定办理完毕公司股份的重新确认、登记、托管等相关手续。重新上市后，公司股票将在上交所风险警示板交易，并至少交易到公司披露重新上市后公布首份年度报告。

公司还须认真做好以下工作：

（1）按上交所规定和程序做好上市准备工作；

（2）股票上市前与上交所签订上市协议；

（3）按有关规定缴纳上市费用；

（4）做好对公司董事、监事及高级管理人员有关《公司法》《证券法》等法律法规和《上海证券交易所股票上市规则》等业务规则的培训工作。

对于交易所而言，上交所还将做好重新上市的业务准备和技术支持，协调股转公司、中登公司在公司办理完成相关手续后，安排其股票上市交易。

在做好重新上市相关工作的同时，上交所也表示，将继续严格执行退市制度，对于触及退市条件的公司，"有一家，退一家"，努力培育市场优胜劣汰机制，净化市场生态秩序。

请结合本章所学知识以及中国资本市场现状分析，为什么"长油5"可以重新上市交易，是否预示退市股的卷土重来？

7.3 普通股筹资

7.3.1 普通股的概念

公司股票的所有者称作"股票持有人"或"股东"。他们持有的股票代表了他们所拥有的"股份"。通常,每张股票都设有固定价格,即"面值"。但是也有些股票没有票面价值。普通股的面值总额等于发行在外的股份数和每股面值的乘积,它有时又称为公司的实收资本。

额定发行普通股是公司必须在公司章程中说明的公司可以发行的最大数量的普通股股份数。对公司可额定发行的股份数量一般没有限制。额定的股份不一定全部对外发行,其中发行的股份成为已发行普通股。

资本盈余是指股票发行价格超过股票面值的那部分收益,应计入"公司资本公积金"。《公司法》第131条规定,股票发行价格可以按票面金额,也可以超过票面金额,但不得低于票面金额。所以公司资本公积金不会出现负值。

公司普通股面值总额同其资本盈余和累计留存收益一起构成了公司的"普通股股东权益",即公司的账面价值。它代表权益投资者直接或间接投入公司的资本数额。

公司发行后又购回的股票成为"库藏股票"。

7.3.2 普通股持有人的权利

普通股持有人的权利如下:

(1)持有普通股的股东有权获得股利,但必须是在公司支付债息和优先股的股息之后才能分得。普通股的股利是不固定的,一般视公司净利润而定。当公司经营有方、利润不断递增时,普通股能够比优先股多分得股利,股利率甚至可以超过50%;但若公司经营不善,可能连一分钱都得不到,甚至可能亏本。

(2)当公司因破产或结业而进行清算时,普通股东有权分得公司剩余资产,但普通股东必须在公司的债权人、优先股股东之后才能分得财产,财产多时多分,少时少分,没有则只能作罢。由此可见,普通股东与公司的命运更加息息相关。当公司获得暴利时,普通股东是主要的受益者;当公司亏损时,他们又是主要的受损者。

(3)普通股东一般都拥有发言权和表决权,即有权就公司重大问题进行发言和投票表决。普通股东持有一股便有一股的投票权,持有两股者便有两股的投票权。任何普通股东都有资格参加公司最高级会议,即每年一次的股东大会,但如果不愿参加,也可以委托代理人来行使其投票权。

(4)普通股东一般具有优先认股权,即当公司增发新普通股时,现有股东有权优先（可能还以低价）购买新发行的股票，以保持其对企业所有权百分比不变，从而维持其在公司中的权益。比如，某公司原有10000股普通股，而你拥有100股，占1%，而公司决定增发10%的普通股，即增发1000股，那么你就有权以低于市价的价格购买其中1%即10股，以保持你持有股票的比例不变。

7.3.3 普通股种类

股份有限公司根据有关法规的规定以及筹资和投资者的需要，可以发行不同种类的普通股，普通股种类如下：

1.记名股票和无记名股票

按股票票面上有无记名，可把股票分为记名股票和无记名股票。

记名股票是指在股票票面上记有股东的姓名或名称，并将其记入股东名册的一种股票。记名股票的转让、继承须办理过户手续。《公司法》规定，公司向发起人、法人发行的股票，应为记名股票，并应当记载该发起人、法人的名称或者姓名，不得另立户名或者以代表人姓名记名。记名股票的转让，由股东以背书方式或者法律、行政法规规定的其他方式转让。

无记名股票是指在股票上不记载股东名称或姓名的股票，股东名称或姓名也不记入公司的股东名册。无记名股票的转让、继承无须办理过户手续，由持有人认购即实现股权转移。向社会公众发行的股票属于无记名股票。《公司法》规定，发行无记名股票的公司应该将股票的数量、编号和发行日期等进行记录；无记名股票的转让，只要股东将该股票交付给受让人即发生转让效力。

2.面值股票和无面值股票

按股票票面上有无金额为标准，可分为面值股票和无面值股票。

面值股票是指公司发行的标有每股金额的股票。持有这种股票的股东，以持有的全部股票的票面金额之和表示占公司发行在外股票总面额的比例，用来确定其对公司享有权利、承担义务的大小。《公司法》规定，股票应该载明票面金额。

无面值股票是指股票票面上不记载每股金额，仅载明占公司股本总额的比例或股份数，所以又称比例股或部分股，其价值随公司财产价值的增减而增减。目前，允许公司发行无面值股票的国家只有美国、加拿大、卢森堡等国家。

3.国有股、法人股和社会公众股

按投资主体的不同，股票可分为国有股、法人股和社会公众股。

国有股包括国家股和国有法人股。国家股是指有权代表国家投资的机构或部门向股份公司出资所形成的股份，包括以公司现有国有资产折算形成的股份。由于我国大部分股份制公司都是由原国有大中型企业改制而来，因此，国有股在公司股份中占有较高的比重。国有法人股是指具有法人资格的国有企事业单位以其法人资产向股份公司出资形成的股份。

法人股是指公司法人或具有法人资格的事业单位和社会团体，以其依法可支配的资产向公司非上市流通股权部分投资而形成的股份。目前，在我国上市公司的股权结构中，法人股平均占20%左右。根据法人股的认购对象，可将法人股进一步分为境内发起法人股、外资法人股和募集法人股三个部分。从某种意义上说，国有法人股也属于法人股，但是由于其性质是国有性质，所有我们一般将其划分为国有股。

社会公众股是指社会公众（包括境内外的个人和机构），以其合法财产向公司可上市流通股权部分投资所形成的股份。在我国的股票分为流通股和非流通股的情况下，社会公众股是指可在证券交易所上市流通的股份。于是根据上市场所的差异，又可以将社会公众股分成A股、B股、H股、N股、S股及ADR。

在我国推行股权分置改革前，国有股和法人股属于非流通股，它们都不能上市流通，只有流通股才能上市流通。之所以出现了流通股和非流通股的划分，是与我国特殊的历史原因分不开的。自2005年5月证监会推行第一批股权分置改革试点以来，我国的股权分置改革工作就有条不紊地进行着，随着改革的完成，国有股和法人股也都可以上市流通，因此也就不再存在流通股和非流通股之分，社会公众股的区分也就失去了意义。

4. A股、B股、H股和N股

按发行对象和上市地区的不同，又可将股票分为A股、B股、H股和N股等。

A股是供中国内地个人或法人买卖的，以人民币标明票面金额并以人民币认购和交易的股票。

B股、H股和N股是专供外国和中国香港、澳门、台湾地区投资者买卖的，以人民币标明票面金额但以外币认购和交易的股票。其中，B股在上海、深圳上市；H股在中国香港地区上市；N股在美国纽约上市。

7.3.4 发行普通股的利弊

1. 发行普通股的利端

与其他筹资方式相比，普通股筹措资本具有如下优点：

（1）发行普通股筹措资本具有永久性，无到期日，不需归还。这对保证公司对资本的最低需要、维持公司长期稳定发展极为有益。因此，普通股可以作为公司长期股权激励的一种形式。

（2）发行普通股筹资没有固定的股利负担，股利的支付与否和支付多少，视公司有无盈利和经营需要而定，经营波动给公司带来的财务负担相对较小。由于普通股筹资没有固定的到期还本付息压力，所以筹资风险较小。

（3）发行普通股筹集的资本是公司最基本的资金来源，它反映了公司的实力，可作为其他方式筹资的基础，尤其可为债权人提供保障，提高公司的举债能力。

（4）由于普通股的预期收益较高并可一定程度抵消通货膨胀的影响（通常在通货膨胀期间，不动产升值时普通股也随之升值），因此普通股筹资容易吸收资金。

2. 发行普通股的弊端

运用普通股筹措资本也有如下缺点：

（1）普通股的资本成本较高。首先，从投资者的角度讲，投资普通股风险较高，要求较高的投资报酬率。其次，对于筹资公司来讲，普通股股利从税后利润中支付，不像债券利息那样作为费用从税前支付，因而不具抵税作用。最后，普通股的发行费用一般也高于其他证券。

（2）普通股筹资会增加新股东，这可能会分散公司的控制权。此外，新股东分享公司未发行新股前的积累盈余，会降低普通股的每股净收益，从而可能导致股价的下跌。

7.4 优先股筹资

优先股股票是指股份公司发行的、优于普通股股东分取公司收益和剩余财产的股票。许多国家的公司法规定，可以在公司设立时发行优先股，也可以在公司增资发行新股时发行优先股；而有些国家的公司法，则只允许在特定条件下才能发行优先股。由于我国《公司法》和《证券法》中都没有关于优先股的规定，下面以国外公司的实务来介绍优先股的相关知识。

7.4.1 优先股股东的权利

优先股是相对于普通股而言的，是较普通股具有某些优先权利，同时也受到一定限制的股票。优先股股东的权利表现在以下几个方面：

1. 优先分配固定股利的权利

优先股股东通常优先于普通股股东获得股利，而且股利一般固定，受公司经营状况和盈利水平的影响较小。所以，优先股类似于固定利息的债券，不同的是债券利息在税前支付，而优先股股利却在税后支付。

2. 优先分配剩余资产的权利

在公司由于解散、清算等进行破产清算时，如果偿还债务和付清各种清算费用之后还有剩余资产，优先股股东可先于普通股股东分配财产。如果剩余资产的市价较高，优先股股东往往还可以获得面值和股利,有时甚至还会增加一些酬金。

3. 优先股股东通常没有表决权

只要公司不违约,正常支付固定股利,优先股股东一般都无表决权,仅在涉及优先股股东权益问题时(如优先股息未能按时发放,公司违反了保护性条款)享有表决权,这种表决权称为临时表决权。某些优先股具有分类表决权,这类股东可以投票选举规定数额的董事来保护自己的利益,但仍不能控制公司。

7.4.2 优先股的特征

优先股是一种兼具普通股股票和债券特点的混合性有价证券。一方面,它在某些方面比普通股享有优先权利,因此被普通股股东视为一项负债;另一方面,发行优先股股票获得了自有资金,因而又被债权人视为权益资本。

1. 优先股权益资本特征

优先股相对于普通股来说,优先权主要表现在两方面:一是股利分配的顺序优于普通股。普通股股东必须在优先股股利支付后才可能获得普通股股利。二是对剩余财产的求偿顺序优于普通股。若公司破产或歇业清算,在清偿所有债务之后,剩余财产应先偿还优先股股本,如有剩余,才能按股份比例对普通股进行分配。

2. 优先股债务资本表现

(1)优先股通常有面值和固定利率,使普通股股东享有财务杠杆效应。

(2)优先股没有投票权,即没有选举权、被选举权和对公司的控制权。

7.4.3 优先股的种类

优先股有许多分类标准,下面五种是最常见的分类。

1. 累积优先股和非累积优先股

(1)累积优先股

累积优先股是指当年未支付的股利可累积到以后年度支付的优先股。公司只有在付清历年拖欠的优先股股利后,才能支付普通股股利。这种股利积累是对优先股股东形成一种利益上的保护,防止公司管理层有意回避支付优先股股利而将大部分盈余留归普通股股东。其特点在于股利率固定,并可以累积计算,从而保证股东稳定的股利收入。

(2)非累积优先股

非累积优先股是指仅按当年利润分配股利而不予累计补付的优先股。如果本年度盈利不足以支付全部优先股股利,对所欠部分股份公司不予累计计算,优先股股东也不能要求公司在以后年度予以补发。显然,这种股票对投资者极为不利,所以认购者少,发行量也少，其特点在于股利率固定，但只限于在本经营年度内分取。

2. 可转换优先股和不可转换优先股

（1）可转换优先股

可转换优先股是指股票持有者可以在特定条件下把优先股股票转换成普通股股票或公司债券。其特点是与公司的普通股股票或公司债券关系密切，其股票价格受普通股股票或公司债券的价格影响容易发生变动。

可以转换成普通股的优先股，是指按发行契约的规定，在一定时期内可以按一定比例转换成普通股的优先股，转换比率是按普通股和优先股的现行价格确定的，到时是否转换完全取决于投资者的意愿及当时普通股、优先股价格变化的程度。例如，每股可转换成每股价格为100元的优先股和每股价格为25元的普通股，这时可能规定在今后一定时期（如2年）内，以1股优先股转换成4股普通股。只有在这段时间内，普通股价格超过25元，或优先股价格超过100元，才有利于优先股股东，他既可以选择转换成为普通股股东，亦可选择保留优先股股东的地位和权利。

对于发行公司而言，可以较低的利率筹资，节省普通股发行费用，又可在适当的时候增加普通股股本，为增加负债奠定基础。

（2）不可转换优先股

凡不具备转换为普通股股票或公司债券权利的优先股股票，均为不可转换优先股。它只能获得固定股利报酬，不能获得转换收益。

3. 参与优先股与不参与优先股

（1）参与优先股

参与优先股是指不仅按照规定分得当年的固定股利，还有权与普通股股东一同参加剩余利润分配的优先股。其特点是当股份公司的利润增大时，优先股股东除获得按固定股利率计算的股利外，还可分得额外红利。按参与优先股在参与利润分配过程中的参与程度的不同，可分为部分参与优先股和全部参与优先股。在优先股股东按固定股利率取得其相应份额的优先股股利后，优先股股东还有权与普通股股东一起分享剩余利润，若这种参与分享以一定额度为限，为部分参与优先股；若这种参与分享为与普通股共同等额分享，为全部参与优先股。

（2）不参与优先股

优先股股东对股份公司的税后利润，只有权分得固定股利，对取得固定股利后的剩余利润无权参与分配。

4. 可赎回优先股与不可赎回优先股

（1）可赎回优先股

可赎回优先股是指股份公司可以按一定价格收回的优先股股票。在订有赎回条款的情况下，优先股可用现金赎回，其赎回价格高于票面值或原发行价格，并随着时间的推移而递减。若未订有赎回条款，则须以高于股市价格换回。至于是否赎回，在什么时候赎回，则由发行股票的公司决定。其特点是发行公司可以根据自己的需要赎回优先股，以减轻自己的股利负担。

（2）不可赎回优先股

不可赎回优先股是指发行条件中不包括赎回条款的优先股。由于优先股都有固定股利，所以不可赎回优先股的发行成为永久性财务负担，因此，公司很少发行不可赎回优先股。

5. 股利可调整优先股与股利不可调整优先股

（1）股利可调整优先股

股利可调整优先股是指股利可以调整的优先股。这种调整与股份公司的经营状况无关，是根据金融市场的动荡与各种有价证券价格和银行存款利率的经常波动而进行的，目的在于保护投资者的权益。

（2）股利不可调整优先股

股利不可调整优先股是指优先股股利固定的、不能进行调整的优先股。

7.4.4 优先股筹资的优缺点

1. 优先股筹资的优点

（1）无固定到期日，不用偿还本金，资金使用具有弹性。优先股没有固定的到期日，不用偿还本金，因此实质上等于是一笔无限期的贷款，使公司获得稳定的资金，降低财务风险。同时，又有许多优先股附有赎回条款，使得这种资金更有弹性，公司可以在财务状况较差时发行，而当财务状况较好时赎回。

（2）优先股股利支付既固定，又有一定的弹性。一般而言，优先股都采用固定股利，但固定股利支付并不构成公司的法定义务。如果财务状况不佳，则可暂时不支付优先股股利，优先股股东也不能像债权人一样迫使公司破产。

（3）有利于提高公司的信誉。优先股属于公司的权益资金，权益资金增加意味着公司实力增加，为公司负债提供更多保障，提高公司的举债能力。

（4）有利于保持普通股股东的控制权。由于优先股股票没有投票权，因此，当公司既想向外界筹集股权资金，又不想丧失原有股东控制权时，利用优先股筹资尤为恰当。

（5）优先股筹资具有财务杠杆作用，有利于增加普通股股东的收益。比如，一家获利颇高的公司急需扩充，若采用发行普通股筹资，原有股东必须与新增股东共同分享公司成长的利益，而发行优先股筹资能够充分发挥其财务杠杆作用，可使原有股东获得更高的报酬。

2. 优先股筹资的缺点

（1）筹资成本很高

优先股所支付的股利要从税后利润中支付，不同于债务利息可在税前扣除。同时，投资于优先股风险较债券更大，因而优先股股利高于债券利息，这导致优先股筹资成本很高。

（2）筹资的限制较多

发行优先股通常有许多限制条款。例如，对普通股股利支付的限制，对公司借债的限制等。

（3）财务负担重

优先股股利比较固定，同时又在税后支付，所以容易造成公司的财务负担较重。

鉴于优先股筹资存在以上优缺点，公司应选取适当时机发行适当种类优先股，以达到良好的筹资效果。一般而言，当公司的盈利水平高于优先股利率、负债比率较高、普通股市价低且不愿公司控制权分散时，优先股是一种理想的筹资方式。至于发行何种优先股，要视当时经济发展状况和投资者对收益率、公司支配权要求和对风险的态度而定。

7.5 认股权证筹资

自1911年美国电灯和能源公司（American Light & Power）发行全球第一张认股权证以来，认股权证已成为一种被广泛应用的金融衍生工具。

7.5.1 认股权证的概念与特征

1. 认股权证的概念

认股权证，又称为认股证或权证，指持有者购买公司股票的一种凭证，它允许持有人按某一特定价格在规定的期限内购买即定数量的公司股票。其实质是一种普通股股票的看涨期权（call option）。这里要指出的是，这是狭义的认股权证的概念

按照发行主体，认股权证分为股本认股权证和备兑权证两种。股本认股权证属于狭义的认股权证，是由上市公司发行的。备兑权证则属于广义认股权证，是由上市公司以外的第三方（一般为证券公司、银行等）发行的，不会增加股份公司的股本。

按照权利内容，认股权证包括认购证和认沽证两种。如果在权证合同中规定持有人能以某一个价格买入标的资产，那么这种权证就叫认购权证。如果在权证合同中规定持有人能以某一个价格卖出标的资产，那么这种权证就叫认沽权证。本节所讨论的主要是

认购权证。

2. 认股权证的特征

（1）认股权证是一种股票买权。认股权证是一种特殊的筹资手段，对于公司发行新债券或优先股股票具有促销作用。投资者不仅能够获得债券或优先股的固定利息（股利）收入，而且还能根据认股权证规定的价格在适当的时候购买发行公司的股票。

（2）持有人只拥有股票认购权。在认股之前，持有人既不拥有债权也不拥有股权，只拥有股票认购权。

（3）每份认股权证所能购买的股票数是固定的。

（4）用认股权证购买普通股股票，其价格一般低于市价。

7.5.2 认股权证的基本要素和种类

1. 认股权证的基本要素

（1）标的资产

标的资产是指认股权证发行所依附的基础资产，即权证持有人行使权利时所指向的可交易的资产。在所讨论的狭义的认股权证中，其标的资产是股票，即所谓的"正股"。但应该清楚，权证作为期权的一种，其标的资产的种类极为广泛。理论上，凡有明确估价且在法律上为可融通物，如股票（单一股票或是一篮子股票）、股价指数、黄金、外汇或其他实物商品等均可成为权证的标的资产。

（2）认购数量

认购数量是指认股权证认购股份的数量，它可以用两种方式约定：一是确定每一单位认股权证可以认购多少公司发行的普通股；二是确定每一单位认股权证可以认购多少金额的普通股。

（3）认购价格

认股权证在发行时，发行公司即要确定其认股价格。认股价格的确定一般以认股权证发行时发行公司的股票价格为基础，或者以公司股价的轻微溢价发行。如果出现公司股份增加或减少等情况，就要对认股权证的认股价格进行调整。有的公司甚至这样约定：当公司股票市价过度上涨时，其发行的认股权证的认股价格可以按预定公式自动上调。这样做的目的在于保护认股权证持有人的利益，进而保护公司的权益。

（4）认购期限

认购期限是指认股权证的有效期。在有效期内，认股权证的持有人可以随时认购股份；若超过有效期，认股权证自动失效。认股期限的长短因不同国家、不同地区以及不同市场而差异很大，主要根据投资者和股票发行公司的要求而定。一般来说，认股期限多为3—10年。认股期限越长，其认股价格就越高。

（5）赎回条款

发行认股权证的股份有限公司大都制定了赎回条款，即规定在特定情况下，公司有权赎回其发行的认股权证。

2. 认股权证的种类

（1）美式认股权证与欧式认股权证

依行使时间的不同，认股权证有美式（American style）与欧式（European style）之分。美式认股权证是指权证持有人在到期日前，可以随时提出履约要求以买进约定数量的标的资产。欧式认股权证则是指权证持有人只能于到期日当天，才可提出买进标的资产的履约要求。

然而需要指出的是，无论欧式或美式认股权证，权证持有人均可于到期日前在二级市场上向他人转让所持之权证，但是，过了到期日后，欧式或美式权证持有人都会丧失要求履约的权利。

（2）股本认股权证与衍生认股权证

依标的资产的不同，对认股权证可有两类区分。其中一类较为广义的区分就是股本认股权证（equity warrants）与衍生认股权证（derivative warrants）之分。股本认股权证，顾名思义，是以发行人或其子公司的股票作为标的资产发行的认购期权，该认股权证的发行人通常是发行标的股票（正股）的上市公司。衍生认股权证，其标的资产应为个股股票或一篮子股票、股指、黄金、外汇等。衍生认股权证通常是由认股权证标的资产发行人以外的第三方发行，一般都是国际性投资银行。

（3）附带发行认股权证与单独发行认股权证

按认股权证的发行方式不同，将认股权证分为附带发行认股权证与单独发行认股权证。认股权证一般采取两种方式发行：最常用的一种方式是，在新发行优先股股份或公司债券时，对优先股或公司债的投资者发行认股权证，因投资者对认股权证无须支付认购款项，从而可增强公司优先股股份或债券对投资者的吸引力；另一种发行方式为单独发行，是发行公司对老股东的一种回报，其具体做法是按老股东的持股数量以一定比例对其发放。

以第一种方式发行的认股权证即为附带发行认股权证，以第二种发行方式发行的认股权证即为单独发行认股权证。

（4）长期认股权证与短期认股权证

按认股权证允许认购期限的不同，认股权证可分为长期认股权证和短期认股权证。长期认股权证的认股期限通常持续数年，如3年、5年、10年等。短期认股权证的认股期限比较短，一般在90天以内。

7.5.3 附认股权证债券

认股权证通常伴随公司长期债券一起发行,这种债券可以称为附认股权证债券。

附认股权证债券是一种混合证券,它由纯债券(不附认股权证债券)和认股权证组成。目前,几乎所有的认股权证都属于可分割认股权证,投资者购买了附认股权证债券后,即可将认股权证与债券单独进行交易。

附认股证债券价值=纯债券价值+认股证价值

纯债券价值:是指按不附认股权证债券的现行市场利率折现的债券价值。通常,附认股权证债券票面利率低于同等水平债券的市场利率

认股证价值:是投资者享有股票买权的愿付价格,或发行公司卖出买权的收入。作为股票期权的一个变种,其价值是相关股票价值的函数。

例1 假设A公司计划发行面值为1000元,期限为20年,总额为1500万元的长期债券。投资银行建议:

(1)如果发行纯债券,票面利率定为8%,方能吸引投资者;目前,公司普通股市场价格为每股42元。

(2)如果每份债券附3份认股权证,在未来5年内,每份认股权证可按每股50元的价格认购该公司股票,则债券的票面利率可定为7.5%;并规定如果公司未来进行股票分割,认购价格也将随之调整;认股权证持有者不享有股利分配;认股权证可单独进行交易。

分析:纯债券价值 =(1000×7.5%)× $PVIFA_{8\%,20}$ +1000× $PVIF_{8\%,20}$
= 736.36+214.5 = 950.86(元)

认股证价值 1000-950.86 = 49.14(元)

每份认股证价值 = 49.14÷3 = 16.38(元)

7.5.4 认股权证的价值

认股权证价格,即认股权证在一级市场上发行或在二级市场上交易时的单位价格,其实质为认股权证所代表期权的价格。认股权证的价值包括理论价值和溢价两个部分。即:

认股权证价值=理论价值+溢价

1. 理论价值

认股权证的理论价值是指它在证券市场上出售的最低极限价格。

$$TV = q \times (S0 - K) \tag{7-1}$$

上式中，

TV 表示认股权证的理论价值；

Q 表示转换比率，即每份认股权证能购买的普通股股数；

S0 表示普通股每股市价；

K 表示认购价格；

2. 认股权证溢价

认股权证溢价=市场价值—理论价值 （7-2）

认股权证溢价大小与相关股票市场价值的变动有密切关系。

例2 接上例，A公司预计未来股票市价、认购价格、认股权证理论价值和市场价值以及认股权证溢价如表7-2所示。

表7-2 A公司股票情况

股票市价 （元） （1）	认购价格 （元） （2）	转换比率 （份） （3）	认股权证理论价值 （元） （4）=[（1）-（2）]×（3）	认股权证市场价值 （元） （5）	认股权证溢价 （元） （6）=（5）-（4）
20	50	3	0	1	1
30	50	3	0	3	3
40	50	3	0	5	5
42	50	3	0	7	7
50	50	3	0	15	15
60	50	3	30	42	12
70	50	3	60	69	9
80	50	3	90	96	6
90	50	3	120	123	3

7.5.5 认股权证筹资的优缺点

1. 认股权证筹资的优点

（1）吸引投资者

在公司发行长期债券或优先股时，给予投资者认购普通股的权利，可以有效地刺激投资者的投资欲望，使公司比较容易筹集到所需的资金。

（2）低资本成本和宽松的筹资条款

认股权证给了投资者在未来以较低的价格买入具有较高价值公司股票的权利，

所以发行公司可以适当降低附有认股权证的债券（优先股）的股利，从而降低资本成本。同时，投资者也往往放弃对公司过于严厉的某些条款，从而使公司处于主动地位。

（3）扩大了潜在的资金来源

当认股权证被行使时，公司不但增加了公司的权益资金，而且最重要的是，投资者对公司未来看好，从而会在一定程度上拉动股价。

（4）促进了其他筹资方式的运用

附带发行认股权证可以促进其所附带的证券的发行效率，单独发行认股权证可以有利于将来股票的发售。

2. 认股权证筹资的缺点

（1）不能确定投资者将在何时行使认股权

认股权证给予投资者的是一种权利，投资者可以选择行使，也可以选择不行使，这取决于该认股权证的内在价值。即使对于有行权价值的认股权证来说，也还存在不确定性。例如，对于美式认股权证而言，持有人在认购期限内都可以行使认购权，公司不能控制其在何时行使认购权，这一点往往使公司处于被动地位，甚至处于筹资困境。

（2）高资本成本风险

一旦公司处于筹资困境，公司就可能会通过提高普通股股利（促使股票市场价格上升）来刺激认股权证持有者行使认股权，这就导致公司资本成本的上升。

（3）稀释普通股的收益和控制权

当认股权证被执行后，普通股股份增加，每股收益减少；同时，也稀释了原股东的股份。

本章小结

关键词

直接投资　普通股　优先股　认股权证

关键问题

1. 股票初次公开发行意味着使一个非公众公司转变成一个公众公司，这一过程被称为上市。公司上市能够筹资到所需资金，能够增加股权流动性、分散创始人所承担的风险，还有利于公司的进一步融资和公司价值评估，但它同时也会带来股权分散、信息披露和监管更加严格等不利影响。研究结果表明，世界各国的证券市场普遍存在IPO公开交易首日高超额回报和IPO公司股票长期价格表现不佳的现象。经济学家们试图对此给出合理的解释。

2. 普通股融资具有来源稳定、风险小、增强公司知名度等优点，其缺点主要是成本高、信息披露要求高、监管严格、控制权分散和容易产生信息的负面作用等。

3. 优先股是介于普通股和公司债券之间的一种筹资工具，同时具备债券和普通股的一些特征。优先股融资的主要好处是没有到期日，没有支付利息的约束，是公司可以长久使用的自有资本，但又不影响普通股股东的控制权。其缺点主要是成本较高。

4. 认股权证是发行公司向投资者发放的一种凭证，它本身不是股票，不享受股利收益，也没有投票权，但它赋予持有人在一定时期内以确定的价格向发行公司购买普通股的权利。因此，它通常与公司长期债券或优先股共同发行，目的在于增加公司债券或优先股对投资者的吸引力。认股权证的价值可以分解为内在价值和时间价值。认股权证的内在价值是认股权证市场价值的底价，时间价值则是市场价值与内在价值之差。认股权证估价的复杂性体现在认股权证对其标的资产普通股股价的影响上。因此，认股权证的价值不仅受施权价、距到期日的时间、股票现价、股票波动性等因素的影响，而且还会受到其对普通股所产生的稀释效应的影响。

5. 由于认股权证能给其持有者在未来以较低的价格买入具有较高价值公司股票的权利，作为回报，它使得附有认股权证的优先股和债券能够支付较低的利息或股利，从而降低企业的资金成本。这对资金紧张又无力支付较高利息的发展中的中小企业很有吸引力。认股权证的另一个有用性质是，只有当公司需要资金时，它才会将新资金带给公司。认股权证融资的主要缺点在于，由于不能确定投资者何时行使权利，往往使公司陷于被动；另一个缺点就是行权之后对公司股票的稀释作用，以及对公司原股东控制权的分散作用。

 思考与练习

1. 发行普通股融资的成本为什么较高？

2. 优先股与公司债有何区别？相对于发行普通股和债券，公司发行优先股融资有什么好处？

3. 1998年，潘多拉公司采用配股方式发行新股。新股认购价为每股5元，配股比例为每股4股配1股。新股发行前，该股票在市场上流通的股数为1000万股，每股的市场价格为6元。（1）新股发行后，筹集到的资金总额是多少？（2）认购1股新股的认股权的价值是多少？（3）新股发行后，股价是多少？

4. 某公司需要筹集6000万元扩厂。该公司准备发行面值为10万元、10年后到期、票面利率为9%的可转换债券（该公司的不可转换债券提供13%的收益率给投资人）。该债券条款规定，每张债券可被转换成2000股公司普通股。该债券还附有赎回条款，条款规定，5年后，公司可以每张105000元的价格提前赎回债券，以后每过一年，赎回价格就下降1000元，并且当可转换债券的转换价值一超过面值的25%时，公司就会将可转换债券赎回。已知目前公司普通股每股售价为40元，最近刚支付了2.5元的每股股利，且预计股利成长率固定为10%。试根据上述资料绘出可转换债券未来10年的转换价值、纯粹价值、赎回价值和市场价值的价值分析图。

5. 一个月前，某人以3元的价格购买了100份施权价为40元的B公司的认股权证，当时，B公司的股价为每股40元，如今，B公司的股价已涨至每股45元，而B公司认股权证的价格上升至47.5元。分别计算投资认股权证和投资于普通股股票的投资报酬率。

6. 假设某公司有10000股股票。持股价值为40美元，公司股票的市场价值40万美元。假设公司按40美元、20美元和10美元发行5000股新股。每一种可供选择的发行价格对现有每股股票价格会产生什么影响？

参考文献

[1] 〔美〕迈克尔·舍默：《当经济学遇上生物学和心理学》，闾佳译，中国人民大学出版社2009年版。

[2] 姚立根、常树春主编：《财务管理》，科学出版社2010年版。

[3] 〔美〕斯蒂芬·A. 罗斯、伦道夫·W. 威斯特菲尔德，杰弗利·F. 杰富：《公司理财（原书第9版）》，吴世农、沈艺峰、王志强等译，机械工业出版社2012年版。

第8章 营运资本管理

导语 "现金流比利润更重要"是海尔首席执行官张瑞敏倡导的经营哲学之一。海尔内部管理中确定了一个原则:"没有现金流支持的利润就不算利润,没有现金流支持的销售额就不算销售额"。这一经营哲学可解释为"现金为王",或"现金至上"。与现金管理目标相同,应收账款管理可以看作公司经营现金流收回的信用管理。应收账款是公司商业活动中信用销售的产物,存货是保证公司正常生产或营业的必备条件。现金流与有价证券、应收账款和存货都属于流动资产,流动资产为企业经营提供了必要的流动性,不会直接带来收益但会占用企业资源,因此需要妥善管理流动资产,以最小成本保证充分的流动性。

从资产角度分析,公司的信用政策往往能够成为经营效率的驱动器;从债务角度分析,信用也是"本钱",尤其在经济发达的商业社会中,信用已经成为公司融资的一个重要支撑点。合理地选择与组合运用筹融资政策将会有效地降低负债的融资成本与经营风险。

通过本章学习,可以了解公司营运资本管理的基本概念,掌握营运资本筹资政策与投资政策的类型及配合关系;了解现金循环的基本特点和规律,掌握目标现金余额的确定方法,理解公司现金流量的日常管理;掌握公司信用政策的分析与决策方法,熟悉应收账款的全程信用管理模式;了解公司存货管理目标,掌握存货的控制与管理。

8.1 营运资本管理

8.1.1 营运资本的概念和特点

1. 营运资本的概念

营运资本(working capital)是指公司生产经营活动中投入在流动资产上的现金,是流动资产减去流动负债的差额。流动资产是指可以在一年或超过一年的一个营业周期内变现或运用的资产，包括现金、短期投资、应收及预付款、存货等，是公司从购买原材料开始直至收回货款这一生产经营过程所必需的资产，具有占用时间短、周转快、易变现的特点。

一般情况下，公司流动资产所占用的资金一部分来自长期负债和股东权益，但更多地来自流动负债，包括短期借款、应付及预收款等，具有成本低、偿还期短的特点。

流动资产减流动负债称为净营运资本，它代表用以支持生产经营活动的净投资，其变化会影响公司的收益和风险。

2. 营运资本的特点

营运资本一般具有如下特点：

（1）周转期短

多数公司的生产经营周期都在一年以内，营运资本从投入现金开始到收回现金要经历采购、生产、销售的全过程，但这个过程的时间较短。如果营运资本周转循环的时间很长，则公司的日常经营很可能出现了问题。

（2）形式多样性

营运资本投入生产经营，在现金、原材料、在产品、半成品、产成品、应收账款和现金之间顺序转化，其形式不断发生变化。

（3）数量具有波动性

公司流动资产的数量通常会随着公司内外部条件的变化而变化，时高时低，波动很大，季节性、非季节性的公司均如此。而流动负债的数量则随着流动资产的变动而相应发生变动。倘若不能很好地预测和控制这种波动，就会影响公司正常的生产经营活动。

（4）来源灵活多样

营运资本需求不仅可以通过短期融资满足，而且可以部分通过长期融资满足。而在短期融资中，又有应付账款、票据预收款和预提费用等自然性流动负债以及银行借款等多种融资方式。

8.1.2 营运资本决策的特点和要求

1. 营运资本决策的特点

营运资本决策（working capital decision）是对公司流动资产和流动负债的管理。公司的营运资本决策主要包括两个方面：一是确定流动资产的最佳水平，包括流动资产中现金、应收账款、存货等各项资产的最佳持有量；二是决定维持最佳流动资产水平而进行的短期融资和长期融资的组合。与公司的长期投融资决策相比，营运资本决策具有如下特点：

（1）营运资本决策多为短期决策

由于营运资本具有短期性特征，而营运资本决策所涉及的对象又都是流动资产和流动负债项目，因此，通常只需要根据近期的生产经营状况作出决定，决策的影响也是短期的。

（2）营运资本决策是一种经常性决策

这是由营运资本的短期性、多样性和波动性特征所决定的。这种短期的经常性的营运资本决策往往要耗费管理者大量的时间和精力。首先，流动资产在公司的总资产中占据较大比重，对典型的制造业而言，流动资产所占的比例达一半以上，对销售业而言，这一比例更高。过高的流动资产水平降低了公司的投资回报率，但流动资产太少，又会给公司的稳定经营造成困难，进行营运资本决策需要在收益和风险之间进行权衡。其次，随着公司经营内、外部条件的变化，公司的流动资产和流动负债也要相应调整，调整时不仅要考虑流动资产和流动负债在数量上的匹配，还要考虑它们在期限上的匹配。这些都需要管理人员付出很大的努力。

（3）营运资本决策一旦失误会很快影响公司的现金周转，而长期投融资决策对公司现金运用的影响通常会有一个滞后期。营运资本的特点是周转快、变现快，但很容易沉淀和流失。所谓沉淀，是指营运资本停滞在周转的某个阶段不再循环周转。如原材料、产成品等存货积压，应收账款长期收不回来，这些都会使本应该不断循环流动的资金停滞不动。营运资本在周转过程中也容易流失。比如，由于管理不善造成现金被贪污，存货被盗窃、损毁；由于对客户缺乏了解，较易上当受骗，应收账款变成坏账损失，预付货款付出后却收不到货物；公司内部缺乏科学的财务管理制度和严密的财务控制体系，导致资金的浪费和流失等。因此，营运资本相当于企业的血液，从货币形态开始到货币形态结束，处于不断的循环周转过程中，在这个过程中，如果管理不善导致现金周转不灵，则会立即影响企业的支付能力和债务的偿还，损害公司的信誉，使公司陷入财务困境，严重时可能导致公司破产清算。

2. 营运资本决策的要求

基于上述特点，营运资本决策应满足下述要求：

（1）合理确定营运资本的需要量，降低资金占用比例

由于营运资本与公司的年产经营状况密切相关。因此，要根据生产经营状况的变动合理预测营运资本的需求量，在各项流动资产上合理地配置资金数额，降低资金占用比例，提高投资报酬率。

（2）加速资金周转，提高营运资本的经营效率

在其他条件不变的前提下，加速营运资本的周转，也就相应提高了营运资本的利用效果。加速营运资本的周转可以通过加速存货的周转、缩短应收款的收款期和延长

应付款的周转期实现。也可以通过制定一些营运资本决策的规范以提高决策的质量和效率。

例如，在决定是否向客户提供商业信用方面可以制定商业信用标准，在决定现金规模和存货规模方面可以提供一些简便合适的模型等，作为决策的依据，并将这些决策下放到更接近生产经营活动一线的管理层，这样既可以降低管理费用，又可以提高决策的时效性。需要注意的是，这些规则需要根据环境的变化及时调整和修改。

（3）合理安排流动资产与流动负债的比例关系，保证足够的短期偿债能力

流动资产与流动负债的比例关系不仅直接影响公司的短期偿债能力，而且直接影响公司的资本成本，进而影响公司的盈利能力。因此，不仅需要考虑合理的营运资本来源的构成，而且还要考虑利用廉价的短期融资（如应付账款等自然性短期负债）和偿债风险之间的平衡，以最大限度地减少破产清算的风险。营运资本决策直接关系公司的偿债能力和信誉，特别需要强调安全性，在营运资本决策中应注意流动资产与流动负债之间的平衡与合理搭配。

（4）防止过度增长与营运资本短缺

公司经营规模的扩大往往伴随着营运资本需求的增长，虽然由于规模经济效应的存在，经营规模的扩大并非与营运资本的需求同比例增长，但在大规模扩张的情况下，必然导致营运资本需求的大幅度增长。问题在于，人们总是忽视大规模扩张下对营运资本的需求，从而导致项目建成后，营运资本无法满足生产经营的需求，这样的增长是难以维持的，可称之为过度增长。事实上，新项目要产生预期的现金流量需要先垫付营运资本，过度增长的后果无疑是严重的，轻者导致投资前功尽弃，重者可能导致公司陷入财务危机，需要引起高度重视。

8.1.3 营运资本政策

公司在筹集营运资本和安排流动资产时，需要考虑如何配置短期资产与长期资产的比例以及如何根据长、短期资产的比例配置长、短期资金的比例。营运资本政策就是公司在营运资本的筹集和运用时所采取的策略。

1. 营运资本融资政策

公司的营运资本融资政策所要解决的最主要的问题就是如何合理地配置流动资产与流动负债。根据公司负债结构与公司资产寿命之间的配置情况，公司营运资本融资政策可以分为匹配型、稳健型和激进型三种。

（1）匹配型

如果按在公司持续的生产经营过程中，流动资产占用资本的时间长短对流动资产进

行重新分类的话，可以分为临时性的流动资产和永久性的流动资产。临时性的流动资产是指受季节性或周期性以及一些临时性因素影响而变动的流动资产，如季节性的存货、销售淡季和旺季的应收账款等。永久性的流动资产是指保证公司正常稳定经营最低需求的流动资产数量，如即使在销售淡季也会存在的应收账款和存货等，虽然这些存货或应收账款在形式上不断变换，但它们所占用的资金却是长期的。永久性的流动资产在两个方面与固定资产相似：一是尽管从资产的变现时间看被称为流动资产，但对投入资本的占用是长期性的；二是处于成长过程中的公司所需要的永久性资产会随着时间的推移增长。

匹配型的营运资本融资政策是用长期资本满足固定资产和永久性流动资产对资本的需求，用短期资本满足临时性流动资产对资本的需求，从而使债务的期限结构与资产寿命相匹配。在这种政策下，淡季时，公司的流动资产水平相当于公司永久性的流动资产，除了自然性的流动负债外，公司没有其他的流动负债；旺季时，公司才筹集短期债务满足临时性的资产需求，如图8-1所示。

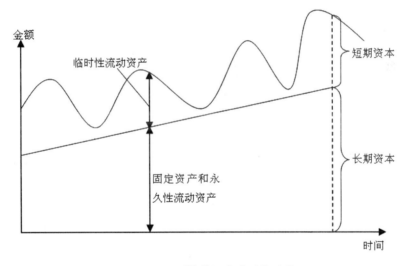

图8-1 匹配型的营运资本融资政策

采取匹配的营运资本融资政策，使得短期负债的变动与扣除自然负债后的流动资产的波动一致，降低了资产与负债之间不协调的风险，并能够较好地平衡收益和风险。例如，长期债务的利息率通常高于短期债务，若长期负债被用于满足季节性营运资本需求，那么，在淡季时，公司不再需要这部分资金，却因仍持有这部分债务而继续支付较高的利息，从而增加了公司的资本成本。如果采取匹配的策略，公司在出现季节性需求时借入短期债务，并随着季节性的周期变动，用临时性资产的减少释放的现金偿还这些债务，就能够降低成本，提高收益。反之，若短期负债被用于满足永久性营运资本需求，由于在短期内不能产生足够的还本付息的现金流量，公司就要承担再融资的风险，包括续借的风险和利率变动的风险。

（2）激进型

激进型的营运资本融资政策是指短期资本不仅需要支持临时性流动资产，而且需要支持部分甚至全部永久性流动资产。采用这种政策的公司将承担较大的再融资风险，但其资本成本较低，收益率较高，如图8-2所示。

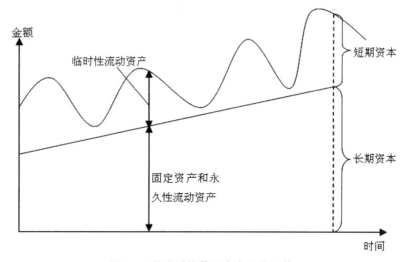

图8-2　激进型的营运资本融资政策

（3）稳健型

采取稳健型营运资本融资政策的公司不仅用长期资本支持永久性流动资产，而且用长期资本支持部分或全部临时性流动资产，如图8-3所示。

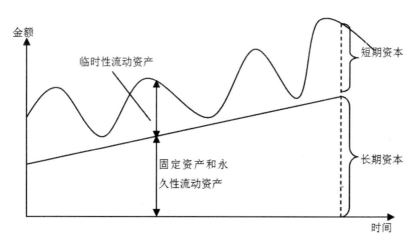

图8-3　稳健型的营运资本融资政策

例如，公司借入长期负债满足高峰期营运资本的季节性需求，这使得公司的净营运资本较大，偿债能力强，风险小；但在流动资产波动的低谷期，长期资本过剩，却仍需支付利息，提高了公司的资本成本，降低了的收益。

2. 营运资本投资政策

营运资本投资政策所要解决的主要问题是如何合理地确定流动资产在总资产中的比例。影响流动资产比例的因素很多，包括公司的获利能力和风险、经营规模、公司所处的行业等诸多因素。在其他因素既定的前提下，由于不同的流动资产比例体现了不一样的风险与收益关系，因此，公司在决定营运资本投资政策时，主要是在收益和风险之间进行权衡。例如，某企业根据其固定资产规模，每年最多可生产10万件产品，所需投入的流动资产数量与特定的产出量相关，不过对应每一种产量，企业仍可以选择许多种不同的流动资产水平。产出与流动资产水平的关系为产量越大，支持这一产量所需投入的流动资产也越多，但由于规模经济效应的存在，产出与流动资产投入量之间并非单一线性关系，而对应于同一产量可以有不同的流动资产水平。显然，在同一产出水平下，流动资产越多，单位产品的成本越高，收益就越低，同时，资产的流动性越强，风险就越小。

与营运资本融资政策一样，营运资本投资政策根据其反映的收益与风险的关系，可以将流动资产的持有政策分为三种类型，即适中型、紧缩型和宽松型。

（1）适中型

适中型的营运资本投资政策在安排流动资产时，根据一定的产出水平或销售规模安排适中的流动资产，既不过高，也不过低。也就是说，在生产和销售计划确定的情况下，尽量将流动资产和流动负债在期限上衔接起来，保证流入的现金刚好满足支付的需要，存货也恰好满足生产和销售所用，使得流动资产保持最佳数量。如果以图8-4中的三条曲线分别代表营运资本投资的三种政策，则曲线B可代表适中型的营运资本投资政策。

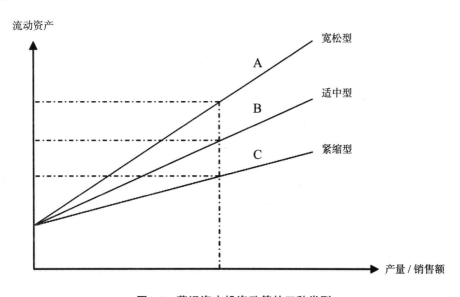

图8-4　营运资本投资政策的三种类型

（2）紧缩型

紧缩型的营运资本投资政策在安排流动资产时，根据产出水平或销售规模安排尽可能少的流动资产。这样可降低流动资产对资金的占用，降低成本，增加收益，但同时也加大了公司由于现金不足而拖欠货款，或不能及时采购供货以及不能按期清偿债务的风险。相对于适中型和宽松型而言，紧缩型的营运资本投资政策的特点是收益高、风险大，图8-4中的曲线C可代表紧缩型的营运资本投资政策。

（3）宽松型

宽松型的营运资本投资政策在安排流动资产时，根据产出水平或销售规模安排较多的流动资产。例如，在正常生产经营需要量和正常保险储备量的基础上，再加上部分额外的储备量，以便降低风险。与适中型和紧缩型相比，在同样的销售规模下，采取宽松型的营运资本投资政策使公司拥有较多的现金、有价证券和存货，而宽松的信用政策使应收账款增多，同时也促进了销售增长，从而能够较自如地支付到期债务，提供生产和销售所需的货物。但较高的流动资产比重会降低运营效率，提高成本，降低收益。所以该政策的特点是收益低、风险小，图8-4中的曲线A可代表宽松型的营运资本投资政策。

3. 营运资本政策对收益和风险的影响

以上分别从融资和投资的角度介绍了不同的营运资本政策，但在实际运用中，它们并不是孤立的，而是相互对应的。当公司决定采用某种投资政策时，必然会选择与之相适应的营运资金融资政策，并对公司的收益和风险产生影响。下面就通过一个实例来观察营运资本政策的改变是如何影响公司的收益和风险的。

例1 蓝星实业公司的主要业务是制造专供包装新鲜蔬果用的新型木箱。从2010年起，该公司就以极快的速度扩大规模。到2016年，该公司又增建了两座厂房。此后，所有厂房的产能每年都有所增加。由于该公司制造的木箱用途广泛，故它的销售量并不受季节性变动的影响。蓝星实业公司的主要问题在于产销无法配合，虽然该公司规模扩大很快，却常因为产能不足而被迫放弃一些已到手的订单。为此，该公司的董事长陈蓝星特别召开会议，请董事与高管列席，会商增产途径。经讨论，提出了可供公司选择的三个方案：

甲方案——维持公司现有的营运资金政策；

乙方案——在不变更现有资本结构的情况下，将流动资产降低到产业平均水平，再以所得到的资金增添设备；

丙方案——减少20%的流动资产，增加20%的流动负债。在这三个方案下，长期负债与股东权益都将维持在现有水平上。蓝星实业公司能借到年息7.5%的短期贷款以及年息9%的长期贷款。

表8-1为公司目前的财务资料。试分别用表列出甲、乙、丙三个方案对蓝星实业公司财务状况的影响。表中要列出下列项目：资产负债表、利润表、重要财务比率，即流动比率、资产负债率、利息保障倍数以及股东权益报酬率。在制表时，假定股东权益、长期负债、销售额对固定资产比率，以及销售成本对销售额的比率都维持不变。

表8-1　蓝星实业公司财务资料

	当期余额（元）	所占比例（%）	产业平均比例（%）
（1）资产负债表			
流动资产	14400 000	40	36
净固定资产	21600000	60	64
资产总计	36000 000	100	100
流动负债（利率7.5%）	4680000	13	13
长期负债（利率9%）	14400000	40	40
普通股	16920000	47	47
负债与股东权益总计	36000000	100	100
（2）利润表			
销售额	36000000		
销售成本	30600000		
息税前收益	5400000		
利息费用	1647000		
税前净利	3753000		
所得税（25%）	938250		
净利润	2814750		
（3）重要财务比率	蓝星实业公司		产业平均水平
流动比率	3.077		2.770
资产负债率（%）	53.0		53.0
销售额对固定资产比率	1.667		1.600
股东权益报酬率（%）	16.6		10.2
销售成本对销售额比率（%）	85.0		86.0
利息保障倍数	3.279		3.220

解：首先，计算三个方案下的流动资产、流动负债和总资产等数据，并据以编制资产负债表。

由于甲方案维持现状不变，因此可利用表8-1中的所有资料。其次，根据销售额对固定资产的百分比、销售成本对销售额的比率，可以得出利润表中的销售额、销售成本等财务数据,并据以编制三种方案下的利润表。最后,根据资产负债表和利润表中的数据计算利息保障倍数、股东权益报酬率等财务比率。计算结果如表8-2所示。

表8-2 蓝墨实业公司三种营运资本政策下的财务数据

	甲方案		乙方案		丙方案	
	当前余额（元）	占比（%）	当前余额（元）	占比（%）	当前余额（元）	占比（%）
（1）资产负债表						
流动资产	14400000	40	12960000	36	11520000	31
净固定资产	21600000	60	23040000	64	25416000	69
资产总计	36000000	100	36000000	100	36936000	100
流动负债	4680000	13	4680000	13	5616000	15.2
长期负债	14400000	40	14400000	40	14400000	39
普通股	16920000	47	16920000	47	16920000	45.8
负债与股东权益总计	36000000	100	36000000	100	36936000	100
（2）利润表						
销售额	36000000		38407680		42368472	
销售成本	30600000		32646528		36013201	
息税前收益	5400000		5761152		6355271	
利息费用	1647000		1647000		1717200	
税前净利	3753000		4114152		4638071	
所得税（25%）	938250		1028538		1159518	
税后净利	2814750		3085614		3478553	
（3）重要财务比率	甲方案		乙方案		丙方案	
流动比率	3.077		2.769		2.051	
资产负债率（%）	53.0		53.0		54.2	
利息保障倍数	3.279		3.498		3.701	
股东权益报酬率（%）	16.6		18.2		20.6	

表8-2中的计算结果显示，乙方案调整了营运资本投资政策，由于降低了流动资产的数量，因此，其股东权益报酬率和利息保障倍数相对于甲方案而言都有所增加，但反映公司短期偿债能力的流动比率下降。丙方案所采取的营运资本调整政策是：一方面降低流动资产，另一方面增加短期借款，其结果是股东权益报酬率和利息保障倍数增加的幅度更大，流动比率下降幅度更大，资产负债率也相应上升。

8.2 现金与有价证券管理

在所有的流动资产中，现金的流动性最强，收益性却最弱。因此，企业在现金管理上面临两难的选择，现金持有不足，企业将不能应付日常经营并偿还债务，丧失购买机会，造成信用损失，由此导致现金短缺成本；现金持有过多，又会由于过高的机会成本使企业盈利能力下降。由于现金代表的是公司的直接支付能力，因而是反映偿债能力和风险的重要标志。短期有价证券的流动性仅次于现金，因而被看作"准现金"。现金与有价证券管理的目的就是要在保证生产经营需要的同时，尽可能降低现金持有量，提高资金收益率。

8.2.1 现金与现金周转

公司的经营活动最初总是从投入现金资产开始，在进入经营活动后，现金资产就会转换为各种占用的资产形式。但公司是以盈利为目的的，所以，在正常情况下，各种资产占用形式最终都会转换为现金，成为公司的收入。在公司的整个经营活动过程中，现金资产会不断地转换为非现金资产，而最终这些非现金资产又会转换为现金，这种周而复始的流转过程称为现金流转。而这种流转无始无终，不断循环，所以称为现金循环，有时也称资金循环。现金的循环有多条途径。例如，有的现金用于购买原材料，原材料经过加工成为产成品，产成品出售后又变为现金；有的现金用于购买机器等固定资产，固定资产在使用过程中逐渐磨损，其损耗价值进入产品，陆续通过产品销售转变为现金。不同的流转途径完成一次周转，即从现金支出到现金收回的时间不同。通常将时间不超过一年的现金流转称为短期现金循环，而将时间超过一年的现金流转称为长期现金循环。

1. 现金的短期循环

短期现金循环过程中的非现金资产是流动资产。企业的生产经营周期等于存货周转期加上应收账款周转期，而现金周转期则等于生产经营周期减去应付账款周转期。根据现金短期循环的规律和特点，利用会计数据可以估计企业现金周转一次所需的时间。

现金短期循环的管理是公司营运资金管理的关键，有时也将其称为营运资金循环，可将这种循环细分为营业循环、支付循环和现金转换循环三种形式。营业循环主要包含存货循环和各类应收款的循环，支付循环主要包含各类应付账款的循环，现金转换循环实际就是现金营业循环与现金支付循环的合并。

例2 某公司2019年的财务数据如表8-3所示。利用表中数据估计该公司的现金周转期和生产经营周期。

表8-3 某公司2019年财务资料

项目	金额
原材料购买量（万元）	67
原材料投入量（万元）	65
产成品销售量（赊销）（万元）	250
销售成本（万元）	180
应收账款平均余额（万元）	47
原材料存货平均余额（万元）	12
在产品存货平均余额（万元）	10
产成品存货平均余额（万元）	21
应付款平均余额（万元）	14

解：原材料周转期=（原材料平均存货／原材料使用量）×365
　　　　　　　=（12／65）×365=67（天）

在产品周转期=（在产品平均余额／销售成本）×365
　　　　　　=（10／180）×365=20（天）

产成品周转期=（产成品平均存货／销售成本）×365
　　　　　　=（21／180）×365=43（天）

应收账款周转期=（应收账款平均余额／销售收入）×365
　　　　　　　=（47／250）×365=69（天）

应付账款周转期=（应付账款平均余额／原材料采购额）×365
　　　　　　　=（14／67）×365=76（天）

生产经营周期=原材料周转期+在产品周转期+产成品周转期+应收账款周转期
　　　　　　=67+20+43+69=199（天）

现金周转期=生产经营周期－应付账款周转期
　　　　　=199－76=123（天）

计算结果表明，该公司在2019年现金周转一次所需的时间平均是123天。如果要加速现金的周转，可以通过加速应收账款和存货的周转期和延长应付账款周转期来实现。

2. 现金的长期循环

现金长期循环的起点也是现金,但在换取非现金资产时转化为长期资产。现金的长期循环是一个缓慢的过程,其中需要注意的是折旧是现金的一种来源。长期资产的现金循环周期与该资产的折旧或摊销年限直接有关。另外要注意的是,现金的长短期循环只是在时间上的差异,而其本质并无区别,其循环的起点和终点都是现金,而这两者是互通的,当转换为现金后,将按公司的经营需要重新分配,并不区分这些现金是长期还是短期循环。所以,短期循环的现金完全可以用于长期投资,而来源于长期循环的现金同样可以投入营运资金。例如,某公司的损益情况如表8-4所示。

表8-4 某公司利润表

单位:元

销售收入	100000
制作成本	50000
销售和管理费用	10000
折旧	20000
税前利润	20000
所得税(30%)	6000
税后利润	14000

该公司获利14000元,现金却增加了34000元。如果该公司本年度亏损,只要亏损额不超过折旧额,企业的现金余额就不会减少。

3. 影响现金循环的因素

影响公司现金循环的内部因素有盈利、亏损、业务扩充或收缩等。假如不考虑外部因素,一个不打算扩大规模的盈利公司,总体看其现金流入大于流出。其短期循环的现金基本平衡,所产生的盈利使现金增加,长期循环中的折旧、摊销积存起来进一步增加现金。但如果公司过多地抽出现金用于支付股利、偿还借款、更新设备等也可能导致现金短缺,当然如果生产经营管理不当,如存货变质、应收账款坏账损失增加、固定资产毁损等,也会导致现金减少,造成现金周转不平衡。对于迅速扩大规模的公司而言,不论是否盈利通常都会遇到相当严重的现金短缺。扩大规模不仅需要扩大固定资产投资,还会引起存货、应收账款等流动资产增加,从而导致现金流出增加。公司不仅要维持现有业务现金收支的平衡,还要设法满足企业扩大规模的现金需要。这时,公司应力求使扩充的现金需求不超过未来可能产生的净现金流量。在寻求资金时,尽量先从公司内部挖掘现金流量,如出售短期资产、减少利润分配、加速应收账款回收等,然后考虑从外部筹集资金。对外借债时,一定要保证未来还本付息的现金流出不要超过公司未来的现金流入。

影响公司现金循环的外部因素有宏观经济周期、通货膨胀、市场利率、季节性需求变化等。在经济繁荣时,市场对公司产品的需求增加,公司不仅需要增加对现金、存货和应收账款等流动资产的投入,而且受到经济繁荣和乐观情绪的鼓舞,还会对固定资产进行扩充性投资,从而导致现金需求迅速扩大,而银行也会增加贷款。由于市场上资金供小于求,利息率上升,过度扩大规模的公司将背负巨大的利息负担,并会首先受到经济收缩的打击。在经济收缩初期,公司的生产、销售和采购的减少及固定资产重置推迟等会导致积存的现金增加,但随着销售额继续减少,大量的经营亏损接踵而来,现金将被逐步销蚀。通货膨胀会使公司遭遇现金短缺的困难,通货膨胀使原材料价格上涨、存货占用资金增加,人工费用上涨使现金支出增加,产品售价提高使得应收账款占用资金增加,最理想的情况是利润也同步上涨,但扩大市场份额或提高售价以增加收入等措施会受到市场竞争的限制,因此,通货膨胀对收入和成本的影响并不是完全一致的,难以完全抵消。市场需求的季节性变化不仅使得公司难以进行均衡生产以充分利用设备和人力,导致成本增加,而且使得存货、应收账款和费用支出呈现周期性的变化,导致现金流入和现金流出不同步的差距扩大,加剧了现金循环的不平衡。

这一切都表明,一家公司可被看作一台"现金机器",要维持长期生存,必须制定有效的投资和筹资战略来获得尽可能多的现金盈余。

8.2.2 现金与现金流量

概括而言,公司的经营活动、投资活动和筹资活动会带来现金的流入和流出,并最终引起公司现金存量的变化。现金存量和流量之间的关系可以用图8-5描述。

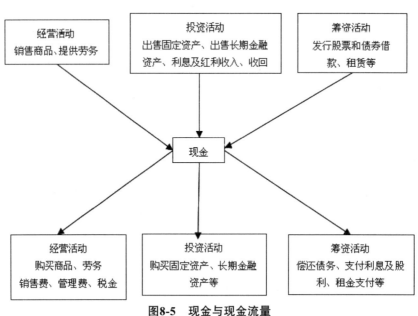

图8-5 现金与现金流量

8.2.3 现金管理

1. 公司持有现金的动机

既然现金是一种非营利性资产，那么公司为什么总要持有一定数额的现金？凯恩斯将各类公司和经济组织的持现动机分为三大类，即交易性动机、预防性动机和投机性动机。

（1）交易性动机

交易性动机是指公司为了满足日常经营业务的需要必须持有适量的现金，用于购买原料、支付工资和税款等开支。虽然公司可以用营业收入的款项来满足其支出的要求，但公司的现金收入和支付很少同步，并且满足经营需要的现金数额往往会受多种因素的影响和制约，公司不保持一定数量的现金存量就难以保证公司日常经营活动的正常开展。

（2）预防性动机

预防性动机是指为了应付意外事件可能对现金的紧急需要而必须持有适量的现金。意外事件的现金需求往往是难以预料的，编制的现金预算也经常会发生偏差，公司的现金流量也经常会不稳定，所有这些都决定了公司必须要保持适量的额外现金储备，做到以防万一，避免公司蒙受不必要的损失。

公司持有多少预防性现金才是合理的，对此并无明确标准，它完全取决于公司的实际情况。如公司经营业务的稳定性和对未来现金流量预测的准确性，公司的资信程度和临时性融资的能力，公司一定时期的战略思想和愿意承受多大的现金短缺风险等。

（3）投机性动机

投机性动机也可称为投资性动机，主要是指公司保持适量的现金持有，能及时抓住市场变化中可能出现的良好投资机会。如原料市场上出现短期降价的机会，或证券市场上出现有利的投资行情等适当机会出现，而公司缺乏必要的投资资金，就会坐失良机，丧失最好的盈利机会。另外，有时公司在既定投资目标下，要积累一定数额的投资资金，也会出现投资性动机下的现金持有。

要说明的是，上述三项持现动机虽然在理论上可以划分，但对于实际持有现金来说，并不能确认某笔现金是因何种动机而持有的。另外，对一般公司来讲，最重要的是交易性动机的现金持有，因为没有一个公司的管理人员会持有大量现金，专门等待谁都不知何时会出现的良好投资机会，或去应付人们永远无法预料的突发事件，除了一部分金融和投资公司外，专门持有投机性现金的公司是很少的，而只要公司保持良好的财务状况和筹资能力，这种偶发性的资金寻求都可以通过临时性的筹资来解决，这可以大大降低公司的资金成本。

2. 现金预算

现金预算是在对未来现金收支状况合理预测的基础上,安排和平衡未来一定时期内现金收入与支出的计划。现金预算建立在销售预测的基础之上,通常按月编制,也可以按季、周、日编制。

企业需要评估日常经营所需的现金量。当库存现金量少于该数量时,能够及时筹措资金,当库存现金量超过这个数量时,可将超出部分用于投资。现金预算有助于制订管理计划、投融资政策等,同时提供反馈和控制,以提高企业的现金管理效率。

与现金预算有关的明细项目包括现金收入、现金支出、净现金流量和现金余缺等。其中,现金收入主要包括营业现金收入和其他现金收入;现金支出主要包括营业现金支出和其他现金支出;净现金流量就是两者的差额。现金余缺是一个时点概念,与现金收入、现金支出、净现金流量这三个期间概念不同,是指企业现金期末余额和最佳现金余额之间的差额。企业首先要估计某一期间内产生支出或收入的活动,然后确定为了维持一定的经营水平必须保持的现金余额。

8.2.4　理想现金余额的确定

现金管理最核心的任务就是要确定理想的现金余额或最佳现金持有量。所谓理想现金余额或最佳现金持有量,是指合理权衡风险与收益之后的现金持有量。确定理想现金余额的模型很多,企业可以根据自身的现金收支特点来选择。下面介绍几种常用的模型。

1. 存货模型

存货模型又称鲍曼模型(Baumol model)。存货模型假定公司的现金流入与流出的数量是稳定的,这样公司每日(或每周、每月)所需的现金数量是确定的。例如,某公司期初的现金余额为50万元,每周现金流出超出现金流入10万元,那么在第五个周末公司的现金余额为零,这时通过出售有价证券或贷款补充现金,使现金余额恢复到期初的持有量水平,如此周而复始。由于公司持有现金的目的是满足正常生产经营对现金的需要,就像公司持有存货一样,都存在最经济的持有量,而上述现金余额变动的规律也与存货的耗用和补充一样,因此,在上述假定前提下推导出来的确定现金余额的模型称为存货模型。

上述运作可能产生的成本是:(1)现金的持有成本。这种成本可用有价证券的收益率或贷款的利息率来衡量,现金余额越多,持有成本越高。(2)现金转换成本,即现金与有价证券转换时所发生的固定成本,如经纪人费用、缴纳的税费及其他的管理成本等。这种成本与交易的次数有关,而与现金金额的大小无关。显然,两种成本合计最低时的现金余额是最经济的,即理想的现金余额。其原理如图8-6所示。

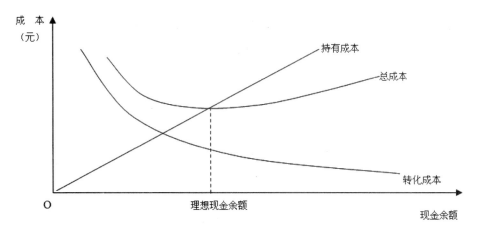

图8-6 理想现金余额图

设TC为总成本，F为现金转换成本，T为特定期间现金需求量，r为短期有价证券收益率，C为理想现金余额，则总成本可用以下关系式表示：

$$TC = \frac{C}{2}r + \frac{T}{C} \times F \quad (8-1)$$

对上式中的C求导数，求出当TC为零时的最小点，有：

$$TC = \left(\frac{C}{2}r + \frac{T}{C} \times F\right) = \frac{r}{2} - \frac{T}{C^2} \times F = 0$$

$$C = \sqrt{\frac{2TF}{r}} \quad (8-2)$$

式（8-1）就是确定理想现金余额的存货模型。

例3 J公司预计每月的现金需要量为300000元，每次转换有价证券的固定成本为100元，有价证券的月收益率为1%，J公司理想的现金余额是多少？

$$C = \sqrt{\frac{2 \times 100 \times 300000}{1\%}} = 77500（元）$$

按上述现金余额，J公司每月有价证券的交易次数为：

300000／77500=3.87（次）

2.鲍曼模型

（1）鲍曼模型的概念

威廉·鲍曼（William Baumol）第一次将机会成本与交易成本结合在一起，提出了现金管理的正式模型。鲍曼模型可以用来确定目标现金余额。

假设金索斯公司（Golden Socks Corporation）在第0周的现金余额（C）为=120万

公司金融

美元，且每周的现金流出量比现金流入量多60万美元。该公司的现金余额在第二周末将降为零，即在这两周内其平均现金余额为60万美元。在第二个周末，金索斯公司就必须出售有价证券或通过借贷来补充现金，如图8-7所示。

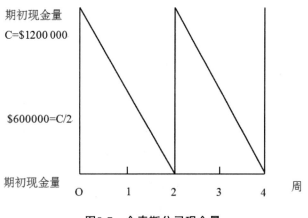

图8-7 金索斯公司现金量

如果把C设得更高一些，比如，设为240万美元，这样在企业需要出售有价证券之前，现金就可以维持四周，但是企业的平均现金余额也从60万美元提高到120万美元。如果把C设为60万美元，那么现金在一周内就将耗尽，而企业也必须更频繁地补充现金，虽然这样，企业的平均现金余额却从60万美元降至30万美元。

由于补充现金时必然产生交易成本（例如，出售有价证券时需支付的经纪费用），因此建立大量的初始现金余额将降低与现金管理有关的交易成本。然而，平均现金余额越高，机会成本（本可以有售出的有价证券得到的收益）也就越高。为了解决这一问题，金索斯公司必须明确以下三点：

一是售出证券以补充现金的固定成本；

二是在相关的计划周期，例如，一年内交易的现金总需要量；

三是持有现金的机会成本，即有价证券的利率。

在此基础上，金索斯公司就可以确定任一特定现金余额政策的总成本，并随之确定最佳的现金余额政策。

（2）机会成本

以美元计算的总机会成本等于现金余额乘以利率，或表示为：

$$机会成本 = (C/2) \times K \qquad (8-3)$$

表8-5列示了几种不同选择的机会成本：

表8-5 机会成本

单位：美元

初始现金余额 C	平均现金余额 $C/2$	机会成本（$K=0.10$） $(C/2) \times K$
4800000	2400000	240000
2400000	1200000	120000
1200000	600000	60000
600000	300000	30000
300000	150000	15000

（3）交易成本

金索斯公司的交易成本可以通过计算该年出售有价证券的次数确定。该年的现金支出总额为60万×52周=3120万。如果将初始现金余额设为120万美元，那么金索斯公司每两周就必须出售120万美元有价证券。这样，我们可以得到交易成本为：

$$\frac{3120}{120} \times F = 26F$$

其计算公式为：

$$交易成本 = (T/C) \times F \tag{8-4}$$

可选择方案的交易成本如表8-6所示：

表8-6 交易成本

单位：美元

相关周期内的总支出额 T	初始现金余额 C	交易成本（$F=1000$） $(T/C) \times F$
31200000	4800000	650
31200000	2400000	1300
31200000	1200000	2600
31200000	600000	5200
31200000	300000	10400

（4）总成本

现金余额的总成本是由机会成本加上交易成本构成，如表8-7所示。

$$总成本 = 机会成本 + 交易成本 = (C/2) \times K + (T/C) \times F \tag{8-5}$$

表8-7 总成本

单位：美元

现金余额	总成本	机会成本	交易成本
4800000	246500	240000	6500
2400000	133000	120000	13000
1200000	86000	60000	26000
600000	82000	30000	52000
300000	119000	15000	104000

（5）解决方法

从上表中可以看到，现金余额为60万美元时所对应总成本的最低值为82000美元。但是，现金余额为700万美元、500万美元，或其他可能值时总成本又是多少？为了确定最低总成本，金索斯公司可以假设随着现金余额上升而产生的交易成本的边际减少额等于随着余额上升的机会成本的边际增加额，目标现金余额即为互为消长的二者的相遇点。

$$总成本（TC）=（C/2）\times K+（T/C）\times F$$

如果将总成本对应于现金余额求导并令其等于零，就可以得到：

$$\frac{dTC}{dC}=\frac{K}{2}-\frac{TF}{C^2}=0$$

$$\frac{K}{2}=\frac{TF}{C^2}$$

$$C=\sqrt{\frac{2TF}{K}} \tag{8-6}$$

如果F=1000万美元，T=3120万美元，且K=10%，那么C=78993671美元。

（6）鲍曼模型的局限性

鲍曼模型是对现金管理的一大贡献，但这一模型也具有以下局限：

该模型假设企业的支出率不变。但实际上，由于到期日不同且无法对成本进行准确预测，只能对开支进行部分管理。

该模型假设计划期内未发生现金收入。事实上，绝大多数企业在每一个工作日既发生现金流入也发生现金流出。

未考虑安全现金库存。为了降低现金短缺或耗尽的可能性，企业极有可能拥有安全现金库存。但是，如果企业可以实现在几小时内售出有价证券或进行借贷，安全现金库存就可以最小。

鲍曼模型可能是最简单、最直观的确定最佳现金量的模型,但其最大的不足是假定现金量是离散的、确定的。

3. 米勒—奥尔模型

默顿·米勒(Merton Miller)和丹尼尔·奥尔(Daniel Orr)创建了一种能在现金流入量和现金流出量每日随机波动情况下确定目标现金余额的模型,又称最佳现金余额模型。在米勒-奥尔模型(Miller-Orr model)中,既引入了现金流入量,也引入了现金流出量。模型假设日净现金流量(现金流入量减去现金流出量)服从正态分布,每日的净现金流量可以等于其期望值,也可以高于或低于其期望值。我们假设净现金流量的期望值为零,当这种波动在一定的界限之间时,表明现金储备量处于合理范围,无须调整;若超过界限,就需要进行调整。

按照米勒—奥尔模型,虽然现金收支的随机波动难以预知,但可以根据公司的历史经验数据和现实需要,测算服从正态分布的现金余额的控制范围,即现金余额的上限和下限。如图8-8所示,设上限为H,下限为L,均衡点为Z。若在某时刻,现金余额超过了上限H,表明现金持有量超出了合理范围,这时可将数量等于(H−Z)的现金转化为短期有价证券,使现金余额恢复到均衡点Z。当现金余额在某时刻达到下限L时,表明现金持有量太少,需要将数量等于(Z−L)的有价证券转变为现金。这两种情况都是使现金余额回到Z。管理层对下限L的设置取决于企业对现金短缺风险的承受程度。

给定公司管理层所设定的最低现金持有量,米勒—奥尔模型所确定的理想现金余额Z和最高现金持有量H可以由以下计算公式得到:

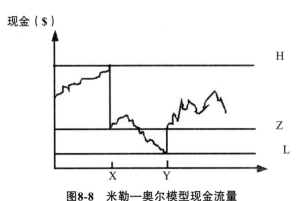

图8-8 米勒—奥尔模型现金流量

$$Z=\left(\frac{3F\delta^2}{4r}\right)^{\frac{1}{3}}+L \tag{8-7}$$

$$H=3\left(\frac{3F\delta^2}{4r}\right)^{\frac{1}{3}}+L=3Z-2L \tag{8-8}$$

式中，Z为理想现金余额，即现金返回点；H为上限，即最高现金持有量；L为下限，即最低现金持有量，由公司管理层根据每日的最低现金需要、现金不足的风险以及银行要求的最低限额等因素决定；F为每次转换有价证券的固定成本；r为持有现金的机会成本，即短期投资的日收益率；δ为每日净现金流量的方差。

要运用米勒—奥尔模型，管理者必须完成以下四项工作：

（1）设置现金余额的控制下限，该下限与管理者确定的最低安全边际有关；

（2）估计日现合流量的标准差；

（3）确定利率；

（4）估计买卖有价证券的交易成本。

通过这四步就可以计算现金余额的上限和返回点。米勒和奥尔用一个大工业企业九个月的现金余额数据检验了他们的模型，由这一模型得出的日平均现金余额大大低于企业实际获得的平均数值。

米勒-奥尔模型更加明确了现金管理的关键。首先，该模型说明最优返回点Z与交易成本F正相关，而与机会成本K负相关。这一发现与鲍曼模型的结论是基本一致的。

米勒-奥尔模型还说明最优返回点及平均现金余额都与现金流量这一变量正相关，这就意味着，现金流量更具不确定性的企业应保持更大数额的平均现金余额。

例4 A公司有价证券的年利率为9%，每次转换有价证券的固定成本为50元，根据以往经验数据测算出现金余额波动的标准差为800，公司现金余额不能低于1000元。根据米勒—奥尔模型，公司的理想现金余额是多少？现金余额的最高限额是多少？

$$Z = \sqrt[3]{\frac{3 \times 50 \times 800^2}{4 \times 0.09/360}} + 1000 = 5579（元）$$

$$H = 3 \times 5579 - 2 \times 1000 = 14737（元）$$

4. 经验模型

经验模型根据公司上一年度的现金占用情况和下一年度的销售预计来估计下一年度的理想现金余额，其数学表达式如下：

理想现金余额 =（上年平均现金余额 — 不合理占用额）×

（1 ± 预计销售收入的变化率） （8-9）

例5 佳禾公司2019年平均现金余额为2000万元，经财务人员分析，约有80万元属于不合理占用额。预计2020年销售收入较2019年增长12%，则2020年理想的现金余额应该是多少？

根据经验模型可以确定，2020年佳禾公司的理想现金余额为：

（2000－80）×（1+12%）=2150.4（元）

由于理想现金余额的多少受公司内、外部许多因素的共同影响，因此很难准确地用某一个数学模型计量。上述三种模型各有特点，如存货模型和米勒—奥尔模型都需要满足一定的假设条件，而且对数据有较高的要求，经验模型则依赖于分析者的主观判断。因此，在实际运用中，需要根据各公司自身的特点和决策者的经验对计算得出的结果进行适当调整。

5.目标现金余额的影响因素

（1）借贷

公司可以通过出售有价证券获取现金，另一种获取现金的方法可以是借入现金，而这也扩大了现金管理考虑问题的范围。由于借款利息有可能更高，这就使得公司借贷的成本可能较之出售有价证券的成本更高。借贷的需要取决于管理层持有最低现金余额的愿望。一家公司现金流量的变化越大，并且有价证券的投资额越小，则其越有可能需要靠借贷来支付未能预计的现金流出。

（2）补偿性余额

大公司因持有现金而损失的收益远大于证券交易成本。考虑这样一家公司，该公司要出售2000000美元短期国库券以补充现金，让这一款项处于闲置状态。当国库券年利率为10%时，2000000美元的日机会成本为每天0.10／365＝0.027%。即2000000美元可获得的日收益为0.00027×2000000＝540美元，而出售2000000美元短期国库券的交易成本要比540美元小得多。因此，比起让相当数额的现金整日闲置，大公司更愿意每日进行多次证券买卖。

然而，多数大公司持有的现金比现金余额模型建议的现金余额要多，可能的原因如下：

一是公司在银行存了现金作为支付银行服务的补偿性余额。

二是大公司在众多银行开立了许多账户。有时，将现金闲置比每天对每一个账户进行管理要明智得多。

6.现金收支的日常管理

虽然公司制定了现金预算，但频繁的现金收支并不能完全符合预算要求，这就要求公司加强现金的日常控制，目的是为了加速现金周转，提高现金使用效率，主要有以下三种常用的方法：

（1）加速收款

必要的应收账款可以扩大公司的销售范围，吸引客户，但同时也占用了公司的资金。公司实施妥善的收款策略可加速应收账款的回收。另外，缩短支票递送和银行划账的时间也可以节省大量现金。

例如，在不影响未来销售额的前提下，如果现金折扣在经济上可行，应尽量采用，以缩短应收账款回收的时间。公司从供货到收到货款通常需要经历邮寄、处理账务和清算等延迟时间，如果能够减少客户开出支票到公司收到货款并存入银行账户的时间，则可使收账延迟时间缩短并使得收款加速。锁箱系统、集中银行账户等都是公司在实践中发展出来的缩短收账延迟时间的有效方法。

（2）控制付款

控制付款是指公司在不影响自己信誉的前提下，尽可能地推迟应付账款的支付期，充分运用对方提供的信用优惠。有时使用复杂的付款方式和付款手续也能达到延迟付款的目的。

由于公司在收款与付款都存在时间延迟。因此，公司存款账户上的现金余额与公司会计账面上的现金余额之间就会产生一定的差额，这个差额称为现金浮差。如果一个公司办理收款和控制付款的效率都很高，银行存款账户现金余额就会大大高于公司会计账面现金余额，公司将拥有正浮差，这相当于使用了一笔无息贷款。不过，随着支付逐渐电子化，公司利用现金浮差的机会已显著减少。

（3）提高收支的匹配程度

公司应当考虑现金流入的时间来安排现金支出，尽量使公司现金流入和流出发生的时间一致，以使企业持有的交易性现金余额降到最低。这样可以减少现金持有量，并减少有价证券转换的次数。

此外，还要注意对闲置资金的充分利用。如果公司有暂时的剩余资金，应及时投资短期有价证券。

7. 闲置资金的投资

如果公司有暂时的剩余资金，就可以投资短期有价证券。短期金融资产市场被称作"货币市场"。货币市场中交易的短期金融资产的到期日不超过一年。

多数大公司由自己管理短期金融资产，通过银行和经纪人进行交易。一些大公司和大多数小公司使用了货币市场基金，这些基金将用于短期金融资产投资并支付管理费用。这里的管理费用是基金管理人员在投资中提供职业专长和多样化技能的一种报酬。在众多货币市场共同基金中，有些基金是专门投资于公司客户的。

银行也提供"出清账户"服务，即在每个工作日结束时将公司账上可利用的多余资金取出，替企业进行投资。

公司拥有暂时性剩余资金的目的有：支持公司季节性和周期性的财务活动、支持公司的财务计划支出以及为公司不可预期的偶然事故提供应急资金。

8. 季节性和周期性财务活动

为了向厂房建设项目、股利分派和其他大规模支出提供资金，公司会不断地积累暂时性有价证券投资。这样，公司在需要资金前就可以发行债券和股票，将其所得投资短期有价证券，并在发生计划性支出时售出有价证券进行融资。

短期有价证券的主要特征体现在其到期日、违约风险、市场流动性和税收上。

（1）到期日

到期日指还本付息的日期。在给定的利率水平变化范围内，到期日较长的证券的价格变化比到期日较短的证券的价格变化显著得多。这样一来，投资于长期有价证券的公司比投资于短期有价证券的公司要承受更大的风险，这种风险通常称作利率风险。因此，多数公司只限于投资到期日小于90天的有价证券。当然，期限较短的有价证券的预期收益通常就要少于期限较长的有价证券的预期收益。

（2）违约风险

违约风险是指无法按期如数收回本息的可能性。各种各样的财务报告机构，如穆迪投资服务公司、标准普尔公司等，都编辑出版了各公司及其公开发行的证券的等级分类，这些等级分类都与违约风险有关。当然，有些证券的违约风险是可以忽略不计的，如美国短期回库券。考虑到公司投资闲置资金目的，公司应尽量避免投资违约风险大的有价证券。

（3）市场流动性

市场流动性是指资产变现的难易程度，有时，市场流动性就是指变现性，它具有以下两个特点：

非价格压力效应：如果一种资产能在不改变市价的情况下大量销售，那么这种资产就具有市场流动性。所谓价格压力效应，是指为了有利于资产的销售，不得不降低该资产的价格。

时效性：如果一种资产能以现有市价快速售出，那么这种资产就具有市场流动性。相反，对于估价100万美元的一幅油画或一张古董书桌来说，如果卖主想在近期将其售出，那么其售价就可能要降低许多。总之，市场流动性就是指一种资产按其市场票面价值快速且大量售出的能力。

（4）税收

有些证券具有不同程度的免税待遇：政府和地方政府发行的债券的利息收入可享有政府税收中的免税待遇，通常来说，也可以在发行该债券的地方政府享有免税待遇。由于地方政府发行的债券的税前预期收益要比其他类似的应税投资额的预期收益低，因此地方政府发行的债券就比边际税收等级较高的公司更具吸引力。

证券的市场价格将反映受税收政策影响的证券总需求和总供给，因此，公司的情形就可能不同于市场情形。

9. 短期有价证券管理

公司除了试图保持一定水平的现金外，通常还会持有一定量的短期有价证券。短期有价证券具有较高的流动性和较强的变现能力，而且在保持高流动性的同时还提供比现金高的收益率，因此，公司持有短期有价证券的主要目的一方面是将其作为现金的替代品，随时满足公司预防性和季节性的现金需求；另一方面是充分利用闲置现金取得一定的收益。

（1）短期有价证券的选择

公司在进行短期有价证券投资时，需要考虑多种因素，所有这些因素其实都可以概括为风险因素和收益因素，公司选择短期有价证券的过程实质上就是风险与收益的权衡过程。

短期有价证券的风险主要表现为：违约风险、利率风险、通货膨胀风险、流动性风险和意外性事件的风险。考虑到持有短期有价证券的主要目的是作为现金的替代品，因此，特别要强调投资的安全性和变现性，需要特别注意有价证券的违约风险与流动性风险。如果短期有价证券的发行人不能履约或经营失败倒闭，致使公司所持有价证券的价格下降或不能兑现，就会影响公司的现金支付。违约风险低的有价证券并不意味着其流动性必然高，如果公司所持有的短期有价证券不能随时按预期的价格出售，同样不能实现短期有价证券作为准现金的功能。

通过短期有价证券投资取得一定的收益也是持有短期有价证券的目的，因此有价证券的收益率也是在选择短期有价证券时需要考虑的重要因素。

（2）短期有价证券的种类

公司作为短期证券投资的主要形式有国库券、商业本票、银行承兑汇票、可转让存单、货币市场共同基金和回购合同等，下面进行具体说明。

① 国库券

国库券是由国家财政部门发售和担保的有价证券，它是短期有价证券最适宜的一种投资方式。这种证券基本可视为无风险，而且流动性极好，但一般情况下，其收益率略低于其他有价证券，但我国国库券免交税金，这对投资者很有吸引力。

② 银行承兑汇票

银行承兑汇票是由出票人签发，并经银行承兑的远期汇票。银行承兑汇票常被用来作为对内或对外交易的融资工具，期限通常在30天到9个月。这种汇票无抵押，其可靠性依赖于承兑银行的信誉，大银行的承兑汇票是很安全的。银行承兑汇票的收益率一般高于同期存款利率，并可以贴现和背书转让，较为方便。

③ 商业票据

商业票据是指由银行或某些信誉良好的公司开具的无担保短期票据。这种票据的可靠性也同样依赖于发行公司的资信程度，可以背书转让或贴现，但这种票据因无交易市场，故流动性相对较次。在西方，该证券可由公司直接发售，也可以由经销商出售，但对公司的资信审查十分严格。公司购入该种短期票据，若没有特殊情况，一般公司会持有到期，这样可以获得大于存款利率的利息收入。

④ 短期债券

短期债券主要是指由信誉良好的金融机构和公司所发行的短期融资债券，如经批准上市。交易和流通都很方便，由于这种债券的风险大于国库券，所以一般其收益率也相对较高，但这些债券大多需要交税，故投资者应在适宜和风险及流动性等多方面作出合理的投资决策。

⑤ 大额可转让存单

大额可转让存单是指在金融市场上可流通的信誉良好银行的定期存单，也称可转让存单，它与普通的不可转让存单不同。这种存单的利率通常是固定的，能用来证明持单人在出单银行有相应的存款，一般利率高于普通存款，但由于受中央银行的控制，这种存单的利率大多与银行承兑汇票和商业票据相似。

⑥ 货币市场共同基金

货币市场共同基金是通过向大量小储户或小公司出售基金份额筹集资金，并进行有价证券投资的形式。这种方式较早出现在美国，因为市场上对商业票据或国债投资等设有最低资金限额，这样对一些小公司十分不利，因此货币市场共同基金由此而生。这种基金不但接受小额投资，而且投资者可随时出售基金份额获取现金。

⑦ 回购合同

回购合同是指证券买方与卖方确定的，卖方在今后一定时期按预定价格并加上一定利息向买方购回证券的协议。为什么作为短期投资公司不直接购入证券，而要采用回购合同的方式？这是因为公司可以确定回购期，便于资金控制，另外也可以消除直接证券投资的价格和利率波动的风险，但公司应充分评估对方的信誉程度。

公司股票和公司债券属于长期有价证券，从它可以在证券市场上自由买卖、在需要时随时卖出这一点看，也可以作为短期的投资品种，但与其他短期投资工具比，股票和债券的风险较高。因此，公司将其作为短期有价证券持有，需特别谨慎。

8.3 应收账款管理

8.3.1 应收账款管理的目标

应收账款主要是由公司赊销产品所致。激烈的市场竞争迫使公司以各种手段扩大销售,对于价格、质量和售后服务都相同的产品而言,采取赊销的方法能够提高销售额,减少存货。当然,销售和收款的时间差距也会产生应收账款,结算手段越落后,结算所需时间越长,所形成的应收账款就会越多。不过,销售和收款的时间差距并不是导致应收账款的主要原因,尤其是如今结算手段已越来越先进。

公司产生应收账款的原因主要由两方面构成:一方面是商业竞争,这是发生应收账款的主要原因。市场经济的竞争机制作用迫使公司使用各种手段扩大销售,除了依靠产品质量、价格、售后服务、广告等外,赊销也是扩大销售的手段之一。相同条件下,赊销产品的销售量将大于现金销售产品的销售量。出于扩大销售的需要,公司不得不以赊销或其他优惠方式招揽顾客。另一方面是销售和收款的时间差。商品成交的时间和收到货款的时间经常不一致,这会导致应收账款的发生。就一般批发和大型生产企业来讲,发货的时间和收到货款的时间往往不一致,因为货款结算需要时间。结算手段越落后,结算所需时间就越长,销售企业只能承认这种现实并承担由此产生的资金垫支。

应收账款在起到促进销售、减少存货从而增加利润的同时,也会产生相应的成本。主要的成本有坏账成本、管理成本和机会成本。坏账成本是指应收账款收不回来的损失。由于客户的信用程度和支付能力不同,且会发生变化。因此,难免有部分应收账款因客户无力偿付不能收回。管理成本是指与应收账款有关的管理费用,包括公司信用政策制定和实施过程中所发生一切费用。如对客户信用状况的调查、信用政策制定过程的分析、对应收账款的簿记和账龄的分析、催款和收账方案的制定和实施等。机会成本是指由于应收账款占有资金所导致的利用该笔资金创造收益的机会损失。

由此可见,应收账款管理的目的就是要权衡利弊,在成本收益分析的基础上,制定有效的信用政策,并通过有效的管理来实现收益的最大化。

8.3.2 信用政策的制定

信用政策包括信用标准、信用条件和收账政策。制定信用政策的过程实质上就是成本收益分析的过程。

1. 信用标准

信用标准是客户获得公司商业信用所必须具备的条件。如果客户达不到信用标准就不能享受公司提供的商业信用，或只能享受较低的信用优惠。信用标准高意味着只有信誉很好、坏账损失率很低的顾客能够得到赊销优惠，从而使得公司的应收账款减少，应收账款成本降低，但却不利于销售额的增加。

信用标准宽松意味着较多的客户可以享受赊销优惠，公司的销售额会增加，应收账款及其成本也相应增加。公司到底要选择什么样的应收账款政策，需要权衡利弊。

例6 某公司原来的信用标准是只对坏账损失率在6%以下的客户提供商业信用。公司管理层认为目前的信用标准太高，不利于销售额的增加，于是考虑放松原来的信用标准。表8-8所列的是新提出的两种信用标准方案，已知当前短期有价证券的年收益率为12%，公司的销售利润率为20%。该公司应该选择哪一种方案？

根据表8-8所提供的信息进行成本收益分析，分析结果如表8-9所示。

表8-8 某公司拟采用的新的信用标准

	方案 A	方案 B
信用标准（预计坏账损失率）（%）	7.5	12.5
销售收入（全部为赊销）（元）	1000000	1500000
应收账款的平均收款期（天）	60	70
应收账款的管理成本（元）	1000	1500

表8-9 不同信用标准对利润的影响

单位：元

	方案A	方案B
销售利润	1000000×20%=200000	1500000×20%=300000
应收账款机会成本	1000000×12%×60/365=19726	1500000×12%×70/365=34521
应收账款管理成本	1000	1500
坏账成本	1000000×7.5%=75000	1500000×12.5%=187500
应收账款成本总额	19726+1000+75000=95726	34521+1500+187500=223521
不同信用标准的利润额	200000−95726=104274	300000−223520=76480

计算结果表明，该公司应该选择方案B的信用标准。

2. 信用条件

信用条件是指支付赊销货款的具体优惠条件，包括信用期限、折扣期限和现金折扣率。信用期限规定了客户延期付款的天数。信用期限太短，不足以吸引客户；信用期限太长，虽然有足够的吸引力，但会增加应收账款的收款期，增加应收账款的相关成本。现金折扣率是在顾客提前付款时给予的优惠，折扣期限是可享受折扣优惠的付款期限。折扣率高，折扣期限长，能够促使客户提前付款，但同时会使成本的增加。确定信用条件同样需要在现金折扣所带来的加速收款收益与折扣所带来的成本之间进行比较。

例7 设某公司决定只对坏账损失率在7.5%以下的客户提供赊销，表8-10是公司财务人员拟定的两种信用条件。该公司应该选择哪一种？

表8-10 某公司信用条件

	30天内付清，无现金折扣	1／10，n／40
销售收入（元）	1000000	120000
平均收款期（天）	40	30
需付现金折扣占销售收入的比重（%）	0	50
应收账款的管理成本（元）	1000	1500

已知该公司的销售利润率为20%，资金的机会成本为12%，因此可根据上表提供的信息进行成本收益分析，分析结果如表8-11所示。

表8-11 某公司在不同信用条件下的成本与收益

单位：元

	30天内付清，无现金折扣	1／10，n／40
销售利润	1000000×20%=20000	1200000×20%=240000
应收账款机会成本	1000000×12%×40/365=13151	1200000×12%×30/365=11836
现金折扣成本	0	1200000×50%×1%=6000
应收账款管理成本	1000	1500
应收账款成本总额	13151+1000=14151	11836+6 000+1500=19336
不同信用条件的利润额	200000－14151=185849	240000－19336=220664

计算结果表明，虽然提供现金折扣会产生一定的现金损失，但却能够缩短平均收款期，降低机会成本，因此应该采用允许40天付清货款且10天内付清可享受货款1%的现金折扣的优惠，即"1／10，n／40"的信用条件。

3. 收账政策

应收账款发生后，公司应采取各项措施尽量争取按期收回货款，否则会因拖欠而发生坏账损失。收账政策是指信用条件被违反时，公司采取的收账策略。客户违反信用条件拖欠贷款的情况主要有两种：一是客户本身的信用差，没有偿还能力；二是客户具有良好的信用，但临时发生财务困难。公司需根据不同的情况制定并不同的收账政策，但不论采取何种收账政策都要付出一定的成本。如收账发生的通信费用、收账人员的差旅费、法律诉讼费等。采取积极的收账政策可能增加收账成本，但能够减少坏账损失。因此，公司制定收账政策时需要在减少的坏账损失和增加的收账成本之间权衡。

公司在催收货款过程中应采取的步骤和具体方法应根据账款过期时间长短、客户拖欠货款原因等灵活选用。例如，对过期较短的客户，不予采取严厉的催收方法；对因临时发生财务困难的客户表示一定的理解并给予一定的宽限期以便稳定客户；而对过期时间很长、没有还款诚意的客户则频繁催款，甚至付诸法律。典型的收款过程通常遵循以下步骤：措辞温和的信件、电话、个人拜访、求助专门的收款公司、诉诸法律。

需要注意的是，以上在讨论如何制定公司的信用政策时，为了方便起见，将信用标准、信用条件和收账政策分开单独进行成本收益分析，但实际上这三方面的信用政策会共同发生作用，影响公司的销售收入和应收账款成本。因此，在制定信用政策时，应把信用标准、信用条件和收账政策结合起来，综合考虑这些政策变化对销售额、应收账款的机会成本及收账成本的影响。分析的基本思路仍然遵循成本收益分析的原则。由于综合分析所涉及的变化最多是预估的，有相当大的不确定性。因此，信用政策的制定除了依靠数量分析外，在很大程度上还要靠决策者的经验来判断。

8.3.3 客户的信用调查和评估

公司的信用政策制定后，还需要通过对客户的信用状况进行调查和评估来对客户的信用品质进行评估，判断其是否达到信用标准，使其能够享受公司所提供的信用优惠条件。客户的信用调查和评估是应收账款管理的重要依据。

1. 信用调查

信用调查是指对客户的信用品质、偿债能力、财务状况等信用状况进行调查，搜集客户的信用记录。信用调查的方法可以概括为两类：一是直接调查，二是间接调查。直接调查是通过访问、观看等与客户直接接触的方法来获取与客户信用有关的资料。这种方法的优点是能够获得第一手的资料，保证资料的准确性和适用性，但如果被调查单位不配合，就难以得到全面的资料。间接调查是指从各种渠道搜集所需的信息资料，比如，通过客户的财务报表了解客户的资本实力、盈利状况、偿债能力等财务方面的信息；通过信用评估机构获得客户信用评级的资料；通过与客户往来的金融机构、商业伙伴、税务部门等获得客户信用的相关信息。

2. 信用评估

信用评估是在信用调查的基础上，通过各种资料的分析以评估客户的信用状况。

（1）5C评估法

品质（character）：即客户的信誉，这主要从客户以往的付款情况来确定。企业必须设法了解客户过去的付款记录，看其是否有按期如数付款的一贯做法，及其与其他供货企业的关系。这点往往是信用标准中最重要的因素。

偿付能力（capacity）：即客户偿还到期债务的能力。对客户的偿债能力主要是从客户流动资产的质量、数量等方面进行评价。客户的流动资产越多，其转换为现金的能力就越强；同时还要关注客户流动资产的质量，以及是否存在存货过多、过时或者质量太差的情况，以判断其变现能力和支付能力。

资本（capital）：反映了客户的经济实力与财务状况。测定其有形资产及其获利的可能性，通常通过分析客户提供的财务报表，计算相关指标得出结论。

抵押品（collateral）：指客户拒付款项或者无力支付款项时能被用作抵押的资产，这对于不知底细或信用状况有争议的客户尤为重要。公司一旦收不到客户的款项，便以抵押品抵补。

经济状况（condition）：指可能影响客户付款能力的经济环境。比如，一旦出现经济不景气，会对客户付款产生什么影响，客户会如何做，等等。这就需要了解客户在过去困难时期的付款历史。

根据这五个方面的情况，基本上可以判断客户的信用状况。

（2）信用评分法

信用评分法通过以下计算公式来得到被评估客户的信用分值：

$$Y = w_1 x_1 + w_2 x_2 + \cdots + w_n x_n \tag{8-10}$$

上式中，Y为信用分值，w_i为信用分析指标的权重，x_i为信用分析指标值。

通常选择财务比率和信用品质作为信用分析指标，并根据被评估客户所处的行业环境、公司经营状况等具体状况确定各信用分析指标的权重。

3. 应收账款控制策略

公司对应收账款的控制一般包括三个方面：监督应收账款回收、提取坏账损失准备、制定收账政策。

（1）监督应收账款回收

公司已经发生的应收账款时间有长有短。一般而言，拖欠时间越久，收回的可能性就越小，形成坏账的可能性就越大。因此，公司要对应收账款的回收实施监督，随时掌握回收的情况。

对应收账款回收的监督，一般采用应收账款账龄分析的方法，编制应收账款账龄分析表。应收账款账龄分析，也称应收账款结构分析，所谓应收账款的结构，是指各账龄应收账款的余额占应收账款总计余额的比重。对于不同拖欠时间的账款及不同信用的客户，公司应提取不同比例的坏账准备，采取不同的收账政策。表8-12为某公司的应收账款账龄分析表。

表8-12 应收账款账龄分析表

应收账款账龄	账户数量（个）	金额（元）	百分比（%）
信用期内	300	100000	50
信用期1-30天	100	50000	25
信用期31-60天	50	30000	15
超过信用期60天以上	20	20000	10
应收账款总额		200000	100

通过账龄分析表，公司可以了解各项应收账款是否已经超过收款期，信用期未到的应收账款是正常的，而超过信用期未还的应收账款，应该予以及时督促和分析，尤其要分析这部分应收账款的坏账比例，从而提取坏账损失准备。

在表8-12中，该公司超过信用期的应收账款占应收账款总额的50%，其中，拖欠时间较短（1～30天）的应收账款回收的可能性较大；而拖欠时间较长（超过60天）的应收账款就很可能成为坏账。

（2）提取坏账损失准备

只要存在逾期的应收账款，无法收回的风险总是存在的。无论事前如何分析，事后如何催收，商业信用中客户的行为并非公司单方面所能预料和控制的。公司无法收回的应收账款称为坏账；由于发生坏账而造成的损失，称为坏账损失。我国现行制度规定，坏账损失是指因债务人破产或者死亡，以其破产财产或者遗产清偿后，仍然不能收回的应收账款，或者因债务人逾期未履行偿债义务超过3年仍然不能收回的应收账款。

根据会计的谨慎性原则和稳健性原则，公司应该对坏账损失的可能性预先进行估计，并建立弥补坏账损失的准备制度，同坏账损失的确认一样，各公司坏账准备金的提取数额、比率可以不同，一般根据公司的历史资料确定。

（3）制定收账政策

收账政策是指客户违反信用条件，拖欠甚至拒付账款时公司所采取的收账策略与措施。如果公司采用比较消极的收账政策，可能促使逾期付款的客户拖欠的时间更长，增加应收账款的应计利息损失和坏账损失；如果采用比较积极的收账政策，虽然能减少应收账款的应计利息和坏账损失，但同时也可能得罪无意拖欠的客户，使未来的销售和利润受到损失。

公司花费的收款费用越多，坏账损失会越少，平均收账期也会缩短，公司利润就会提高，但收款费用和坏账损失之间并非是线性关系。一般而言，开始增加一些收款费用，可能对坏账损失的减少并没有多大帮助，但此后继续增加收款费用来催收逾期的应收账款，可以明显减少坏账损失，而当收款费用继续增加达到某一限度以后，额外收款费用支出对减少坏账损失并不一定会有更大的帮助。因为对于实在无力偿还债务的客户，无论花费多少时间和费用去收账，也无法收回应收账款。

8.3.4 应收账款管理中存在的问题及对策

资金是公司的血液。公司一旦发生大量的赊销，必定会有巨额的应收账款，如果对应收账款管理不善，就会导致公司的资金流入不顺畅，势必出现一系列严重的后果。

1. 应收账款管理中存在的问题

（1）造成公司经营成果虚增

由于我国公司实行的记账基础是权责发生制，发生的当期赊销全部记入当期收入。因此，公司账上利润的增加并不表示能如期实现现金流入。会计制度要求公司按照应收账款余额的百分比来提取坏账准备，坏账准备率一般为3%—5%（特殊公司除外）。如果实际发生的坏账损失超过提取的坏账准备，会给公司带来很大的损失。因此，公司应收账款的大量存在，虚增了账面上的销售收入，在一定程度上夸大了公司经营成果，增加了公司的风险成本。

（2）加速公司的现金流出

赊销虽然能使企业产生较多的利润，但是并未真正使公司现金流入增加，反而使公司不得不运用有限的流动资金来垫付各种税金和费用，加速了公司的现金流出。主要表现为：一是公司流转税的支出。应收账款带来销售收入，并未实际收到现金，流转税是以销售额为计算依据的，公司必须按期以现金交纳。公司交纳的流转税如增值税、营业税、消费税、资源税以及城市建设税等，必然会随着销售收入的增加而增加。二是所得税的支出。应收账款产生了利润，但并未以现金实现，而交纳所得税必须按期以现金支付。三是现金利润的分配，也存在同样的问题。另外，应收账款的管理成本、应收账款的回收成本都会加速公司现金流出。

（3）增加公司的应收账款成本

应收账款成本包括机会成本、管理成本和坏账成本。机会成本是公司将资金投放于应收账款之上而丧失的其他投资收入；管理成本是公司对应收账款进行管理而发生相关的费用开支，包括客户资信的调查费用、账簿的记录费用、收账费用等；坏账成本是公司无法收回应收账款而发生的损失，该成本一般与应收账款的数量成正比。拖欠风险和坏账风险必然导致应收账款成本增加，企业利润减少。

（4）影响公司正常的生产经营活动

公司生产经营过程从价值形态来看表现为资金运动。资金运动的一般过程是：从货币资金到储备资金，然后到生产资金，再到产品资金，最后回到货币资金，进而又开始新一轮的周转与循环。应收账款只是给公司带来账面上销售收入的增加，没有给公司带来实际的现金流入，使产品资金不能及时回到货币资金，从而破坏资金循环的继起性和并存性，现金循环的周期越长，公司对资金的需求也就越大，从而引发公司的财务危机。

（5）降低公司的短期偿债能力

公司偿还短期债务的能力是由流动资产的变现能力所决定的，存货和应收账款周转率对短期偿债能力有着直接影响。如果债务人拖欠货款时间长，会增加公司发生坏账损失的风险，造成流动资产不流动，影响公司的资金利用率和资金的正常周转，从而影响公司的短期偿债能力。

（6）导致公司在应收账款管理过程中出错，给公司带来额外损失

公司面对庞杂的应收账款账户，会出现核算差错难以及时发现，不能及时了解应收账款动态情况以及应收账款对方公司详情的情况，造成责任不明确。而应收账款的合同、合约、承诺、审批手续等资料的散落、遗失有可能使公司已发生的应收账款该按时收回的不能按时收回，该全部收回的只有部分收回，能通过法律手段收回的，却由于资料不全而不能收回，最终导致公司资产的损失。

2. 对策

针对应收账款管理中存在的问题，应采取以下相应的对策来解决。

（1）力争现款交易

由于赊销方式在一个信用体系相对薄弱的国家，存在诸多问题与较高的风险，一些有条件的公司都是以现款的方式处理订单。现款交易对于厂家来说可以减少借贷，加快资金周转，提高公司整体效率，降低经营成本及经营风险，有利于完全实现权责发生制。对经销商来说，虽然现款交易将资金变成了存货，但由此带来的压力有利于公司更专注于销售和管理，并关心收益，使应收账款的金额减少，账龄缩短，从而加速了资金的周转。

在以往的销售实践中，曾有经销商在厂家实行现结后，资金占用明显降低。同时由于没有信用方面的问题，消除了因应收账款导致的矛盾，有利于从供货商那得到更多的支持，有充足的时间与精力与其共同探讨市场方面的问题，从而取得更多的收益。

（2）确定适当信用标准，谨慎选择客户

公司应以信用评估机构、银行、财税部门、消费者协会、工商管理部门等保存的有关原始记录和核算资料为依据，在此基础上，根据对客户信用资料的分析，确定评价信用优劣的数量标准，以一组具有代表性、能够说明付款能力和财务状况的若干比率作为信用风险指标，根据数年中最坏年度的情况，分别找出信用好和信用差两类顾客上述比率的平均值，以此作为比较其他客户的信用标准，再利用客户公布的财务报表数据，测

算拒付风险系数，然后，结合公司承担违约风险及市场竞争需要，具体划分客户的信用等级。

（3）谨慎选择结算方式

在充分调查客户的资信情况后，接下来便要选择合适的结算方式，它是决定能否安全、及时收回款项的主要因素。公司通常采用的结算方式有支票、银行本票、委托收款、托收承付、商业承兑汇票、银行承兑汇票等。对于盈利能力较强、资信度较好的客户，公司可适当放宽政策，采取委托收款、托收承付等结算方式；而对于盈利能力较弱、资信度较差的客户，公司则应该选择支票或银行承兑汇票。决不能只为了单纯地提高销售额，而去迁就客户提出的不合理要求。针对不同客户采取不同的结算方式，才能有效降低应收账款带来的风险。

（4）制定合理的收账政策

应收账款的收回是应收账款管理的最后一步，也是最关键的一步。公司如果采用积极的收账政策，可能会减少应收账款，减少坏账损失，但会增加收账成本。如果采用较消极的收账政策，则可减少收账费用，但却会增加应收账款投资，增加坏账损失，这样就要求公司根据市场经济环境和自身状况科学地制定回收策略。公司除了要适时地使用现金折扣、适度地利用担保制度外，还应确定合理的收账程序和讨债方法。一般要先给客户一封有礼貌的通知信函，之后可通过电话催收，如再无效，公司的收账员可直接与客户面谈，若证实客户确实暂时遇到困难，经过努力可以东山再起，公司应帮助客户渡过难关，以便收回较多的应收账款。若客户虽有能力付款却想方设法进行拖欠，则有必要采取法律行动，维护企业利益。

（5）实行资金融通，加速应收账款变现

公司为尽早回笼资金，将未到期的应收账款向银行或其他融资公司抵借或出售。

一是应收账款的抵借。即应收账款的所有者以应收账款作为抵押，在规定的期限取得一定额度借款的资金融通方式。具体分为：

一般性抵借：即不指定具体条件的抵押贷款，当旧账结清后以新账继续充当抵借。

特定抵借：即指定某一项或数项应收账款作为抵押，随着这些账款的收回，抵押关系自行消除。应收账款抵借的方式，金融机构拥有应收账款的债权和追索权，因此，此方式受到金融机构的普遍认可。

二是应收账款让售。即公司将应收账款出让给以专门收购应收账款为业的金融公司，从而取得资金的融通方式。具体操作为：公司在发货前，向金融公司申请贷款，金融公司根据客户的信用等级按一定比例收取应收账款净额的手续费，从让售方的款项中抵扣。客户到期的应收账款，直接支付给金融公司，同时承担坏账风险。由于金融公司要对客户进行资信调查，无形中为公司提供了专业咨询。且金融公司信息灵活、专业化程度高，有利于坏账的回收。另外，公司不用承担"或有负债"的责任。因此，此方式对公司而言是较好的一种融通方式。

（6）认真做好应收账款账龄分析，建立坏账准备制度

欠款时间越长，催收难度就越大，成为坏账的可能性就越高，因此，公司必须认真做好应收账款的账龄分析工作，密切注意应收账款的回收进度和出现的变化，并按期计提坏账准备。如果账龄分析显示公司的应收账款的账龄开始延长或者过期账户所占比例逐年增加，那么就必须及时采取措施，调整企业信用政策，努力提高应收账款的收现效率。公司只要存在商品销售活动，就会有应收账款发生，也就有可能出现坏账损失。按照谨慎性原则，公司要对坏账损失的可能性进行估计，建立坏账准备制度，按期末应收账款的一定比例提取坏账准备，以补偿因种种原因而无法收回的应收账款形成的坏账损失。

8.4 存货管理

8.4.1 存货管理的目标

公司的存货主要有原材料、在制品、半成品和产成品等，它是反映公司流动资金运作情况的晴雨表，往往成为少数人用来调节利润、偷逃国家税费的调节器。因为它不仅在企业营运资本中占很大比重，而且又是流动性较差的流动资产。存货管理就是对公司的存货进行管理，主要包括存货的信息管理和在此基础上的决策分析，最后进行有效控制，以达到存货管理的最终目的提高经济效益。

公司之所以必须保持一定量的存货，一方面是由于原材料的供应速度与生产过程中原材料的消耗速度不完全相同，此外，还由于大量采购可以享受数量折扣，获得较低的采购价格；另一方面是由于市场对公司产品的需求难以准确预测。如果公司能够保证从它的供应商那里源源不断地得到原料，并且其供应速度与生产过程中的原料消耗速度完全相同，那就完全不用储存任何原料。如果公司能够准确地预测交货期、生产周期以及客户对产品需求的数量和时间，那么也就不用保持产成品存货。但上述因素难以控制和预测，况且还有许多其他的因素，使得公司必须储备足够的原材料及产成品，以防不能及时供货和交货。但是，存货由于占用资金而会产生机会成本，还会增加仓储费、保险费、维护费、管理人员工资等费用。因此，存货管理的目标就是要在存货所产生的效益和成本之间作出权衡，合理地控制存货水平，在保证生产经营正常进行的前提下，尽量降低存货成本。

存货作为一项重要的流动资产，它的存在势必占用大量的流动资金。一般情况下，存货占工业企业总资产的30%左右，商业流通企业的则更高，其管理利用情况如何，直

接关系企业的资金占用水平以及资产运作效率。因此，一个公司若要保持较高的盈利能力，应当十分重视存货的管理。在不同的存货管理水平下，公司的平均资金占用水平差别是很大的。通过实施正确的存货管理方法，来降低公司的平均资金占用水平，提高存货的流转速度和总资产周转率，才能最终提高公司的经济效益。

8.4.2 存货的控制

围绕着存货管理的目标，存货管理最基本的任务就是对存货进行控制。在公司的实际管理活动中，通常采用多种方法对存货进行有效控制，如经济订货批量法、ABC控制法、定额管理法和归口分级管理法等。下面主要介绍经济订货批量法和ABC控制法。

1. 经济订货批量法

经济订货批量法是在综合考虑存货可能引起的各种成本的基础上所确定的使存货总成本最低的进货数量。

（1）存货的成本

存货的成本是指因为采购、存储而引起的各项费用，可分为生产或购置成本、订货成本、储存成本和缺货成本几种类型。

生产或购置成本。生产或购置成本是指存货本身的价值。在确定订货批量中，表现为存货采购的成本，包括买价、运杂费等，采购成本通常与采购数量成正比。一定时期内，在存货的市场价格稳定和存货需求量固定的情况下，存货的总采购成本也是固定的，与采购批数和每批的采购量无关。

订货成本。订货成本是指公司由于对外采购存货而发生的各种费用支出，包括从填制订单、发出订单、订购追踪、到货验收、进库等各项开支，如办公费、差旅费、邮费、通讯费、专设采购机构的经费等支出。订货成本可以分为变动成本与固定成本。变动成本是与订货次数有关但与订货数量关系不大的费用，如差旅费、邮资、谈判费等。固定成本是与订货次数关系不大的费用，如维持采购部门日常运行的经费支出。

储存成本。储存成本是指持有存货而发生的成本，包括存货占用资金而产生的机会成本、仓储费用、保险费用、存货的毁损和变质损失等。储存成本随着平均存货量的增加而上升，通常与存货的订购次数无关，而与存货的订购数量有关。

缺货成本。缺货成本是指由于存货短缺而引起的生产中断、销售不畅所带来的损失。例如，由于缺货导致停工而发生的损失，因延迟交货而支付的罚金，由于丧失销售机会而蒙受的收入损失和信誉损失等。

（2）经济订货批量

经济订货批量就是使上述存货总成本最小时的订货批量。由于在上述四种存货成本中，采购成本与存货的订购批量无关，因而在不允许缺货的前提下，可以不必考虑缺货成本，又由于订货成本与订货批量负相关，而存储成本与订货批量正相关。

令TC代表存货的总成本，D代表一定时期内对存货的总需求，C代表存货的采购成本，F代表每次订货发生的订货成本，H代表单位存货储存成本，Q代表一批订购的存货数量，则在不考虑缺货成本时，存货的总成本为：

$$TC=(D/Q)F+(Q/2)H+DC \quad (8-11)$$

对上式求总成本TC对一次订购的存货量Q的导数，有：

$$\frac{dTC}{dQ}=\frac{H}{2}-\frac{D}{Q^2}F$$

令上式为零，得出的订货批量即为经济订货批量EOQ：

$$EOQ=\sqrt{\frac{2\times 某期间的需求总量 \times 订货成本}{某期间的单位存货储存成本}}=\sqrt{\frac{2DF}{H}} \quad (8-12)$$

例8 某工厂每年耗用某种染料3600公斤，每次订货的成本为25元，单位燃料的存储成本为2元，每次订货的变动成本为25元。该工厂对这种染料的经济订货批量是多少？

$$EOQ=\sqrt{\frac{2\times 25\times 3600}{2}}=300（公斤）$$

（3）确定订货点

由于从发出订货指令到存货可投入使用之间需要一段时间，因此，必须在存货耗用完之前发出订货指令，发出订货指令时的存货量称为订货点。确定订货点需要考虑平均每日存货的正常耗用量和预计最大耗用量、正常情况下发出订货指令到货物入库所需的时间及意外情况发生时所需的时间、保险储备量等因素。

以R表示订货点，d表示每日存货的正常消耗量，r表示正常的提前订货时间，S表示保险储备量，可用以下公式计算存货的订货点：

$$R=d\times r+S \quad (8-13)$$

假如上述工厂某种染料正常的提前订货时间为5天。正常的每日消耗量为10公斤，保险储备量为25公斤，则可以确定该染料的订货点为：

R=10×5+25=75（公斤）

即当该染料的库存剩下75公斤时就该发出订货指令。

2. ABC控制法

很多公司都拥有品种繁多的存货，有些大企业的存货品种多达上万种。其中，有些存货的价值很高，占用资金很多，有些存货的价值很低，占用资金很少，显然，公司没有必要对所有的存货都采取同样的方法管理，那样不仅费时费力，而且也难以面面俱到，反而可能因事无巨细、头绪太多而主次不分，忽视了对重要货物的控制。基于存货的上述特点，ABC控制法根据存货价值或存货对公司生产经营活动的重要性，将所有的存货分为A、B、C三类。最重要的存货为A类，其品种不多但价值高，是存货控制的重点，需要加强管理；C类存货是不重要的存货，通常种类繁多但价值低、重要性不大，不需详加管理，其数量控制可以采用定期订货和保持较高的安全存货方式；B类存货的重要性介于A类和C类存货之间，重要性一般，其价值在存货价值中占有一定的比例，对这类存货在管理中可给予适当的重视，进行次重点控制。

ABC控制法是一种突出重点的管理方法，有助于提高存货管理的效率。如今，随着计算机和互联网技术在存货管理中的广泛应用，存货控制的效率大大提高。例如，在配置了比较简单的计算机库存控制系统以后，当库存数据输入存储器时，计算机就会开始工作。此后，每当有货物取出时，计算机都会及时记录并修正库存余额。当库存量下降到订货点时，计算机会自动发出订货单，并在收到订货时记录新的库存量。

8.4.3 存货管理存在问题及原因

1. 存货的收入、发出、结存缺乏真实记录

材料领用记录生产成本及费用的归集和结转，记录时人为因素影响较大，尤其在工程项目核算上更显现其弊端。比如，甲、乙两个工人同时开工，月末核算记录显示的是乙工人的材料消耗极少甚至为零，而甲工人的材料消耗多出一大块；原辅材料已经领用消耗，而实际上并未相应结转成本；原辅材料并未领用消耗，而实际上已经结转了成本；购入的材料已经领用消耗，购货发票未到，期末又没有按规定暂估入库，造成资产负债表期末存货记录减少甚至出现红字余额。

2. 内部控制制度不健全

在材料采购、产品销售环节往往由一个人完成采购销售、付款收款、入库出库等全过程，使采购销售工作无章可依，还会提供暗箱操作的温床，增加了营私舞弊的可能性。

3. 流动资金占用额高

因库存量大，导致流动资金占用高，有的公司存货储备要占到流动资金总额的60%以上，给公司流动资金的周转带来很大困难。

4. 非正常存货储备量挤占正常的存货储备量

为控制流动资金占用额,管理者在日常存货管理中尽量降低库存量,减少进货量,从而影响正常生产经营所需要的合理存货储备量。

5. 管理不到位

毁损待报废、超储积压存货储备在每年一次的清产核资中都要作为重点问题进行上报,但每年都是只上报,没有上级主管部门的批示,没有处理结果,致使毁损待报废、超储积压存货储备量像滚雪球一样越滚越大,没有从根本上解决问题。

8.4.4 解决途径

1. 严格执行财务制度规定,使账、物、卡三相符

存货管理要严格执行财务制度规定,对货到发票未到的存货,月末应及时办理暂估入库手续,使账、物、卡三相符。

2. 采用ABC控制法,降低存货库存量,加速资金周转

对存货的日常管理,根据存货的重要程度,将其分为A、B、C三种类型。A类存货品种占全部存货的10%~15%,资金占存货总额的80%左右,实行重点管理,如大型备品备件等。B类存货为一般存货,品种占全部存货的20%~30%,资金占全部存货总额的15%左右,适当控制,实行日常管理,如日常生产消耗用材料等。C类存货品种占全部存货的60%~65%,资金占存货总额的5%左右,故进行一般管理,如办公用品、劳保用品等随时都可以采购。通过分类后,抓住重点存货,控制一般存货,制订较为合理的存货采购计划,从而有效地控制库存,减少储备资金占用,加速资金周转。

3. 加强存货采购管理,合理运作采购资金,控制采购成本

首先,计划员要有较高的业务素质,对生产工艺流程及设备运行情况要有充分的了解,掌握设备维修、备件消耗情况及生产耗用材料情况,进而制订科学合理的存货采购计划。其次,要规范采购行为,提高采购的透明度。本着节约的原则,采购员要对供货单位的品质、价格、财务信誉动态监控;收集各种信息,同类产品货比多家,以求价格最低、质量最优;同时对大宗原料、大型备品备件实行招标采购,杜绝暗箱操作,杜绝采购"黑洞"。这样,既确保了生产的正常进行,又有效控制了采购成本,加速了资金周转、提高了资金的使用效率。

4. 充分利用ERP系统,实现存货资金信息化管理

要想使存货管理达到现代化企业管理的要求,就要使企业尽快采用先进的管理模式,如ERP系统。利用ERP系统对人、财、物、产、供、销进行全方位科学高效集中管理,最大限度地堵塞漏洞,降低库存,使存货管理更上一个台阶。

案例分析

李宁公司营运资本管理策略

李宁是家喻户晓的"体操王子","李宁"则是他在1990年创立的体育用品品牌。2004年,李宁体育用品有限公司注册成立,同年6月在香港联交所主板上市(证券代码02331),是国内第一家在香港上市的国内体育用品公司。

作为国际知名的体育用品品牌,李宁公司经营业绩曾一度处于行业领先位置。当时,由于北京奥运会即将举办,人们对于运动产品的热情高涨,因此李宁公司在有利的行业形势下采用批发商营运模式,大规模增加特许零售店、直营零售店以及特约专柜的数量,营业额不断增加。李宁公司与同行业几家知名品牌,如安踏、特步等公司存货占流动资产的比例均保持较高水平。2008年以后,随着奥运会的结束,体育用品行业增长速度逐渐下降,安踏与特步的存货与应收账款占流动资产比例均有明显下降,而李宁公司由于零售商预测偏差以及存货供应系统不合理继续保持高速扩张的状态,存货积压、应收账款无法收回,导致大量存货减值损失以及坏账准备的发生。2012年,李宁公司自上市以来首次出现亏损,亏损金额高达19.079亿元,应收账款坏账计提金额为93.8亿元,较2011年增加92.6亿元。

李宁公司的营销方式是"制造商—代理商—经销商"模式,经销商主观预测市场需求后向制造商发送订单,制造商按订单生产产品,之后不再参与商品销售,因此很可能会产生"长鞭效应",即下游零售商的订单需求量并非是市场消费者真实的需求量,并且需求信息的不真实性会随着供应链逆流而上,并产生逐级放大的现象。2008年奥运会之后,民众对于体育用品的关注度下降,体育用品行业高速增长的状态逐渐放缓,然而李宁公司与经销商、零售商对市场需求预测失误,对行业形势过于乐观,因此大量增加门店数量。总部按照订单发出的商品大量堆积在销售网点,而不是真正出售给消费者,由此造成虚假繁荣的现象。

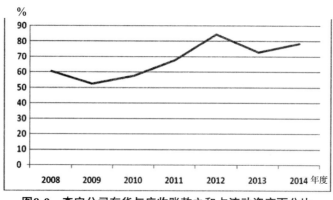

图8-9 李宁公司存货与应收账款之和占流动资产百分比

第 8 章 营运资本管理

由图8-9可以看出,李宁公司2008年至2014年存货与应收账款占流动资产比例总体呈现不断上升的趋势,在2012年达到最高点,占比高达84.5%。下游零售商错误预测导致生产与销售不均衡,大量存货积压在分销商的仓库。

2012年,李宁公司宣布将投入14亿到18亿开启"渠道复兴计划"。该计划主要支持经销商清理库存、从经销商处回购商品、整合销售渠道以及对经销商进行应收账款重组等,主要目的是加快清理积压存货,盘活下游的有效流通,提升渠道的盈利能力。但该计划并没有发挥作用,反而使得李宁公司存货量、存货减值损失以及坏账损失大幅度增加,业绩从2012年起连续三年亏损,存货与应收账款占用资金不仅产生大量机会成本,同时影响了企业资金链稳定。李宁公司每年大约举办4次新品展销会,经销商根据展示的新品主观预测市场需求后向总部订购商品,总部根据订单情况向供应商购买材料并进行生产,然后通知物流供应商提供运送服务。这种批发式营销模式存在的主要弊端是从总部收到订单到产品运送到零售商手中需要大约6个月的时间,生产周期长,当产品送达门店时,市场消费者对款式的需求可能已经发生变化。

经营情况的变化直接影响经营现金流,2014年,李宁公司经营活动所产生的现金净额仅为1500多万元,而2013年经营活动产生的现金流约为10亿元。安踏公司在2014年的经营活动所产生的现金净额为14.48亿元,约为李宁公司的93倍。现金流的恶化意味着潜在的融资需求。2015年1月,李宁公司向私募股权基金TPG和投资公司GIC发行5年期年利率4%的可转债。与此同时,李宁公司一年内短期银行贷款同比增长168%。李宁公司2014年的融资成本同比增长90%。

1. 请分析李宁公司在营运资本筹资方面的方式和策略,并给予评价。

2. 请对李宁公司2008—2014年应收账款和存货管理的情况进行评价,并针对以上问题提出改进措施。

本章小结

关键词

营运资本管理 现金流 现金管理 理想现金余额 应收账款管理 信用存货管理

关键问题

1. 营运资本是指公司生产经营活动中投入在流动资产上的现金,是流动资产减去流动负债的差额。它具有周转期短、形式多样性、数量具有波动性、来源灵活多样的特点。

2. 营运资本决策是对公司流动资产和流动负债的管理。营运资本政策就是公司在营运资本的筹集和运用时所采取的策略,主要包括营运资本融资政策和营运资本投资政策。根据公司负债结构与公司资产寿命之间的配置情况,公司营运资本融资政策可以分为匹配型、稳健型和激进型三种;与营运资本融资政策一样,营运资本投资政策根据其所反映的收益与风险的关系,可以将流动资产的持有政策分为三种类型,即适中型、紧缩型和宽松型。

3. 现金短期循环和长期循环的起点和终点都是现金,但在换取非现金资产时分别转化为长期资产和短期资产。在转化为现金后,不管是来自于原来的长期循环还是短期循环,公司都可以按照需要重新分配资金。加速现金短期循环可以通过缩短应收账款和存货周转期以及延长应付账款周转期实现。

4. 现金循环因受多种因素的影响,往往处于不平衡的状态,现金管理的目的就是要通过有效的现金收支使公司的现金持有量达到最小。据此,现金管理的主要内容就是编制现金预算、确定理想的现金持有量、控制日常现金收支。存货模型和米勒—奥尔模型是确定理想现金余额常用的方法。控制日常现金收支的主要途径是加速收款和控制付款。

5. 公司持有短期有价证券的主要目的一方面是将其作为现金的替代品,随时满足公司预防性和季节性的现金需求;另一方面是充分利用闲置现金取得一定的收益。公司在选择短期有价证券时需要进行风险与收益的权衡。

6. 公司提供商业信用产生了应收账款,应收账款的多少与公司的信用政策直接相关。应收账款管理的目的就是通过制定有效的信用政策和有效的管理降低持有应收账款的成本,提高收益。公司信用政策包括信用标准、信用条件和收账政策。制定信用政策的过程实质上就是成本收益分析的过程。公司的信用政策制定后,还需要对客户的信用状况进行调查和评估。

7. 应收账款日常管理的主要任务就是对应收账款进行监控,包括应收账款账龄分析、合理计提坏账准备和确认坏账损失、采取有效的收账政策及时回笼货款等。

8. 存货管理的目标是在权衡存货所产生的效益和成本的基础上,合理地控制存货水平,在保证生产经营正常进行的前提下,尽量降低存货成本。存货管理的主要任务是控制订货批量并实行有效的存货控制管理。

思考与练习

1. 何为营运资金?营运资金的持有政策有哪几种?每一种政策有什么特征?
2. 营运资金的融资政策有哪几种?

3. 为什么提高流动资产管理是企业内源融资的一种形式？

4. 现金管理的目标是什么？它包括哪些重要内容？

5. 公司的信用政策主要包括哪些内容？公司制定信用政策的基本方法是什么？

6. 应收账款是如何产生的？它有哪些作用？会产生哪些成本？

7. 存货成本有哪些？各种成本分别由哪些因素决定？

8. 某公司的存货周转率为6，应收账款周转率为10，应付账款周转率为12。若一年按360天计，该公司的应收账款、存货、应付账款和现金的周转期各为多少？公司的生产经营周期是多长？

参考文献

[1] 盖晨馨：《李宁公司存货与应收账款管理案例分析》，载《现代商业》2018年第6期，第123—124页。

[2] 王春喜：《现金流与营运资本管理》，载《财会学习》2019年第16期、第98、101页。

[3] 王蕾：《企业营运资本管理效率分析》，载《知识经济》2018年第24期，第95、97页。

[4] 郭彦曦：《营运资本管理与盈利能力的相关性分析》，2017年厦门大学硕士论文。

[5] 姜志华：《关于营运资本管理有关问题的探讨》，载《金融经济》2013年第18期，第211—213页。

[6] 鞠晓生、卢荻、虞义华：《融资约束、营运资本管理与企业创新可持续性》，载《经济研究》2013年第1期，第4—16页。

[7] 刘怀义：《营运资本管理政策影响因素实证研究》，载《南开经济研究》2010年第3期，第105—115页、第134页。

[8] 孔宁宁、张新民、吕娟：《营运资本管理效率对公司盈利能力的影响——基于中国制造业上市公司的经验证据》，载《南开管理评论》2009年第6期，第121—126页。

[9] 宋晨曦：《我国中小上市公司营运资本对盈利能力的影响研究》，2009年天津财经大学硕士论文。

[10] 周文琴：《我国中小企业上市公司营运资本结构优化研究》，2007年西北农林科技大学硕士论文。

第9章 资本成本

导语 在上一章中,我们学习了公司融资的主要方式,从资金来源看,公司融资方式包括内部筹资和外部筹资两种。在筹资方式的顺序的选择中,一般遵循先内部,后外部的融资顺序。不同的国家的上市公司在进行融资方式的选择时往往会作出不同的选择,不同的融资方式会给公司带来不同的资本成本。

公司的资本成本通常通过加权平均资本成本来估计,即公司负债和股权的加权平均值。估计加权平均资本成本最难的是估计股权成本,即公司普通股投资者的预期收益率。很多公司求助于资本资产定价模型(CAPM)来计算股权成本。CAPM认为,预期收益率等于无风险利率加上风险溢价,而风险溢价由β系数和市场风险溢价决定。

在本章的学习中,我们会首先介绍个别资本成本,然后再介绍公司加权平均资本成本和再融资过程中的边际资本成本,最后通过资本成本来进行分析,对公司的投资决策进行指导。

9.1 资本成本概述

9.1.1 资本成本的概念

资本成本(cost of capital),也称资金成本,是指在商品经济条件下,公司为取得和使用资本所付出的代价。资本成本也是投资者对投入资本所要求的收益率,是投资的机会成本。从资本成本的构成来看,主要包括筹资费用和用资费用两部分。

1. 筹资费用

公司在筹措资金的过程中,为获取资金而支付的各种一次性费用叫作筹资费用。例如,向银行借款支付的手续费、委托金融机构代理发行股票、债券的注册发行费、印刷费等。筹资费用同筹集资金的数额、使用时间的长短一般没有直接关系,一般不发生于资金使用过程,且属于一次性支出,通常可以作为资本成本的固定费用处理。

2. 用资费用

在经营和投资过程中，因占用资金而支付的费用叫作用资费用，如利息、股利等。用资费用的多少与筹集资金的数额、资金占用时间的长短成正比，是资本成本的主要内容，通常可以作为资本成本的变动费用处理。

9.1.2 资本成本的作用

资本成本是公司筹资管理的一个重要概念，国际上将其视为一项重要的"财务标准"。资本成本对公司的筹资管理、投资管理，甚至整个财务管理和经营管理都有重要的作用。具体表现在：

（1）资本成本是选择筹资方式，也是比较不同筹资方案和追加筹资的重要依据。

①个别资本成本是公司进行筹资方式选择的依据。公司进行融资的方式多种多样，包括长期借款、发行债券、股权融资等。这些融资方式的个别资本成本率高低各不相同，风险等级也各异，可通过比较作出筹资方式的选择。

②加权平均资本成本是公司进行资本结构决策的依据。企业资本通常由各种资金构成，综合资本成本可以反映公司的资本成本的高低。不同筹资组合的综合资本成本不同，可以作为比较各个筹资方案、选择公司最优资本结构的依据。

③边际资本成本是追加筹资方案的重要依据。不同追加筹资方案的边际资本成本率各不相同，可作为比较、追加筹资的一个依据。

（2）资本成本是评价投资项目、比较投资方案和进行投资决策的经济标准。通常情况下，公司进行投资决策时，一般会选择投资报酬率高于其资本成本的项目，以获得正的收益；否则，该投资将会无利可图甚至发生亏损。因此，公司一般将资本成本率作为投资项目的"最低报酬率"（minimum rate of return）。在财务预测、决策中，资本成本率也是正常的贴现率。

（3）资本成本是衡量企业经营业绩的标准。公司经营的整体业绩可以用投资的利润率来衡量，并与公司全部资本的成本率相比较。当利润率高于成本率时，公司经营状况良好，有正的盈利；反之，则可以认为公司经营状况不利，处于亏本经营状态中。

9.1.3 资本成本的计算

在不同筹资方式下，将不同筹资额的资本成本进行比较时，资本成本通常用资本成本率来表示，资本成本率是用资费用与筹集资金净额之间的比率。资本成本率与筹资总额、用资费用、筹资费用之间的关系可用如下公式进行计算：

$$K = \frac{D}{P-F} = \frac{D}{P(1-f)}$$

上式中，K为资本成本，D为用资费用，P为筹资总额，F为筹资费用，f为筹资费用率。

该模型是进行资本成本测算的通用公式，其经济意义是筹资费用额和筹资额的比率。在公司筹资实务中，通常运用资本成本的相对数，即资本成本率。资本成本率主要包括：个别资本成本率、加权平均资本成本率、边际资本成本率和项目资本成本等。

9.2 个别资本成本

个别资本成本（individual cost of capital）是指各种不同类别长期资本的成本，如长期借款的成本、普通股的资本成本等。在估算个别资本成本时，通常以资本使用费占资本使用额比率的形式表示，资本使用费包括筹资费和付给资金提供者的报酬，而且所有的费用都折算为税后的费用，这与现金流量分析中所有现金流量都按税后表示是一致的。

9.2.1 负债成本

1. 长期债券成本

债券发行价格可能高于债券面值，也可能低于或等于面值，所以公司债券融资所获得的资本的成本不是由债券的票面利率决定，而是由债券的到期收益率决定的。当债券按面值发行时，其资本成本等于票面利率；当债券发行价格高于面值时，实际资本成本下降；当债券折价发行时，实际资本成本上升。考虑到债券的筹资费用较高，还应从发行收入中扣除发行费用，因此，资本成本会有所上升。但由于债券的利息支付是在税前列支的，能够降低企业应税收入，带来节税利益，因此需要从利息支出中扣除节税收入，使资本成本有所下降。根据债券定价模型可以得到债券成本的计算公式为：

$$P_d(1-f_d) = \sum_{t=1}^{n} \frac{I_t(1-T)}{(1+K_d)^t} + \frac{B}{(1+K_d)^n} \quad (9\text{-}1)$$

上式中，K_d代表债券的资本成本，P_d为债券的发行价格，f_d为债券的筹资费率，I_t为第t期的利息支付，n为债券的到期期限，B为债券的面值下为所得税税率。

例1 公司按940元折价发行面值为1000元、票面利息率为10%、20年到期的债券。发行费为发行收入的2%，公司的所得税税率为33%。这笔资金的资本成本为多少？

解：将债券引起的现金流量代入式（9-1），有：

$$940 \times (1-2\%) = \sum_{t=1}^{20} \frac{100(1-33\%)}{(1+K_d)^t} + \frac{1000}{(1+K_d)^{20}}$$

得到：$K_d \approx 7.27\%$

为使上式的计算进一步简化，当n很大时，可以忽略等式右边的第2项，将债券的偿

付现金流量看作利息支付的永续现金流量,于是可以得到简化的计算公式为:

$$P_d(1-f_d) = I(1-T)/K_d$$

整理后即可得到债券的资本成本为:

$$K_d = \frac{I(1-T)}{P_d(1-f_d)} \tag{9-2}$$

当债券的期限较长时,利用简化的公式来计算债券的资本成本不仅计算简便,而且近似效果较好。

例2 公司按940元折价发行面值为1000元、票面利息率为10%、20年到期的债券。发行费为发行收入的2%,公司的所得税税率为33%。这笔资金的资本成本为多少?

解:将数据代入式(9-2),得到债券的资本成本为:

$$K_d = \frac{100 \times (1-0.33)}{940 \times (1-0.02)} \approx 7.27\%$$

2. 长期借款成本

与债券一样,长期借款也是一种长期负债,在会计上利息支出也是税前列支。所以在不考虑借款信用条件约束的情况下,其利息费用就是其税前的资本成本,考虑税后的实际费用支出,其税后资本成本为:

$$K_L = \frac{I_L(1-T)}{L(1-f_L)} \tag{9-3}$$

上式中,K_L为长期借款的资本成本,I_L是长期借款的利息支出,f_L是长期借款的筹资费率,L是长期借款的有效借款额,T是公司的所得税税率。

但由于长期借款的筹资费用很低,通常可忽略不计,因此,不考虑筹资费用时,长期借款的税后资本成本为:

$$K_L = r_L(1-T) \tag{9-4}$$

上式中,r_L为借款的利息率,T是公司的所得税税率。

例3 某公司向银行取得了400万元长期借款,年利息率为8%,期限为5年,每年付息一次,到期一次还本。假定筹资费用率为0.2%(主要是借款手续费),公司的所得税税率为33%,该笔长期借款的成本是多少?

解:如果考虑筹资费用,公司长期借款的资本成本为:

$$K = \frac{400 \times 8\% \times (1-33\%)}{400 \times (1-0.2\%)} \approx 5.37\%$$

如果不考虑筹资费用,则公司长期借款的资本成本为:

$$K = R(1-T) = 8\% \times (1-33\%) = 5.36\%$$

由于贷款机构在签订贷款合同时,往往要规定一年内付息的次数、时间以及一些特定的信用条件。因此,公司在估算资本成本时,应综合考虑这些因素的影响。

例4 考虑某公司的一笔三年期的长期贷款,其年名义利息为12%,每半年结息一次,到期一次还本,若公司所得税税率为30%,其资本成本是多少?

解:首先计算借款的实际年利率R_L,然后再估算税后资本成本K_L。

$$R_L = (1+12\%/2)^2 - 1 = 12.36\%$$
$$K_L = 12.36\% \times (1-0.30) = 8.652\%$$

例5 某公司从某银行取得一笔贷款,总额为1000万元,年利率为5%,期限为三年,每年结息一次,到期一次还本。借款合同规定公司须保持20%的补偿性余额。若公司所得税税率为33%,这笔借款的资本成本是多少?

解:由于公司必须将借款额的20%留在银行的账户中不得动用,因此,公司的有效借款额降低,资本成本上升。于是,在不考虑补偿性余额可能带来的利息收入影响时,该公司借款的资本成本为:

$$K_L = \frac{1000 \times 5\% \times (1-33\%)}{1000 \times (1-20\%)} \approx 4.19\%$$

9.2.2 股权资本成本

1. 优先股成本

优先股付息方式与债券定期付息类似,优先股每股的股利通常是固定的,不同的是优先股的股利是从税后利润中支付的,没有抵税的作用。根据优先股定价模型可以推导出优先股成本的计算公式为:

$$K_P = \frac{d_p}{P_p(1-f_p)} \tag{9-5}$$

上式中,K_P为优先股成本,d_p为优先股每年的股利,P_p为优先股发行价格,f_p为优先股筹资费率。

例6 某公司按面值发行每股面值为1000元、年股利率为12%、筹资费用率为2%的优先股,这批优先股的税后成本是多少?

第9章 资本成本

解：将数据代入式（9-6），得到优先股的成本为：

$$K_P = \frac{1000 \times 12\%}{1000 \times (1-20\%)} \approx 12.24\%$$

一般来说，优先股股东所承受的风险大于债权人，并且股利不能节税，相同的情况下，其成本通常高于债务融资，而且由于筹资费用较大，在考虑了筹资费用后，资本成本通常高于年股利率。如上例中，优先股的年股利率为12%，而成本为12.24%。

案例分析

万科企业股份有限公司成立于1984年，1988年进入房地产行业，1991年成为证券交易所第二家上市公司。2016年，公司首次跻身《财富》"世界500强"，位列榜单第356位，2017年、2018年接连上榜，分别位列榜单第307位、第332位。

万科集团近年来资本结构如表9-1所示：

表9-1 万科的多元化筹资方式及资本结构

单位：亿元

	2011年	2012年	2013年	2014年	2015年	2016年
资产合计	917.26	1265.45	1636.58	1746.39	1945.91	2205.13
流动资产	780.18	1116.57	1465.33	1575.47	1715.83	2028.37
非流动资产	137.08	148.88	171.25	170.92	230.09	176.77
负债合计	564.37	869.81	1180.77	1215.03	1370.78	1581.68
流动负债	423.42	577.85	879.97	907.32	1069.07	1173.16
非流动负债	140.95	291.96	300.8	307.71	301.71	408.52
所有者权益合计	352.89	395.64	455.81	531.36	575.14	623.45

就2013年和2014年两年中新增的长期借款来看，2013年借入的金额最大的三笔借款分别为：三年期的12.9亿元借款，利率为7.07%；两年期的10亿元借款，利率为6.98%；三年期的10亿元借款，利率为6.85%。2014年的借款利率区间为6.85%至7.90%，我们采用平均值7.40%计算。

由长期借款成本 $K_L = \frac{I_L(1-T)}{L(1-f_L)}$，$f_L=0$，可得：2013年，$K_L=5.42\%$；2014年，$K_L=6.34\%$。

就2013年和2014年两年发行的债券来看，2013年，公司发行了四种债券，分别

公司金融

> 是总额为8亿,票面利率为2.625%的五年期债券;总额为1.4亿,票面利率为3.275%的四年期债券;总额为10亿,票面利率为4.50%的五年期债券;总额为10亿,票面利率为4.05%的三年期债券,且四种债券计息方式均为单利计息半年一次。2014年,公司新发行一类债券,三年期,票面利率4.7%的债券,总额18亿,单利计息一年一次。
>
> 由债券成本 $K_d = \dfrac{I(1-T)}{P_d(1-f_d)}$, $f_d=0$,通过计算可得:2013年,$K_d=5.67\%$;2014年,$K_d=5.68\%$。

2. 普通股成本

由于普通股的报酬率不确定,每年支付的股利也不固定,使得相对于其他融资工具而言,普通股的成本最难估算,但从理论上说,仍然可以根据普通股的定价模型推导出成本的计算公式。常用的确定普通股成本的计算方法有两大类,即股利贴现模型(dividend discount model)和资本资产定价模型(capital asset pricing model)。

(1)股利贴现模型

这种方法是根据公司股利的支付模式,通过相对应的股票定价模型推导得到估算资本成本的计算公式。例如,若公司采用固定股利支付额的股利政策,已知相应的股票定价模型为:

$$P_c = \frac{D_c}{r} \tag{9-6}$$

由此可推出,普通股成本的计算公式为:

$$K_c = \frac{D_c}{P_c(1-f_c)} \tag{9-7}$$

上式中,K_c为普通股成本,P_c为普通股发行价格,f_c为普通股筹资费率,D_c为固定股利支付额。

假如公司采用固定股利增长率的分配政策,则根据相应的股票定价模型可以得到估算成本的计算公式为:

$$K_c = \frac{D_1}{P_c(1-f_d)} + g \tag{9-8}$$

上式中,g为固定的股利增长率,其他符号的含义与式(9-7)相同。

例7 某公司发行普通股,面值为1000元,发行价格为2000元,发行费用率为3%,预计第一年的股利为150元,今后股利以8%的速率固定增长,这批普通股的成本是多少?

解:由于股利是按照固定增长率的模式发放的,因此,可以采用公式(9-8)来确定这批普通股的成本。

$$K_c = \frac{150}{2000 \times (1-3\%)} + 8\% \approx 15.73\%$$

由于普通股股东享有剩余求偿权,承受的风险大,所要求的报酬高,并且股利必须从税后利润中支付,所以普通股的成本也最高。

对于公司股利发放情况的大量观察表明,多数情况下,股利既不是保持不变,也不是按固定比率增长的,甚至有些公司在根本不发放股利。应用股利折现模型估算普通股的成本,需要对公司未来发放的股利额、支付股利的时间作出预测和假设。因此,上式只适合于那些定期发放股利且股利增长十分稳定的公司,如公用事业单位。

(2)资本资产定价模型

由于公司的资本成本实质上就是投资者所要求的必要报酬率,因此可以用资本资产定价模型来估算普通股的成本。根据资本资产定价模型,公司普通股的成本等于无风险利率加上适当的风险溢价,而适当的风险溢价等于按公司β系数调整后的市场风险溢价,即:

$$K_c = R_f + \beta(R_M - R_f) \qquad (9-9)$$

例8 根据过去5年每月的超额收益(超过无风险利率部分),A公司的β系数被认为是1.2。公司高管人员认为这一过去的关系在未来仍然成立。此外,假定股票市场的一般收益率为13%,无风险利率预期为8%,该公司普通股的成本是多少?

解:已知R_M=13%,R_f=8%,将这些数据代入资本资产定价模型,得:

$$K_c = 8\% + 1.2 \times (13\% - 8\%) = 14\%$$

资本资产定价模型在理论上较为严密,但模型的假设与现实条件极为不符。首先,该模型仅考虑股票市场的系统风险,相当于假设普通股的相关风险只有市场风险,从而低估了普通股的资本成本。其次,将β系数用来计算个别股票风险补偿相对于股市平均风险补偿的倍数,实际上是假设风险与收益呈线性关系,这是缺乏逻辑的。最后,对β系数的估计很难定义,数据有时很难取得,很容易造成估算结果误差较大,没有实际意义。

(3)公司长期债券收益率加风险溢价

估算普通股成本还可以考虑采用一种比较主观的方法,那就是在公司长期债券收益率的基础上加上一定的风险溢价作为普通股成本。

例如，某公司的长期债券成本为12%，根据经验，公司权益资本高于债券的风险溢价为4.5%，因此该公司普通股成本为：

$$K_c = 12\% + 4.5\% = 16.5\%$$

这种方法显然带有主观判断，所估算的普通股成本不是一个精确的结果，但它也确实提供了一个参考值。

为了得到比较合理的普通股的资本成本，可以同时运用以上几种方法来估计，如果几种方法得出的结果比较接近，则估计结果就可能比较合理；如果几种方法得出的结果相差太大，就需要作进一步的分析修正。

3. 留存收益成本

留存收益（retained earning）是公司税后利润中被留在公司内部用于未来发展而未作为股利发放给股东的那部分收益。留存收益作为股东权益的一部分，虽然没有筹资费用，但并不是公司无偿使用的资金。因为这部分利润如果用于发放股利，股东可将它们进行投资以赚取收益。由公司保留作为留存收益后，可以当作股东对公司的新投入，因此，留存收益的成本应相当于没有筹资费用的普通股的成本。

例9 海天公司普通股的市场价格为15元，第1年每股股利0.5元，以后每年增长6%。该公司将当年500万元净利润留作公司留存收益。这笔留存收益的成本是多少？

解：以K_r表示海天公司留存收益的成本，则：

$$K_r = \frac{0.5}{15} + 6\% = 9.3\%$$

即海天公司留存收益的成本为9.3%。

案例分析

青岛海尔股份有限公司（简称"青岛海尔"）于1993年11月在上交所上市交易，其经营范围主要是制造并销售电冰箱、冰柜、洗衣机等。青岛海尔是人们耳熟能详的家电制造大企业，是行业中的标杆。

1. 债务成本估算

通过年报财务指标等相关数据查找青岛海尔2014年长期借款和发行债券的情况，仅估算2014年长期借款资本成本和长期债券资本成本。2014年，青岛海尔向银行借款的借款利率为7.1%，企业所得税率为15%，因长期借款筹资费用率的数据难以查找和测算，故假设为0。利用公式，估算长期借款资本成本，代入数据

即得出长期借款资本成本为

2014年，青岛海尔发行可转换债券进行融资，其票面利率为1.5%，所得税优惠税率为15%，与长期借款成本估算方式相同，仍忽略债券筹资费用率，根据公式 $K_d = \dfrac{I(1-T)}{P_d(1-f_d)}$，代入数据得到 $K_d=1.5\%\times(1-15\%)\approx1.76\%$。

2. 股权成本估算

利用资产定价模型来估算青岛海尔的股权资本成本。

在估算之前先测算公司股票值，利用青岛海尔股票每股收盘价的月度数据以及上证收盘指数的月度数据，计算市场平均收益率以及青岛海尔股票收益率，估算出 β 系数为0.6437。

2015年上半年，市场平均收益率为0.1765，短期国债利率为0.042，代入公式进行计算，可得：

$R_M = 0.1765$，$R_f = 0.042$，$\beta_M = 0.6437$

$K_c = 0.042 + 0.6437 \times (0.1765 - 0.042) = 0.1286$

9.3　加权平均资本成本

公司融资时，由于受多种因素的约束和影响，公司不会只从一种渠道取得所需资金。由于各种资金来源的成本不同，因此公司整体的最低资本成本应当从多种资金的有效组合中实现。加权平均资本成本（weighted average cost of capital，WACC）通常用来表明公司整体的资本成本。

9.3.1　加权平均资本成本的概念和计算公式

加权平均资本成本是以各类来源的资本额占总资本额的比重为权数，对个别成本进行加权平均得到。其计算公式为：

$$WACC = \sum_{i=1}^{m} w_i K_i \qquad (9\text{-}10)$$

上式中，w_i 代表第 i 类资本额的市场价值比重，K_i 代表第 i 类个别资本成本。

例10　某公司共有资金2000万元，其中长期借款600万元，普通股1000万元，留存收益400万元，各种资金的成本分别为6%、13%与12%，计算该公司的加权平均资本成本。

解：将数据代入加权平均资本成本公式得到：

$$WACC = \frac{600}{2000} \times 6\% + \frac{1000}{2000} \times 13\% + \frac{400}{2000} \times 12\% = 10.7\%$$

9.3.2 影响加权平均资本成本的因素

从加权平均资本成本的计算公式可以看出，公司的综合资本成本由两个因素决定：一是个别资本成本，二是各类资本占总资本的比重。

1. 个别资本成本对公司综合成本的影响

在市场经济环境中，多方面的因素综合决定公司个别资本成本的高低，如经济总体环境、证券市场条件、市场利率水平、筹资费用、税率和相关政策法规等。

总体经济环境决定整个经济中资本的供给和需求，以及利率和预期通货膨胀水平，这些都反映在无风险报酬率上。

利率作为经济中最受关注的一个经济变量，对于公司融资至关重要。市场利率决定了资本的报酬率水平和投资者所要求的必要报酬率，它构成了公司融资成本的主要部分，而风险溢价则体现了公司融资中与风险对应的成本。公司内部的经营风险和财务风险大，投资者就会要求较高的风险补偿，公司融资的成本也就高。例如，同样是发行债券融资，一个从事公用事业的公司与一个从事高风险的远洋航运事业的公司所发行的债券具有不同的利率，这是因为两个公司各自的风险不同，从而各自的风险溢价也就不同。同一公司采用普通股、债券、长期借款等不同的融资工具会导致不同的个别资本成本，这是因为不同的资金提供者在分享公司经营成果时承担的风险不同。

筹资费用同样会影响公司的资本成本。发行普通股的筹资费用高，而留存收益没有筹资费用，所以普通股的权益资本成本高于留存收益的权益资本成本。证券市场条件影响证券投资的风险，进而影响证券的价格，再进一步就会影响公司的筹资成本。

政府税收政策和法律法规也对公司资本成本产生直接或间接的影响。由于负债具有税收屏蔽的作用，在其他条件相同的情况下，公司所得税税率越高的企业，其债务的税后资本成本就越低，选择债务融资就越有利。政府对资本利得征收较低的税率，就会鼓励投资者购买股票或更愿意将投资收益留在公司进行再投资，从而在一定程度上降低权益资本成本。

2. 个别资本比重对公司综合成本的影响

上述因素同样会直接、间接地影响公司资本结构的选择，从而影响加权平均资本成本计算中的权重。此外，选择以不同价值基础计算的权重也会影响加权平均资本成本的计算结果。通常在计算加权平均资本成本时，有以下三种可供选择的权重：

（1）以账面价值为基础的资本权重

以账面价值为基础是指根据各类资本的会计账面金额来确定各自占总金额的比重。这种方法的优点是可以直接利用会计数据，资料容易获得；缺点是由于账面价值反映的是资本过去的价值，不能代表公司资本当前的市场价值，只有当公司资本的市场价值与账面价值接近时，采用账面价值计算的权重计算加权平均资本成本才是合理的。此外，账面价值的比重还容易受到会计核算方法的影响。

（2）以市场价值为基础的资本权重

以市场价值为基础是指以各类长期资本当前的市场价值占全部资本的市场价值比重计算得到各类资本的权重。这种权重是计算加权平均资本成本比较适合的权重，因为公司无论是发行债券、股票还是借款，都是按照市场价值进行融资的。但是，一方面，公司资本的市场价值不断变化，另一方面，市场价值的数据不易取得，使得这种方法应用起来有一定的局限性。

（3）以目标价值为基础的资本权重

公司根据自身特点和发展预期制定的适合公司一定时期内努力保持的资本结构称为目标资本结构。以目标价值为基础是指以公司目标资本结构为计算加权平均资本成本的权重。这种方法体现了公司期望保持的资本结构的要求，能够较好地体现公司目前和未来的融资要求，因此是理想的权重选择。但目标资本结构很难客观确定，使得这种方法应用起来也有一定的局限性。

例11 上海公司各种长期资本的账面价值、市场价值和目标价值以及个别资本成本的资料如表9-2所示。请分别计算以账面价值比重、市场价值比重和目标价值比重计算的该公司的加权平均资本成本。

表9-2 上海公司的资本成本及资本结构

资本种类	账面价值（万元）	市场价值（万元）	目标价值（万元）	个别资本成本(%)
长期借款	800	800	2000	5
长期债券	1500	2000	4000	6.5
普通股	2500	4800	5000	12
留存收益	1500	3600	4000	11.5

解：（1）按账面价值计算的加权平均资本成本为：

$$WACC = \frac{5\% \times 800 + 6.5\% \times 1500 + 12\% \times 2500 + 11.5\% \times 1500}{6300} \approx 9.7\%$$

（2）按市场价值计算的加权平均资本成本为：

$$WACC = \frac{5\% \times 800 + 6.5\% \times 2000 + 12\% \times 4800 + 11.5\% \times 3600}{11200} \approx 10.4\%$$

（3）按目标价值计算的加权平均资本成本为：

$$WACC = \frac{5\% \times 2000 + 6.5\% \times 4000 + 12\% \times 5000 + 11.5\% \times 4000}{15000} \approx 9.5\%$$

结果表明，按照不同的价值权重计算得到的上海公司的加权平均资本成本是不同的。

9.3.3 对于资本成本的进一步讨论

1. 折旧资金

折旧与留存收益一样，都是公司的内部资金来源。关于留存收益的成本，并且应该采用估算权益资本成本的方法来估算该成本，显然比较容易让人理解并接受，因为留存收益直接增加了公司的权益资本。而对于折旧，首先需要弄清楚折旧是否是一种资金来源。如果是，它又是一种什么性质的资金来源？

折旧被列入公司的经营成本，表面上看，它并没有引起公司权益或负债价值的任何变动。但正如笔者在投资决策分析中已反复强调过的，折旧并没有引起现金流出，也就是说折旧并不是公司实质性的现金支出，因此，通过销售收入收回的折旧资金留在了公司内部，成为公司可以应用的资金。与留存收益一样，折旧作为一种公司内部的资金来源，是有成本的。

那么，折旧是一种什么性质的资金？设想一下，如果公司预期的经营年限与其固定资产的使用年限相同，公司不需要考虑维持简单再生产或扩大再生产，于是折旧资金也就不需要用于补充和更新固定资产。那么，公司要做的事情就是把折旧资金返还给为公司的固定资产投入资本的投资者。而公司返还折旧资金时，显然应该按照公司资本结构的比例分别返还给股东和债权人，因为股东和债权人对公司资产的投入比例是与公司资本结构一致的。但如果公司是持续经营的，折旧资金被留下来用于公司的固定资产更新或其他的生产经营活动，那么就相当于公司股东和债权人将资金按资本结构的比例再次投入公司。理解了折旧资金的性质后，如何估算折旧资金成本的问题也就迎刃而解。显然，折旧资金的成本就是公司股东和债权人所要求的必要投资报酬，即公司的加权平均资本成本。

2. 短期负债的成本

公司的短期负债包括各种应付款、短期借款和公司发行的短期融资债券。在正常的付款期内，应付款是公司一项无偿的资金来源，没有成本；而银行借款和短期融资债券需要支付利息，因此是有成本的。但通常估算公司加权平均资本成本时并不考虑这部分成本。原因在于：首先，短期负债的数量、时间和利息率不确定，而且通常都是暂时性的，或者可以由公司所持有的短期投资抵消，因此忽略短期负债成本对公司整体的资本成本的影响不会很大。其次，在融资分析中，关于资本结构的概念通常有广义和狭义之分。广义的资本结构指公司所有资本的构成及其比例关系，既包括长期资本，也包括短期资本。狭义的资本结构仅指长期资本的构成及其比例关系。由于在公司金融学体系中，短期融资通常放在营运资金管理中讨论，所以理论上通常采用狭义的资本结构的概念。相应地，在计算公司加权平均资本成本时一般也就不考虑短期负债的成本问题。但是如果公司长期持有大量短期负债，特别是当短期负债的比例占公司资本的比例很高时，短期负债实质上已成为公司的一种长期性资金来源，这种情况下，就不能不考虑短期负债成本对公司整体资本成本的影响。此时，在计算加权平均资本成本时必须加入短期负债的成本和相应的权重因子。

3. 目标市场价值比重

（1）为什么要选择市场价值比重？

前面在讨论影响公司加权平均资本成本的因素时，已经简单说明选择市场价值比重的理由。

其实，公司按账面价值计算的资本权重与按市场价值计算的资本权重不同，由两种权重算出的公司加权平均资本成本也不一致。由于公司的普通股成本和债券的成本都是根据市场价值计算出来的，根据一致性原则，显然在对个别资本成本加权时也应该采用市场价值权重。

估算权益和负债的市场价值比重，需要测算公司权益和负债的市场价值。如果公司的股票和债券是公开交易的，则比较容易获得市场价值的数据；否则，就必须利用相关的估价模型求出其市场价值。在实践中为了简化计算，往往用账面价值比重代替市场价值比重，尽管从理论上来说这样处理是不合理的。

（2）为什么要选择目标资本结构？

前述分析表明，公司的加权平均资本成本必然反映公司权益和负债市场价值的相对比例。可是我们在某一时点观察到的公司权益和负债市场价值的相对比例可能并不是公司的目标资本结构，因为有许多原因都会造成公司偏离其目标资本结构，如筹资费用的影响等。在给定总筹资额的前提下，如果每次筹资都按照目标资本结构的比例筹集一定数量的权益资本和债务资本，就会降低每一类资本的筹资规模，相应增加筹资费用所占的比例。因此，通常的情况是，如果公司在近期发行了普通股，使其资本结构中权益比重高于目标资本结构中的权益比重，为了重新达到目标资本结构，公司在一段时间后就会发行债券。公司在筹资时还会根据资本市场的情况选择筹资方式。通常当债券利率较低时，公司倾向于发行债券或贷款来取得所需资金，而在股票市场繁荣时，则热衷于发行普通股融资。由于上述种种原因，公司在融资时往往会交替使用权益和债务筹资，从而导致对公司目标资本结构的暂时性偏离。在这种情况下，如果不能正确地选择目标资本结构来计算公司的综合资本成本，就有可能导致错误的决策。

假设X公司的目标资本结构是普通股与债券各占50%，公司债券的税后成本为8%，普通股的成本为15%。以目标资本结构为权重，可以得到公司的加权平均资本成本为：

$$8\% \times 50\% + 15\% \times 50\% = 11.5\%$$

假如公司现有一个投资项目A，初始投资额为1亿元，其内部收益率为11%。根据净现值准则，由于其内部收益率低于公司的加权平均资本成本，显然不应该接受该项目。但是，如果公司采用发行债券的方式为此项目融资，从而使公司目前权益债务比下降为40%：60%。若债券的税后成本仍然为8%，以此时的权益债务比为权重所得到的公司的加权平均资本成本为：$8\% \times 60\% + 15\% \times 40\% = 10.8\%$。如果以此时的加权平均资本成本为依据，却可以接受该项目。

假设半年后公司又有一个投资项目B，初始投资额也是1亿元，其内部收益率也是11%。为了重新达到目标资本结构，这次公司决定采用发行普通股的方式融资，普通股的资本成本还是15%。发行普通股后，公司的加权平均资本成本重新回到15%。显然，根据净现值准则，应该拒绝项目B。

在公司经营风险等其他情况都没有重大变化的情况下，仅仅由于选择了不同的权重，导致内部收益率同样是11%的两个项目，一个被接受，一个却被拒绝，这样的决策结果显然是不合理的。既然公司是一个长期存在的经济实体，其综合资本成本就应该体现其长期保持的目标资本结构，而不是某一次筹资的资本成本。

案例分析

华为公司2012—2016年债务资本有关数据如表9-3所示。

表9-3 华为公司2012—2016年债务资本

单位：百万元

	2012年	2013年	2014年	2015年	2016年
短期借款	2231	4257	2047	1891	1867
一年内到期的长期借款	4826	420	0	0	0
长期借款	13270	15092	19995	23636	19127
应付债券	0	985	991	2581	7992
债务资本合计	20327	20754	23033	28108	28986

华为公司2012—2016年的投入资本总额汇总如表9-4所示。

表9-4 华为公司2012—2016年投入资本

单位：百万元

	2012年	2013年	2014年	2015年	2016年
债务资本	20327	20754	23033	28108	28986
股权资本	82808	96892	107711	131549	166789
减：在建工程净额	5304	3764	4910	5589	7478
投入资本合计	97831	113882	125834	154068	188297

（1）股权资本成本的计算。根据前述资料，采用资本资产定价模型法确定华为公司的股权资本成本。选取2012—2016年每月的价格指数涨跌幅度作为月收益率，据此计算年收益率，得到$R_M=7.36\%$。将通信设备制造行业股价指数的涨跌幅度作为其收益率与市场平均收益率进行回归分析，计算得出通信设备制造行业相对于整个市场的β系数，汇总计算股权资本成本，结果如表9-5所示。

表9-5 华为公司2012—2016年股权资本成本

	2012年	2013年	2014年	2015年	2016年
无风险利率	3.50%	3%	3%	2.75%	2.75%
行业β系数	0.62	1.26	1.35	1.07	1.6
市场风险溢价	3.86%	4.36%	4.36%	4.61%	4.61%
股权资本成本	5.89%	8.49%	8.89%	7.68%	10.13%

（2）债务资本成本的计算。华为公司的债务资本可划分为两部分，即短期债务资本和长期债务资本。短期债务的资本成本以银行一年期的贷款利率确定，长期债务的资本成本以银行五年期的贷款利率确定。债务资本成本的计算如表9-6所示。

表9-6 华为公司2012—2016年债务资本成本

	2012年	2013年	2014年	2015年	2016年
短期债务资本（百万元）	7057	4677	2047	1891	1867
长期债务资本（百万元）	13270	16077	20986	26217	27119
短期债务资本比例	34.72%	22.54%	8.89%	6.73%	6.44%
长期债务资本比例	65.28%	77.46%	91.11%	93.27%	93.56%
一年期的贷款利率	6.56%	6.00%	6.00%	5.60%	4.35%

续表

	2012年	2013年	2014年	2015年	2016年
五年期的贷款利率	6.90%	6.40%	6.40%	6.00%	4.90%
税前债务资本成本	6.78%	6.31%	6.36%	5.97%	4.86%
税后债务资本成本	5.09%	4.73%	4.77%	4.48%	3.65%

（3）加权平均资本成本的计算。根据华为公司2012—2016年的股权资本成本和债务资本成本，结合各年股权与债权的比例，确定华为公司的加权平均资本成本，结果如表9-7所示。

表9-7　华为公司2012—2016年加权平均资本成本

	2012年	2013年	2014年	2015年	2016年
总资本（百万元）	193283	210006	231532	309773	372155
股东权益（百万元）	66228	75024	86266	99985	119069
负债（百万元）	127055	134982	145266	209788	253086
股东权益占比	34.26%	35.72%	37.26%	32.28%	31.99%
权益资本成本	5.89%	8.49%	8.89%	7.68%	10.13%
负债占比	65.74%	64.28%	62.74%	67.72%	68.01%
税后债务资本成本	5.09%	4.73%	4.77%	4.48%	3.65%
加权平均资本成本	5.36%	6.08%	6.31%	5.51%	5.72%

9.4　边际资本成本

9.4.1　边际资本成本的概念

边际资本成本（marginal cost of capital，MCC）是与筹资规模相联系的资本成本，它指每新增一个单位资本而增加的成本。与一般商品的供给曲线相同，资本供给曲线的形状说明，资本供给的增加通常伴随着资本价格的上升。随着公司筹资规模的扩大，有可能付出更高的价格。因此，从资本供给方面看，资本成本会随着筹资规模的变化而发生变化。从资本需求方看，已经拥有一定数量资本的企业在筹措新增资本时，偿债风险也会发生相应的变动，因此，其新筹资本的成本往往会与已筹资本的成本不同，特别是在某些融资点上，资本成本会随着筹资额的增加而上升，这些原有成本的突破点就是边际资本成本。

例如，某公司希望通过向银行借款筹集1000万元资金，经与贷款银行协商，贷款银行提出，如果借款额在500万元以下，利息率为8%，若借款金额在500万元至1000万元之间，由于公司财务风险加大，需按9%的利率支付利息。在这里，500万元的借款额是边际资本成本的突破点。假如公司的所得税税率为33%，容易算出，该公司的长期借款的边际资本成本分别为5.36%[8%×（1－33%）]和6.03%[9%×（1－33%）]。

9.4.2 边际资本成本的测算

公司无法以某一固定的资本成本筹集无限的资金，当公司筹集的资金超过一定限度时，原来的资本成本就会增加。由于公司资本成本会随着筹资规模而变动，因此要计算使得公司资本成本最小的资本结构，就需要测算不同筹资范围内的边际资本成本。通过边际资本的计算，能对追加筹资量就单一筹资或组合筹资方式的资本成本进行比较，从而确定追加筹资的方案，并进一步考虑投资方案。

边际资本成本的计算应分为以下几种不同的情况：

（1）追加筹资时，资本结构和个别资本成本保持不变。

MCC＝追加资本WACC＝原有资本WACC

（2）追加筹资时，资本结构改变，个别资本成本不变。

MCC＝追加资本WACC≠原有资本WACC

（3）追加筹资时，资本结构不变，个别资本成本改变。

MCC一般呈上升变化，在进行追加筹资时，为了比较、选择不同筹资组合，公司常常要计算边际资本成本，并进行筹资规划。

（4）追加筹资时，资本结构和个别资本成本都发生改变。

为了更形象地说明公司在进行筹资规划时的决策，下面将举例说明公司进行边际资本成本的测算步骤以及怎样进行计算。

例12 瑞安公司目前的资本总额为1000万元，其中，公司债券200万元，优先股50万元，股东权益750万元。公司下一年度准备筹措新的资本，财务人员分析了资本市场的状况和公司的筹资能力得到以下数据：（1）公司发行债券，若发行规模在100万元以下，税前利息率为10%；若发行规模在100万元以上500万元以下，税前利息率为12%；若发行规模在500万元以上，税前利息率为15%。（2）公司若发行优先股筹资，其成本始终都是13%。（3）预计可新增留存收益300万元，留存收益的成本为15%。若发行新股，发行费用为发行收入的8%。公司的所得税税率为33%。请计算不同筹资金额范围内的加权平均资本成本。

解：可按下列步骤求出不同筹资金额范围内的加权平均资本成本：

（1）确定公司追加筹资目标的资本结构。

假设财务人员分析后认为，瑞安公司目前的资本结构可作为目标资本结构。于是可以得到公司的目标资本结构为长期债务20%、优先股5%、普通股权益75%。

（2）取得并计算个别边际资本成本。测算结果如表9-8所示。

表9-8　瑞安公司的个别边际资本成本测算表

资本种类	筹资额	边际资本成本
公司债券	100万元以下	$K=10\% \times (1-0.33)=6.7\%$
	100万元-500万元	$K=12\% \times (1-0.33)=8.04\%$
	500万元以上	$K=15\% \times (1-0.33)=10.05\%$
优先股	任意	$K=13\%$
普通股权益	300万元以下（留存收益）	$K=15\%$
	300万元以上（发行新股）	$K=15\% \times (1-0.08)=13.8\%$

（3）计算筹资突破点。根据公司目标资本结构和个别边际资本成本，计算公司筹资总额的分界点，所采用的计算公式为：

$$筹资突破点 = \frac{以某一特定资本成本率筹集到的资本金额}{该种资本在资本结构中所占的比重}$$

利用上述资料，得出测算结果如表9-9所示。

表9-9　瑞安公司筹资突破点测算表

资本种类	个别资本成本	筹资额的分界点	筹资总额范围
公司债券	6.7%	100万元/0.2=500万元	0—500万元
	8.04%	500万元/0.2=2500万元	500万元—2500万元
	10.05%	—	2500万元以上
优先股	13%	—	—
普通股权益	15%	300万元/0.75=400万元	400万元
	13.8%	—	400万元以上

（4）测算边际资本成本。根据上述筹资总额分界点的测算，划分具有不同资本成本的筹资范围，并计算各筹资范围内的加权平均资本成本。具体计算过程如表9-10所示。

表9-10 瑞安公司边际加权平均资本成本测算表

筹资总额范围	个别资本成本		权重	边际资本成本 （加权平均资本成本）
0—400万元	公司债券	6.7%	20%	6.7%×0.2=1.34%
	优先股	13%	5%	13%×0.05=0.65%
	普通股权益	15%	75%	15%×0.75=11.25%
				WACC=13.24%
400万元—500万元	公司债券	6.7%	20%	6.7%×0.2=1.34%
	优先股	13%	5%	13%×0.05=0.65%
	普通股权益	13.8%	75%	15%×0.75=11.25%
				WACC=13.24%
500万元—2500万元	公司债券	8.04%	20%	6.7%×0.2=1.34%
	优先股	13%	5%	13%×0.05=0.65%
	普通股权益	13.8%	75%	15%×0.75=11.25%
				WACC=13.24%
2500万元以上	公司债券	10.05%	20%	6.7%×0.2=1.34%
	优先股	13%	5%	13%×0.05=0.65%
	普通股权益	13.8%	75%	15%×0.75=11.25%
				WACC=13.24%

边际资本成本是指公司新增1元资金所需负担的成本，它是公司比较选择追加筹资方案的重要标准。公司为了在竞争中取得优势，必须形成规模经济，降低成本，提高规模经济效益。因此，公司必须增加生产经营所需要的资产或追加资金，以满足扩大再生产的需要。但是，对公司来说，追加资金不可能以某一固定的资金成本筹集无限量的资金。当公司资金量超过某一限度后，其边际资金成本会相应增加，平均资金成本也会上升。公司的财务管理人员必须寻求并最终确定不引起资金成本新增的突破点，以保证合理的资金结构和综合资本成本，实现企业筹资的目标。

9.4.3 利用边际资本成本进行投资决策

边际资本成本反映了不同筹资规模下的资本成本，而加权平均资本成本则反映了在不同筹资规模下，资金提供者所要求的综合回报率。因此，随着公司投资规模的扩张，公司的筹资规模也在增加，这时，应根据变化的边际资本成本来进行投资决策。

例13 望京公司需要在下述几个互不相斥的投资项目中进行选择，这些项目的投资风险与目标资本结构均与公司现有资产相同。公司分析人员已经测算出各项目的投资额和内部收益率，以及公司的目标资本结构和边际资本成本，如表9-11和表9-12所示。根据这些资料，公司决策者应作何选择？

表9-11 望京公司所面临的投资项目

项目	投资额（元）	年现金流量（元）	项目寿命（年）	内部收益率（%）
A	200000	55757	5	12.2
B	150000	33917	7	13.0
C	250000	43344	10	11.5
D	350000	90005	6	14.0
E	200000	41250	8	12.7
F	250000	106781	3	13.5

表9-12 望京公司的边际资本成本

筹资总额范围（元）	个别资本成本		比重	加权平均资本成本
0—700000	负债	6%	0.3	12%
	优先股	12%	0.1	
	普通股	15.0%	0.6	
700000—1000000	负债	6%	0.3	12.5%
	优先股	12%	0.1	
	普通股	15.9%	0.6	
1000000以上	负债	7.2%	0.3	12.9%
	优先股	12%	0.1	
	普通股	15.9%	0.6	

解：为了更直观地进行比较，可以将上述投资项目的内部收益率和公司的边际资本成本绘在同一个图中，如图9-1所示。图中，虚线表示公司的边际资本成本，实线表示项目的内部收益率，线段的宽度则表示投资额或筹资额。

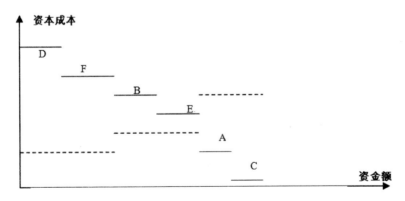

图9-1 望京公司的资本成本与项目的内部收益率

在图9-1中，项目按照收益率由高到低、边际资本成本由低到高排列，容易看出，公司应该选择内部收益率高于同一筹资范围的边际资本成本的项目。因此，望京公司应该选择D、F、B和E项目，放弃A和C项目。

9.5 项目的资本成本

资本成本不仅是公司筹资决策时需要考虑的重要问题，而且与公司投资决策紧密相关。在资本预算中，资本成本作为计算投资项目净现值的贴现率和选择投资项目的依据，一旦在应用中出现错误就会导致错误的决策和公司资金的不合理分配，并最终影响公司的价值。虽然笔者在讨论资本预算问题时，曾经简单地提到以税后资本成本为贴现率，但并未展开深入的讨论，本节将对项目资本成本的估算及其在资本预算中的应用等问题展开讨论。

9.5.1 项目资本成本的含义

项目资本成本（project capital cost）是指能够反映投资项目风险的融资成本，通常用加权平均资本成本代表项目的融资成本，并以此作为资本预算中计算项目现值或净现值的贴现率，以及评估项目的门槛利率。

在资本预算中，估计项目税后净现金流量时，通常并没有扣除负债融资所引起的利息支出，也没有考虑利息的节税作用。如果项目完全依靠权益融资，那么资本的机会成本就是项目资本成本，是计算项目现值的贴现率。但是如果除了权益资本外，项目还投入了债务资本，那么债务融资的融资成本和节税效应就不应该忽略。由于在加权平均资本成本的计算中，已经反映了利息及其税盾作用的价值，以及融资因素的影响，因此，用加权平均资本成本代表项目的资本成本对项目的税后净现金流量贴现就可以正确地反映项目的价值，而不需要对项目的现金流量进行调整。

9.5.2 资本预算中采用公司加权平均资本成本的前提

在资本预算中，采用实施项目公司的加权平均资本成本来代替项目的资本成本计算项目的价值需要满足以下前提：

（1）项目的经营风险与实施项目公司的其他资产的风险相同。

（2）项目并不影响实施项目公司的整体资本结构，项目保持相同的融资比例。

假如项目的经营风险大于公司现有资产的平均风险，投资者对项目期望的回报率就会相应提高，公司的加权平均资本成本也就不能够代表项目的资本成本。虽然股东和债权人的回报是从实施项目企业所创造的总现金流量中得到的，而不是从项目创造的现金流量中得到的,但这并不能改变项目的期望回报率应当等于投资者从其他风险等价的项目中所得到的回报率这个事实。

例如,为了简便起见,假设M公司没有负债,其权益的β系数为1.0,市场无风险收益率为7%,市场风险补偿为6%,则可根据资本资产定价模型估计M公司的权益资本成本为13.0%(7%+1.0×6%),由于M公司没有负债,所以其权益资本成本就是其加权平均资本成本。进一步假设,M公司打算按照公司的资本成本决定项目的取舍,因此,它将接受任何回报率高于13.0%的项目,拒绝所有回报率低于13.0%的项目。现在,公司有两个待决策的项目:一个是低风险的项目A,其β系数为0.6,内部收益率为12%;另一个是高风险的项目B,其β系数为1.5,内部收益率为15%。以公司的资本成本为门槛利率,应接受项目B,拒绝项目A。但是,根据项目的风险状况,用资本资产定价模型估计得到的投资者所期望的报酬率分别是:项目A为10.6%(7%+0.6×6%),项目B为16%(7%+1.5×6%)。由于项目A的回报率高于投资者期望的回报率,显然应该接受而不是拒绝项目A;而项目B的回报率低于投资者期望的回报率,显然应该拒绝而不是接受项目B。可见,不考虑项目的风险情况,仅以公司资本成本为资本预算的判断标准,可能会错误地接受一些高风险的项目,放弃一些低风险的项目。

由于资本结构的变化不仅会影响加权平均资本成本计算中的权重,而且会通过影响财务风险进而影响个别资本成本,因此,如果项目的目标资本结构与公司的总体资本结构具有本质的差异,公司的加权平均资本成本也就不能够代表项目的资本成本。需要注意的是:这里强调的是本质的差异,这一点很重要,否则将很容易出现错误。

例如,上例中的项目A需要200万元投资额,正好有家银行主动表示愿意贷款给M公司,所以M公司决定向银行贷款200万元,借款利息率为7.5%,公司的所得税税率为33%。那么是否可以认为项目A的资本结构就是100%的负债,因此项目的资本成本就是5.03%(7.5%×0.67)?不能这样认为。因为投资项目的融资一般不独立,公司之所以能够以7.5%的利率借到200万元的长期借款,并不是由于项目,而是由于公司有足够的权益和其他有价值的资产作为担保。如果公司并不打算改变其融资政策,那么公司归还贷款后又将恢复到其百分之百股权资本的目标资本结构。但是,如果公司负债政策因此发生了变化,如M公司决定从此改变其百分之百权益资本的资本结构,则需要根据变化后的目标资本结构调整其加权平均资本成本。如果项目的负债能力确实与公司现有资产存在本质差异,例如,项目A的经营业务和经营风险与M公司的现有业务完全不同,因此具有完全不同的目标资本结构,这时就需要根据项目的目标资本结构估算项目的加权平均资本成本。

9.5.3 估算项目的资本成本

当项目风险和资本结构与实施项目公司不同时,就不能用该公司的资本成本作为项目的资本成本,而是需要估算项目的资本成本。下面将通过一个例子来说明估算项目资本成本的基本方法和步骤。

例14 欣欣家电公司目前打算进入风险较大的计算机行业,由于新项目业务与公司原有业务完全不同,需要估计新项目的资本成本。

第一步:选择代表公司。

当项目的风险与公司原有业务不同时,常用的方法是通过选择与项目风险相似的代表公司,以代表公司的资本成本数据为依据调整得到项目的资本成本。所选公司应该与项目具有相似的资产、运营方式、经营风险和成长机会等。如果能够得到同一行业中几个很相似的公司,就可以对这些公司的数据进行综合平均。

假设欣欣家电公司的分析人员搜集了若干家计算机生产厂商的数据,经整理后得到的平均值及相关的市场数据,如表9-13所示。

表9-13 欣欣家电公司新项目的相关市场数据

代表公司负债比率	代表公司β系数的平均值	代表公司平均债务利息率	市场无风险利率	市场风险报酬率
0.5	1.5	10.5%	7%	6%

第二步:估计项目的目标资本结构。

假设欣欣家电公司的目标资本结构为:负债占30%,权益占70%。考虑到计算机制造业的特殊性,公司分析人员认为采用代表企业的资本结构作为新项目的资本结构要比采用公司的目标资本结构更适合,即新项目的资本结构按债务和权益各占50%估计。

第三步:估计项目的个别资本成本

假设新项目的所得税税率为33%,容易得到新项目税后的债务资本成本为:

$$K_D = 10.5\% \times (1-0.33) \approx 7.04\%$$

新项目的权益资本成本可以通过资本资产定价模型求出:

$$K_E = 7\% + 1.5 \times 6\% = 16\%$$

这里,由于假定新项目采用与代表企业相同的资本结构,所以可以直接用代表企业的β系数代入资本资产定价模型以求出新项目的权益资本成本。如果新项目的目标资本结构与代表企业不同,就必须首先估计新项目目标资本结构下的β系数,然后估计权益资本成本。这主要是因为权益的比值不仅反映公司的经营风险而且反映公司的财务风险。欣欣家电公司财务分析人员所搜集并整理后得到的计算机厂商的 β 系数代表的是当平均负债率为50%时的财务风险，如果项目的负债率与此不同，则其权益的 β 系数也要相应调整。

以 $\beta_{无杠杆}$ 代表完全权益融资时权益的值，此时公司所有者面临的只是经营风险，没有负债，因此不存在财务风险；以代表负债时权益的 β 系数值，两者之间存在以下关系：

$$\beta_{杠杆} = \beta_{无杠杆}\left[1+(1-税率)\frac{负债}{权益}\right] \quad (9\text{-}11)$$

也可以将式（9-11）表示为如下形式：

$$\beta_{无杠杆} = \frac{\beta_{杠杆}}{1+\left[(1-税率)\frac{负债}{权益}\right]} \quad (9\text{-}12)$$

利用上述公式就可以方便地根据项目的目标资本结构计算项目权益 β 系数。

假如欣欣家电公司的新项目仍然保持公司的目标资本结构，则可以通过以下方法估计出新项目权益的 β 系数。

先计算无负债计算机厂商的权益 β 系数，利用式（9-13），得到：

$$\beta_{无杠杆} = \frac{1.5}{[1+(1-0.33)\times 1]} = 0.898$$

有了无杠杆时权益的 β 系数，再利用式（9-12）就可以计算任何负债率情况下的权益 β 系数。在这里，根据公司的目标负债率，计算负债率为30%时的 β 系数值，得到：

$$\beta_{30\%负债} = 0.898\times\left[1+(1-0.33)\times\frac{30}{70}\right] = 1.156$$

第四步：计算新项目的加权平均资本成本。

按照加权平均资本成本的计算公式，可以得到欣欣家电公司新项目的资本成本为：

$$WACC_{新项目} = 7.04\%\times 0.5 + 16\%\times 0.5 = 11.52\%$$

根据上述计算结果，只有当新项目的内部收益率大于11.52%时，欣欣家电公司才应该接受。

本章小结

关键字

个别资本成本　加权资本成本　资本资产定价模型　边际资本成本　项目资本成本

关键问题

1. 在公司融资决策中，个别资本成本是指各种不同类别长期资本的成本。在估算个别资本成本时，通常以资本使用费占资本使用额比率的形式表示，资本使用费包括筹资费用和付给资金提供者的报酬。这些费用都要折算为税后的费用，以便与现金流量分析保持一致。

2. 长期债券的成本可以通过债券定价模型估算，但债券的发行价格中要扣除发行费用，利息支出则要考虑节税效应，即：

$$P_d(1-f_d) = \sum_{t=1}^{n}\frac{I_t(1-T)}{(1+K_d)^t} + \frac{B}{(1+K_d)^n}$$

当债券期限很长时，也可以利用简化的计算公式来估算，即：

$$P_d(1-f_d) = I(1-T)/K_d$$

3. 在不考虑借款信用条件约束的情况下，长期借款的利息费用就是其税前的资本成本。由于长期借款的筹资费用很低，通常可忽略不计，因此，长期借款的税后资本成本为：

$$K_L = r_L(1-T)$$

4. 与债券定期付息类似，优先股的股利通常是固定的，但优先股股利是从税后利润中支付的，根据优先股定价模型可以推导出优先股成本的计算公式为：

$$K_P = \frac{d_p}{P_P(1-f_p)}$$

5. 常用的确定普通股成本的计算方法有两大类，即股利贴现模型和资本资产定价模型。股利贴现模型是根据公司股利支付模式，通过相对应的股票定价模型推导得到估算普通股资本成本的公式。根据资本资产定价模型，公司普通股的成本等于无风险利率加上适当的风险溢价，而适当的风险溢价等于按公司β系数调整后的市场风险溢价。

6. 留存收益是公司税后利润中被留在公司内部用于未来发展而未作为股利发给股东的那部分，作为股东权益的一部分，虽然没有筹资费用，但并不是公司无偿使用的资金。因此，留存收益的成本相当于没有筹资费用的普通股的成本。

7. 加权平均资本成本是以各类来源的资本额占总资本额的比重为权重，对个别成本进行加权平均得到的，用来表明公司整体的资本成本。加权平均资本成本的大小不仅受个别资本成本的影响，而且受各类资本占总资本比重的影响。按照不同的价值权重计算出来的加权平均资本成本是不同的，正确的计算方法是以目标市场价值比重为权数。

8. 折旧与留存收益一样，都是公司的内部资金来源。根据其性质，折旧资金的成本就是公司的加权平均资本成本。

9. 如果公司长期持有大量短期负债，特别是当短期负债比例占公司资本比例很高时，短期负债实质上已成为公司的一种长期性资金来源，这种情况下，在计算加权平均资本成本时必须加入短期负债的成本和相应的权重因子。

10. 边际资本成本是与筹资规模相联系的资本成本，它指每新增加一个单位资本而增加的成本。测算不同筹资范围内的边际资本成本，首先，需要确定公司的目标资本结构，计算边际个别资本成本；其次，计算筹资总额的分界点；最后，根据筹资总额分界点、个别资本成本和目标资本结构计算出边际加权平均资本成本。

11. 项目资本成本是指能够反映投资项目风险的融资成本，它是资本预算中计算项目现值或净现值的贴现率，以及选择项目的门槛利率。在资本预算中，若采用实施项目公司的加权平均资本成本来代替项目的资本成本，需要满足两个前提条件：（1）项目的经营风险与实施项目公司的其他资产的风险相同；（2）项目并不影响实施项目公司的整体资本结构，项目保持相同的融资比例。当项目风险和资本结构与实施项目公司不同时，需要估算项目的资本成本。可以通过寻找代表公司的方法，以代表公司的资本成本数据为依据调整得到项目的资本成本。

12. 随着公司投资规模的不断扩张，公司的筹资规模也在增加，这时，应根据变化的边际资本成本来进行投资决策。

13. 调整现值法适用于项目在整个生命周期期内负债的绝对水平已知情况下对项目价值的估计。与加权平均资本成本不同，调整现值法不仅能够反映项目的净现值，而且能够给出不同融资因素对项目净现值的影响，从而为调整不同融资因素来改变项目的净现值提供了可能。

思考与练习

1. 甲公司普通股成本、优先股成本、债务成本分别为17.1%、13.8%、6.5%,普通股、优先股,债务分别占总资本的比重是50%、10%、40%,求:

(1)此时该公司的加权平均资本成本。

(2)该公司所能筹集的资本为400万元。如果超过400万元后,资本结构不变,公司再要筹措新资本至800万元,各类资本的成本将会上升,如下表所示:

表9-14 甲公司各类资本成本

资本类别	资本成本	资本权重	加权平均资本成本
债务	7.45%	40%	2.98%
优先股	14.20%	10%	1.42%
普通股	18.50%	50%	9.25%

当公司新增资本从400万元增至800万元时,求其边际成本。

2. 公司的最佳资本结构应当是使资本成本最低的。假如某公司现无债务,期望的每年EBIT为100万元,且固定不变。公司的税后净收益全部发放股利,$g=0$,$T=40\%$,证券市场的数据为:$R_F=5.0\%$,$R_M=13.3\%$,现有普通股100万股。公司计划改变现有的资本结构,增加负债(B),利用财务杠杆使企业价值($V=S+B$)提高,预测的有关数据如下表,试测算该公司的最佳资本结构。

表9-15 公司债务数据

债务的市场价值B(万元)	税前债务资本K_w(万元)	股票β系数值
0	5	1.2
50	6.2	1.25
100	6.7	1.3
150	7	1.35
200	10.5	2

该公司在不同财务杠杆下的价值等数据如下表:$\left(K_w=\dfrac{B}{V}K_d(1-T)+\dfrac{S}{V}K_s\right)$

表9-16 公司在不同财务杠杆下的数据

债务的市场价值 B（万元）	税前债务资本 K_d（%）	权益资本成本 K_s（%）	权益价值 S（万元）	公司总价值 V（万元）	B/V（%）	加权平均资本成本 K_W（%）
0	5	14.96	280	280	0	14.96
50	6.2	15.38	260	310	16.13	13.5
100	6.7	15.79	230	330	30.3	14.46
150	7	16.21	160	310	48.39	15.95
200	10.5	21.6	110	310	64.52	22.11

求使公司价值最大的资本结构的资本成本。

3. 某公司股票的β系数值为0.85，市场风险溢价为8%，当前国库券收益率为5%，公司最近的股利支付为1.60元，同时预计股利将以6%的增长率永续增长，若当前估价为37元，估计公司权益资本成本为多少？

4. 公司发行30年期，票面利率为7%，每半年支付一次的债券，债券售价为当前面值的108%，公司税率为30%，求：

（1）税前债务资本成本为多少？

（2）税后债务资本成本为多少？

（3）公司更关注哪个资本成本，为什么？

5. 青岛海尔再融资案例分析

青岛海尔股份有限公司（简称"青岛海尔"）于1993年11月在上交所上市交易，其经营范围主要为制造和销售电冰箱、冰柜、洗衣机等。

自1993年上市以来，青岛海尔多次运用配股、增发的融资方式进行再融资，共成功实施了6次再融资，其中包括：1996年、1997年、1999年的三次配股融资，2001年、2007年、2014年3次增发融资（如表9-17所示）。由此可见，青岛海尔再融资次数多，规模大。

表9-17 青岛海尔三次配股融资

年份	配股方案	配股价（元）	配股对象	实际配股数（万元）	配股前股本（万元）	实际配股比例（%）
1996年	10配3股	3.8	全体股东	4884.11	22100.00	1.16%
1997年	10配3股	6.8	全体股东	9521.60	32653.20	2.92%
1999年	10配3股	11.6	全体股东	5111.00	42174.80	2.31%

1996年，青岛海尔向全体股东进行配股，共募集资金1.91亿元。1997年，青

岛海尔实施了10股配3股的配股方案，该次配股，增加股本95216031元，股票溢价547059524.03元，共筹集资金2.77亿元。1999年，公司以总股本421748031股为基数向全体股东按10:3的比例配股（其中法人股东全部放弃），配股价为11.60元，实际募集资金5.56亿。

表9-18 青岛海尔三次增发融资

时间	增发方式	发行价格（元）	发行数量（万股）	募资总额（亿元）
2001年	公开发行	18	10000.0	17.48
2007年	非公开发行，向控股股东海尔集团公司发行	4.97	14204.6	7.06
2014年	非公开发行，向境外战略投资者KKR非公开发行股份	10.83	30299.3	32.81

青岛海尔分别于2001年、2007年、2014年在A股市场进行增发融资。2001年，青岛海尔向社会公开增发，此次实收增发新股募集资金净额为人民币1748197420.84元。2007年，此时的青岛海尔刚刚进入全球化战略品牌阶段，力求整合全球资源，发展公司自身优势，采取非公开发行方式对其控股股东青岛海尔集团增发融资，此次增发融资扩大了青岛海尔的规模，子公司规模更为庞大。2014年，基于互联网技术和物流货运的发展，青岛海尔顺应时代潮流，开启网络化战略发展战略，力求将传统经济模式与互联网优势相结合，引入第三大股东KKR，非公开增发融资32亿元资金，据统计，当KKR进入青岛海尔时，青岛海尔市盈率高达8倍，而当年的A股市场正处于低迷状态。

（1）青岛海尔公司成功运用了哪些股权筹资方式？分别有什么优缺点？
（2）青岛海尔公司灵活运用各种筹资方式的意义何在？
（3）青岛海尔公司的筹资体现了哪些筹资原则?怎样实现对资本成本的有效控制？
（4）请分析青岛海尔公司筹资的优缺点及风险。

参考文献

[1]〔英〕A.P.瑟尔沃：《增长与发展（第6版）》，郭熙保译，中国财政经济出版社2001年版。

[2] 夏光主编：《人力资源管理教程》，机械工业出版社2004年版。

[3]〔美〕理查德·A.布雷利、斯图尔特·C.迈尔斯、艾伦·J.马库斯：《公司理财（第五版）》，朱丽译，中国人民大学出版社2007年版。

[4]〔美〕理查德·B.希金斯编著：《全球投资者关系最佳案例：如何创造股东价值》，张凯、卢峰等译，机械工业出版社2002年版。

第10章 资本结构决策

导语 在了解公司资本成本的构成之后,本章我们将具体学习公司的资本结构决策。广义的资本结构包括长期资本和短期资本,而狭义的资本结构仅指长期资本,包括长期股权资本和债务资本。本章中,我们会介绍早期的资本结构决策理论以及影响深远的MM理论等。通过这些理论,公司管理者可以对股权及负债融资的比例进行合理选择。

10.1 资本结构理论

资本结构通常是指公司长期资本的构成及其比例关系,债务资本(D)与权益资本(E)的比值,即D/E。由于公司的总资本是债务资本和权益资本之和(D+E),所以资本结构常常表述为债务资本与总资本的比值,即D/(D+E)。资本结构理论主要阐述公司负债、资本成本与公司价值之间的关系。通常称资本结构问题的研究方法为"馅饼模型"。从公司金融理论的角度看,公司资产就是一块巨大的"馅饼",股东和债权人都对公司资产所创造的现金流量享有一定的要求权。如果公司管理层的目标是尽可能地使公司价值增加,那么公司就应该选择使"馅饼"——公司价值尽可能大的资本结构。

资本结构理论是研究公司资本结构和公司价值之间关系的一种理论。它分为旧资本结构理论和新资本结构理论两个时期,旧资本结构理论又包括传统理论和现代理论。1952年,大卫·杜兰特将早期的资本结构理论分为净营业收益理论、净收益理论和传统理论。传统的资本结构理论建立在经验和判断的基础上,缺乏严格的推理和证明。现代资本结构理论以MM理论为核心。MM资本结构理论是最著名的资本结构理论,由当时在美国麻省理工学院任教的诺贝尔奖获得者莫迪尼亚尼和米勒两位教授创立。1958年,莫迪尼亚尼和米勒两位教授在一系列假设条件下建立并证明的资本结构理论,他们首次以严格的理论推导出资本结构与企业价值的关系,推动了财务管理理论的发展。后来的资本结构理论研究则是建立在MM理论的基础之上,集中在对MM理论假设条件放松的讨论上,主要考虑公司外部因素对资本结构的影响。20世纪70年代末,随着信息经济学和不对称信息理论研究的崛起,不对称信息理论中一些主要的概念如委托、代理、信号、契约和激励等,开始被引入公司金融学中,成为公司资率结构理论研究的分析工具。此后,资本结构理论不再仅从税收、破产成本等外部因素分析由此产生的对公司资本结构及市场价值的影响,而是试图从公司的内部因素来分析资本结构的问题,从而为资本结构理论问题开辟了新的研究方向,提供了新的思路。

10.1.1 早期的资本结构理论

早期的资本结构理论都比较零散,不够系统。从文献上看,1952年,大卫·杜兰特(David Durand)的一篇题为《企业债务和权益成本计量方法和发展问题》的文章是对早期资本结构观点最为系统的全面概述。在此文中,大卫·杜兰特把当时人们对资本结构理论的认识概括为三种:净营业收益理论、净收益理论和传统理论。

1. 净营业收益理论

净营业收益理论的核心思想是:无论公司负债多少,其加权平均资本成本都不变,因此公司的总价值也不变,即公司的资本成本和公司价值都与公司的资本结构无关。

该理论认为,当公司增加债务比例时,即使债务成本不发生变化,由于负债增加了公众权益的风险,权益资本所要求的回报率就会上升,从而导致公司的加权平均资本成本保持不变。市场总是将公司的价值作为一个整体进行资本化,因此,权益和债务的关系并不重要。

因为:$K_w = K_d \dfrac{D}{D+E} + K_e \dfrac{E}{D+E}$,$V=D+E$ （10-1）

所以:$K_e = (K_w - \dfrac{D}{V} K_d) \dfrac{V}{E} = K_w + (K_w - K_d) \dfrac{D}{E}$ （10-2）

上述关系可以用图10-1来表示。

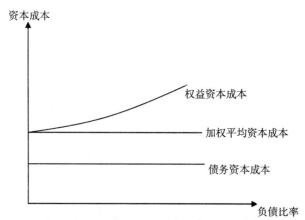

图10-1 净营业收益理论对资本成本与资本结构关系的解释

例1 假设RC公司的资本全部由普通股组成，共有普通股200万股，每股市价10美元。预期本年度的息税前利润为200万美元，公司的红利支付率为100%。公司决定以6%的利率发行价值800万美元的债务，并用发债所得资金回购40%的公司股票。发债后，公司总资本为2000万美元，其中普通股为1200万美元，债务为800万美元。假设没有所得税，则公司发债前每股收益和每股红利都为1美元，并且股权资本成本就是公司的加权资本成本，即有：

$$K_e = \frac{D_1}{P_0} = \frac{1}{10} = 10\%$$

发债后，资本结构变动使得每股收益和每股红利增加为：

$$DPS_1 = EPS_1 = \frac{200-48}{120} = 1.267（万美元）$$

资本结构变动的结果使得每股收益提高了26.7%，这是否会降低公司加权资本成本和提高股票价值？根据净营业收益理论，改变结构后，公司的权益资本成本、加权平均资本成本以及公司价值可分别计算如下：

$K_e = 152/120 = 12.67\%$

$K_w = 6\% \times (800/2000) + 12.67\% \times (1200/2000) = 10\%$

$V = 200/0.1 = 2000（万美元）$

虽然在总资本中增加了成本较低的债务资本，但由于负债增加引起权益资本成本上升，从而使得加权平均资本成本保持不变，因此，企业总价值不受资本结构的影响。

2. 净收益理论

净收益理论的核心思想是：公司增加负债，债务资本成本与权益资本成本都将保持不变，而随着成本较低的债务资本在总资本中比例的增加，公司加权平均资本成本降低，因此增加负债会增加公司价值。上述关系如图10-2所示。

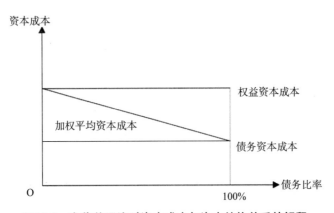

图10-2 净收益理论对资本成本与资本结构关系的解释

如例1中，当RC公司的资本结构改变后，需要从公司息税前利润中扣除利息，才是属于公司权益资本的收益，因此，属于权益资本的收益变为152万美元（200—48）。根据净收益理论，公司增加负债并不会改变公司权益资本的成本，即公司的权益资本成本仍保持没有负债时的10%，从而公司负债后普通股的市场价值变为：

$$E=152/10\%=1520（万美元）$$

而公司价值则上升为：

$$V=D+E=1520+800=2320（万美元）$$

此时，公司的加权平均资本成本为：

$$K_w=6\%×(800/2320)+10\%×(1520/2320)=8.62\%$$

由于权益资本成本和债务资本成本都保持不变，且债务资本成本低于权益资本成本，因此，随着负债的增加，加权平均资本成本降低，公司价值上升。

3. 传统理论

净营业收益理论和净收益理论都是通过对收益进行资本化来分析资本结构对企业价值的影响，但却得到了完全不同的结论。差别产生的根本原因在于资本化率的确定。净营业收益理论是用企业的加权平均资本成本对企业的净营业收益进行资本化，由于该理论认为资本结构的改变只是改变了企业总风险在股东和债权人之间的分布，并不改变风险总量，因此，不论负债多少，加权平均资本成本都保持不变，由此得到的企业总价值也是不变的。净收益理论是用权益资本成本对净收益进行资本化，由于该理论认为谨慎地增加债务不会增加股东的风险，从而利用债务会使公司加权平均资本成本下降，企业价值增加。显然，这两种理论与现实都相差甚远。传统的资本结构理论则是介于上述两种理论之间的较为符合现实的一种简单理论。

传统理论认为，公司增加债务会增大权益资本风险，从而导致权益融资成本的上升，但在负债比率较低的阶段内，权益资本成本的上升并不会完全抵消债务增加带来的好处，因此，公司的加权平均资本成本呈现下降趋势，公司价值因此增加。但是，当负债比率超过一定限度后，权益资本成本的上升就不能被低成本债务比例增加所带来的好处抵消，此时，加权平均资本成本开始上升，公司价值开始下降。加权平均成本由下降变为上升的转折点，就是加权平均成本的最低点，此时的负债比例代表公司的最佳资本结构。传统的资本结构理论可以用图10-3来表示。

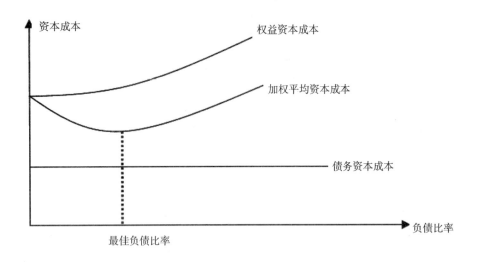

图10-3　传统理论对资本成本与资本结构关系的解释

人物简介

莫迪尼亚尼（Modigliani）和米勒（Miller）

　　默顿·米勒教授1923年5月16日出生于美国波士顿，于1943年在哈佛大学获得学士学位，于1952年在霍普金斯大学获得博士学位。他的学术研究活动开始于20世纪50年代初期进入卡内基工学院（即现在的卡内基·梅隆大学）之后。在那里，他遇到了学术生涯中最为重要的伙伴，即于1985年获得诺贝尔经济学奖的莫迪尼亚尼教授，并在1958年发表了他们彪炳千古的学术论文《资本成本、公司理财与投资理论》。学界普遍认为，米勒教授在奠定现代公司财务理论基础所做的开创性工作，彻底改变了企业制定投资决策与融资决策的模式。现代公司财务理论不仅对金融和商务领域中存在的问题进行了深刻描述，而且也使其渐趋成型。很少有经济理论分支能够如此贴近企业管理的实际决策过程。

10.1.2 MM资本结构理论

1. MM理论的基本假设条件

（1）公司的经营风险由其息税前利润（EBIT）的标准差衡量，具有相同经营风险的公司处于同类风险等级。

（2）投资者对于公司未来收益和这些收益的风险的预期是相同的。

（3）公司的股票和债券在完善的资本市场上交易，也就是不存在交易成本、信息不对称和税收。

（4）不论个人投资者还是机构投资者都可以与公司一样按相同的利率借款，而且不论借款多少，公司和个人的负债均无风险，即公司和个人都可以发行无风险债券或按无风险利率借入资金。

（5）公司每年产生的预期现金流量是固定不变而且是无限期的，即公司的息税前利润是一种永续年金，公司处于零增长状态。

2. 无公司所得税时的MM模型

在上述假设前提下，莫迪尼亚尼和米勒证明了，若两家公司除资本结构外，其他各方面的情况完全相同，则两家公司的价值也完全相同；如果两家公司的价值不同，就会存在套利机会。换句话说，公司价值与资本结构无关。

MM资本结构无关论的基本观点是：公司的总价值取决于它的基本获利能力和风险程度，只要这两条不变，无论将公司的资本在债务、权益和其他部分之间如何划分，公司的总价值总是恒定的。公司的总价值就相当于一块"馅饼"的价值，不管这张"馅饼"被如何切割，整块"馅饼"的价值是不会改变的，资本结构只是改变了"馅饼"的切法，如图10-4所示。

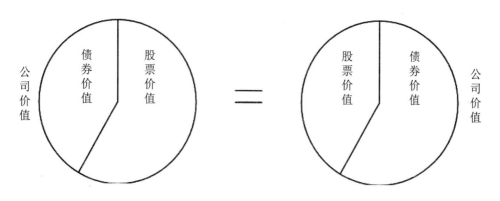

图10-4　资本结构与公司价值无关

MM定理1：企业价值模型

如果两个公司处于相同的风险等级，且具有相同的息税前利润，则负债公司的价值等于无负债公司的价值。

$$V_U = V_L = \frac{EBIT}{K_{eu}} = \frac{EBIT}{WACC} \quad (10\text{-}3)$$

上式中，V_U表示无负债公司的价值，V_L表示负债公司的价值，K_{eu}表示投资者对无负债公司要求的回报率，也就是其股权资本成本，$WACC$表示负债公司的加权平均资本成本，$EBIT$表示公司的息税前利润。

MM定理1的证明如下：

假设有U和L两家公司，除了资本结构以外，各方面的情况完全相同。公司U为无负债公司，其公司价值就等于其权益资本的价值，即有$V_U = E_U$。L为负债公司，其公司价值是权益资本价值与债务价值之和，即有$V_L = D_L + E_L$。设两公司拥有永续的息税前利润，负债利率为K_d。显然，投资者可以选择表10-1中的任一方案进行投资，其投资的价值与投资收益如表10-1所示。

表10-1 投资者的投资选择

投资方案	投资的价值	投资收益
购买a比例U公司的股票	$aV_U = aE_U$	$aEBIT$
分别购买a比例L公司的普通股和债券	$aV_L = aD_L + aE_L$	$a(EBIT - K_dD_L) + aK_dD_L = aEBIT$

两个投资方案的投资收益和风险相同，在理想的资本市场上，其投资价值必然相等，即：

$$aV_U = aVL \quad (10\text{-}4)$$

由于公司价值可以通过对收益资本化得到，所以U公司和L公司的价值又可以表示为：

$$V_U = \frac{EBIT}{K_{eu}} = V_L = \frac{EBIT}{WACC} \quad (10\text{-}5)$$

如果违反上述命题，就会出现无风险套利。下面的例子说明了无风险套利的情况。

例2 设L公司和U公司的EBIT为100万美元，L公司的资本结构中含有500万美元，利率为8%的负债。根据MM理论的假设条件，公司普通股的价值可由下式计算得到：

$$E = \frac{EBIT - K_dD}{K_e}$$

假如U公司与L公司普通股的报酬率都为10%,以K_{eU}表示U公司的权益报酬率,以K_{eL}表示L公司的权益报酬率,则这两个公司各自的权益价值和公司价值如下:

$$E_U = \frac{EBIT - K_d D_U}{K_{eU}} = \frac{100}{0.1} = 1000（万美元）$$

$$V_U = E_U + D_U = 1000（万美元）$$

$$E_L = \frac{EBIT - K_d D_L}{K_{eL}} = \frac{100 - 0.08 \times 500}{0.1} = 600（万美元）$$

$$V_U = E_L + D_L = 600 + 500 = 1100（万美元）$$

上述结果意味着,在套利行为未发生前,负债公司的市场价值大于无负债公司。假如你持有20%的L公司股票,此项投资的市场价值为120万美元(600万美元×0.2),则可以按下述方法进行无风险套利:

首先,按120万美元的市场价值卖出所持有的L公司的股票,同时,向银行借入利率为8%的资金100万美元(相当于20%的L公司的负债额),然后,购买U公司20%的股票,共付出200万美元(1000万美元×0.2)。在采取上述行动之后,总收入为220万美元(其中120万美元来自卖出L公司股票的收入,100万美元来自于银行借款),但总支出只有200万美元,所以可将20万美元的净收入用于购买收益为8%的无风险证券,这样每年可得利息1.6万美元。新、旧投资的收益如表10-2所示。

通过无风险套利,轻松获得了1.6万美元的额外利息收入,而你不过是用个人负债取代了公司负债,在没有增加任何风险的情况下,提高了投资收益。所有的投资者都会采取类似的套利行动,即抛售L公司股票、购买U公司股票,其结果必然使得L公司股票的价格下跌,U公司股票的价格上涨,直至L公司和U公司的市场价值趋于一致,此时,市场处于均衡状态。在一个理想的资本市场上,任何套利机会都会很快消失,因此,L公司和U公司的价值保持一致。

表10-2 无风险套利前后投资收益的比较

单位:美元

旧投资收益:L公司股票所提供的报酬	120000
新投资收益:U公司股票所提供的报酬	200000
减:银行负债利息	80000
加:无风险投资利息收入	16000
得:新投资总收益	136000

MM定理1实质上论证了公司价值的守恒定律，即公司价值由公司净现金流量决定，无论该现金流量如何划分，都不会影响现金流量的价值。公司的债权人和股东对公司的净现金流量拥有不同的权利，公司负债率不同，净现金流量的划分方式也不同，而净现金流量的划分方式并不影响公司的价值。

MM定理2：公司股本成本模型

负债企业的权益资本成本等于同风险等级的无负债公司的权益成本加上一笔风险溢酬，而这笔风险溢酬的大小则由负债的比重决定。

$$K_{eL} = K_{eU} + (K_{eU} - K_d)(\frac{D_L}{E_L}) \quad (10\text{-}6)$$

上式中，K_{eL}表示负债公司的权益资本成本，K_{eU}表示无负债公司的权益资本成本。

MM定理2的证明如下：

已知，在无税收情况下，负债公司普通股的报酬率可由以下计算公式求出：

$$K_{eL} = \frac{EBIT - K_d D_L}{E_L} \quad (10\text{-}7)$$

由MM定理1可以得到：

$$V_L = E_L + D_L = V_U = \frac{EBIT}{K_{eU}} \quad (10\text{-}8)$$

$$EBIT = K_{eU}(E_L + D_L) \quad (10\text{-}9)$$

将上式代入负债公司普通股报酬率的计算公式中可得：

$$K_{eL} = \frac{K_{eU}(E_L + D_L) - K_d D_L}{E_L} = \frac{K_{eU} E_L}{E_L} + \frac{K_{eU} D_L}{E_L} - \frac{K_d D_L}{E_L}$$

$$= K_{eU} + (K_{eU} - K_d)(\frac{D_L}{E_L}) \quad (10\text{-}10)$$

据此，可以得到负债公司的加权平均资金成本为：

$$WACC_L = K_d(\frac{D_L}{V_L}) + K_{eL}(\frac{E_L}{V_L})$$

$$= K_d(\frac{D_L}{V_L}) + [K_{eU} + (K_{eU} - K_d)(\frac{D_L}{E_L})](\frac{E_L}{V_L})$$

$$= K_d(\frac{D_L}{V_L}) + K_{eU}(\frac{E_L}{V_L}) + K_{eU}(\frac{D_L}{V_L}) - K_d(\frac{D_L}{V_L})$$

$$= \frac{D_L + E_L}{V_L}(K_{eU}) = K_{eU} \quad (10\text{-}11)$$

MM定理2说明，当公司的债务增加时，其股权成本也会随之增加，并且满足公式（10-4）所描述的数学关系。

MM的两个定理揭示了这样一个理论：在无公司所得税的情况下，增加公司的债务并不能降低公司的资本成本，也不能提高公司的价值，负债带来的收益完全被它同时带来的风险抵消。

图10-5描述了MM定理1和定理2。

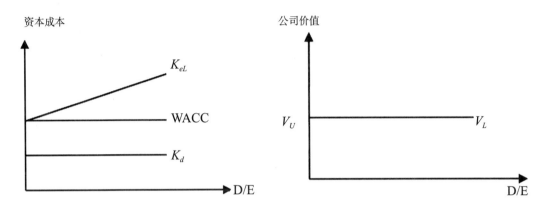

图10-5　MM定理1和定理2所描述的资本结构、公司价值和资本成本

3. 有公司所得税时的MM模型

资本结构与公司价值不相关这一结论建立在理想的资本市场基础上，一个明显与现实不符的假定就是不存在税收。为了考虑所得税的影响，莫迪尼亚尼和米勒两位教授于1963年提出了有公司所得税时的MM模型。其基本观点是：将公司所得税纳入考虑后，公司的息税前利润将由债权人、政府和股东三方分享，但公司的价值仅仅属于债权人收益的现值与属于股东收益的现值之和。如果不同的资本结构可以导致不同的公司所得税支出，则能使所得税支出最小的资本结构将使公司价值最大，由于负债的利息可以抵税，因此，公司的价值会随着负债融资程度的提高而增加。

存在公司所得税时的MM模型也有两个定理。

MM定理1：公司价值模型

负债公司的价值等于具有同等风险等级，但未使用负债的公司的价值加上负债节税利益。

$$V_L = V_U + TD \tag{10-12}$$

上式中，V_L为负债公司价值，V_U为无负债公司价值，T为公司所得税税率，D为负债公司债务资本总额。

MM定理1的证明如下

设有U和L两家公司,除了资本结构以外,两公司各方面的情况完全相同。公司U为无负债公司,其公司价值就等于其权益资本的价值,即有$V_U=E_U$。L为负债公司,其公司价值是其权益资本价值与债务价值之和,即有$V_L=E_L+D$。设两公司拥有永续的息税前利润,负债利率为K_d。显然,投资者可以选择表10-3中的任一方案进行投资,其投资的价值与投资受益如表中所示。

表10-3 投资者的投资选择

投资方案	投资的价值	投资受益
购买a比例L公司的股票	aE_L	$a(EBIT-K_dD)(1-T)$
购买a比例U公司的普通股,并借入数量为$aD(1-T)$	$aE_U-aD(1-T)$	$aEBIT(1-T)-aK_dD(1-T)$ $=a(EBIT-K_dD)(1-T)$

两项投资的收益相等,在理想的资本市场上,其投资价值必然相等,即:

$$aE_L=aE_U-aD(1-T) \tag{10-13}$$

整理上式后得:

$$E_L+D(1-T)=E_U \tag{10-14}$$

因为:$E_U=V_U$,$E_L+D=V_L$

所以:$V_U=V_L+TD$ \hfill (10-15)

MM定理1意味着,在考虑公司所得税以后,负债公司的价值会超过无负债公司的价值,负债越多,这个差异就越大,因此,公司的资本结构中应尽可能多地包含债务以减轻公司的所得税负担,从而增加公司的价值。

MM定理2:公司股本成本模型

负债公司的股本成本等于无负债公司股本成本加上一笔风险溢酬。

$$K_{eL}=K_{eU}+(K_{eU}-K_d)(1-T)\left(\frac{D}{E}\right) \tag{10-16}$$

上式中,K_{eL}表示负债公司的权益资本成本,K_{eU}表示无负债公司的权益资本成本。

MM定理2的证明如下

已知公司税后净利为:$NI=(EBIT-K_dD)(1-T)=EBIT(1-T)-K_dD(1-T)$

由于公司价值等于其未来息税前利润的折现值，根据存在公司所得税时MM定理1所揭示的负债公司和无负债公司价值之间的关系，可得：

$$EBIT(1-T) = K_{eU}V_U = K_{eU}(V_L - DT) \quad (10\text{-}17)$$

将上式代入公司净利得公式中，有：

$$NI = K_{eU}(V_L - DT) - K_d D(1-T) = (K_{eU}V_L - K_{eU}TD - K_d D)(1-T) \quad (10\text{-}18)$$

则负债公司权益资本成本可由下式得到：

$$\begin{aligned}
K_{eL} &= \frac{NI}{E_L} = \frac{K_{eU}V_L - K_{eU}TD - K_d D(1-T)}{E_L} \\
&= \frac{K_{eU}(E_L + D) - K_{eU}TD - K_d D(1-T)}{E_L} \\
&= K_{eU} + K_{eU}(1-T)\frac{D}{E_L} - K_d(1-T)\frac{D}{E_L} \\
&= K_{eU} + (K_{eU} - K_d)(1-T)\frac{D}{E_L}
\end{aligned} \quad (10\text{-}19)$$

MM定理2模型中的风险溢酬的大小视负债融资的程度及公司所得税税率高低而定。由于（1-T）因子总是小于1，所以，尽管负债公司的权益资本成本会随着负债融资程度的提高而上升，但上升的速率却较未考虑公司所得税时MM定理2模型所描述的负债公司权益资本成本上升的速率慢。这一特性加上债息可以抵税，导致公司的负债越多，加权平均资本成本就越低，从而公司的价值就越大。

存在公司所得税时的MM定理1和MM定理2所揭示的公司价值、资本成本和资本结构之间的关系可以用图10-6表示。

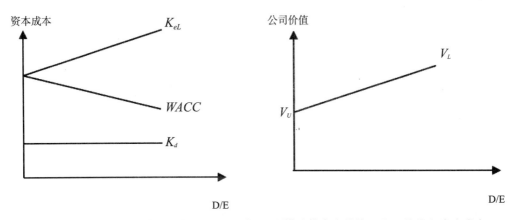

图10-6　存在所得税时的MM定理1和MM定理2所描述的资本结构、公司价值和资本成本

4. MM模型的应用举例

例3 瑞安公司的财务资料如下：

（1）公司目前未进行负债融资，资本结构完全由普通股权益资本构成。

（2）公司处于零成长状态，在未来各年度中，它的EBIT固定为640万元。

（3）公司将所有的盈利都当作股利发放给股东。

（4）若公司开始使用负债，不管负债融资程度多高，它所需负担的债务利率都固定为10%。此外，由举债而来的资金将被用来取代部分的普通股权益，因而公司的总资产保持不变。

（5）如不进行负债融资，普通股股东所要求的收益率为16%。

试用MM理论解释瑞安公司的资本结构与公司价值、资本成本之间的关系。

解：（1）分析不存在公司所得税时的状况。

根据MM理论，在任何的负债水平下，瑞安公司的价值都应该等于4000万元，即：

$$V_L = V_U = \frac{EBIT}{K_{eU}} = \frac{640}{0.16} = 4000（万元）$$

假设公司决定改变其现有的融资政策，借入2000万元的债务并替换部分普通股，由于公司总价值不变，因此，资本结构改变后，其普通股的价值必然等于2000万元，即：

$$E_L = V_L - D = 4000 - 2000 = 2000（万元）$$

此时，公司的权益资本成本和加权平均资本成本为：

$$K_{eL} = K_{eU} + (K_{eU} - K_d)(1-T)\frac{D}{E}$$

$$= 0.16 + (0.16 - 0.1) \times (2000/2000)$$

$$= 22\%$$

$$WACC = (\frac{D}{V_L})(K_d)(1-T) + (\frac{E_L}{V_L})K_{eL}$$

$$= (2000/4000) \times 0.1 + (2000/4000) \times 0.22 = 16\%$$

表10-4列出了瑞安公司在无公司所得税时不同负债水平下的公司价值与资本成本。数据表明：在没有公司所得税的情况下，负债融资程度不会影响公司价值和加权平均资本成本。

第 10 章 资本结构决策

表10-4 瑞安公司的资本结构、公司价值和资本成本测算表

单位：百万元

负债额 D	普通股权益 E	公司价值 V	负债比率 D/V	普通股报酬率 K_e	债务利率 K_d	加权平均成本 WACC
0	40	40	0%	16%	10%	16%
10	30	40	25%	18%	10%	16%
20	20	40	50%	22%	10%	16%
30	10	40	75%	34%	10%	16%
40	0	40	100%	—	10%	—

（2）分析存在公司所得税时的状况。设公司的所得税税率为25%，其他假设不变。

若无负债，公司价值为：

$$V_U = \frac{EBIF(1-T)}{K_{eU}} = \frac{640 \times (1-0.25)}{0.16} = 3000（万元）$$

若公司负债2000万元，根据MM理论，公司价值上升为：

$$V_L = V_U + DT = 3000 + 0.25 \times 2000 = 3500（万元）$$

公司普通股价值下降为：

$$E_L = V_L - D = 3500 - 2000 = 1500（万元）$$

公司普通股资本成本和加权平均资本成本为：

$$K_{eL} = K_{eU} + (K_{eU} - K_d)(1-T)\frac{D}{E}$$
$$= 0.16 + (0.16-0.1) \times (1-0.25) \times (2000/1500) = 22\%$$
$$WACC = (2000/3500) \times 0.1 \times (1-0.25) + (1500/3500) \times 0.22 = 13.73\%$$

表10-5列出了存在公司所得税时，瑞安公司在不同负债水平下的公司价值与资本成本。

表10-5　存在所得税时，瑞安公司的资本结构、公司价值和资本成本测算表

单位：百万元

负债额 D	普通股权益 E	公司价值 V	负债比率 D/V	普通股报酬率 K_e	债务利率 K_d	加权平均成本 WACC
0	30.00	30.00	0%	16.00%	10%	16.00%
5	26.25	31.25	16.00%	16.86%	10%	15.35%
10	22.50	32.50	31.77%	18.00%	10%	14.77%
15	18.75	33.75	44.44%	19.60%	10%	14.22%
20	15.00	35.00	57.14%	22.00%	10%	13.71%
25	11.25	36.25	69.97%	26.00%	10%	13.24%
30	7.50	37.50	80.00%	34.00%	10%	12.80%
35	3.75	38.75	90.32%	58.00%	10%	12.38%

进一步比较有负债与无负债时的公司债权人与股东权益价值。

无负债时，股东净收益为：

$$640 \times (1-0.25) = 480（万元）$$

负债2000万元时，股东净收益为：

$$(640 - 2000 \times 0.1) \times (1-0.25) = 330（万元）$$

此时，股东的净收益比起不负债时减少了150万元，即：

$$480 - 330 = 150（万元）$$

而公司股东和债权人的净收益之和比起不负债时多出了50万元，即：

$$330 + 200 - 480 = 50（万元）$$

这笔钱恰好是政府税收的减少额。尽管公司为借入2000万元的债务每年要多支付200万元利息，但股东的实际收入只比没有负债时减少150万元，也就是股东只用150万元的利息支出支付了200万元利息，余下的50万元的利息是以向政府少缴纳所得税的方式向债权人转移支付。因此，如图10-6所示，在存在公司所得税的情况下，公司息税前利润不再仅仅由股东和债权人两类利益所有者分享，而是由政府、股东和债权人三方共享。这样，如果能减少政府税收，就可以提高公司价值。

5. 米勒模型

由于在存在公司所得税时，根据MM模型所得到的结论是公司的价值会随着负债比

率的上升而增加，负债越多，公司价值越大，这明显与常理相悖。为此，米勒于1977年发表了论文《债务与税收》，探讨公司所得税与个人所得税同时存在时，负债对公司价值的影响。

投资者通常都需要缴纳个人所得税。许多国家的个人所得税制度往往具有这样的特点：资本利得税的税率一般低于普通收入税（如利息的税率），并且延至收入实现时缴纳。由于个人所得税的这一特点，往往要求债务的税前报酬K_d高于股权资本的税前报酬K_e，而投资者关心的是债务的税后收益$K_d(1-T_{pd})$和股权资本的税后收益$K_e(1-T_{pe})$孰大孰小。米勒模型指出，在保持MM模型基本假设不变的前提下，将个人所得税纳入考虑后，对投资人而言，无负债公司的价值将等于：

$$V_U = \frac{EBIT(1-T_e)(1-T_{pe})}{K_{eU}} \quad (10\text{-}20)$$

其中，T_e代表公司所得税税率。T_{pe}代表适合个人普通股收入的个人所得税税率。由于普通股收入可能来自于股利，也可能来自于资本利得，当这两种收入的税率不同时，则为这两种税率的加权平均税率。K_{eU}代表无负债公司股权资本的报酬率。

如果公司进行负债融资，从投资者的角度，可以将负债公司的现金流量分解为属于股东的净现金流量和属于债权人的净现金流量。以CF_L代表负债公司的现金流量，则有：

$$\begin{aligned}CF_L &= 属于股东的净现金流量+属于债权人的净现金流量\\ &= (EBIT-I)(1-T_e)(1-T_{pe}) + I(1-T_{pd})\\ &= EBIT(1-T_e)(1-T_{pe}) - I(1-T_e)(1-T_{pe}) + I(1-T_{pd})\end{aligned} \quad (10\text{-}21)$$

上式中，T_{pd}代表利息收入的个人所得税税率。

式（10-21）等号右侧第1项是无负债公司股东的税后净收益，可以用无负债公司的股权资本成本贴现；第2项和第3项是与利息有关的税后净现金流量。与利息支付具有同等风险，应以债务成本K_d贴现，因此，负债公司的价值可以用以下公式表示：

$$\begin{aligned}V_L &= \frac{EBIT(1-T_e)(1-T_{pe})}{K_{eU}} - \frac{I(1-T_e)(1-T_{pe})}{K_d} + \frac{I(1-T_{pd})}{K_d}\\ &= V_U + \frac{I(1-T_{pd})}{K_d}\left[1 - \frac{(1-T_e)(1-T_{pe})}{(1-T_{pd})}\right]\\ &= V_U + D\left[1 - \frac{(1-T_e)(1-T_{pe})}{(1-T_{pd})}\right]\end{aligned} \quad (10\text{-}22)$$

上式右边第2项就是负债为股东带来的利益。对公式（10-22）进一步讨论，可得如下结论：

（1）当$T_e = T_{pe} = T_{pd} = 0$时，即不存在税收时，该模型与1958年无税时的MM模型相同；

（2）当$T_{pe} = T_{pd}$时，即个人普通股所得收入税率与利息收入税率相等时，等式右边第2项为DT_c，则该模型与1963年只有公司所得税时的MM模型相同；

（3）当$1 - T_{pd} < (1 - T_e)(1 - T_{ps})$时，等式右边第2项为负数，此时负债公司的价值小于无负债公司的价值；

（4）当$1 - T_{pd} > (1 - T_e)(1 - T_{ps})$时，等式右边第2项为正数，此时负债公司的价值大于无负债公司的价值。

（5）当$1 - T_{pd} = (1 - T_e)(1 - T_{ps})$时，等式右边第2项为零，模型再次回到无税收时的MM模型。

上述结论说明，同时考虑公司和个人所得税后，公司负债的杠杆利益也并不总是大于零的。

米勒模型还描述了债券市场的均衡状况。模型指出：当市场不均衡时，公司会通过改变资本结构来吸引具有不同税率的投资者。若市场上有大量的免税投资者，如养老基金等，当这部分投资者对债券的需求没有被满足时，则公司会发行债券来吸引他们。当市场上的债券r_0发行量逐渐增加时，免税投资者的购买能力逐渐下降，债券不得不卖给高边际税率的投资者。随着债券发行量的大量增加，债权人的边际税率上升，而公司不得不支付较高的利息以补偿债权人因所得税支付而减少的收入，但只要公司所得税税盾的价值仍高于为补偿个人所得税而支付的利息，负债经营就有利可图，公司仍然会继续发行债券。只有当增加负债所得到的公司所得税税盾的价值与公司所增加的对个人利息的补偿相等，即$1 - T_{pd} = (1 - T_e)(1 - T_{ps})$时，公司才会停止债券发行，此时市场达到均衡。将市场上所有的企业当作一个整体看待，市场上有一个最优的负债总量，但对每一个公司而言，不存在最优的资本结构。

市场上的投资者对债券的需求是一条向上弯的曲线，r_0是利息完全免税的债券的均衡利率。从纵轴往右水平延伸的一段曲线表示完全免税的个人和机构对应税公司债券的需求。利息收入的个人所得税的边际税率为T_{ps}，投资者对应税公司债券的需求利率是$\frac{r_0}{1 - T_{pd}}$。由于个人所得税是累进的，所以债券的需求利率也必须不断提高，债券的需求曲线呈现向上延伸的弯曲形状。债券的需求曲线与水平的债券供给曲线相交时，市场债券总量达到D^*，债券市场达到均衡。当债券市场上要出售的债券数量大于D^*时，就会使公司为弥补个人利息所得税而支付给投资者额外的利息补贴超过公司负债税收屏蔽所带来的价值，即当债券需求利率高于供给利率时，负债就会给公司造成损失。当公司发现发行债券收益减少时，就会减少发行量。反之，当债券发行量小于D^*时，债券需求利率会低于供给利率$\frac{r_0}{1-T_{pd}}$，一些没有发行债券的公司会发现发行债券有利可图，于是便发行债券，这正是债券市场供需平衡的机制。

10.1.3 权衡理论

1. 财务危机成本

负债是一把双刃剑，它一方面减轻了公司的税收负担，另一方面却加大了公司发生财务危机的可能性。所谓财务危机，是指公司不能履行对债权人的承诺或出现偿付困难。财务危机有时会导致公司破产，有时虽然不会导致公司破产，但却会使公司因此付出额外的代价。因此，财务危机的成本是高昂的。

与公司破产相关的直接成本是指由破产事务本身所引起的资金消耗，包括昂贵的律师费、会计师费、咨询和法庭费用等处理破产事务的现金支出。间接的破产成本是那些由破产所导致的费用或经济损失，而非破产事务本身所引起的资金消耗。如公司经理人在与债权人之间冗长烦琐的交涉过程和法律程序中所花费的大量时间和精力，破产过程中及破产之后销售收入的损失，因处理破产事务而受到制约的投资、被搁置的研究与开发，关键雇员的流失等。由破产引起的直接成本和间接成本会降低公司的价值。债权人意识到公司破产的这种可能性和后果，会通过收取一定利息补偿来弥补公司违约的情况下债权人所承担的损失，股东则间接承担了预期破产成本。因此，公司决策者在考虑资本结构时，必须考虑破产成本的影响。因为，在其他条件相同的情况下，公司负债越多，发生破产的可能性也就越大。

财务危机不仅限于破产，但同样会引起高昂的财务危机成本。公司发生财务危机时，往往伴随着以下现象和相应的直接成本和间接成本：

（1）面临财务危机的公司往往急于出售公司的部分资产以清偿到期债务，这会导致公司资产大幅贬值。

（2）若公司无法渡过财务危机而破产，管理层可能失业，面临失业威胁的管理层为了避免公司倒闭，往往会在短期内采取一些有利于公司生存但同时会损害公司长期利益的行为，如降低产品质量等，从而使公司的信誉在长期内受到影响。

（3）供应商和客户都可能注意到公司的财务危机，通常会减少与处于财务危机中的公司之间的业务往来。如供应商可能会停止供货，终止或降低原先提供的信用条件；客户可能会停止或减少该公司产品的购买量，或者要求公司提供更优惠的条件等，这些都会给公司带来很高的间接成本。1979年，处于财务困境的克莱斯勒公司不得不采取折扣销售轿车和货车产品的方式来吸引顾客,按平均每辆车折扣300美元计,克莱斯勒公司当年共出售了143.8万辆轿车和货车,财务危机给其带来了大约4.3亿美元的间接成本。

(4)处于财务危机中的公司往往会被其竞争者抢去一定的市场份额,高负债公司特别容易遭到采取较为保守融资策略的低负债竞争者的掠夺。竞争者往往会采取各种手段,如故意降价等迫使高负债公司破产。

(5)当一家公司陷入财务危机后,面对巨额的偿债压力,公司往往倾向于选择回报快但净现值低的投资项目拒绝净现值高但回报慢的项目,这种被称为"投资短视"的行为显然会导致公司价值的降低。

上述各项破产成本和本不该发生的各项费用都是财务危机成本。虽然这个成本只有在财务危机或破产时才发生,但却不能忽视财务危机成本可能产生的影响。财务危机预期成本的大小取决于两个因素,即发生财务危机的概率和财务危机发生后产生的成本。在其他条件相同的情况下,随着公司负债比率的提高,发生财务危机的可能性通常也会增大,财务危机的预期成本也会相应增大。因此,公司在进行融资决策时,必须考虑财务危机成本对公司价值的影响。

2. 代理成本

公司负债引起的风险不仅会给公司带来财务危机成本,而且还会增加公司的代理成本。代理问题产生于委托人和代理人之间潜在的利益冲突,契约的不完善和信息的不对称导致委托人可能无法完全监督和约束代理人,代理人可能为了自身利益最大化而损害委托人的利益。当债权人和公司股东之间的利益产生冲突,尤其是当公司面临财务危机时,公司管理者往往会为了股东利益采取以下损害债权人利益的行动:

(1)资产替换

公司通过承诺谨慎运用资金获得低息贷款,但在实际运用时,却将借入的资金投入高风险的资产,试图获取高收益,股东独享高收益;若失败,债权人则分担损失。

(2)风险转移

高负债公司的管理者更有动机进行冒险投资以转移风险。假如正好有两个投资机会:一个是低风险但有正的净现值的项目,该项目会增加公司价值,但不能提供足够高的投资回报以偿还债务;另一个是高风险但净现值为负的项目,该项目一旦成功,能够获取足够偿还债务的回报。若公司管理者意识到公司很可能在债务到期时无力偿债,则很可能会选择高风险但净现值为负的项目。

(3)投资不足

意识到可能进行破产清算的公司管理层出于股东利益的考虑,可能会拒绝具有正净现值的投资机会,而宁愿将现金保留下来作为股利发放,从而造成投资不足。无论是投资不足还是风险转移,这些极不正常的资本预算策略对公司来说成本很高。

(4)稀释债权

通过借入更多的债务解决财务危机,负债比率的提高使得净资产对债权的保护削弱,公司的财务风险进一步加大。

(5)抽逃现金

意识到可能面临破产清算,公司股东可能会通过增发现金股利或其他分配方式转移公司资产。

从债权人的角度,当资金出借给公司后,为避免或减少上述代理问题的发生,必须采取种种措施限制公司股东做出可能损害其利益的行为,如提高贷款利率或通过订立更严格的契约条款等。债权人的这些行为无疑会降低公司的经营效率,增加公司的成本。

无论是公司管理者为了股东利益采取的损害债权人利益的非最优化的公司行为,还是债权人为保护自身利益所采取的种种防范和监督措施,都是公司负债所引起的代理成本。在其他条件不变的情况下,公司负债比率越高,代理成本通常也越大。因此,公司在进行融资决策时,必须考虑代理成本对公司价值的影响。

3. 权衡理论

财务危机成本和代理成本的存在使得债务融资不再具有那么大的吸引力。考虑财务危机成本和代理成本后的资本结构理论称为权衡理论(trade-off theory)。权衡理论所揭示的资本结构与公司价值之间的关系可以用以下的模型表示:

$$V_L = V_U + DT = \text{预期财务危机成本的现值} - \text{代理成本的现值} \quad (10\text{-}23)$$

权衡模型所描述的资本结构与公司价值之间的关系如图10-7所示。

图10-7中两条直线分别代表MM模型所描述的无负债公司和负债公司的价值线,弯曲的曲线代表权衡模型所描述的公司价值线。当公司负债比率较低时,财务危机成本和代理成本非常小,税盾起主要作用;随着负债比率的增加,公司价值也增加;当公司负债比率进一步增加时,财务危机成本和代理成本开始起明显作用,抵消了一些税收的优势,但其增加额仍然小于税后的增加额,因此,公司价值仍然增加。到D^*点时,增加债务的边际税收收益恰好被债务增加所引起的财务危机成本和代理成本抵消,超过该点后,财务危机成本和代理成本起主要作用,公司价值开始呈现下降趋势。资本结构为D^*时,公司价值最大。

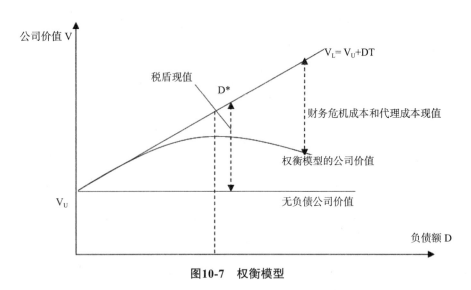

图10-7 权衡模型

权衡模型在直观上很容易理解，它告诉我们，完全不负债和过多负债融资都是不可取的，在综合考虑负债所带来的收益和成本后，企业应有一个最优的资本结构，而不像MM理论所阐释的那样，应该尽可能地借债。

由于影响资本结构及其与企业价值关系的因素很多，再加上预期的财务危机成本和代理成本难以准确估计，使得权衡模型无法精确地进行计量。不过，我们还是能从中得到一些重要启示：

（1）税盾利益、财务危机成本和代理成本分析为我们提供了一种分析问题的有益思路，并可以据此估算出相关成本和公司价值。

（2）考虑到财务危机成本和代理成本的存在，在其他条件相同时，高风险等级的公司应比低风险等级的公司较少使用负债。

（3）房地产行业等具有较多有形资产的公司可以比主要依赖无形资产的公司拥有较高的负债，因为即使发生破产，有形资产相对于无形资产通常具有较高的清算价值。

（4）由于税后利益，目前以高税率纳税并且将来也继续以高税率纳税的公司可以拥有较高的负债，以便有效地利用税收带来的好处。

权衡理论成功地解释了很多行业资本结构存在差异的原因。如高科技成长性公司风险较大，而且大多是无形资产，因此负债率较低；而航空公司风险较低，并且拥有价值很高的有形资产，通常承担大量的债务。

权衡理论还可以解释为什么杠杆收购的目标公司通常是一些成熟的、现金流量充裕但缺乏成长机会的公司。因为这些公司有能力承担高负债，而且能够充分利用负债的税盾利益。

10.1.4 优序融资理论

优序融资理论(pecking order theory)包含以下内容:

(1)相对于外部融资而言,公司更愿意内部融资,也就是利用留存收益和折旧的现金流量。

(2)公司以预期的投资机会和未来现金流量为基础来制定目标股利政策,即在竭力避免股利突然变化的前提下,尽量使股利目标支付水平与投资机会相适应。

(3)稳定的股利、难以准确预测的盈利和投资机会导致公司内部现金流量时而超过资本支出,时而低于资本支出。如果公司内部现金流量超过所需的资本支出,就将超出部分投资于资本市场或用于还债、增加股利、回购股票、并购等;而当公司没有足够的内部现金流量进行一个不能延迟的新项目时,则转向外部资本市场。

(4)如果需要外部融资,公司首先选择发行债券,其次是混合证券,如可转换债券,最后才轮到发行普通股。

资本结构理论进入到权衡理论,MM理论中的许多假设都被松动了,但有一个假设却始终没有被触及,这就是充分信息假设。根据这一假设,公司内部管理者和外部投资者对公司未来信息的掌握是一致的。优序融资理论则突破了这一假设。

优序融资理论认为,在实际中,内部管理者通常更多、更快地了解公司内部的信息。显然,公司管理层只有在认为现有股票市场价格过高时才会选择发行股票;反之,就不愿发行股票而是选择发行债券。外部投资者当然知道这一点,因此,股票发行通常被认为是"坏消息",会导致股价下跌;而债券发行则被认为是"好消息"。管理层(内部人)和投资者(外部人)之间的信息不对称越严重,股价对融资声明的反应就越强烈。正是由于这种信息不对称的存在,公司的融资行为就成为传递公司经营状况的信号,从而导致负债融资优于权益融资。乐观的经理更愿意负债融资而不是在股价被低估时发行股票;悲观的经理被迫学样,只有在公司用完负债额度或处于财务困境威胁才会发行股票。

优序融资理论指出,公司融资存在选择顺序,而不是权衡模型所描述的那样,以一种平衡的方式融资。因此,它能够解释权衡理论所不能解释的一些令人困惑的公司行为。

例如,为什么在每一个行业中,最盈利的公司通常都是负债率最低的公司?这显然与权衡理论不符。根据优序融资理论,盈利高的公司之所以负债率低,不是由于它们有很低的目标负债率,而是因为它们并不需要外部资金;而盈利低的公司由于没有足够的内部资金只得依靠外部融资,而由于外部融资首选债务融资,所以负债率高。它还解释了为什么大多数的外部融资来自负债,以及为什么资本结构的改变服从外部融资的需要。

10.2 资本结构与杠杆效应

公司的资本结构通过财务杠杆乘数影响股东收益。对于负债经营的企业来说,由于存在固定的利息费用,当息税前利润变动时,税后利润发生更大的变动,从而使得股东收益的不确定性增加。这种由于负债经营给股东收益带来的风险称为财务风险。显然,在经营风险既定的前提下,财务风险由资本结构通过财务杠杆决定。

10.2.1 经营杠杆效应分析

经营杠杆系数是息税前利润的变动率与销售量变动率的比值,即息税前利润随销售量变动的程度,其计算公式为:

$$DOL = \frac{\Delta EBIT / EBIT}{\Delta Q / Q} \quad (10\text{-}24)$$

经营杠杆系数的大小反映了公司经营风险的高低,即在固定成本不变的情况下,销售量越大,经营杠杆系数越小,经营风险也越小;反之,经营风险越大。若引入总边际利润(M)的概念,当:$M = Q(P-V)$时,将其代入DOL的计算公式中。

由于:$EBIT = Q(P-V) - F = M - F$;$\Delta EBIT = \Delta Q(P-V) = \Delta Q/Q \times Q(P-V) = \Delta Q/Q \times M$

所以:
$$DOL = \frac{\Delta EBIT / EBIT}{\Delta Q / Q} = \frac{(\Delta Q/Q \times M)/(M-F)}{\Delta Q/Q} = \frac{M}{M-F} \quad (10\text{-}25)$$

上述公式表明:(1)固定成本与经营杠杆系数成正比例关系,即公司的固定成本越高,经营杠杆系数越大,则销售量的变动会带来息税前利润更大幅度的变动;(2)经营杠杆系数具有递减效应,即随着公司实际销售量的增加,经营杠杆系数逐渐减小,公司经营风险也逐步降低。

10.2.2 财务杠杆效应分析

例2 安阳公司准备筹集100万元资金生产一种新产品,共有三种融资方式可以选择,具体融资方式如表10-6所示。表10-7则列示了预计的未来各种可能的息税前利润,以及在每种筹资方式下的每股收益。安阳公司的所得税税率为30%。

表10-6　安阳公司的融资方式

方案1	债务为0	
	债务	0
	股东权益	1000000元
	股东数量	500000股
方案2	债务为20%，债务利息率为10%	
	债务	200000元
	股东权益	800000元
	股东数量	400000股
方案3	债务为40%，债务利息率为10%	
	债务	400000元
	股东权益	600000元
	股东数量	300000股

10-7　安阳公司不同息税前利润水平下的每股收益

	EBIT（元）	EBIT增长率（%）	利息费用（元）	税后净利（元）	EPS（元）	EPS增长率（%）
筹资方案1	(200000)	—	0	(140000)	(0.28)	—
	0	—	0	0	0.00	—
	200000	—	0	140000	0.28	—
	400000	100	0	280000	0.56	100
	600000	50	0	420000	0.84	50
	800000	33	0	560000	1.12	33
	1000000	25	0	70000	1.40	25
筹资方案2	(200000)	—	20000	(154000)	(0.39)	—
	0	—	20000	(14000)	(0.04)	—
	200000	—	20000	126000	0.32	—
	400000	100	20000	266000	0.67	109
	600000	50	20000	406000	1.02	52
	800000	33	20000	546000	1.37	34
	1000000	25	20000	686000	1.72	26

续表

	EBIT（元）	EBIT增长率（%）	利息费用（元）	税后净利（元）	EPS（元）	EPS增长率（%）
筹资方案3	(200000)	—	40000	(168000)	(0.56)	—
	0	—	40000	(28000)	(0.09)	—
	200000	—	40000	112000	0.37	—
	400000	100	40000	252000	0.84	127
	600000	50	40000	392000	1.31	56
	800000	33	40000	532000	1.77	35
	1000000	25	40000	672000	2.24	27

注：括号内为负值。

表10-7显示了在不同的息税前利润水平下，财务杠杆对每股收益的影响。例如，当息税前利润从400000元增加到600000元时，息税前利润增长率为50%，若采用方案1，每股收益增长率同样也是50%，在其他情况下，每股收益增长率也都与息税前利润增长率相同；若采用方案2，每股收益增长率则为52%，高于息税前利润增长率，在其他情况下，每股收益增长率都高于息税前利润增长率；若采用方案3，每股收益增长率达到56%，不仅高于息税前利润增长率，而且高于方案2的每股收益增长率，在其他情况下，也都产生这种结果。显然，这种结果产生的利息费用是固定的，当息税前利润增加时，每一元息税前利润负担的利息减少，从而使得每股收益增加的幅度更大。负债融资使得息税前利润的增长率被放大为更高的每股收益的增长率，这就是负债所产生的杠杆效应以及财务杠杆利益。

财务杠杆的放大作用一方面能够给股东带来财务杠杆利益，但也使股东面临更大的财务风险。假如安阳公司的息税前利润从600000元下降到了400000元，即息税前利润下降了50%，显然，方案2的每股收益将下降52%，而方案3的每股收益将下降56%。由于固定利息费用的存在，使得当息税前利润下降时，每一元息税前利润负担的利息费用增加，从而导致每股收益以更大的幅度下降。

10.2.3 财务杠杆效应的衡量

财务杠杆效应通常用财务杠杆系数（DFL）来衡量，定义为每股收益的变动率与息税前利润的变动率之比，其计算公式为：

$$DFL = \frac{\Delta EPS / EPS}{\Delta EBIT / EBIT} \qquad (10\text{-}26)$$

由于：$\Delta EPS = \Delta EBIT(1-T)/N$，$EPS = (EBIT - I)(1-T)/N$

所以，

$$DFL = \frac{\Delta EPS/EPS}{\Delta EBIT/EBIT} = \frac{\frac{\Delta EBIT(1-T)}{(EBIT-I)(1-T)}}{\Delta EBIT/EBIT} = \frac{EBIT}{EBIT-I} \quad (10\text{-}27)$$

用式（10-27）计算例2中息税前利润为400000元的情况，安阳公司三种融资方式下的财务杠杆系数，可以得到：

方案1：$DFL = \dfrac{400000}{400000-0} = 1$

方案2：$DFL = \dfrac{400000}{400000-20000} = 1.05$

方案3：$DFL = \dfrac{400000}{400000-40000} = 1.11$

计算结果表明，负债比率越高，财务杠杆就越高，公司股东的收益相应就需要承受越大的波动风险。

财务杠杆效应可被衡量的事实为公司管理层确定合适的负债水平和选择适当的融资工具提供了有用的分析工具。公司管理层应根据公司预期息税前利润水平及其波动性确定适当的负债比率，以便在控制财务风险的前提下，充分发挥财务杠杆的作用，增加每股收益。根据上述三种融资方案的每股收益与息税前利润的关系制图，可以得到图10-8，该图较好地说明了在什么前提下，负债对提高股东收益有利。

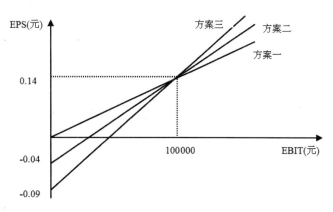

图10-8 安阳公司三种融资方式的EBIT与EPS

图10-8中，当息税前利润大于100000元时，负债经营可以提高股东收益，而当息税前利润小于100000元时，负债经营将降低股东收益。已知安阳公司负债的利息率等于10%，公司的资本总额为100000元，这说明只有当公司息税前利润与总资本之比，即资

本的经营利润率大于债务的利息率时，负债经营才会提高股东收益，反之，负债经营只会降低股东收益。这个道理很简单，资本经营利润率反映了公司运用资本创造收益的能力，而债务利息率反映的是债权人对其投入资本所要求的回报率，当资本创造收益的能力高于债务利息率时，债务资本所创造的高于利息率的收益就归入权益资本收益，使得股东权益收益率提高。若资本创造收益的能力低于债务利息率，这之间的差额只能用权益资本收益补偿，使得股东权益收益率降低。

上述分析说明，公司是否应该负债经营取决于其运用资本创造收益的能力，总资本的经营利润率（EBIT/总资本）大于债务的利息率是通过负债经营获得财务杠杆利益的前提。

10.2.4 联合杠杆效应

当一个公司同时存在经营杠杆和财务杠杆时，就会使得每股收益的变动率远远大于产销量的变动率，这种现象被称为联合杠杆效应。通常用联合杠杆系数衡量杠杆效应，它说明每股收益对销售收入的敏感性，其计算公式为：

$$DCL = \frac{\Delta EPS / EPS}{\Delta S / S}$$

由于：$DCL = \dfrac{\Delta EPS / EPS}{\Delta S / S} = \dfrac{\Delta EBIT / EBIT}{\Delta S / S} \cdot \dfrac{\Delta EPS / EPS}{\Delta EBIT / EBIT} = DOL \times DFL$

又由于：$DOL = \dfrac{Q(P-V)}{Q(P-V)-F}$，$DFL = \dfrac{Q(P-V)-F}{Q(P-V)-F-I}$

所以联合杠杆系数又可以表示为：

$$DCL = \frac{Q(P-V)}{Q(P-V)-F} \times \frac{Q(P-V)-F}{Q(P-V)-F-I} = \frac{EBIT+F}{EBIT-I} \tag{10-28}$$

上述关于杠杆效应的分析说明，公司在经营中适当地运用经营杠杆和财务杠杆可以使股东获益，但运用不当也会给股东带来损失。在其他条件相同的情况下，经营杠杆低的公司可以相对多运用一些财务杠杆；经营杠杆高的公司，若过多地运用财务杠杆，将使得股东收益的不确定性大大增加。此外，当企业的息税前利润与总资本之比大于债务利息率时，应充分利用财务杠杆，这时负债经营将给股东带来杠杆利益；反之，则应尽量降低财务杠杆，这时负债经营只会降低股东收益。总之，要充分认识杠杆的双面效应。

10.3 资本结构决策

尽管理论上对资本结构有不同的观点,但在现实中,公司在融资时并不是不需要考虑资本结构问题。首先,资本结构在一定程度上会影响公司的价值;其次,为了充分利用财务杠杆,应适度借债。事实也证明,大多数经营良好的企业,都注意维持稳定健康的资本结构,从而在投资者中建立良好的信誉。由于现实中的许多因素都会影响公司资本结构的选择,公司在发展的不同阶段以及不同的宏观经济环境等都使得其对最优资本结构的要求不同,因此,公司总是希望根据各种条件和自身的目标选择最适宜的资本结构。

10.3.1 根据资本成本选择资本结构

在控制财务风险的前提下,模拟并计算具有不同资本结构的筹资方案的资本成本,并进行比较,从中选择使公司资本成本最低的融资方案。

例3 新源公司初创时拟定了三种融资方案,如表10-8所示。

表10-8 新源公司融资方案比较

筹资方式	筹资方案一		筹资方案二		筹资方案三	
	筹资额（万元）	税后资本成本（%）	筹资额（万元）	税后资本成本（%）	筹资额（万元）	税后资本成本（%）
长期借款	40	6	50	6.5	80	7.0
债券	100	7	150	8.0	120	7.5
优先股	60	12	100	12.0	50	12.0
普通股	300	15	200	15.0	250	15.0
合计	500		500		500	

根据上表计算得到三种融资方案下的加权平均资本成本为:

$$K_{w,1} = 6\% \times \frac{40}{500} + 7\% \times \frac{100}{500} + 12\% \times \frac{60}{500} + 15\% \times \frac{300}{500} = 12.32\%$$

$$K_{w,2} = 6\% \times \frac{50}{500} + 7\% \times \frac{150}{500} + 12\% \times \frac{100}{500} + 15\% \times \frac{200}{500} = 11.1\%$$

$$K_{w,3} = 6\% \times \frac{80}{500} + 7\% \times \frac{120}{500} + 12\% \times \frac{50}{500} + 15\% \times \frac{250}{500} = 11.34\%$$

由于三种筹资方案中,方案二的综合资本成本最低,因此新源公司可以选择方案二。

10.3.2 息税前利润每股收益分析

公司对于债务的偿还能力取决于未来创造收益的能力,这个能力可以通过息税前利润体现。公司负债的最终目的是要通过债务的杠杆作用增加股东收益,因此,确定资本结构不能不考虑公司创造收益的能力以及对股东收益的影响。将以上两个方面结合起来,通过分析息税前利润与每股收益之间的关系,并比较不同的筹资方案或资本结构对它们的影响,能判断资本结构是否合理。

例4 华特公司的财务资料如表10-9所示。

表10-9 华特公司的财务资料

单位:元

(一) 2009年12月31日的资产负债表			
流动资产	120000000	负债	0
净固定资产	120000000	普通股股权(1000万股)	240000000
资产总计	240000000	负债与权益	240000000
(二) 2009年的损益数据			
销售收入			300000000
固定成本		60000000	
变动成本		192000000	
总成本			252000000
EBIT			48000000
利息			0
税前净利			48000000
所得税(25%)			12000000
税后净利			36000000
(三) 其他财务数据			
每股收益 EPS=36000000/10000000=3.6(元)			
每股股利 DPS=36000000/10000000=3.6(元)			
每股账面价值=240000000/10000000=24(元)			
每股市价 P=24(元)			
本益比(市盈率)P/E=24/3.6=6.67			
(说明:假定公司将全部收益都用于发放股利)			
(四) 不同负债比率下的负债成本			
	负债总额	负债比率	所有负债的利率
	24000000	10%	7.5%
	48000000	20%	8.0%

単位：元（续表）

72000000	30%	8.5%
96000000	40%	9.0%
120000000	50%	12.0%
144000000	60%	15.0%
168000000	70%	19.0%

（说明：假定公司章程规定负债比率不得超过70%）

（五）对下一年度销售额的预计

销售额（元）	200000000	300000000	400000000
概率	0.2	0.6	0.2

根据上述资料，可进行息税前利润与每股收益分析，其过程如下：

第一步，计算销售额与财务杠杆对每股收益的影响。

例如，根据下一年度销售额的预测值计算得到当负债比率为50%时每股收益的期望值，如表10-10所示。

表10-10　下一年度销售额预测

单位：元

下一年销售额出现的概率	0.2	0.6	0.2
销售额	200000000	300000000	400000000
固定成本	60000000	60000000	60000000
变动成本（销售额的64%）	128000000	192000000	256000000
EBIT	12000000	48000000	84000000
当负债比率为50%时			
减：利息费用（120000000×0.12）	14400000	14400000	14400000
税前利润	（2400000）	33600000	69600000
所得税	（600000）	8400000	17400000
税后利润	（1800000）	25200000	52200000
每股收益（500万股流通在外）	（0.36）	5.04	10.44
每股收益的期望值		5.04	
标准差		3.42	

注：括号内为负值，当使用50%的负债时，该公司流通在外的普通股股数由原来的1000万股下降到500万股

按照上述方法计算得到不同负债比率下的每股收益的期望值，计算结果如表10-11所示。

表10-11　华特公司不同负债比率下的预期每股收益

负债比率（%）	预期每股收益（元）	每股收益的标准差（元）
0	3.60	1.71
10	3.85	1.90
20	4.14	2.13
30	4.49	2.43
40	4.92	2.85
50	5.04	3.42
60	4.95	4.27
70	4.02	5.69

结果表明，预期的每股收益与财务杠杆以及财务风险之间的关系。最初每股收益随负债比率的上升而增加，当公司负债比率上升到50%时，每股收益达到最高点，过了这一点，由于利率急剧上升，利息费用负担沉重，使得每股收益下降。在未使用负债时，华特公司的总风险完全由经营风险构成。负债后，其总风险既包含经营风险又包含财务风险，以每股收益标准差衡量的总风险随着负债比率的提高持续不断地增加，而且增加速度也越来越快。

第二步，计算息税前利润每股收益无差异点，即通过将一定负债比率下的每股收益与完全不使用负债时的每股收益进行比较，找到使得它们每股收益相等时的息税前利润。

例如，已知：$EPS = (EBIT - I) \times (1 - T)/N$，式中，$N$为普通股股数，则令负债比率为零时的每股收益与负债比率为50%时的每股收益相等，可得以下方程式：

$$EPS_{D/A-0\%} = \frac{EBIT \times 0.75}{1000} = EPS_{D/A-50\%} = \frac{(EBIT - 1440) \times 0.75}{500}$$

解上式，得到：EBIT=2880（万元）

即当息税前利润等于2880万元时，无负债的每股收益与负债比率为50%时的每股收益相等，都是每股1.8元的收益。

需要指出的是，这里之所以用50%的负债比率与无负债求临界点，是因为在各种负债比率下，50%的负债比率下的每股收益最高。当然，我们也可以用同样的方法求使其他负债比率的每股收益无差异的息税前利润点。

根据上述计算结果制图，可得到图10-9。

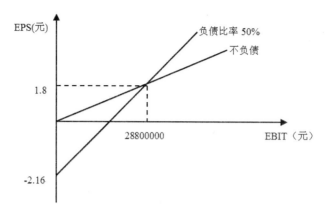

图10-9 华特公司两种融资方式下的EBIT与EPS

最后，根据计算结果进行分析，作出资本结构决策。在本例中，假如预计未来的息税前利润高于2880万元以上的可能性较大，则可以考虑采用50%的负债比率，这样不仅可以充分发挥财务杠杆的正面效应，而且所承担的财务风险也较小。由于根据销售额预测，下一年度的销售额高于分析所得到的临界点2880万元的可能性为60%，从期望的每股收益也能看出，当负债比率为50%时，每股收益为5.04元，也高出临界点的每股收益1.8元很多，因此，可以考虑采用50%的负债比率。

10.3.3 股票价值分析

由于资本结构会影响公司的价值，因此，可以通过对不同资本结构下的公司股票价值进行估计并比较，选择公司的资本结构。

例5 以例4中华特公司的财务资料为基础，并假设未使用负债时，该公司的 β 系数为1.5，市场的无风险报酬率 R_f 为9%，市场投资组合的报酬率 R_m 为13%，估计不同负债比率水平下华特公司股票的价值。

解：（1）根据资本资产定价模型计算不同负债比率水平下华特公司普通股的资本成本。

例如，当公司负债为2400万元时，华特公司普通股的资本成本的计算过程如下：

首先，根据式（10-29）计算负债为2400万元时华特公司的 β 系数，有：

$$\beta_{杠杆}=\beta_{无杠杆}\times\left[1+(1-税率)\times\frac{负债}{权益}\right] \quad (10\text{-}29)$$

为此需要估计负债和权益的市场价值，根据MM模型估计得到公司的市场价值为：

$$V_L = V_U + TD = 24000 + 0.25\times 24000 = 24600（万元）$$

即公司普通股的市场价值为22200万元，于是有：

$$\beta_L = 1.5 \times \left[1 + (1-0.25) \times \frac{2400}{22200}\right] = 1.62$$

然后，根据资本资产定价模型有：

$$R_{eL} = 9\% + 1.62 \times (13\% - 9\%) = 15.48\%$$

即当负债为2400万元时，华特公司普通股的资本成本为15.48%。同样的方法可以求出不同负债额下华特公司普通股的值和资本成本，详见表10-12的第4列和第5列。

（2）根据股票定价模型，估计不同负债比率水平下华特公司股票的价值。

由于华特公司的盈余全部用于股利发放，公司处于零成长状态，因此股利现金流量可视为永续年金。例如，当负债额为2400万元时，华特公司每股收益为3.85元，于是其普通股的价值为：

$$S = \frac{3.85}{0.1548} = 24.87 \text{（元）}$$

同样的方法可以估计出在不同负债水平下华特公司普通股的价值，详见表10-12第6列。

表10-12 华特公司不同负债水平下普通股价值的估计值

负债比率（%）	负债利率（%）	预期EPS（元）	β系数	普通股成本（%）	预估的股价（元）
0		3.60	1.50	15.00	24.00
10	7.5	3.85	1.62	15.48	24.87
20	8.0	4.14	1.76	16.04	25.81
30	8.5	4.49	1.94	16.74	26.82
40	9.0	4.92	2.14	17.57	28.00
50	12.0	5.04	2.40	18.60	27.10
60	15.0	4.95	2.73	19.92	24.85
70	19.0	4.02	3.16	21.64	18.58

结果表明，随着负债比率的上升，普通股的价值也逐渐上升。当公司负债比率为40%，即负债额为9600万元时，普通股的价值达到最高点，此后，随着负债比率的持续上升，普通股的价值逐渐下降。股价变动的趋势与每股收益变动的趋势基本相同，但股价达到最高点时的负债比率与每股收益最高点的负债比率不同。由于公司价值除了受每

第 10 章 资本结构决策

股收益的影响外，还受到权益资本成本的影响，因此只有当每股收益较高、权益资本成本又较低时，股东权益的价值才是最大的。本例中，当负债比率为40%时，虽然每股收益不是最高的，但权益资本成本最低，所以普通股的价值最大。可见，每股收益最大时，并不代表公司的价值最大。

案例分析

格力电器资本结构构成

目前，中国经济形势在供给侧改革及消费升级带动下总体出现了较高的增速，但在新的形势下，房地产市场的经济抑制使得家电行业受到影响，市场日趋饱和。"一带一路"战略的实施为我国家电行业提供了前所未有的契机，所以如何抓住这个契机，促进行业整体的发展成了问题的关键。目前，家电行业资本主要由股权资本和债务资本两部分构成，所有者权益资本主要由投入资本和资本积累形成，投入资本主要包括国家、个人、外商和法人投入的资本，累积资本主要指公司经营活动中产生的收益留存等；债务资本包括企业的各项流动负债和长期负债。

1.负债结构—资产负债率分析

表10-13 格力电器2013—2017年财务数据表

	2013年	2014年	2015年	2016年	2017年
资产负债率	73.47%	71.11%	69.96%	69.88%	68.91%
净资产收益率	31.43%	32.06%	26.37%	28.63%	34.41%
行业平均资产负债率	48.78%	48.54%	45.93%	47.46%	49.41%
行业平均净资产收益率	18.37%	16.63%	14.40%	14.68%	16.91%

注：数据从企业年报中整理得到

从表10-13中我们可以看到，格力电器2013—2017年资产负债率虽在逐年下降，但还是远远高于行业平均。说明格力的债务融资比例高，财务杠杆较高。一般来说，资产负债率高，公司财务风险就大，但格力电器每年的净资产收益率却并没受到影响，每年的净资产收益率差不多为行业平均的两倍，说明格力负债的质量较好。

经过具体分析后，会发现格力电器的负债中流动负债水平严重过高，短期负债较多，长期负债占比很小，说明企业依靠短期资金现象严重。一般来说，若市场不景气，短期资金偿还压力大，不利于公司的持续经营，但格力电器的流动负债中有大部分是公司的应付账款、票据及预收账款。以2017年为例，格力电器流动负债占负债总额的99.6%，其中，应付账款、应付票据、预收账款三者之和占流动负债总额的39.6%；相反，格力电器的应收账款、预付账款占比很小，仅占同年资产总额的5.6%。从上述分析来看，格力电器负债结构偏离现象严重，特点明显，但其短期负债的质量很好，对上游公司有较强的"赊账能力"，同时对下游的话语权又很强，收款"硬气"。

2. 长期资金来源分析

公司的长期持续经营能力仅靠短期资金是不够的，格力电器的短期资金依赖程度明显，那么它的长期资金从何而来，占比又如何？长期资金来源包括公司筹集到的长期负债和一些权益性资本。"一般的融资优序理论认为，内源融资优于债务融资优于权益融资。"对格力电器的资产负债表进行分析，发现2013—2017年格力电器长期资金来源主要是靠权益筹资，几乎没有长期借款和长期债券，在权益筹资中，很大一部分是靠内部的留存收益，之后再是股权融资。综上所述，家电行业资本结构主要有以下特点：资产负债率较高，高杠杆经营特点；负债结构不合理，流动负债占比明显；长期资金来源中，有权益融资偏好。

3. 具体资产结构分析——货币资金

据年报统计，格力电器2013—2015年货币资金占流动资产比例增长严重，到2015年达到最高点，占比73.44%，2016—2017年占比虽有所下降，但平均还是为50%—60%，这反映出格力电器的资金使用效率不高，作为流动性最强的资产，公司应加强流动性管理。进一步分析格力电器2017年的货币资金结构会有以下发现：第一，存在一些限制性使用的现金，如银行票据保证金等，这部分现金处于限制使用状态；第二，公司将600多亿现金以定期存款方式存放于银行。

10.3.4 影响资本结构决策的主要因素

某机构调查了170位高级财务经理，其中，120位财务经理坚信公司存在最优的资本结构，该机构提供的调查报告指出，大多数公司的财务经理为本公司设立了目标债务比率，但最优的资本结构因不同的公司、不同的行业而异，而且受宏观经济状况、金融市场、收入趋势等因素的制约。正因为有很多因素影响公司最优的资本结构，而其中又有许多因素较难量化，所以在实际中完全依靠定量分析准确地确定最优资本结构几乎是不可能的，还必须辅以定性分析，综合考虑影响资本结构的各种因素。

除了资本结构理论和资本结构决策定量分析方法中所涉及的税收、杠杆效应、财务风险、资本成本和融资优序等因素外，还有以下主要因素会影响公司的资本结构决策：

1. 公司的经营收入和风险状况

公司经营收入的增长性和稳定性都会影响资本结构。如果公司的经营收入比较稳定，则对偿还固定利息费用的保障程度较大。如果经营收入的增长前景很好，使用财务杠杆就能够扩大每股收益，增加股东财富。

公司的经营风险决定了公司经营收入的稳定性，增加负债则增加了公司的财务风险，从而使得公司的总风险加大，进而影响公司的资本成本。因此，公司在确定资本结构时，必须考虑公司经营收入的状况及其对风险的承受能力。

2. 公司的偿债能力和获利能力

在其他条件相同的情况下，偿债能力强的公司可以较多地使用债务融资。

公司的偿债能力受公司现有债务负担状况和公司未来获利能力的影响。现有的负债越多、期限越短、债务负担越重，公司的偿债能力就越弱；而公司未来的获利能力越强、现金收益越多、越稳定，则偿债能力就越强。例如，若利息保障倍数为6，则意味着即使公司的息税前利润下降80%，还能够保证利息支付。若债务偿付系数为1.2，则意味着如果息税前利润下降超过了17%，就不能履行还本付息的承诺。公司在确定其资本结构时，一定要充分考虑偿债能力和获利能力。

3. 公司的筹资能力和未来的现金流量

公司在偿债方面所面临的真正问题并不完全取决于其偿债能力和获利能力，而是其实际无力偿还债务的可能性有多大。这个可能性不仅受息税前利润的影响，还受公司筹措资金的能力或折旧前收益即现金收益多少的影响。

公司在根据自身的筹资能力选择筹资方式时，还要考虑保留一定的筹资灵活性。这是因为公司从每一种筹资渠道能够筹措到的资金数量是有限的，而且各种筹资方式互相影响。例如，公司当前发行大量的债券融资，使得公司的负债比率上升，可能导致公司在一定时间内（如在这些债务尚未偿还之前）无法再利用债务融资，或者只能以较高的利息率进行债务融资。因此，公司的资本结构应该为将来筹资留有余地，做好长期的筹资规划。

4. 公司的资产结构

公司的资产结构对资本结构的影响表现在：（1）资产结构影响公司债务筹资的能力，拥有大量固定资产的公司较容易通过固定资产抵押而获得贷款。（2）资产结构影响公司债务结构，拥有较多流动资产的公司比较容易获得短期债务。（3）由于实物资产在清算变现时的价值损失小于无形资产，因此，无形资产比例高的公司负债比率较低，如以技术研究开发为主的公司负债比率通常较低。

5. 公司所处的生命周期及其成长性

处于生命周期不同阶段的公司对资金的需求不同，导致其形式不同的资本结构。处于创业期的公司,由于经营前景的不确定性大,借债不易且利息率较高。因此,主要依靠权益资本。处于成熟期的公司一方面具有充裕的现金流量,另一方面投资机会减少,负债比率较低;处于成长期的公司通常对外部资金的需求和依赖性较强,不仅依靠权益融资,还要依靠债务融资,而由于信息不对称的原因,这类公司的股票价值容易被低估,往往会更多地利用债务融资,因此负债比率通常较高。

6. 行业差别

公司所处的行业不同,资本结构也会有较大的差异。例如,零售行业通常为了增加存货进行筹资,由于存货周转期短、变现能力强,故较多采用短期债务融资的方式,使得负债比率较高;钢铁行业的固定资产比重大,债务筹资能力强,通常具有较高的负债比率。

7. 公司的信用等级及债权人的态度

每个公司对如何根据自身的条件选择合理的资本结构都有自己的分析,但债权人和信用评级机构的态度往往成为决定资本结构的关键。如果公司的信用等级不高,贷款人将不愿意借款,这样的公司自然无法达到其所希望实现的负债水平。通常,公司在进行债务融资前,都会与贷款人和信用评级机构商讨,并尊重他们的意见。此外,贷款合同也是制约公司资本结构的因素之一。

8. 公司所有者和管理者的态度

从公司所有者的角度看,负债具有以下好处:

(1)能够减少由于管理权和经营权相分离所产生的代理成本。

在偿债能力许可的范围内尽量发挥债务的杠杆作用,这不仅能够增加股东收益,而且由于负债利息和本金的支付,减少了管理者可支配的现金流量,从而能够在一定程度上降低代理成本。

(2)能够保持现有股东对公司的控制权。

发行新股获得权益资本会降低现有股东的持股比例,减少他们对公司的控制权,而负债不会产生控制权稀释的作用。所以当公司需要外部融资时,现有股东为了维持自己的控制权,会更青睐于债务融资。

(3)有利于减少公司管理层与外部投资者之间的信息不对称。

公司管理层通常比外部投资者(股东和债权人)拥有更多公司未来发展前景的信息。如果投资者意识到公司只有在公司股价被高估时才会发行股票,那么当公司发行股票融资时,投资者就会降低对公司股价的评价,使得公司股价下降,从而提高公司的融资成本。公司管理者出于对现有股东和公司利益的考虑,为了减少这种信息不对称,需要投入大量的时间和经费让外部投资者了解公司真实的状况,这必然会提高了公司的融资成本。而负债融资所起的信号作用却是有利于公司的,因此,从降低代理成本和减少信息不对称的角度看，公司所有者倾向于在资本结构中保持较高的负债比率。

但是，过度的负债也会带来一系列问题。比如，增加财务风险，增加股东和债权人之间产生纷争的可能性，进而提高债务融资的成本，影响公司股利支付的稳定性等。负债导致的这些问题会对公司所有者选择资本结构产生一定的约束。

对于公司治理良好的公司，管理者的态度通常是与公司所有者的利益一致的，但是管理者对待风险的个人偏好也会影响公司的资本结构。喜欢冒险的管理者可能会安排较高的负债比率，而风险回避程度较高的管理者则会选择较低的负债比率。

此外，市场利率水平、通货膨胀状况、经济周期和政府财政金融政策等宏观经济因素对公司资本结构决策的影响也是不容忽视的。

本章小结

关键字

净营业收益理论　净收益理论　传统理论　无所得税MM理论　有所得税MM理论　米勒模型　权衡理论　优序融资理论　财务杠杆　联合杠杆　资本结构决策

关键问题

1. 资本结构理论主要研究公司负债、资本成本与公司价值之间的关系。MM资本结构理论是最著名的资本结构理论。在MM理论之前，资本结构的讨论可以总结为三种比较有代表性的观点：一是净营业收益理论，其核心思想是无论公司负债多少，其加权平均资本成本都不变，因此公司的总价值也不变，即公司的资本成本和公司价值都与公司的资本结构无关；二是净收益理论，其核心思想是公司增加负债时，债务资本成本与权益资本成本都将保持不变，因此增加负债会增加公司价值；三是传统理论，其核心思想是公司适当增加债务会降低加权平均资本成本，从而增加公司价值。但是，当负债比率超过一定限度后，加权平均资本成本开始上升，公司价值开始下降。因此，公司存在最佳的资本结构，即加权平均成本由下降变为上升的转折点所对应的负债比率。

2. 无所得税MM理论证明了假如不存在公司所得税，公司资本结构不会影响公司的价值。该理论是在一系列假设条件下推导出来的，其基本含义是：企业的总价值取决于它的基本获利能力和风险程度，只要这两条不变，无论将公司的资本在债务、权益和其他部分之间如何划分，公司的总价值总是恒定的。该理论证明了当公司的债务增加时，其股权成本也会随之增加。

3. 在同样的假设条件下，有所得税MM理论证明了假如存在公司所得税，公司价值是财务杠杆的增函数，即负债公司的价值等于具有同等风险等级，但未使用负债的公司的价值加上负债的节税利益。该理论证明了负债公司的股本成本等于无负债公司的股本成本加上一笔风险溢酬。

4. 米勒模型指出，在保持MM模型基本假设不变的前提下，同时考虑公司和个人所得税后，公司负债的杠杆利益也并不总是大于零的。

5. 权衡理论则认为，由于负债是一把双刃剑，它一方面减轻了公司的税收负担，另一方面却提高了公司的代理成本和财务危机成本，财务危机成本和代理成本的存在使得债务融资不再具有那么大的吸引力。权衡理论描述了资本结构与公司价值之间的关系。根据权衡理论，公司存在最优的资本结构。

6. 优序融资理论指出，相对于外部融资而言，公司更加偏好内部融资。如果需要外部融资，则首先选择发行债券，其次是混合证券，最后才是普通股融资。

7. 由于利息费用是固定不变的，当息税前利润变动时，税后利润会发生更大的变动，因此，公司负债能够产生财务杠杆效应。负债的财务杠杆效应一方面能够产生财务杠杆利益，从而增加股东的收益；另一方面则由于增加了股东收益的不确定性，也使股东面临更大的财务风险。

8. 财务杠杆效应通常用财务杠杆系数衡量，定义为每股收益的变动率与息税前利润的变动率之比。

9. 当一个公司同时存在经营杠杆和财务杠杆时，就会使得每股收益的变动率远远大于产销量的变动率。这种现象被称为联合杠杆效应。通常用联合杠杆系数衡量杠杆效应，它说明每股收益对销售收入的敏感性。

10. 公司在进行资本结构决策时，可以采用比较资本成本和公司股价的方法，也可用采用息税前利润和每股收益分析法。此外，还需要综合考虑公司的经营收入和风险状况、筹资能力和未来的现金流量、资产结构、行业差异、公司所处的生命周期和成长性、公司的信用等级和债权人的态度、公司所有者和管理者的态度、市场利率、通货膨胀和经济周期等多种因素。

思考与练习

1. 什么是资本结构的"馅饼"模型？
2. 无所得税MM定理和有所得税MM定理的基本内容是什么？如何证明？
3. 米勒模型是怎样解释税收对公司资本结构的影响的？
4. 什么是代理成本？什么是财务危机成本？什么是权衡模型？
5. 请用优序理论解释下述现象：（1）为什么公司增加负债的一些行为，如股票回购、债权与股权置换等通常会提高公司股价从而增加股东收益？公司降低负债比率的行为，如发行新股却往往导致股票价格下降？（2）为什么公司发行债券是经常性的，发行股票却不是经常性的?

6. 公司资本结构会受到哪些因素的影响？为什么?

7. U公司和L公司除了负债融资程度不同外，其他方面都相同。U公司无负债，L公司有2000万元票面利率为8%的负债流通在外。假定：（1）两个公司都没有公司所得税和个人所得税；（2）MM定理提出的假设都成立；（3）EBIT为360万元；（4）U公司的权益资本成本等于12%。求：（1）U公司与L公司的价值；（2）U公司与L公司的权益资本成本和加权平均资本成本；（3）假如U公司的价值为3000万元，L公司的价值为3200万元，则根据MM定理，这两家公司的价值是否处于均衡状态？如果不是，应通过什么调整过程才能恢复均衡；（4）假定两公司的税率都是25%，试分别算出它们的价值、权益资本成本及加权平均资本成本。

参考文献

[1] 李陆宁：《家电企业资本结构优化问题研究——以格力电器为例》，载《商场现代化》2019年第7期，第12—13页。

[2] 王俊：《我国房地产上市公司资本结构对公司绩效影响实证研究》，2009年上海师范大学硕士论文。

[3] 〔美〕斯蒂芬·A.罗斯、伦道夫·W.威斯特菲尔德、杰弗里·F.杰富：《公司理财（原书第9版）》，吴世忠、沈艺峰、王志强等译，机械工业出版社2012年版。

[4] 高级会计实务编委会编：《高级会计实务》，经济科学出版社2011年版。

[5] 萧端：《我国中小企业融资顺序及影响因素研究——基于优序融资理论的思考》，2010年暨南大学博士论文。

第 11 章

股利理论与股利政策

导语　随着现代财务学的形成，西方股利理论经历了由传统向现代研究转变的过程。这种转变应当归功于美国宏观经济学家莫迪尼亚尼和财务专家米勒，他们于1961年合作发表的经典论文《股利政策、增长和股票估价》中提出了著名的"股利无关论"，从而奠定了现代股利理论的基石。在此后的40多年里，股利理论得到进一步的丰富和发展，并逐渐成为公司金融学的重要内容之一。本章主要讲述了公司的股利理论、股利政策、股票股利、拆股和股票回购等相关知识。

11.1　股利理论

在20世纪60年代到70年代，西方股利之争主要集中在股利政策与股票价格是否有关的研究上，其观点主要有以戈登等为代表的"一鸟在手"理论和以米勒和莫迪格利安尼为代表的股利无关论。"一鸟在手"理论认为股利会引起股价变化，MM理论则认为股利不会引起股价变化。经过激烈的论战后，MM理论在其严格的假设条件下基本为理论界所接受，然而在现实经济生活中，却很少有公司信奉MM股利无关论并采用相应的股利政策。为了解释理论与实务的矛盾，西方学者分别从不同的角度、运用不同的方法进行了大量的理论和实证研究，因此，进入20世纪80年代，股利之争主要集中在股利为什么会引起股票价格变化，其中有税收理论、信号理论、代理理论和行为理论等。这些观点一方面从放松MM理论股利无关论的假设条件着手，另一方面引进相关学科研究成果，改变了传统理论的思维方式和分析方法，极大地扩展了财务学家的研究视野，从而使股利政策问题的研究在"量"和"质"上均产生很大的飞跃。

11.1.1　传统股利理论

西方公司股利理论的研究最早是和证券估价分析联系在一起的，很少作为专门的研究领域进行分析。一般研究认为，投资者更喜欢现金股利，而不喜欢将利润留给公司。

对投资者而言，现金股利是确定已实现的，是"抓在手中的鸟"，而公司留存收益用于再投资所产生的资本利得是不确定的，是"躲在林中的鸟"，随时可能飞走。既然现在的留存收益不一定转化为未来的股利，那么，在投资者看来，公司分配的股利越多，公司的市场价值也就越大。这种观点被形象地称为"一鸟在手"理论。

1. 股利重要论

根据"一鸟在手"理论，投资者对于股利的偏好胜过资本利得。在这种观点的影响下，当公司提高其股利支付水平时，证券投资的风险水平降低，根据收益和风险对等原则，投资者投资的必要报酬率降低，意味着公司权益资本的成本降低，使得公司价值增加，公司股票价格就会上升；反之，当公司削减或停发股利时，投资者风险加大，从而要求提高必要的报酬率以补偿由此带来的额外风险，最终导致股票价格下降。

因此，股利政策与企业价值是相关的，而且股利支付水平与股价呈正相关。由此得出结论，企业若要追求股价最大化，则必须保持高股利支付政策。这样，"一鸟在手"理论在公司财务中就成为股利重要论。

西方研究学者戴斯（D.A.Dace）和埃特曼（W.J.Eterman）也认为，股东购买股票的目的是为了获得股利。他们认为股份有限公司赋予股东三个基本权利：(1) 参加公司的经营决策权；(2) 剩余财产分配权；(3) 股利请求权。随着现代证券流通市场的发展，中小股东越来越多，但大部分的股东都没有参与企业经营的打算，购买股票也不是为了分配公司的剩余财产，因此，购买股票在于获得股利。而且股利的多少取决于企业收益，实际上，股东购买股票就是买进对企业现在和将来收益的请求权。

2. 威廉斯模型

威廉斯认为，股票价值应等于固定未来收益的全部股利的现值之和，即：

$$V_0 = \sum_{t=1}^{\infty} \frac{D_t}{(1+k)^2} \tag{11-1}$$

上式中，V_0 为股票价值；

D_t 为 t 期股利；

k 为折现率。

该式即为股利贴现模型的基本形式。如果股利政策不同，将得到不同的模型。

（1）股利零增长模型

假定企业采用固定股利支付政策，即各期股利支付额相等，均为固定值 D。此时，$D_t = D$（$t=1, 2\cdots$），则式（11-1）可转化成：

$$V_0 = \frac{D}{K} \tag{11-2}$$

(2) 股利稳定增长模型

假定每期的股利支付额在基期股利的基础上，按固定比率 g（g 为常数），且 $0<g<k$，则有 $D_t = D_0(1+g)^t$，则式（11-1）可转化成：

$$V_0 = \frac{D_1}{k-g} \tag{11-3}$$

从式（11-2）（11-3）可以得出两点结论：①股票价格与股利支付率呈正相关，每期股利支付额越多，股价越高；反之，则越低。②在折现率相同的条件下，股利稳定增长的股票价格要高于固定股利的股票价格。

3. 华特模型

加利福尼亚大学教授华特假设，公司仅使用内部融资（$E-D$）留存收益的增值部分以股利形式支付给股东；留存收益再投资报酬率 R 和市场资本成本（即贴现率）k 保持不变。在这些假设条件下，股票价值为：

$$V = \frac{D + \frac{R}{k}(E-D)}{k} \tag{11-4}$$

显然，如果将利润全部分配给股东，则该式等价于威廉斯模型中的零增长情况。在使用内部融资中，存在以下三种情况：

(1) 如果 $R>k$，表示再投资报酬率高于折现率，股利分配越少，股票价值越高。股利支付率为零时，股票价值最高。此时，企业可将利润留存下来，用于高报酬的投资项目，显然适用低股利支付政策。

(2) 如果 $R=k$，则 $V=E/k$，即在再投资报酬率和折现率相同时，股票价值与股利政策无关。在这种情况下，由于投资者可采用与企业投资报酬率相同的方案，因而企业支付股利与否不影响投资者的财富总额。

(3) 如果 $R<k$，即再投资报酬率低于折旧率，股利分配越多，股票价值越高。股利支付率为100%时，股票价值最高。此时，企业应尽可能投资高报酬的投资项目，提高分红比例股利。此时适用高股利支付政策。

华特模型的实质是根据企业的投资机会来决定其股利政策。从企业的生命周期看，上述三种情况分别相当于企业处于增长、成熟、衰退阶段，因而可针对不同阶段分别采用低股利支付政策、自由股利支付政策和高股利支付政策。

4. 戈登模型

戈登（Gordon）是"一鸟在手"理论最主要的代表人物。在威廉斯模型的基础上，戈登考虑了一系列假设条件，对股利贴现模型进行了进一步完善。这些假设条件如下：

（1）无外来资金用于再投资，留存收益是企业扩大再生产的唯一来源。

（2）企业的再投资报酬率为r，且保持不变。

（3）企业的资本成本（即贴现率k）保持不变。

（4）没有税收。

（5）企业永续经营，即$t\to\infty$。

（6）企业的股利增长率保持不变。

（7）企业的资本成本与股利增长率的关系不变，即$k>r$。

（8）企业的股利支付率（$1-b$）保持不变。

在以上这些理论假设基础上，可推导出股票的价值为：

$$V=\frac{D_0(1+g)}{k-g} \tag{11-5}$$

（D_0为第一期股利）

不难看出，戈登模型是威廉斯股利稳定增长模型的另一种表达形式，其结论和华特模型的结论也是一致的。但是对于$R=k$的情况，戈登认为，在放松k保持不变的假设之后，股利政策仍然会影响企业的股票价格。根据"一鸟在手"理论的常识，投资者更加注重当前的既得利益，因此，资本成本随股利政策而变。在股利下降时，投资者会相应提高其预期的投资报酬率（即企业的资本成本），并相应改变股票的价格。

人物简介

麦伦·戈登

麦伦·戈登教授1920年出生于美国纽约。从1970年开始，他一直在多伦多大学担任理财学教授。麦伦·戈登教授1941年毕业于美国威斯康星大学，获经济学学士学位；1947年和1952年分别获哈佛大学经济学硕士学位和博士学位。20世纪50年代后期，麦伦·戈登对不确定条件下的资产估价理论及使公司价值最大化的投资和理财政策方面的问题越来越感兴趣。

在这段时间里，戈登完成了他迄今为止最有影响力的一部著作——《投资、融资和公司价值》(The Investment, Financing and Valuation of the Corporation)。在这部著作中,最令人瞩目的就是著名的戈登股利增长模型和"一鸟在手"理论。在大多数理财学和投资学方面的教材中,戈登模型是一个被广泛接受和运用的股票估价模型。股利增长模型被麦伦·戈登教授得以推广,因此被称为"戈登模型",这个模型几乎在每一本投资学教材中都会出现。纽约大学教授Aswath Damodaran在他所著的《投资估价》一书中写道:"从长期来看,用戈登模型低估(高估)的股票胜过(不如)风险调整的市场指数。"尽管任何一种投资模型都不可能永远适用所有股票,但戈登模型仍被证明是一种可靠的方法,用以选择那些从总体上看长期走势较好的股票。它应该是投资者用来在其投资组合中选择某些股票时运用的有效工具之一。

11.1.2 现代股利理论

1. 股利无关论

股利无关论认为,在严格的假设条件下,股利政策不会对公司的价值或股票价格产生任何影响。因此,单就股利政策而言,既无所谓最佳,也无所谓最差,它与企业价值不相关。一个公司的股价完全被其获利能力所影响,与公司的利润分配政策无关。

股利无关论的主要内容如下:

(1)投资者并不关心公司的股利分配。如果公司留存较多的利润用于再投资,会使得公司股票价格上升。此时,尽管股利较低,但需要现金的投资者可以出售股票。若公司发放较多的股利,投资者又可以用现金再买入一些股票以扩大投资。这两种方式表明,投资者对股利和资本利得并无偏好。

(2)股利的支付比率不影响公司的价值。既然投资者不关心股利的分配,公司的价值就完全由其投资的获利能力决定。公司的盈余在股利和保留盈余之间的分配并不影响公司的价值(即使公司有理想的投资机会且支付了高额股利,也可以募集新股,新投资者仍会认可公司的投资机会)。

(3)企业的股票价格与股利政策无关。企业具体如何分配实现的税后利润,与企业的价值没有直接联系。将税后利润用于派发股利或留存于企业,两者间并无差别,因为实现的税后利润总额或总水平已经反映在股票的市场价格上。如果企业支付股利,必然造成普通股票市场价值的下降,而下降的额度与股利支付额恰好相等,也就是说,支付股利后的股票市价与股利支付额之和等于不支付股利情形下的股票市价。

(4)股票持有者能够通过"自制股利"取代企业股利。自制股利(homemade

dividends）是指股票持有者定期出售股票以取得利润。如果股票持有者需要现金，即便他察觉到当期股利的风险小于未来股利的风险，也会卖掉持有的部分股票以换取现金。

尽管股利无关论的前提条件过于脱离现实，使其结论与现实情况不吻合，但正是这些严格的假设条件成为现代股利理论研究的主要内容和线索，使得后来的理论，如税收理论、信号理论、代理理论等的研究重点，都建立在放松这些假设条件后的不完善市场上。

2. 税收偏好理论

有三个税收方面的原因会造成投资者偏好较低的股利政策：（1）资本收益的个人所得税税率一般来说要比股利低，因此对于富有的投资者来说，他们更偏好于公司留存收益，留存收益的增加导致股价上升，能在一定程度上减轻他们的税收负担。（2）资本利得税的缴纳是在股票被出售时，因此股东就有时间作出对自己有利的选择；同时，由于资金时间价值的影响，股东还可享受延迟纳税的好处。（3）如果股票被赠送给慈善机构或者投资者去世，资本利得税也就被免除。鉴于这些原因，投资者显然更偏好于实行低股利支付率公司的股票。

由于股利无关论、"一鸟在手"理论和税收偏好理论这三种股利理论都建立在同样严格但却有所不同的前提假设之上，因此它们得出了相互矛盾的结论。股利无关论假定股票价格和权益成本都不受股利分配政策的影响；"一鸟在手"理论假定投资者偏爱股利，因此，公司分配的股利越多，股价就越高，相应地，权益资本成本就越低；而税收偏好理论则假定投资者更偏好于公司保留盈余，因此，股利分配率越高，股价就越低，相应地，权益成本就越高。对三种理论实证检验的结果并未说明哪种理论的解释力度更强一些。因为人们很难找到大量除股利分配政策外几乎完全一样的公司作为样本，也无法准确地衡量公司的权益成本。

3. 信号理论

当市场信息对称时，所有的市场参与者（包括公司自身在内）都能获得相同的信息。然而，现实中的信息是不对称的。例如，在产品市场，卖者对本产品质量的了解通常比买者多；在信贷市场，借款人向贷款人更多地保留信息；在保险市场，投保人比保险公司更清楚所投保财产的风险状况。与产品市场相似，股利信号理论学派认为，在信息不对称的情况下，公司管理层了解投资者无法知道的内部信息。公司管理者与投资者之间的信息差异将导致股价所反映的公司经营状况滞后于实际经营情况。而通过保持定期发行稳定增长的股利，管理层向股东表明：在可预见的未来，公司能够连续保持较为稳定的股利支付率。那么，投资者一般就会对公司未来的盈利能力与现金流量报有较为乐观的预期。

4. 代理成本理论

MM理论的假设条件中包含公司投资者与经营者之间的利益完全一致，经营者致力于使股东财富最大化，这意味着公司经理们和股东之间不存在代理问题。即使双方之间产生利益冲突，股东也可以通过强制履约的方式迫使经理们遵循股东利益最大化的原则。如果管理者不努力使股东财富最大化，则外部股东将对该公司失去信心并抛售股票，导致公司市场价值降低，最终被兼并或收购。新的投资者通过购买股票控制公司，然后更换管理层；另外，完全竞争的经理市场也使投资者比较容易替换不称职的管理者，公司股东可以随时寻找能更好地为股东利益服务的管理者以替换原有的管理者，被解聘的管理者将很难在完全竞争的经理市场上再次被雇用。

然而实际生活中，投资者（即委托人）无法轻易地观察或控制经营者（即代理人）的行为，导致经营者在机会主义动机的驱使下表现出明显的自利倾向，有时甚至不惜以牺牲投资者的利益为代价来实现自身利益。

股利分配的代理理论认为，适当的股利政策有助于保证经理们按照股东的利益行事。所谓适当的股利政策，是指公司的利润应当更多地支付给股东，否则，这些利润就有可能被公司的内部人所滥用。较多地派发现金股利至少有以下几点好处：

（1）公司管理者要将公司的很大一部分盈利返还给投资者，于是其自身可以支配的"自由现金流"（free cash flow）就相应减少，这可以在一定程度上抑制公司管理者过度地扩大投资或进行特权消费，进而保护外部股东的利益。

（2）由于自由现金流的减少，为了满足新投资的资金需求，可能迫使公司重返资本市场进行新的融资，如再次发行股票。这样，公司更容易受到市场参与者的广泛监督。例如，银行等债权人要仔细分析公司的经营状况，预计未来发展前景；证券交易委员会将要求对新发行证券的详细资料进行审查并向投资者公布。公司股东也可以通过观察这些资料，获得更多的信息，了解外部对经理人员业绩和未来前景的评价。实际上，股利支付成为一种间接约束经理人员的监管机制。

（3）再次发行股票后，公司的每股税后盈利被摊薄，公司若要维持较高的股利支付率，则需要付出更大的努力。这些均有助于缓解代理问题，并降低代理成本。

11.1.3 行为理论

进入20世纪80年代，以米勒、塞勒、谢弗林和史特德曼等为代表的学者将行为学引入并应用于股利政策研究中，着重从行为学的角度探讨股利政策。其中，代表性的观点有理性预期理论、自我控制理论和不确定性下选择的后悔厌恶理论等。

1. 理性预期理论

理性预期（rational expectation）理论认为，市场对管理层行为作出的反应，不仅取决于其行为本身，更取决于投资者对管理层决策的预测。在临近管理层宣布下期股利之时，投资者通常会根据对公司内部若干因素（如以前的股利、目前及预期利润、投资机会和融资计划等）和外界因素（如宏观经济环境、行业景气程度、政策可能的变化等）的分析，对股利支付水平和支付方式作出种种预测。当股利政策真正宣布时，投资者会将它与其预测进行比较：（1）如果两者相同，即使宣布的股利比前些年高，股价也不会变化；（2）如果宣布的股利高于或低于预测水平，投资者就会重新估计公司及其股票价值，审查预料之外股利变动的原因。也就是说，如果公司宣布的股利政策与投资者预期的股利政策存在差异，股票价格很可能会发生变化。

公司管理者认为，那些稳定支付现金股利的公司因为受到投资者的欢迎，其现金股利存在溢价；而投资者对公司增加和减少现金股利的态度具有不对称性。因此，为了迎合投资者的股利偏好，公司应尽可能稳定现金股利的支付水平，不能轻易提高或降低。

2. 自我控制理论

自我控制（self-control）理论和后悔厌恶理论都不是以效应最大化为基础的研究，而是从行为学角度解释人们为什么偏好现金股利。自我控制理论认为，人类的行为不可能是完全理性的，有些事情即使会带来不利后果，人们还是不能自我控制，如吸烟、酒后驾车等。大多数人一方面对未来有着长期规划，另一方面又存在对当前需要的渴求。这种内在的冲突要求他们通过自我意识来控制当前短期行为，以符合长期发展的需要。实现自我控制的方法有两种：一种是运用个体自身坚强的意志力，修正当前行为，但是现实生活中，很多人似乎缺乏这种必要的意志力，于是他们往往求助于另一种外在的规则来限制自身对某种短期行为的诱惑。对投资者来说，将预备用于未来之需的资金购买股票，而只是将股利（而非动用资本）用于当前消费支出，可大大降低由于意志薄弱带来的资本损失。

3. 后悔厌恶理论

后悔厌恶（regret aversion）理论是指在不确定的条件下，投资者在作决策时会把现时情形和已经选择的情形进行对比，如果他们认为当时放弃的选择对于现在而言会有更好的境地，则会感到后悔。相反，如果当时的选择得到了较好的结果，他就会感到欣喜。

11.2 公司股利及股利分配政策

11.2.1 股利

股利（dividend）是指公司股东从公司取得的利润，通常以股东投资额为分配依据。股利一般包括现金股利、股票股利、债券股利和财产股利四种。现金股利亦称派现，是股份公司以货币形式发放给股东的股利；股票股利也称为送红股，是指股份公司以增发本公司股票的方式代替现金向股东派息，通常是按股票的比例分发给股东；债券股利是指以本公司所发行的债券作为分配的股利。财产股利是指以现金以外的其他资产支付股利的方式，如实物股利、证券股利等。

1. 股利支付率

股利支付率（payout ratio）是指公司在一定期间内向股东支付的现值股利与当期税后利润之比。它反映了在公司当期实现的净利中支付股利所占的百分比。股利支付率也可以用于比较不同时期、行业公司股利的支付情况，该指标也反映了公司实现的收益在股东和公司之间的分配关系。

2. 每股股利

每股股利（dividend per share）是指公司当年现金股利支付额与流通在外普通股股数的比值，它反映了每一股份的股利收益。

3. 股利收益率

股利收益率（dividend yield）是指公司每股股利与每股股价的比值，反映股东单位投资的获利能力。

11.2.2 现金股利的支付程序

公司可以以多种形式向股东派发股利。现金股利是最普遍的一种股利分配形式。现金股利的发放次数，在不同国家，可能呈现很大的差异。我国的股份公司通常一年发放一次股利，而在美国，股利通常按季度支付。

在股利支付的程序中有几个特别重要的日期，它们是公布日、登记日、除权日和支付日。下面先以美国H公司为例 说明股利支付的流程和这几个重要日期，然后再讨论我国的情况。

1. 股利宣告日（declaration day）

股利宣告日是公司将股利支付情况予以公告的日期。公告中将宣布每股支付的股利、股权登记期限、股利支付日期等事项。例如，在2005年11月11日，H公司发布公告称"H公司决定支付每股0.6美元的正常季度股利，并于同年12月8日对持有人进行登记，2006年1月5日支付"，则2005年11月12日为公布日。

2. 股权登记日（holder-of-record date）

股权登记日即有权领取本期股利的股东资格登记的截止日期。凡在登记日之前（包含登记日当天）在股东名册上有记录的股东，才有权分享本次股利。而在这一天之后才列于公司股东名单上的股东，将得不到此次发放的股利，股利仍归原股东所有。例如，根据H公司所公布的股利发放方案，当2005年12月8日登记工作结束时，公司将制作股东名单,这些人将有资格获得此次股利,而于2005年12月9日及以后获得H公司股票的投资者,则无资格获得该次分发的股利。

3. 除权日(ex-dividend date)

除权日即指领取股利的权利与股票相互分离的日期。在除权日之前(不含除权日)购买的股票可以得到将要发放的股利,在除权日之后及当天购买的股票则无权得到股利。这是由于股票交易与过户之间需要一定的时间,因此,只有在登记日之前一段时间购买股票的投资者,才有可能在登记日之前列于公司股东名单上。所以需要规定一个在登记日之前的工作日为除权日。在现代发达的交易系统下,股票买卖交易的当天就可办理完交割过户手续,在"T+0"这种交易制度下,股权登记日的前一日即可为除权日。但美国证券业的惯例是登记日两个交易日之前,股利所有权是依附于股票上的,而在登记日之前的两天,股利所有权不再依附于股票。所以根据H公司2005年11月12日公布的股利支付方案,2005年12月6日为除权日。如果投资者玛丽于2005年12月7日从布朗处买了1000股H公司的股票,那么玛丽和布朗究竟谁能获得H公司此次分派的股利?由于除权日为12月6日,所以在12月5日及其之前股利所有权仍依附于股票,但从12月6日起,此次股利的所有权已脱离股票,所以玛丽无法获得每股0.6美元、共计600美元的现金股利,这600美元的现金股利应由布朗获得,因为布朗是正式登记的股票持有人。

除权日的开盘价不一定等于除权价,除权价仅是除权日开盘价的一个参考价格。当实际开盘价高于这一理论价格时,就称为填权,在册股东即可获利;反之,实际开盘价低于这一理论价格时,就称为贴权,填权和贴权是股票除权后的两种可能,它与整个市场的状况、上市公司的经营情况、送配的比例等多种因素有关,并没有确定的规律可循,但一般来说,上市公司股票通过送配以后除权,其单位价格下降,流动性进一步加强,上升的空间也相对增加。除权日对股票价格有着非常明显的影响,在除权日之前进行的股票交易,股票价格中包含该次发放股利的价值,除权日之后进行的股票交易,股票价格中已不包含股利的价值,因此,除权日的股票价格一般要低于除权日之前的股票价格。在没有所得税的完善的资本市场上,股票价格下跌的幅度应与股利支付额相等。但现实中,除权日的开盘价不一定等于除权价,除权价仅是除权日开盘价的一个参考价格。假如2005年12月5日H公司股票的收盘价为55美元,则12月6日(周二)股票的开盘价为54.5美元。由于绝大多数投资者都要缴纳所得税,所以股价的下降往往低于股利额。

4. 股利支付日(payment day)

股利支付日即向股东发放股利的日期。

我国上市公司支付股利的流程以及几个重要日期的含义与美国基本相似,不同的是,在我国,除权交易日是指股权登记日后的第二个交易日。美国与我国股利分配的公布日、除权日、登记日和支付日的关系如图11-1所示。

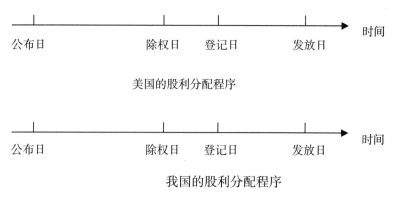

图11-1 股利分配程序图

11.2.3 股利分配政策

股利政策是指公司管理层对股利分配有关事项所制定的方针与决策。常见的公司股利政策主要有以下几种：

1. 剩余股利政策

剩余股利政策是指股份有限公司生产经营所获得的盈余先满足有利可图的投资项目的资金需要的政策，如有剩余，才派发股利；如没有剩余，则不派发股利。得到市场认可的具有良好发展前景的高增长公司，更适合采用该政策。

采用剩余股利政策的先决条件是公司要有良好的投资机会，并且该投资机会的预期收益率高于股东要求的必要收益率，这样，股东才愿意接受被投资公司将净利润优先满足公司投资需要的前提下，再将可能剩余的部分发放现金股利，甚至不发放股利。

采取剩余股利政策的公司，一般按以下步骤进行：

（1）制定公司最优的目标资本结构，使得在此结构下的加权平均资本成本最低；

（2）根据最优目标资本结构，确定满足资金需求所需增加的股东权益数额；

（3）先使用公司内部资金，只有当内部资金充分利用后，才考虑外部融资；

（4）将公司盈余先用于满足公司下一年度的资金需求，剩余部分才用于分发股利。

例如，A公司某年税后净利为1500万元，下一年的投资计划是要追加投资2000万元，该公司的目标资本结构为权益资本占60%，负债资本占40%。按照目标资本结构计算出投资方案需追加的权益资本数额为2000×60%=1200万元。此数额比当年实现的净利润1500万元少，因此，该公司应确定留存收益1200万元，以满足投资所需追加的权益资本的需要后，剩余部分为300万元，可用于发放现金股利给股东。如果投资所需追加的权益资本大于该公司当年实现的净利润1500万元，则该公司应将当年实现的净利润1500万元全部留存，不发放现金股利，其差额部分还需依靠发放新的股票筹资来满足投资需要。

当公司没有投资机会，无须追加投资时，该公司的1500万元净利润可全部用于发放现金股利；当投资机会需要追加资金总额2500万元时（含权益和负债），则该公司当年实现的1500万元净利润正好满足所需追加的权益资金2500×60%=1500万元，全部留存盈余，不得分配股利；当该公司投资机会需追加资金总额超过2500万元时，则该公司当年实现的1500万元净利润还不能满足需要，则1500万元净利润全部用于留存后，其不足部分需依增发新股票筹集资金来维持。对股东来说，采用剩余股利政策的好处是，少分配现金股利或不分配现金股利可以避免股东缴纳较高的股利所得税，保证股东尽量缴纳较少的股利所得税，可推迟缴纳所得税或以后多发现金股利。

由于该公司有良好的投资机会，股东会对公司未来获利能力有较好的预期，因而，其股票价格可能会上升。这时，股东可以通过出售手中的股票获得资本利得。这样，股东只需缴纳比现金股利更低的所得税，目前，在我国甚至还不需要缴纳资本利得所得税，并且也不会影响老股东的控制权。因此，剩余股利政策一般会受到持股比例较大，股利收入较多的大股东们的欢迎。对于公司本身而言，良好的投资机会所需资金通过留存收益解决，一方面简便易行，减少筹资工作量；另一方面，节约了筹资费用，降低了资本成本。如果公司不通过留存收益满足投资所需的资金，而是通过重新发行股票筹资，则可能增加较多的筹资成本，甚至影响原股东的控股比例。

例1 SOUHI公司现有盈利1800000元。该公司的目标资本结构为30%的负债和70%的权益。目前，公司面临三个互斥的投资机会可供选择，三个投资项目所需的投资支出分别为1500000元、2400000元和3200000元。若执行剩余股利政策，采纳不同的投资项目将导致不同的股利支付率，如表11-1所示。

表11-1 SOUHI公司采纳不同投资项目的股利支付率

	项目1	项目2	项目3
资本支出预算额（元）	1500000	2400000	3200000
现有留存赢利能力（元）	1800000	1800000	1800000
资本预算所需权益资金（元）	1050000	1600000	22413000
股利发放额（元）	750000	12000	-
股利支付率（元）	41.70	6.70	-

由于投资机会和盈利都是不确定的，所以严格遵守剩余股利政策可能导致股利变化非常不稳定。不稳定的股利支付将传递给市场不乐观的预期。为避免不利的信号作用，公司可以根据其长期发展战略，对未来若干年的盈利和投资机会进行分析预测，利用剩余股利模型计算出每年的股利支付额和支付率，然后根据平均数制定未来若干年的目标股利支付率。它被用来指导公司的长期股利支付目标，而非具体某年的股利政策。

2. 固定股利额政策

固定股利政策是指公司将每年派发的股利固定在某一特定的水平上，在一段时间内，无论公司的盈利情况和财务状况如何，派发的股利额均保持不变的政策。执行该政策的公司每年发放的股利额保持不变，但考虑到通货膨胀等因素，通常保持适度的增长，只有当公司未来盈余显著且不可逆转地大幅度增长时，公司才会提高股利发放额。也就是说，要以确定的股利分配额作为股利分配的首要目标优先予以考虑。

采取固定股利政策的主要优点有：

（1）给投资者一个稳定的预期，增强投资者对公司的信心。稳定的股利传递公司经营稳定的信息，若公司盈利下降，但仍保持稳定的股利，则向外界传递的信息是公司的状况并不像利润下降那么严重。

（2）固定股利政策还有利于吸引和稳定希望以稳定股利为固定收入来源的投资者。

（3）固定股利有利于投资者计划安排收支。

但是，由于公司的盈余不是固定的，因此，这种股利政策的缺点是容易造成公司在具体某一年份的股利和盈余脱节，导致财务状况恶化，使公司承担较大的压力。这就要求采取这一政策的公司对未来的支付能力作出较好的判断，在确定固定股利额水平时要留有余地，以免因执行此政策而使公司陷入困境。

3. 固定股利支付率政策

固定股利支付率是指公司确定一个固定的股利支付率，每年按此比例向股东支付股利的政策。它与剩余股利政策的支付相反，是先考虑派发股利，后考虑保留盈余。这一政策的支持者认为，对公司而言，这才是一种真正的稳定股利政策，体现了多盈多分的原则。而且，采用固定比例股利政策使得股利和公司盈利紧密相连，真正体现风险投资与风险收益对等的原则，同时不会增加公司财务压力。但其缺点也显而易见，由于公司盈余是变化的，采取这种股利支付政策容易造成公司各年度实际支付的股利不稳定。

4. 低正常股利加额外股利政策

低正常股利加额外股利政策是指在一般情况下，公司每年只支付数额稳定的低正常股利；但在盈余多的年份，再根据实际情况加付额外股利的政策。采取这一政策的公司通常维持一个在任何情况下都能够支付的较低的股利额，当公司盈余情况较多时，再支付额外的临时股利。由于投资者并未意识到未来可能得到这笔临时的额外股利，所以就不会把发放这笔额外的临时股利当成公司未来盈利上升的信号，也不会把没有得到额外股利当成不利的信号。这种股利政策为公司在决策中提供了一定的灵活性，特别是对那些盈利和资金需求浮动大的公司而言，能够提供较大的灵活性。福特、通用等汽车公司就曾长期采用这种股利支付政策。

低正常股利加额外股利政策吸收了稳定型股利的优点，使公司在股利发放上留有余地和较大的财务弹性。但它的缺点是当公司较长时间一直发放额外股利后，股东可能误以为这是正常股利，一旦取消额外股利，容易造成企业财务状况恶化的错觉，使得股价下跌。

（1）低正常股利加额外股利政策的优点

① 低正常股利加额外股利政策赋予公司一定的灵活性，使公司在股利发放上留有余地并具有较大的财务弹性，同时，每年可以根据公司的具体情况，选择不同的股利发放水平，以完善公司的资本结构，进而实现公司的财务目标。

② 低正常股利加额外股利政策有助于稳定股价，增强投资者信心。由于公司每年固定派发的股利维持在一个较低的水平上，在公司盈利较少或需用较多的留存收益进行投资时，公司仍然能够按照既定承诺的股利水平派发股利，使投资者保持一个固有的收益保障，这有助于维持公司股票的现有价格。而当公司盈利状况较好且有剩余现金时，就可以在正常股利的基础上再派发额外股利，而额外股利信息的传递则有助于公司股票股价的上扬，增强投资者信心。

可以看出，低正常股利加额外股利政策既吸收了固定股利政策对股东投资收益的保障优点，同时又摒弃其对公司所造成的财务压力方面的缺点，所以在资本市场上颇受投资者和公司的欢迎。

（2）低正常股利加额外股利政策的缺点

① 由于公司各年份的盈利波动使得额外股利不断变化，导致分派的股利不同，容易给投资者造成公司收益不稳定的感觉。

② 当公司在较长时期持续发放额外股利后，可能会被股东误认为这是"正常股利"，而一旦取消了这部分额外股利，传递的信号可能会使股东认为这是公司财务状况恶化的表现，进而可能会导致公司股价的下跌。

11.2.4 影响公司股利政策的主要因素

稳定的股利政策通常比较受欢迎，因为它起码能给投资者一个比较稳定的预期，这里的稳定是指股利支付水平不应该与大多数投资者的预期相差甚远。但是，影响公司股利支付水平及其稳定性的因素错综复杂，公司需要在综合考虑种种约束因素的基础上制定最优的股利政策。以下是影响公司股利政策制定的最主要的三个因素。

1. 公司的现金流量

股利的发放需要资金，现金流量便变成了决定股利政策的重要因素。制定股利政策时，公司一般都要对未来几年的现金流量进行预测，以便能制定比较稳定的股利政策。

公司的经营状况是现金流量的主要保证，因公司的股利一般只能从纯利中支付，所以公司经营状况的好坏直接影响公司的股利政策。长期亏损的公司很难制定令投资者比较满意的股利政策，只有盈利，才是股利的根本保证。盈利能力较强的公司可以考虑采取较高的现金股利政策。

公司的偿债能力和筹资能力直接影响现金流量。如果公司有较强的筹资能力，可随时筹集到所需资金，那么就有较强的支付股利的能力。规模较大、获利丰厚的企业一般有较强的筹资能力，可以采取高现金股利的政策；而规模小、新创办的公司，往往要限制现金股利的发放，较多地保留盈余。借债同样会给公司带来现金流量，在必要的条件下，借债能够在短期内缓解公司现金流量不足的问题。但公司在借入长期债务时，债务合同对公司发放现金股利通常都有一定的限制，如对每股现金股利最高数额的限制，对发放现金股利时公司流动比率、速动比率的限制等，公司的股利政策必须受到债务契约的约束。另外，由于大量的股利分配会影响公司的偿债能力，因此，具有较高债务负担且偿债能力较弱的公司通常不能采取高股利支付的股利政策。

2. 公司的投资机会

投资机会是公司制定股利政策时考虑的重要因素之一。如果公司有大量的可以获利的投资机会，它就应该把这种信息传达给投资者，适当地降低股利支付水平，以保证公司发展的需要。不过，有时公司为了保持比较稳定的股利政策，也需要变通地对待投资机会，如加速或推迟项目的投资等。从企业的生命周期看，发展中的公司因有较多的投资机会而需要较多的资金投入，但外部筹资又不方便，公司就会保留较多的盈余，对所有者少付或不付股利，那些成熟期或是衰退期的公司由于投资机会不多，对资金的需求量不大，为使所有者权益最大化，公司往往采取高股利政策。

3. 法律法规的约束和限制

对于公司的股利支付，许多国家都制定了一系列法律、法规来加以限制，以免造成公司运作上的混乱。这些限制因素归纳起来，大致有以下四点：

（1）资本保全要求。该要求规定，公司不能因为股利的支付使公司资本减少。如果公司的资本已经减少或因支付股利而使公司资本减少，则这种股利支付就是非法的。这种要求因各国对资本的定义不同而在实施上有所差别。比如，美国有些州的公司法把资本定义为"普通股的账面价值"，而另一些州则把资本定义为"普通股账面价值与超过账面价值的注入资本之和"。因此，位于不同州的公司受此要求的限制就不一样。

（2）净利润要求。各国公司法一般都要求公司只能从纯利中支付股利，且在支付股利之前还必须提取一定比例的法定储备金。但是，美国有些州的公司既可用公司的"实收盈余""再估价盈余"及"减少盈余"支付股利，也可以从申报股息的财政年度及上一财政年度的纯利中支付。

（3）保证偿付要求。如果公司无力清偿到期债务，或因支付股利后会导致企业丧失偿债能力，那么该公司就无法支付股利。因为在公司偿债能力丧失的情况下，如果允许支付股利，就会诱使公司通过股利支付减少公司资产，从而对债权人的利益形成较大冲击。

（4）限制超额利润的积累。在西方国家，所有者因股利收入或资本收益而缴纳的税收并非是按相同的税率征税，一般是对股利收入的征税高于资本收益。有些公司为了增加所有者的资本收益，常常采取高保留盈余的政策，对所有者少付或不付股利，一旦国家税务部门发现后就会对公司征收超额利润税。所以有国外学者认为，在公司投资机会不多时，最好对所有者支付股利。

11.2.5 合理的股利政策

财务业界对财务领域的认识程度深浅不一。例如，资本预算技术既权威又准确。用一个简单的净现值公式就可以准确地判断出数百万美元的项目是否应该投资。资本资产定价模型和套利定价模型有效地解决了预期报酬与风险之间的关系。

与此相反，人们关于资本结构知之甚少。尽管许多理论都认为公司价值与负债水平有关，但无法给出一个可用来计算公司最佳负债权益比的公式。实务界不得不凭经验行事，例如，将行业平均负债权益比作为企业的最佳比率。对于股利政策的认识或许与资本结构差不多。我们只是知道：

（1）不论有无个人所得税，公司都应该避免通过取消净现值大于零的项目，而将节约下来的现金用来发放股利的做法。

（2）存在个人所得税时，公司应该避免发行新股以发放股利。

（3）当公司面临的有利可图的新投资机会较少，而现金又十分充裕时，公司可考虑回购其股票。

根据前面的讨论，对于可供利用的现金流量来说，净现值大于零的项目较多的公司应该采取低股利支付率政策；相对于可供利用的现金流量来说，净现值大于零的项目不多的公司应该采取高股利支付率政策。此外，股利平滑化有一定的好处，大多数公司可以尽量避免不必要的股利变化。但是，不管怎样，目前仍然没有找到公式来计算最佳股利支付率。

案例分析

四川西昌电力股份有限公司股利政策分析

四川西昌电力股份有限公司(以下简称西昌电力)成立于1994年6月18日,于2002年5月30日在上海证券交易所上市。2017年底,公司总股本为364567500股,公司前三名股东分别为四川省电力公司、四川省水电投资经营集团有限公司、凉山州国有投资发展有限责任公司,持股比例分别为20.15%、18.32%、16.89%。西昌电力规模较小,总市值为24.5亿元(2017年12月31日数据),在64家电力行业上市公司中居于第58位。西昌电力毛利率、净利率与净资产收益率排名均处于20位以后,盈利能力一般。

西昌电力自2011年起每10股派发0.3元股息(含税),扣税后为0.27元(见表11-2),2011-2016年度一直实行固定的股利政策。2017年为每10股派发0.35元股息(含税)。西昌电力股利政策呈现三个特点:一是股利发放形式单一,为现金股利,不存在转股、配股及其他股利形式。二是股利发放具有连续性与稳定性,公司连年派发现金股利。三是股利支付水平较低,2011至2016年每股股利0.03元。2017年虽有增长,但增长后股利仅为0.035元。

表11-2 西昌电力2011—2017年度股利分红

分红年度	分红方案	股权登记日	除权基准日
2017年度	10派0.35元(含税)	2018年6月25日	2018年6月26日
2016年度	10派0.3元(含税)	2017年6月28日	2017年6月29日
2015年度	10派0.3元(含税)	2016年6月21日	2016年6月22日
2014年度	10派0.3元(含税)	2015年6月5日	2015年6月08日
2013年度	10派0.3元(含税)	2014年6月19日	2014年6月20日
2012年度	10派0.3元(含税)	2013年6月17日	2013年6月18日
2011年度	10派0.3元(含税)	2012年7月2日	2012年7月03日

数据来源:根据上市公司年报整理。

我国股市一直以来受国家政策性因素的影响,这是由我国国情决定的,股市目前仍处于不成熟阶段,"政策市"的演进是一个长期的过程,而且还将长期对股市产生重大影响。西昌电力也不例外,它除了具备一般特性外,还兼具"政策市"等特点。西昌电力在国内股市刚起步时,股利分红还是很可观的。在大的国有企业成为股东后,尽管派发的是现金股利,但它的分红一直处于低水平。

上市公司根据外部环境与公司内部条件决定适合本公司的股利政策,股利政策影响因素即选择某种特定的股利政策时加以考虑的因素。笔者从法律环境、公司规模、公司财务状况及公司股权结构四个方面分析西昌电力实行固定股利政策的影响因素。

我国证券市场起步晚,发展尚未成熟,上市公司制定的股利政策可能会侵害股东利益。证监会于2000年起,将发放现金股利作为公司在公开资本市场再融资的条件。政策的颁布对进一步规范上市公司,保护股东权益起到了积极作用。西昌电力制定的《公司章程》第155条规定:"公司在现金流能满足公司正常资金需求和可持续发展的情况下,可以进行现金分红。如实施现金分红,其比例不低于最近三年累计实现的年均可分配利润的30%。"

公司规模与现金股利呈正相关关系,上市公司规模越大,现金股利发放水平越高。电力行业上市公司多为国家控股,规模较大,声誉较高,更易筹措资金,有更大可能发放较多的现金股利。笔者以总市值作为衡量上市公司规模的指标,2017年12月31日的报告显示,西昌电力总市值为24.5亿元,与居于第一的长江电力总市值2994亿元相比有很大差距。2016年、2017年长江电力每股股利分别为0.40元、0.68元,远远高于西昌电力每股股利0.03元、0.035元。因此,西昌电力低股利政策与公司规模较小有关。

利润是上市公司股利分配的基础,一个公司的盈利能力影响着股利政策的制定。盈利能力越强的公司越倾向于派发股利。盈利的稳定性同样也对股利政策产生影响,稳定性越高,公司发放股利的可能性越大。表11-3是西昌电力主要盈利能力指标,由此可知,西昌电力盈利能力偏低,并且2013-2017年度各盈利能力指标总体呈下降趋势,西昌电力的盈利能力逐年下降。因此,西昌电力较弱的盈利能力对低股利政策的制定有一定影响。

表11-3 西昌电力2013—2017年度盈利能力指标

	2013年	2014年	2015年	2016年	2017年
总资产净利率(%)	3.54	3.26	2.98	2.38	1.83
销售净利率(%)	10.16	7.88	7.29	6.2	4.85
净资产收益率(%)	7.6	6.64	6.62	5.43	3.94
每股收益(%)	0.18	0.17	0.18	0.15	0.11

股权结构反映不同性质股份在股份公司总股本中所占比重。国有及法人股比例越高，上市公司派发股利的可能性越小。国有及法人股比例高的上市公司，股权较为集中的掌握在国家手中，存在股东缺位现象，管理层对公司的控制能力较强，为扩大投资，管理层倾向于将更多的资金留存在公司，减少股利分配。西昌电力由凉山州西昌电力公司改制设立，四川省电力公司为第一大股东，公司最终控股股东为国务院国有资产监督管理委员会。

上市公司股利政策的制定是多因素共同作用的结果。影响因素又分主要因素和次要因素，主要因素对股利政策的制定起主导作用。一是不同行业上市公司因所处行业的特殊性，股利政策的制定可能会与一般公司遵循的理论机制相悖。二是分析股利政策离不开国内实际情况。因此，结合国情研究特定行业的股利政策及影响因素具有较强的现实意义。

国家放宽公司上市所有制限制。我国电力行业上市公司多为国有企业改制形成，国有股比例较大。由于国有股不能上市交易，上市公司的发展受到限制。因此，国家应加大股市的开放力度，合理放宽民企、外企的准入政策，在保持国有股比例相对控股的前提下，适当减持国有股，进一步促进股市的良性发展。

目前，我国电力行业上市公司股利分配呈现盈利不分、分配少的特点，不利于股东财富最大化目标的实现。为切实保护投资者利益，一方面，监管机构应出台相关政策以引导上市公司制定更为合理的股利政策，如规定上市公司发放股利的最低标准及应当披露的具体信息。另一方面，监管机构应积极履行自身职能、加强监管力度，规范上市公司的股利分配行为。当前，一些公司股权结构不合理，经营业绩差，严重影响公司融资和持续良性发展。因此，上市公司应通过股权结构优化，进一步提高公司经济效益，提高分红派息，以鼓励投资者对上市公司的长期投资，为公司长期发展提供资金支持。

同时，投资者应积极转变投资理念。我国证券市场起步晚，广大投资者没有经过专业培训，对股票投资的目的集中于赚取买卖差价，忽视上市公司的分红回报。投资者错误的投机理念影响了股市的健康发展，并给上市公司随意制定股利政策提供了可能。投资者应加强专业与法律知识的学习，转变投资理念，重视上市公司股利政策，促使公司实行适合自身的股利政策，实现投资者和上市公司的双赢。

11.3 股票股利、拆股与股票回购

11.3.1 股票股利

在具体操作中，股票股利往往是发行新股时无偿的增资配股，即股东不缴纳任何现金与实物的形式取得公司发行的股票，俗称送股。由于公司不向股东支付现金，因此不受赋税的影响。例如，"10送3"，就是指股东每持有10股股票将得到3股股票作为投资回报。"10送3派6"，则是指在"10送3"的基础上，每股再分发0.6元人民币的现金股利。

股票股利支付后，企业的资产总额不变，负债总额不变，股东权益总额也不变，但股东权益项目的内部结构发生了改变。从会计角度看，只是资金在股东权益账户之间进行了转移，并不导致公司现金的流出或流入。

例2 设盈讯公司发行在外的普通股数为100000股，每股面值为2元，每股市价为20元，现决定每10股股票送2股增发的股票，即增加20000股的普通股。公司现有保留盈余1000000元。那么，发行股票股利前后的股东权益账面价值变化如表11-4所示。

表11-4 盈讯公司发放股票股利前后股东权益账面价值

	发放股票股利前	发放股票股利后
普通股股数	100000	120000
股本（面值）（元）	200000	240000
发行溢价（资本公积）（元）	400000	760000
保留盈余（元）	1000000	600000
权益资本总计（元）	1600000	1600000
每股账面价值（元/股）	16	13.33

随着股票股利的发放，按照每股市价，保留盈余中有40000元资金转入普通股股本，360000元转入股票发行溢价（资本公积）账户，公司的资产净值并未发生变化。但由于流通在外的股数增加了20%，每股账面价值和每股盈余也将按比例减少。假设预计公司当年税后利润为120000元，则发放股票股利之前每股盈余为1.2元（120000/100000），而在发放股票股利之后每股盈余降为1元（120000/120000）。因此，股票市价也会随之降低。严格地说，股价变化发生在除权日那天。由于市场对公司总价值的估计不会变，因此，若以D_s代表因股票股利而新增的股票比率，则发放股票股利前后的股价P_0、P_1应满足以下关系式：

$$P_0N_0=P_1N_1=P_1N_0(1+D_S) \tag{11-6}$$
$$P_1=P_0/(1+D_S) \tag{11-7}$$

根据式（11-7）计算得到盈讯公司在发放股票股利后的股价为：

$$P_1=20/(1+20\%)=16.67（元）$$

假如某股东原有1000股普通股，那么在发放股票股利之前，其持有股票的总价值为20000元，发放股票股利后，其持有1200股，但持有的股票的总价值仍然是20000元（16.67×1200）。

从理论上说，发放股票股利所引起的股价下跌的幅度应与账面价值下跌的幅度一致，但资本市场往往不是弱式有效或半强式有效的，所以股价下跌的幅度与账面价值下跌幅度的差别，主要取决于市场的反应程度。如果市场价格的下跌幅度小于账面价值的下跌幅度，股东将获益；但若市场反应太强烈，市价跌幅大于账面价值，则股东受损。

对公司来说，发放股票股利既不需要支付现金，又可以满足股东获取投资回报的需求，因此，它经常代替现金股利或者在现金股利之外额外发放。特别是在公司资金紧张、无力支付现金股利时，采取发放股票股利的做法不失为一种权宜之计。另外，公司发放股票股利还有一种出发点，即考虑公司当前股价太高不利于交易，通过发放股票股利产生降低股价以利于交易的效应。

11.3.2 股票分割

股票分割（stock split）又叫拆股，是指将股份公司用某一特定数额的新股，按一定比例交换一定数额流通在外的股份。例如，2对1股票分割是指股票面值减少1/2，股数增加1倍。

股票分割可起到以下作用：

（1）股票分割会使公司股票每股市价降低，买卖该股票所必需的资金量减少，易于增加该股票在投资者之间的换手，并且可以使更多的资金实力有限的潜在股东变成持股的股东。因此，股票分割可以促进股票的流通和交易。

（2）股票分割可以向投资者传递公司发展前景良好的信息，有助于提高投资者对公司的信心。

（3）股票分割可以为公司发行新股作准备。公司股票价格太高，会使许多潜在的投资者力不从心，从而不敢轻易对公司的股票进行投资。在新股发行之前，利用股票分割降低股票价格，可以促进新股的发行。

（4）股票分割有助于公司并购政策的实施，增加对被并购方的吸引力。

（5）股票分割带来的股票流通性的提高和股东数量的增加，会在一定程度上加大对公司股票恶意收购的难度。

例3 在例2中，假设盈讯公司决定进行每1股换2股新股的股票分割。那么，公司拆股前后的股东权益账面价值变化如表11-5所示。

表11-5 盈讯公司股票分割前后股东权益账面价值

	股票分割前	按1股分为2股拆股后
普通股股数	100000	200000
股本（面值）（元）	200000	200000
发行溢价（资本公积）（元）	400000	400000
保留盈余（元）	1000000	1000000
权益资本总计（元）	1600000	1600000
每股账面价值（元/股）	16	8

显然，从会计上看，股票分割仅仅是对股票的数量和面值作了调整。那么，对于公司来说，为什么要进行股票分割呢？下面的例子或许能够回答这个问题。

从盈讯公司的例子中，可以找出公司进行股票分割的两个最主要的理由：一是通过股票分割降低股价，达到提高股票的流动性、利于股票交易的效果；二是向股票市场和投资者传递公司增长潜力大和赢利前景良好的信息。

在很多情况下，公司都需要运用股票分割以迅速增加流通中的股票数量，降低每股股价。例如，它是公司进行兼并收购时经常采取的策略。当一个公司欲兼并另一个公司时，先将自己的股票加以分割，以增加公司股票对目标公司股东的吸引力。例如，甲公司准备通过股票交换兼并乙公司。若甲、乙两公司目前的股票市价分别为40元和4元，根据对双方公司价值的分析，甲公司认为以1:10的交换比率（即1股甲公司的股票换10股乙公司的股票）对于双方股东是公平合理的。但1:10的比例可能会使乙公司股东从心理上难以接受。为此，甲公司可先按1:5的比例对本公司的股票进行分割，然后再按1:2的交换比例实施对乙公司的兼并。虽然这样做后并未发生实质上的改变，但从心理上比较容易被乙公司股东接受，从而有助于兼并的顺利完成。再如，通过股票分割为新股发行作准备。股票价格太高会使许多潜在投资者力不从心，在新股发行前，利用股票分割降低股价，有助于提高投资者的兴趣，促进新股的畅销。

就股东而言，股票分割与股票股利相同，增加股东的持股数量但不改变其持股比例和所持有股票的总价值。关于现金股利的发放，很少公司会在股票分割后仍维持与分割前相同的现金股利，但只要每股现金股利的下降幅度小于股票分割的幅度，股东实际得到的股利仍有可能增加。

与股票分割相反，当公司认为其股票价格过低时，为提高股票的每股市价则可能采取反向操作，即用1股新股换1股以上的旧股，这种行为被称为并股或合股。如果公司股票的市价为2元。公司可以采用5股旧股换1股新股的反分割行动，反分割的结果将使其股价由原来的2元提高到10元。

11.3.3 股票回购

股票回购是指上市公司利用现金等方式，从股票市场上购回本公司发行在外的一定数额的股票的行为。公司在股票回购完成后可以将所回购的股票注销。但在绝大多数情况下，公司将回购的股票作为"库藏股"保留，不再属于发行在外的股票，且不参与每股收益的计算和分配。库藏股日后可移作他用，如发行可转换债券、雇员福利计划等，或在需要资金时将其出售。

1. 股票回购的目的

替代股利发放是公司进行股票回购的主要目的之一。如果一个公司有足够多的现金，却没有有利可图的投资机会，就不应该采用高保留盈余、低现金股利支付的政策，而应该把现金分配给股东。除了直接发放现金股利外，也可以利用充裕的现金购回部分股票，使流通在外的股票减少，从而提高每股盈余和股价。这样，股东就可以通过出售股票而获得资本利得。如果没有所得税和交易成本的影响，显然发放现金股利还是股票回购对于股东而言并无差异。

设想在一个完善的资本市场中，有一家公司拥有3000000元的剩余现金，并打算将这笔现金作为股利发放。预计股利发放后公司年度的利润为4500000元，公司现有流通在外的普通股1000000股，市场中同类公司的市盈率为6倍。因此，可以推算出公司的股价为27元。当然，公司也可以选择用剩余的现金回购股票。假设回购价为30元，可回购100000股。由于股数减少，每股盈余升至5元。由于公司面临的经营风险和财务风险都没有变化，市盈率仍保持6倍，因此，股价上升为每股30元。忽视税收、交易费用等，则在公司发放现金股利的情况下，每位股东将拥有每股价值27元的股票和3元的股利，总价值为30元。这一结果与股票回购时，拥有价值30元的股票一样。显然，股东对是发放股利现金还是通过股票回购获得资本利得并无偏好，如表11-6所示。

第 11 章 股利理论与股利政策

表11-6 股票回购与现金股利的比较

单位：元

项目	总额	每股
发放股利		
计划股利	3000000	3
预计发放股利后年度利润	4500000	5
发放股利后股票市场价值	27000000	27
回购		
预计回购后的年度利润	4500000	5
回购后的股票市场价值	27000000	30

然而，资本市场通常并不完善，存在税收、信息不对称、交易成本等，若资本利得的所得税税率低于现金股利收益的所得税税率，通过股票回购要比支付现金股利对股东更为实惠。特别是当避税成为股东需要考虑的重要因素时，股票回购就成为很好的替代品。另外，股票回购还能产生延期纳税的好处。

正因为股票回购能够产生避税作用，许多政府都对股票回购进行了一定限制。如英国、德国和日本原则上禁止公司回购自己的股份；美国虽原则上允许公司回购股份，但需要有正当的理由。我国则规定不得回购股票，但为减少公司资本注销股票，以及为持有本公司股票而与其他公司合并等情况除外。

改变公司资本结构也是公司进行股票回购的目的。当公司管理层认为资本结构中股权的比例过大时，可以用充裕的现金或通过发行债券得到的资金回购股票，以改变公司的资本结构。

股票回购还可能出于公司并购或反并购等战略目的。按照并购计划，公司可提前购回部分股票，并用库藏股进行股票交换以减少公司的现金支出。在反并购活动中，通过回购股票来提高股价，增加收购的难度和成本。

此外，公司出于稳定或提高股票的市场价格、改善公司形象、满足可转换证券或认股权证的行使等目的都可能进行股票回购。

2. 股票回购的方式

股票回购常用的方法如下：

（1）按照股票回购的地点不同，可分为场内公开收购和场外协议收购两种。

场内公开收购是指上市公司把自己等同于任何潜在的投资者，委托在证券交易所有正式交易席位的证券公司代自己按照公司股票当前市场价格回购。在国外较为成熟的股票市场上，这一种方式较为流行。据不完全统计，20世纪80年代，美国公司采用这一种方式回购的股票总金额为2300亿美元左右，占整个回购金额的85%以上。虽然这一种方式的透明度比较高，但很难防止价格操纵和内幕交易，因而，美国证券交易委员会对实施场内回购的时间、价格和数量等均有严格的监管规则。场外协议收购是指股票发行公司与某一类（如国家股）或某几类（如法人股、B股）投资者直接见面，通过在店头市场协商回购股票的一种方式。协商的内容包括价格和数量的确定，以及执行时间等。很显然，这种方式的缺陷就在于透明度比较低，有违于股市"三公"原则。

（2）按照筹资方式，可分为举债回购、现金回购和混合回购。

举债回购是指企业通过向银行等金融机构借款的办法来回购本公司股票。其目的无非是预防其他公司的恶意兼并与收购。现金回购是指企业利用剩余资金回购本公司的股票。如果企业既动用剩余资金，又向银行等金融机构举债来回购本公司股票，称之为混合回购。

（3）按照资产置换范围，划分为出售资产回购股票、利用手持债券和优先股交换（回购）公司普通股、债务股权置换。

（4）按照回购价格的确定方式，可分为固定价格要约回购和荷兰式拍卖回购。

前者是指企业在特定时间发出的以某一高出股票当前市场价格的价格水平，回购既定数量股票的要约。为了在短时间内回购数量相对较多的股票，公司可以宣布固定价格回购要约。它的优点是赋予所有股东向公司出售其所持股票均等的机会，而且通常情况下，公司享有在回购数量不足时取消回购计划或延长要约有效期的权力。与公开收购相比，固定价格要约回购通常被认为是更积极的信号，其原因可能是要约价格存在高出市场当前价格的溢价。但是，溢价的存在也使得固定价格回购要约的执行成本较高。

3. 股票回购的利与弊

股票回购可以起到的积极作用如下：

（1）提高每股收益。由于财务上的每股收益指标是以流通在外的股份数量作为计算基础，把已发行在外的普通股重新购回，形成库藏股，将直接减少公司发行在外的普通股股数，从而使每股收益的增加。

（2）稳定或提高公司股价。过低的股价会对公司的经营造成一系列不良影响，降低了投资者对公司的信心，使公司难以从证券市场进一步融资。而股票回购所引起的每股收益增加，会直接使公司股价上升，使投资者恢复对公司的信任，并使股东从股价的上升中得到更多的资本利得，提高了公司进一步配股融资的可能性。

（3）分配公司超额现金。如果一个公司的现金超过其投资的需要量，而又没有较好的投资机会可以使用这笔资金时，则最好分配股利。但出于股东避税、控股等多种因素的考虑，往往采用股票回购的形式进行分配。

（4）改善资本结构。任何产品、企业、产业的发展都具有周期性的特征，扩张期往往对外发行股票融资，加快了资本的形成，但进入衰退期后，出现了闲余资金，利用这部分资金回购股票，可以缩减资本，改善公司的资本结构。

（5）反并购的策略。股票回购可提高公司股价，给收购方增加收购难度，因此，股票回购也可作为一种反并购的策略加以使用。使用时，应注意先回购股票，再将其出售给稳定的股东，以防止股票回购后收购方的持股比例上升。

股票回购也可能对上市公司的经营造成负面影响：

（1）回购股票通常需要大量资金，因此回购的前提是上市公司有资金实力。如果公司负债率较高，再举债进行回购，不仅公司资产流动性变差，而且将背负巨大的偿债压力，影响公司正常的生产经营和发展后劲。

（2）回购可能使公司的发起人（股东）更注重创业利润的兑现，而忽视公司的长远发展，损害公司的根本利益。

（3）股票回购容易导致内幕操纵股价。股份公司拥有本公司最准确、最及时的信息，如果允许上市公司回购本公司股票，易导致其利用内幕消息进行炒作，使大批普通投资者蒙受损失，甚至有可能出现假借回购名义炒作本公司股票的违规现象。

从公司和股东的角度看，股票回购通常具有以下作用：

（1）当公司有多余现金需要分配，又不希望改变股利政策时，股票回购作为股利分配的替代，其作用相当于一笔额外现金股利。

（2）通过股票回购，减少流通中的股票，公司能在不增加资金的情况下提高每股股利。

（3）当公司进行回购时，股东可以选择卖与不卖，这样能够使需要现金和不需要现金的股东的意愿都能得到满足。

（4）可以迅速地改变公司的资本结构。

（5）信号作用。回购价反映了管理层对公司股价的评估，回购价超过市价的部分在一定程度上反映了股价被低估的程度。股票回购所产生的信号作用还表现在它所发出的公司现金流量充裕、财务状况良好的信号。

股票回购也会产生一些负面的影响。例如，股票回购可能向市场发出公司没有好的投资机会、公司的成长机会不大的信号。另外，即便在股利和资本利得对股东收益的影响并无差异的情况下，现金股利毕竟比通过回购而获得资本利得更可靠，因此，现金股利可能更受欢迎。股票回购还会给公司操纵股价、进行内部交易、避税以可乘之机。股票回购实质上是一种减资行为，公司资本减少会削弱公司的资本基础以及对公司债权人的财产保障程度。股票回购使公司持有自己的股票，从而使公司与股东的法律关系发生混淆，容易导致上市公司利用内幕进行炒作，或对报表进行粉饰，增加了公司行为非规范化的可能。因此，股票回购在很多情况下都是受到限制的。

本章小结

关键词

"一鸟在手"理论　股利无关论　股票回购　股利政策　股票股利　现金股利　股票分拆　股票价格

关键问题

1. 股利是指公司股东从公司取得的利润，通常以股东投资额为分配依据。股息指优先股股东依照预先约定的比率定期提取公司经营收益；红利则指公司在分派股息之后，普通股股东从公司提取的不定期的收益。股息和红利都是股东投资的收益，统称为股利。

2. 股票股利是指公司向现有股东发放额外的普通股股票作为股利的支付方式。股票分割是指将股份公司用某一特定数额的新股，按一定比例交换一定数额流通在外的股份，俗称拆股。两者都是在不增加股东权益的情况下增加股票的数量。所不同的是，股票股利虽不会引起股东权益总额的改变，但股东权益内部结构的金额将发生变化，而股票分割后，股东权益总额度及内部结构的金额都不会发生任何变化。

3. 现金股利是指公司以现金形式支付的股利。股票回购是指股份公司出资将其发行的流通在外的股票以一定价格购回予以注销或作为库存股。与现金股利相比，股票回购不仅可以节约税赋，而且具有更大的灵活性，需要现金的股东可选择卖出股票，而不需要现金的股东可继续持有股票。如果公司以回购股票的方式分配现金，而其他方面保持不变，股票总价值会保持下变。

4. "一鸟在手"理论认为，投资者对于股利的偏好胜过资本利得。因为现金股利是确定的，是"抓在手中的鸟"，而公司留存收益用于再投资所产生的资本利得是不确定的，是"躲在林中的鸟"。当公司提高其股利支付水平时，证券投资的风险水平降低，投资者投资的必要报酬率降低，意味着公司权益资本的成本降低。使得公司价值增大，公司股票价格就会上升；反之，当公司削减或停发股利时，投资者风险加大，从而要求增加必要的报酬率以补偿由此带来的额外风险，最终导致股票价格下跌。因此，股利政策与企业价值是相关的，而且股利支付水平与股价正相关。

5. 股利无关论的提出建立在三个假设的基础上：（1）完全资本市场的假设；（2）理性行为假设；（3）充分确定假设。股利无关论认为，在严格的假设条件下。股利政策不会对公司的价值或股票价格产生任何影响。因此，单就股利政策而言，既无所谓最佳，也无所谓最差，它与企业价值不相关。一个公司的股价完全取决于投资决策影响的获利能力，而非取决于公司的利润分配政策。

6. 股利政策是指公司管理层对股利分配有关事项所制定的方针与决策。在财务管理的实践中,股利分配政策主要有以下几种:(1)剩余股利政策,是指股份公司生产经营所获得的盈余先满足有利可图的投资项目的资金需要,如有剩余,才派发股利;如果没有剩余,不派发股利。(2)固定比例股利政策,是指公司确定一个固定的股利支付率,每年按此比例向股东支付股利的政策。它与剩余股利政策的支付方式相反,是先考虑派发股利,后考虑保留盈余的政策。(3)稳定增长的股利政策,是指公司将每年派发的股利固定在某一特定的水平上,在一段时间内无论公司的盈利情况和财务状况如何,派发的股利额均保持不变的政策。(4)低正常股利加额外股利的政策,是指在一般情况下,公司每年只支付数额稳定的低正常股利;在盈余多的年份,再根据实际情况加付额外股利的政策。

思考与练习

1. 股利支付的程序是怎样的?
2. 股票股利与股票分割有什么区别?各自有哪些作用?
3. 股票回购与现金股利哪一种具有更大的灵活性?为什么?
4. 你对公司股利理论有何评价?
5. 公司基于什么原则制定股利政策?
6. 试比较不同股利政策之间的优缺点。

参考文献

[1]〔美〕斯蒂芬·A.罗斯、伦道夫·W.威斯特菲尔德、杰弗利·F.杰富:《公司理财(英文原书第9版)》,吴世民、王志强译,机械工业出版社2011年版。

[2] 杨淑娥、胡元木主编:《财务管理研究》,经济科学出版社2002年版。

[3] 闫文婧、颜苏莉:《股利政策及其影响因素分析——以西昌电力为例》,载《现代商贸工业》2019年第21期,第161—162页。

第12章
金融衍生工具与风险管理

导语 随着金融国际化和自由化的发展，由传统金融工具衍生出来的金融衍生工具不断创新，交易量迅速增长，市场规模极速扩大，交易手段日趋多样化。

试想，农场主和面粉生产商在7月5日签订一个协议，约定在90天后按照每单位310.50美元的价格交易4000单位的小麦，90天后，无论小麦价格是高于还是低于310.50美元，这个农场主和面粉生产商都必须按照310.50美元的价格交易4000单位小麦，否则就是违约。虽然不确定未来价格走势如何，但是农场主和面粉生产商在7月份就可以知道自己将获得多少收入和付出多少成本，这个确定性的价格对于厂商计算利润、安排生产是非常有益的，这就是金融衍生品的作用。本章，我们就来探索不同衍生工具的运作方式及其在风险管理中的作用。

12.1 金融衍生工具概述

近30年来，金融衍生工具市场的快速崛起成为全球金融市场最引人注目的事件之一。为了更好地确认金融衍生工具，各国以及各类国际权威机构针对金融衍生工具提出了不同的概念。

1. 独立衍生工具

根据我国《企业会计准则第22号——金融工具确认和计量》，衍生工具包括远期合同、期货合同、互换和期权，以及具有远期合同、期货合同、互换和期权中一种或一种以上特征的工具。衍生工具具有以下特征：

其价值随特定利率、金融工具价格、商品价格、汇率、价格指数、费率指数、信用等级、信用指数等变量的变动而变动，变量为非金融变量的，该变量与合同的任何一方不存在特定关系。不要求初始净投资，或与对市场情况变化有类似反应的其他类型合同相比，要求很少的初始净投资。

2. 嵌入式衍生工具

嵌入式衍生工具是指嵌入非衍生工具中，使混合工具的全部或部分现金流量随特定利率、金融工具价格、商品价格、汇率、价格指数、费率指数、信用等级、信用指数或其他类似变量的变动而变动的衍生工具。嵌入式衍生工具与主合同构成混合工具，如可转换公司债券等。

3. 衍生工具的基本特征

金融衍生工具具有以下四个显著特征：

（1）跨期性

金融衍生工具是交易双方通过对利率、汇率、股价等因素变动趋势的预测，约定在未来某一时间按照一定条件进行交易或选择是否交易的合约。无论哪一种衍生工具，都会影响交易者在未来一段时间内或未来某时点上的现金流，跨时期交易的特征十分突出。

（2）杠杆性

衍生工具交易一般只需要支付少量的保证金或权利金就可以签订远期大额合约或互换不同的金融工具，从而起到以小博大的作用。但是在收益可能成倍放大的同时，投资者承受的风险也成倍放大。此类产品的杠杆效应在一定程度上决定了它的投机性和高风险性。

（3）联动性

金融衍生工具的价值与基础产品或基础变量紧密联系。这种联动关系可以是简单的线性关系，也可以是复杂的非线性关系。

（4）高风险性

衍生工具的交易后果取决于交易者对基础工具或基础变量预测和判断的准确程度。基础工具价格的波动性决定了衍生工具交易盈亏的不稳定性，这是金融工具高风险的主要诱因。基础金融工具价格不确定性，这是金融衍生工具风险性的另一个方面，在衍生工具交易中还存在信用风险、市场风险、流动性风险、结算风险、操作风险和法律风险。

4. 金融衍生工具的种类

金融衍生工具按照自身交易的方法及特点可以分为五类：

（1）远期合约

远期合约是指双方同意在未来日期按照固定价格买卖基础资产。远期合约规定了将来交割的资产、交割的日期、交割的价格和数量。合约条款根据双方的需要协商确定。远期合约主要包括远期利率协议、远期外汇协议和远期股票协议。

（2）期货

期货是指买卖双方在有组织的交易所内以公开竞价的形式达成的、在将来一定时间交割标准数量特定商品或金融工具的合约。金融期货主要包括货币期货、利率期货、股票指数期货和股票期货。

（3）期权

期权是指合约买方向卖方支付一定费用，从而在约定日期或约定的一段时间内享有按事先确定的价格向合约卖方买卖某种基础资产权利的契约。

（4）互换

互换是指两个或两个以上的当事人按照共同商定的条件，在约定的时间内定期交换现金流的金融交易。可以分为货币互换、利率互换、股权互换等。

（5）结构化金融衍生工具

上述四种衍生工具是最简单和最基础的衍生工具，利用其结构化特征，通过相互结合或者与基础金融工具结合，能够开发并设计出更多更复杂的衍生工具，这就是所谓的结构化金融衍生工具，或简称为结构化产品。我国各家商业银行推广的外汇结构化产品就是一种典型代表。

5. 金融衍生工具的发展历程

最早的金融衍生品产生于1972年，当时，以固定汇率为主要内容的布雷顿森林体系崩溃，浮动汇率取而代之，汇率的不稳定使得国际贸易和投资活动的风险大大增加，汇率的波动对于利率和股市产生了剧烈的影响；金融自由化改革放松了对利率和汇率的限制，促进了金融活动的全球化，但是也增加了汇率、利率波动的市场风险。出于规避汇率风险的需要，在芝加哥商品交易所（CME）诞生了首份外汇期货合约。

金融衍生工具自出现以来，发展迅速，种类日益增加，创新层出不穷。金融衍生工具的产生和迅速发展主要有以下原因：

20世纪70年代的高通货膨胀率以及普遍实行的浮动汇率制度，使规避通货膨胀风险、利率风险和汇率风险成为金融交易的一项重要需求。衍生工具能有效转移投资者某些不愿承担的风险给愿意承担风险的投资者。

各国政府逐渐放松金融管制以及通信技术、信息处理技术的进步等有利条件促进衍生工具飞速发展。先进技术的出现使实施套期保值、套利和其他风险管理策略的成本费用大大降低，从而也使衍生工具供给量大大增加。

金融业的竞争日益加剧促使金融机构不断进行金融创新，推出新的金融衍生工具。

20世纪70年代以来，期权定价模型等衍生工具估价模型和技术取得了突破并有了长足的发展，这有利于投资者更为准确地对衍生工具进行估价和风险管理，也有利于衍生工具的发行和使用，从而促进衍生工具的正常发展。

6. 金融衍生工具的最新发展趋势

（1）日趋复杂化、多样化并迅猛发展

金融衍生工具的品种日益复杂和多样化。几乎每个月都有一种新型的衍生工具产生。衍生工具也日渐复杂，衍生工具所对应的基础工具已经包括了衍生工具本身。同时，衍生工具以惊人的速度迅猛发展，衍生工具的发行量也呈高速增长。

（2）利率衍生工具发展最快

就发行量而言，利率期货、期权和互换比其他品种的衍生工具要高出很多，发展也最快。

（3）银行已成为主要使用者

衍生工具的使用者可分为两类，一类是最终使用者，包括公司、政府、机构投资者和金融机构等；另一类是经纪人，主要有银行、证券公司、保险公司以及高信誉的公司（如能源公司）等。一个机构既可以是最终使用者也可以是经纪人。例如，银行在其资产负债管理中运用衍生工具套期保值时为最终使用者，而为满足客户的需要运用衍生工具时则为经纪人。银行在利率互换和货币互换业务中的业务量均占全球业务量的一半。

（4）衍生工具交易地区相对集中

就全球有组织的交易所交易的衍生工具而言，美国是较为集中的地区，占全球交易量的一半；其次是欧洲，占 $1/3$；再次是日本，拥有10%左右的交易量。在场外交易市场中，英国是全世界金融衍生工具交易最活跃的市场，约占全球交易金额的30%；其次是美国，占15%。

12.2 远期

金融远期合约是最基础的金融衍生工具。它是交易双方在场外市场上通过协商，按约定价格（称为远期价格）在约定的未来日期（交割日）买卖某种标的金融资产（或金融变量）的合约。由于其采用了"一对一"的交易方式，交易事项可协商确定，较为灵活。金融机构或大型工商企业通常利用远期交易作为风险管理手段。但是，非集中交易同时也带来了交易成本高、违约风险高的缺点。随着远期市场规模的扩大，部分市场出现了专门的报价商，这有助于提高交易效率。

根据基础资产划分，常见的金融远期合约分为股权类资产的远期合约、债权类资产的远期合约、远期利率协议和远期汇率协议。由于远期利率协议具有重要的经济意义，本节着重介绍这种远期金融工具。

12.2.1 远期利率协议的含义

远期利率协议（FRA）是指按约定的名义本金，交易双方在约定的未来日期交换支付浮动利率和固定利率的远期的协议。从本质上讲，远期利率协议所反映的是以固定利率提供的一笔远期对远期贷款，但没有实际贷款义务，不存在实际借贷资金的流动，所以FRA业务不列入资产负债表，亦不需要满足严格的资本充足要求。FRA是银行提供的场外交易产品，是由希望对未来利率走势进行保值或投机的双方所签订的一份协议，买方名义上同意未来获得特定金额的贷款，卖方名义上同意授予买方特定金额的贷款。在远期利率协议下，双方都只是名义上的借贷者，协议规定双方从未来某个特定日期开始在某个特定期限内借贷一笔利率固定、数额确定的名义本金。如果市场利率上升，买方受到保护，因为根据协议，买方仍然是以事先商定的利率支付利息，借此可防止高利率导致的借款成本增加；市场利率的下降对买方而言则意味着一种"机会成本"，受协议的制约，买方亦不可能享受低利率的好处。卖方的境遇恰好相反，无论市场利率如何波动，卖方总是按照既定的利率收取利息。

这里所谓的"名义"，是指FRA交易中并没有实际借贷行为的发生。尽管这时候协议的一方或双方确有借款或贷款的实际要求，但实际借贷款活动需要另行安排，FRA所能提供的只是对未来利率风险的一种防范措施。这种风险防范作用是以现金补偿的方式体现的，当远期利率协议到期时，如果协议利率与通行的市场利率存在差异，那么交易的一方要向另一方支付现金。

例如，A公司计划在1个月后借入一笔为期三个月的100万美元款项，目前的利率水平为6%，公司担心未来1个月内利率上升，出于回避风险的目的，A公司现在就可以买入一份对应期限的FRA，对其未来的借款进行保值。在市场上，该笔交易称为"1月对4月远期利率协议"，通常以"1×4FRA"表示。设银行提供的这样一份FRA的利率为6.25%，则公司的借款利率即被锁定在6.25%的水平。假设1个月后，公司当初的担心变成现实，市场利率上涨至7%，于是，A公司将被迫以市场利率借款，结果使其不得不多偿付利息。但由于公司已持有一份FRA头寸，所以银行会根据协议向公司支付一笔差额补偿资金（称为结算金）。这笔结算金可以有效地弥补利率上涨导致的借款成本上升，从而保证其按6.25%的固定利率进行融资。

在FRA交易中，需要理解的重要术语包括合同金额、合同货币、交易日、结算日、确定日、到期日、合同期、合同利率、参考利率等。在上面的例子中，假设交易日是4月10日，双方同意成交一份金额为100万美元、利率为6.25%的1×4FRA。合同货币是美元，合同金额是100万，合同利率是6.25%；"1×4"是指起算日至结算日之间的时间为1个月，起算日至到期日之间的时间为4个月，起算日一般是交易日后两个营业日，这里的起算日是4月12日，结算日是5月12日，到期日是8月12日，合同期为90天；参考利率是指用来计算结算金的以市场为基础的利率，在确定日予以确定，确定日一般是结算日前两个营业日（5月10日）；根据合同利率与参考利率的差额计算出来的结算金应当在结算日以现金方式进行收付。

12.2.2 远期利率合约的结算

上面具体列出了一份FRA的交易条件，接下来的问题涉及双方的结算。假设到确定日，市场利率上升至7%，显然，利率上扬使得FRA的买方额外多支出的利息为1875美元，即$(7\%-6.25\%)\times 1000000\times 90/360$，这笔额外的利息支出对借款人来说意味着损失，不过在FRA下，当市场利率高于合同利率时，卖方有义务补偿买方。如果按照利息损失额1875美元进行补偿的话，同样会产生不公平，因为利息上的损失发生于合同期满，而结算金在结算日便已支付，这种时间差有可能使这笔起补偿作用的金额被用于投资获利。于是，还要对此金额进行贴现以进行调整，最终的结算金额为：$S=1875/(1+7\%\times 90/360)=1843$美元。一般地，计算结算金的标准公式是：

$$S=\frac{(i_r-i_c)\times Q\times \frac{D}{B}}{1+(i_r+\frac{D}{B})} \quad (12-1)$$

其中，i_r表示参考利率，i_c表示合同利率，Q为合同金额，D为合同期天数，B表示天数计算惯例（美元业务常以360天为1年）。对公式进行简化可得：

$$S=\frac{(i_r-i_c)\times Q}{i_r+\frac{D}{B}} \quad (12-2)$$

很明显，若$S>0$，则买方获得结算金；若$S<0$，则买方向卖方支付结算金以补偿名义贷款人较低的贷款利息收入。总之，FRA可以将利率的不确定性转化为确定性，从而使交易者能够在波动不定的货币市场上有效管理利率风险。

> **案例分析**
>
> **中国远洋FFA合约亏损案例**
>
> 中国远洋是我国最早的国有航运企业，它是中国远洋运输集团最大的子公司，于2005年在中国成立，2005年在香港上市，2007年又在上海股票交易所上市。

中国远洋的衍生交易损失源于远期运费合约（FFA）。尽管合约名字听起来比较陌生，但FFA的交易结构却并不复杂。它是买卖双方达成的一种远期运费协议，协议规定了具体的航线、价格、数量等，且双方约定在未来某一时点，收取或支付依据波罗的海航交所的官方运费指数价格（BDI）与合约约定价格的运费差额。

FFA与BDI的关系类似于股指期货与股票指数的关系。FFA是BDI的衍生产品，但FFA只是一个远期合约，还没有如同期货合约那样进入场内由多空资金进行大规模的撮合交易。但是FFA已经具备做空机制，具有期货交易的基本特征，BDI作为FFA的现货标的指数，其主要反映的是不同时点国际航运费的变化，从而为FFA提供了价格波动的基础。

FFA是国际干散货航运领域规避市场风险的重要工具，其参与者主要包括航运商、贸易商、生产商等，近年来，FFA市场的大发展也吸引了金融机构的注意，德意志银行、摩根士丹利等许多银行和投资公司纷纷涉足此领域。中国远洋于2005年开始参与FFA交易，主要目的是对冲租入船风险，因为公司60%以上的运力靠租入船队，租船成本对公司利润影响较大。在2008年上半年，中国远洋早早锁定了近80%运营天数的运价。此时，波罗的海官方运费指数正处于历史高位，人们普遍预计未来航运市场的需求依然会继续增加，运价仍有大幅上涨的可能。基于此预期，中国远洋买入了相当数量的FFA，以对冲未来租船的成本。

然而，受金融海啸影响，BDI指数在2008年5月20日创下11793点的历史最高位后开始剧烈波动，2018年9月开始暴跌，2008年以744点收盘，跌幅达93%以上。中国远洋在FFA上的多头策略显示出巨大的风险，最终浮亏达52亿元，冲抵掉2008年上半年已结算的FFA合约实现的11亿元盈利，最终FFA合约的公允价值变动损失达41亿元。

12.3 期货

12.3.1 期货概论

期货合约是标准化的远期合约，它是由交易双方订立的，约定在未来某日按成交时约定的价格交割一定数量的某种商品的标准化协议。标准化的远期合约（期货合约）规定了除价格以外的所有要素。这些规定一般包括商品的等级、交货地点和时间、买卖的数量以及价格的变动幅度限制。期货交易在期货交易所进行。目前，我国期货交易所有进行商品的上海期货交易所、郑州商品交易所、大连商品交易所和专门从事金融期货交易的中国金融期货交易所。

因为交易所已经对合约的条款作了详细且明确的规定，所以交易者关注的只有价格。多头持有者承诺在交割日购买合约规定的商品，空头方则承诺在交割日卖出商品。所以，多头就是合约的买方，空头则是合约的卖方。买和卖在这里只是一种说法，它只是买卖双方之间的一个协议。在合约签定时，资金并没有易手，当然，买卖双方都要交纳期货保证金。

期货合约所交易的商品分为四大类：农产品、金属与矿产品（包括能源）、外汇、金融期货（包括利率期货、股权类期货和外汇期货）。金融期货是以金融工具为标的物的期货合约，与非金融期货有所不同。但是，金融期货是在商品期货的基础上发展起来的，在交易机制上与商品期货大致相同。

12.3.2 期货交易机制

投资期货必须通过期货经纪公司和期货交易所。当投资者找到经纪公司想建立期货头寸时（投资期货时），经纪公司将买卖指令传给期货交易所。期货交易所内有清算所负责买卖双方的结算。对于多头，清算所是合约的卖方；对于空头，清算所则是合约的买方。清算所有义务交割商品给多头并付钱给空头。这种机制使得清算所同时成为买卖双方的交易对手。

期货交易所实行每日无负债结算制度，又称"逐日盯市"，是指每日交易结束后，交易所按当日结算价结算所有合约的盈亏、交易保证金及手续费、税金等费用，对应收应付的款项同时划转，相应增加或减少会员的结算准备金。最初建立一个交易头寸时（开新仓），每个交易者都要建立一个保证金账户，存入现金或符合规定的有价证券，其作用是保证交易者履行合约义务。由于期货合约双方都有可能遭受损失，所以双方都要交纳保证金。

保证金分为初始保证金与追加保证金。初始保证金是签约成交每一份新期货合约时，买卖双方向交易所交纳的相当于合约价值一定比率的保证金。初始保证金比率根据价格波动的幅度确定，在一般价格波动幅度下为合约价值的5%～10%。也就是说，一般认为，合约成交到下一交易日，价格波动幅度不会超过5%～10%，所交纳的保证金足以抵偿价格不利变动所带来的账面亏损。这样低的保证金比率意味着只要有5万元到10万元就可以买卖100万元的期货合约，也就是人们常说的"以小博大"，取得经济杠杆效应。

如果交易者出现连续亏损，其保证金账户资金余额跌至某关键值以下，就需要补充保证金，这个关键值就是维持保证金。一旦保证金账户低于维持保证金，交易者就会收到保证金催付通知。需要补充的资金称为追加保证金，一般情况下，追加的保证金需要弥补投资者已经发生的全部亏损，从而使保证金存款达到初始保证金数额。

例如，上海铝期货的一张期货合约是5吨，某日的单价为19000元/吨，合约的价值就是5×19000=95000元。如果初始保证金比率是10%，则需要交纳9500元保证金。如果维持保证金比率是5%，则只有当10%的保证金跌至一半，即每份合约的保证金剩下9500/2=4750元时，交易所才向多头交易者发出保证金催付通知。这样，交易者要立即在保证金账户中补充资金，否则交易所（通过经纪公司）有权将交易者的头寸强行平仓，以保证交易所不受影响。

当期货价格变动时，已经成交的期货合约的买方或卖方可能感到有必要将持仓合约在到期以前转让给其他交易者。为此，原持仓人必须改变他的交易部位。例如，原来是多头，他想要转让合约时，应该做空头，用以抵消原有的多头头寸；反之，如果原来是空头，就要做多头，以抵消原有的空头头寸。这种做法就是合约的对冲。

期货合约在到期日时必须平仓，结束其生命周期，即要么对冲，要么交割商品实物，如特定等级的小麦或外汇等。有的期货合约没有办法进行实物交割，只能现金交割，如股票指数期货。

12.3.3 期货合约的收益

从技术上讲，期货交易需要实物交割，但现实中很少发生实物交割。合约双方通常在合约到期前平仓，以现金核算盈亏。下面，我们通过一个例子来说明期货合约的盈亏状况。

2019年7月5日的期货报价，2019年9月到期的玉米期货当天的开盘价是每吨1936元，当日最高价为1939元，最低价为1931元，收盘价为1934元。当价格上升时，多头方（承诺在交易日购买商品的一方）会从中获利。假设9月份合约到期时玉米的价格为1941元/吨，那么以1936元/吨买合约的多头方每吨赚了5元。相应地，空头方则每吨亏损5元。显然空头方的损失等于多头方的盈利。

在到期日，买卖双方盈利情况可以总结为：

多头方的利润=到期时的即期价格－期初的期货价格
空头方的利润=期初的期货价格－到期时的即期价格

上式中的即期价格是指商品交割时的实际价格。

12.3.4 期货与远期的区别

期货交易是在远期合约交易的基础上发展起来的,二者最大的共同点是均采用先成交、后交割的交易方式,但二者也有很大的区别。

1. 交易场所不同

金融期货在指定的交易所内交易,交易所必须能提供一个特定集中的场地。金融期货合约在交易厅内公开交易,交易所还必须保证当时的买卖价格能及时并广泛传播。而金融远期市场没有集中的交易地点,交易方式较为分散。

2. 合约标准化程度不同

金融期货合约是符合交易所规定的标准化合约,对于交易的金融商品的品种、数量及到期日、交易时间都有严格且详细的规定,而远期合约对于交易商品的品质、数量、交割日期等,均由交易双方自行决定,没有固定的规格和标准。

3. 信用风险不同

金融远期合约交易通常并不交纳保证金,合约到期后才结算盈亏。金融期货交易则不同,必须在交易前交纳合约金额的5%~10%为保证金,并由清算公司进行逐日结算。因此,期货交易的信用风险通常要小于远期交易。

4. 履约方式不同

期货交易有实物交割和对冲平仓两种履约方式,绝大多数期货交易是在到期日之前进行对冲平仓。而远期交易由于合约的非标准化特征,在合约双方不违约的情况下,一般都会在到期时进行实物交割。

5. 交易参与者不同

远期合约的参与者大多是专业化生产商、贸易商和金融机构。而期货交易更具有大众意义,参与交易的可以是银行、公司、财务机构,也可以是个人。

12.4 期权

12.4.1 期权概述

1. 期权的定义与特征

期权又称选择权,是指其持有者能在规定的期限内按交易双方商定的价格购买或出售一定数量的基础工具的权利。期权交易就是对这种选择权的买卖。

金融期权是指以金融工具或金融变量为基础资产的期权形式。具体而言,其购买者在向出售者支付一定费用后,就获得了能在规定期限内以某一特定价格向出售者买进或卖出一定数量某种金融工具的权利。

与金融期货相比,金融期权的主要特征在于它仅仅是买卖权利的交换。期权的买方在支付期权费后,就获得了期权合约所赋予的权利,即在期权合约规定的时间内,以事先确定的价格向期权的卖方买进或卖出某种金融工具的权利,但并没有必须履行该期权合约的义务。期权的买方可以选择行使他所拥有的权利,期权的卖方在收取期权费后就承担着在规定时间内履行该期权合约的义务,即当期权的买方选择行使权利时。卖方必须无条件履行合约规定的义务,而没有选择的权利。

2. 期权的要素

(1)执行价格:期权合同中规定的购入或售出某种资产的价格。

(2)到期日:期权合同规定的期权的最后有效日期。

(3)标的资产:期权合同中规定的双方买入或售出的资产。

(4)期权费:买卖双方购买或出售期权的价格。

这四个要素决定了期权的价格,如"IBM 11月份100买权,报价8.50",就是指执行价格为100美元,到期日为11月份,标的资产为IBM公司普通股股票的买权,当前市场价格即期权费为8.50美元。

3. 期权的种类

(1)根据选择权的性质划分,金融期权可以分为买入期权和卖出期权。

买入期权又称看涨期权或认购权,指期权的买方具有在约定期限内按协定价格买入一定数量金融工具的权利。交易者之所以买入看涨期权,是因为他预期这种金融工具的价格在合约期限内将会上涨。

卖出期权又称看跌期权或认沽权,指期权的买方具有在约定期限内按协定价格卖出一定数量金融工具的权利。交易者买入看跌期权,是因为他预期该项金融工具的价格在近期内将会下跌。

(2)根据期权行权日期的不同,金融期权可以分为欧式期权、美式期权和百慕大期权。

欧式期权只能在期权的到期日行使权利;美式期权可以在到期日以及到期日之前的任何时候行使权利;百慕大期权可以在期权到期日之前的一系列规定日期行权。

(3)按照基础资产性质的不同,金融期权可以分为股权类期权、利率期权、货币期权、金融期货合约期权、互换期权等。

股权类期权是指以股权类产品为基础资产的期权,包括单只股票期权、股票组合期权和股价指数期权。

利率期权指买方在支付期权费后,即取得在合约有效期内或到期日以一定的利率(价格)买入或卖出一定面额利率工具的权利。利率期权合约通常以政府债券、欧洲美元债券、大面额可转让存单等利率工具为基础资产。

货币期权又称为外汇期权，指买方在支付期权费后，取得在合约有效期内或到期日以约定的汇率购买或出售一定数量某种外汇的权利。

金融期货合约期权是一种以金融期货合约为交易对象的选择权，它赋予持有者在规定时间内以约定价格买卖特定金融期货合约的权利。

互换期权是以金融互换合约为交易对象的选择权，它赋予其持有者在规定时间内以规定条件与交易对手进行互换交易的权利。

4. 期权的交易

（1）期权交易所

期权的交易大多在交易所进行。股票期权的标的资产是上市公司的股票，主要交易所有芝加哥期权交易所（CBOE）、费城交易所（PHLX）、美国股票交易所（AMEX）、太平洋股票交易所（PSE）、纽约股票交易所（NYSE）等。一般而言，一份股票期权合约的标的资产是100股股票。外汇期权的主要交易所是费城交易所（PHLX）。指数期权是以股票指数为标的资产的期权，最典型的两种股票指数期权是芝加哥期权交易所的S&P100指数期权和S&P500指数期权，其中S&P100为美式期权，S&P500为欧式期权。每一份合约的交易金额为特定执行价格指数的100倍，以现金结算。期货期权的标的资产为期货合约，期货买权的持有者在行使权利时，将从期权的出售方获得期货合约加上期货价格超过执行价格的超额现金。

（2）期权合约

标准的期权合约包括期权的执行价格、到期日、标的资产的数额等内容。交易所通常对合约的细节，如到期日、执行价格、公司宣布发放股利时的处理、每个投资者可持有的最大头寸等作出相应规定。标准的期权合约有助于降低交易费用，提高交易效率，使交易更加容易，也使二级市场更加活跃。

（3）期权的交易制度

① 做市商制度。在美国，交易所内的期权交易采用做市商制度。做市商负责向询价者提供他所要求的期权的买入价格与卖出价格，以保证期权的买卖指令可以被立即执行，从而增加了市场的流动性。

② 期权清算公司。在期权交易中，期权清算公司起着重要作用。其主要作用在于确保期权的出售方按照合约的规定条款履行义务，同时记录所有的交易头寸状况。期权清算公司由从事期权交易的会员公司组成，所有期权交易都必须通过期权清算公司的会员公司结清。如果经纪公司本身不是期权清算公司的会员公司，则它必须通过期权清算公司的会员结清交易。作为期权清算公司的会员公司必须满足最低资本额的要求。

③ 保证金。为了保证履约，期权的出售者要在其经纪人处开设一个保证金账户，

经纪人要在期权清算公司的会员公司处开设一个保证金账户，而期权清算公司的会员公司要在期权清算公司处开设一个保证金账户，保证金的数额与形式与期权的执行价格及期权的类型等相关。

④ 交割。在购买期权时，买方必须在下一个营业日的清晨全额支付期权价格，这一资金存于期权清算公司。当投资者要求执行期权时，首先通知其经纪人，之后经纪人会通知会员公司，会员公司据此向期权清算公司发出执行指令，期权清算公司随机选择一个持有相同期权空头的会员公司，该会员按事先订立的程序，选择某个特定的出售该期权的客户履约。

（4）期权的场外交易

早期的期权交易是柜台交易，目前绝大多数期权交易在交易所内按照标准的期权合约进行，但为了适应交易双方需求的柜台交易在期权交易中仍占有一席之地。场外交易是由交易双方直接进行的期权交易，在外汇期权和利率期权交易中最为普遍，其优点是期权合约具有灵活性，执行价格与到期日不必与场内交易的期权相一致。

5. 期权到期的基本损益状态

期权到期的基本损益状态是期权分析的出发点。下面以股票期权为例分析持有与出售期权的损益状态，并与其标的资产（股票）的损益状态进行比较。

（1）持有看涨期权

期权的持有者只有权利而没有义务，因此，当标的股票的价格S大于看涨期权执行价格K时，其价值等于（S−K），当标的股票的价格低于期权执行价格时，其价值为零，损益图如图12-1a所示。

但是，期权持有者花费一定的期权费或期权价格C购入期权，因此，在期权一文不值时，期权持有者的最大损失为C，而且，只有当S−C>K时，期权持有者才开始盈利。比如，一个执行价格为40元、期权费为4元、期限为6个月的看涨期权，如果在执行时标的股票价格低于40元，则该期权没有价值，投资者的最大损失为4元；如果股票价格大于40元，这时投资者选择执行期权，损失也开始逐步减少，当股票价格涨到44元时达到盈亏平衡。当股票价格高于44元时，投资者开始盈利，从理论上讲，其盈利是没有上限的。考虑期权费时，持有看涨期权的盈亏状况如图12-1b所示。

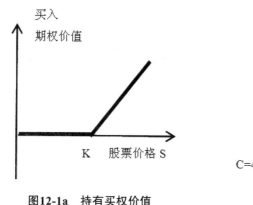
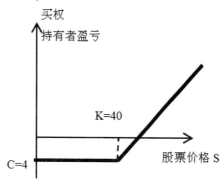

图12-1a 持有买权价值　　　　　图12-1b 持有买权价格
　　（含期权费）　　　　　　　　　（不含期权费）

（2）持有看跌期权

与看涨期权相反，看跌期权的持有者有权按规定价格卖出标的资产，因此，当标的股票的价格大于执行价格时，其价值为零，当标的股票的价格低于执行价格时，其价值等于（K–S），损益图如图12-2a所示。

同样，期权持有者是花费一定期权费P购入期权的，因此，在期权一文不值时，期权持有者的最大损失为P，而且，只有当K–P>S时，看跌期权的持有者才开始盈利。比如，一个执行价格为40元、期权费为4元、期限为6个月看跌期权，如果在执行时标的股票价格高于40元，则该期权不值钱，投资者的最大损失为4元；如果股票价格小于40元，投资者的损失开始逐步减少，盈亏平衡点为期权的执行价格与期权费之差，即36元。当股票价格低于36元时，投资者开始盈利，其盈利的上限是股票价格降为零。考虑期权费时，持有看跌期权的盈亏状况如图12-2b所示。

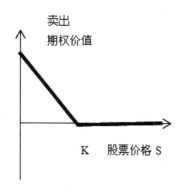
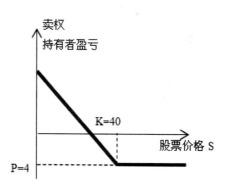

图12-2a 持有卖权价值　　　　　图12-2b 持有卖权价格
　　（含期权费）　　　　　　　　　（不含期权费）

(3) 出售看涨期权

对看涨期权的出售方来说，当标的资产价格低于执行价格时，期权持有者会行使权利，当标的股票价格高于执行价格时，期权持有者将行使权利，出售方的损失为（S-K），其损益状况如图12-3a所示。

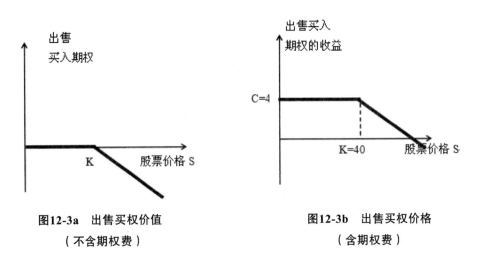

图12-3a　出售买权价值
（不含期权费）

图12-3b　出售买权价格
（含期权费）

由于出售期权的一方可得到期权费，因此，当S<K时，期权持有者不行使其权利时，出售方可得到全部期权费收益C，当S>K时，期权持有者开始行使其权利时，出售方的收益将减少，当S-K>C时，出售方开始发生亏损。比如，出售一个执行价格为40元、期权费为4元、期限为6个月的看涨期权，如果标的股票价格小于40元，则该期权不会被执行，出售方将得到全部期权费；如果股票价格大于40元，该期权将被执行，出售方的收益开始逐步减少，盈亏平衡点为期权的执行价格与期权费之和44元。当股票价格大于44元时，出售方开始亏损。从理论上讲，其亏损是没有下限的。考虑期权费时，出售看涨期权的盈亏状况如图12-3b所示。

(4) 出售看跌期权

在合约有效期内，看跌期权出售者有义务在对方执行期权时按事先规定的价格买入标的股票。因此，当股票价格高于执行价格时，期权买入者不会执行期权，出售者赚得期权费；而当股票价格下跌时，期权买入者将会执行期权，这时，期权出售方开始蒙受损失，期权损益状况如图12-4a所示。

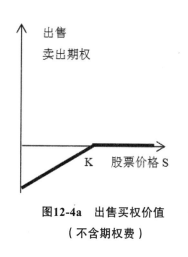

图12-4a 出售买权价值
（不含期权费）

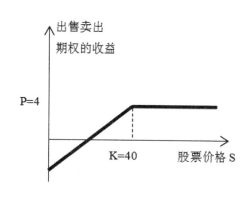

图12-4b 出售卖权价格
（含期权费）

由于出售期权一方可得到看跌期权的期权费P，因此，当S>K时，期权持有者不行使其权利时，出售方可得到全部期权费收益P，当S<K时，期权持有者开始行使其权利时，出售方的收益将减少，当K–S>P时，出售方开始发生亏损。比如，出售一个执行价格为40元、期权费为4元、期限为6个月的看跌期权，如果标的股票价格大于40元，则该期权不会被执行，出售方将得到全部期权费；如果股票价格小于40元，该期权将被执行，出售方的收益开始逐步减少，盈亏平衡点为期权的执行价格与期权费之差，即36元。当股票价格小于36元时，出售方开始亏损。考虑期权费时，出售看跌期权的盈亏状况如图12-4b所示。

12.4.2 影响期权价值的主要因素

期权的价值受标的资产价格的稳定性、距到期日的时间、期权的执行价格、标的资产价格和无风险利率等因素的影响。

1. 标的资产价格的稳定性

由于期权的持有者只有权利而没有义务，当标的资产价格发生有利于持有者的变化时，持有者可以得到相应的好处；当标的资产的价格发生不利于持有者的变化时，持有者也不会遭受更多的损失。比如，一个执行价格为50元的股票买权，当标的股票的价格在40～60元之间变化时，其最大价值是10元，最小价值是0。当标的股票的价格在30～70元之间变化时，其最大价值是20元，最小价值仍然为0。显然，当标的资产的价格波动幅度增大时，标的资产价格出现有利于持有者的机会越多，而且最大值大于期权执行价格的幅度也越大。因此，标的资产的价格波动越大，期权的价格也越高。

2. 距到期日的时间

距到期日的时间越长，标的资产发生有利于期权持有者变化的机会越多，持有者也就有更多的机会获益，因此，在期权有效期内可随时执行的美式期权的价格越高。期权价格与时间因素的这一关系还表明，提前行使期权是不明智的。当美式期权持有者在期权到期日之前认为执行期权可以获利时，应该出售期权。这样，不仅可以得到标的资产价格与期权执行价格之间的差额，还可以得到相应的时间价值。如果执行期权，则只能得到标的资产价格与期权执行价格之间的差额，却损失了期权的时间价值。

3. 期权的执行价格

期权的执行价格越高，买权的价值越低，卖权的价值越高。

4. 标的资产价格

在执行价格不变的情况下，标的资产的市场价格越高，买权的价值越高，卖权的价值越低。

5. 无风险利率

无风险利率越高，买权的价值越高。因为买权在未来执行时要按照执行价格发生现金流出，无风险利率越高，这一现金流出的现值越低，所以买权的价值越高。对卖权来说，持有者的收益来自于未来执行时得到的收入，无风险利率越高，未来收益的现值就越低，因此卖权的价值也越低。

12.5 互换

互换是指两个或两个以上的当事人按共同商定的条件，在约定的时间内定期交换现金流的金融交易，可以分为货币互换、利率互换、股权互换、信用互换等类别。从交易结构上看，可以将互换交易视为一系列远期交易的组合。从功能上看，互换交易的主要用途是改变交易者资产或负债的风险结构，从而规避相应的风险。

自1981年美国所罗门兄弟公司为IBM和世界银行办理首笔美元与德国马克和瑞士法郎之间的货币互换业务以来，互换市场的发展非常迅速，目前，按名义金额计算的互换交易已经成为最大的衍生交易品种。

2006年1月24日，中国人民银行发布了《关于开展人民币利率互换交易试点有关事宜的通知》，批准在全国银行间同业拆借中心开展人民币利率互换交易试点。通知发布当日，国家开发银行和中国光大银行完成首笔交易。

由于利率互换和货币互换是两种最重要的互换品种，本节后面的内容将主要围绕这两种产品展开。

1. 利率互换

利率互换是指交易双方在未来一定期限内就名义本金交换利息所达成的协议，协议一方按固定利率支付，另一方则按浮动利率计算利息。从某种意义上讲，利率互换与远期利率协议有相似之处,实际上,远期利率协议可视为一个以事先商定的固定利率交换市场利率的合约。

交易者从事利率互换的基础是双方在固定利率市场和浮动利率市场上分别拥有比较优势,通过融资上的"专业化分工和交换",从而降低融资成本。例如,信用评级分别为A和B的两个公司均需进行100万美元的5年期借款,A公司想以浮动利率融资,而B公司则想借入固定利率融资。由于公司信用等级不同,故其市场融资条件亦有所差别,如表12-1所示。

表12-1　A公司和B公司的借款条件

	固定利率	浮动利率
A公司	11%	LIBOR+0.1%
B公司	12%	LIBOR+0.5%

在融资条件上,无论是固定利率借款还是浮动利率借款,A公司都具有绝对优势。与A公司相比,B公司在浮动利率市场上必须支付40个基点的风险溢价,而在固定利率市场的风险溢价则高达100个基点,即B公司在浮动利率融资上的劣势相对较小,这就意味着A公司拥有固定利率借款的比较优势,相应地,B公司在浮动利率借款上具有比较优势,于是双方利用各自的比较优势向市场融资,然后进行交换,共同达到降低筹资成本的目的。

在交易过程中,A公司以11%的固定利率、B公司以LIBOR+0.5%的浮动利率各借款100万美元,然后二者互换利率,A公司按LIBOR向B公司支付利息,而B公司按11.2%的利率向A公可支付利息。这样,二者的境况均得到改善。对于A公司来说,以11%的固定利率借款,收入11.2%的固定利率利息并支付LIBOR的净结果相当于按LIBOR减20个基点的条件借入浮动利率资金;类似地,B公司最终相当于以11.7%的固定利率借款。显然,利率互换使双方都按照自己意愿的方式获得融资,但融资成本比不进行互换均降低了30个基点。实际上,利率互换利用了信贷市场的一种不均衡:B公司的风险溢价随其借款方式的不同而不同。60个基点的风险溢价差异通过互换所产生的利益被双方均分。另外,由于借款额相等的双方不必互换本金,只交换利差的现金流,因此信用风险也比较小。

利率互换的流程可用图12-5表示。

公司金融

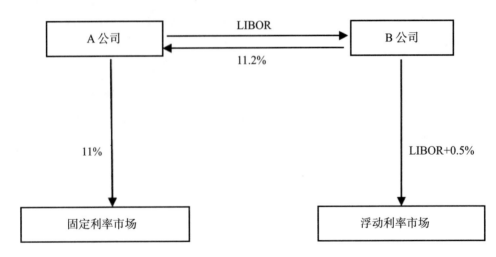

图12-5 利率互换流程

图12-7中的双方彼此之间直接进行互换交易，这是互换市场的早期现象。后来，银行开始居间其中发挥媒介作用，有力地推动了互换市场的发展。例如，银行充当交易中介，可能从B公司收取11.25%的利息而向A公司支付11.15%的固定利息，借此可以获取10个基点的利差收益。银行所赚取的利息差是对其提供专业化服务的收费，也是其承担风险的报酬。

2. 货币互换

与利率互换的原理相同，货币互换是指交易双方将两个不同币种的本金及其利率进行交换，其中利息的交换包括三种情况：固定利率对固定利率；浮动利率对浮动利率；固定利率对浮动利率。货币互换交易的基础是双方在不同货币的融资市场上各自拥有比较优势。

沿用前述例子，不过A公司需要的是5年期100万英镑借款，B公司欲借入5年期的150万美元，英镑兑美元汇率为1.5美元/英镑，双方所希望的借款均为固定利率，因此，双方可以安排一笔英镑固定利率对美元固定利率的货币互换交易。二者的借款条件如表12-2所示。

表12-2 不同货币的借款利率

	美元	英镑
A 公司	8.0%	11.6%
B 公司	10.0%	12.0%

显然，A公司在两个融资市场都占据优势，但是相对而言，A公司在美元信贷市场有比较优势，而B公司的比较优势是在英镑信贷市场。于是，双方可以利用各自的比

较优势借款，然后通过互换获得自己想要的货币资金，并分享互换利益共同降低筹资成本。比如，A公司以8.0%的利率借入150万美元，B公司以12.0%的利率借入100万英镑，双方先进行本金的交换，由A公司向B公司支付美元而后者向前者支付英镑，同时商定A公司向B公司支付10.8%的英镑利息，B公司向A公司支付8.0%的美元利息。如果不考虑本金交换的问题，该货币互换的流程如图12-6所示。

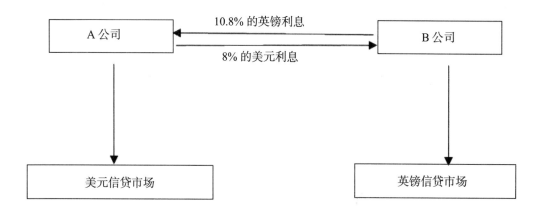

图12-6 货币互换流程

经过互换交易，两个公司最终的融资成本是：A公司承担10.8%的英镑利息，B公司承担12%的英镑利息加上8.0%的美元利息，若不考虑汇率变动的话，B公司的实际融资成本相当于9.2%的美元利息，共计1.6%的互换利益被双方均分，各获0.8%。当借款期满时，双方需要再次进行等额本金的交换，换回各自原先的借款货币。在标准的货币互换中，存在本金的交换，这样似乎给双方带来了巨大的汇率风险，其实不然，通过期初和期末的两次反方向本金交换，汇率风险已被消除。至于利息所面临的汇率风险，交易者可利用远期外汇市场进行保值。

同样地，货币互换的发展也离不开银行的参与，银行在交易中充分发挥金融中介的职能，从而大大提高互换业务的效率。

12.6 其他衍生金融产品

除了上述标准期权外，金融市场上还存在其他衍生金融工具，如权证、优先认股权等，本节将介绍这两类衍生金融产品。

12.6.1 权证

权证是基础证券发行人或其以外的第三人发行的，约定持有人在规定期间内或特定到期日，有权按约定价格向发行人购买或出售标的证券，或以现金结算方式收取结算价差的有价证券。

权证的历史可以上溯到1911年,距今已超过百年。在国际金融市场上,权证不但交易规模庞大,而且发展速度迅猛。

从法律角度分析,权证本质上是一种权利契约,支付权利金购得权证的一方有权(没有义务)于契约期间或契约到期时,以事先约定的价格买进(或卖出)事先约定数量的标的证券。因此,权证是一种期权类的衍生金融工具,权证和期权在本质上是相同的,但是,两者也存在着一些差异,可以用表12-3加以概括。

表12-3 权证与期权的区别

	权证	期权
发行人	标的证券发行人、投资银行等	任何投资者
卖空	不可以	可以
期限	半年到两年	最短一个月,最长九个月
种类	一般为欧式	美式或欧式

根据各种分类标准,可以把权证分为不同的类型。

按行权的基础资产或标的资产,可以将权证分为股权类权证、债券类权证以及其他权证。目前,我国证券市场推出的权证均为股权类权证,其标的资产可以是单只股票或股票组合,如ETF。

按权证行权所买卖的资产来源分类,权证可分为认股权证和备兑权证。认股权证也称股本权证,一般由基础证券的发行人发行,持有人行权时,上市公司增发新股售予认股权证的持有人。备兑权证是指由标的证券发行人之外的第三方(通常是声誉较好、有发行资格的券商或其他金融机构)发行的权证。备兑权证之所以称为备兑,主要就是指其发行人手中备有充足的标的股票,以供权证持有人到期时兑换股票。

根据权利的行使方向,权证可以分为认购权证和认沽权证,认购权证对应期权中的"看涨期权",认沽权证对应"看跌期权"。

按行权的时间,可以将权证分为美式权证、欧式权证、百慕大式权证等类型。与相应的期权类似,美式权证可以在权证到期日(即权证失效日)之前任何交易日行权;欧式权证可以在到期日当日行权;百慕大式权证则可在到期日之前一段规定时间内行权。

12.6.2 优先认股权

优先认股权是股份有限公司发行新股增加资本时,按照原股东的持股比例,给予其在指定期限内以规定价格优先认购一定数量新股的权利。这种权利可以分为两类:

一是股东在转让股份时,其他股东有优先购买的权利。

二是当公司增资发行新股票时，公司现有股东有优先根据其持有的股票在已发行股票中所占比例购买相应新股票的权利。

优先认股权是普通股股东的优惠权，实际上是一种短期的看涨，拥有优先认股权的老股东可以按低于股票市价的特定价格购买公司新发行的一定数量的股票。其做法是给每个股东一份证书，写明他有权购买新股票的数量，数量多少根据股东现有股数乘以规定比例求得。一般来说，新股票的定价低于股票市价，从而使优先认股权具有价值。股东可以行使该权利，也可以转让给他人。

案例分析

美国西南航空公司套期保值成功案例

美国西南航空公司成立于1971年6月18日，总部设在美国得克萨斯州。美国西南航空是以"廉价航空公司"而闻名，是民航业"廉价航空公司"经营模式的鼻祖，曾是美国第二大航空公司。2003年，国际油价开始剧烈波动，对于航空企业来说，燃油成本是企业运营成本的重要组成部分，燃油价格一旦持续上涨或者大幅度波动，那么航空企业的经营业绩就会受到很大影响。在许多航空公司纷纷陷入经营困境的时候，美国西南航空公司成功利用期货、期权、远期和互换等金融衍生产品来开展燃油套期保值业务，既降低了风险，又获得额外丰厚的利润，在航空业内处于领先地位。

公司2007年年报显示，公司净利润为6.45亿美元，相比2006年增长29.26%。美国西南航空究竟是通过怎样的衍生品操作取得这一骄人成绩的？

表12-4 美国西南航空2001—2007年年度报告

	2001年	2002年	2003年	2004年	2005年	2006年	2007年
税前收益（百万美元）	631	417	483	554	779	790	1 058
套保收益（百万美元）	80	45	171	455	892	634	686
套保收益占比（%）	12.68%	10.79%	35.40%	82.13%	114.51%	80.25%	64.84%
净利润（百万美元）	511	241	442	313	484	499	645

根据西南航空公司公开的年度报告可以发现，其套保收益占其收益的绝大多数，尤其值得注意的是，2006年，如果没有进行套期保值，那么西南航空公司将出现赤字。由于西南航空很好地运用了金融衍生工具进行套期保值规避由国际油

价上涨导致的运营成本上涨的风险。因此，公司在发展过程中，对于将要发生的风险，应该做好提前预防和准备工作，在对未来几年的趋势进行预测后，适当地做好套期保值，明确套期保值的目的，这样才能使整个套保方案形成连贯性，而不是突发性行为。

思考：美国西南航空公司的套期保值是怎样实现的？

本章小结

关键词

金融衍生工具　远期合约　期货　货币互换　利率互换　远期利率协议　1×4FRA　初始保证金　维持保证金　看涨期权　看跌期权　权证　可转换债券

关键问题

1. 衍生工具包括远期合同、期货合同、互换和期权，以及具有远期合同、期货合同、互换和期权中一种或一种以上特征的工具。

2. 金融衍生工具具有跨期性、杠杆性、联动性、不确定性或高风险性。

3. 金融衍生工具按照自身交易的方法及特点可以分为远期合约、期货、互换、期权和结构化金融衍生工具五类。

4. 金融远期合约是最基础的金融衍生工具。它是交易双方在场外上通过协商，按约定价格（称为远期价格）在约定的未来日期（交割日）买卖某种标的金融资产（或金融变量）的合约。

5. 远期利率协议（FRA）是指按约定的名义本金，交易双方在约定的未来日期交换支付浮动利率和固定利率的远期协议。"1月对4月远期利率协议"，通常以"1×4FRA"表示。

6. 期货合约是标准化的远期合约，它是由交易双方订立的，约定在未来某日期按成交时约定的价格交割一定数量的某种商品的标准化协议。期货交易所实行逐日盯市制度和保证金制度。

7. 互换是指两个或两个以上的当事人按共同商定的条件，在约定的时间内定期交换现金流的金融交易，可以分为货币互换、利率互换、股权互换、信用互换等类别。从交易结构上看，可以将互换交易视为一系列远期交易的组合。从功能上看，互换交易的主要用途是改变交易者资产或负债的风险结构，从而规避相应的风险。

8. 期权是指其持有者能在规定的期限内按交易双方商定的价格购买或出售一定数量的基础工具的权利。金融期权按选择权的性质分为买入期权和卖出期权，按行权日期分为欧式期权、美式期权和百慕大期权，按基础资产性质分为股权类期权、利率期权、货币期权、金融期货合约期权、互换期权等。

9. 期权的价值受标的资产价格的稳定性、距到期日的时间、期权的执行价格、标的资产价格和无风险利率等因素的影响。

10. 金融市场上还存在一些其他衍生金融工具，如权证、优先认股权等。权证是基础证券发行人或其以外的第三人发行的，约定持有人在规定期间内或特定到期日，有权按约定价格向发行人购买或出售标的证券，或以现金结算方式收取结算价差的有价证券。优先认股权是股份公司发行新股增加资本时，按照原股东的持股比例，给予其在指定期限内以规定价格优先认购一定数量新股的权利。

思考与练习

1. 请简述金融衍生工具的特征。
2. 卖空资产和空头期货头寸的现金流有何区别？
3. 为什么会出现互换？
4. 期权在企业的风险管理过程中有何作用？

参考文献

[1] 樊帆：《由美国次贷危机看我国金融衍生品市场的发展》，2009年安徽大学硕士论文。

[2] 雷达、梁云波：《金融衍生工具发展现状分析》，载《经济理论与经济管理》1997年第4期，第31—35页。

[3] 方琼、周昂：《全球化背景下我国金融衍生品市场发展浅析》，载《时代经贸》2008年第6期，第194—195页。

[4] 刘丽：《中国金融衍生产品市场的发展及监管体系的选择》，2005年武汉理工大学硕士论文。

[5] 王石：《中国金融衍生品研究与中国期货市场实践》，2006年吉林大学博士论文。

[6] 吉旭君：《人民币汇率衍生品市场理论与实践研究》，2008年南京财经大学硕士论文。

[7] 李芳主编：《基础会计》，电子科技大学出版社2007年版。

[8] 冷琦琪：《推动人民币利率衍生产品健康发展的研究》，载《科技创业月刊》2014第一期，第32—35页。

[9] 张东：《两类奇异期权的定价方法研究》，2005年华东师范大学硕士论文。

[10] 陈昭方、滕家国：《论美国公司财务管理的国际化及其汇率风险管理方法》，载《经济评论》2003年第6期，第118—122页。

[11] 石艳华：《金融期权的衍生方法及其应用》，2002年对外经济贸易大学硕士论文。

[12] 刘超：《基于分形市场理论的金属期货期权定价模型及其实证研究》，2007年湖南大学硕士论文。

[13] 吴翔宇：《金融衍生工具在利率风险管理中的应用》，2006年南京理工大学硕士论文。

[14] 陈晶晶：《场外金融衍生品市场的监管制度研究》，2009年吉林大学硕士论文。

[15] 魏静：《公司财务风险中的外汇风险管理：以OMEY公司为例》，2013年复旦大学硕士论文。

[16] 黄柳：《创设机制对我国权证定价效率影响的实证研究》，2011年西南财经大学硕士论文。

[17] 程敏：《分位数回归视角下我国商品期货市场羊群效应实证分析》，2014年浙江工商大学硕士论文。

[18] 刘茜：《简述几个期权定价模型》，2012年山东大学硕士论文。

[19] 柯开明：《美式一篮子期权定价的蒙特卡罗模拟方法研究》，2004年武汉理工大学硕士论文。

第 13 章 公司价值评估

导语 本章所指的"价值",是指可持续经营公司的价值,即公司未来现金流量的现值,而公司价值评估就是对公司持续经营价值进行判断。公司价值评估是公司价值最大化管理的需要,是公司并购的需要,也是了解生产经营活动效果的需要。它是投资决策的重要前提,是扩大、提高公司影响的手段。

在西方发达国家,公司价值评估已形成多种模式并日趋成熟,随着我国市场经济体制的建立和完善,资本市场发挥着日益重要的作用,对公司价值评估的需求也日益增多。公司价值评估日益受到重视,正成为衡量一个公司成功与否和整体质量好坏最全面、最准确的指标。本章,我们就来学习一下公司价值评估的不同方法以及其意义所在。

13.1 公司价值评估概述

13.1.1 公司价值评估的内涵

1. 公司价值评估的定义

公司价值评估是指把被评估公司作为一个有机整体,依据其整体获利能力,并充分考虑影响公司获利能力的各种因素,对其整体资产公允市场价值进行的综合性评估。它是公司这一典型整体资产在现时市场条件下的公允市场价值,是由公司的未来整体获利能力所决定的市场价值。作为现代市场经济和现代公司制度相结合的产物。公司价值评估主要确定四个方面的内容:目标公司价值、并购公司价值、并购后整体公司价值和并购增值。在实际并购操作中,这四个方面的价值评估并不都是必需的,但对目标公司的价值评估是绝对必要的。

2. 公司价值评估的目的

一是用于投资分析,提供决策依据。价值评估是股市基础分析的核心内容,股票价格在本质上是投资者基于对公司未来收益、现金流量、投资风险所作出的预期判断。

例如，通过公司价值评估可以确定股票首次发行如何定价；评价证券效率及信息传递效应等。

二是用于价值管理，实现理财目标。公司经过筹资、投资、经营、分配来进行财务活动，最终要实现的是公司价值最大化。通过正确的公司价值评估，描述财务决策、公司战略和公司价值之间的定量关系，判断公司创造价值所需要的条件，真正实现公司价值最大化这一财务管理的根本目标。

三是用于并购分析，推动战略重组。公司并购分析是公司战略重组的重要环节。实践表明，并购失败的一个重要原因是目标公司的定价过高，增加了并购成本和风险。因此，对目标公司的价值进行合理评估，确定适当的并购价格，可以正确判断并购能否增加股东财富，以及如何增加股东财富，以推动战略重组。

3. 公司价值评估的经济意义

公司价值评估对公司评价和管理起着重要作用，以开发公司潜在价值为目的的价值管理正在成为当代公司管理的新方向。公司价值管理更为强调的是对公司整体获利能力的分析和评估，通过制订和实施合适的发展计划以保证公司的经营决策有利于增加股东的财富价值。这一趋势下，公司管理人员将不再满足于要求财务数据反映公司的历史，而是更多地运用公司价值评估的信息展望公司未来，提高公司未来的盈利能力；规范公司的经营管理，充分反映管理层的经营绩效。

公司价值评估能促进公司利用资本市场实现产权转让，产权转让的最终目的是提高资本的使用效率。实现这一目标有许多途径，但从根本上离不开公司价值评估这一环节，如国有资本逐步退出一般竞争性领域，这是加快国有公司改革的重要方面，在所有涉及国有公司产权改革的交易事项中，公司价值评估已成为产权交易的前提和关键。又如公司上市也需要专业评估机构按照有关规定，制定合理的评估方案，运用科学的评估方法评估公司的盈利能力及现金流量状况，对公司价值作出专业判断。与此同时，为公司兼并和收购提供公司价值评估服务已成为许多评估机构的核心业务之一。由于战略性并购着眼于经济利益最大化的特点，使得并购中对目标公司的价值评估非常重要。

投资者需要更加理性的投资理念。随着中国证券市场的规范，不论是一级市场还是二级市场的投资者都逐渐趋于理性。对公司进行价值评估能充分将公司的真实价值展现在投资者的面前，对投资行为有重要的指导意义，有利于帮助投资者进行决策。

价值评估可较确切地反映公司的真实价值。传统的账面价值忽略了公司资产的时间价值和机会成本。受到会计核算准则和计量方法等人为因素的影响，往往低估、甚至不估无形资产的价值，如高新技术公司账面价值较低，而股票市价很高；一些拥有成套厂房、设备，但没有发展前景的公司，账面价值很高，而市场价值则较低。经过调整的经济价值虽然克服了账面价值的一些缺点，但它同样是从公司本期经营情况角度来计量的，没有反映出市场对公司未来经营收益的调整。通过市场价值评估则相对真实地反映公司的价值。

13.1.2 公司价值评估理论的发展历程

公司价值评估的思想源于20世纪初欧文·费雪的资本价值论。1906年，费雪出版了《资本与收入的性质》一书，完整论述了资本与收入的关系以及价值的源泉问题，为现代公司价值评估理论奠定了基石。1907年，费雪在他的另一部专著《利息率：本质、决定及其与经济现象的关系》中，分析了利息率的本质和决定因素，并且进一步研究了资本收入和资本价值的关系，初步形成了完整而系统的资本价值评估框架。费雪创造和发展的净现值法是公认的资本预算决策的最优方法。

从20世纪初到20世纪50年代末的这段时间。费雪的资本预算理论广为流传，但公司价值评估理论发展却很缓慢，主要原因在于费雪的资本价值评估思想与实践脱节，很难应用于实践。这一理论体系受到公司产权交易实践的极大挑战，直到1958年，莫迪尼亚尼和米勒发表了他们影响深远的、给理财学研究带来重大变革的学术论文——《资本成本、公司财务与投资理论》，对投资决策、融资决策与公司价值之间的相关性进行了深入研究。他们认为，公司价值的大小主要取决于投资决策，在均衡状态下公司的市场价值等于按与其风险程度相对应的贴现率对预期收益进行贴现的资本化价值。莫迪尼亚尼和米勒第一次系统地将不确定性引入公司价值评估理论体系之中，精辟论述了公司价值与公司资本结构之间的关系，创立了现代公司价值评估理论。1961年，米勒和莫迪尼亚尼又在《商业杂志》发表了《股利政策、增长和股票价格》一文，对股利政策的性质和影响进行了系统分析，提出了MM股利无关论。该理论的基本假设是完全市场假设：市场强有效；无公司和个人所得税；资本市场无交易成本；举债经营对资本成本几乎无影响；公司投资决策和股利政策相互独立。在此假设下，公司的价值与股利政策无关。基于可靠的经济分析，他们提出了MM定理。1963年，他们对MM定理的适用性进行了探讨，提出了存在公司所得税状态下的公司估价模型，为公司估价理论的推广和应用奠定了坚实的基础。

20世纪50年代以来，理论界对贴现率的认识和计算取得重大突破，资本市场理论、资产组合理论有了突飞猛进的发展。资本资产定价理论（CAPM）和套利定价理论（APM）揭示了金融风险和收益之间的对应关系，为人们精确估计公司资本率扫清了一大障碍，从而使原本粗糙的现金流贴现法日臻完善，成为人们普遍认同的主流方法。1974年，为弥补现金流贴现法的不足，美国麻省理工学院斯隆管理学院的梅耶斯教授提出了调整现值法（APV）。与现金流贴现法相比，调整现值法是一个进步，但由于它的琐碎和复杂，以及它在调整资本化率问题上面临着与现金流贴现法同样的难题，实际应用效果也并不乐观。斯提杰克对产权交易中公司价值的确定进行了分析。他认为：所谓价值，就是买者对标的物效用的一种感觉，效用是用人们现在及将来占有某件物品所获得的利益来度量的。这里的公司价值并不仅仅是以持续经营为假设前提，而是按贡献原则与变现原则混合产生的公司价值。在评估方法上，不是采用贴现现金流法，而是采用单项资产评估加和法确定资产价值，基础数据则来源于市场价值、账面价值或原始成本。虽然这些数据含义明确，易于获得，但以此确定的公司价值在理论上缺乏足够的说服力。

1991年，思特提出了经济附加值（EVA）概念，由总部设在纽约的思腾思特（Stern Stewart）咨询公司将该方法引入价值评估领域（EVA商标由思腾思特公司注册持有）。根据思腾思特咨询公司的解释，经济附加值表示的是一个公司扣除资本成本后的资本收益。也就是说，一个公司的经济附加值是该公司的资本收益和资本成本之间的差。EVA的方法是以股东利益最大化经营目标为基础，在欧美曾风靡一时，一度成为像高盛、JP摩根等著名投资银行分析公司价值的基本工具之一。但是，经济附加值概念至今没有成形的理论体系，也没有一套公认的可供操作的方法体系，因此它的应用和发展也受到了一定的制约。

13.1.3　我国公司价值评估产生的背景、原因及存在的问题

1. 我国公司价值评估产生的背景

20世纪50年代初期，伴随着产权市场的出现，出现了专门从事公司买卖的产权市场，人们认识到，市场经济条件下的公司，其本身也是一种商品。在产权市场中，产权交易的需要使公司价值评估应运而生，开始成为一项专门的评估活动。20世纪50年代以后，公司兼并、重组、出售、股权投资等产权交易活动日益频繁，公司面临的经济环境更加复杂多变，对公司风险和收益的界定、度量，对公司价值的衡量，成为投资者和管理者一项十分重要的工作。投资者对公司价值进行评估并据以作出买卖决策。

20世纪80年代以来，西方发达国家的许多公司已经进入财务导向时期，现代公司业财务管理的目标已经由片面追求利润最大化、所有者财富最大化转变到追求公司价值最大化，"价值最大化已经成为一切财务管理工作的中心"。

2. 我国公司价值评估产生的原因

公司价值评估在国外有较长的历史，但是在我国出现的时间并不长，直到最近几年才逐渐引人瞩目。随着我国市场经济的进一步发展，公司价值评估越来越受到各类相关人士的关注。我国开展公司价值评估的动因有以下几个方面：

（1）市场经济发展和产权交易活动的需要

我国建立社会主义市场经济后对产权制度提出新要求，促使产权制度的改革，产

权制度改革要求有一个发达的产权交易市场。尽管我国公司产权交易市场近几年发展较快，但仍未成熟和规范，由市场竞争形成产权价格在短时间内还难以做到。在这种情况下，公司价值评估工作对推动产权交易有着很重要的意义。

（2）资本市场的发展的推动

20世纪90年代，证券市场得到迅速发展，各项政策相继出台，对上市公司信息披露的要求更加严格，同时恰当地规范了公司资产重组行为，放宽了收购条件，而公司价值评估能确切反映公司的真实价值、规范公司使其满足资本市场发展的要求。

（3）公司价值最大化管理的需要

我国公司管理水平现状亟待改善。公司管理中存在的最主要问题是管理水平落后，不重视以公司价值最大化管理为核心的财务管理。公司价值评估及其管理作为国际上先进的手段，是我国公司管理的未来发展趋势。正确推行以价值评估为手段的价值最大化管理，是推动我国公司持续发展的一个重要手段。

3. 我国早期公司价值评估存在的问题

我国早期公司价值评估是和资产评估同时发展的。1991年，公司价值评估仅针对公司各单项资产，用公司整体资产作为公司价值。

我国早期公司价值评估是存在一定缺陷的，具体包括以下几点：

（1）由于公司的每项资产须分别进行评估，评估机构为控制经营成本，设备、房产、土地等单项资产评估往往聘用不了解资产评估的专业人员，严重影响评估的执业水平；

（2）公司房产和土地的价值评估业务应该必须由专门从事房产价值和土地价值的评估人员承担，否则会导致公司整体价值被肢解，影响公司评估价值的准确性；

（3）由于评估往往仅以公司提供的会计报表为准，造成对账外资产的忽视和遗漏。

13.2 现金流量贴现法

13.2.1 现金流量模型

1. 自由现金流量

自由现金流量（free cash flow，FCF）作为一种公司价值评估的新概念、理论、方法和体系，最早是由美国西北大学的拉巴波特、哈佛大学的詹森等学者于20世纪80年代提出。经历20多年的发展，特别在以美国安然、世通等为代表的，之前在财务报告中利润指标完美无瑕的所谓绩优公司纷纷破产后，已成为公司价值评估领域使用最广泛，理论最健全的指标。

公司金融

自由现金流量就是公司产生的、在满足再投资需要之后剩余的现金流量，这部分现金流量是在不影响公司持续发展的前提下，可供分配给公司资本供应者的最大现金额。简单地说，自由现金流量是指公司经营活动产生的现金流量扣除资本性支出的差额。自由现金流是一种财务方法，它被用来衡量公司实际持有的能够回报股东的现金，在不危及公司生存与发展的前提下，可供分配给股东（和债权人）的最大现金额。

自由现金流在经营活动现金流的基础上考虑了资本型支出和股息支出。自由现金流表示的是公司可以自由支配的现金。如果自由现金流充沛，则公司可以偿还债务、开发新产品、回购股票、增加股息支付。同时，充沛的自由现金流也使得公司成为并购对象。

实际上，自由现金流量也等于向所有资本供应者支付或收取的现金流量总额（利息、股息、新的借款、偿还债务等）。我们可以将自由现金流量定义为：

（1）公司的自由现金流量是公司经营带来的现金流量满足公司再投资需要后，尚未向股东和债权人支付现金前的剩余现金流量。

（2）自由现金流量是扣除营运资本投资与资本投资之后的经营活动所带来的现金流量，是公司为了维持持续经营所进行必需的固定资产与营运资产投资后可用于向所有者分派的现金。

根据前面对自由现金流量的认识和了解，公司自由现金流量是指扣除税收、必要的资本性支出和营运资本增加后，能够支付给债权人或股东的现金流量。用公式可表示为：

自由现金流量=息税前利润+折旧－所得税－资本性支出－营运资本净增加

＝税后净营业利润－净投资

＝债权人自由现金流量+股东自由现金流量

其中，税后净营业利润=息税前利润－所得税

净投资=资本性支出+营运资本净增加－折旧

净投资就是投资资本的变化额。用公式表示如下：

净投资=流动资金投资+固定资产投资+在建工程投资+无形资产投资

2. 基于自由现金流量评估模型

（1）模型评估公式

公司价值=明确的预测期间的现金流量现值+明确的预测期之后的现金流量现值，即

$$V_{公司} = \sum_{t=1}^{\infty} \frac{FCF_t}{(1+WACC)^t} + \frac{V_t}{(1+WACC)^t} \qquad (13-1)$$

上式中，FCF_t 表示明确预测期内第 t 年的自由现金流量；

V_t 表示明确预测期后第 t 年的自由现金流量；

$WACC$ 表示公司加权平均资本成本。

而公司在明确预测期后的连续价值计算为：

$$V = \frac{FCF_{t+1}}{WACC - g} \qquad (13\text{-}2)$$

上式中，FCF_{t+1} 表示明确预测期后第1年的自由现金流量；

$WACC$ 表示加权平均资本成本；

g 表示明确预测期后的自由现金流量可持续增长率；

V 表示公司的连续价值。

根据公式（13-1）和公式（13-2）可以得到公司总价值的计算公式为：

$$V_{公司} = \sum_{t=1}^{\infty} \frac{FCF_t}{(1+WACC)^t} + \frac{V_t}{(1+WACC)^t} + \frac{FCF_{t+1}}{WACC - g} \qquad (13\text{-}3)$$

（2）自由现金流量评估模型评估过程

运用自由现金流量评估模型对公司价值进行评估可以分为以下六个步骤：

① 分析历史绩效。对公司历史绩效分析的主要目的是彻底了解公司过去的绩效，可以为公司对今后绩效的预测提供视角。历史绩效分析主要是对公司的历史会计报表进行分析，计算税后净营业利润。

② 预测未来绩效。预测未来绩效就是对公司今后经营所产生的现金流量的分析，这一过程必须全面考察公司影响价值创造的各种因素，包括评估行业状况，根据历史绩效及未来发展前景预测财务具体细目等。

③ 估计资金成本。资金成本是影响公司价值的重要因素。需要指出的是，资金成本的组成部分一定要与计算被贴现的现金流量的口径一致。

④ 连续价值估算。首先选择适当的估算方法和预测期限，然后估测估值参数，最后贴现连续价值。可以根据公式（13-2）算出连续价值。

⑤ 计算公司价值。以公司的加权平均资本成本对预测的自由现金流量和连续价值进行贴现，来确定公司经营的价值总额，再将现金流量未纳入自由现金流量和经济利润的任何非营业资产的价值计入，以估算整个实体的价值，最后再将所有债务、混合证券、少数股东权益或优于剩余权益的其他债权从市场价值中扣除。

⑥ 评估结果检验。包括检验计算结果是否符合预测，价值驱动因素结果与市场价值是否相差太大，是否有合理的理由等。

13.2.2 现金流量模型的应用

1. 预测自由现金流量

自由现金流量模型的基本思想是增量现金流量原则和时间价值原则，即任何资产（包括公司或股权）的价值是其产生的未来现金流量的现值。在模型中，首先要完成对公司环境分析和过去3—5年的财务报表分析，再基于公司未来发展的假设之下预测未来的自由现金流量。

（1）分析历史绩效

在进行预测时，需要使用高质量的获利能力。高质量的获利能力是指利润中仅包括会重复发生的项目；而符合一般会计准则（GAAP）利润表中所包含的营业外收支、会计政策变更的累积影响和非持续经营等事项属于非经常事项和不会重复发生的事项，因此我们需要把它们从利润中剔除，从而获得"真实"的利润。

以H公司为例：

表13-1 H公司历史经营利润表

单位：元

项目	2012年	2011年	2010年	2009年	2008年
主营业务收入	14520736	10771077	9490523	9793150	6923142
减：主营业务成本	12080096	9473797	8430929	8735297	6320951
主营业务税金及附加	38588	24600	25276	25550	15146
主营业务利润	2402052	1272680	1034318	1055303	587045
减：营业费用	231034	185360	158670	168158	119066
管理费用	279623	244369	194730	170093	79390
财务费用	9498	13835	（25858）	（39678）	（37300）
营业利润	1881897	829116	706776	756730	425889
减：所得税	621026	273608	233236	249721	140543
净利润	1260871	555508	473540	507009	285346

注：所得税率为33%，括号内的数值表示负数。

（2）参数估计

采用两阶段模型，即把预测期分为两个阶段；第一阶段为公司快速发展阶段，以年为基础逐年进行公司详细的销售收入增长率和现金流量预测（通常预测期通常为3—5年）；第二阶段为公司永续增长阶段，销售收入和现金流量具有充分的稳定性和可预测性，可以直接估计其永续价值。

公司价值=预测期内现金流量现值+后续期内现金流量现值

基于历史绩效分析，编制H公司的财务计划，未来的营运情况如下表13-2所示：

表13-2　H公司销售收入增长率预测表

年份	2013年	2014年	2015年	2016年	2017年	2017之后各年
收入增长率	25%	20%	15%	10%	5%	3%

（3）自由现金流量

自由现金流量是公司真正的营业现金流量。它是公司产生的税后现金流量总额，可以提供给公司所有的资本供应者，包括债权人和股东。它是公司扣除了必须的、受约束的支出，公司可以自由支配的现金。计算公式如下：

现金流量=净利润+折旧与摊销+财务费用—营运资本增加—资本支出增加

根据历史财务报表和以上假设条件，我们就可以预测H公司的自由现金流量，如表13-3所示：

表13-3　H公司自有现金流量预测表

单位：元

项目	2013年	2014年	2015年	2016年	2017年	2017之后各年
主营业务收入	18150920	21781104	25084270	27553097	28930751	29798674
减：主营业务成本	16016372	19219646	22102893	24312852	25528495	26294350
主营业务税金及附加	45377	54453	62621	68883	72327	74497
主营业务利润	2089171	2507005	2918756	3171362	3329929	3429827
减：营业费用	304935	365923	420811	462892	486037	500618
管理费用	333977	400772	460888	506977	532326	548296
财务费用	18151	21781	25048	27533	28931	29799
营业利润	1432108	1718529	2012009	2173960	2282635	2351114
减：所得税	472596	567115	663963	717407	753270	775868
净利润	959512	1151414	1348046	1456553	1529365	1575246
加：本年度计提折旧	495337	586324	675453	755427	819194	877055
财务费用	18151	21781	25048	27533	28931	29799
减：营运资本增加	544528	544528	490075	375724	206648	130188
资本支出增加	657784	1856889	1818961	1632366	1301373	1180828
FCF	270688	（641898）	（260489）	231423	869469	1171084

2. 公司价值评估

经上述分析和预测后，现在可进行公司价值评估。这一步骤需要将公司未来的自由现金流量按照加权平均资本成本（WACC）带入两阶段成长模型以求得公司整体的价值；最后，公司整体价值减去负债和其他要求权价值后得到权益价值，除以在外流通的普通股股数就可以得到公司每股合理价值。

（1）加权平均资本成本

加权平均资本成本一般是以各种资本占全部资本的比重为权数，对个别资本成本进行加权平均确定的。其公式为：

$$WACC = R_d \times b \times (1-T) + R_e \times (1-b) \qquad (13\text{-}4)$$

上式中，

R_d 表示债权人要求的报酬率，即负债的成本；

R_e 表示所有者要求的报酬率即市场确定的权益资本机会成本；

T 表示公司的所得税税率；

b 表示资产负债率。

H公司加权平均资本成本的计算过程如表13-4所示：

表13-4　H公司加权平均资本成本的计算表

加权资本成本	$WACC = R_d \times b \times (1-T) + R_e \times (1-b)$	0.0857
所得税率	T	0.33
资产负债率	b	0.3127
债权人报酬率	R_d	0.0154
权益报酬率	$R_e = R_f + \beta \times (R_m - R_f)$	0.12
无风险报酬率	R_f	0.0198
市场平均报酬率	R_m	0.12
风险溢价	m	0.1002
系数	β	1

（2）计算公司权益的价值

运用自由现金流量模型评估公司权益价值，是用公司的营业价值（可以向所有投资者提供的公司价值，即预期未来自由现金流量的现值）加非营业净资产市场价值减去债务价值和其他投资要求权（如优先股、少数股东权益等）。根据公式（13-1），公司价值的计算如下：

公司价值=高速增长期内现金流量现值+永续增长期现金流量现值

$$=\sum_{t=1}^{\infty}\frac{FCF_t}{(1+WACC)^t}+\frac{V_t}{(1+WACC)^t}$$

13.2.3 其他常见的现金流量贴现模型

1. 调整现值模型（APV）

调整现值模型与公司自有现金流量模型相似。对自由现金流进行贴现来估计经营价值，再加上非经营性资产价值得到公司价值，公司价值减去债务价值后得到权益价值。APV模型与传统DCF模型的区别是，APV模型把经营价值分为两个部分：一是完全由权益资本融资的经营价值；二是由于债务融资形成的税收利益的价值。

这个评估模型体现了MM定理的结论。MM定理指出，在无税的情形下，公司的公司价值（权益与债务之和）独立于资本结构。这样，公司价值就不受资本如何在债务和其他索取权之间进行分配的影响。

在无税的世界中，MM定理对价值评估的含义在于，无论公司的资本结构如何，资本的加权平均成本为常数。如果总价值为常数，且自由现金流独立于资本结构，情况必然如此。唯一的结论就是资本结构只能通过税收和其他方面的市场不完美性来影响公司价值。

APV模型有三个核心概念。一是无债务时公司的资本成本（称为权益的无杠杆成本），二是债务对价值的影响，三是税收对价值的影响。大多数国家的税收政策中，利息可以在税前列支，因此，如果公司的资本结构中有债务，则公司及其投资者支付的税款会降低。

在传统的DCF模型中，税收利益体现在资本的加权平均成本的计算中，并根据税收利益对债务成本进行调整。在APV模型中，通过对预计的税款节约量进行贴现来估计债务挡板的税收利益。

如果能够正确计算资本的加权平均成本，则两个方法必然是一致的。下面的公式表明了WACC与权益的无杠杆成本的关系。

$$WACC = k_u - k_b(\frac{B}{B+S})T \qquad (13\text{-}5)$$

上式中，k_u表示权益的无杠杆成本；

k_b表示债务成本；

T表示利息费用的边际税率；

B表示债务的市场价值；

S表示权益的市场价值。

2. 权益DCF模型

权益DCF模型理论上是一个最简单的模型，但难以在实践中应用。权益DCF模型以权益成本对权益所有者的现金流进行贴现。公司带给所有者的现金流入包括两部分：股利收入和出售时的资本利得。公司权益的内在价值由一系列的股利和将来出售公司股票时售价的现值构成。

如果股东永远持有股票，他只获得股利，是一个永续的现金流入，这个现金流入的现值就是股票的价值：

$$V = \frac{D_1}{1+R_S} + \frac{D_2}{(1+R_S)^2} + \cdots + \frac{D_n}{(1+R_S)^n} + \cdots$$
$$= \sum_{t=1}^{\infty} \frac{D_t}{(1+R_S)^t} \tag{13-6}$$

上式中，D_t 表示第 t 年的每股现金股利；R_S 表示股东要求的必要报酬率；t 表示年度。

如果投资者不打算永久持有公司股票，而在一段时间后出售，这时公司权益带给投资者的未来现金流入包括股利收入和将来股票出售时的售价两个部分，于是权益价值的计算公式可以修正为：

$$V = \frac{D_1}{1+R_S} + \frac{D_2}{(1+R_S)^2} + \cdots + \frac{D_T}{(1+R_S)^T} + \frac{P_T}{(1+R_S)^T}$$
$$= \sum_{t=1}^{T} \frac{D_t}{(1+R_S)^t} + \frac{P_T}{(1+R_S)^T} \tag{13-7}$$

上式中，T 表示股票持有的期限；P_T 表示第 T 期末的股票每股售价。

上式表明，若投资者在第 T 期出售股票，则普通股的价值就等于第1期至第 T 期的每年股利的现值加上第 T 期股票售价的现值之和。

如果预计某股票的每股股利在未来以某一固定的增长额或增长率增长，那么这种股票就被称为固定增长股。其中，以固定增长额增长的股票，称为定额增长股，以固定增长率增长的股票称为定率增长股。通常所说的固定增长股多为定率增长股。

对于定额增长股，因其股利以固定的增长额增长，故有，

$$D_t - D_{t-1} = \Delta D$$

即：$D_t = D_1 + (t-1)\Delta D \tag{13-8}$

将上式代入公式（13-7）可得：

$$V_0 = D_1\left[\frac{1}{1+R_S}+\frac{1}{(1+R_S)^2}+\cdots+\frac{1}{(1+R_S)^n}+\cdots\right]+\Delta D\left[\frac{1}{(1+R_S)^2}+\frac{2}{(1+R_S)^3}+\cdots+\frac{n-1}{(1+R_S)^n}+\cdots\right]$$

$$= D_1\sum_{t=1}^{\infty}\frac{1}{(1+R_S)^t}+\Delta D\sum_{t=1}^{\infty}\frac{t-1}{(1+R_S)^t}=\frac{D_1}{R_S}+\frac{\Delta D}{R_S^2} \tag{13-9}$$

公式（13-9）即为定额增长股的价值评估模型，又称Walter模型。对于定率增长股，因其股利以固定增长率g增长，则有：

$$D_1 = D_0 + (1+g)$$
$$D_2 = D_1 + (1+g) = D_0(1+g)^2$$
$$\cdots\cdots$$
$$D_t = D_{t-1} + (1+g) = D_0(1+g)^t$$

代入公式（13-7）可得：

$$V = \sum_{t=1}^{\infty}\frac{D_t}{(1+R_S)^t} = \sum_{t=1}^{\infty}\frac{D_0(1+g)^t}{(1+R_S)^t} \tag{13-10}$$

当$R_S > g$时，上式可简化为：

$$V_0 = \frac{D_0(1+g)}{R_S - g} = \frac{D_1}{R_S - g} \tag{13-11}$$

在现实生活中，大多数公司的股利既不是长期固定不变，也不是长期固定增长的，而是会随着公司生命周期的变化呈现一定的阶段性。一般地，在发展初期，公司的增长率通常高于国民经济的增长率；在发展中期，公司的增长率与国民经济的增长率持平；在发展末期，公司的增长率低于国民经济的增长率。这就使得公司每股股利的增长率也处于变动之中，这种公司的股票为非固定增长股。对于这种股票，由于在不同时期有不同的增长率，未来股利的预期增长率不是一个，而是多个，在这种情况下，只有分段计算，采用多重增长模型才能确定公司权益的价值。

现以两阶段增长为例，说明权益价值的估价模型。

假设某股票前T年每年股利呈g_1增长，其后呈g_2增长，则这一股票的价值为：

$$V = \sum_{t=1}^{T}\frac{D_0(1+g_1)^t}{(1+R_S)^t}+\sum_{t=T}^{n}\frac{D_T(1+g_2)^{t-T}}{(1+R_S)^t} \tag{13-12}$$

与两阶段增长模型类似，还可建立三阶段、四阶段等更多阶段的增长模型，其原理和计算方法与两阶段增长模型类似。股利的增长阶段划分得越细，股利的增长就越接近线性函数，相对来说就越接近实际，评估者可以根据自己的实际需要加以考虑。

13.3 经济利润法

13.3.1 经济利润模型

1. 经济利润

经济利润这个概念至少可以追溯到1890年阿尔弗雷德·马歇尔（Alfred Marshall）出版的书中写道："（所有者或经理的）利润在按现行利率扣除了资本利息后所剩的部分，可称为经营收益或管理收益。"马歇尔指出，公司在任何期间创造的价值（经济利润），不但必须考虑会计账目中记录的费用开支，而且要考虑业务占用资本的机会成本。在经济利润模型中，公司价值等于投入公司中的资本量加上每年创造的新价值贴现值的溢价。

相对于公司DCF模型，经济利润模型的优点是：经济利润能够有效地测度一个年度公司的绩效。例如，无法通过比较自由现金流的计划值与实际值来追踪一个公司的发展，因为任何一年的自由现金流可以通过改变固定资产和营运资本投资进行调节。管理层可以通过延期投资，以牺牲长期价值创造为成本轻易地改变自由现金流。

一个时期公司价值创造的经济利润定义为：

$$\text{经济利润} = \text{投资资本} \times (ROIC - WACC) \qquad (13\text{-}13)$$

其中，$ROIC$为资本回报率。

经济利润把两个价值决定因素（即投资资本回报率和增长率）转化为一个货币数字（增长率最终与投资资本量或者公司规模相关）。定义经济利润的另一个方法是税后利润减去公司使用的资本价格：

$$\text{经济利润} = \text{利润} - \text{资本价格} = \text{利润} - (\text{投资资本} \times WACC) \qquad (13\text{-}14)$$

从经济利润的定义可以看出，经济利润与会计净利润相似，但它是对公司的所有资本而不仅仅是债务利息计算费用，它实质衡量的是公司的总资本创造出超过总资本成本（包括自有资金的机会成本）的能力，它比会计利润更能反映一个公司的获利能力。

2. 经济利润评估模型

在经济利润模型中，公司的价值等于投入资本额加上与预计经济利润现值相等的溢价或折扣，即：

公司价值=投入资本+预计经济利润现值

而公司的投入资本是通过账面价值反映出来的。因此，公司价值可以表示为：

$$V_0 = BV_0 + \sum_{t=1}^{\infty} \frac{E(R_t)}{(1+WACC)^t} \qquad (13\text{-}15)$$

上式中，V_0表示现时刻的公司价值；

BV_0表示现时刻的公司的账面价值；

$E(RI_t)$表示第t期的期望经济利润；

$WACC$表示公司的加权资本成本。

与贴现现金流量模型相比，经济利润模型的优点在于：经济利润模型是了解公司任何单独一年绩效的有效工具，而贴现现金流量模型却不是。通常，公司不能通过实际自由现金流量和预计自由现金流量的比较来了解公司的发展情况，因为任何一年的自由现金流量都取决于固定资产和流动资金投资，而这些投资的随意性极强。管理者只要拖延投资，牺牲长期价值创造，便能很容易地改变某年的现金流量状况。

在实际应用中，贴现现金流量模型评估公司价值时，抛开了公司的投入资本，即完全不考虑公司的账面价值（历史成本），只是依据其未来的现金流量来确定公司价值。而且，贴现现金流量法所需市场数据较多，这在我国目前资本市场不很完善的情况下，会使公司价值评估面临更多的不确定性。经济利润模型的公司价值等于投入资本额加上与预计经济利润现值相等的溢价或折扣，投入的资本额可以看作公司的账面价值（新公司）或公司的重置成本（旧公司），这些数据易收集，得出的结果较准确和可靠。而预计经济利润现值相等的溢价或折扣，其所需的参数对公司价值的影响不如贴现现金流量法大，因此，经济利润模型的总体评估结果会比较可靠。

公式（13-15）给出了经济利润模型的理论模型，但实际应用中对未来的预测不可能是无限期的。因此，把公司的经济利润分为两个阶段，即明确的预测期及其后阶段。这样公式（13-15）就可转化为：

$$V_0 = BV_0 + \sum_{t=1}^{T} \frac{E(R_t)}{(1+WACC)^t} + \frac{CV_T}{(1+WACC)^T} \qquad (13\text{-}16)$$

上式中，CV_T表示T时刻后的经济利润贴现到T时刻的现值之和。

在公式（13-16）中，CV_T是公司在明确的预测期之后的经济利润在T时刻的贴现值之和，通常，公司在确定的T时刻其经济利润已经稳定了，所以一般而言，CV_T有三种形式：一是T时刻后公司的经济利润为零，即公司的资产收益率等于其加权资本成本，其$CV=0$；二是在T时刻后公司的经济利润以一个固定数额增长，则

$CV_T = RI_t + 1/WACC$；三是在T时刻后公司的经济利润以一个固定的增长率g增长，其$CV_T = RI_t + 1/(WACC - g)$。通常，在充分竞争的市场下，资本只能达到社会平均利润率，此时公司也发展到稳定状态，其投入的资本只能达到社会平均利润率，即其资产收益刚好弥补其资金成本，其经济利润为零。因此，一般来说，经济利润模型中的公司的价值可以表示为：

$$V_0 = BV_0 + \sum_{t=1}^{T} \frac{E(R_t)}{(1+WACC)^t} \quad (13\text{-}17)$$

因此，要确定公司价值，只需要确定公式（13-17）中的各个参数。BV_0是公司的账面价值，这可以通过公司的资产负债表中（新成立的公司）或通过评估公司的重置成本得到。$WACC$是公司的加权资本成本，这可以通过CAPM或ATP模型得出。所以，确定公司价值的焦点就在于计算从1期到T期的经济利润。在具体计算各期的经济利润时，可以通过对经济利润的计算式进行变形，以便能更好、更便捷地预测各期的经济利润。

根据RI_T的定义，有：

$$V_0 = BV_0 + \sum_{t=1}^{T} \frac{E(R_t)}{(1+WACC)^t}$$

$$\begin{aligned} RI_t &= X_t - WACC \times BV_{t-1} \\ &= BV_{t-1}(\frac{X_t}{BV_{t-1}} - WACC) \\ &= BV_{t-1}(ROE_t - WACC) \end{aligned} \quad (13\text{-}18)$$

上式中，X_t表示公司综合收益（包括借款利息）

BV_{t-1}表示公司t期初的总资产；

$WACC$ 表示加权平均资本成本；

ROE_t表示公司总资产回报率。

而ROE_t又可以分解为

$$ROE_t = \frac{X_t}{BV_{t-1}} = \frac{X_t}{S_t} \times \frac{S_t}{BV_{t-1}} \quad (13\text{-}19)$$

上式中，S_t表示 t 期的销售收入。

同样，BV_{t-1}分解为：

$$BV_{T-1} = S_t \times \frac{BV_{t-1}}{S_t} = S_t \times \frac{1}{ATO_t} \tag{13-20}$$

t 年的经济利润 RI_T 为：

$$RI_T = S_t \times \frac{1}{ATO_t}(MOS_t \times ATO_t - WACC) \tag{13-21}$$

从上面的分析可以知道，利用经济利润模型评估公司价值。需要预测的数据主要是销售收入S、销售利润率MOS、资产周转率ATO。具体的参数预测方法与贴现现金流量的参数预测方法类似，如预测各期的销售收入S、销售利润率MOS和资产周转率ATO等参数，可直接采用通常的贴现现金流量模型的参数预测方法。

13.3.2 经济利润模型的应用

用一个简单的例子说明如何使用经济利润评估公司价值。假设某公司2018年年初经营营运资本为400万元，固定资产净值为200万元，其他经营长期资产为250万元，经营长期负债为50万元。在忽略非经营资产的情况下，预计今后每年可取得息税前经营利润120万元，假设每年净投资为零，平均所得税税率为33%，加权平均资本成本为6%。则每年经济利润和公司实体价值分别为32.4万元和1340万元。

经济利润方法认为公司价值等于投资资本量加预期经济利润的贴现值：

价值=投资资本+预计经济利润的现值

在忽略非营业资产的情况下，年初投资资本=年初营业资产=年初经营营运资本+固定资产净值+其他经营长期资产－经营长期负债=400+200+250－50=800（万元）
息前税后经营利润=120×(1－33%)=80.4（万元）
每年经济利润=息前税后经营利润－全部资本费用=80.4－800×6%=32.4（万元）
经济利润现值=32.4/6%=540（万元）
公司实体价值=年初投资资本＋经济利润现值=800＋540=1340（万元）。

13.4 相对价值法

13.4.1 相对价值评估模型

相对价值法是最常用的公司价值评估方法之一。它的理论基础在于套利原理：相互替代的商品应当以相同的价格出售。这样，不像贴现现金流模型直接基于未来的预期

公司金融

支付评估公司价值,这种方法基于可比较的公司定价来决定目标公司的价值或者价格。然而,现实中通常不会有两个完全相同的公司,因此评估必须以与目标公司在一定程度上相似的公司作为基础。第一步是公司价值被转换为一定会计指标的倍数,这些会计指标值被称为参照基础。第二步是用倍数乘以目标公司的参照基础。若评估模型只有一个参照基础,则称为单因子比较评估模型,而使用多个参照基础,就是多因子比较评估模型。

运用相对价值法评估公司价值时,有两个障碍必须克服。首先,与其他可交易的资产不同,公司的出售相对较少。因此,要找到一个刚刚出售的公司作为比较标准并不容易。其次,更为重要的是,"可比公司"在概念上是模糊不清的。一个公司总是包含许多复杂的项目,有各种变幻不定的特征。对于两个公司来说,哪些特征必须类似,才能使两个公司之间具有可比性。第一个障碍可以通过运用上市公司的公开数据加以克服。尽管很少有整个公司的易手交易,上市公司的股票或债券的交易每天都在进行,虽然这些交易数额不大,但都代表了证券持有人对公司一定的要求权。这些可比上市公司的价值可以运用交易价格加以估算。第二个障碍则是从估值的角度看,所有的公司都生产同样的产品——现金。不管公司具体生产什么产品或提供何种服务,其对于潜在投资者的价值是由其预期的未来现金流量所决定。因此,理想的情况是,可比性应该由预期的未来现金流量的统计特征来定义。按照这样的定义,如果两个公司预期的未来现金流量相关程度较高,那么,这两个公司就可比。按照这种可比性的定义,要求对未来多年的现金流量作出预测,才能判断公司之间的可比性。而相对价值法之所以得到普遍的运用,一个主要原因是其不需要预测未来的现金流量,如果在选择可比公司时就需要作现金流量预测,那么运用相对价值法就没有什么意义。进一步地,如果被评估公司的现金流量预测是可行的,那么这个公司的价值就可以通过将其预测的未来现金流量折现求得,这样也就没有必要再去寻求可比公司。

当前,比较成型的模型一般可认为有如下三种:市盈率模型、市净率模型、收入乘数模型。每种模型都有自己的特性和使用范围。

1. 市盈率模型

市盈率模型假设公司价值是每股净利的函数,公司每股净利越高,公司价值越大。根据Gordon模型,稳定增长的公司价值如下:

$$公司价值 = \frac{股利}{(股权成本 - 增长效率)} \tag{13-22}$$

等式两边同除每股净利后变形如下:

$$\frac{公司价值}{每股净利润} = \frac{每股净利润 \times (1+增长率) \times 股利支付率/每股股利}{权益成本} - 增长率$$

(13-23)

即：市盈率=股利支付率×（1+增长率）/股权成本—增长率   （13-24）

由此可见，影响市盈率的主要因素是股利支付率、增长率和股权成本。可比公司应选择以上三个财务指标类似的公司，选出部分作为代表，计算加权平均市盈率，用目标公司每股净利乘以加权平均市盈率后计算出目标公司价值。

2. 市净率模型

$$市净率 = \frac{企业市场价格}{企业净资产}$$

(13-25)

一直以来，市净率都作为反映公司资产质量的代表指标，该指标的前提是公司价值是其净资产的函数。类比公司应具有相近的市净率，净资产越高的公司，其价值应该越大。即，公司价值=可比公司市净率×目标公司净资产。公式两边同时除以净资产后变形如下：

$$\frac{公司价值}{公司净资产} = \frac{股利 \times (1+增长率)/净资产}{股权成本} - 增长率$$

(13-26)

即：

$$市净率 = \frac{净资产收益率 \times 股利支付率/净资产}{股权资本} - 增长率$$

(13-27)

该公式变形后表明，决定公司市净率的因素有净资产收益率、股利支付率、增长率和股权资本成本。这四个财务比率类似的公司会有类似的市净率，目标公司价值等于类比公司的市净率与目标公司净资产的乘积。

3. 收入乘数模型

收入乘数模型假设影响公司价值的关键变量是营业收入，公司价值是营业收入的函数，营业收入越高，公司价值越大，即：

目标公司价值=可比公司收入乘数×目标公司经营收入   （13-28）

$$公司价值 = \frac{股利 \times (1+增长率)}{股权成本} - 增长率$$

(13-29)

等式两边同时除以营业收入得：

收入乘数=公司价值／营业收入

$$=\frac{销售净利率\times 股利支付率\times(1+增长率)}{股权成本}-增长率 \qquad (13\text{-}30)$$

可见，销售净利率、股利支付率、增长率和股权成本是影响收入乘数的主要因素，以上四个指标相近的公司会有类似的收入乘数。

13.4.2 相对价值模型的比较分析

相对价值法相对于其他方法而言，优点是简便且易于操作，能为决策者提供可比的公司价值信息，缺点主要是确认公司价值是建立在类比公司基础上，不能得出自身公司实际价值信息。这三种方法各有实用性和局限性。

1. 市盈率模型

市盈率模型的优点是：计算数据容易取得，计算简单，同时，市盈率把价格和收益联系起来，直观反映投入和产出的关系；市盈率涵盖风险补偿率、增长率、股利支付率等指标的影响，具有很高的综合性。市盈率模型的不足之处有二：一是如果收益是负值，市盈率就会失去意义；二是市盈率除受公司自身影响外，还受经济景气程度影响。因此，该模型适用于连续盈利，且本身受国民经济变动影响不显著的公司。

2. 市净率模型

市净率模型的优点是：因为公司净资产很少为负数，因此可适用于大多数公司；再者，净资产账面价值比较稳定，不易被人为操纵，在会计政策一致的前提下，市净率的变化可以反映公司价值的变化。市净率模型的不足之处在于账面价值受不同会计标准和会计政策影响，导致市净率失去可比性，而且，在固定资产投资很少的服务性行业和高科技行业，净资产与公司价值关系不大。因此，该种方法主要适用于拥有大量资产且净资产为正数的公司。

3. 收入乘数模型

收入乘数模型的优点是：首先，它不会出现负值，对所有公司都能计算出一个有意义的价值乘数；其次，它比较稳定，不易人为操纵；最后，收入乘数对价格政策变化最为敏感。收入乘数模型的局限之处在于不能反映成本的变化，适用于销售成本较低的服务性行业或成本率相近的传统行业。

综上所述，相对价值法评估公司价值虽然有其优点，但各种模型方法各有缺点，在适用时应根据目标公司和类比公司的实际情况，选择适合公司的适用模型，才能得出正确结论，为决策提供依据。

13.5 期权估价法

13.5.1 期权估价模型

所谓期权估价法，是指充分考虑公司在未来经营中存在的投资机会或拥有的选择权的价值，进而评估公司价值的一种方法。它是20世纪70年代后在期权估价理论的基础上发展起来的。其中，期权是一个来自金融学的概念，它是指其持有人在规定的时间内按约定的价格买卖某项财产或物品的权利。期权估价法以期权定价理论为基础，也就是说，按照期权定价理论的观点，期权是有价值的。由于公司在其持续经营过程中会面临众多的投资机会或选择，所以公司的价值应该由两部分组成，即公司现有业务或投资项目所形成的价值和未来投资机会或选择权的价值。前者往往用贴现现金流量法等方法进行估算，后者则需用特定的期权定价模型来推算。

期权是衍生证券的一种，它是由股票等"原生资产"（或称为"标的资产"）衍生出来的。实际上，衍生证券在理论上有一个同义词，即未定权益。从定性角度看，期权的价值主要由六个因素决定：标的资产的当前价值，标的资产价值变动的方差，期权的执行价格，期权的有效期，无风险利率以及标的资产的预期红利。布莱克（Black）和斯科尔斯（Scholes）在1972年提出的Black—Scholes期权定价模型以及二叉树期权定价模型更是从定量的角度对期权价值进行准确确定。总的说来，这些模型的建立为期权价值的准确确定发挥了重要作用。而运用这些模型评估公司价值，可以有效弥补传统的贴现现金流量法的不足。

期权估价法建立在对未来收益预测的基础上，是对贴现现金流量法的调整。在运用期权估价法估算公司价值时，往往按照以下步骤进行：

1. 用一般的方法估算未考虑选择权时公司的现有价值

可以结合公司现有经营业务的特点，权衡相对估价法、贴现现金流量法、经济利润法等评估方法的利弊，并从中选出一种最佳的方法对公司价值进行评估。

2. 预测公司拥有的投资机会或选择权

受人们预测能力的限制，这里所预测的只能是未来若干年内公司所拥有的选择权。公司所处行业不同，其管理水平、经营状况也不同，公司可以拥有的投资机会或进行的选择也会有所差异。例如，对自然资源投资公司而言，当资源的价格降低时，公司有权搁置该投资项目，暂不进行开发，可以等到价格上涨时再开发，或者干脆终止开发；对处于困境甚至濒临破产的公司而言，投资者所拥有的股权也并不是没有任何价值的，只要在债务到期前股票价格能够上升至负债的账面价值。股票就有一定的价值，投资者就可以进行股票交易以获取收益。公司所处行业的特点、公司自身的状况、宏观与微观环境的变化等影响公司发展的因素都是在对公司的选择权进行预测时需要考虑的内容。

3. 选择期权定价模型，估算选择权价值

在估算选择权即期权价值时，常用的期权定价模型有两种：二叉树期权定价模型和Black-Scholes期权定价模型。

二叉树期权定价模型为期权价值的确定提供了一种直观的方法，它可以使我们对期权价值的决定因素有更深刻的了解。但运用此模型时需要大量的数据，而且此模型假设资产的价格变化呈离散分布，即每种选择的结果只有两种可能性。而现实中公司在进行投资选择时，可能出现的结果是很多的，并不只有两种。此时，将不能使用二叉树期权定价模型进行期权定价。

Black-Scholes期权定价模型的提出使期权定价领域的研究有了突破性进展，并对以后相关理论研究和投资实务操作产生了巨大影响。在Black-Scholes期权定价模型中，期权的价值主要由五个变量决定：即期权的交易价格（X）、间隔时间（t）、贴现率（r）、标的价值（S）和波动率（σ）。其中，期权的交易价格是利用投资机会进行新投资或后续投资时发生的资本支出；间隔时间是价值评估距离作出投资选择的时间；标的价值是所评估资产或未来选择权的现有价值；波动率是所评估资产或公司价值增挺率的标准差。具体来说。Black-Scholes期权定价模型所评估的期权价值为：

$$C_T = SN(d_1) - X_e^{-rt} N(d_2) \qquad (13\text{-}31)$$

其中：$d_1 = \dfrac{\ln(P/E) + (r + 0.5\sigma^2)t}{\sigma\sqrt{t}}$，$d_2 = d_1 - \sigma\sqrt{t}$

$N(d_1)$为正态分布下，变量小于d_1的累计概率；

$N(d_2)$为正态分布下，变量小于d_2的累计概率。

可以认为，Black-Scholes期权定价模型是二叉树期权定价模型的一个特例：在二叉树期权定价模型中使用的等价资产组合原理同样适用Black-Scholes期权定价模型。尽管Black-Scholes期权定价模型大大减少了估算期权价值所需要的信息量，但在实际运用时，仍需要对相关数据作进一步修正。

4. 加总公司现有价值与期权价值，估算出公司价值

在分别计算出未考虑选择权时公司的现有价值与期权本身的价值之后，将两者相加求和，即可得到公司的真实价值。

第13章 公司价值评估

人物简介

费希尔·布莱克

费希尔·布莱克（Fischer Black，1938年1月11日—1995年8月30日），美国经济学家，Black—Scholes斯模型的提出者之一。费希尔·布莱克毕生坚持在华尔街奋斗，在金融领域，他是"搞实务的"，而不是"做学术的"，他创建了迄今为止最正确、最经典、应用最广、成就最高的模型：Black—Scholes期权定价模型。他去世后，参与创建模型的另两位学者迈伦·斯科尔斯和罗伯特·默顿获得了诺贝尔经济学奖，费希尔却未获此殊荣。

人物简介

迈伦·斯科尔斯

迈伦·斯科尔斯（Myron Samuel Scholes，1941年7月1日—），美国经济学家。1961年，获McMaster大学工程学士学位。1964年，获芝加哥大学MBA学位。1969年，获芝加哥大学经济学博士学位。1968—1973年，在麻省理工学院任教。1972—1983年，在芝加哥大学任教。1983至今，在斯坦福大学任教。由于他创建了著名的Black—Scholes期权定价模型，该模型已成为金融机构涉及金融新产品的思想方法，并因此获得1997年诺贝尔经济学奖。

13.5.2 期权估价模型的应用

某高新技术公司（以下简称GH公司）成立于2011年1月，公司的业务拓展前景良好。某投资公司准备涉足高科技领域，决定将GH公司作为风险投资对象。为此，他们委托资产评估事务所对GH公司2012年年底的价值进行评估。资产评估师编制了GH公司经过调整后的2011年1月至2012年12月的比较资产负债表，比较损益表和比较现金流量表，对公司进行了经营成果和财务状况分析，然后综合GH公司过去和目前的经营情况及未来的发展前景预计了未来年份的自由现金流量。具体数据如表13-5所示：

表13-5　GH公司2013—2018年预计自由现金流量

	2013 年	2014 年	2015 年	2016 年	2017 年	2018 年
自由现金流量 万元	173.5	276.32	284.49	292.92	301.62	310.58

经计算，该公司的加权平均资本成本为10%，而且该公司在2018年之后进入稳定的增长时期，增长率为2.5%。另外，GH公司正在规划一个新项目，该项目的投入至少为500万元。如果开发成功，专家估计GH公司至少在两年内保持技术领先地位，并估计其所创造的未来收益的现值为1000万元，同期一年期的国债年利率为7.43%。

下面用贴现现金流量法计算该公司2012年年底的价值。2018年以后，公司的连续价值为：

$$V_{2018} = \frac{FCF_{2018}(1+g)}{(r-g)} = 6457.29$$

2012年末，该公司的价值为：

$$V_{2013} = \frac{173.5}{1+7.43\%} + \frac{276.32}{(1+7.43\%)^2} + \frac{284.49}{(1+7.43\%)^3} + \frac{292.92}{(1+7.43\%)^4}$$

$$+ \frac{301.62}{(1+7.43\%)^5} + \frac{310.58}{(1+7.43\%)^6} + \frac{6457.29}{(1+7.43\%)^6}$$

$$=5463.56$$

再用Black-Scholes期权定价模型计算公司的期权价值V。

公司在两年内可选择投资期权。投资对象现值S（标的资产价值）为1000万元，这项期权的执行价格K为投资额500万元，时间t为2年。无风险报酬率一般采用一年期国债利率，设此值为5%。预期年回报率标准差（即标的资产预期产生现金流的波动性）假定为0.3，将S、K、t、r代入Black-Scholes模型计算：

$$d_1 = \frac{\ln(S/K)+(r+0.5\sigma^2)t}{\sigma\sqrt{t}} = 2.082$$

$$d_2 = d_1 - \sigma\sqrt{t} = 1.66$$

$$N(d_1)=0.98, \quad N(d_2)=0.952$$

$$V = SN(d_1) - Ke^{-rt}N(d_2) = 915.58$$

公司最终评估价值为：

$$V + V^{'} = 5463.56 + 915.58 = 6379.14$$

从上面的计算中可以看到，σ越大，期权价值越高。因为公司价值的波动率越大、风险越大，那么期权的价值就越高。当σ小到一定程度可以认为公司价值近似于稳定。

期权估价法的理论意义在于，它改变了对风险的传统认识，使我们对现金流量不确定的投资和资产的估值有了一种全新认识和解决方法。其理论价值主要体现在五个方面：一是在贴现率中体现了风险补偿的内容；二是考虑了由于筹资比重差异引起的资本成本和税负不同对公司价值的影响；三是未来收入用预期现金流的概念来表示；四是解决了贴现评估公式无法计算现金流量不确定公司的估值问题；五是解决了资不抵债公司和高新技术以及新成立公司的价值评估问题。

使用期权估价法的优势在于：随着新经济的到来，尤其是信息技术及相关产业的迅猛发展，公司在经营中会面临越来越多的不确定性和风险，也会面临大量的投资机会和发展机会，在此背景下出现的期权估价理论给公司价值评估提供了一种新的思路，在此理论指导下建立起来的期权估价方法也为公司估价提供了一种有意义的工具。与其他估价方法相比，期权估价法考虑并计算了未来机会及选择权的价值，从而拓宽了投资决策的思路，使公司估价更为合理。

期权估价法的不足在于：期权估价法在实际应用过程中还受到许多条件的制约。例如，Black-Scholes期权定价模型是在一系列前提假设的基础上建立和发展起来的。这些前提假设在现实中很少能够得到完全实现。Black-Scholes期权定价模型也是对现实问题的简化和抽象，是对现实状况尽可能相符地模拟，但其很难做到与实际情况完全一致。此外，从前面对二叉树期权定价模型与Black-Scholes期权定价模型的介绍中也不难发现，无论是哪一种期权定价模型，在实际运用时，都是较为复杂和烦琐的。

本章小结

关键词

公司价值评估　现金流量贴现法　APV　经济利润法　相对价值法　市盈率模型　市净率模型　收入乘数模型　期权估价法　Black-Scholes期权定价模型

关键问题

1. 公司价值评估是指把被评估公司作为一个有机整体，依据其整体获利能力，并充分考虑影响公司获利能力的各种因素，对其整体资产公允市场价值进行的综合性评估。公司价值评估主要确定目标公司价值、并购公司价值、并购后整体公司价值和并购增值四个方面的内容。

2. 现金流量贴现法是公司价值评估中理论最健全的模型。公司的自由现金流量是公司经营产生的现金流量满足公司再投资需要后，尚未向股东和债权人支付现金前的剩余现金流量。自由现金流量是扣除营运资本投资与资本投资之后的经营活动所产生的现金流量，是公司为了维持持续经营而进行必需的固定资产与营运资产投资后可用于向所有者分派的现金。

3. 公司价值= $\sum_{t=1}^{\infty} \frac{FCF_t}{(1+WACC)^t} + \frac{V_t}{(1+WACC)^t}$，其他常见的现金流量贴现模型有调整现值模型（APV）和权益DCF模型。

4. 在经济利润模型中，公司的价值等于投入资本额加上与预计经济利润现值相等的溢价或折扣，它把公司的经济利润分为两个阶段，即明确的预测期及其后阶段。

5. 相对价值法包括市盈率模型、市净率模型和收入乘数模型。

6. 期权估价法是指充分考虑公司在未来经营中存在的投资机会或拥有的选择权的价值，进而评估公司价值的一种方法。Black-Scholes期权定价模型所评估的期权价值为：

$$C_T = NS(d_1) - X_e^{-rt} N(d_2), \text{其中：} d_1 = \frac{\ln(P/E) + (r+0.5\sigma^2)t}{\sigma\sqrt{t}}, d_2 = d_1 - \sigma\sqrt{t}$$

思考与练习

1. 公司价值评估方法的基本分类是什么？
2. 如何使用贴现现金流量模型评估公司价值？
3. 如何使用经济利润模型评估公司价值？
4. 相对价值评估模型有什此优点和缺点？
5. 如何将实物期权引入公司价值评估？

参考文献

[1] Irving Fisher, *The Rate of Interest: Its Nature, Determination and Relation to Economic Phenomena*, The Macmillan Co, 1907.

[2] Franco Modigliani, Merton H. Miller, Corporate Income Taxes and the Cost of Capital: A Correction, *The American Economic Review*, 1963(3):433–443.

[3] Arrow K. J., Fisher A. C., Environmental Preservation, Uncertainty and Irreversibility, *Quarterly Journal of Economics*, 1974(2):312–319.

[4] Stephen O 'Byrne, EVA and Market Value', *Journal of Applied Corporate Finance*, 1996(9): 116–125.

[5] James L. Grant, Foundations of EVA^{TM} for Investment Managers, *Journal of Portfolio Management*, 1996(1): 40–48.

[4] 崔洪伟:《私募股权投资中企业估值方法的应用研究》, 2010年对外经贸大学硕士论文。

[5] 俞富坤:《企业价值评估的发展和方法》, 载《农村经济与科学》2009年第12期, 第60—62页。

[6] 吕培聪:《基于主成分分析法的上市公司价值投资分析》, 2013年厦门大学硕士论文。

[7] 长青、吴瑜:《期权与EVA理论在企业价值评估中的结合与应用》, 载《价值工程》2006年第11期, 第42—46页。

第 14 章

公司治理

导语　前世界银行行长沃尔芬森曾说，对世界经济而言，完善的公司治理和健全的国家治理一样重要。2000年，掌握着美国20%电能和天然气交易，名列《财富》杂志"美国500强"第七位的美国安然公司顷刻间倒塌，在美国金融市场上引起轩然大波，有关人士称之为"经济地震"。最值得思考的是事件暴露出的公司治理缺陷，公司17名董事会成员中，有15名为独立董事，然而独立董事却没有保持独立性，与安然公司有着千丝万缕的利益关系，因此对安然公司的种种劣迹熟视无睹。股票的期权制度就像"免费的午餐"，成了单纯性的奖赏，经理人员的报酬与公司业绩严重脱节，导致股票期权激励作用弱化。

公司治理结构对公司的长远发展至关重要，要理解公司治理结构，就应该关注公司的内部架构和外部机制，通过内外的综合治理，最大限度调动经营者的积极性、保护利益相关者的权益，避免重蹈安然公司的覆辙。这些内容我们都将在本章中涉及。

14.1　公司治理概述

14.1.1　公司治理的概念

尽管国内外大量学者对公司治理问题进行了研究，但至今对公司治理的概念却没有形成统一的定义。不同的人，研究的角度不同，对它的定义也有所不同。国内外学者对公司治理所下的概念大体可以分为以下四类：

1. 制度说

将公司治理解释为一种制度安排是很有影响的一个观点。英国牛津大学管理学院院长柯林·梅耶在他的《市场经济和过渡经济的企业治理机制》一文中，把公司治理定义为："公司赖以代表和服务于它的投资者利益的一种组织安排。它包括从公司董事会到执行经理人员激励计划的一切东西……公司治理的需求随市场经济中现代股份有限公司所有权和控制权相分离而产生。"

美国斯坦福大学的钱颖一教授也支持"制度安排"的观点,他在《企业的治理结构改革和融资结构改革》一文中指出:"在经济学家看来,公司治理结构是一套制度安排,用以支配若干在企业中有重大利害关系的团体——投资者(股东和贷款人)、经理人员、职工之间的关系,并从这种联盟中实现经济利益。公司治理结构包括:如何配置和行使控制权;如何监督和评价董事会、经理人员和职工;如何设计和实施激励机制。一般而言,良好的公司治理结构能够利用这些制度安排的互补性质,并选择一种结构来减低代理人成本。"

2. 组织结构说

吴敬琏教授在《现代公司与企业改革》一书中指出:"所谓公司治理结构,是指由所有者、董事会和高级执行人员即高级经理三者组成的一种组织结构。在这种结构中,上述三者之间形成一定的制衡关系。通过这一结构,所有者将自己的资产交由公司董事会托管;公司董事会是公司的决策机构,拥有对高级经理人员的聘用、奖惩和解雇权;高级经理人员受雇于董事会,组成在董事会领导下的执行机构,在董事会的授权范围内经营企业。"

3. 决策机制说

奥利弗·哈特(Oliver Hart)在《公司治理的理论与启示》一文中指出:"治理结构被看作一个决策机制,而这些决策在初始合约下没有明确地设定,更确切地说,治理结构分配公司非人力资本的剩余控制,即资产使用权如果没有在初始合约中详细设定的话,治理结构决定其将如何使用。"他认为,只要以下两个条件存在,公司治理问题就必然在一个组织中产生:第一个条件是代理问题,即组织成员之间存在利益冲突;第二个条件是交易费用之大使代理问题不可能通过合约解决。如果出现代理问题并且合约不完全,则公司治理结构就至关重要。标准的委托代理人模型假定签订一份合约是没有费用的,然而,实际签订合约的费用可能很大,如果这些交易费用存在,所有的当事人不能签订完全合约,而只能签订不完全合约;或者,若初始合约模棱两可,当新的消息出现,合约将重新签订,否则就会引起法律争端。因此,哈特指出,在合约不完全的情况下(代理问题也将出现),治理结构确实有它的作用。由此可以看出,哈特是将代理问题和合约的不完全性作为公司治理存在的条件和理论基础。

4. 核心问题说

科克伦(Philip L.Cochran)和沃特克(Steven L.Wartick)认为:"理解公司治理中包含的问题,是回答'公司治理是什么'这一问题的一种方式"。他们在1988年共同发表的《公司治理——文献回顾》一文中指出:公司治理问题包括高级管理阶层、股东、董事会和公司其他利益相关者的相互作用中产生的具体问题。构成公司治理问题的核心是：（1）谁从公司决策或高级管理阶层的行动中受益？（2）谁应该从公司决策或高级管理阶层的行动中受益？当在"是什么"和"应该是什么"之间存在不一致时，公司治理问题就会出现。为了进一步解释公司治理中包含的问题，他们引述了巴克霍尔兹的论述，将公司治理分为四个要素，每个要素中的问题都是与高级管理阶层和其他主要的相关利益集团相互作用有关的"是什么"和"应该是什么"之间不一致引起的。具体来说，就是管理阶层有优先控制权，董事过分屈从于管理阶层，工人在公司管理上没有发言权，以及政府注册过于宽容。每个要素关注的对象是这些相关利益人集团中的一个。对于这些问题，解决办法可以是加强股东的参与、重构董事会、扩大工人民主和严格管理。

以上关于公司治理的定义是相互紧密联系的，只是分别从制度、组织结构、机制和核心问题等不同角度对公司治理的概念进行概括。

综合以上观点，再参考公司治理的原英文解释，笔者认为，公司治理实质上是公司各方利益集团借助公司权力机构和相关的制度、机制来统治和支配公司，以实现公司目标并最终实现自身目标的过程。说到底，公司治理就是对公司的统治和支配，它决定公司运营的目标和方向。

特别需要指出的是，在传统公司制度下，公司治理和公司管理实际上是一回事，业主对公司的统治和支配同时也表现为业主管理和运营公司的过程。而在现代公司制度即公司制度下，公司出资者不能像单人业主那样直接支配自己的资产，而要借助公司权力机构对公司进行统治和支配，这时，公司治理和公司管理成为两个问题。公司治理是公司各方利益集团对公司的统治和支配，而公司管理是经由一定的法律程序交由职业经理人组织进行的。

14.1.2 公司治理体系

如上所述，公司治理是一个多角度多层次的概念，很难用简单的定义表达。为了更充分地理解公司治理的概念，需要了解公司治理的体系。

笔者认为，可以从以下三个方面来理解公司治理体系：一是治理结构与治理机制的统一；二是权力制衡与决策科学的统一；三是内部治理和外部治理的统一。下面分别阐述这三个方面的内容。

1. 治理结构与治理机制的统一

传统的公司治理大多停留在公司治理结构的层面上，较多地注重对公司股东大会、董事会、监事会和高层经营者之间的制衡关系的研究，但治理结构远不能解决公司治理的所有问题，建立在决策科学、追求公司利益最大化观念上的公司治理不仅需要一套完备有效的公司治理结构，更需要公司各权力机关有有效的治理机制。公司的有效运行和决策科学不仅需要通过股东大会、董事会和监事会发挥作用的内部监控机制（如股东大会投票机制、董事会决策机制、监事会的监督机制和职业经理人的激励约束机制等），而且需要一系列通过证券市场、产品市场和经理市场发挥作用的外部治理机制，如《公司法》《证券法》、信息披露、会计准则、社会审计和社会舆论等。

2. 权力制衡与决策科学的统一

传统的公司治理所要解决的主要问题是所有权和经营权分离条件下的代理问题。通过建立一套既分权又能相互制衡的制度来降低代理成本和代理风险，防止经营者对所有者和各方利益集团利益的背离，从而达到保护各利益集团的目的，这种以权力制衡为基础的公司治理制度对于维护各方权力的存在和实施是十分必要的。但是，公司治理并不是为制衡而制衡，而且，制衡并不是保证各方利益最大化的最有效途径。笔者认为，衡量一个治理制度或治理结构的标准应该是使公司如何运行最有效率，如何保证各方利益集团得到维护和满足。因此，科学的公司决策不仅是公司的核心，同时也是公司治理的核心。因为，公司各方的利益都体现在公司实体之中，只有理顺各方面的权责关系，才能保证公司的有效运行，而公司有效运行的前提是决策科学化。因此，公司治理的目的不是相互制衡，至少，最终目的不是制衡，只是保证公司科学决策的方式和途径。

3. 内部治理和外部治理的统一

狭义的公司治理是指所有者（主要是股东）对经营者的一种监督与制衡机制，即通过一种制度安排，来合理配置所有者与经营者之间的权利与责任关系。公司治理的目标是保证股东利益的最大化，防止经营者对所有者利益的背离。其主要特点是通过股东大会、董事会、监事会及管理层所构成的公司治理结构的内部治理。广义的公司治理则不局限于股东对经营者的制衡，而涉及广泛的利害相关者，包括股东、债权人、供应商、雇员、政府和社区等与公司有利害关系的集团。公司治理是通过一套包括正式的或非正式的、内部的或外部的制度或机制来协调公司与所有利益相关者之间的利益关系，以保证公司决策的科学化，从而最终维护公司各方面的利益。因为在广义上，公司已不仅仅是股东的公司，而是一个利益共同体，公司的治理机制也不仅限于以治理结构为基础的内部治理，而是利益相关者通过一系列的内部、外部机制来实施共同治理，治理的目标不仅是股东利益的最大化，而是要保证公司决策的科学性，从而保证公司各方面利益相关者的利益最大化。

14.1.3 公司治理的意义

公司治理问题，归根结底是如何使得自身具有独立利益的代理人最大限度地维护委托人利益的问题。自从有了公司，也就有了公司治理问题。

解决公司治理问题的意义至少表现在以下三个方面：

1. 最大限度地调动经营者的积极性

在两权分离的条件下，公司如何最大限度地调动经营者的积极性和主动性，是关系现代企业能否持续稳定发展的关键问题。

2. 最大限度地保护利害相关者的利益

现代企业的所有者不仅限于出资人，还有债权人、员工、专业供货商和代理商、社区等，如何处理大小股东之间以及股东与上述利害相关者之间的利益关系，是现代公司治理要研究的重大问题。公司治理的一个重要意义就是不仅要维护出资人的利益，还要维护利害相关者的利益。

3. 完善国有资产管理体系

在中国，国有资产的管理遵循"国资委—国有控股公司—国有企业"三级管理模式。在这里存在多重治理关系：一是国资委作为国家股东对国有控股公司的治理；二是国有控股公司本身的治理；三是国有控股公司对下级企业的治理；四是下级企业自身的治理。这多重治理关系处理得如何，直接关系国有资产的效益。所以，公司治理问题也是完善我国国有资产管理体系的重要问题。

14.1.4　影响公司治理的主要因素

影响公司治理的主要因素包括以下三点：

1. 公司治理的理念

英美公司治理模式信奉"股东财富最大化"，而德日模式信奉"利益相关者"。根据美国《长期计划杂志》的调查，在英国和美国，70%以上的经理认为股东的利益是第一位的，而在德国和日本，绝大多数的企业经理认为企业的存在是为所有的利益集团服务的。治理理念的显著差别主要源于公司的资本结构。资料表明，20世纪90年代中后期，美国企业的资产主要来源于个人（49%）和机构投资者（退休基金、保险基金和投资基金占40%），而德国和日本企业的资产主要来自于银行和其他非金融机构（分别为52%和42%）。显然，资本结构不同，相应的利益集团在企业目标结构中所占的地位也不同，必然导致不同的治理结构。

2. 法律基础

研究表明，普通法系国家能给少数股东监控提供更多的保护。由于这些国家具有众多分散的公司所有者，也就有了更多获取资本的通道。而民法法系的国家，如日本，由于对少数股东提供的保护太少，以至于公司难以获得足够多的外部资本。这导致不同国家企业资本结构的不同，从而具有不同的治理结构，哥伦比亚大学法学教授M.Roe的研究也表明，美国的公司治理模式源于这样一种特定的立法传统倾向：限制银行的活动，给予管理层对工人的控制特权，对交叉持股所获得的分红进行征税，对同一产业中公司之间的合谋制定严格的限制条件。

与此相反，德国和日本却拥有一套不同的法律体系和管制方法，它们更加支持各个层次之间广泛的合作关系。从公司法的角度来考察，《美国公司法》比《日本公司法》更具有弹性。有学者指出，如果《日本公司法》能像《美国公司法》那么有弹性，足以允许股东裁减公司治理结构以便能防止敌意接管，那么，成本很高的交叉持股就不会在日本的公司治理实践中采用。可见，公司治理结构是以一定的法律体系为基础，不同的法律体系，就会有不同的公司治理模式。

3. 要素市场的发展状况

在要素市场中，影响最大的是包括公司控制权市场在内的资本市场和劳动力市场。如果资本市场尤其是公司控制权市场发达，公司股票流动性强，大股东控制的能力相对减弱。同时，管理层将在一定程度上受到敌意接管的威胁。那么，作为所有者的股东，对公司事务的干预就会减少，公司治理结构会形成相对较强的外部监控机制。相反，如果缺乏公司控制权市场的监控，就必须有其他可以替代的监控机制。

例如，在日本，因为上市公司大多数股票被交叉持股机制所稳定，公司控制权市场几乎不存在，敌意接管在日本也几乎从未成功过。因此，日本公司治理中对经营者的监控则主要依靠另一种机制——公司共同体的作用。同时，劳动力市场也是影响公司治理结构的另一重要的市场因素。日本公司之所以主要依靠内部监控，与日本劳动力市场的高度不发达有密切关系。在日本，劳动力流动的成本相当高。这种不发达的劳动力市场是日本公司共同体形成的前提，也为雇员监控管理层创造了动力，以维护他们在公司中的利益。

4. 宏观经济状况

在经济增长期间，企业的生产规模扩张，市场份额扩大。各项经济指标增长，各种利益相关者对公司增长利润的分配能得到较好的保证，包括对剩余的索取和就业方面的满足，股东对公司的干预程度会降低。然而，在经济衰退期间，就像日本近年来发生的情况一样，各方面利益的冲突显现。在这种情况下，股东作为公司的真正所有者出现，并强迫公司管理层为股东的最大利益管理公司。同时，在公司处于财务危机的情况下，公司必须从债券市场和股票市场获得融资支持，从而资本市场作为监控者的作用不断加强，这在一定程度上调整了公司治理结构。

此外，制度、文化传统、技术进步等也是影响公司治理结构的重要因素。

14.2 公司治理的内部架构

本节论述公司治理四大内部机构——股东大会、董事会、监事会、经理，及这些机构的组成、权责和运行机制,并阐述这些内部治理机构之间的相互联系和制约。

14.2.1 股东大会(股东会)

1. 股东大会的性质与权利

根据《公司法》的相关规定,股东大会(shareholders meeting)是由公司全体股东组成的、决定公司经营管理重大事项的最高权力机构。股份有限公司是由全体股东出资而组成的。公司财产的所有权属于全体股东,因此,公司的最高权力属于全体股东。但由于公司是一独立的法人,股东要表达自己的意志、行使自己的权利,必须通过合法的机构来实现。股东大会就是股东实现自己意志、行使自己权利的机构。公司的一切重大事项如公司章程的变更、董事的任免、公司的解散与合并等,都必须由股东大会作出决议。有关公司经营的重大方案如投资计划、财务预决算、利润分配等都必须由股东大会审议批准。

股东大会主要行使以下几方面的职权:决定公司的经营方针和投资计划;选举和更换非由职工代表担任的董事、监事,决定有关董事、监事的报酬事项;审议批准董事会的报告;审议批准监事会或者监事的报告;审议批准公司的年度财务预算方案、决算方案;审议批准公司的利润分配方案和弥补亏损方案;对公司增加或者减少注册资本作出决议;对公司发行债券作出决议;对公司合并、分立、解散和清算或者变更公司形式作出决议;修改公司章程;公司章程规定的其他职权。

2. 股东大会的运行机制

(1)股东大会的形式:股东大会年会和临时股东大会

股东大会的权利要通过股东大会的具体运作来实现。股东大会主要有股东大会年会和临时股东大会两种。股东大会年会是依照法律规定必须每年召开的全体股东大会,其议题主要是讨论和审定上述事项。临时股东大会属于临时性的特别会议,讨论解决一些非常问题。按照我国《公司法》的规定,有下列情形之一的,应当在两个月内召开临时股东大会:董事人数不足本法规定人数或者公司章程所定人数的2/3时;公司未弥补的亏损达实收股本总额的1/3时;单独或者合计持有公司10%以上股份的股东请求时;董事会认为必要时;监事会提议召开时;公司章程规定的其他情形。

(2)股东大会的召集、通知

股东大会由董事会召集,董事长主持;董事长不能履行职务或者不履行职务的,由副董事长主持;副董事长不能履行职务或者不履行职务的,由半数以上董事共同推举一名董事主持;董事会不能履行或者不履行召集股东大会会议职务的,监事会应当及时召集和主持;监事会不召集和主持的,连续90日以上单独或者合计持有公司10%以上股份的股东可以自行召集和主持。

股东大会的召集人决定召股东大会时,必须在法定的期限内、以法定的通知方式向股东发出会议通知。我国《公司法》规定,召开股东大会会议,应当将会议召开的时间、地点和审议的事项于会议召开20日前通知各股东;临时股东大会应当于会议召开15日前通知各股东。

（3）股东大会的投票表决制度：一股一票制、表决权限制、委托投票制、累积投票制股东大会投票一般采取一股一票制度,表决权的多少取决于股份的多少。有时,为了防止大股东操纵股东大会,公司章程可以对表决权作一些特殊限制,如规定表决权的最高上限。当股东不能亲自前往参加投票表决时,股东可以委托代理人出席股东大会,这时,股东必须开具书面的授权委托书,代理人则应当向公司提交股东授权委托,并在授权范围内行使表决权。公司章程或者股东大会的决议不得禁止表决权的代理行使。

股东大会在选举公司董事时,为了防止大股东的操纵,保证小股东也能选出自己的董事,以体现公平合理的原则,在美国产生了一种累积投票的选举制度,简称累积投票制。这种选举制度规定,公司的每一股份所代表的票数并不是一份,而是每一股份拥有与应当选董事人数相同的票数。例如,一家公司欲选举9名董事,那么股东的每一股份就拥有9份投票权。而且,股东在投票时,可以将自己全部股份的表决票集中投向自己想要选出的代表,小股东可以利用这种局部集中的办法选出自己信任的董事,而大股东则无法垄断全部董事的选任。我国《公司法》规定,股东大会选举董事、监事,可以依照公司章程的规定或者股东大会的决议,实行累积投票制,即股东大会选举董事或者监事时,每一股份拥有与应选董事或者监事人数相同的表决权,股东拥有的表决权可以集中使用。

（4）股东大会决议的有效性

参加股东大会的股东必须达到法定人数才视为合法,其通过的决议才能有效。我国《公司法》规定,股东大会作出决议,必须经出席会议的股东所持表决权过半数通过。但是,股东大会作出修改公司章程、增加或者减少注册资本的决议,以及公司合并、分立、解散或者变更公司形式的决议,必须经出席会议的股东所持表决权的2/3以上通过。

（5）股东大会的会议记录制

股东大会应当对所议事项的决定形成会议记录,并由出席会议的董事在会议记录上签名。会议记录应与出席会议股东的签名册及代理出席的委托书一并保存,置备于公司,以备没有出席会议的股东以及以后的新股东查阅,同时也为今后了解股东大会的情况时查阅。

14.2.2 董事会

董事会是公司的最高决策机构，它行使对公司法人财产的占有、使用、收益和处置权。

1. 董事的权利和义务

董事会由全体董事组成。一般来说，董事都是自然人，但也有以法人作为董事的情形，这就是由一家公司作为另一家公司的董事。在这种情况下，虽然是由法人作为该公司的董事，这家法人被称为该公司的董事企业，但还是要选择具体的自然人作为董事公司的代表，到该公司任职。

最初的董事常常是从股东中产生，股东身份是当选为董事的基本资格。但到了现代，公司经济组织的法人治理活动不仅允许甚至还要求非股东人员担任董事。这一方面是因为企业的经营需要，借助各种专业知识和技术。另一方面，非股东人员担任董事有利于缓解股东间的利益摩擦。

董事以加入董事会、参加董事会议的方式行使法人财产权。董事的权限其实就是董事会的权限，也就是对公司法人财产的占有、使用、收益和处置，具体又可分为：对内的经营管理权，即出席董事会并对公司重大问题投票表示赞成或者反对的权力；对外代表公司的权力，主要有代表公司向政府主管机关申请进行设立、修改章程、发行新股、发行公司债券，变更、合并，以及解散等各项登记的权力等。

董事有权代表法人进行活动，同时也应履行相应的义务。董事的义务主要是：在行使法人财产权时，必须认真履行其职责；董事应当对董事会的决议承担责任，董事会的决议违反法律、行政法规或者公司章程，致使公司遭受严重损失的，参与决议的董事对公司负赔偿责任，但经证明在表决时曾经表明异议并记载于董事会议记录的，该董事可以免除责任；董事不得自营或者为他人经营与其任职公司同类的营业活动，这也就是所谓的"竞业禁止"；董事必须保守本公司的商业秘密，并要为这方面的失职行为承担责任。

2. 董事会的职能与权利

董事会是由股东大会选举的、由不少于法定人数的董事组成、代表公司行使其法人财产权的会议体机关。股东大会是公司最高的决策机构。董事会接受股东大会的委托，负责公司法人的战略和资产经营，并在必要时撤换不称职的经理人员。

董事会作为行使法人财产权的机关，其主要职责是对公司经营进行战略决策并对经理人员进行有效监督，从这个意义上说，董事会是公司治理结构的中心环节。事实上，各国的公司法均确立了董事会在公司治理结构中的核心地位。

如前所述，董事会作为公司法人财产权主体，其职能主要表现在决策和监督两个方面:一方面,作为法人财产权主体,董事会是公司的最高决策机构,负责公司的重大战略决策;另一方面,董事会位于股东与经理中间,董事会受股东大会的委托,从事法人财产的经营,但具体的日常经营管理又是委托给经理人员进行的,这样,董事会还有另外一个重要职能,即选择、评价和监督经营者。在不同的董事会结构模式中,董事会的这两大职能是由不同的机构部门来完成的。

在实际工作中,董事会的具体职能是:制定公司战略决策,规划公司的发展方向、技术研究开发、风险控制等涉及公司远景的事项;确定公司的具体政策,如公司的行政人事管理政策、财务管理政策、生产经营政策、市场开发和产品销售政策;选任经理人员,并对公司经理人员的行为和业绩进行评价、监督,防止经理人员滥用权力,操纵公司内部控制权;对公司重大战略和具体政策的制定与实施承担责任,对股东和投资者负责。

为了完成以上职能,董事会必须拥有一系列职权,按照我国《公司法》的规定,董事会对股东会负责,行使下列职权:召集股东会会议,并向股东会报告工作;执行股东会的决议;决定公司的经营计划和投资方案;制定公司的年度财务预算方案、决算方案;制定公司的利润分配方案和弥补亏损方案;制定公司增加或者减少注册资本以及发行公司债券的方案;制定公司合并、分立、解散或者变更公司形式的方案;决定公司内部管理机构的设置;决定聘任或者解聘公司经理及其报酬事项,并根据经理的提名决定聘任或者解聘公司副经理、财务负责人及其报酬事项;制定公司的基本管理制度;公司章程规定的其他职权。

14.2.3 监事会

监事会是公司的最高监督机构,它受股东大会的委托,对经理和董事会进行监督。

1. 监事会的性质与特点

监事会是对董事和经理行使监督职能的机构。监事会和股东大会、董事会一样,都属于会议体机关,但在性质上又是完全不同的公司机构。股东大会代表全体出资者行使出资者所有权,是出资者所有权主体;董事会是法人机构,代表法人行使法人财产权,是法人财产权主体;监事会代表全体出资者对董事和经理进行监督,从性质上说,它是出资者监督权主体。

监事会的权力来源于股东大会,监事会的出资者监督权由出资者所有权决定,是出资者所有权的延伸。

作为出资者监督权主体,监督会具有以下几个特点:

(1)监督会具有完全的独立性

监事会一经授权,就完全独立地行使出资者监督权,监事会在履行职责时不受其他公司机构的干预。董事、经理和财务负责人不得兼任监事。保持监事会的独立性，这是监事会有效行使出资者监督权的前提。

（2）监事个人行使监督职权的平等性

所有监事对公司的业务和会计账册均有平等的、无差别的监督检查权，监事会主席和其他人不得阻挠或者妨碍监事个人行使职权。监事个人行使职权的平等性有利于充分掌握公司经营信息，为有监督提供条件。这点与董事会有很大差别，董事会是一个决策机构，它采取的是一种集体议事、少数服从多数的原则。

（3）监事会构成的复合性

从理论上说，监事会代表出资者进行监督，理应由股东组成监事会机构，但实践中，监事会的组成是复合性的，除了股东以外，公司职工、社会专家都可以被选为监事。社会专家之所以可以充当公司监事，是因为其专业知识和丰富的经验可以提高监督的公正、科学和有效性。职工作为监事，这在很多国家都是惯例（例如，德国就要求监事会有50%的职工监事，我国监事会也由股东代表和职工代表组成），之所以这样，一方面是因为职工是公司的内部人，对公司信息掌握比较充分；另一方面，也是出于维护职工利益的考虑（职工是公司最大的利益相关者之一）。

2. 监事会的双重职能及相关的权责

作为出资者监督权主体，监事会的主要职责就是对公司经营管理行使监督职责。从内容上看，监事会的监督职能包括两个方面：一方面是对董事、经理的行为进行监督，这也可以称为行为监督或一般监督；另一方面是会计监督，即对公司财务会计的专业监督，这也可称之为专业监督。一般监督与专业监督构成了监事会对公司经营管理进行监督的双重职能。

作为出资者监督权主体，监事会一般情况下不参与公司具体业务，也不干预董事会正常行使职权。监事会的主要职责是对公司的经营管理进行监督。我国《公司法》的规定，公司监事会行使以下职权：检查公司财务对董事、高级管理人员执行公司职务的行为进行监督；对违反法律、行政法规、公司章程或者股东会决议的董事、高级管理人员提出罢免的建议；当董事、高级管理人员的行为损害公司的利益时，要求董事、高级管理人员予以纠正；提议召开临时股东会会议，在监事会不履行本法规定的召集和主持股东会会议职责时召集和主持股东会会议；向股东会提出提案；依照《公司法》的规定，对董事、高级管理人员提起诉讼；公司章程规定的其他职权。

如前所述，监事会不同于股东大会和董事会的一个重要特点就是监事会不仅是完全独立的监督机构，而且监事个人行使监督职权也是完全平等的。监事可以独立行使监督权，这种监督权是监事会监督权的具体化，它又分为两大类：第一类是对内监督权，即对公司业务的监督权，第二类是在特殊情况下的对外代表权。

对内监督权，也就是对公司业务的监督权。它具体包括：业务执行监督权，监事有权随时对公司业务及财务状况、账册、文件进行检查，有权要求董事会提出报告，监事在履行业务执行监督权时，可以代表公司委托律师、会计师进行审核；会计审核权，监事有权对董事会在每个会计年度结束时所提供的各种会计报表（资产负债表、损益表、现金流量表、财务状况变动表）进行审核，并可代表公司委托会计师进行审核，必要时，还可要求董事或者经理解释有关问题；停止违法违规行为的请求权，当董事或者经理的行为有违法律法规或公司章程的规定时，监事有权请求董事、经理停止其违法行为，请求无效时，可以代表公司对董事或者经理提起诉讼；列席董事会会议的权力。

对外代表权。监事会一般没有代表公司业务的权力，但在某些特殊情况下有代表公司的权力。它具体包括：在董事、经理违法违规，监事请求其停止违法违规行为无效时，可以代表公司向法院对董事或者经理提起诉讼；监事在监督公司业务执行情况和审核公司会计时有权代表公司向外聘请律师、会计师进行审核；在监事认为必要时，有召集临时股东大会的权力。

监事会受股东大会的委托行使出资者监督权，在行使其职能时不仅享有以上的职权，而且要承担一定的义务或责任。监事会成员责任义务与董事会相似，监事应当履行下列义务：忠实履行其监督职责；不得利用在公司的地位和职权为自己谋取私利，不得利用职权收受贿赂或者其他非法收入；除依照法律法规或者经股东同意外，监事不得泄露公司秘密；监事执行公司职务时违反法律、法规或者公司章程的规定，给公司造成损害的，应当承担赔偿责任。

14.2.4 经理

经理是公司业务的执行机关，是公司日常经营管理活动的组织者。经理机关与股东大会、董事会、监事会等机关不同的是，前三者都是会议体机关，而经理机关是由经理个人来担任的。经理既是公司业务的执行机关，又是高级管理者的职位。就具体的经理来说，他是董事会聘任的企业日常经营管理负责人，他受雇于董事会，在董事会授权范围内经营企业，行使职权并承担责任。董事与经理之间是典型的委托代理关系，经理对董事会负责。

经理受董事会委托，承担公司日常经营管理，必须拥有一定的职权，同时也应承担相应的责任。

关于经理的职权，我国《公司法》规定，经理对董事会负责，行使下列职权：主持公司的生产经营管理工作，组织实施董事会决议；组织实施公司年度经营计划和投资方案；拟定公司内部管理机构设置方案；拟定公司的基本管理制度；制定公司的具体规章；提请聘任或者解聘公司副经理、财务负责人；决定聘任或者解聘除应由董事会决定聘任或者解聘以外的负责管理人员；董事会授予的其他职权。公司章程对经理职权另有规定的，从其规定。

经理受董事会委托从事具体的公司生产经营活动，在享有一定职权的同时，也要承担相应的责任。总的来说，经理的主要责任是：合理组织生产经营，实现公司价值与股东价值最大化，最大限度地为公司和股东服务。经理的义务与责任主要是：经理应当遵守公司章程，忠实履行职务，维护公司利益，不得利用在公司的地位和职权为自己谋取私利，不得利用职权收受贿赂或者其他非法收入，不得侵占公司的财产；不得挪用公司资金或者将公司资金借贷给他人，不得将公司资产以个人名义或者以其他个人名义开立账户存储，不得以公司资产为本公司的股东或者其他个人债务提供担保；不得自营或者为他人经营与其所任职公司同类的营业或者从事损害本公司利益的活动；除依照法律规定或经股东大会同意以外，不得泄露公司秘密；经理在执行职务时违反法律法规或者公司章程的规定，给公司造成损害的，应当承担赔偿责任。

14.2.5 对经理人员的激励与约束

在市场经济条件下，现代公司的根本特征就表现为所有权与控制权的分离，这就自然而然地产生了所谓的"代理问题"。即在现代公司制度中，控制权主体代理所有权主体对公司进行全面的经营管理，从而存在控制权主体对所有权主体利益的维护问题，也就是代理问题。代理问题的本质就是，由于经理阶层有自己独立的利益，必须用一定的激励与约束机制使得经理最大限度地维护委托人的利益。

1. 经理激励机制

对经理的激励机制主要通过对其报酬收入结构的确定来实现。其作用机理就是通过高薪和剩余分红来激励经理，使其经营行为能最大限度地符合资本所有者的利益。其形式主要是年薪制和期权制。

（1）年薪制

在西方发达国家，经营者的报酬一般通行年薪制。所谓年薪制，就是以年度为计算单位决定工资薪余的制度。实行年薪制的公司，经营者收入基本上由基薪和风险收入两部分构成：基薪主要是根据公司生产经营规模和效益水平，并参考本地区和本公司的职工平均收入水平来确定，其职能是保障经营者的生活需要；风险收入则主要是根据本年度经济效益状况（主要考核指标是销售利润率、资本金利润率）来确定，风险收入的主要职能是激励经营者提高公司经济效益。实行年薪制的公司一般还同时建立风险基金制度，即由经营者交纳一定的风险抵押金，用于部分抵补由于决策失误和经营不善给公司造成的损失，使经营者真正承担一部分经营风险。

经营者收入年薪制是目前国际上通行的做法。实行年薪制可以较好地体现公司经营者的工作特点（一般公司的生产经营周期和财务周期都是以年度计），可以比较完整客观地反映经营者的工作绩效；实行年薪制在工资分配关系上突出了人力资本的重要性，体现了经营者在公司中的地位和作用；同时，实行年薪制，经营者个人收入与企业经济效益挂钩，体现了利益、责任、风险一致的原则，在激励机制中又加入了约束机制的成份。

（2）期权制

由于在年薪制中，经营者报酬以年度为计算单位，这样，经营者报酬实际上主要取决于当年经营效益状况，而公司生产经营是一个长期过程，因此年薪制又往往从另一方面促进了经营者行为的短期化。为了弥补这一缺陷，许多公司通常又辅之以股票期权制，即允诺经营者在若干年后将拥有公司一部分股权，这部分股权的价值实际上是不确定的，取决于公司未来若干年的经营状况。同时，这部分股权也不能带走或任意变现，只有经营者在本公司任职时才能拥有，退休后方可带走，这种付给经营者股票期权的方式可以激励经营者的长期行为，约束其短期行为。

经理股票期权计划作为一种长期激励机制萌芽于20世纪70年代的美国，在20世纪90年代得到长足发展。从世界发展趋势来看，经理股票期权的规模及比重越来越大。据统计，1997年，在《财富》杂志排名前1000家的美国公司中有90%实施了经理股票期权计划。1998年，全美100家大公司管理人员的薪酬中，有53%来自股票期权，而这一数字在1994年为26%，80年代中期仅有2%。同时，受益面也在扩大，扩展到对技术人员和普通雇员的激励。

经理股票期权是对公司管理者实行的一种长期激励机制。它授予公司管理者（和员工）一定数量的认股权，授予对象可以在某一期限内、以一个固定的执行价、购买一定数量本公司股票的权利。获得激励股票期权的雇员可以按预先确定的买入价（即行权价，或称执行价）购买本公司股票，而后在高价位抛出以获得收益。

在性质上，经理股票期权（ESO）与通常所说的股票期权不同。一般来说，股票期权是一种可供市场投资者在证券市场进行交易的金融衍生产品。作为金融衍生产品，具有较大的市场风险性、较强的流动性、以小博大的投机性。而ESO则不同，它主要作为一种激励措施，授予公司管理人员在未来某一时期以一定价格认购本公司股票的权力，以对公司管理人员起到长期激励的作用。经理股票期权的作用主要是：长期激励管理者与员工，防止短期化行为；对成长性企业而言，则可以节约用于奖励的现金；协调管理者与所有者利益；留住人才。

2. 对经理的约束机制：所有者约束、市场约束、法律约束

激励与约束总是相辅相成、密不可分的，公司所有者为了使经营者能维护其利益，在建立一定激励机制的同时建立了相应的约束机制。对经理的约束机制主要包括

来自于公司所有者的约束机制、来自市场竞争的约束机制和来自国家法律的约束三个方面。

(1) 所有者约束机制

公司所有者即公司的股东,是经理的最终委托人,所以来自公司所有者的约束又可称之为来自股东或来自委托人的约束机制。来自公司所有者的约束机制主要表现在公司法人治理结构上。在公司内部,股东大会与董事会之间是信任托管关系,董事会与经理之间是委托代理关系。它们在权力上相互制衡,共同构成科学的公司治理结构。股东大会是公司的最高权力机构,负责就公司的重大事项作出审议和决策;董事会由股东大会选举产生,并对股东大会负责,董事会是公司的最高决策机构,负责就公司经营管理作出决策,它其实是其委托人——股东大会的常设机构;经理即公司经营者,由董事会聘任,负责公司的日常经营管理工作,并对董事会负责。

经营者与董事会之间的委托代理关系表现为,经营者依照公司章程和董事会的授权行使职责,并接受董事会的评判和监督。这样,来自于所有者的约束就主要表现为公司董事会对经营者的直接约束,这一约束机制不仅表现在经营者的行为受到董事会授权范围的约束,表现为经营者的行为需要接受董事会的评判和监督,而且更重要地表现在经营者因经营不善没有实现董事会预定目标,董事会则可以解聘经营者。

另外,监事会与股东大会之间也是信任托管关系,监事会受股东大会之托对经理(包括董事)的行为和公司的业务进行监督,所以,来自所有者的监督还应该包括监事会对经理的直接监督与约束。

(2) 市场约束

根据上述分析不难发现,来自公司所有者的内部约束机制的运作需要股东对公司的监督有兴趣,并且各个分散的股东能够无成本地联合起来形成股东集团的共同意志。在前面的分析中,我们实际上是将这种代表股东利益的经济主体设定为董事会,但是在现代公司中由于所有权与控制权的分离,公司控制权往往是由经营者所掌握,甚至形成对董事会进行控制的局面,股东往往成为公司的"过路客",有的股东很可能今天买进股票,明天就将股票卖出,而且股东进行股票投资时常常会进行组合投资,购买多家公司股票以便分散风险,这进一步使股东对某一特定公司的管理进行监督缺乏兴趣。在股权极端分散的情况下,股东要想通过董事会利用公司内部约束机制来直接约束经营者行为是较为困难的,所以我们认为仅仅依靠公司内部约束机制缓解代理问题虽然可以取得一定效用,却往往力不从心,效果并不理想。在这种情况下,来自市场竞争的间接约束就显得尤为重要。市场竞争主要包括产品市场、经营者市场和资本市场三大市场的竞争,所以,对经营者的市场竞争约束也主要包括来自这三种市场的竞争机制的约束:

① 产品市场竞争的约束。公司在产品市场上的占有率是衡量经营者经营效率的重

要依据，同时也是对经营者经营管理能力的重要检验标准。市场占有率越高，说明公司产品在市场上的竞争力越强，说明经营者经营能力强，经营效率高。除了市场占有率之外，利润也是对公司经营效果的最终反映，也是产品市场竞争中用于衡量经营者业绩的重要指标。生产经营型公司之间的竞争，其实质或核心就是产品市场的竞争（当然这并不排除资本经营的竞争也是企业竞争的另一重要方面），所以，来自于产品市场的竞争构成了对公司经营者市场约束的首要方面。

② 经理市场竞争的约束。经理市场是经理的供应方，随着市场经济的发展和教育程度的提高，经理已经成为一个越来越专业化的职业队伍。经营者市场竞争约束的主要精神是利用职业经理市场对经理晋升任免的作用机制，给在位的经理施加较强的外部竞争压力，鞭策他们努力工作和自觉维护企业所有者利益，否则随时都有被人替代的可能。经理的名誉、地位和前途取决于他在经理市场中的竞争力。

③ 资本市场竞争的约束。资本市场的竞争在发达的市场经济中被认为是缓解代理问题的另一强有力的手段。资本市场竞争的实质就是对企业控制权的竞争，其典型形式就是接管，接管是防止经营者损害股东利益的最后武器。资本市场竞争约束的机理是：企业经营者经营管理能力和效率低下最终必将反映为公司股票价格的下跌，当下跌到一定程度时，企业就会面临被收购的威胁，对方一旦收购成功就可以接管该企业，从而撤换现任经理。

（3）国家法律约束

市场经济就其实质来说是法治经济，是依靠法律构建经营者活动的外部框架，并辅之以一定的政府监管的经济体系。所以，有关的法律特别是经济法律体系就成了规范经理行为的重要约束机制。

完善的法律体系是市场经济正常有序运行的重要保障，也是约束经理行为的强有力的行为规范。约束经理行为的法律主要有：公司法、税法、证券法、银行法、会计法、统计法、计量法、专利法、商标法、知识产权法、环境保护法和劳动法等。

案例分析

华为的股权激励政策

华为2017年财报显示，2017年，华为实现销售收入6036亿元，增长15.7%，净利润为475亿元。在2017年中国企业研发投入排行榜上，华为位列第一，研发投入为103.63亿欧元，约814亿元人民币。

如今，华为已成为中国企业的一面旗帜，1997年刚成立时，华为仅是一家用户交换机公司的销售代理，如今已从一家默默无闻的民营公司成长为行业支柱。

任正非先生曾说:"我们没有任何背景,也没有任何资源,我们除了拥有自己,其实一无所有。"早期的员工持股计划被公认为是华为的成功因素之一,下面就华为的股权激励进行一些解读。

第一阶段(1990—1996):以解决资金困难为主要目的,实行内部集资。

创业期的华为一方面由于拓展市场和扩大规模需要大量资金,另一方面为了打压竞争者需要大量科研投入,由于当时其民营的性质,华为出现了融资困难。因此,华为优先选择内部融资。内部融资不需要支付利息,存在较低的财务困境风险,不需要向外部股东支付较高的回报率,同时可以激发员工努力工作。

1990年,华为开始尝试员工持股制度。在当时的股权管理过程中,华为将这种方式明确为员工集资行为,参股的价格为每股10元,以税后利润的15%作为股份分红,向技术、管理骨干配股。这种方式为公司筹到了宝贵的发展资金。

第二阶段(1997—2001):以激励为主要目的

1997年,深圳市人民政府颁布《深圳市国有企业内部员工持股试点暂行规定》,华为参照这个规定进行员工持股制度改制,完成了第一次增资。华为在册的2432名员工的股份全部转到华为公司工会名下,占总股份的61.8%。随着公司效益的提升和从资金困境中逐步解脱,员工持股制度在担负内部融资任务的同时,也演变成了一种重要的激励制度,与工资、年终奖金、安全退休金等共同构成了华为的薪酬体系。这次改革后,华为员工股的股价改为1元/股。

这段时期的华为已进入高速增长时期,为提高对人才的吸引力,华为在提高薪酬的同时也加大了员工配股力度。随着每年销售额的增长,员工股的回报率常常能达到70%以上。华为的高薪及员工持股激励政策形成了强大的人才磁场,使华为聚集了大批优秀人才。

第三阶段(2001—2003):以员工持股激励规范化为目标。

2000年,IT业受到毁灭性打击,融资空前困难。2001年底,由于受到网络经济泡沫的影响,华为迎来发展史上的第一个"冬天",此时华为开始实行名为"虚拟受限股"的期权改革。虚拟股票是指公司授予激励对象一种虚拟的股票,激励对象可以据此享受一定数量的分红权和股价升值权,但是没有所有权,没有表决权,不能转让和出售,在离开企业时自动失效。虚拟股票的发行维护了华为公司管理层对企业的控制能力,不至于出现一系列管理问题。

"虚拟受限股"改制后,员工不再配发1元/股的原始股,而是以公司年末净资产折算价值的期权。老员工的股票按2001年年末公司净资产折算,每股价格增值到2.64元/股,员工离开公司时必须按上年股价将股权转让给公司。此外,随

第 14 章 公司治理

着公司规模的扩大,华为在新期权的配发上放慢了脚步,股权向少数核心员工及优秀新员工倾斜,对于大多数普通员工的中长期激励,采取以原有股票的分红为主,减少新增配股的方式。这种转变标志着华为随着企业规模的扩大和员工人数的增加,从普惠激励转变为少数激励原则。

第四阶段(2003—2008):自愿降薪运动。

2003年,尚未挺过泡沫经济的华为又遭受"非典"的重创,出口市场受到影响,同时,其和思科之间存在的产权官司直接影响了华为的全球市场。华为内部以运动的形式号召公司中层以上员工自愿提交"降薪申请",同时进一步实施管理层收购,稳住员工队伍,共同渡过难关。

2003年的这次配股与华为每年例行的配股方式有三个明显差别:一是配股额度很大,接近员工已有股票的总和;二是兑现方式不同,往年积累配股的员工即使不离开公司也可以选择每年按一定比例兑现,一般员工每年兑现的比例最大不超过个人总股本的1/4,对于持股较多的核心员工每年可以兑现的比例则不超过1/10;三是股权向核心层倾斜,即骨干员工获得配股额度大大超过普通员工。

此次配股规定了3年的锁定期,即3年内不允许兑现,如果员工在3年之内离开公司,则所配的股票无效。华为同时也为员工购买虚拟股权采取了一些配套措施:员工本人只需要付出所需资金的15%,其余部分由公司支付,以银行贷款的方式解决。在此改革之后,华为实现了销售业绩和净利润的突飞猛涨。

第五阶段(2008—):新一轮经济危机时期的激励措施。

2008年,由于美国次贷危机引发的全球经济危机给世界经济发展造成重大损失。因此,华为又推出新一轮的股权激励措施。2008年12月,华为发布配股公告,此次配股的股票价格为每股4.04元,年利率逾6%,配股范围包括几乎所有在华为工作时间超过一年的员工。

由于这次配股属于"饱和配股",即不同工作级别匹配不同的持股量,如级别为13级的员工的持股上限为2万股,14级员工的持股上限为5万股。之前有业内人士估计,华为的内部股规模在2006年时约为20亿股。

按照上述规模预计,此次配股的规模在16亿—17亿股,因此是对华为内部员工持股结构的一次大规模改造。这次的配股方式与以往类似,如果员工没有足够的资金,华为则以公司名义向银行提供担保,帮助员工购买公司股份。

问题:请思考华为公司股权激励的重要性。

14.3 公司外部治理

14.3.1 公司外部治理概念的界定

所谓公司外部治理，是指公司运作的外部环境治理，包括市场经济环境的治理和法制环境的治理，旨在为公司的内部治理营造一个法制化、制度化、效率化的外部环境，对公司的生产经营进行制度上的支持和制约，以促进公司内部各权力机构在法律和公司章程的框架内运作，达到内部效益的最大化。充分且公平的外部市场竞争体系为监督和约束经营者行为提供了评判依据，同时也为这种监督和约束的实现创造必要的机制和适宜的环境，从而在公司外部形成强有力的治理。

14.3.2 公司外部治理的分类

公司的外部治理主要来自于证券市场、机构投资者、银行、产品市场、经理人市场、外部监督等。

1. 证券市场

作为金融市场核心的证券市场是资金调节和分配的枢纽之一。上市公司治理的有效性，很大程度上取决于证券市场的有效性。证券市场对公司治理的作用对应于证券市场的基本功能：一是证券市场的融资功能使投资者有权选择投资的对象，从而迫使公司经理人改善和提高公司治理水平；二是证券市场的定价功能可使投资者了解公司经营信息，降低了股东对经理人的监控信息成本，也降低了公司治理的成本；三是证券市场的资本配置功能可以强制性纠正公司治理的低效率。

2. 机构投资者

机构投资者是指进行金融意义上投资行为的非个人化（社会化）的团体或者机构。相对于企业法人股东与个人股东，机构投资者拥有小股东所不具备的规模优势，同时又克服了大股东内部控制的局面，成为在企业外部治理结构中与个体股东、内部大股东"三足鼎立"的一方。机构投资者的特点决定了他们可以成为现代公司治理机制的重要因素，它解决了小股东没有的规模效益，同时也解决了大股东及内部人控制所缺乏的外部独立性与公开性。机构投资者一方面能直接改善公司治理结构，另一方面又可以促进企业业绩的提升。机构投资者参与公司治理的方式主要有两种：一是组建机构股东联盟；二是相机治理。

3. 银行

银行作为债权人介入公司治理的主观动力首先源自投资者对较高预期投资收益的追求。市场经济体制下日益紧密的银企关系，既为发挥银行在公司治理结构中的作用奠定了基础,又为其提供了必要性。从西方发达国家的经济发展史来看,由于历史发展和国情的不同,英美与德日形成了不同的融资结构和外部治理模式。

4. 产品市场

产品市场竞争是导致企业破产的主要威胁。对公司治理过程产生最根本约束的是产品市场的竞争,公司治理内在结构的最终结果反映在公司产品的市场竞争力上,破产清算的威胁强制公司不断完善内部治理过程。

5. 经理人市场

一个完善的外部经理人市场,一方面会对公司治理结构中的偏差产生一定的校正作用,另一方面会给经理人的声誉带来压力。有效的经理人市场可以甄别有能力和尽职的经理与没有能力和不尽职的经理。经理人市场治理首先在于经理人对职业生涯的关注。此外,经理人市场给公司经理人对经理人的报酬机制也影响着公司治理。

6. 外部监督

公司的外部监督是公司外部治理的重要组成部分。它主要通过法律法规、国家政策、社会力量、伦理道德等手段,从外部对公司进行规制,促使公司的运作遵循法律法规、国家政策和公司章程的要求。外部监督的特点是间接性、宏观性和综合性。市场失灵和公司治理内部失效是外部监督的存在基础,完善公司治理的外部监督可以在一定的程度上弥补市场机制本身的不足,为公司的生产经营营造良好的经济环境。加强公司治理的外部监督有利于促使公司减少损害外部主体利益的违法行为,尽到更多的社会责任。在我国国有企业公司制改革的特殊背景下,加强公司治理的外部监督可以促使公司的内部治理取得实质性的成效。

14.3.3 证券市场对公司治理的作用机制

从某种意义上说,健全的公司治理对证券市场的发育产生积极的影响,但证券市场的发展反过来也促进公司治理的改进。因为作为金融市场核心的证券市场是资金调节和分配的枢纽之一,它把社会上的闲散资金吸引到市场中来,并通过市场上公布的公司有关信息便于投资者决策并进行证券投资。在一个有效的证券市场,经营业绩优良的公司能够吸引较多的投资以促进企业的发展,并进一步提升公司的价值。而经营业绩较差的公司则难以吸引投资,公司发展缺乏助力,导致公司业绩进一步下滑,公司价值也随之下降。因此,上市公司治理的有效性在很大程度上取决于证券市场的有效性。

在一个有效的证券市场,证券市场对公司治理的作用对应于证券市场的基本功能:一是证券市场的融资功能使投资者有权选择投资的对象,从而迫使公司经理人改善和提高公司治理水平;二是证券市场的定价功能可使投资者了解公司经营信息,降低了股东对经理人的监控信息成本以及公司治理成本;三是证券市场的资本配置功能可以强制性纠正公司治理的低效率。

1. 融资功能与公司治理

证券市场的重要功能之一是融资功能。如上文所述，公司经营业绩的好坏，会对公司在证券市场上融资的规模、成本、难易程度等产生影响，进而导致公司价值的上升或下降。为了避免出现融资困境，公司必须改善公司治理状况，提高经营效率，提升公司的内在价值。因此，证券市场在融资上的筛选机制在无形中促进了公司治理水平的提高。这是证券市场融资功能对公司治理的影响之一。

由于证券市场包括股票市场和债券市场，这两种融资方式意味着公司会选择不同的公司治理模式。从公司经营的角度看，设计合理的融资结构可以限制管理层以投资者的利益为代价追求其自身利益最大化的目标。但是，无论是债务融资还是股权融资都会对公司治理产生影响，因为公司融资方式的不同决定了公司破产可能性的大小，股东拥有公司的剩余索取权和公司正常经营的控制权，债权人则拥有固定收入索取权和公司不能偿还债务时的破产权，公司在选择不同的融资方式时，就决定了公司控制权在股东和债权人之间转移的时间，以及公司破产的概率；公司融资方式的不同决定了投资者对公司的控制程度和干预方式，这会影响公司治理的类型，公司在进行融资时，为了使投资者同意把资本投入企业，企业必须对投资者作出承诺，例如，保证在将来某个时间支付若干报酬或还本付息。为了提高承诺的可信度，公司经营管理层需要采取的行为有两种：一是承诺在特定状态下，外部投资者对公司的特定财产或者现金流具有所有权；二是放弃一部分决策权，将之转让给外部投资者。这两种选择代表了不同的融资方式，即保持距离型融资和控制导向型融资，相应形成不同类型的公司治理模式，即目标型治理和干预型治理。一般而言，债务融资属于保持距离型融资，而股权融资则是典型的控制导向型融资。

相对于股权融资，债务融资可以在一定程度上抑制公司经营管理者的过度投资，进而在公司治理中发挥独特的作用。这是因为：首先，债务是对经营管理者的硬约束，过度的债务融资会使公司的成本上升，债务杠杆比例增大面临还本付息的压力，公司经营管理者不得不谨慎对待，减少投资的随意性，否则公司会面临破产的危险；其次，一旦债务融资较大，投资者通常会加强对公司的监督和控制，这就直接抑制了经营管理者背离股东目标的行为；再次，债权给债权人对公司进行"相机治理"提供了一条途径，当公司不能正常支付到期债务时，债权人就可以借助相关法律成为公司资产的全部或部分所有者；最后，融资结构还影响经营管理者的经营激励，公司的清算、退出或并购，进而对公司治理产生影响。

与此同时，融资额与公司治理状况相互之间会产生一定的影响。例如，股权融资尽管相对于债务融资没有还本付息的压力，但融资额受到公司业绩的影响，投资者会根据公司的业绩进行投资的选择。为了获得融资，管理者会通过改善公司治理水平、提高公司的经营效率来提高企业的经营业绩。

2. 定价功能与公司治理

在有效的证券市场中，公司股票的市场价格，提供了公司管理效率的信息，反映了公司经营者的经营水平，是证券投资价值的最佳评估标准。尽管股票市场的涨跌和股价的高低时常受到诸多主观、客观因素的影响，但随着投资者的日益成熟和股票市场的日益理性化，股价的高低最终将取决于股票内在的投资价值，亦即企业的盈利水平和风险状况。股票价格在某种程度上可以视为证券市场对公司经营管理者表现满意程度的一种指标。在本质上，证券市场的定价功能是一种激励约束机制。

从积极意义上说，价格激励机制主要表现为股票期权制度，即将经营管理者所获报酬与公司股票价格挂钩以对其提供长期激励。根据美国Pearl Meyer-Partner公司的统计，美国86家大公司的行政总裁来自股票期权的收入约占总收入的54%，平均达到499万美元。股票期权制度的有效性取决于市场的有效性，即股票价格在多大程度反映公司的真实内在价值。如果经营管理者努力工作，公司绩效也不错，但股票价格不能反映公司价值，就会挫伤经理人员的积极性。相反，如果股票价格的泡沫成分太高，也会助长管理者的机会主义倾向。

从消极意义上说，证券市场的定价功能对公司治理的影响体现在对管理者施加压力的方面。证券市场对公司的约束突出表现为：一方面，效益差的公司不受投资者的欢迎，即当股东发现公司业绩达不到自己的预期时，就会采取"用脚投票"的办法，大量卖出股票，造成股票价格的下降；另一方面，公司管理者的经营成果可以充分地体现在股票价格上，公司股价下跌会引起现有股东不满，有可能促使股东联合起来将现任管理者赶下台，从而对公司管理实施制衡。

尽管现实中完全有效的证券市场不存在，证券市场的有效性更多的是指其有效性的强弱程度，但资本市场的价格确实为投资者提供了市场参与者对企业的评价，而这一评价对公司治理来说极为重要。首先，公司经理人相对投资者而言拥有更多的公司经营现状及前景的信息，投资者要想得到这些信息需要支付高昂的信息成本，也就很难对公司的经营进行监督。证券市场的价格发现机制降低了投资者的信息成本，投资者只要观察股价就可以得到市场参与者对企业经营前景与经营管理者的企业家才能的评估，从而降低了投资者对公司经营管理者的监督成本。其次，证券市场的价格在为投资者提供对公司的评价的同时，也提供了市场参与者对企业经理人的评价。公司股价的波动会给管理者带来相当的压力，促使管理者尽职尽责，并通过良好的经营业绩来维持或提高股票价格。证券市场与企业真实价值之间的关联性以及投资者在很大程度依赖于此作出决策的现实，使得管理者必须经营得当，否则难免被市场淘汰。

合理的定价机制通过两条途径实现：

一是关于信息披露制度的法律治理保障。为保证资本市场的稳定、有序和高效，保护股东特别是中小投资者，各国都制定了较为完备的法律来规范和监督股份公司的行为，其中最为重要的是持续信息披露制度，要求股份公司必须向证券市场投资者公布有关信息，信息披露制度保证信息公开的及时、准确和完备。强制公司持续披露信息是监督和约束管理层的有效方法，良好的信息披露制度可以提高资本市场的有效性，从而提高公司治理的效率。市场评价机制的实现依赖于良好的、持续的信息披露，主要表现为资本市场中的中立机构客观公正的评价对管理人员所产生的监督效果。

二是市场参与者进行信息收集和处理工作。投资者的投资回报与投资者获得的信息量与准确度高度正相关，投资者出于自身利益的考虑，会监督公司提供信息，收集有关信息。但每个投资者都进行相同的信息收集、整理活动无疑是一种社会资源的浪费，所以这样的工作一般由市场上的中介机构来完成的。而掌握着巨额资产的机构投资者，往往也在其中充当重要的角色，因为他们有能力投入大量人力、物力用于有关信息的挖掘和处理，大大提高信息效率，节约信息成本。这些中介机构包括会计师、审计师、税务师事务所。证券公司、各类基金公司、投资银行等投资咨询机构，前三类机构在开展业务的过程中通过正常的渠道了解和掌握客户公司的财务资料，对公司经营绩效和经理人员、业绩作出独立评价，利用特殊的审计机制产生监督管理人员的客观效果，从而起到提高公司治理效率的作用。而基金公司、投资银行等投资咨询机构中证券分析师的活动，也能降低因所有权和控制权相分离而导致的代理成本。尤其能有效抑制专业化公司经理人员的非价值最大化行为。

3. 资本配置功能与公司治理

（1）资本配置功能对公司治理的影响

证券市场对公司治理产生影响的实质是通过资本配置，亦即公司在资本市场的并购来实现公司控制权的转移，这种监控机制也称作公司控制权市场。并购作为资产重组的主要形式，除能实现协同效应外，还能够及时发现公司管理的效率高低，并以更好的经理人来取代，从而强制性地纠正公司经理人的不良表现。

公司经营不善时，市场往往低估其价值，从而很容易成为被并购的目标，这也是证券市场治理机制最重要的作用。当企业由于经营管理不善、资产使用效率不高时，它为股东创造的收益会低于由其他经理人进行管理时能够实现的收益，相对于同一行业其他公司的股票或相对于市场整体，其股票价格就会下降。即便在这种情况下，公司的经理人一般情况下不会主动提出辞职，因此公司的经营难以得到改善。并购可以使外部潜在强势力量强行进入公司，介入公司经营和控制，重新任免公司的管理层。

在证券市场上，潜在的并购和敌意接管构成对经理人行为强有力的外部约束机制。

若并购成功，新的大股东会更换现有管理层。原控股大股东可能会转化为一般投资者。英美国家公司控制权市场十分活跃，这对公司经理人的控制权构成了严重的威胁，是一种十分有效的约束机制。在美国，主要依靠证券市场上的接管和兼并控制公司。美国的机构投资者，不长期持有一种股票，在所持股票的公司业绩不好时，机构投资者一般不直接干预公司运转，而是改变自己的股票组合，卖出该公司的股票。持股的短期性质使股票交易十分频繁，造成公司接管与兼并事件频频发生。收购与重组在公司经营过程中经常发生，因而成为一种非常关键的公司治理外部机制。通常情况下，成为收购对象的公司经营绩效普遍较差，或者是经营面临困难，这意味着公司内部治理制度安排是无效的。而收购与重组无论成功与否，对于公司治理过程来说，一般都会有一定的积极意义。这种治理机制的作用方式在于公司被收购时经营管理层面临失去公司控制权的威胁。成功收购后的结果往往是公司管理层的变动，经营无方的经理人被取代的结果反映在公司价值的大幅度提升上。即使收购不成功，在位经理人因为面临被取代的威胁也会主动改变经营行为，最终会体现在公司价值的改善上。收购不成功的情况可以分为两种：一种是因被收购公司拒绝而失败，结果往往是公司价值的进一步提升；另一种情况是因为收购者的放弃而失败，结果往往是被收购公司价值的下跌。

从另一个角度，潜在的并购还向公司的小股东提供了一种保护。由于小股东所占股份很少，不足以对经理人实行有效的监督，但由于股份是可以自由买卖的，当小股东对公司经营不满、对公司未来预测持悲观态度而纷纷抛售手中的股票，或者"用脚投票"时，就可能导致公司股票价格的下跌，使外部投资者能以较低的成本买进足够多的股份，接管公司，并撤换在任的经理人。因此，资本配置功能的存在，使在任的经理人面临"下课"的威胁。为避免出局，经理人就须不断改进公司的经营，防止股价下跌。所以，在存在活跃的公司控制权市场的情况下，实现资本配置的企业并购，被认为是防止经理人损害股东利益的最后一道防线。

（2）资本配置功能发挥作用的条件

一般而言，通过证券市场的资本配置功能实现公司控制权转移进而影响公司治理状况，需要以下三个条件：

① 产权交易自由。在现代市场经济中，公司控制权市场的实质是企业产权在不同所有者之间自由交易。而要实现这种交易，就要求公司的剩余索取权和控制权统一在一个主体手中，即剩余索取权和控制权应该相对应。公司正常经营阶段，其剩余索取权和控制权是在股东手中的，当公司开始或者已经进入非正常经营时，股东可以通过证券市场抛售其剩余索取权和控制权，即进行公司产权的交易活动。

② 证券市场的有效性。证券市场的有效性，即股票价格是不是真实反映了公司的经营状况和财务状况。因为在人为操纵与炒作下，股票价格往往高于其本身的价值，使

股票价格充满"噪声",这时的股票价格就不能反映公司的真实经营业绩。因此,股东无法获得公司经营的真实情况,也就不知道该何时表达自己的意愿,外部并购很难发生。此外,如果证券市场缺乏内部效率,交易成本过高,则可能阻碍证券流通,影响退出机制发挥作用,并购也就难以实现。

③ 公司的股权集中度低。如果公司的股权集中度高,少数几个大股东掌握着绝对控制权,他们很容易在股东大会上行使表决权,实现对公司的控制。这样,外部并购的难度就较大。

14.3.4 机构投资者参与公司治理的作用

1. 有利于公司治理结构的完善

机构投资者参与公司治理,将有利于完善公司治理结构,表现为:

(1) 股东大会的表决

机构投资者通过行使代理投票权,提出议案,进而促进公司决策的合理性,保证股东的权益不受损害。机构投资者还可以通过争夺委托投票权,进而控制股东大会对某些重要事项的表决,如董事会成员的选举或现任经理股东提出议案的表决,赢得对公司的控制权。发起股东决议的成本较低,是机构投资者干预公司的最优模式。

(2) 董事会独立性

董事会是公司内部控制系统的核心。在外部人控制董事会的企业里,相对董事会由内部人控制的公司而言,当公司业绩不佳时,CEO离职的可能性较大;在遭遇收购的情况下,股东溢价更高。这意味着机构投资者的介入有利于恢复股东主权,保持了董事会的相对独立性。机构投资者通过征集代理投票权,使中小股东的权益得到一定程度的保障。董事会的选举采用累计投票制,可以使相对控股股东难以把持董事会,董事会组成上更能代表大多数股东的利益。同时,通过聘请独立董事,更有助于董事会独立性的提高。1972年,美国最大的1000家公司中只有不到1/10的公司有独立的提名委员会,70%的公司有独立的候补委员会。到1992年,近2/3的公司建立了独立的提名委员会,90%有了独立的候补委员会,而且所有公司都成立了审计委员会。

(3) 经营者薪酬、离职

一方面,机构投资者对薪酬问题的关注集中在限制过高的薪酬和按业绩付酬上,如一些机构投资者不仅通过递交股东提案,要求降低高层管理人员薪酬,还公开宣称经营者的薪酬应该与企业的表现相联系;另一方面,传统上,美国大多数大公司的总裁职务稳定性较高,被解职的可能性很小,而机构投资者的积极参与提高了公司管理者的离职率。在董事会不具有独立性、股东构成中缺乏机构投资者的公司中,若发生业绩滑坡,会导致总裁所领导的公司高层经理们的解职;而在权力集中于董事会和机构投资者的公司中，发生同样的情况则会导致总裁自己被解职。董事会在机构投资者的压力下先后解雇了首席执行官（如通用汽车、康柏、AT&T和美国捷运），迫使公司领导层从根本上改变经营策略，就是机构投资者在公司治理中发挥作用的例证。

2. 有利于公司业绩的提升

对于提升公司业绩，机构投资者的作用表现在：

（1）机构投资者的"羊群效应"与公司业绩

机构投资者具备专业技术优势和较通畅的信息获取渠道，因此其一举一动都会向证券市场传导相应的信息，引发市场关注，并且诱发"羊群效应"。例如，以市场为导向的英美国家的机构投资者如果公开参与公司治理活动或行使投票权，就会向市场发布该公司的特定信息，市场就会传播这一消息，并影响该公司股价进而影响公司业绩。

（2）公司股权结构与企业绩效

有一定集中度的控股股东及其他大股东存在的股权结构，最有利于公司治理机制作用的发挥，因而具有该种股权结构的公司绩效亦趋于最大。此外，有学者发现，股份收益与内部持股之间具有负相关性，股份收益与机构持股之间具有正相关性。

（3）股东提案与公司绩效

股东提案消息宣布日前后，股价没有发现明显的超常收益反应，但大的机构投资者提出的取消并购、反收购等提案，市场短期反应明显。

（4）代表权争夺与公司绩效

代表权争夺对股价有正效应，而且代表权争夺后的公司有大量的解职、资产出售、兼并、收购和其他主要改变，即使是在代表权争夺未获成功的公司也是如此。

（5）私下协商与公司绩效

机构投资者与董事会达成协商协议后，有明显正向的财富效应。

（6）董事会独立性与股价

外部董事和独立董事的任命对股价有正效应。

（7）研究与开发（R&D）投入与公司绩效

R&D的投入将提高公司的会计和市场业绩。

从以上可以看出，机构投资者采取的大多数行动有利于提高公司的业绩。不仅如此，机构投资者积极行动的间接影响也不可忽视。有学者发现，被主要的公共养老基金作为目标三年后，包括股东诉讼、非养老基金股东提案和对董事会的否定票在内的公司治理事件发生的频率更高。16%的公司在首次成为强标公司后的三年内经历了接管出价或代表权争夺等敌意控制权改变活动，而仅有6.3%的普通公司经历了控制权转变的尝试。在管理人员妥协后提案被撤回的公司中，有更多的公司发生明显变动，而主要变动是出售资产。

3. 有利于提高上市公司会计信息披露的水平

机构投资者参与公司治理还有利于提高上市公司会计信息披露的水平，将对上市公司的会计和审计提出更高的标准，要求信息披露更及时、更有价值，还有利于更好地保护中小投资者的利益。中小股东由于持股分散，数量有限，对上市公司进行监督产生的收益难以弥补监督成本，导致监督的动力不足，如果机构投资肯参与公司治理，中小投资者则可"搭便车"。

案例分析

福特公司与康柏克公司：董事会建设的重要性

1. 福特汽车公司的公司治理

亨利·福特是美国历史上著名的汽车大王，他所创造的汽车流水线生产方式，带动了美国汽车的普及并带来一系列重大社会变革。但是，亨利·福特和他的福特汽车工业公司为什么从汽车工业占绝对垄断地位的宝座上跌落？福特家族和福特公司内部代表新经营策略的革新派又怎样被亨利·福特无情地压制，只能眼睁睁地看着福特汽车公司衰败？揭示福特汽车公司的失败教训，有助于我们对公司治理结构有更深刻的了解。

亨利·福特在汽车流水线的建设方面投资非常大，虽然企业利润很高，作为最大的股东，福特却一直不肯分红，而是把所得利润几乎全部投入流水线设备。可以说，福特的流水线所改变的不仅是汽车的制造技术，而是整个社会的经济组织和社会生活。自从流水线在20世纪30年代成为主导，汽车行业的壁垒大大提高，形成福特、通用、克莱斯勒三巨头之间的竞争。

为了实现最大的生产批量以达到最低成本的目的，福特公司只生产单一型号的T型车。以减少由于模具更换而损失的生产时间和避免品种繁多而带来的设备费用和库存费用。亨利·福特相信，没有什么能比这种单一品种、大批量、精密分工的流水线生产方式更经济有效。

针对福特汽车由单一生产而带来的价格优势，通用汽车公司在斯隆的领导下推行科学管理的同时，采取了多品种、多品牌战略。1924年，通用汽车公司推出了液压刹车、四门上下、自动排挡的汽车，1929年，又推出了6缸发动机，而福特公司的T型车仍然是4缸、双门、手动排挡。

面对通用的强烈攻势，亨利·福特不以为然，每次通用公司推出新车型，他的策略是坚持其既定方针，以降价来应对。但是，随着人民生活水平的提高，人们对汽车的需求开始向多样化方面转化，农夫型的T型车依靠降价促销已经无路可走。

第14章　公司治理

福特汽车公司也不乏创新型的人才，他们在长达20多年的时间里，提出了多种转换经营策略的建议，这包括福特最好的老朋友富兰克·库利克。但是，这些建议都被亨利·福特忽略了。当时的福特公司是个内部控股、股票不上市的私人公司，亨利·福特本人持有公司的绝大部分股份，最高时达到60%，他是公司的绝对权威，而对于把大批量、单一品种流水线生产视为生命的亨利·福特来说，是绝对不愿意看到福特汽车的生产流程进行根本改变的。对于顾客来说，T型车不过是一种车型，对于福特公司的雇员来说，T型车是一种产品，但对于亨利·福特来说，却是一生的结晶，任何对T型车改革的建议都被亨利·福特拒绝了。

虽然迫于市场的压力，亨利·福特后来终于批准生产6缸发动机和液压刹车的汽车，但已经比通用公司分别晚了7年和14年。市场无情地抛弃了福特公司，福特车的销量越来越少。1946年，亨利·福特不得不让位给孙子，这时，福特汽车公司的亏损已经达到每月1000万美元。只是由于福特公司的巨大规模和第二次世界大战间的政府订货才使其免遭倒闭的噩运。

我们可以从福特汽车公司的失败教训来分析其公司治理结构存在的弊端。

如前所述，当时的福特汽车公司是个内部控股、股票不上市的私人公司，在从鼎盛走向衰退的40多年中，亨利·福特本人持有公司的绝大部分股份，最高时达到60%。从利益机制设置来看，不存在任何"代理人"问题或"短期行为"问题，除了亨利·福特以外，其余股东为福特家族的其他成员和早期投资的合伙人。当时的福特汽车公司没有董事会制度，亨利·福特个人拥有绝对的控制权。虽然这种制度在创业期间有助于保证指挥的有效，但因为内部没有设置最高决策机构——董事会，缺乏一个能够制衡亨利·福特权力的治理机制，决策权被亨利·福特独揽，公司实施的是"强人决策制"。

福特汽车公司直到1956年才变成上市公司，虽然以后的经营很不错，但却错过了20世纪30、40年代汽车业发展的大好时机，福特公司再也没有能够恢复20世纪20年代汽车行业的龙头老大地位，而是把机会拱手让给了通用汽车公司。后者借助这一时期的发展一举超过福特汽车，至今仍然保持汽车业龙头的地位。

2. 康柏克电脑公司的公司治理

康柏克电脑公司是美国计算机行业最成功的企业之一，它由计算机专家罗德·凯宁和风险投资基金Kevin-Rosen的投资专家本杰明·罗森（Benjamin Rosen）在1982年创立的。

20世纪80年代早期的计算机行业还处在整体创新和摸索发展之中，既没有统一的产品标准，销量也不高，价格却极其昂贵。当时计算机的主要买主是企业的工程技术人员及科研机构的科学家，当时的康柏克公司奉行"高科技、高质量、高价格、高服务"经营方针，在这一阶段的市场取得了极大的成功。公司成立5年后，其销售额就突破10亿美元，创造了当时的世界纪录。8年后，其销售额达到35亿美元，再次刷新了企业成长速度的世界纪录。

但是，从20世纪80年代末开始，计算机行业的发展趋势和竞争态势开始发生根本性变化。随着计算机制造技术的逐步成熟，软硬件的技术标准渐趋统一，计算机行业的进入壁垒下降。行业价值链的战略环节从科研开发转向生产制造和销售，以现成元器件组装然后邮寄销售的经营方式渐渐得到消费者的认同，以戴尔（Dell）计算机为代表的大量计算机组装厂商迅速发展。

康柏克电脑公司的经营方式遇到了挑战。1991年第一季度，公司历史上第一次出现了亏损。根据变化的市场形势和产品周期性，康柏克生存发展的途径就是果断地改变基本策略，转产低价格大批量的普通大众型电脑。可是搞技术出身的首席执行官凯宁却不相信计算机会变得像家用电器那么普通，也不相信"高技术、高价格"的高档电脑会没有足够的市场，转产低价电脑的动议在康柏克公司内部和外部都遇到许多阻力。从公司内部来看，20世纪80年代在公司发挥极大作用的技术骨干们现已成为各个部门的主要负责人，虽然他们都持有大量的康柏克公司股票，转产成功也符合他们的经济利益，但他们从感情上和技术偏好上都不愿转产低价大众型电脑，他们加盟康柏克就是因为在康柏克可以开发最新技术，可以创造发明，他们的理想是在产品技术上不断突破，而不愿为批量生产的工艺去计算一分一厘的成本，即使这种转型与他们的直接利益完全一致。从组织结构设置和管理制度来看，高科技研究和新产品开发要求尽可能地发挥科研人员的创造性和主动性，需要的是轻松、自由的组织环境，技术人员在企业里占主导地位，而低价机的大批量生产则要求严密的组织制度和全面控制，营销和财会人员在决策过程中起决定性作用，转产普及机所要求的体制改革与康柏克公司的制度和文化相左，转产的要求自然受到冷落和抵制。

从公司外部来说，多年来，康柏克公司与一起开拓计算机市场的专业计算机商店已经形成一种精诚合作的伙伴关系，转产低价计算机就意味着必须打破原有的独家经销关系，这也引起了康柏克零售伙伴的反对。

同时，对康柏克来说，如果转产普及机，原有的销售体系要报废，而在邮购、超市式销售方面，它又远远落后于戴尔和其他组装机厂商。由于这些内部和外部的原因，转产大批量普及机的设想在公司内始终得不到重视。

但是，康柏克电脑公司与福特汽车公司相比，前者在成立一开始就具备了现代公司制度的决策机制和权力制衡机制。但与福特公司不同的是，康柏克公司是一个由风险投资基金扶持成立的上市公司，在组建时就按美国上市公司制度的规定设立了董事会，并在实际工作中形成了一套切实有效的董事会工作制度。企业的关键决策要经过董事会批准，董事会平时并不干预总裁的决策，但对总裁的决策有一套参谋监督制约机制，在关键时董事会可以启动制约功能，及时作出根本性的战略改变，在必要时还可以撤换总裁。

康柏克公司完善的董事会制度的形成是与公司创始人之一、公司董事长本杰明·罗森分不开的。本杰明·罗森是美国风险投资业的传奇人物，他在取得斯坦福大学电子工程硕士学位以后，在一家国防工业公司从事几年电子工程技术工作，然后又到哥伦比亚大学攻读MBA。MBA毕业后，他到华尔街著名投资银行摩根士丹利担任信息技术行业的专职分析师，很快就当上了副总裁。因此，本杰明对信息行业的技术趋势和商业分析两方面都很在行。1980年，他与合伙人筹集2500万美元，成立了Kevin-Rosen风险投资基金，专门扶持高科技行业的新兴企业。在总结Kevin-Rosen风险投资基金前三个投资项目的失败教训时，他认识到，不能以消极的、旁观的股东投资者身份投资，对投资对象要投入足够多的资金，要参与董事会而且要当董事长，以便控制关键决策，而且要密切监测投资公司业务发展和管理状况。本杰明的这一原则在他对康柏克公司产品转型问题的处理上取得了成功。他对计算机行业的技术和市场趋势及康柏克公司的内情非常清楚，同时又是董事会的董事长，这就为他解决高层公司领导不称职问题提供了必要的手段和能力。

计算机市场的变化引起了本杰明的高度重视，由于转产普及机关系康柏克公司的根本战略和关键人事安排，本杰明采取了极不寻常的秘密调研的做法。他彻底调查了计算机元器件的成本、价格情况和组装机的性能情况，结果是：组装机完全可以达到康柏克自产机的性能，而成本和价格却只有康柏克自产机的一半。本杰明迅速以董事长的身份召开董事会议，把样机拿到董事会现场演示，并拿出了事先准备的全套测试数据。经过长达13小时的激烈辩论，董事会达成共识，免去技术出身的凯宁的首席执行官职务，决定转产低价位普及型电脑。

在继任总裁法依弗的领导下，1年后，转产计划取得了巨大成功。虽然公司仍然保留了高档机的生产，但主要业务已经转到普及机的生产，产品销量不断上升。如果康柏克的决策机制和20世纪20年代的福特公司一样，是不受约束的"强人"决策，那么康柏克的辉煌大概不会延续。

现在我们来对比分析一下康柏克电脑公司和福特汽车公司的治理结构情况。可以说，无论是福特公司的亨利·福特还是康柏克公司的罗德·凯宁，或是其他技术骨干，他们在公司都拥有大量的股份，公司的发展与其直接利益密切相关，但是，经济利益机制却不能代替一切。单一强调利益激励机制，让经理人持股，而不同时采取措施来预防和防止总裁思维方式的僵化和公司决策过程的独断专行，公司绩效不会持续提高，福特公司的失败和康柏克公司的成功就是典型案例。所以，除对经理人员的利益机制外，建立强有力的董事会以及决策、约束机制是非常重要的。

思考：请对比福特公司和康柏特公司的案例，分析董事会决策机制的有效性。

本章小结

关键词

公司治理　制衡　敌意接管　股东大会　董事会　监事会　经理　外部治理

关键问题

1. 国内外学者对公司治理分别从制度、组织结构、决策机制和核心问题等不同角度进行概括。综合以上观点，再参考公司治理的原英文解释，笔者认为，公司治理实质上是公司各方利益集团借助公司权力机构和相关制度、机制来统治和支配公司，以实现公司目标并最终实现自身目标的过程。实际上，公司治理就是对公司的统治和支配，它决定公司运营的目标和方向。

2. 从三个方面来理解公司治理体系：一是治理结构与治理机制的统一；二是权力制衡与决策科学的统一；三是内部治理和外部治理的统一。

3. 解决公司治理问题的意义至少表现在三方面，即最大限度地调动经营者的积极性，最大限度地保护利害相关者的利益和完善国有资产管理体系。

4. 影响公司治理的主要因素有：公司治理理念、法律基础、要素市场的发展状况、宏观经济状况。此外，制度、文化传统、技术进步等也是影响公司治理结构的重要因素。

5. 公司治理四大内部机构为股东大会、董事会、监事会、经理。

6. 股东大会是由公司全体股东组成的、决定公司经营管理重大事项的最高权力机构。股东大会年会是依照法律规定必须每年召开的全体股东大会，临时股东大会属于临时性的特别会议，讨论解决一些非常问题。股东大会的投票表决制度有一股一票制、表决权限制、委托投票制、累积投票制。

7. 董事会是公司的最高决策机构，它行使对公司法人财产的占有、使用、收益和处置权。董事会作为公司法人财产权主体，其职能主要体现在决策和监督两个方面。

8. 监事会是公司的最高监督机构，它受股东大会的委托，对经理和董事会进行监督。监事会的监督职能包括对董事、经理的行为进行监督和会计监督。

9. 对经理激励机制有年薪制和期权制，对经理的约束机制有所有者约束、市场约束和法律约束。

10. 公司外部治理是指公司运作的外部环境治理，包括市场经济环境的治理和法制环境的治理。公司的外部治理主要来自于证券市场、机构投资者、银行、产品市场、经理人市场、外部监督等。

11. 健全的公司治理对证券市场的发展产生积极的影响，但证券市场的发展反过来也促进公司治理的改进。债务融资属于保持距离型融资，而股权融资则是典型的控制导向型融资。合理的定价机制通过持续信息披露制度和市场参与者进行信息收集和处理工作两条途径实现。

12. 机构投资者参与公司治理有利于公司治理结构的完善，有利于公司业绩的提升，有利于提高上市公司合计信息披露的水平。

思考与练习

1. 有一种说法："再好的利益机制代替不了能力。"你怎么看？
2. 请解释公司治理结构。
3. 请解释独立董事及其职责、作用。
4. 董事会有几种模式？试画图说明。
5. 高层管理者的激励机制有哪些？试解释说明。
6. 请说明机构投资者参与公司治理的作用。

参考文献

[1] 郭银华：《国外公司治理发展变化的趋势及其启示》，载《湘潭大学学报（哲学社会科学版）》2005年第4期，第80—83页。

[2] 钱颖一：《企业的治理结构改革和融资结构改革》，载《经济研究》1995年第1期第20—29页。

[3] [美]奥利弗·哈特：《公司治理：理论与启示》，朱俊、汪冰、顾恒中译，载《经

济学动态》1996年第6期，第60—63页。

[4] 吴敬琏：《现代公司与企业改革》，天津人民出版社1994年版。

[5] 王凤彬编著：《领导者与现代企业组织》，经济管理出版社1997年版。

[6] 《中华人民共和国公司法》，法律出版社2018年版。

[7] 张传明：《基于EVA思想的经营者股票期权设计》，载《商业时代》2009年第16期，第91—93页。

[8] 唐正清、顾慈阳：《机构投资者参与公司治理：理论分析、经验总结与对策建议》，载《江淮论坛》2005年第3期，第36—42页、第71页。

[9] 李莉、张晓昊：《上市公司股权结构特征与公司治理路径分析——以国有企业为例》，载《财会通讯：综合（下）》2011年第12期，第27—29页。

[10] 马宏建、朱青：《安然事件对完善我国公司治理的几点启示》，载《南京理工大学学报（社会科学版）》2002年第5期，第42—45页。

[11] [英]柯林·梅耶：《市场经济和过渡经济的企业治理机制》，转引自费方域：《什么是公司治理》，载《上海财经研究》1996年第5期，第36—39页。

[12] 贾生华、陈宏辉：《全球化背景下公司治理模式的演进趋势分析》，载《中国工业经济》2003年第1期，第78—86页。

附 录

附录1 复利现值系数表

T	\multicolumn{10}{c}{r}
	1%	2%	3%	4%	5%	6%	7%	8%	9%	10%
1	0.9901	0.9804	0.9709	0.9615	0.9524	0.9434	0.9346	0.9259	0.9174	0.9091
2	0.9803	0.9612	0.9426	0.9246	0.9070	0.8900	0.8734	0.8573	0.8417	0.8264
3	0.9706	0.9423	0.9151	0.8890	0.8638	0.8396	0.8163	0.7938	0.7722	0.7513
4	0.9610	0.9238	0.8885	0.8548	0.8227	0.7921	0.7629	0.7350	0.7084	0.6830
5	0.9515	0.9057	0.8626	0.8219	0.7835	0.7473	0.7130	0.6806	0.6499	0.6209
6	0.9420	0.8880	0.8375	0.7903	0.7462	0.7050	0.6663	0.6302	0.5963	0.5645
7	0.9327	0.8706	0.8131	0.7599	0.7107	0.6651	0.6227	0.5835	0.5470	0.5132
8	0.9235	0.8535	0.7894	0.7307	0.6768	0.6274	0.5820	0.5403	0.5019	0.4665
9	0.9143	0.8368	0.7664	0.7026	0.6446	0.5919	0.5439	0.5002	0.4604	0.4241
10	0.9053	0.8203	0.7441	0.6756	0.6139	0.5584	0.5083	0.4632	0.4224	0.3855
11	0.8963	0.8043	0.7224	0.6496	0.5847	0.5268	0.4751	0.4289	0.3875	0.3505
12	0.8874	0.7885	0.7014	0.6246	0.5568	0.4970	0.4440	0.3971	0.3555	0.3186
13	0.8787	0.7730	0.6810	0.6006	0.5303	0.4688	0.4150	0.3677	0.3262	0.2897
14	0.8700	0.7579	0.6611	0.5775	0.5051	0.4423	0.3878	0.3405	0.2992	0.2633
15	0.8613	0.7430	0.6419	0.5553	0.4810	0.4173	0.3624	0.3152	0.2745	0.2394
16	0.8528	0.7284	0.6232	0.5339	0.4581	0.3936	0.3387	0.2919	0.2519	0.2176
17	0.8444	0.7142	0.6050	0.5134	0.4363	0.3714	0.3166	0.2703	0.2311	0.1978
18	0.8360	0.7002	0.5874	0.4936	0.4155	0.3503	0.2959	0.2502	0.2120	0.1799
19	0.8277	0.6864	0.5703	0.4746	0.3957	0.3305	0.2765	0.2317	0.1945	0.1635
20	0.8195	0.6730	0.5537	0.4564	0.3769	0.3118	0.2584	0.2145	0.1784	0.1486
21	0.8114	0.6598	0.5375	0.4388	0.3589	0.2942	0.2415	0.1987	0.1637	0.1351
22	0.8034	0.6468	0.5219	0.4220	0.3418	0.2775	0.2257	0.1839	0.1502	0.1228
23	0.7954	0.6342	0.5067	0.4057	0.3256	0.2618	0.2109	0.1703	0.1378	0.1117
24	0.7876	0.6217	0.4919	0.3901	0.3101	0.2470	0.1971	0.1577	0.1264	0.1015

续表

T	r									
	1%	2%	3%	4%	5%	6%	7%	8%	9%	10%
25	0.7798	0.6095	0.4776	0.3751	0.2953	0.2330	0.1842	0.1460	0.1160	0.0923
30	0.7720	0.5976	0.4637	0.3607	0.2812	0.2198	0.1722	0.1352	0.1064	0.0839
40	0.7644	0.5859	0.4502	0.3468	0.2678	0.2074	0.1609	0.1252	0.0976	0.0763
50	0.7568	0.5744	0.4371	0.3335	0.2551	0.1956	0.1504	0.1159	0.0895	0.0693

T	r									
	11%	12%	13%	14%	15%	16%	17%	18%	19%	20%
1	0.9009	0.8929	0.8850	0.8772	0.8696	0.8621	0.8547	0.8475	0.8403	0.8333
2	0.8116	0.7972	0.7831	0.7695	0.7561	0.7432	0.7305	0.7182	0.7062	0.6944
3	0.7312	0.7118	0.6931	0.6750	0.6575	0.6407	0.6244	0.6086	0.5934	0.5787
4	0.6587	0.6355	0.6133	0.5921	0.5718	0.5523	0.5337	0.5158	0.4987	0.4823
5	0.5935	0.5674	0.5428	0.5194	0.4972	0.4761	0.4561	0.4371	0.4190	0.4019
6	0.5346	0.5066	0.4803	0.4556	0.4323	0.4104	0.3898	0.3704	0.3521	0.3349
7	0.4817	0.4523	0.4251	0.3996	0.3759	0.3538	0.3332	0.3139	0.2959	0.2791
8	0.4339	0.4039	0.3762	0.3506	0.3269	0.3050	0.2848	0.2660	0.2487	0.2326
9	0.3909	0.3606	0.3329	0.3075	0.2843	0.2630	0.2434	0.2255	0.2090	0.1938
10	0.3522	0.3220	0.2946	0.2697	0.2472	0.2267	0.2080	0.1911	0.1756	0.1615
11	0.3173	0.2875	0.2607	0.2366	0.2149	0.1954	0.1778	0.1619	0.1476	0.1346
12	0.2858	0.2567	0.2307	0.2076	0.1869	0.1685	0.1520	0.1372	0.1240	0.1122
13	0.2575	0.2292	0.2042	0.1821	0.1625	0.1452	0.1299	0.1163	0.1042	0.0935
14	0.2320	0.2046	0.1807	0.1597	0.1413	0.1252	0.1110	0.0985	0.0876	0.0779
15	0.2090	0.1827	0.1599	0.1401	0.1229	0.1079	0.0949	0.0835	0.0736	0.0649
16	0.1883	0.1631	0.1415	0.1229	0.1069	0.0930	0.0811	0.0708	0.0618	0.0541
17	0.1696	0.1456	0.1252	0.1078	0.0929	0.0802	0.0693	0.0600	0.0520	0.0451
18	0.1528	0.1300	0.1108	0.0946	0.0808	0.0691	0.0592	0.0508	0.0437	0.0376
19	0.1377	0.1161	0.0981	0.0829	0.0703	0.0596	0.0506	0.0431	0.0367	0.0313
20	0.1240	0.1037	0.0868	0.0728	0.0611	0.0514	0.0433	0.0365	0.0308	0.0261
21	0.1117	0.0926	0.0768	0.0638	0.0531	0.0443	0.0370	0.0309	0.0259	0.0217
22	0.1007	0.0826	0.0680	0.0560	0.0462	0.0382	0.0316	0.0262	0.0218	0.0181
23	0.0907	0.0738	0.0601	0.0491	0.0402	0.0329	0.0270	0.0222	0.0183	0.0151
24	0.0817	0.0659	0.0532	0.0431	0.0349	0.0284	0.0231	0.0188	0.0154	0.0126
25	0.0736	0.0588	0.0471	0.0378	0.0304	0.0245	0.0197	0.0160	0.0129	0.0105

续表

T	r									
	11%	12%	13%	14%	15%	16%	17%	18%	19%	20%
30	0.0663	0.0525	0.0417	0.0331	0.0264	0.0211	0.0169	0.0135	0.0109	0.0087
40	0.0597	0.0469	0.0369	0.0291	0.0230	0.0182	0.0144	0.0115	0.0091	0.0073
50	0.0538	0.0419	0.0326	0.0255	0.0200	0.0157	0.0123	0.0097	0.0077	0.0061

附录2 复利终值系数表

T	r									
	1%	2%	3%	4%	5%	6%	7%	8%	9%	10%
1	1.0100	1.0200	1.0300	1.0400	1.0500	1.0600	1.0700	1.0800	1.0900	1.1000
2	1.0201	1.0404	1.0609	1.0816	1.1025	1.1236	1.1449	1.1664	1.1881	1.2100
3	1.0303	1.0612	1.0927	1.1249	1.1576	1.1910	1.2250	1.2597	1.2950	1.3310
4	1.0406	1.0824	1.1255	1.1699	1.2155	1.2625	1.3108	1.3605	1.4116	1.4641
5	1.0510	1.1041	1.1593	1.2167	1.2763	1.3382	1.4026	1.4693	1.5386	1.6105
6	1.0615	1.1262	1.1941	1.2653	1.3401	1.4185	1.5007	1.5869	1.6771	1.7716
7	1.0721	1.1487	1.2299	1.3159	1.4071	1.5036	1.6058	1.7138	1.8280	1.9487
8	1.0829	1.1717	1.2668	1.3686	1.4775	1.5938	1.7182	1.8509	1.9926	2.1436
9	1.0937	1.1951	1.3048	1.4233	1.5513	1.6895	1.8385	1.9990	2.1719	2.3579
10	1.1046	1.2190	1.3439	1.4802	1.6289	1.7908	1.9672	2.1589	2.3674	2.5937
11	1.1157	1.2434	1.3842	1.5395	1.7103	1.8983	2.1049	2.3316	2.5804	2.8531
12	1.1268	1.2682	1.4258	1.6010	1.7959	2.0122	2.2522	2.5182	2.8127	3.1384
13	1.1381	1.2936	1.4685	1.6651	1.8856	2.1329	2.4098	2.7196	3.0658	3.4523
14	1.1495	1.3195	1.5126	1.7317	1.9799	2.2609	2.5785	2.9372	3.3417	3.7975
15	1.1610	1.3459	1.5580	1.8009	2.0789	2.3966	2.7590	3.1722	3.6425	4.1772
16	1.1726	1.3728	1.6047	1.8730	2.1829	2.5404	2.9522	3.4259	3.9703	4.5950
17	1.1843	1.4002	1.6528	1.9479	2.2920	2.6928	3.1588	3.7000	4.3276	5.0545
18	1.1961	1.4282	1.7024	2.0258	2.4066	2.8543	3.3799	3.9960	4.7171	5.5599
19	1.2081	1.4568	1.7535	2.1068	2.5270	3.0256	3.6165	4.3157	5.1417	6.1159
20	1.2202	1.4859	1.8061	2.1911	2.6533	3.2071	3.8697	4.6610	5.6044	6.7275
21	1.2324	1.5157	1.8603	2.2788	2.7860	3.3996	4.1406	5.0338	6.1088	7.4002
22	1.2447	1.5460	1.9161	2.3699	2.9253	3.6035	4.4304	5.4365	6.6586	8.1403
23	1.2572	1.5769	1.9736	2.4647	3.0715	3.8197	4.7405	5.8715	7.2579	8.9543
24	1.2697	1.6084	2.0328	2.5633	3.2251	4.0489	5.0724	6.3412	7.9111	9.8497
25	1.2824	1.6406	2.0938	2.6658	3.3864	4.2919	5.4274	6.8485	8.6231	10.8347
30	1.3478	1.8114	2.4273	3.2434	4.3219	5.7435	7.6123	10.0627	13.2677	17.4494
40	1.4889	2.2080	3.2620	4.8010	7.0400	10.2857	14.9745	21.7245	31.4094	45.2593
50	1.6446	2.6916	4.3839	7.1067	11.4674	18.4202	29.4570	46.9016	74.3575	117.3909

续表

T	r									
	11%	12%	13%	14%	15%	16%	17%	18%	19%	20%
1	1.1100	1.1200	1.1300	1.1400	1.1500	1.1600	1.1700	1.1800	1.1900	1.2000
2	1.2321	1.2544	1.2769	1.2996	1.3225	1.3456	1.3689	1.3924	1.4161	1.4400
3	1.3676	1.4049	1.4429	1.4815	1.5209	1.5609	1.6016	1.6430	1.6852	1.7280
4	1.5181	1.5735	1.6305	1.6890	1.7490	1.8106	1.8739	1.9388	2.0053	2.0736
5	1.6851	1.7623	1.8424	1.9254	2.0114	2.1003	2.1924	2.2878	2.3864	2.4883
6	1.8704	1.9738	2.0820	2.1950	2.3131	2.4364	2.5652	2.6996	2.8398	2.9860
7	2.0762	2.2107	2.3526	2.5023	2.6600	2.8262	3.0012	3.1855	3.3793	3.5832
8	2.3045	2.4760	2.6584	2.8526	3.0590	3.2784	3.5115	3.7589	4.0214	4.2998
9	2.5580	2.7731	3.0040	3.2519	3.5179	3.8030	4.1084	4.4355	4.7854	5.1598
10	2.8394	3.1058	3.3946	3.7072	4.0456	4.4114	4.8068	5.2338	5.6947	6.1917
11	3.1518	3.4785	3.8359	4.2262	4.6524	5.1173	5.6240	6.1759	6.7767	7.4301
12	3.4985	3.8960	4.3345	4.8179	5.3503	5.9360	6.5801	7.2876	8.0642	8.9161
13	3.8833	4.3635	4.8980	5.4924	6.1528	6.8858	7.6987	8.5994	9.5964	10.6993
14	4.3104	4.8871	5.5348	6.2613	7.0757	7.9875	9.0075	10.1472	11.4198	12.8392
15	4.7846	5.4736	6.2543	7.1379	8.1371	9.2655	10.5387	11.9737	13.5895	15.4070
16	5.3109	6.1304	7.0673	8.1372	9.3576	10.7480	12.3303	14.1290	16.1715	18.4884
17	5.8951	6.8660	7.9861	9.2765	10.7613	12.4677	14.4265	16.6722	19.2441	22.1861
18	6.5436	7.6900	9.0243	10.5752	12.3755	14.4625	16.8790	19.6733	22.9005	26.6233
19	7.2633	8.6128	10.1974	12.0557	14.2318	16.7765	19.7484	23.2144	27.2516	31.9480
20	8.0623	9.6463	11.5231	13.7435	16.3665	19.4608	23.1056	27.3930	32.4294	38.3376
21	8.9492	10.8038	13.0211	15.6676	18.8215	22.5745	27.0336	32.3238	38.5910	46.0051
22	9.9336	12.1003	14.7138	17.8610	21.6447	26.1864	31.6293	38.1421	45.9233	55.2061
23	11.0263	13.5523	16.6266	20.3616	24.8915	30.3762	37.0062	45.0076	54.6487	66.2474
24	12.2392	15.1786	18.7881	23.2122	28.6252	35.2364	43.2973	53.1090	65.0320	79.4968
25	13.5855	17.0001	21.2305	26.4619	32.9190	40.8742	50.6578	62.6686	77.3881	95.3962
30	22.8923	29.9599	39.1159	50.9502	66.2118	85.8499	111.0647	143.3706	184.6753	237.3763
40	65.0009	93.0510	132.7816	188.8835	267.8635	378.7212	533.8687	750.3783	1051.6675	1469.7716
50	184.5648	289.0022	450.7359	700.2330	1083.6574	1670.7038	2566.2153	3927.3569	5988.9139	9100.4382

附录3　年金现值系数表

T	r									
	1%	2%	3%	4%	5%	6%	7%	8%	9%	10%
1	0.9901	0.9804	0.9709	0.9615	0.9524	0.9434	0.9346	0.9259	0.9174	0.9091
2	1.9704	1.9416	1.9135	1.8861	1.8594	1.8334	1.8080	1.7833	1.7591	1.7355
3	2.9410	2.8839	2.8286	2.7751	2.7232	2.6730	2.6243	2.5771	2.5313	2.4869
4	3.9020	3.8077	3.7171	3.6299	3.5460	3.4651	3.3872	3.3121	3.2397	3.1699
5	4.8534	4.7135	4.5797	4.4518	4.3295	4.2124	4.1002	3.9927	3.8897	3.7908
6	5.7955	5.6014	5.4172	5.2421	5.0757	4.9173	4.7665	4.6229	4.4859	4.3553
7	6.7282	6.4720	6.2303	6.0021	5.7864	5.5824	5.3893	5.2064	5.0330	4.8684
8	7.6517	7.3255	7.0197	6.7327	6.4632	6.2098	5.9713	5.7466	5.5348	5.3349
9	8.5660	8.1622	7.7861	7.4353	7.1078	6.8017	6.5152	6.2469	5.9952	5.7590
10	9.4713	8.9826	8.5302	8.1109	7.7217	7.3601	7.0236	6.7101	6.4177	6.1446
11	10.3676	9.7868	9.2526	8.7605	8.3064	7.8869	7.4987	7.1390	6.8052	6.4951
12	11.2551	10.5753	9.9540	9.3851	8.8633	8.3838	7.9427	7.5361	7.1607	6.8137
13	12.1337	11.3484	10.6350	9.9856	9.3936	8.8527	8.3577	7.9038	7.4869	7.1034
14	13.0037	12.1062	11.2961	10.5631	9.8986	9.2950	8.7455	8.2442	7.7862	7.3667
15	13.8651	12.8493	11.9379	11.1184	10.3797	9.7122	9.1079	8.5595	8.0607	7.6061
16	14.7179	13.5777	12.5611	11.6523	10.8378	10.1059	9.4466	8.8514	8.3126	7.8237
17	15.5623	14.2919	13.1661	12.1657	11.2741	10.4773	9.7632	9.1216	8.5436	8.0216
18	16.3983	14.9920	13.7535	12.6593	11.6896	10.8276	10.0591	9.3719	8.7556	8.2014
19	17.2260	15.6785	14.3238	13.1339	12.0853	11.1581	10.3356	9.6036	8.9501	8.3649
20	18.0456	16.3514	14.8775	13.5903	12.4622	11.4699	10.5940	9.8181	9.1285	8.5136
21	18.8570	17.0112	15.4150	14.0292	12.8212	11.7641	10.8355	10.0168	9.2922	8.6487
22	19.6604	17.6580	15.9369	14.4511	13.1630	12.0416	11.0612	10.2007	9.4424	8.7715
23	20.4558	18.2922	16.4436	14.8568	13.4886	12.3034	11.2722	10.3711	9.5802	8.8832
24	21.2434	18.9139	16.9355	15.2470	13.7986	12.5504	11.4693	10.5288	9.7066	8.9847
25	22.0232	19.5235	17.4131	15.6221	14.0939	12.7834	11.6536	10.6748	9.8226	9.0770
30	25.8077	22.3965	19.6004	17.2920	15.3725	13.7648	12.4090	11.2578	10.2737	9.4269
40	32.8347	27.3555	23.1148	19.7928	17.1591	15.0463	13.3317	11.9246	10.7574	9.7791
50	39.1961	31.4236	25.7298	21.4822	18.2559	15.7619	13.8007	12.2335	10.9617	9.9148

续表

T	r									
	11%	12%	13%	14%	15%	16%	17%	18%	19%	20%
1	0.9009	0.8929	0.8850	0.8772	0.8696	0.8621	0.8547	0.8475	0.8403	0.8333
2	1.7125	1.6901	1.6681	1.6467	1.6257	1.6052	1.5852	1.5656	1.5465	1.5278
3	2.4437	2.4018	2.3612	2.3216	2.2832	2.2459	2.2096	2.1743	2.1399	2.1065
4	3.1024	3.0373	2.9745	2.9137	2.8550	2.7982	2.7432	2.6901	2.6386	2.5887
5	3.6959	3.6048	3.5172	3.4331	3.3522	3.2743	3.1993	3.1272	3.0576	2.9906
6	4.2305	4.1114	3.9975	3.8887	3.7845	3.6847	3.5892	3.4976	3.4098	3.3255
7	4.7122	4.5638	4.4226	4.2883	4.1604	4.0386	3.9224	3.8115	3.7057	3.6046
8	5.1461	4.9676	4.7988	4.6389	4.4873	4.3436	4.2072	4.0776	3.9544	3.8372
9	5.5370	5.3282	5.1317	4.9464	4.7716	4.6065	4.4506	4.3030	4.1633	4.0310
10	5.8892	5.6502	5.4262	5.2161	5.0188	4.8332	4.6586	4.4941	4.3389	4.1925
11	6.2065	5.9377	5.6869	5.4527	5.2337	5.0286	4.8364	4.6560	4.4865	4.3271
12	6.4924	6.1944	5.9176	5.6603	5.4206	5.1971	4.9884	4.7932	4.6105	4.4392
13	6.7499	6.4235	6.1218	5.8424	5.5831	5.3423	5.1183	4.9095	4.7147	4.5327
14	6.9819	6.6282	6.3025	6.0021	5.7245	5.4675	5.2293	5.0081	4.8023	4.6106
15	7.1909	6.8109	6.4624	6.1422	5.8474	5.5755	5.3242	5.0916	4.8759	4.6755
16	7.3792	6.9740	6.6039	6.2651	5.9542	5.6685	5.4053	5.1624	4.9377	4.7296
17	7.5488	7.1196	6.7291	6.3729	6.0472	5.7487	5.4746	5.2223	4.9897	4.7746
18	7.7016	7.2497	6.8399	6.4674	6.1280	5.8178	5.5339	5.2732	5.0333	4.8122
19	7.8393	7.3658	6.9380	6.5504	6.1982	5.8775	5.5845	5.3162	5.0700	4.8435
20	7.9633	7.4694	7.0248	6.6231	6.2593	5.9288	5.6278	5.3527	5.1009	4.8696
21	8.0751	7.5620	7.1016	6.6870	6.3125	5.9731	5.6648	5.3837	5.1268	4.8913
22	8.1757	7.6446	7.1695	6.7429	6.3587	6.0113	5.6964	5.4099	5.1486	4.9094
23	8.2664	7.7184	7.2297	6.7921	6.3988	6.0442	5.7234	5.4321	5.1668	4.9245
24	8.3481	7.7843	7.2829	6.8351	6.4338	6.0726	5.7465	5.4509	5.1822	4.9371
25	8.4217	7.8431	7.3300	6.8729	6.4641	6.0971	5.7662	5.4669	5.1951	4.9476
30	8.6938	8.0552	7.4957	7.0027	6.5660	6.1772	5.8294	5.5168	5.2347	4.9789
40	8.9511	8.2438	7.6344	7.1050	6.6418	6.2335	5.8713	5.5482	5.2582	4.9966
50	9.0417	8.3045	7.6752	7.1327	6.6605	6.2463	5.8801	5.5541	5.2623	4.9995

附录4　年金终值系数表

T	r									
	11%	12%	13%	14%	15%	16%	17%	18%	19%	20%
1	1.0000	1.0000	1.0000	1.0000	1.0000	1.0000	1.0000	1.0000	1.0000	1.0000
2	2.1100	2.1200	2.1300	2.1400	2.1500	2.1600	2.1700	2.1800	2.1900	2.2000
3	3.3421	3.3744	3.4069	3.4396	3.4725	3.5056	3.5389	3.5724	3.6061	3.6400
4	4.7097	4.7793	4.8498	4.9211	4.9934	5.0665	5.1405	5.2154	5.2913	5.3680
5	6.2278	6.3528	6.4803	6.6101	6.7424	6.8771	7.0144	7.1542	7.2966	7.4416
6	7.9129	8.1152	8.3227	8.5355	8.7537	8.9775	9.2068	9.4420	9.6830	9.9299
7	9.7833	10.0890	10.4047	10.7305	11.0668	11.4139	11.7720	12.1415	12.5227	12.9159
8	11.8594	12.2997	12.7573	13.2328	13.7268	14.2401	14.7733	15.3270	15.9020	16.4991
9	14.1640	14.7757	15.4157	16.0853	16.7858	17.5185	18.2847	19.0859	19.9234	20.7989
10	16.7220	17.5487	18.4197	19.3373	20.3037	21.3215	22.3931	23.5213	24.7089	25.9587
11	19.5614	20.6546	21.8143	23.0445	24.3493	25.7329	27.1999	28.7551	30.4035	32.1504
12	22.7132	24.1331	25.6502	27.2707	29.0017	30.8502	32.8239	34.9311	37.1802	39.5805
13	26.2116	28.0291	29.9847	32.0887	34.3519	36.7862	39.4040	42.2187	45.2445	48.4966
14	30.0949	32.3926	34.8827	37.5811	40.5047	43.6720	47.1027	50.8180	54.8409	59.1959
15	34.4054	37.2797	40.4175	43.8424	47.5804	51.6595	56.1101	60.9653	66.2607	72.0351
16	39.1899	42.7533	46.6717	50.9804	55.7175	60.9250	66.6488	72.9390	79.8502	87.4421
17	44.5008	48.8837	53.7391	59.1176	65.0751	71.6730	78.9792	87.0680	96.0218	105.9306
18	50.3959	55.7497	61.7251	68.3941	75.8364	84.1407	93.4056	103.7403	115.2659	128.1167
19	56.9395	63.4397	70.7494	78.9692	88.2118	98.6032	110.2846	123.4135	138.1664	154.7400
20	64.2028	72.0524	80.9468	91.0249	102.4436	115.3797	130.0329	146.6280	165.4180	186.6880
21	72.2651	81.6987	92.4699	104.7684	118.8101	134.8405	153.1385	174.0210	197.8474	225.0256
22	81.2143	92.5026	105.4910	120.4360	137.6316	157.4150	180.1721	206.3448	236.4385	271.0307
23	91.1479	104.6029	120.2048	138.2970	159.2764	183.6014	211.8013	244.4868	282.3618	326.2369
24	102.1742	118.1552	136.8315	158.6586	184.1678	213.9776	248.8076	289.4945	337.0105	392.4842
25	114.4133	133.3339	155.6196	181.8708	212.7930	249.2140	292.1049	342.6035	402.0425	471.9811
30	199.0209	241.3327	293.1992	356.7868	434.7451	530.3117	647.4391	790.9480	966.7122	1181.8816
40	581.8261	767.0914	1013.7042	1342.0251	1779.0903	2360.7572	3134.5218	4163.2130	5529.8290	7343.8578
50	1668.7712	2400.0182	3459.5071	4994.5213	7217.7163	10435.6488	15089.5017	21813.0937	31515.3363	45497.1908

续表

T	r									
	1%	2%	3%	4%	5%	6%	7%	8%	9%	10%
1	1.0000	1.0000	1.0000	1.0000	1.0000	1.0000	1.0000	1.0000	1.0000	1.0000
2	2.0100	2.0200	2.0300	2.0400	2.0500	2.0600	2.0700	2.0800	2.0900	2.1000
3	3.0301	3.0604	3.0909	3.1216	3.1525	3.1836	3.2149	3.2464	3.2781	3.3100
4	4.0604	4.1216	4.1836	4.2465	4.3101	4.3746	4.4399	4.5061	4.5731	4.6410
5	5.1010	5.2040	5.3091	5.4163	5.5256	5.6371	5.7507	5.8666	5.9847	6.1051
6	6.1520	6.3081	6.4684	6.6330	6.8019	6.9753	7.1533	7.3359	7.5233	7.7156
7	7.2135	7.4343	7.6625	7.8983	8.1420	8.3938	8.6540	8.9228	9.2004	9.4872
8	8.2857	8.5830	8.8923	9.2142	9.5491	9.8975	10.2598	10.6366	11.0285	11.4359
9	9.3685	9.7546	10.1591	10.5828	11.0266	11.4913	11.9780	12.4876	13.0210	13.5795
10	10.4622	10.9497	11.4639	12.0061	12.5779	13.1808	13.8164	14.4866	15.1929	15.9374
11	11.5668	12.1687	12.8078	13.4864	14.2068	14.9716	15.7836	16.6455	17.5603	18.5312
12	12.6825	13.4121	14.1920	15.0258	15.9171	16.8699	17.8885	18.9771	20.1407	21.3843
13	13.8093	14.6803	15.6178	16.6268	17.7130	18.8821	20.1406	21.4953	22.9534	24.5227
14	14.9474	15.9739	17.0863	18.2919	19.5986	21.0151	22.5505	24.2149	26.0192	27.9750
15	16.0969	17.2934	18.5989	20.0236	21.5786	23.2760	25.1290	27.1521	29.3609	31.7725
16	17.2579	18.6393	20.1569	21.8245	23.6575	25.6725	27.8881	30.3243	33.0034	35.9497
17	18.4304	20.0121	21.7616	23.6975	25.8404	28.2129	30.8402	33.7502	36.9737	40.5447
18	19.6147	21.4123	23.4144	25.6454	28.1324	30.9057	33.9990	37.4502	41.3013	45.5992
19	20.8109	22.8406	25.1169	27.6712	30.5390	33.7600	37.3790	41.4463	46.0185	51.1591
20	22.0190	24.2974	26.8704	29.7781	33.0660	36.7856	40.9955	45.7620	51.1601	57.2750
21	23.2392	25.7833	28.6765	31.9692	35.7193	39.9927	44.8652	50.4229	56.7645	64.0025
22	24.4716	27.2990	30.5368	34.2480	38.5052	43.3923	49.0057	55.4568	62.8733	71.4027
23	25.7163	28.8450	32.4529	36.6179	41.4305	46.9958	53.4361	60.8933	69.5319	79.5430
24	26.9735	30.4219	34.4265	39.0826	44.5020	50.8156	58.1767	66.7648	76.7898	88.4973
25	28.2432	32.0303	36.4593	41.6459	47.7271	54.8645	63.2490	73.1059	84.7009	98.3471
30	34.7849	40.5681	47.5754	56.0849	66.4388	79.0582	94.4608	113.2832	136.3075	164.4940
40	48.8864	60.4020	75.4013	95.0255	120.7998	154.7620	199.6351	259.0565	337.8824	442.5926
50	64.4632	84.5794	112.7969	152.6671	209.3480	290.3359	406.5289	573.7702	815.0836	1163.9085